婺城年鉴

2021

金华市婺城区地方志编纂委员会 编

方志出版社
Publishing House of Local Records

图书在版编目(CIP)数据

婺城年鉴. 2021 / 金华市婺城区地方志编纂委员会编. — 北京 : 方志出版社, 2021.12
ISBN 978-7-5144-4976-1

Ⅰ. ①婺… Ⅱ. ①金… Ⅲ. ①区(城市)—金华—2021—年鉴 Ⅳ. ①Z525.53

中国版本图书馆 CIP 数据核字(2021)第 265487 号

责任编辑：王　品
责任校对：刘玉霞
责任印制：梅中英
出 版 者：方志出版社
地　　址：北京市朝阳区潘家园东里 9 号(国家方志馆 4 层)
邮　　编：100021
网　　址：http://www.zgfzcb.cn
发　　行：方志出版社图书营销中心(010-67110500)
印　　刷：浙江远大印刷有限公司
开　　本：889 毫米×1194 毫米　1/16
印　　张：23.5
字　　数：684 千字
版　　次：2021 年 12 月第 1 版
印　　次：2021 年 12 月第 1 次印刷
定　　价：200.00 元

金华市婺城区地方志编纂委员会

《婺城年鉴(2021)》编纂室

主　　编：刘寿松

副 主 编：朱德勤

执行主编：徐　胜

编　　辑：朱艳萍　范升元　方素佳

编辑说明

一、《婺城年鉴》是由中国共产党金华市婺城区委员会、婺城区人民政府主办，金华市婺城区地方志编纂委员会承编的地方综合性年鉴。

二、《婺城年鉴(2021)》坚持以马克思列宁主义、毛泽东思想、邓小平理论、“三个代表”重要思想、科学发展观、习近平新时代中国特色社会主义思想为指导，坚持辩证唯物主义和历史唯物主义的立场、观点和方法，记述婺城区 2020 年改革开放、经济建设、全面建设小康社会等内容，汇集全区各系统、各部门、各行业在改革开放和社会主义现代化建设中的新成就、新经验、新情况、新矛盾，客观反映婺城区的新发展。

三、《婺城年鉴(2021)》记述时限为 2020 年 1 月 1 日至 2020 年 12 月 31 日(作为背景资料，部分条目内容和数据适当上溯或下延)，收录范围为婺城区(含金华市经济技术开发区)的机关部门、园区、乡镇、街道和企事业单位。建置沿革类目内容记述时间起自事物发端。特载中有 3 个报告的时间为 2021 年。

四、《婺城年鉴(2021)》采用分类编辑法。框架结构分类目、分目、条目 3 个层次，部分分目下设次分目，以条目为主要载体。本书设特载、专辑、大事记、婺城区概况、中国共产党金华市婺城区委员会、婺城区人民代表大会、婺城区人民政府、中国人民政治协商会议婺城区委员会、民主党派、群众团体、法治、军事、农业 农村 水务、工业、园区、投资集团、城乡建设、商贸业、交通 通信、财政 税务、金融、旅游、教育、科技、文化、卫生、体育、民政、乡镇 街道、人物 荣誉 30 个类目。为方便检索，不同层次的标题以版式区分。

五、《婺城年鉴(2021)》采用的资料由区各单位指定专人负责撰写，经《婺城年鉴(2021)》编纂室修改整理后审核定稿。照片由各单位、各部门提供。撰稿人姓名括注在类目、分目或条目后面。

六、《婺城年鉴(2021)》数字用法、标点符号分别采用国家标准《出版物上数字用法》(GB/T15853—2011)、《标点符号用法》(GB/T15834—2011)，计量单位采用国家技术监督局 1993 年 12 月发布的《量和单位》第列国家标准。考虑社会使用习惯，全书中亩不统一换算。年鉴中的数据均经有关部门核实，综合性数据以统计局提供的统计年鉴为准。

七、组织机构及负责人名录由区委组织部提供。

4 月 20 日，金华市婺城区第九届人民代表大会第四次会议召开

（区新闻中心供稿）

12 月 25 日，婺城区政协四届十九次常委会议召开

（区政协供稿）

5 月 15 日，区政府和省国土整治中心签订战略合作协议

（区自然资源局供稿）

5 月 28 日，婺城区举行优化营商环境壮大民营经济九条举措发布会暨"伊心一意"三服务直通车开通仪式

（区市场监管局供稿）

6 月 10 日，婺城供电分公司举行揭牌暨新基地启用仪式

（婺城供电分公司供稿）

6 月 18 日，中国美术学院美术中心、浙江师范大学美术学院金华培训基地在婺城区城投集团旗下雏英培训学校揭牌成立

（区城投集团供稿）

8 月 18 日，第五届联合国中国青少年环境论坛暨 2020 中国青年生物多样性夏令营开幕

（区生态环境分局供稿）

9 月 27 日，区政府授予驻金部队一等功臣王亮（左三）婺城区“荣誉市民”称号

（区退役军人事务局供稿）

10 月 28 日，婺城区全体干部到金华监狱开展警示教育活动　　　（区审计局供稿）

11 月 20 日，金华市婺城区第八届精神文明建设草根奖颁奖典礼现场

（区委宣传部供稿）

11 月 21 日，婺城区首届教育节开幕式暨综合素质教育实践基地授牌仪式在莘畈乡举行

（区教育局供稿）

12 月 4 日，劳模工匠“五进”宣传启动仪式暨劳模工匠进校园宣讲报告会召开

（区总工会供稿）

8月8日，2020浙江·金华燕语湖库钓公开赛启动仪式现场

（琅琊镇人民政府供稿）

8月8日，婺城区创建全国健康促进区暨国家第五届“万步有约”婺城赛区启动仪式现场

（琅琊镇人民政府供稿）

10 月 31 日,2020 第四届中国·金华山水四项公开赛暨浙江省首届生态运动会(金华站)在婺城举办

(区新闻中心供稿)

11 月 25 日,2020“花满婺城”中国门球冠军赛总决赛在竹马乡举行

(竹马乡人民政府供稿)

1 月 29 日，防疫志愿者为居家隔离人员输送物资　　（区卫健局供稿）

2 月 20 日，经济商务局牵头的婺城区助企服务云南招工组携带防护用品等物资动身前往云南接工人返岗

（区经济商务局供稿）

2 月 20 日，婺城赶超图强号高铁车票样张

（区人力社保局供稿）

3 月 1 日，婺城区接回云南、贵州、四川籍员工近 2000 名

（白龙桥镇人民政府供稿）

3 月 5 日，人力社保局领导带领云南、贵州两省员工准备登高铁到婺城

（区人力社保局供稿）

3月12日，婺城区税务局“驻企服务员”走访省级重点应急物资企业，助力企业复工复产

（王圣昕摄）

12月16日，疫情防控期间民主建国会会员施建国（右三）捐赠物品

（民建婺城区基层委供稿）

4 月 30 日，婺城区蔷薇工作室获金华市工人先锋号荣誉称号

（区检察院供稿）

5 月 22 日，金华市婺城区椒椒农业有限公司获授牌专家工作站

（区科学技术协会供稿）

11 月 8 日，婺城区宗教界进行"爱国爱教·正言正行"主题教育实践活动

（区委统战部供稿）

11 月 26 日，婺城区举行"花满婺城 看见幸福"大型媒体走读活动

（区委宣传部供稿）

12 月 23 日，在白沙溪沿线开展金华市、区两级文艺家白沙走读活动

（区文联供稿）

9 月 4 日，民主同盟婺城基层委成立

（民主同盟婺城基层委供稿）

10 月 26 日，民进婺城基层委第一、第二支部重阳节联合座谈会

（民进婺城基层委供稿）

12 月 25 日，2020 年民革婺城区基层委与对口联系部门知情议政会召开

（民革婺城基层委供稿）

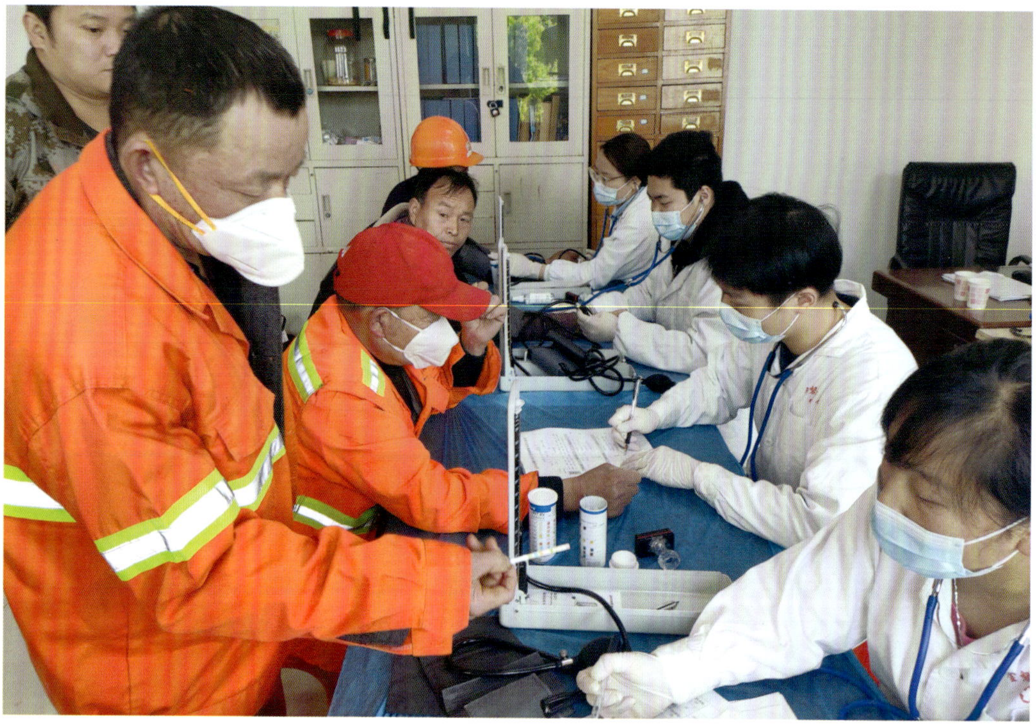

4 月 7 日，区总工会开展 2020 年度企业职工免费体检工作，首站为利民环卫清洁有限公司

（区总工会供稿）

6 月 24 日，婺城区普法办开展《中华人民共和国民法典》《中华人民共和国社区矫正法》普法宣传活动

（区司法局供稿）

6 月 30 日，金华市中医医院婺城康复中心正式启动

（区残联供稿）

8 月 2 日，婺城区成立首家社会工作站

（区民政局供稿）

8 月 19 日，婺城区在金华市红十字应急救护培训师教学技能大赛中获团体二等奖

（团区委供稿）

8 月 26 日，区执法局联手红湖路小学开展“大手拉小手 执法手拉手”活动

（区执法局供稿）

11 月 9 日，婺城区举行“119”消防宣传月暨百日消防安全大宣传启动仪式

（区消防大队供稿）

1 月 10 日，九三学社调研洋埠万亩良田建设，推进农业“三服务”工作

（区政协供稿）

4 月 15 日，“十乡百村·乡创婺城”行动暨箬阳乡第二届茶文化旅游节举行

（箬阳乡人民政府供稿）

4 月 15 日，箬阳乡第二届茶文化旅游节系列活动之制茶比赛活动现场

（箬阳乡人民政府供稿）

5月15日，2020年金华罗店第三届枇杷节暨婺城区农民网络文化节开幕

（罗店镇人民政府供稿）

7月4日，停久村卢文台文化研究室建成

（沙畈乡人民政府供稿）

10月8日，塔石农民丰收节暨丰收嘉年华活动现场　（塔石乡人民政府供稿）

11 月 7 日，婺城区第八届民俗文化艺术节举行（乾西乡人民政府供稿）

12 月 14 日，新一届村社主职干部“上任第一课”暨“头雁学堂”培训班开班

（区委组织部供稿）

12 月 18 日，2020 年婺城区村社书记“话图强　晒拼创”活动会议召开

（区委组织部供稿）

9 月 3 日，为抗日战争时期老战士孔宪德(右二)拍摄全家福

(区退役军人事务局供稿)

11 月 13 日,城东街道红军巷新颜

(城东街道供稿)

12 月 18 日,建党 99 周年党员干部大会暨“千名书记讲党课”启动仪式

(区委组织部供稿)

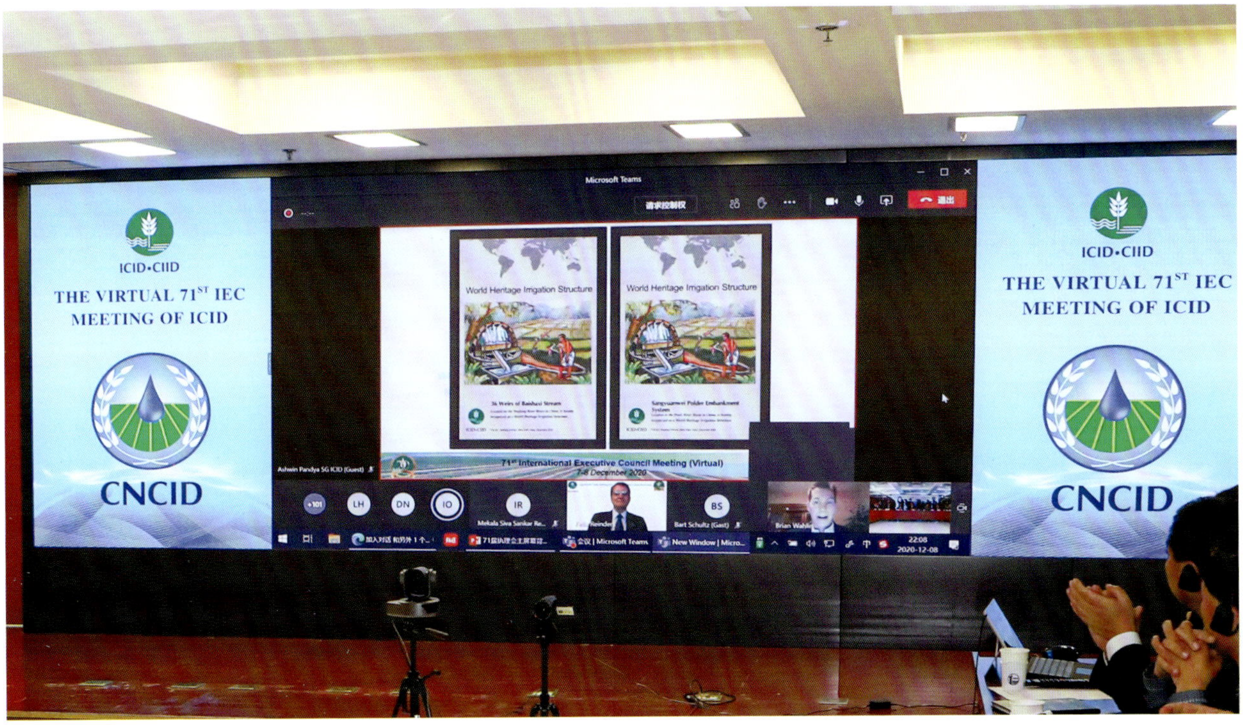

12 月 8 日，在国际灌排委员会第 71 届执行理事会视频会议上公布“白沙溪三十六堰”获选世界灌溉工程遗产名录

（区新闻中心供稿）

白沙溪三十六堰之一

（区水务局供稿）

白沙溪三十六堰之二

（区水务局供稿）

白沙溪三十六堰之三

（区水务局供稿）

目　录

中国共产党金华市婺城区委员会

婺城区人民代表大会

婺城区人民政府

中国人民政治协商会议婺城区委员会

民主党派

群众团体

法　治

军　事

农业 农村 水务

工 业

园 区

投资集团

城乡建设

商贸业

交通　通信

财政　税务

金　融

旅　游

教　育

科 技

文　化

卫　生

体 育

民 政

街道镇乡

人物　荣誉

附 录

特　载

“双城”战略迭代升级　奋力建设“五大名城”争当社会主义现代化先行市的排头兵

——在区委七届九次全体(扩大)会议暨区政府九届九次全体会议上的报告

婺城区委书记　蔡　艳

2020 年 12 月 28 日

回眸“十三五”，婺城在担当图强中砥砺前行

“十三五”以来，区委、区政府坚定不移贯彻新发展理念，坚持以供给侧结构性改革为主线，推动高质量发展，有力破解发展不均衡不充分问题，沉着冷静应对外部挑战明显上升的复杂局面，坚决果断抗击新冠肺炎疫情的严重冲击，坚定朝着既定目标任务奋勇前进，特别是区委七届五次全会以来，我们高歌唱响了“担当赶超　婺城图强”的主旋律，开启了“双城”战略乘风破浪的新篇章，婺城大地风生水起、华丽蝶变，“十三五”即将圆满收官。

——**主要指标实现“三个突破”，经济实力不断增强。**到“十三五”期末，全区地区生产总值预计达315 亿元，年均增长 5.1%，突破 300 亿元大关；规模以上工业总产值突破 200 亿元大关；社会消费品零售总额预计实现 306 亿元，年均增长 3%，突破 300 亿元大关；城乡居民可支配收入比缩小到 2 以内，达到省市标准，分别较 2015 年增长了 41.6%和 49%。

——**都市能级实现“三个跨越”，城市首位度不断攀升。**常住人口超 78 万人，占市区常住人口总量78%以上。成功获批省级经济开发区，新城区开启“二次出发”新征程，飞扬智能制造小镇入选第五批省级特色小镇，婺州古城获评国家 AAAA 级旅游景区，金华山入围国家 AAAAA 级旅游景区评审，老城区迈入高铁新城时代。城市有机更新突破“千万平方米”，启动洪源、鲍杨等 6 个城中村改造，共实施五改 958.5 万平方米，完成全省规模最大的二七区块棚户区改造，城市建设管理水平显著提升，成功创建国家园林城市、国家森林城市、国家节水型城市，以全国第三的优异成绩成功创建全国文明城市，两夺“大禹鼎”；交通投资突破“百亿级”，交通设施投资超 110 亿元，公路总里程达到 1600.49 千米，全市第二，内外畅联交通圈能级不断提升；科技创新指数达到 129.8，全市第一，跨入全省第二梯队，科技创新指数提升位次全省第二，率先建成上海、杭州两大科创飞地，全社会研究与试验发展投入预计增长到 6.6 亿元，占 GDP 比重超过 2%，将近翻了一番。

——**民生事业实现“三个提升”，人民幸福感不断增强。**社会保障不断提升。实现医疗社保全覆盖，户籍人口基本养老保险参保率为 96.7%，实现困难群体资助参保率 100%、困难群体医疗救助政策落

实率100%;公共服务体系不断提升。召开了全区教育发展大会、卫生健康大会,进一步完善医疗、卫生体系。举办了教育节、护士节,营造了尊教、重医的良好氛围,高效推进分级诊疗,县域就诊率达到96%,“15分钟医疗服务圈”初步形成;实施金华四中扩建等34个教育基建工程,完成投资14.33亿元,组建14个教育集团,集团化办学实现全覆盖,基础教育重点县顺利摘帽,顺利通过“浙江省教育基本现代化区”评估,跻身全国义务教育发展基本均衡区,成功创建“浙江省学习型城市”“浙江省语言文字规范化区”“浙江省人工智能教育实验区”。脱贫攻坚行动体系不断提升。“低收入农户高水平全面小康计划”全面实施,全区所有行政村实现总收入超20万元且经营性收入超12万元,全面消除年收入9000元以下低收入农户。

——县域治理实现“三个提质”,治理能力不断进步。“最多跑一次”改革提质增效,政府职能部门“八统一”事项标准化工作全面完成,主要服务事项实现“中心全进驻”“无差别全科受理”,网上办事100%全覆盖,“无证明城市”改革扎实推进,100%民生事项实现“一证通办”;平安综治提质增效,平安建设取得十五连冠,夺得全省首批一星级“平安金鼎”,“民情民访”五员代办经验在全市推广,区矛调中心挂牌启用;法治婺城建设提质增效,区检察院获评2020年全国先进基层检察院、全国检察宣传先进单位、全国五四红旗团支部,婺警执法质量连续16年获评“省优”,全国十大行政民事典型案件“许水云案”等83件疑难案件成功化解,“七五”普法深入实施,依法行政工作走在全市前列。

——管党治党实现“三个强化”,党的建设质量不断提升。思想建设不断强化,全区上下深入践行习近平新时代中国特色社会主义思想,高质量开展“两学一做”学习教育、“不忘初心、牢记使命”主题教育,牢牢把握忠实践行“八八战略”的政治内涵、奋力打造“重要窗口”的时代目标,聚力打造学思践悟习近平新时代中国特色社会主义思想的婺城样板;管党治党力度不断强化,长期坚持严的主基调,全面推进“清廉婺城”建设,党的建设全面进步、全面过硬;干部队伍建设不断强化,干部精气神越来越足,坚持在重大工作、重大斗争第一线培养干部、锤炼干部,锤炼出了一支忠诚担当、拼搏实干、高效廉洁的婺城铁军。

经过五年奋斗,我区经济实力、科技实力、综合实力、人民生活水平跃上新的大台阶,城乡区域发展均衡性协调性不断提升,县域治理现代化迈出新步伐,高水平全面建成小康社会即将胜利,为争创社会主义现代化先行市、打造“重要窗口”,开启“十四五”婺城奋斗新征程奠定了坚实基础。

特别是今年以来,在新冠肺炎疫情这场惊心动魄、艰苦卓绝的大战大考中,区委、区政府团结带领全区上下,以坚定果敢的勇气和坚忍不拔的决心,同时间赛跑、与病魔较量,扎实做好“六稳”“六保”,取得了抗击新冠肺炎疫情斗争重大战略成果。我们以“高质量、走前列、答高分”的奋斗姿态,以大格局大视野大担当大手笔大情怀,纵深推进“双城”战略走深走实,县域治理现代化婺城样板雏形初显,“五朵金茶花”争奇斗艳,“六大幸福城”惠泽民生,“晒拼创”连续3个季度获全市优秀,各项工作实现“全年进、满堂红”,为忠实奋力谱写“重要窗口”建设婺城华彩篇章写下浓墨重彩的一笔。具体为:

(一)践行“两个维护”越来越坚定,交出“两手硬、两战赢”高分报表。区委常委会始终把学懂弄通做实习近平新时代中国特色社会主义思想作为首要政治任务,全面加强党的政治建设,把打造学思践悟习近平新时代中国特色社会主义思想的婺城样板作为增强“四个意识”、坚定“四个自信”、做到“两个维护”的重要目标,严格落实“第一议题”制度,对总书记发表重要讲话、重要文章以及重要指示批示精神,特别是总书记今年春天考察浙江重要讲话精神、《习近平谈治国理政》第三卷、党的十九届五中全会精神、省委市委全会精神等,都“第一时间”通过区委常委会、区委理论学习中心组学习会、宣讲会、大党课、座谈会、读书会等方式进行传达学习,今年以来召开区委常委会38次,区委理论学习中心组学习研讨9次。举办习近平新时代中国特色社会主义思想综合培训班次8期,举办“婺城图强大讲堂”——“展望‘十四五’图强新婺城”系列高峰论坛10场,“千名书记上党课”1500余场,坚持不懈用党的创新理论武装头脑、指导实践。巡视巡察工作获中央第一巡视指导督导组充分肯定。围绕“重要窗口”建设，提出县域十大治理，“打造三大样板、五大高地”。我们坚决贯彻落实习近平总书记关于打赢疫情防控阻击战重要指示精神和党中央决策部署，在全市率先启动一级响应，建立快速反应机制和应急体系，以党建+巷战为统揽，“115”工作法、大数据+网格、“499”管控模式，确保婺城除首例病例外，持续零增长。我们慎终如始抓好常态化疫情防控，率先复工复产、复市复学，及时开展“稳企赋能十大行动”，出台了“优化营商环境二十条”以及惠企政策42个，累计为企业减税降费9.23亿元，在“金华市智控指数相关工作评价”中连续6个月保持全市前三。区四套班子，广大党员干部、医务工作者、疾控工作人员、公安民警、社区工作人员、新闻工作者、志愿者和在外商会、乡贤，以及坚守岗位、敬业奉献的各行各业劳动者，自觉自律、守望相助的广大人民群众，共同谱写了一曲众志成城、奋勇抗疫的群英曲。其中共有新狮派出所等11支团队、24名先进个人荣获省市级抗疫先进荣誉，成为伟大抗疫精神在婺城的生动实践。

（二）经济动能越来越足，展示图强新活力。坚持以新发展理念引领高质量发展，推进“经济图强、争先创优”，实现半年正、全年红。经济指标全面向好。今年前三季度全区生产总值231.1亿元，增长3.2%，排名全市第二，超全省0.9个百分点。城镇居民人均可支配收入43716元，同比增长2.4%，农村居民人均可支配收入22125元，同比增长5.9%，实现农民人均收入增幅超过人均收入增幅水平。1—11月，主要经济指标中，5项指标增速排名全市第一，12项指标排名全市前三，其中一般公共预算收入20.04亿元，同比增长10.5%，列全市第一；实现民间投资15.47亿元，同比增长56.4%，全市第一；限额以上工业投资完成14.18亿元，同比增长74.85%，排名全市第一；实现外贸出口69.70亿元，同比增长57.38%，增幅全市第二。固定资产投资完成94.9亿元，同比增长9.2%，全市第三；规模以上工业增加值37.98亿元，同比增长5.8%，全市第三。“网络直播”“网红带货”和社交电商等新模式新业态不断涌现，开展浙播季活动28次，带货种类达760余种，交易额超5100万元，带动线上线下消费超3亿元。金华市跨境电商服务中心顺利进行，完成金华海关首票“9710”“9810”业务，打通我市跨境电商出口海外仓的高速通道。民营经济全面向好。大力开展“实把力”强企、“金护秋”护企行动，首届“爱企日”助力政商共图强。1—11月全区新增企业2659户，注册资本115.1亿元，同比分别增长11.44%和19.40%；新增“个转企”105家，完成年度任务131%。新增省科技型中小企业90家，完成全年任务180%，创历史新高。成功入围2021年全省小微企业园建设提升重点区，获省级财政专项激励。婺城上海科创中心获评第一批省级数字经济“飞地”示范基地，“县府里·全球科创中心”、城北“婺州英才创新园”开园运营，为新经济构筑高能级发展平台。农业经济全面向好。全面推进农业“标准地”改革，在全市首推农业“标准地”履约保险，推动“亩均效益最大化”，新增农业标准地1293.33公顷。生猪稳产保供工作获国务院督导组高度肯定。婺城奶牛产业获评省特色农产品优势区。农产品地理标志“箬阳龙珍”通过国家论证，金华两头乌猪肉正式入选欧盟地理标志协定保护名录，进一步打通欧盟市场。乾西乡全省最大优质蛋鸭养殖基地项目全面建成投产。

（三）项目建设越来越快，刷新腾飞新速度。深入开展“四大四比·晒拼创”和“争先创优、百日提速”项目大会战活动，“五朵金茶花”香满婺城。项目招引取得历史性突破，举办两期百亿项目集中开工、签约，涉及项目45个，总投资268亿元，其中投资60亿元的观云小镇项目，为市区有史以来规模最大的文旅投资项目。4个省集中开工项目、2个省重点项目、18个市重点项目开工率、投资完成率均超100%。11个项目被列入省新基建项目，项目数居全市第三。城市经营取得历史性突破，出让经营性用地25宗，面积73.53公顷，土地出让金超50亿元，高铁新城区块旧城改造（一期）国有土地20.73公顷全面完成征收；白龙桥黄金苑区块531户、47公顷66天完成征迁腾空，创造婺城征迁新速度，首宗7.27公顷地块成交价9.7亿元创新城区历史新高；万泰城市广场浴火重生；老百姓期盼十多年的城北首个商业综合体地块开发有序推进。土地保障取得历史性突破,“四破” 攻坚盘活低效用地 87.13 公顷,其中城镇低效用地再开发列全市第一;处置闲置土地 148.75 公顷,完成率 623%,列全市第一,其中消化批而未供和处置闲置奖励列全省第六、全市第一;全年共争取用地指标 108.87 公顷,列市区第一, 其中飞扬小镇一次性争取跨省增减挂指标、申报医疗卫生补短板项目用地规模等居全市第一,建设用地复垦居市区第一、全市第三。蒋堂许里、安地岩头、竹马青梅里、琅琊泉口等 4 个全域土地综合整治项目获专项债 1.6 亿元,4 个新项目获省全域办批复。交通建设取得历史性突破,抢抓建设全国性综合交通枢纽机遇, 吹响交通大会战冲锋号,金武快速路、45 省道、 武义江大桥改建、 二环西路(婺城段)优化改造、南山漫道一期工程等一大批重点交通项目“开花结果”,承载市区群众十年梦想的双溪西路西延、聚合老镇新区跨江发展的马海路大桥等两条路全线通车,加快金兰一体化步伐的人民西路西延(一期)全面竣工。琅琊镇、塔石乡成功获评金华市第二批“四好农村路”示范乡镇。

(四)创新力度越来越大,彰显改革新气象。聚焦牵一发动全身标志性战略任务,精心打造“两优一高”区的新高地和科技人才新高地,推动“最多跑一次”改革向机关部门内部延伸,让改革创新成为“双城”战略的鲜明标识。改革创新蹄疾步稳。省级汽车零部件制造业改造提升试点佳音频传,1—10 月,汽车零部件行业利润同比增长 484.2%,技改投资增长 83.9%, 成功申报婺城区汽车零配件产业创新服务综合体,实现省级产业创新服务综合体零的突破, 万里扬入选 2020 年浙江省高新技术企业创新能力百强,连续 11 年获“全国百家优秀汽车零部件供应商”殊荣。省级夜间经济试点城市获批,“诗画夜婺城”惊艳亮相杭城未来生活节、金秋购物节。高起点启动全域集成综合执法改革、“区乡一体、条抓块统”基层治理改革。第二批新时代文明实践中心建设省级试点、综合扶贫项目省级试点、党组织领导下的校长负责制试点等一批省市改革试点项目高效推进。婺城区“三个聚焦”掀起节约新时尚的做法在《竞跑者》刊发。全年发明专利产业化备案 35 项, 完成全年目标任务的 145%。智汇婺城全球引才。探索实施“揭榜挂帅 全球引才”新机制,出台《中共金华市婺城区委关于全力建设科技创新示范区与人才生态最优区的实施意见》, 举办技术需求对接会、高校毕业生招聘会、“云端引才”等活动 96 场,涉及岗位 6 万个,引进各类人才 1 万多名。成功引进中国工程院院士 1 名、其他省级以上领军人才 10 名,新增大学生就业 11260 名,其中硕士 350 名、博士 149 名,同比增幅 52%,创历史新高。

(五)“花满婺城”越来越亮,呈现发展新景象。“十乡百村”乡创婺城行动和“双富”工程蓬勃开展,“一镇一村一品”百花齐放,“消薄十法”助力脱贫攻坚,高标准开展全国绿色小水电示范区建设,在全国农村水电绿色发展座谈会上作典型发言,“花满婺城·幸福城”“婺城水·幸福城”建设硕果累累。“白沙溪·三十六堰”成功列入世界灌溉工程遗产名录,成为全国第 23 个、全省第 6 个、全市首个世界灌溉工程遗产,为金华增添一张世界级“金名片”。婺城南山荣获建立全省面积最大省级自然保护区。高质量做好第二轮中央环保督察迎检工作,督察交办信访件比第一轮下降 53.03%。成功创建“基本无违建县(市、区)”。全面完成农村饮用水达标提标行动。高水平推进美丽镇村建设,罗店镇盘前村荣获全国“一村一品”示范村;安地镇、雅畈镇、塔石乡顺利通过美丽城镇建设省级验收,安地镇被评为省级样板镇,上榜省级旅游风情小镇创建名单。建成“南山漫道”美丽乡村风景线 1 条,完成新时代美丽乡村达标村创建 54 个村、省美丽乡村特色精品村 3 个,建成省级美丽宜居示范村 2 个。持续推进“百千万”景区化创建工作,成功创建省 A 级旅游景区镇(乡)2 个,A 级旅游景区村庄 22 个,其中雅畈镇被评为全省首批 AAA 级旅游景区镇,莘畈乡方家村、白龙桥新昌桥等 5 个村被评为 AAA 级旅游景区村庄。仙源湖旅游度假区被评为浙江省首批职工疗休养基地。全区空气质量优良利率达 91%。夯实全域旅游发展基础,以“南山漫道”、花博园、美保龙生态养殖等样板项目为牵引, 推动全区文旅项目建设,10 月份完成投资 9.59 亿元,完成年度任务的 102.73%,居全市第一。可同时容纳 5000 人同场竞技的燕语湖国际垂钓中心被国家体育总局指定为全国唯一垂钓全项目赛事训练基地。以“花满婺城·幸福生活”休闲旅游年为主线,举办竹马茶花节、箬阳茶文化节、中国门球冠军赛总决赛、第四届中国山水四项公开赛等活动30余场,文体农旅紧密融合成为乡村振兴的有力抓手,其中全国首届钓鱼人运动会,吸引全国20多个省份的1160名选手、300多名网红竞钓大师同场竞技,网络观看超1亿人次。预计全年接待游客达1006万人次,实现旅游收入92亿元。

(六)民生基础越来越强,擦亮婺城宜居新品牌。始终坚持以人民为中心,统筹推进“六大幸福城”建设,近80%的财政支出用于民生,不断创造高品质幸福生活,全力打造幸福城婺城样板。持续推进“优学婺城·幸福城”建设,加大教育投入,加快实施硬件提升工程,金华五中成美校区新建、金华四中扩建等项目有序推进;深入推进学前教育“四个一批”补短提升行动,新开园5所公办幼儿园,新增学位2370个。教学质量持续领先,全区43名教师获国家级、省级荣誉,25所学校获省级以上荣誉,中考学科优秀率、合格率等各项指标位列金华大市第一。举办首届婺城教育节,构建家庭、学校、政府、社会“四位一体”协同共育体系,婺城“两书一信”家校共育品牌获全国“2020年民生示范工程”,教师工资与公务员同等待遇。持续推进“健康婺城·幸福城”建设,在全市率先出台《婺城区促进健康事业发展十项举措》,投入19亿元实施中医院、人民医院传染病区、康复医院改扩建、妇幼保健院迁建、公共卫生防控中心、卫生应急物资储备中心、罗店镇中心卫生院综合楼七大卫生补短板项目,进一步优化婺城区医疗卫生机构布局,完善城乡医疗高质量服务体系,婺城人民医院托管金华市中心医院,1—11月业务总收入1.24亿元,逆势增长20%;婺城“移动医疗”七上央视,打响“婺家优医”服务品牌。省级卫生乡镇达到全覆盖,琅琊镇、塔石乡、莘畈乡、沙畈乡、箬阳乡获评国家级卫生乡镇。持续织密社会保障安全网,今年新增就业岗位2.5万人,增幅列全市第二,累计减征、免征社保、失业、工伤保险企业缴纳费用3.8亿元,成功创建浙江省无欠薪城区,争取保障性安居工程中央资金1.67亿元,额度居全市第一。民政事业高质高效发展,特困人员、孤儿和困境儿童生活补助标准全面提高,建成城东街道居家养老服务中心等省级示范居家养老中心11家。

(七)治理效能越来越优,争创法治平安建设新亮点。“基层党建+社会治理”持续深化,平安指数始终保持在全省第一方阵,3次位列全省前三名。擦亮“法治婺城”金名片。加速打造法治建设新高地,全面加强党对依法治区工作的领导,领导干部带头尊法、学法、守法、用法、述法氛围不断浓厚;法治建设工作纳入区委巡察范围;行政复议案件调撤率同比上升30个百分点;“婺城普法”公众号3次进入全国影响力榜单,23次进入省榜。擦亮“平安婺城”金名片。坚持总体安全观,坚决维护国家政治安全;暴恐案件、重大群体性事件零发生;深入推进扫黑除恶专项斗争收官战,累计打掉涉黑涉恶组织37个,破获各类刑事案件389起,获中央扫黑除恶督导组高度肯定;深入开展安全生产事故、道路交通安全等八大专项行动,全力推进百日消防安全“四大”专项行动,1—11月全区各类生产安全事故数和死亡人数同比下降33.3%、25%。深化“最多跑一地”改革,高标准建成区级社会矛盾纠纷调处化解中心,城乡矛盾调解中心实现全覆盖,城西街道矛盾调解中心建设走在全市前列,1—11月,全区来访总量同比下降29.1%,信访事项办结率达100%,信访工作“枫桥经验”婺城实践被国家信访总局点赞推广,信访工作走在前列。擦亮“婺城家服务”金名片。聚焦“两优一高”区建设,充分发挥“三大员”作用,深入开展“大家访、大代办、大接访、大化解”“四大”活动,精准实施“优+(家)”服务提升工程,组建“代办学院”,深化“实事我来办”等红色志愿服务,累计解决问题4万余个,解决率、满意率接近100%,“微笑办、暖心办、马上办、我来办”的“四办”作风已经成为我们全区干部的价值取向。

(八)婺城知名度、美誉度越来越响,展现奋发有为新姿态。持续推进“人文婺城·幸福城”建设,大力繁荣婺城文化,打造浙中文化新高地。城市品牌建设卓有成效。着力建设“和美金华·花满婺城”城市品牌,“亲爱的婺城,亲爱的你”的城市主题文化、

“闻着花香回故乡”的乡贤文化、“婺城一家亲”的家文化、“担当赶超 婺城图强” 的图强文化、“努力到无能为力、拼搏到感动自己”的拼搏文化,在县域治理现代化建设中成为推动婺城蝶变的磅礴力量。婺城名列全国地级市辖区品牌传播热度百强榜第24位。琅琊镇水竹蓬村、罗店镇后溪河村获评全国文明村。涌现出一大批新时代楷模,我区荣誉市民、见义勇为英雄王亮荣立一等功,被授予“浙江青年五四奖章”, 浙江美保龙种猪有限公司陈立平被评为全国劳模,“和姐” 宋园春等2人入选 “中国好人榜”,5人入围 “浙江好人榜”, 选树区级闪光婺星110人、团体(品牌)9个。今年,共有17场现场会在婺城召开,其中国家级5场,省级6场;共获省领导批示19次,市委市政府主要领导批示16次,创历史新高。在中央、省、市级主流媒体发表文章和信息7000多篇,其中《人民日报》10篇,是去年同期的5倍;央视51条,是去年同期的5倍;“学习强国”271篇,是去年同期的2倍;《浙江日报》超100篇,是去年同期的2倍多;浙江卫视《新闻联播》21条,同比增长31%。举办“花满婺城 看见幸福”大型媒体走读活动,百余名中央、省、市媒体代表、知名学者、新媒体领军人物用镜头记录日新月异的“双城”图景。《奔向全面小康》浙江之声全媒体访谈婺城,向全省讲述实现全面小康路上的幸福婺城故事。

(九)党的建设越来越强,涵养风清气正新生态。全面深入践行新时代党的建设总体要求和党的组织路线, 不断开创党的建设和组织工作新局面。大抓基层组织力提升。高质量完成村社组织换届,“一肩挑”人选当选率100%,全程做到平静安静,圆满完成“五好四确保”目标;构建村社干部“五星四过硬”全链条培养体系,推行村级组织运行“18条”等5条经验做法受中组部推广肯定。高标准推进“五星三强”党组织建设,深化打造示范乡镇3个、示范社区22个、党建示范点72个;产业党建联盟等做法先后12次受省市领导批示肯定, 城中街道西市街商圈党建成功入选“党建引领长三角G60科创走廊建设”案例。不断提升干部工作水平。深入开展“干部赋能”行动,分层次专题授课147场,培训7000余人次;突出“一线赋能”,选派400余名干部到一线摔打历练;突出实干导向,提拔使用政治过硬、实绩突出的74名干部;出台“12条举措”激励担当作为,发放113份强制休息令,对6名干部予以容错纠错、为8名受不实举报的干部澄清正名;突出薪火相传,制定“八个暖心”荣退机制,建立老干部作用发挥“5+X”名机制,打造“银耀婺城”品牌。坚决守好意识形态主阵地。始终牢牢掌握意识形态工作领导权、主动权,全面落实意识形态工作责任制,抓好党委(党组)书记抓意识形态工作专项述职,“一哨双‘生’”工作获全省网信工作现场会典型发言,不断巩固好、维护好、发展好意识形态工作的良好局面。坚定不移扛起管党治党政治责任。加强政治监督,围绕习近平总书记对脱贫攻坚、反对浪费、防汛、环保督察等重要批示指示精神,第一时间组织专项监督行动。在全市率先启动“四清单”“两档案”“两报告”工作,有力推动全面从严治党主体责任落细落实。净化政治生态大数据平台荣获2020年“全省基层清廉建设十大创新经验”创新奖。持续加快清廉细胞规范化创建工作,16家单位获评市级示范工程。行贿受贿一起查等5项工作获中纪委肖培副书记肯定。金茶花区乡一体不见面交易系统获市纪委点赞并在全市推广。开展三轮常规巡察和一轮扶贫专项巡察,发现问题1763个,移交问题线索53条,实现村社巡察“全覆盖”。常态推动高压反腐,党纪政务立案163件,同比上升41.7%;党纪政务处理125人次,同比上升35.9%。抓实正风2020专项行动,开展党员干部“赌博、酒驾”教育整顿,共发现查处“四风”问题39个,追责问责79人。

此外,区委常委会始终坚持党的领导、人民当家作主、依法治国有机统一,不断加强和改进党委对人大、政协工作的领导,充分发挥各民主党派、工商联、无党派人士作用,加强党外代表人士队伍建设和民族、宗教、港澳台及海外工作,不断壮大巩固爱国统一战线,动员广大爱国人士与广大党员干部群众一道,奋发图强,劈波斩浪。区委全力支持人大政协开展工作,召开了116次座谈会、协商会。区人大常委会精心组织区领导、“一府一委两院”负责人走进人大代表联络站,架起干群连心桥,获省市媒体高度关注,首次高质量开展“两官”履职评议,受到市人大高度肯定。区政协充分发挥专门协商机构作用，“请你来协商”“民情联络站”“基层微协商”“委员会客厅”“社情民意”等特色履职品牌打造走在全市前列。区法院“‘宽限’15天保住企业千万元外贸订单”获评全省“十佳执行典型案例”，“执法司法规范化水平提升年”活动指标排名位列全市第一。区检察院撰写的涉“暗网”毒品调研报告获省委主要领导批示。区税务局获评全国税务系统先进集体，1人获评全国青年岗位能手。区总工会企业劳动竞赛活动获浙江省“十三五”期间劳动和技能竞赛优秀案例，工资集体协商助力企业渡过难关荣获省级优秀案例。团区委牢牢把握党团队一体化阶梯式培养和青少年家国情怀教育重点，承办全省“真善美”种子工程现场会。区妇联打造“茶花姐妹”一格一姐巾帼志愿者服务品牌，为全国文明城市创建贡献巾帼力量。区残联助残服务“一件事”改革婺城模式获省《竞跑者》点赞推广。区文联精心策划举办各类文艺走读活动，显著提高了文艺工作者的组织力、凝聚力和创造力。区红十字会生命健康安全教育项目，获中国红十字总会高度认可。区科协推动院士专家智力集聚工程取得新突破，全年新增3家市级专家工作站，创历年新高。党管武装和国防动员等工作紧盯军事斗争准备，区人武部在全省岗位练兵大比武中获综合第一名，“拥军码”在全市推广。进一步构建完善老干部的组织、服务、保障体系，着力提高老干部工作质量和层次。婺城广大党员干部群众锐意进取，砥砺前行，用奋斗书写了建设“重要窗口”的婺城篇章。

奋进“十四五”，开启婺城图强新征程

“十四五”时期是开启全面建设社会主义现代化国家新征程，向第二个百年奋斗目标进军的第一个五年。当前和今后一个时期，我国发展仍然处于重要战略机遇期，世界百年未有之大变局进入加速演变期，中华民族伟大复兴战略全局进入加快实现期。在加快构建国内国际双循环格局大背景下，随着长三角一体化国家战略加深布局，金华城市群建设进入快速发展，都市区能级不断提升，在加快建设全国性综合交通枢纽，浙江自贸区金义片区、义甬舟大通道西延等重大战略落地金华之际，我区正处于实现新的图强发展的战略机遇期、关键突破期和跨越发展期。从我们自身看，都市经济创新城已经破题前行，但产业层次不高，经济总量不大，创新能力不足，现代产业体系、高质量发展态势还没有形成，核心区首位度仍然不高；美好生活幸福城已经扬帆启航，但与群众的要求还有较大差距，城乡发展不平衡、不充分的问题仍然存在，城乡居民收入比与发达地区差距较大，民生基础投入不足，公共服务体系不够健全、能力不够强，环境质量还有待提升，高品质的城乡形态还没有形成；党的建设有了新进步，但党的领导力、组织力、凝聚力、发展力建设与新时代发展要求还有差距，党建统领的整体智治体系还有待完善，抓落实的运行体系还不够顺畅，现代化治理的能力和水平有待提升，与现代化发展相匹配的党员干部队伍建设还有待加强，专业化能力不足的问题较为突出；推进全面从严治党“四责”协调机制还不健全，党风廉政建设和反腐败斗争形势依然严峻。我们要深刻认清当前的形势，增强“窗口意识”、机遇意识、前列意识和风险意识，全面把握两个大局，保持战略定力，努力在危机中育新机、于变局中开新局，找准婺城区的战略新方位，全面开启高水平全面建设社会主义现代化的新征程！

到2035年要基本实现高水平现代化远景目标。展望2035年，婺城区将推动“都市经济创新城、美好生活幸福城”“双城”战略不断迭代升级，构建高质量发展体系、高品质生活体系、高效能治理体系，形成现代化发展格局，奋力建成“文化名城”“创新名城”“数字名城”“生态名城”“幸福名城”为主要内容的“五大名城”，以排头兵的姿态，基本建成现代化都市区核心区，成为“重要窗口”建设“浙中崛起”的重要板块，基本实现高水平现代化，成为国际国内有影响力的现代化都市城区。具体是综合实力更强、创新活力更足、文化发展更繁荣、数字赋能更智慧、都市区能级更高、改革开放水平更高、城乡发展更协调、生态环境更美、百姓生活更幸福，基本实现新型工业化、信息化、城镇化、农业农村现代化，

全面实现县域经济向都市区经济转型。共同富裕取得实质性进展,人均GDP、居民人均收入与人均生产总值之比达到发达经济体水平,中等收入群体显著扩大,建成现代化公共服务体系,城乡区域发展和居民生活水平均衡度实现领先,安全保障体系不断健全,共建共治共享的社会治理体系更加完善。建成国家级生态文明建设示范区,国家创新型城区等,世界级、国家级金名片不断涌现。党的全面领导和高效执行体系全面形成,全面从严治党持续深入推进,干部清正、政府清廉、政治清明的清廉婺城全面建成,中国特色社会主义制度优势充分彰显。

围绕2035年的远景目标,我们要唱响“奋进‘十四五’图强新婺城”的主旋律。“双城”战略迭代升级、奋力建设“五大名城”,争当社会主义现代化先行市的排头兵。

双城战略迭代升级,奋力建设五大名城,争当社会主义现代化先行市的排头兵,是对我们2035年远景目标的总结。“十四五”时期,“奋进‘十四五’图强新婺城”是对“担当赶超 婺城图强”提出的新要求。“双城”战略迭代升级,就是要在忠实践行“八八战略”、奋力打造“重要窗口”的进程中,进一步发挥婺城的区位优势、人文优势、生态优势、宜居优势、数字基础设施优势和“双城”战略两年多的实践基础,扬优势、补短板,通过建设“五大名城”,实现争当社会主义现代化先行市排头兵的奋斗目标。关键要把握“六个新”:一是要锚定新目标,团结一心,围绕“双城”战略迭代升级,开启建设“文化名城”“创新名城”“数字名城”“幸福名城”“生态名城”等“五大名城”为目标的社会主义现代化建设新征程;二是要坚持新理念,坚持把“创新发展、协调发展、绿色发展、开放发展、共享发展”的新发展理念贯穿发展全过程和各领域,以思维创新、产业创新、科技人才创新、文化创新、制度创新“五大创新”为新动力,坚持系统推进、系统观念,推动质量变革、效率变革、动力变革;三是要融入新格局,探索构建以国内大循环为主体、国内国际双循环相互促进的新发展格局,加快推进供给侧结构性改革;四是要展现新姿态,牢固树立“没有走在前列也是一种风险”的忧患意识,以“高质量、走前列、答高分”的奋斗姿态争当建设社会主义现代化先行市的排头兵;五是要注入新动力,以“数字赋能”作为驱动高质量发展的最有效动力,坚持以数字化引领、撬动、赋能全方位发展,推进科技创新、机制创新,以整体智治塑造引领未来的新形态新模式;六是要强化新保证,坚持党的全面领导、提高推动高质量发展能力,为全面建设社会主义现代化提供坚强有力的保证。

“十四五”时期,我们的指导思想是:高举习近平新时代中国特色社会主义思想伟大旗帜,深入贯彻党的十九大和十九届二中、三中、四中、五中全会和省委十四届八次全会、市委七届八次全会精神,全面贯彻党的基本理论、基本路线、基本方略,统筹推进“五位一体”总体布局,协调推进“四个全面”战略布局,以争创社会主义现代化先行省、社会主义现代化先行市为总目标,以高质量发展、高品质生活、高效能治理为方向,以深化供给侧结构性改革为主线,以改革创新为根本动力,以满足人民日益增长的美好生活需要为根本目的,以人的现代化为导向,紧扣“五大历史使命”“十三项战略抓手”和“九市建设”,唱响“奋进‘十四五’图强新婺城”主旋律,高水平推进“双城”战略迭代升级、奋力建设“五大名城”,争当社会主义现代化先行市的排头兵,谱写建设“重要窗口”婺城华彩篇章。

“五大名城”是全区人民建设社会主义现代化先行市婺城担当的重要目标。“十四五”时期,是“双城”战略迭代升级、奋力建设“五大名城”打下坚实基础的重要阶段,我们要深刻把握“五大名城”的内涵和具体内容:

——文化名城:要把“文化赋能”贯穿发展全过程和各领域,并更好发挥好引领功能,以“人文婺城·幸福城”建设为统领,擦亮国家历史文化名城和婺文化的金名片,打造浙中文化新高地,推动“五大名城”建设。“十四五”时期,要充分解码、保护、传承和创新婺文化,不断增强文化自信,构建新时代婺文化发展体系;不断深入推进精神文明建设,塑造婺城大地新风尚,打造新时代文明实践先行区;加强基层公共文化供给,大力发展现代化文化产业,不断提升婺城文化软实力。

——创新名城:要把“创新赋能”贯穿发展全过

程和各领域，提高“五大创新”能力，打出创新发展引领高质量发展的组合拳，加快传统产业转型升级，大力发展战略型未来产业，切实加大科技投入，树立“没有创新就没有高质量发展”的鲜明导向，营造创业创新的浓厚氛围，打造科技人才新高地，全方位推进婺城高质量发展。“十四五”时期，各项指标全市占比逐年提高，GDP 增速超全省全市平均水平，总量超 400 亿元，规模以上工业总产值、上市企业数实现倍增。R&D 投入占比、人才总量两大指标实现翻番，科技进步创新指数力争进入全省前 20。

——数字名城：要把“数字赋能”贯穿发展全过程和各领域，加大数字新基建力度、拓展数字化场景应用、推进政府数字化转型，数字赋能产业升级、数字赋能消费升级、数字赋能县域治理、数字赋能深化改革、数字赋能公共服务，打造数字经济 2.0 版与数字治理 2.0 版，全力打造高质量发展的数字新引擎，建设智慧城市引领、智能制造示范、数字产业集聚、全域智治先行的新时代数字名城。“十四五”时期，数字经济产值、数字经济核心产业增加值占规上工业比重实现翻番。

——生态名城：要把“绿水青山就是金山银山”理念贯穿发展全过程和各领域，从环境治理向生态恢复转变，更加重视生物多样性保护，深化“五水共治”，擦亮“婺城水·幸福城”的金名片，建设“百园之城”，争创国家级生态文明示范区。“十四五”时期，全域美丽的绿色发展体制机制不断完善、山水林田湖草一体的生态系统良性循环、能源资源开发利用效率大幅提高、“两山”转化通道进一步拓展，打造天蓝、地绿、水净、土净的美好家园，生态文明指数迈入全省前列。

——幸福名城：要把共同富裕的理念贯穿发展全过程和各领域，坚持以人民为中心的发展思想，把满足人民对美好生活的追求作为我们的奋斗目标，以“六大幸福城”建设为抓手，建设城乡融合、公平正义、平安和美、生态宜居、美丽富裕，能实现梦想、人人向往的幸福城市。“十四五”时期，探索建立幸福指标体系，常住人口城镇化率达到 80%以上、城乡人均收入比差距缩小到 2 以下、人均预期寿命超过 80 岁，平安指数始终保持全省前列，打造法治建设新高地。

“五大名城”涵盖了经济、政治、文化、社会、生态文明建设等各个领域，是推动“四个全面”战略布局和“五位一体”总体布局在婺城落地生根的战略抓手，是有机统一的整体，需要我们以系统观念系统方法全面、整体推进。“五大名城”代表了更高的质量、更高的标准、更强的婺城辨识度，需要我们全力以赴打造更多的世界级、国家级、省级金名片。

“双城”战略迭代升级、奋力建设“五大名城”，争当社会主义现代化先行市的排头兵，“十四五”时期的具体内容为：

一、以党的全面领导强化高效能治理，打造学思践悟习近平新时代中国特色社会主义思想的婺城样板

党是我们各项事业的领导核心。必须坚持党的全面领导，坚持和完善党领导经济社会发展的体制机制，创新思维、振奋精神，大成集智、整体智治，打造山清水秀的政治生态高地，凝聚起争当社会主义现代化先行市的排头兵的强大合力。

（一）守初心担使命走前列，坚决做到“两个维护”。不断推动习近平新时代中国特色社会主义思想铸入头脑深处、融入血脉灵魂。旗帜鲜明讲政治。始终坚持把党的政治建设作为党的根本性建设，牢固树立“四个意识”，确保全区党员干部把“两个维护”落实在思想上政治上行动上。守牢意识形态阵地，坚持把系统学习新思想作为党委（党组）会议“第一议题”“第一时间”学，把研究贯彻新思想作为区委决策部署的前置程序，把对标落实新思想作为评价干部忠诚度的根本标尺，推动学习贯彻习近平新时代中国特色社会主义思想走实走心走深。完善社科联组织建设，发挥高校、党校资源优势，提升课题研究水平。健全“不忘初心、牢记使命”长效机制。把不忘初心、牢记使命作为全区党员干部的终身课题常抓不懈，常态化开展“大学习、大讨论、大调研、大落实”活动，把习近平新时代中国特色社会主义思想作为根本指南、把党章作为根本依据，更加注重读原著、学原文、悟原理，更加注重各项党内法规制度学习贯彻落实，更加注重解决经常性查改违背初心使命问题，更加注重问题导向和实践导向，从根本上确保党员干部理论学习有收获、思想政治受洗礼、干事创业敢担当、为民服务解难题、清正廉洁作表率。大力实施“铸魂”“溯源”“走心”工程。加强理论阐释和现实问题研究,结合“重要窗口”建设、“八八战略”、“双城”建设实际,集中推出一批理论阐释成果。推进新思想教育培训5年计划,创新不同领域、不同行业的分众化、差异化的教育培训模式,开展理论通俗化研究,抓好“润‘婺’有声”“乡音宣讲”“8090”等新老宣讲品牌的提升、培育,引导全区党员干部人才与党的事业同心同向、同频共振。

(二)整体智治走前列,提高党领导贯彻新发展理念、构建新发展格局的能力和水平。坚持加强党的全面领导。聚焦提升党的执政水平,构建完善区委对人大、政府、政协、纪委监委、法院、检察院和群团组织“总揽全局,协调各方”的领导机制,调动一切积极因素,团结一切社会力量,不断形成“心连心、暖人心、共图强”的图强合力。坚持整体理念,强化职能整合、数字赋能,全区一盘棋,全面推进党政机关整体智治,把婺城作为一个整体、城乡作为一个整体、政企作为一个整体,深化党政机关内部“最多跑一次”改革,推进跨层级、跨区域、跨部门数据共享、业务协同,构建上下一体、部门间协作、政银企社联动的协同高效运转机制。坚持系统推进。树立“整体智治”理念,以抓纲带目、重点突破,来促进全面推进、系统提升,通过不断打通堵点、强化薄弱点,形成“一子落、满盘活”的乘数效应,推进整体工作跃升。科学运用创新指数、幸福指数、生态绿色指数来评价 “都市经济创新城”“美好生活幸福城”的含金量。坚持完善机制保障。围绕“整体智治”这个关键核心,健全落实党的全面领导高效执行体系,扎实贯彻执行民主集中制,完善改革委员会、财经委员会等机构的抓大事议大事机制。完善争先创优机制,大胆改革考核评价体系,建强婺城图强榜,搭好“四大四比·晒拼创”比拼赶超大舞台,调动全区上下争先创优的干事激情。

(三)建强堡垒走前列,全面贯彻新时代党的组织路线。大力实施组织路线服务政治路线“护航”工程。以数字党建、幸福党建为统揽,深化“五星三强”基层党组织创建,力争通过5年时间,实现“五星三强”示范乡镇街道、基层村社党组织全覆盖,打造红色全科网格2.0版,做大做强“区域+领域+产业”党建联盟,着力形成“党建统领、条块协同、上下联动、共建共享”的基层治理新格局。突出全域建强。在农村,深化《婺城区村级组织运行18条》,进一步完善村级议事规则、决策机制、权力监督等制度,健全村干部全链条培养体系;在城市,深化推进街道“大工委”、社区“大党委”样板项目,做大商圈、楼宇等党建联盟品牌,打造浙中“党建强、发展强”的城市新地标;在“两新”组织中,深入推进“四化重组”工作,探索实施两新党组织书记职业化管理项目; 在机关, 以品牌化为抓手推动党建与业务深化融合,深化“乡镇吹哨、部门报到”工作机制。突出队伍建强。实施“七种能力”全素质提升培训计划,统筹谋划专业型、紧缺型干部培养储备,深化公务员分类改革,探索推行公务员实绩表现全程数字化跟踪考评,深化推进“两个担当”良性互动,健全鼓励激励、澄清保护、容错纠错“三项机制”,建立全要素的心理关爱机制,打造多维立体的干部选育管用爱全链条体系,打造堪当现代化建设重任的忠诚干净担当党员干部队伍。突出作风建强。深化巩固党员整治立规创优成果,健全“五星四过硬”党员培养体系,探索推进“一肩挑”背景下权力监管体系改革、党组织书记党务职业生涯“一件事”管理机制改革等项目,打造有凝聚力、战斗力的基层队伍。大力弘扬“唯实惟先、善作善成”的团队文化团队精神,着力选树一批勇立潮头、敢为人先的担当作为好干部、闪光婺星和突出贡献人才,激发干事创业激情。

(四)全面从严治党走前列,涵养风清气正的政治生态。加强政治监督。聚焦习近平新时代中国特色社会主义思想和各级“十四五”规划、新发展格局等重大决策部署贯彻落实情况,清单化、项目化、实效化跟进监督、精准监督、做实监督。深化清廉婺城建设。高水平推进八大清廉单元规范化建设,迭代升级基层公权力监督“六全两零”模式,大力开展清廉文化建设,构建完善亲清政商关系,全力营造干部清正、政府清廉、政治清明、社会清朗的发展环境。推进“三不”机制建设。始终坚持严的主基调,一体推进不敢腐、不能腐、不想腐,紧盯重点领域、重点人、重点事释放高压信号，推动构建上下贯通、左右衔接、运行有效的监管制度做到权力归笼，做细做实警示教育，积极构建“反围猎”机制，不断巩固发展反腐败压倒性胜利。优化干事氛围。更严更细落实中央八项规定精神，坚决防止“四风”老问题复燃、新问题萌发、小问题坐大，持续查纠“四不”顽疾，不断完善作风建设长效管理机制，持续深化容错纠错、澄清正名工作，在严管厚爱中营造更优干事创业环境。提升监督治理效能。继续探索数字赋能纪检监察工作，深化构建全面从严治党“四责协同”机制，深入推进“四个监督”融会贯通，统筹衔接党内监督与人大、政协、审计、群众、舆论等监督，进一步完善基层大监督格局。坚持纪法情理贯通，精准实施“四种形态”，推动力度、尺度、温度有机统一。

(五)法治建设走前列，全面提升法治婺城建设水平。以习近平法治思想为指引，坚持党的集中统一领导、人民当家作主、统筹推进依法治国有机统一，抓好党内法规实施，坚定推进依规治党。健全依法决策机制，严格规范重大行政决策制定和执行，积极发展基层民主政治，形成依法治区规范化系统化整体化推进机制，不断提高依法治区能力和水平。全面建设法治政府。完善法律顾问制度，全面推进政务公开，构建职责明确、依法行政的政府治理体系，在建设“全国法治政府建设示范市”“法治浙江建设示范区”中走前列。实施执法提升工程，加强和创新事中事后监管，树立婺警“全国执法示范”标杆。深化司法体制改革，严格落实司法责任制，实施“两官”履职评议，促进司法公正。全面建设法治社会。全面贯彻实施宪法，坚定维护宪法尊严和权威。积极服务地方立法，健全规范性文件工作机制。贯彻实施好民法典，支持法律服务社团高质量发展，推动公共法律服务中心与矛调中心深度融合，打造覆盖城乡、便捷高效、均等普惠的现代公共法律服务体系。深入开展“八五”普法，推进全民守法，增强全民法治观念，完善守信激励和失信惩戒机制，建设信用婺城，积极引导人民群众依法维权和化解矛盾纠纷，在全社会形成良好的法治氛围。

二、以新发展格局引领高质量发展，打造都市经济的婺城样板

在“推动形成以国内大循环为主体、国内国际双循环相互促进的新发展格局”的过程中，以现代化的都市空间体系、产业体系、动能体系来推动都市经济迭代升级高质量发展。

(一)区域协调发展走前列，建设城乡融合发展先行区。坚持区域协调发展、城乡融合发展，聚焦组团式发展形态，坚持规划引领，形成共同繁荣、共同富裕的一体化发展格局。统筹城乡融合发展。统筹划定落实生态保护红线、永久基本农田、城镇开发边界三条控制线，形成定位清晰、管控严格的国土空间规划体系，以城乡空间重构来构建3个城乡融合发展圈，推动“五朵金茶花”落地成景，破解城乡二元结构，建立以城带乡、城乡互补、深度融合、共同繁荣的紧密型城乡关系。构建都市核心发展圈，全面迈进婺江时代。把婺江作为城市发展的主轴线，完善“一江、双城、四带”的规划布局，城市建设迈入婺江时代。“一江”就是要围绕婺江打造带动婺城高质量发展的“中轴线”；“双城”就是要统筹做强城乡有机更新、做强新城区高质量“二次出发”两篇文章；“四带”就是要围绕婺江沿岸，打造绿色生态景观带、滨水宜居城乡带、都市经济产业带、便捷通畅交通带。以街道为核心构建都市核心发展圈，以新狮、罗店、竹马、乾西、白龙桥、长山、琅琊、蒋堂、雅畈等乡镇街道为链，发挥好以城带乡的作用，形成协同聚合发展的组团发展模式，构建城乡融合紧密型发展圈。山区乡镇构建生态发展圈，加快实施“下山安居创富”工程，同时大力发展生态经济、林下经济，做好绿色发展文章。建立开放的都市发展格局。不断增强婺城的开放度，积极融入长三角，发挥优势、谋划准定位，全方位对接，提升我区发展能级。主动融入都市区共建，与开发区和金华山加快协同发展，主动融入金义一体化和金兰、金武同城化，开展全方位交流合作，谋划建设金兰合作产业园。加快建设全国性综合交通枢纽。认真贯彻交通强国战略，抢抓金华建设全国性综合交通枢纽的大交通新基建机遇，拓展便捷直通周边中心城市的铁路、高速公路，融入长三角高等级航道网水上运输

通道,基本建成布局合理、内畅外联、互联互通、立体多元、绿色智能的“一港一轨四高四干五联”现代综合交通运输体系。打造浙中综合交通主枢纽,基本实现交通运输现代化。补齐城乡交通的短板,全力打通断头路。加速推进甬金衢上高速、规划330国道、金西中央大道、货运北线等谋划项目的落地实施。构建“六纵六横”的公路干线路网;完善都市区交通体系,加快推进金建铁路、金义三四线、沪昆铁路塘雅至蒋堂段外绕等重大项目,推进金武永东、金兰轨道交通建设,完善金义都市区辐射周边城市的城际铁路网;推进衢江、金华江二期项目,加快金华江高等级航道建设,加快婺州公铁水联运港、竹马货物集散区、乾西作业区建设,打造婺城三大物流集聚区与浙中多式联运枢纽港核心区的联运体系,打造成为义甬舟开放大通道重要节点。构建以金华站为核心的综合客运枢纽,完善城市公交、客运班线等运输服务网络,实现枢纽内部便捷立体换乘。高水平推进“四好农村路”建设,提升智能化、公交一体化服务水平。

(二)构建现代化都市产业体系走前列,建设民营经济强区。坚持“腾笼换鸟、凤凰涅槃”、强化工业、服务业双轮驱动,毫不动摇支持民营经济发展,深化供给侧结构性改革,构建都市工业、都市农业、都市服务业融合发展的都市经济产业体系,大力发展数字经济、智能智造装备、现代商贸、生物健康、文化旅游“五大百亿”产业,推动三次产业产值在全市占比每年提升1个百分点,实现婺城经济新图强。做强都市工业。深入实施“四倍增两提升”行动,加快构筑新的增长极和动力源,打造更强的都市工业。实施工业经济倍增行动,到2025年,全区规模以上工业增加值翻一番,建成小微园区20个。实施上市企业倍增行动,持续开展“尖峰行动”“雄鹰行动”“雏鹰行动”,扶持开创电气、氢途等企业上市,实现上市企业数倍增,形成“大企业顶天立地、骨干企业专精特新、小企业铺天盖地”的格局。实施数字经济倍增行动,贯彻《浙江省数字经济促进条例》,实施数字经济“一号工程”2.0版,探索大数据、人工智能、云计算、数字孪生、5G、物联网和区块链等新一代数字技术应用和集成创新,以“产业数字化、数字产业化”为方向,打造一批具有示范引领作用的“数字化车间”“物联网工厂”“未来工厂”项目,全面推动贸易数字化,创新数字贸易新模式新业态,加快形成百亿级数字经济产业,数字经济产值和数字经济核心产业增加值占规模以上工业比重实现翻番,打造数字经济先行区。实施现代产业集群倍增行动,提升产业链稳定性竞争力,聚力打造新能源汽车及零部件(汽摩配)、现代五金两个产业集群,实现两大产业集群产值翻番。实施战略性新兴产业提升行动,加快发展生命健康、新材料、氢能源等未来产业,打造未来产业先导区。实施产业平台提升行动,高起点建设婺城省级经济开发区,打造创新策源地、生态宜居福地、高端产业集聚区、体制机制创新区和产城融合示范区,全力向省级高新技术产业园区迈进,全面建成飞扬智能制造特色小镇,打造以5G应用为引领,以智能制造为龙头的一流园区。做优都市现代服务业。把现代服务业作为“十四五”高质量发展的新动能,深化国家服务业综合改革试点,推进现代服务业集聚区向高端化发展,打造浙中消费中心城市。大力发展生产型服务业,推动生产性服务业向专业化和价值链高端延伸,提升科技服务、现代物流、金融服务、中介等服务业竞争力,打造功能定位清晰、产业特色鲜明的总部经济和楼宇经济集聚区。大力推进“双循环”,借势“义新欧”“义甬舟”,积极融入“一带一路”倡议,突出“丝路节点”核心区战略地位,用足用好浙江自贸区金义片区政策,在形成长三角一体化开放发展新格局上争得优势。积极对接金义综合保税区,不断完善跨境电商服务链生态,形成浙中跨境电商集聚中心。优化消费业态。大力挖掘消费潜力,完善“互联网+”消费生态体系,大力发展社交电商、赛事经济、网红经济等消费新业态、新模式,加快网红流量变现。大力发展夜经济,推进“古子城+江北商圈”联动发展,争创国家级夜间经济示范街,打造具有烟火气、婺城味、时尚潮的婺城夜形象,擦亮“婺城夜生活”消费旅游新名片。做特都市农业。坚持高效、生态、高质导向,深入推进农业供给侧结构性改革,打造全省高标准现代农业示范区,争创国家农产品质量安全区。守牢粮食安全底线,开展粮食节约行动,坚决遏制耕地“非农化”、防止“非粮化”,到“十四五”末,全区粮食综合生产能力稳定在2.2万吨以上。做足“花”“茶”“林”“物种”的特色。以“一花一产业”为模式的建设目标、做大做强茶花、桂花、杜鹃花、高端景观苗等产业,打造长三角花卉休闲产业示范区;把茶文化融入茶产业发展,擦亮中国茶文化之乡品牌;大力推动南山自然保护区启动国家级自然保护区创建,依托森林、温泉、富硒、物种等资源优势,争创联合国生物圈保护区。加快建设“农业+”多业态融合的产业体系,打造宜居、宜业、宜游的现代农业园区。

(三)数字赋能走前列,建设科技创新示范区和人才生态最优区。始终把创新摆在核心位置,深入贯彻落实人才强省、创新强省首要战略,突出数字化引领、撬动、赋能作用,围绕全省三大科创高地大力建设科技创新示范区与人才生态最优区。打造区域创新的“浙中硅谷”。实施区域创新“1224”行动,“1”就是谋划建设1座婺州科学城,用好用足浙师大、金职院等高校资源,依托浙中科创廊道,谋划建设具有新内涵的现代婺州科学城。“22”就是实现科技企业、科创飞地两个“双倍增”。实施科技企业“双倍增”行动,发挥企业在科技创新中的主体地位,支持领军企业组建创新联合体,带动中小企业创新活动,推动一批创新能力强、发展潜力大的企业成长为婺城发展的“头雁”。实施科创飞地“双倍增”行动,就是要融入长三角G60科创走廊,力争在粤港澳等地设立科创中心,实现科创飞地数量与引进高层次人才数量的双倍增。“4”就是围绕四大重点细分行业和重点产业链,实施科技攻关、推动科研成果的转移转化。打造群英汇聚的人才洼地。实施“鲲鹏计划”,抢抓后疫情时代人才流动有利契机,加快国际高端人才引进。实施青年英才“聚婺行动”,加快大学生创业园建设,厚植未来发展动能。实施“蓝领行动”,大力培育产业蓝领队伍,加快推进“婺城制造”向“婺城智造”转变。谋划布局“一带一路”沿线国家招才站,推进高校院所、省级院士专家工作站、省级博士后工作站等智力平台建设。完善科技人才创新机制。坚持靶向发力,深入推进体制机制改革,集成政策优化创新生态。大力培育“年轻人经济”“科技人才经济”“婺城人经济”。开辟“人才直通车”,探索实行高层次人才和产业急需紧缺人才的直聘制度;建立健全“草根人才”“乡土人才”选树机制,擦亮“婺城工匠”金字招牌。用活用好“揭榜挂帅”人才使用机制,精准服务产业转型升级。完善人才的全生命周期服务。

(四)全面深化改革走前列,建设“两优一高”区。以数字化改革为引领,运用整体智治的理念,激发各类市场主体活力,全面推进治理体系和治理能力现代化。围绕整体智治谋划抓改革。突出抓纲带目,重点抓好“县乡一体、条抓块统”整体智治改革、全域集成综合行政执法改革试点等重大改革项目,推动治理实现从“事”向“制”“治”“智”的转变。突出数字赋能,深化“最多跑一次”改革特别是党政机关内部“最多跑一次”改革,巩固扩大“无证明城市”和“一件事”改革成果,推动数字化转型从政府治理领域向区域治理各领域延伸覆盖率,加快建设“掌上办事之区”“掌上办公之区”“掌上治理之区”。围绕营商环境优化抓改革。深入实施营商环境“10+N”和“五减”专项行动,完善降本减负长效机制,深化商事登记制度改革、“标准地”改革、企业投资项目全过程审批等一系列改革举措,做到“进一次门、查多件事”,依法保护民营企业和企业家合法权益。着力构建亲清政商关系,完善“爱企日”的机制体制,“实把力”助企、“金护秋”护企成为自觉行动,执行好“微笑办、暖心办、我来办、马上办”的“四办”作风,打造“婺城家服务”的2.0升级版。围绕激发市场主体活力抓改革。落实好《浙江省民营企业发展促进条例》,完善知识产权保护、公平竞争等市场经济基础性制度。创新土地、资本、人才等要素改革,提高政府政策供给水平,推动要素向高效益、高产出、高科技区域、行业、企业集聚。加强“亩均论英雄”机制考核,完善存量土地盘活的激励约束机制。大力发展地方现代金融业,强化对实体经济、科技创新、战略项目的金融保障,全面实施小微企业信贷“增氧计划”和金融服务“滴灌工程”。围绕人民群众满意抓改革。坚持“人民满意”的改革评判标准,推动市场化、法治化数字化协同创新监管,优化事前合规、事中审查、事后执法全链条监管,健全政务服务

"好差评"反馈提升机制,倒逼政务服务能力提升和政府职能转变。

三、以人民为中心创造高品质生活,打造幸福城的婺城样板

坚持以人民为中心,以"六大幸福城"建设为统揽,以幸福指数作为评价标准,实施惠民富民安民、推动共同富裕的新举措。

(一)城乡建设走在前列,建设更高水平的"花满婺城·幸福城"。紧扣新时代和美乡村建设目标,聚力打造创新强美、产业壮美、环境秀美、数智增美、风尚淳美、生活甜美的"花满婺城",推动城乡高质量融合发展,争创美丽浙江示范区,谱写浙中大花园建设的婺城华美篇章。建设全域秀美的"花满婺城"。围绕全域花园先行区、城乡融合先行区建设,构建美丽城市、美丽城镇、美丽乡村"三美同步"的美丽婺城建设体系,形成全域美大格局。精心描绘城市"品质美",高品质建设,精细化、智慧化管理,加快城市有机更新和微改造,推动未来社区增点扩面、老旧小区改造,加快地下综合管廊、防洪排涝等现代化基础设施建设,打造"婺州老味道、城市新品质"的现代化都市核心区;二七区块凤凰涅槃,高铁新城打造城市新客厅、产业新平台、文化新地标、未来新社区;坚持"房子是用来住的,不是用来炒的"定位,促进建筑业、房地产市场平稳健康发展,建筑业产值增至100亿元、房地产销售面积累计200万平方米;用足"绣花功夫",提升城乡管理精细化、数字化、智慧化水平,打造"城市大脑"。着力彰显城镇"示范美",加快推进美丽城镇建设,建立5分钟邻里生活圈、15分钟社区生活圈、30分钟村镇生活圈和城乡社区生活圈,促进基本公共服务城乡全域覆盖,打造一批省市级样板和达标乡镇;建立绿网体系,联通全区绿道,打造"百园之城",使"推窗见绿、开门进园"融入百姓日常生活,实现全域景区化、全域运动化。全力打造乡村"特色美",深入实施"千万工程",有力推进美丽庭院、美丽村庄、美丽河湖、美丽廊道建设,高品质打造"南山漫道"风景线、茶花争艳风景线、诗画白沙风景线、桂花飘香风景线、花木长廊风景线等五大风景线,力争90%以上的行政村符合新时代美丽乡村达标村标准,打造百个幸福村庄婺城模板。深入实施"四十百千万"工程,持续推进A级景区村庄创建,A级景区村庄率达60%以上。建设产业富美的"花满婺城"。围绕美丽经济先行区建设,进一步拓宽"绿水青山就是金山银山"转化通道。打造"花满婺城"全域旅游品牌,以仙源湖旅游度假区为龙头,加快推动南山国际慢城、花博园建设,谋划郭力垅康养旅游休闲度假区,争创省级全域旅游示范区。持续深化"十乡百村"乡创婺城行动,大力实施"两进两回",完善"7+X"发展格局,实现"一村一品""村村有乡创"。深入推进"双富"工程,推动城市要素资源向乡村流动,健全城乡融合发展体制机制和政策体系,大力推进农村产权制度改革,建设全域土地综合整治示范区。融合发展产业消薄、物业消薄、服务消薄等消薄模式,重点推进"飞地"抱团项目,到2025年实现全区214个村总收入30万元以上且经营性收入达15万元以上,总收入70万元以上且经营性收入达50万元以上的村比例超过50%。高标准做好东西部扶贫协作和对口支援工作,提升对口工作实效、促进共同繁荣。建设生活和美的"花满婺城"。围绕数字乡村先行区、乡村善治先行区建设,推动乡村整体智治,形成共建共治共享的新格局。探索乡村5G创新应用,完善农田、水利、公路、电力、冷链物流、农业生产加工等基础设施建设,加快数字化、智能化转型,用好智慧农业平台,争创全省首个乡村数字化全覆盖试点示范区。纵向畅通区、乡、村三级资源运用和数据流通渠道,形成"覆盖更全面、职能更完善、力量更充实、巡查更智能"的"一中心四平台一网格"工作体系,高标准防控各类风险,乡村数字治理体系日趋完善,加快打造智治乡村。坚持依法治理,深化新时代"后陈经验",实行"五个一"村务监督机制改革,写好村社换届"后半篇文章"。弘扬时代新风,清朗乡风民风,将社会主义核心价值观和乡村优秀文化广泛融合,为乡村振兴提供精神滋养和价值引导。

(二)生态文明现代化走前列,建设更高水平的"婺城水·幸福城"。牢固树立"绿水青山就是金山银山"发展理念,全力打好生态环境巩固提升战,实现生态文明指数争先进位。护好金华"大水缸"。做深

水安全、水环境、水生态、水经济4篇文章。深入实施碧水行动，强化河湖长制，全域深化“‘污水零直排区’创建”“流域水质提升”“农村饮用水达标提升”等专项行动，完善婺城水网体系，持续提升水环境质量。做好“白沙溪·三十六堰”申遗后“三篇文章、六大工程”，创建国家水利风景区，打造世界级“幸福河”。深化环境污染防治。深入实施蓝天保卫专项行动，全面推进重点行业废气、移动源废气、扬尘污染综合防治，创建清新空气示范区。深入实施净土行动，有序开展土壤污染治理修复，重点推进农业“两区”土壤污染治理试点，促进土壤资源永续利用。深入实施清废行动，深入推进“垃圾革命”，建设“无废城市”，争创全国垃圾分类示范区。系统推进生态治理。开展生态文明建设示范县、生态文明教育基地建设，深化卫生城镇、园林城市、节水型城市、文明城市、森林城市建设，深入推进浙中生态廊道建设，打造山水田湖草生命共同体。落实“碳达峰、碳中和”举措，加快淘汰落后和过剩产能。深化重点生态功能区保护与管理，重点推进生物多样性丰富区域保护修复，加大水土流失治理力度。建立完善自然资源资产产权制度，完善生态文明绩效评价考核和责任追究制度。

（三）教育现代化走前列，建设更高水平的“优学婺城·幸福城”。坚持教育优先，落实“1353工作体系”，全面实施教育现代化发展战略，争创学前教育普及普惠区、全国义务教育优质均衡发展区，打造基础教育最强区，职业教育高质量发展走前列。实施立德树人提升行动。将思政元素融入中小学课堂拓展课程，加强青少年身心健康教育和干预，深入推进“五育并举”，促进学生德智体美劳全面发展。健全学校家庭社会协同育人机制，做优“两书一信”家校共育品牌。实施教育质量提升行动。健全覆盖城乡的学前教育公共服务体系，启动第四轮学前教育三年行动计划，提高公办园比例，提升民办园品质。促进义务教育优质均衡发展，实施小学、初中强校工程。推进职业教育“三名工程”建设，构建现代化职业教育体系和高水平应用型人才培养体系。实施优师引育工程，加大优秀毕业生和区外名师招引力度，加强师德师风建设，做优五级梯队培养，鼓励教师学历提升。实施教育生态提升行动。支持和规范民办教育发展，完善特殊教育、专门教育保障机制，加快发展“互联网+教育”，完善终身学习体系，加强成人学校规范化建设，建立终身职业技能培训体系。深化教育领域“放管服”改革，深化新时代教学评价改革，做好提质减负工作，营造尊师重教的社会氛围，激发教育活力，建成创新型开放式现代化教育体系，高水平打造“优学婺城”教育品牌。

（四）卫生健康现代化走前列，建设更高水平的“健康婺城·幸福城”。以卫生强区建设为目标，倡导全民健康理念，打造“妇幼健康服务促进浙江样板”“医疗卫生布局浙江样板”，到2025年，公共卫生体系健全强大，医疗卫生服务体系优质高效均衡，居民健康指标和区域健康发展水平达到高收入国家前列，基本实现卫生健康现代化。建强公共卫生应急管理体系。显著提升重大疫情防控和公共卫生应急管理能力，加强重大疾病防治、家庭医生签约、慢性病全周期健康管理等公共卫生服务，强化人才培养和高层次人才引进，建立适应行业特点的人事薪酬制度。健全优质高效整合型医疗卫生服务体系。深化医药卫生体制改革，不断推进城市医联体建设，强化“三医”联动，健全现代医院管理制度和分级诊疗制度，引导社会办医健康发展，全面提高基本医疗卫生服务均等化水平。推动“名医特科”工程，引进名医专家和特色科室。办好特色医院，大力发展智慧医疗，加快布局优质医疗资源。构建“大健康”战略体系。强化“健康优先”发展理念，落实“预防为主”工作方针，实施“将健康融入所有政策”策略，推进健康浙江26项行动，实现全人群全生命周期的健康管理，建成“国家级健康促进区”。高质量推动中医药事业发展，打造一批省市中医工作室，完善“中医治未病”服务网络，加快中医产业现代化。发展未来健康社区，促进康养医美等健康新消费。推进积极应对人口老龄化行动，提高优生优育服务水平，发展普惠托育服务体系。深入开展爱国卫生运动，普及全民应急救护知识和技能。建设体育强区。推进全域运动化，提升集聚体育产业、扩容体育设施、培育品牌赛事、丰富体育供给、促进体育消费，加快体旅、体医、体教融合发展，打造省体育现代区、全国全民运动健身模范区、体育消费试点城市。完善社会保障体系。实施就业优先政策,突出创业带动就业,千方百计稳定和扩大就业。完善劳动保障监察执法和劳动争议调解仲裁服务体系,健全劳动关系协调机制,巩固无欠薪城区创建成果。健全灵活就业人员社保制度。健全多层次社会救助制度,加快“1+8+X”大救助体系建设,到2025年全区最低生活保障标准达到14000元以上。健全退役军人工作体系和服务保障制度。打造新时代生活照料舒心、健康养护省心、服务优质放心的居家和社区养老服务模式。到2021年,实现乡镇(街道)省级示范型居家养老服务中心全覆盖。弘扬扶弱助残文明风尚,切实维护妇女儿童合法权益,完善残疾人关爱服务体系,大力发展社会福利和慈善事业。

(五)文化建设现代化走前列,建设更高水平的“人文婺城·幸福城”。强化文化引领。坚持马克思主义在意识形态领域的指导地位,加强社会主义精神文明建设,以社会主义核心价值观引领,大力弘扬新时代金华精神,全力擦亮“婺文化”金名片,倾力打造浙中文化新高地。以党的创新理论为引领,构建以“亲爱的婺城,亲爱的你”的城市主题文化,“闻着花香回故乡”的乡贤文化,“婺城一家亲”的家文化,“担当赶超 婺城图强” 的图强文化、“努力到无能为力、拼搏到感动自己”的拼搏文化、“崇德向善”的好人文化等新时代鲜明的婺文化标识。着力建设“和美金华·花满婺城”城市品牌,巩固深化文明城市创建成果,健全志愿服务体系,推动志愿者组织规范化、专业化、多元化发展,提高志愿服务能力,开展“志愿服务关爱行动”,营造志愿服务发展良好环境。完善新时代文明实践工作机制,建强文明实践管理云平台,完善“一哨双‘生’”网络综合治理体系。复兴传统婺文化。实施文化基因解码工程,积极推进钱塘江诗路文化带建设, 发掘婺文化深厚内涵,传承保护好婺学、婺建、婺风、婺窑、婺剧、金华府酒、斗牛、剪纸等婺文化元素,深入开展以物产等为主要内容的婺文化建设。实施“千年古城”复兴计划、做好雅畈等古镇的保护开发,强化历史文化(传统)村落保护利用,打造婺文化城市IP。提高公共文化服务水平。加强基层公共文化供给,实施文化惠民工程,区图书馆、文化馆达到国家一级馆标准,加快老年大学、青少年宫、市民活动中心等一批补短板项目谋划实施。实施文化阵地提档工程,构建新时代文明实践中心和农村文化礼堂三级管理服务保障体系。实施全媒体传播工程,做强新型主流媒体。提升现代文化产业竞争力。稳妥有序推动传统文化市场化转型,以“婺城制造+婺派文创”振兴文创产业。重点扶持壮大“互联网+”文化企业,完善浙中信息产业园区“一区多园”的产业布局,做优五星文化影视时尚产业园,培育婺州文化数字化创新基地、数字教育基地和数字人才孵化中心。壮大文化旅游产业,完善全域旅游规划,推动康养旅游、乡村旅游、文化旅游、体育旅游、城市旅游、工业旅游融合发展,做好“旅游+”文章,形成“一核两带四区”的全域旅游发展大格局。

(六)县域治理现代化走前列,建设更高水平的“平安婺城·幸福城”。全面落实总体国家安全观,强化“大平安”理念,构建现代化智慧型社会治理体系,争创全省首批“二星平安金鼎”,打造平安建设示范区。深化“基层党建+社会治理”创新。坚持和发展新时代“枫桥经验”,健全“党建统领、四治融合”基层治理体系,完善基层民主协商制度,建设社会治理共同体。以“三大员”建设为抓手,推动微网格、红色全科网格深度融合,做到“小事不出村,大事不出镇,矛盾不上交”。深化“浦江经验”“龙山经验”婺城实践,巩固“无信访积案区”创建成果,擦亮“民情民访代办”金名片。完善矛盾纠纷多元化解体系,深推“一警情三推送”机制,实现矛盾纠纷化解“最多跑一地”“只进一扇门”。大力推进互联网、物联网、视联网、云计算、大数据与基层治理创新深度融合,推广“智安小区”“智安单位”建设,整合提升基层治理数字化平台。融合创新“12345”、“8890”、网格信息系统等平台,推动“雪亮工程”、智慧城管、智慧消防等各类数据资源共享应用, 全面推广智慧法院、线上司法、在线调解,不断提升社会治理体系的智能化水平。坚决捍卫国家政治安全。把维护国家政治安全特别是政权安全、制度安全放在第一位,严密防范和严厉打击敌对势力渗透、破坏、颠覆、分裂活动。始终保持对暴力恐怖活动严打高压态势,坚决打赢反暴恐斗争。完善反邪教工作机制，争创省级无邪教区。加强和创新网络综合治理，推进社会治理向高校延伸。完善网络综合治理体系，健全舆情应对智治体系，统筹推进网络舆论引导、网络生态治理和网络文化建设，打好网络意识形态工作主动战。全力保障社会稳定安宁。全力构建大平安体系，营造安全稳定的社会环境。深化“八个早”机制，完善重大决策社会风险评估体系，健全重大事件预警和应急处置体系，定期排查研判风险，牢牢掌握防范风险主动权，坚决守住不发生经济金融风险重大涉稳事件的底线。常态化开展“八大领域”安全专项整治，提升“一三六”应急处突水平，坚决遏制重特大公共安全事故。巩固扫黑除恶专项斗争成果，加快构建现代警务模式，坚决防范和打击暴力恐怖、黑恶势力、新型网络犯罪和跨国犯罪，坚决捍卫政治安全、维护社会安定、保障人民安宁。

奋勇争先开新局，实现“十四五”高质量开门红

2021年是“十四五”开局之年，是建党100周年、新婺城建区20周年，是争创社会主义现代化先行省、社会主义现代化先行市启动实施之年，是“双城”战略落地成景的关键之年，也是我们奋勇争先开局的一个宝贵时间窗口。我们要坚持稳中求进总基调，聚焦高质量、竞争力、现代化，立足新发展阶段，贯彻新发展理念，构建新发展格局，巩固拓展疫情防控和经济社会发展成果，扎实做好“六保”“六稳”，推动高质量发展实现新突破，以排头兵的姿态为争创社会主义现代化先行市开好局，实现“十四五”高质量开门红，确保以优异的成绩庆祝建党100周年、婺城建区20周年。

综合考虑内外部各种因素，2021年国民经济和社会发展的主要预期目标：地区生产总值高于全省、全市均值；固定资产投资增长10%以上，交通投资、生态环境和公共设施投资、高新技术产业投资、民间投资等4个结构性指标增长10%以上；研发投入强度达到2.2%左右；社会消费品零售总额增长8%左右；城乡居民收入增长高于经济增长速度，一般公共预算收入与经济增长速度保持同步，城乡居民收入之比进一步收窄；城镇新增就业1万人以上，城镇登记失业率控制在3.5%以内；节能减排指标完成省市下达目标任务。

明年是开局之年，必须迈好第一步、展现新气象，关键就是要勇于争先，要按照省委“改革突破争先、服务提质争先、风险防控争先”的“三争先”要求，市委“四攻坚四争先”行动的部署，以及争当社会主义现代化先行市排头兵“15个走前列”的具体任务，在全区开展争先攻坚年、整体智治现代化建设起步年“两个年”活动，以“开局就是决战、起步就是冲刺”的状态奋勇争先开新局、夺取“十四五”开门红。

一是要在学思践悟十九届五中全会精神中奋勇争先开新局。着力在学深悟透、思想武装上下功夫，不断提高转型发展的领导能力、战略定力、斗争精神和专业化水平。在学习中强化谋篇布局能力，不断厚植转型发展新动能。要以党的十九届五中全会精神为指引，在“十三五”收好官的基础上，全面奋进“十四五”，贯彻落实五中会提出6方面主要目标，确保“十四五”谋好篇、开好局。在学习中找准坐标方位，不断强化使命担当。在贯彻落实十九届五中全会精神基础上，深刻把握省委、市委、区委全会任务要求，始终把“五大历史使命”、“九市建设”、奋力建设“五大名城”的使命扛在肩上、抓在手上，不辱使命、不负时代。在学习中激发昂扬士气，以一天不耽搁、一刻不耽误的精神，不断抒写“奋进‘十四五’、图强新婺城”的雄心壮志。以“庆祝建党100周年”“献礼建区20周年”为主线，做好大型主题活动策划宣传，展现新时代婺城党员干部为“双城”战略迭代升级、奋力建设“五大名城”，争当社会主义现代化先行市排头兵不懈奋斗的精神风貌。

二是要在担当图强中奋勇争先开新局。全区各级领导班子和党员干部要按照习近平总书记提出的“信念过硬、政治过硬、责任过硬、能力过硬、作风过硬”的要求，以“努力到无能为力、拼搏到感动自己”的奋斗姿态开启新年新征程。要做到对党绝对忠诚，增强“四个意识”，坚定“四个自信”，做到“两个维护”，以实际行动维护党中央一锤定音、定于一尊的权威。要旗帜鲜明讲政治，提高政治判断力、政

治领悟力、政治执行力,锻造过硬的本领,坚持生成性学习,增强补课充电的紧迫感,成为构建新发展格局的行家里手。要始终保持奋进姿态、创造性张力,切实增强争先创优的意识,确保“晒拼创”始终走在全市前列,各线工作都力争进入全市前四。

三是要在打好构建新发展格局组合拳中奋勇争先开新局。深刻把握做好经济工作的政治性、规律性,坚持清单化、项目化闭环管理,大力提升抓经济工作的能力和水平。要大抓项目,牢固树立“项目为王”理念,一切围绕项目转、一切围绕项目干,把“重大改革”“重大政策”“重大项目”“重大平台”“重大产业”“重大创建”等“六个重大”牢牢抓在手上。要大抓重点项目,要实现飞扬小镇汽车零配件省级产业创新服务综合体、G60杭金衢高速婺城互通、熊猫猪猪欢乐王国、长山国际设计走廊、水上运动中心、燕语湖国际垂钓中心、万固广场、五中成美校区、中医院、二环西路婺城段改造工程等“十大标志性工程”落地成景,并谋划一批新的标志性工程项目。要大抓产业迭代升级,以龙头骨干企业培育为引领,做强产业链、提升价值链、优化供应链。要大抓招大引强,聚焦北京、上海、深圳、杭州等重点区域,充分发挥当地商会作用,开展亲情招商、以商引商、产业链招商,将招商引资一号工程落到实处,不断提高招引针对性、实效性,推动更多产业回归、资本回归、人才回归。要大抓服务,坚持打造最优营商环境不动摇,树牢“企业无事不插手、企业有事不撒手”的理念,发挥“三大员”作用,力求以最快的速度、最严的标准、最高的质量推动项目又好又快落地成景。

四是要在改革破题中奋勇争先开新局。进入新发展阶段,我们要勇当改革发展排头兵,全力建设“两优一高”区。深化“最多跑一次”改革,牵引带动关键领域和重点环节改革,更好的以改革破局,构建部门领衔,人人有责的体制机制,形成整体智治的强大合力。树立重大改革争先目标导向,推进各项改革综合集成。以数字化改革牵引全面深化改革,加强数据获取、数据共享、系统集成,打通和整合党政机关各项职能,加快区级城市大脑建设,做强城市大脑数字驾驶舱,强化新型智慧城市建设的系统集成,提升新型智慧城市治理能力。要以改革试点破题,把全域综合执法改革打造成为金字招牌、全省标杆和全国经验,“县乡一体、条抓块管”走在前列,抓好“农民专业合作社质量提升整县推进”国家级试点;“省级汽车零部件制造业改造提升试点”“第二批新时代文明实践中心建设”“综合扶贫项目”“党组织领导下的校长负责制”“省人大基层立法点”等省级改革试点;“注册登记‘智能化’审批”“企业开办‘零距离’”等市级改革试点,探索推进农村宅基地审批改革,在深化改革中创造更多的婺城最佳实践,争取更多的改革实践登上《竞跑者》,并力争《领跑者》实现零的突破。

五是要在创新发展中奋勇争先开新局。要下最大决心,用最大投入,采取最有力的措施,加快补齐人才科技这个最大短板。组织开展全域、全行业的“双创”(创业创新)活动,整合创新创业要素,弘扬创新创业文化,深化创新驱动发展战略,推进婺城大众创业、万众创新,让活力成为婺城最鲜明的特征、法治成为最优环境。要强化人才科技攻关,加快打造与产业联系紧密的科创平台,加快集聚一批中高端创新人才,加快推动创新要素进一步向企业集聚,不断激发经济发展新动能。助力更多的企业、更多的人才走向创业创新的梦想舞台。充分发挥科创平台和产业创新体功能,进一步提升企业自主创新能力,加速形成更富吸引力、竞争力的开放型、创新型生态。2021年要力争新增科技飞地1家,新引进院士1名、省级以上领军人才20人,其中国家级12名以上,创新指数力争进入全省前30。

六是要在整体智治中奋勇争先开新局。要充分发挥制度管根本、管长远的作用,按照“系统谋划、专班运作、比学赶超、政策激励”要求,构建完善大抓落实的指标体系、工作体系、政策体系和评价体系,形成与整体智治体系相匹配的体制机制。进一步健全工作落实机制,要以督考促落实,坚持“以考核定实绩、以实绩论英雄”,深化“四大四比·晒拼创”,形成全体部门晒拼、各条战线“晒拼创”的浓厚氛围,拼出干劲、拼出水准、拼出差距、拼出先进,以项目的“晒拼创”带动经济的“晒拼创”。要层层压实责任制,把规章制度牢记于心,落实到底,领导带头

集中攻坚克难，形成上下贯通、层层负责的责任链条、完整闭环，做到事事有人抓、件件有回音，真正实现提速、提质、提效。进一步抓实“十个区”创建的工作机制，由区领导分工领衔，按照“工作有专班、墙上有计划、手里有项目、媒体有声音、领导有批示、示范有样板”“六个有”的要求全面推进、取得成果。进一步建立指数评价体系，围绕“双城”战略研究发布婺城的创新指数、幸福指数、生态绿色指数，在全区广泛开展幸福党建、幸福家庭、幸福村(社)、幸福乡(镇、街)、幸福河等“幸福细胞”的创建活动，以幸福城的创建为抓手，统筹推进面上平安创建、文明创建、美丽创建、无违建创建、垃圾分类创建等各类创建，带动各项工作全面进步、全面过硬。

七是要在加强党的全面领导中奋勇争先开新局。党有核心，才能万众一心。要加强党对经济社会发展工作的集中统一领导，为实现“十四五”高质量开门红提供坚强保障。把准政治引领之魂。始终把党的政治建设摆在首要位置，学深悟透、真学真用党的创新理论，把正确政治方向贯彻到谋划重大战略、重大政策、重大任务、重大工作的实践中去，经常对标对表、及时校准偏差，确保经济社会发展始终走在正确道路上。大兴担当实干之风。推动高质量发展，关键在人、关键在干部，要着力锻造一支忠实践行“八八战略”、奋力打造“重要窗口”的现代化干部队伍，以高素质干部推动高质量发展，深化推进“两个担当”良性互动，把敢不敢扛事、愿不愿做事、能不能干成事作为识别干部、评判优劣、奖惩升降的重要标准，把有专业能力、专业素养、专业精神的优秀干部精心培养起来、及时发现出来、合理用起来，以正确的用人导向引领干事创业。筑牢战斗堡垒之基。要紧紧牵住提升组织力这个“牛鼻子”工程，全面落实新时代党的组织路线，聚焦换届“一肩挑”后村级组织建设，紧抓权力监督，着力深化婺城区村级组织运行，让村社干部干事有规矩、干事有保障。实施党支部规范化标准化高质量发展样板项目，深化党员整治立规创优成果。扛起全面从严治党政治责任。统筹深化清廉单元建设，把清廉效益延伸贯通到基层末梢。持续抓实政治监督的具体化、常态化，开展净化政治生态大数据平台2.0版本，不断优化提升政治生态。深入落实中央八项规定精神，紧盯“四风”、形式主义、官僚主义等问题，健全作风建设长效机制，切实为基层减负。一体推进“三不”建设，保持不敢腐的高压态势，配套跟进不能腐的制度建设和不想腐的思想自律。持续深化纪检监察体制改革，精准运用监督执纪“四种形态”，强化对公权力的监督和制约，进一步以强有力的监督效能促进治理体制、能力提升。

婺城区人民代表大会常务委员会工作报告

——在婺城区第九届人民代表大会第五次会议上

婺城区人大常委会主任　朱利群

2021年2月3日

一、过去一年主要工作

2020年,是全面建成小康社会和“十三五”规划的收官之年,也是极不寻常、极不平凡的一年。去年以来,面对严峻复杂形势,特别是突如其来的新冠肺炎疫情,在区委的坚强领导下,区人大常委会高举习近平新时代中国特色社会主义思想伟大旗帜,深入贯彻落实党的十九大和十九届二中、三中、四中、五中全会及习近平总书记考察浙江重要讲话精神,学习贯彻习近平总书记关于人民代表大会制度重要思想和习近平法治思想,围绕区委“项目建设年”和“县域治理现代化建设年”目标任务,认真履行法定职责,充分发挥人大优势,全力助推区委“双城”战略走深走实,为统筹我区疫情防控和经济社会发展,高水平全面建成小康社会作出了积极贡献。

一年来,共召开常委会会议11次、主任会议19次,听取审议专项工作报告59个,作出审议意见15项,审查规范性文件12件,组织代表视察13次,开展执法检查4次、专项监督5次、专项评议2项,圆满完成了区九届人大四次会议确定的各项任务。

(一)坚持党的全面领导,认真贯彻区委决策部署,慎终如始做到同心发力、同心共济、同心同行

防控新冠疫情阻击战同心发力。面对突如其来的新冠肺炎疫情,坚决贯彻落实区委决策部署,人大机关全体干部和1300多名省市区乡代表闻令而动,奔赴基层防控一线,开展防控知识宣传、卡口值守、服务群众等工作,牢牢筑起阻断疫情传播的“防火墙”,甘当百姓安康的“守门员”。为解决疫情防控物资短缺,辖区各级代表、街道议政会成员近700人积极捐款捐物,累计捐款400多万元,捐赠防护服5000余件、口罩6万余只、手套2万余双、护目镜3000余副、额温枪100余把。围绕落实“六稳”“六保”任务,常委会领导带队走访联系企业累计107家次,帮助企业复工复产,谋思路、解难题、增信心,收集困难问题40个,现场协调解决25个,其余问题及时交办相关职能部门研究解决,为我区疫情防控和复工复产贡献了人大力量。

创建文明城市荣誉战同心共济。创建全国文明城市,是省委、市委交给全区人民的政治任务,是一场攻坚战、持久战。人大机关全体干部坚定信心、鼓足干劲,再接再厉、全力以赴,以等不起的紧迫感、慢不得的危机感、坐不住的责任感,把区委决策部署落实到联系乡镇、街道、社区的创建工作中,指导帮助联系单位,对标对表测评要点,查找存在的差距和薄弱环节,协调解决问题,从小事做起、从平时做起,杜绝侥幸心理、克服厌战情绪、消除突击思想,高标准做好各项准备,迎接最后的大考。组织代表开展文明城市创建专项视察,对学校、农贸市场“关键点位”、垃圾分类、公益广告、环境卫生等进行了实地检查,听取区创建办“关于创建全国文明城市的情况”通报,提出了要进一步增强创建攻坚意识和群众参与率、优化城市环境与建设长效机制等意见建议。区人大机关在帮助联系社区做好文明城市创建工作的同时,圆满完成了责任路口斑马线文明劝导任务,为创建文明城市尽责出力。

依法完成选举任免同心同行。坚持党管干部与人大依法选举任免相统一,实现区委重要人事决策意图。依法执行任免国家机关工作人员办法和程序,做好任前法律知识考试、任前表态发言、颁发任

命书、宪法宣誓等工作，持续推动“一府一委两院”及政府部门落实宪法宣誓制度，不断增强选举任命干部的宪法观念和人大意识。一年来，依法任免国家机关工作人员108人次，任命人民陪审员6人。做好代表辞职和出缺补选工作，补选市七届人大代表1名，区九届人大代表11名。强化任后监督，要求人大任命的政府职能部门主要负责人书面向常委会报告年度履职情况。

（二）坚持服务中心大局，积极助力经济社会发展，慎终如始聚焦依法监督、精准监督、有效监督

聚焦财政经济开展依法监督。成立6个调研组，开展专题调研，广泛收集各方建议意见，为政府制定“十四五”规划和2035年远景目标纲要提供决策参考。听取区政府“十三五”规划完成情况报告，“十四五”规划和2035年远景目标纲要编制情况报告。强化预决算审查监督，听取审议预算执行情况、决算和审计工作报告，审查批准2019年区级财政决算和2020年预算调整方案，听取和审议审计查出问题整改情况报告，审计查出的39个问题得到整改，推动出台13项管理制度，进一步规范了财政预算、国有资产、工程项目、村级财务和公车使用等方面管理。听取和审议区政府关于数字经济发展情况报告，推动数字经济“一号工程”深入实施。开展对区政府投资重大项目审查监督和国有资产管理情况专项监督，加强地方政府债务监督，助推防范化解地方政府债务风险。关注抗疫特别国债项目资金使用、国有资本运营运行情况，开展重点财政支出绩效评价，更好发挥财政资金撬动引领、聚力攻坚作用，提高政府资金使用效益。

聚焦重大项目开展精准监督。始终关注批准的政府重大项目落实情况，对金华五中成美校区、环城二小东扩、丰亭东路幼儿园等工程建设情况进行专项监督，推动区教育发展大会确定的目标任务落地见效。组织代表视察高铁新城等重点区块建设工程，助推加快城市有机更新。组织代表视察双溪西路和解放西路西延工程，助推打通新城区与老城区交通瓶颈。为完善城市交通格局，组织代表视察武义江大桥、金武快速路建设。视察武义江雅畈段廊道建设工程，助力加快美丽河湖创建。开展婺城发展大会签约项目落地情况监督，助推浙(婺商)项目回归，为婺城发展增添新动能。

聚焦民生改善开展有效监督。坚持以人民为中心的发展思想，围绕人民群众最关心、最直接、最现实的利益问题行权履职，努力让更多改革发展成果惠及全区人民。2020年，政府民生实事项目投入之大、惠民之众、范围之广前所未有，为确保民生实事项目高质量落地见效，成立了以常委会领导为组长的6个监督组，对民生实事项目实施情况开展全程监督，进一步督促项目实施单位把工作进度提上来，把因疫情影响耽误的时间抢回来。听取和审议区政府关于2020年民生实事项目完成情况报告并开展满意度测评，确保把实事办实，好事办好。开展农村集体资产管理、少数民族村建设、花卉产业发展现状、粮食生产、生猪保供、下山移民安居、疫情后就业情况、养老体系建设、殡葬改革等工作调研督察，深入推动民生事业发展。听取和审议区政府创建省教育基本现代化区工作报告，促进我区教育均衡发展。开展农村群众饮用水提升改造监督，助推群众生活品质提升。

（三）坚持弘扬公平正义，不断深化法治婺城建设，慎终如始推进法治宣传、法治保障、法治落实

深入推进法治宣传。以地方立法5周年为契机，开展地方立法普法宣传，发放地方性法规单行本5000多册，着力增强群众对地方性法规的知晓率，提升地方性法规在群众生产生活中的影响力。审议区政府关于“七五”普法工作报告，与依法治区办共同组织全区干部法律知识培训，着力提高干部的法律意识。组织机关干部和人大代表参加民法典专题讲座，进一步增强了区人大机关干部和代表学习好、宣传好、实施好民法典的责任意识，自觉做民法典的践行者和忠实捍卫者。精心抓好《浙江省民营企业发展促进条例》的宣传贯彻工作，在《今日婺城》上刊登了条例全文，召开部门负责人、企业家代表专题座谈会，贯彻落实全省宣传贯彻条例视频会议精神，听取和审议“一府两院”关于条例宣传贯彻情况报告，为优化我区营商环境提供法治支撑，依

法推动民营企业高质量发展。

深入推进法治保障。听取和审议区政府关于环境状况和环境保护目标完成情况报告、水环境保护情况报告,实现了乡级政府落实环境报告制度“全覆盖”,推动了生态文明建设。听取区政府关于开展全域集成综合行政执法改革情况通报,听取和审议区法院行政审判工作报告和区检察院关于公益诉讼工作报告,视察退役军人服务站建设管理情况,视察江南公安分局智能防控建设工作和婺城公安分局打击食药环违法犯罪工作,推进社会管理法治化水平不断提高。与省市人大联动开展矛盾纠纷调处化解“最多跑一地”专项监督,推动构建社会矛盾纠纷调处化解常态化、法治化、长效化机制建设,提升了政府化解矛盾纠纷途径和效率。首次开展“两官”履职评议,创新开展调研谈话、旁听庭审、案卷评查、满意度测评等一系列工作,随机抽取5名区法院员额法官进行履职评议,切实增强司法监督实效,扎实推进司法规范化建设。注重信访工作,积极妥善处理群众来信来访33件次,其中涉法涉诉11件次,加强协调,督促有关问题解决。

深入推进法治落实。配合省人大开展《浙江省实施〈中华人民共和国村民委员会组织法〉办法》《浙江省村民委员会选举办法》《浙江省村经济合作社组织条例》三部法规执行情况调研,规范村(社区)组织换届工作,做到有法可依。精心组织我省公益诉讼、垃圾分类等条例草案征求意见座谈会,积极支持地方立法工作。与省市人大联动开展动物防疫、野生动物保护“两法两条例两决定”执法检查,防范公共卫生安全风险、保障人民群众生命健康安全,实行重大公共卫生安全风险源头控制,倡导广大群众树立健康文明的生活方式和饮食习惯,坚决革除滥食野生动物的陋习,有效保护野生动物资源,促进人与自然和谐共生。与市人大联动开展《浙江省华侨权益保护条例》执法检查,了解掌握华侨在政治、经济、财产、人身等方面权益保护情况,形成“知侨、爱侨、护侨”良好氛围。开展公共文化服务保障“一法一条例”执法检查,推动完善公共文化服务基础设施和公共文化服务队伍建设,提升公共文化服务群众效能。开展安全生产法执法检查,不断提升安全生产法治化水平,形成人人参与、人人监督的安全文化氛围;开展土壤污染防治情况专项检查,助力土壤环境保护、维护群众切身利益。

(四)坚持发挥代表作用,时刻牢记以人民为中心,慎终如始践行为民服务、为民解忧、为民代言

在提升代表为民服务能力上下功夫。按照代表履职能力提升培训年度计划,组织法制和监察司法、社会建设等领域人大代表50余名进行专题培训,着力提升代表履职能力。邀请代表列席人大常委会会议、政府常务会议,现场参与议题审议,组织市、区两级人大代表走进“8890”接听民情热线和参加常委会组织的调研视察、专项监督、执法检查等活动,拓展闭会期间代表履职渠道。指导乡镇街道人大完成64名区人大代表向选区选民述职,接受选民评议。组织11名市人大代表向常委会述职,全面完成本届内市人大代表向常委会口头述职任务。健全代表履职经费保障机制,为代表履职创造条件、提供支持。各乡镇街道人大结合实际,组织辖区内的各级代表开展活动,助力经济社会发展。组织省人大代表金华市中心组第一小组代表,赴磐安学习考察美丽经济和生态经济建设。

在打造代表为民解忧载体上求突破。根据省市人大要求,按照“四好”代表联络站的建设标准和“下楼梯、出院子”方便群众进站要求,对乡镇、街道代表联络站进行升级改造,其中新狮街道、秋滨街道被评为首批金华市示范性“四好”代表联络站。在区矛调中心成立了人大代表联络站,新狮街道掌上人大代表联络站试运行。组织领导干部代表和“一府一委两院”负责人走进人大代表联络站开展主题活动,累计共有32人次区级领导干部代表和“一府一委两院”负责人进站,接待基层人大代表75人和群众81人,职能部门负责人97人次进站,面对面解答解释解决问题,代表和群众反映问题95个,其中78个问题现场得到有效解决或部分解决,现场无法解决的难题职能部门也进行了说明,通过主题活动切实架起百姓和政府间的“连心桥”,成为支持和帮助政府工作的“助推器”,受到基层各方点赞和肯定,也得到了市人大领导的表扬,相关做法在浙江人大网、《金华人大》杂志上刊登。

在办理代表为民代言建议上出实招。区九届人大四次会议代表提出的172件议案建议全部按期答复,解决率95.3%,满意率100%。为提高建议办理质量,召开人大代表建议专题交办会,集中交办人大代表提出的建议,注重发挥各工作委员会作用,完善督办工作机制,加强对建议办理监督。召开部分建议办理单位座谈会,跟踪指导建议办理,促进任务落实、责任压实。听取和审议区政府和金华开发区管委会关于代表建议办理情况报告。深化重点建议由政府分管领导领衔办理、人大领导联系督办制度,开展重点建议办理二次评价,着力提高人大代表建议办理的质量与实效。

(五)坚持从严从实要求,努力加强人大自身建设,慎终如始建设忠诚人大、活力人大、有为人大

强化政治站位,建设忠诚人大。始终把学懂弄通做实习近平新时代中国特色社会主义思想,作为首要政治任务,不断增强“四个意识”,坚定“四个自信”,做到“两个维护”。严格落实“第一议题”制度,对总书记发表的重要讲话、重要文章及重要指示批示精神,特别是2020年3月考察浙江重要讲话精神、《习近平谈治国理政》第三卷、习近平法治思想、党的十九届五中全会精神、省市区委全会精神等,以理论学习中心组、党组会、机关干部会等形式“第一时间”进行传达学习,坚持用党的创新理论武装头脑,指导实践。认真落实党风廉政建设主体责任和“一岗双责”,不断加强机关党建和清廉机关建设,涵养人大机关风清气正的政治生态。认真落实意识形态主体责任制,专题研究部署意识形态工作。全面落实请示报告制度,严格落实党组“三重一大”制度,党支部“三会一课”制度和主题党日学习制度,不断提高党组把方向、管大局、保落实的能力水平和党支部的战斗堡垒作用。

强化作风转变,建设活力人大。巩固拓展“不忘初心、牢记使命”主题教育成果,教育引导广大干部牢固树立正确的世界观、人生观和价值观,端正态度、提高认识,强化爱岗敬业的职业精神,进一步增强责任意识、担当意识,做到守岗有责、不负重托、不辱使命。按照区委部署,积极开展“三服务·婺城家服务”活动,深入基层、企业、群众,听民声、集民智、解民忧。扎实开展党员整治立规创优和“三清理一规范”专项行动,着力把严的要求、严的举措、严的作风传导到人大机关每一名党员干部,不断提升党员干部队伍整体素质。贯彻落实中央八项规定精神,不折不扣贯彻落实好全区作风建设大会精神,驰而不息加强作风建设,持之以恒克服形式主义、官僚主义,久久为功祛除享乐主义和奢靡之风,始终做到信念过硬、政治过硬、责任过硬、能力过硬、作风过硬。

强化工作统筹,建设有为人大。加强与“一府一委两院”和政府各部门间的工作对接,确保年度审议议题的精准性和针对性,为提高审议质量夯实基础,推进政府工作提质增效。加强与金华开发区的协调,推动开发区乡镇街道人大工作的开展,组织开发区范围区人大代表开展专题视察。加强对乡镇街道人大工作的联系指导,推动基层人大规范化建设。深入贯彻《浙江省街道人大工作条例》,组织召开学习贯彻条例工作推进会,规范街道人大工作,与上级人大联动开展条例落实情况执法检查,促进了条例贯彻落实。加强与宣传部新闻中心对接,不断提升人大宣传和信息工作力度,讲好人大故事,传播人大声音,一年来在《浙江人大》《金华人大》《今日婺城》等省市区级媒体刊载信息54篇(条)。《“代表联络站+”建设,创造与人民之间的无限可能》获评金华市第29届人大新闻奖三等奖。深化对外交流,接待外省人大到婺城学习考察7批次,提升婺城人大对外知名度。

一年来常委会各项工作迈出了新步伐,取得了新成效,这是区委坚强领导、市人大有力指导,区政府、区政协、区监委、区法院、区检察院密切配合的结果,是全区社会各界大力支持的结果,是常委会组成人员、全区各级人大代表、街道议政会成员共同努力的结果。

在看到成绩的同时,我们也清醒地认识到,常委会工作与宪法和法律要求相比,与区委“双城”战略发展目标相比,与代表和群众期望相比,还存在

着差距和不足。主要表现在监督的针对性、实效性还需进一步增强,常委会组成人员同代表、代表同人民群众的联系还需进一步紧密,代表履职能力水平还需进一步提升,机关干部创先争优积极性还需进一步提高等。对于这些问题,常委会将在新一年的工作中切实加以改进。

二、2021 年主要任务

2021 年是中国共产党成立 100 周年、新婺城建区 20 周年,是“十四五”开局之年。立足新发展阶段,贯彻新发展理念,构建新发展格局,对人大工作提出了新的任务要求。今年区人大常委会工作的指导思想是:高举习近平新时代中国特色社会主义思想伟大旗帜,全面贯彻落实党的十九大和十九届二中、三中、四中、五中全会和省委十四届八次全会、市委七届八次全会、区委七届九次全会精神,深入学习习近平法治思想和习近平总书记关于坚持和完善人民代表大会制度的重要思想,坚持党的领导、人民当家作主、依法治国有机统一,围绕区委提出的唱响“奋进‘十四五’ 图强新婺城”主旋律,高水平推进“双城”战略迭代升级、奋力建设五大名城”,争当社会主义现代化先行市排头兵,实现“十四五”高质量开门红的目标任务,忠实履行法定职责,做到五个聚焦五个着力,以优异成绩庆祝中国共产党成立 100 周年。

(一)聚焦规划目标,着力推动高质量发展。常委会将围绕“十四五”规划纲要目标任务,突出婺城经济社会发展主题,全面助力“五大名城”建设。紧扣“文化名城”,对婺城历史文化、公共文化供给、文化产业发展进行视察,开展公共文化服务保障“一法一条例”落实情况执法检查。紧扣“创新名城”,对传统产业升级、战略型未来产业发展、科技人才培育开展调研,与上级人大联动开展“十四五”规划科技创新发展工作专项审议。紧扣“数字名城”,督促政府贯彻落实《浙江省数字经济促进条例》,助推数字产业化、产业数字化、治理数字化创新发展。紧扣“生态名城”,开展环境保护、垃圾分类、污染防治、节地生态公墓建设监督,开展美丽城镇建设视察,助推创建生态文明建设示范区。紧扣“幸福名城”,开展教育、卫生健康、社会保障、公共卫生应急管理、平安建设、县域治理视察,做好“婺城无欠薪”和养老服务体系建设专项督察。

(二)聚焦监督实效,着力推动高品质生活。常委会将继续把工作重点落脚于保障民利上,把着力点放在为民服务上,把切入点落在提升百姓幸福指数上,积极回应社会关切,不断增进民生福祉。关注全面深化改革。听取全域集成综合行政执法改革情况报告,持续关注“最多跑一次”“最多跑一地”改革,聚焦改革中的重点、难点和焦点,以一线监督助力改革落到实处。督促政府落实《浙江省民营企业发展促进条例》,进一步优化营商环境。关注民生实事项目实施。抓好 2021 年政府民生实事项目实施全程跟踪监督,确保民生实事项目按照既定目标高质量完成。关注教育发展短板。着眼教育“1353”工作体系,对第四轮学前教育三年行动计划、教育发展大会投资项目落实情况进行监督,促进教育现代化走前列。关注食品安全。对生产领域农产品质量安全、进口冷冻食品安全进行督察,确保人民群众“舌尖”上安全。关注粮食生产安全。对基本农田保护、耕地“非粮化”、农业“两区”土壤污染治理情况进行视察,开展粮食安全保障条例执法检查。关注医疗卫生事业。重视疫情防控常态化工作要求的落实,对基本医疗卫生服务保障、公共卫生应急管理、家庭医生签约服务开展监督,助力卫生强区建设。关注政府重大投资项目建设。对人大常委会批准的政府重大投资项目,实现全程跟踪监督和专项监督,确保政府投资项目高质量完成,继续开展政府专项资金使用情况第三方绩效评价,保证有限资金发挥最大效益。

(三)聚焦法治建设,着力推动高效能治理。常委会将继续深入学习贯彻习近平法治思想,大力推动依法行政、公正司法、全民守法,让法治成为婺城核心竞争力的重要标志。关注法治政府建设。按照区委关于健全人大讨论决定重大事项制度、政府重大决策出台前向人大报告的规定,督促政府规范重大事项决策。听取和审议年度法治政府建设情况、环境状况和环境保护目标完成情况、水环境保护情况、计划、财政、行政事业单位国有资产管理、审计和审计反映问题整改报告等法定议题。做好规范性文件备案审查，提高“一府两院”文件的规范性和合法性。关注司法执法运行情况。继续开展“两官”评议，随机抽取5名区检察院员额检察官开展履职评议。听取和审议区法院关于知识产权审判工作报告、区检察院关于未成年人犯罪检察工作报告、婺城公安分局关于情指一体化合成作战中心迭代建设报告，促进公正司法、高效执法。关注法治宣传教育。听取和审议我区关于“八五”普法实施意见，作出“八五”法治宣传教育决议。加强对地方性法规执行情况的督察，提高群众遵守地方性法规的自觉性。继续参与做好全区干部法律知识培训，强化干部学法、用法、守法意识，提升依法行政能力。发挥白龙桥镇人大主席团省人大立法联系点作用，努力在地方立法中体现婺城元素。

(四)聚焦代表主体，着力推动高水平履职。常委会将继续在代表履职理念、履职机制、履职方式、履职能力上下功夫，充分发挥区乡两级人大和各级代表、街道议政会成员作用，不断激发履职热情。把代表工作深化到畅通民意渠道上。继续开展常委会领导联系和走访代表活动，加大代表和选民联系力度。进一步深化“四好”代表联络站建设，全面完成乡镇、街道矛调中心建立代表联络点、村(社区)矛调站建立代表联络岗，继续开展“掌上”代表联络站建设探索、代表“亮身份”试点，打造横向到区块，纵向到代表，线上线下齐发力的工作架构。把辖区各级代表“全员进站”要求落实到位，组织代表定期到联络站接待群众，继续组织区级领导干部代表和“一府一委两院”负责人走进人大代表联络站开展主题活动，畅通代表与选民、代表与政府部门双向联系渠道。把代表工作深化到建议办理监督上。强化代表建议办理，听取和审议政府对建议办理情况报告。继续发挥政府领导领办重点建议的示范作用，提高建议办理单位领导的责任意识。以重点督办、全程督办相结合，督促承办单位切实在办结率、满意率和解决率的一致上下功夫，进一步提升建议办理质量。加强对重点建议办理监督，继续开展重点建议办理二次评价。把代表工作深化到县乡换届选举中。认真贯彻省市区委的部署要求，研究提出做好代表选举工作的意见，依法作出换届选举时间、代表名额分配、连任代表确定等决定。加强选举工作的指导和培训，确保选举工作圆满顺利。

(五)聚焦主责主业，着力推动高标准服务。常委会将始终坚持党的领导，学思践悟习近平新时代中国特色社会主义思想，严格执行向区委请示报告制度，确保人大工作正确的政治方向，扎实推进忠诚人大、有为人大、活力人大、效能人大、清廉人大建设。突出政治机关的引领作用。把政治建设放在首位，牢固树立政治机关意识，学习好、贯彻好、落实好习近平总书记关于坚持和完善人民代表大会制度的重要思想，以及对地方人大常委会工作的重要指示精神。守正创新，加强党风廉政、意识形态和思想政治工作，不断强化政治意识、保持政治定力、把握政治方向、承担政治责任、提高政治能力，确保政治上不掉队、不走偏。认真履行宪法法律赋予的重大事项决定权、监督权和人事任免权等职责，及时把区委的决策部署和主张通过法定程序，转化成为全区人民的共同意志和自觉行动。强化工作机关的能力素质。加强干部的“七种能力”建设，以全区开展的“争先攻坚年、整体智治现代化建设年”活动为抓手，树立务实的工作作风，求实效、干实事、勇担当，以更加昂扬向上的奋斗精神，争做各项工作的先行者、推动者和落实者，为加快打造“三大样板”，交出建设“重要窗口”婺城高分答卷，发挥人大优势、发出人大声音、展示人大作为。提升代表机关的服务水平。深化“三服务·婺城家服务”，力戒“四风”，打通联系群众“最后一公里”，深入企业、深入基层、深入群众，倾听群众呼声，广泛收集和反映社情民意。始终把“以人民为中心”的理念落实在具体的服务中，找准服务群众的切入点，更大力度地推动解决群众操心事、烦心事、揪心事，把为民服务工作做到群众的心坎上，用真心真情为人民群众的美好未来、实现共同富裕而不懈奋斗。落实省人大要求，加快数字人大建设，推动数字赋能。

岁月静好，是因为总有披荆斩棘者，有埋头苦干者，有忘我奉献者，我们，将是这个行列不可或缺的一员。时代正好,是实现第一个百年奋斗目标,向第二个百年奋斗目标进军的历史交汇期，我们,将是这个时代的奋斗者弄潮儿。婺城正好,“奋进‘十四五’图强新婺城”的集结号已经吹响,我们,将是书写婺城华彩篇章的担当者答卷人。让我们紧密团结在以习近平同志为核心的党中央周围,在区委的坚强领导下,拼搏实干、善作善成,为实现“十四五”开好局、起好步,高水平推进“双城”战略迭代升级、奋力建设“五大名城”,争当社会主义现代化先行市的排头兵,凝聚人大智慧,贡献人大力量!

婺城区人民政府工作报告

——在婺城区第九届人民代表大会第五次会议上

婺城区人民政府区长 黄国钧

2021年2月2日

一、"十三五"时期及2020年工作回顾

回顾"十三五"时期，是婺城发展历史上具有划时代意义的五年。党的十九大以来，婺城区以习近平新时代中国特色社会主义思想为指导，明确发展方向，肩负历史使命，持续攻坚克难，不断奋斗前行，谱写出婺城发展的崭新篇章。五年来，面对纷繁复杂的外部环境、重大艰巨的发展任务，坚持供给侧结构性改革，不断推进转型升级，尤其是面对新冠疫情的严峻挑战，全区上下凝心聚力，团结奋进，坚定高质量发展不动摇，积极应对各种风险挑战，扎实推进各项事业，高水平全面建成小康社会。

五年来，婺城区经济社会发展成效显著。

——经济综合实力迈上新台阶。实现地区生产总值320.2亿元，较2015年增长30.3%；实现财政总收入44.25亿元；一般公共预算收入11.1亿元，增长35.3%；2020年实现固定资产投资109亿元；R&D占GDP达2.1%。

工业经济实现高速发展，规模以上工业企业数、规上工业产值分别达195家、208.3亿元，较2015年分别增长39.3%和41.9%。实现贸易出口总额74.8亿元，增长110.7%。农业生产保持优质高效，农林牧渔业总产值达23.5亿元，创建省级美丽生态牧场33家，成为省级特色农产品优势区和绿色畜牧业发展示范区。第三产业蓬勃发展，社会消费品零售总额达300亿元，实现历史性突破。发展平台不断夯实，五朵"金茶花"华美绽放，有力支撑经济社会快速发展，婺城新城区获批省级经济开发区，临江工业园区实现新发展。

——改革创新取得新突破。加快政府职能转变，深入实施"最多跑一次"，全面推进无证明城市改革，以效能改革打造最优的营商环境。所有民生事项做到"一证通办"，高频民生事项实现"零次跑"。率先试点省级全域集成综合行政执法改革。深化农业农村改革，先后完成农村经济合作社股份制改革、农村土地承包经营确权登记、农村宅基地及住房确权登记、林业股份制改革，农业"标准地"改革走在全省前列。深化国资国企改革，成立城投集团、交投集团，投融资实现平台化运转，有力推动经济发展。创新能力不断增强，国家高新技术企业累计达到80家，实现翻两番，省科技型中小企业数量达270家，省级以上创新型领军人才实现倍增。

——城乡面貌展现新形象。集镇面貌发生蝶变，小城镇环境综合整治全面完成，莘畈、长山、竹马、琅琊、雅畈、安地获评省级样板镇。城市面貌显著变化，完成洪源、上浮桥、鲍杨、西郊等城中村改造，建成安置房面积超100万平方米。累计建设污水零直排小区676个，改造老旧小区284个，人居环境得到改善。城市治理有效提升，不断完善公共基础设施配套，近3年累计投入20多亿元；集中开展环境秩序整治攻坚，助推金华勇夺"全国文明城市"荣誉称号。城乡交通更为便捷，全区等级公路通车里程达1600.5千米，330国道婺城区段等城乡公路建成通车，农村客运通达率达100%。"四好农村路"建设取得新进展，完成总投资8.9亿元，建设总里程576.7千米。

——生态环境发生新变化。守护绿水青山，全面加强水环境保护，区域水质不断改善，两夺省级"大禹鼎"。白沙溪三十六堰列入世界灌溉工程遗产。开展森林植绿复绿，森林覆盖率达58.28%。打赢蓝天保卫战，$PM_{2.5}$浓度从2016年47微克/米^{3}下降

到25微克/米^3,下降46.8%,空气质量优良率不断提高。推进美丽乡村建设,累计建成美丽乡村风景线4条、省级示范美丽乡镇5个、精品村38个、秀美村52个。

——民生保障实现新提升。人民生活更加富裕,城镇、农村居民人均可支配收入年均分别增长7.2%、8.2%,城乡居民可支配收入差距进一步缩小。全区村集体平均经营性收入达35.8万元,年均增长43.2%。社会保障更加厚实,累计发放各类救助资金1.4亿元。养老保险覆盖率、医保覆盖率分别达97.4%、99.5%。教育发展更加均衡,教育基础设施投入14.3亿元,完成城乡标准化学校建设46所、薄弱学校改造17所。获评“浙江省教育基本现代化区”和全市唯一的“浙江省人工智能教育实验区”。健康指数不断攀升,人均预期寿命达79.9岁,5岁以下儿童死亡率降至3.98‰,孕产妇死亡率保持零的纪录,三项健康指数水平居全省前列。

2020年是“十三五”的收官之年,也是攻坚克难,锐意进取的极不平凡之年。一年来,在区委的正确领导下,全区上下认真贯彻落实“双城”战略,突出疫情防控和复工复产,扎实做好“六稳”“六保”,狠抓项目推进,加快难题破解,优化县域治理,提升都市能级,较好地完成区九届人大四次会议确定的目标任务。

回顾一年以来,主要开展了以下七方面工作:

(一)抗击疫情奋力前行

坚持人民利益高于一切,坚持把人民的生命安全放在第一位。年初突发新冠疫情以来,坚决贯彻中央和省、市决策部署,闻令而动,万众一心、众志成城,付出前所未有的努力,进行前所未有的拼搏,实现“两手硬、两战赢”。一是立体布控防传染。在全市率先启动一级应急响应,率先推行“115”工作法,打好“巷战”,守好“小门”,确保管控无死角,实现全市首例确诊后的零新增。二是精准施策促复工。率先实施员工“异地隔离”返岗,出台“帮扶十条”纾困政策。解决企业用工难,开通高铁“返岗专列”,接回员工3000余人,婺城经验做法23次登上中央电视台。三是常态防控保安全。利用大数据信息,构建精密智控网,对重点人群、医疗场所、冷链物品开展常态监测,进行精准管控。提高应急处置能力,组建调查、采样、消杀队伍近4000人,现有物资满足医疗机构30天满负荷运转需求。

(二)经济发展提速向好

开展“经济图强 争先创优”攻坚行动,实施稳企赋能十大举措,加速工业经济回暖向好。实现规模以上工业增加值42.4亿元,增幅居全市前列。

工业经济提质增效。深化供给侧结构性改革,加快工业经济转型升级。一是转型步伐明显加快。加速传统产业的数字化和信息化融合,74家企业完成智能化诊断,1个项目列入国家智能制造示范试点。积极实施“尖峰行动”,1家企业列入上市辅导,新增股份制企业7家,新增省股权交易中心挂牌企业46家。积极开展“雏鹰行动”,新建6个中小微企业园,加速细分行业领域培育。二是科技进步明显加快。实施科技企业“双倍增”计划,新认定国家高新技术企业30家,同比增长76%,新增省科技型中小企业83家,创历史新高。万里扬入选省级高新技术企业创新能力百强。技术研发能力不断增强,新申报省级高新技术企业研发中心14家。全区规模以上企业研发投入6.2亿元,同比增长36.4%,增速居全市前列。三是新兴产业培育明显加快。积极招引培育智能制造、新材料、生物健康和现代服务业等新兴产业,大力推进睿丰康系统免疫与预防医学基地、艾可泰科浙中细胞制备中心等科技项目。四是落后产能淘汰明显加快。实施“腾笼换鸟”,加大对“低散乱”企业的整治力度,关停整治高污染、高能耗、低效益的企业134家。深化“亩均论英雄”改革,出清亩均税收万元以下的“僵尸企业”102家。

现代农业绿色高效。推动高效农业发展,农业生产保持稳步增长。一是粮食生产保持增产丰收。实施“藏粮于地、藏粮于技”,完成粮食播种面积3666.67公顷,总产量2350万千克,老百姓“米袋子”牢牢扎紧。粮食品种实现优化提升,“婺禾富硒米”品牌成功入选全国名特优新农产品名录。婺南农业园成功创建省级现代农业园区。二是农业产业实现高效发展。生猪保供成效显著,生猪存栏11.9万头、出栏18.2万头,自给率达115.1%。两头乌猪肉正式入选欧盟地理标志协定保护名录。“箬阳龙珍”茶叶通过国家地理标志认证。乾西金婺农业被评为国家级标准化示范场。花卉苗木经营规模快速扩大，经营单位达1450家，育苗7600公顷，实现年产值9.8亿元。三是农业生产活力有效激发。实施高标准农田建设，深化农业“标准地”改革，新增标准地1293.33公顷，推动“亩均效益最大化”。首推农业“标准地”履约保险，婺城经验获全省推广。积极开展农村“两权”抵押贷款试点，加大林权抵押贷款推广力度，“惠农e贷”等金融新产品不断涌现，有力推动现代农业发展。

第三产业迭代升级。现代服务业发展亮点纷呈。一是商贸服务加速升级。首创夜市码，婺城入选省级夜间经济试点城市，实施“夜经济”样板项目，古子城获评首批省级高品质步行街，夜间经济活力持续释放。发放消费券1700余万元，举办消费促进活动160余场，打造消费地标6个，有力拉动居民消费。二是网络经济加速创新。金华市跨境电商综合服务中心落地婺城，完成金华海关首单“9710”“9810”业务。县府里·全球科创中心、婺州英才创新园启动运营，实现网络赋能增效。网络直播、网红带货和社交电商等新业态不断涌现，实现网络零售额139.1亿元，带动线下消费超3亿元。三是全域旅游加速推进。总投资60亿元的观云小镇实现签约，成为近年来全市最大的文旅招引项目。安地镇获评省级非遗主题小镇，罗店镇双龙溪峡谷、环鹿湖景观等“新十景”对外开放，金华山与南部山区节假日游客量持续增长。成功举办竹马茶花节、安地桂花节、箬阳茶文化旅游节等农旅活动，有力带动乡村旅游。全年接待游客量1045.4万人次，实现旅游收入95.8亿元。

（三）发展动能加速集聚

做好项目、改革、土地和创新等四篇文章，增强发展动力。一是以项目为抓手，强化引领带动。举办两期“百亿”项目的集中开工、集中签约，总投资达268亿元。省、市重点项目开工率、投资完成率均达100%；公共设施、生态环境、高新技术产业和民间投资分别实现高增长，全市“晒拼创”实现全年红。加大向上争取项目力度，成功申报抗疫特别国债项目2个、地方政府专项债项目13个，争取资金9.47亿元。二是以改革为抓手，强化效能提升。深化“最多跑一次”改革和“无证明城市”改革，扩大“网上办”“自助办”的覆盖面，96.4%的政务事项实现“掌上办”。优化事项审批流程，923个审批事项实现线上运行。深化国企国资改革，完成12家机关事业单位资产的划转和企业转隶，加大国资平台投融资力度，有力支撑经济发展。三是以土地供给为抓手，强化要素保障。开展“四破”攻坚行动，盘活低效用地273.6公顷，其中城镇低效用地再开发列全市第一。处置闲置土地148.75公顷，完成率达623%，列全市第一。争取用地指标113.87公顷，其中飞扬小镇“增减挂”指标居全市第一。建设用地复垦达35公顷，居市区第一。四是以创新为抓手，增强发展后劲。积极培育创新载体，汽摩配产业创新服务综合体被列为省级创新平台，花木之窗市场获评省级星创天地，实现两个省级平台零的突破。科创飞地的创新桥头堡作用日益显现，引进企业13家，创新要素进一步集聚，创新指数达129.8，列全市第一。积极开展“百博入企”等人才招引活动，全年选引18名博士与企业深度合作，新增省级博士后工作站2个，为创新发展提供人才支撑。

（四）平台拓展优化升级

深耕五大平台，增强综合承载能力，实现发展平台的新跨越。一是城北区块加速转型。完成城市形象设计方案，优化产业空间布局。加快产业“退低进高”“退二优二”步伐，启动首批示范项目建设，完成丁丁包装区块国资收购，促进企业转型升级，打造跨境电商产业园。加快现代服务业发展，万固商贸综合体一期顺利结顶。二是高铁新城扬帆起航。完成12平方千米城市设计、西郊、乾西两个单元控规编制。加快旧城改造一期拆迁步伐，完成817户农房和1075户居民住宅征迁，创造20天完成国有土地签约的“婺城征迁新速度”。金虹街、二七街、凤山街等6条主要道路完成建设，婺江西路西延工程（婺州街至环城西路段）完成招投标，总投资4亿元的铁路文化公园、铁路文化展览馆即将启用，二七区块城市建设日新月异。三是婺城新城区拉开新城建设框架。金华五中成美校区顺利结顶，即将投入使用。区水上运动中心完成总工程量的40%。二环西路(婺城段)优化改造加速推进。金江南街北延等5条断头路开工建设。临江工业园区市政设施提升工程完成招标。积极招引企业,推动商业资本重组,实现万泰城市广场浴火重生。白龙桥黄金苑区块完成征迁。四是产业主平台领跑发展。飞扬小镇和临江工业区块成功列入省级经济开发区,工业主战场实现提速发展。飞扬小镇完成土地政策处理55.8公顷,争取建设用地指标30.67公顷,小镇基础配套一期工程EPC项目、小镇客厅等项目快速推进,全年完成固定资产投资7.85亿元,工业发展承载能力进一步增强。加大小镇智能制造和新兴产业培育力度,引进年产20万套商用车混合动力总成等项目,总投资达25亿元。临江工业园继续开展“腾笼换鸟、凤凰涅槃”行动,盘活低效用地50.2公顷,新增扩容厂房5.1万平方米。推进产业数字化,19家企业开展数字化样板改造。五是南山国际慢城实现绿色发展。花满婺城“南山漫道”美丽乡村风景线一期全面完成,二期即将完工,靓丽休闲观光带初步成形。熊猫猪猪欢乐王国即将竣工。燕语湖垂钓中心实现从无到有的打造,举办首届全国钓鱼人运动会,网上观看人次突破8000万,带货量突破3000万元,打造区域新热点。成功创建全省规模最大的南山省级自然保护区,绿色生态屏障更加牢固。

(五)城乡建设靓丽蝶变

城市提质步伐加快,美丽乡村建设扎实推进。一是城市有机更新持续推进。完成老城区拆迁35万平方米、安置房建设38万平方米。改造提升老城区环境,完成老旧小区改造66.5万平方米、沿街立面改造35.8万平方米、污水零直排小区建设215个,人居环境有效改善。二是城市交通能级持续提升。金武快速路建成通车,金兰快速路基本建成,金武、金兰同城化有效推进,都市区核心集聚效应进一步增强。武义江大桥改建、45省道等一批交通项目加快建设,城市交通路网更为通达。双溪西路西延道路建成通车,群众期盼多年未解决的“断头路”实现打通,新老城区交通干道更为通畅。三是美丽乡村建设持续深化。大力开展“千万工程”,打造“花满婺城”美丽乡村,新增国家级美丽宜居示范村1个、省级示范美丽乡镇4个、区级精品示范村和秀美村66个,农村人居环境明显提升。琅琊镇水竹蓬村、罗店镇后溪河村获评全国文明示范村,罗店镇盘前村荣获全国“一村一品”示范村。实施旅游村创建工程,建成景区镇3个、A级景区村18个。积极开展新时代美丽城镇建设,安地镇获评为省级样板镇,雅畈镇、塔石乡被评为省级达标镇。加快乡村道路提升,建成“四好农村路”121.8千米,实施农村公路大中修55.9千米,琅琊镇、塔石乡成为全市第二批“四好农村路”示范乡镇。农村饮用水条件持续改善,完成78个行政村的农村饮用水提质达标工程,受益人口7万余人。启动“下山安居创富”工程,完成蒋堂移民新村864套安置房建设。四是城市精细管理持续加强。打赢全国文明城市创建荣誉战,深化城市环卫管理、物业管理等机制,城市品质显著提高。新建停车场18个,新增停车泊位近万个,有效解决老百姓停车难问题。启动城市大脑婺城平台建设,加快城市治理数字赋能。深入推进“无违建区”创建,“基本无违建区”通过省级验收。五是绿色生态治理持续深入。“五水共治”持续发力,深入推进“污水零直排区”建设,完成5个河道排水口规范化治理,全面消除黑臭水体和劣Ⅴ类水。加强水环境保护,完成水库除险加固、小流域治理等水环境提升项目。高标准开展全国绿色小水电示范区创建,完成38家小水电国资收购,实施针对性生态改造,成为全国先进典型。大气污染防治卓有成效,空气质量优良率达91.5%。大规模推进绿色森林建设,蒋堂、长山、箬阳、莘畈被命名为“浙江省森林城镇”。治土治废有序开展,建立小微企业工业危废、一般工业固废统一回收体系。城乡垃圾分类深入开展,无害化处理率达100%,生活垃圾明显减量,获评省级示范区。

(六)民生保障显著增强

积极发展各项社会事业,政府一般公共预算收入近80%投入民生事业,有效保障和改善民生。政府十大民生实事高质量完成,投入之多、范围之广、惠民之众,创历史新高。一是优学婺城高品质推进。加大教育基础设施投入力度,安排资金4.2亿元,实施教育重点项目20个,校园硬件得到改善。优化学前教育资源配置,新增公办幼教学位2370个。建立义务教育集团 14 个,学前教育集团 4 个,名校扩面工程迈出坚实步伐。"两书一信"家校协同育人模式获评全国民生示范工程。二是健康婺城高水平提升。顺利召开婺城卫生健康大会,在全市率先出台"健康十条"。实施卫生医疗提升工程,投资 19 亿元建设婺城中医院、妇幼保健院、康复医院等项目。实施"婺家优医"工程,打造家医签约服务婺城样板。深化卫生乡镇创建工作,琅琊、塔石、莘畈、沙畈、箬阳获评国家级卫生乡镇。三是人文婺城更显活力。新建农村文化礼堂 38 家,罗店镇获评省级示范乡镇,3 个村获省五星级荣誉称号。扎实推进农村体育设施"三个一"工程建设,打造"15 分钟健身圈"。群众文体活动更趋丰富,举办中国门球冠军赛总决赛、第四届中国山水四项公开赛等大型活动 40 余场。四是社会保障更加有力。新增就业岗位 25107 人,完成全年任务的 102%。完善"1+8+X"救助体系,发放低保金 2270 万元。强化脱贫攻坚兜底保障,低收入农户享受扶贫政策。打造"三级联动"的智慧健康养老综合服务平台,建设省级示范型居家养老服务中心 5 家。成功召开婺城首届慈善大会,慈善救助帮扶力度不断加大。开展节地生态安葬点建设,新增骨灰存放格位近 2 万个。五是社会治理更加高效。扫黑除恶强势推进,打击犯罪团伙成员 494 名,查扣非法资产 3.1 亿元。社会总警情数、犯罪发案率分别下降 8%、22%。反邪教、跨境犯罪领域斗争获国家和省、市肯定。应急管理水平不断提高,防灾、减灾、救灾举措有效落实。安全生产风险防范总体平稳,全年各类安全生产事故数和死亡人数同比分别下降 33.3%和 25%,事故指标控制居全市前列。

(七)政府效能全面提升

深入推进政府工作规范化、程序化、法治化建设,依法行政水平进一步提高。自觉接受人大法律监督和政协民主监督,认真听取人大代表、政协委员、各民主党派、工商联、无党派人士和各群众团体的意见建议。及时办理人大代表建议 172 件、政协委员提案 252 件,满意率分别达 100%、99.6%。加快法治政府建设,强化依法行政,规范行政执法行为。发布政府信息 28460 条,依申请公开及时答复率达 100%。加快政府数字化转型步伐,"掌上办""网上办""浙政钉"等数字化应用成为常态。政府作风建设不断加强,深入开展"三服务"活动,主动走入群众、企业、基层,累计解决问题 4 万余个,擦亮"婺城家服务"金名片,提高群众对政府的满意度。从严压减和控制一般性财政支出,三公经费支出持续下降,节约型机关建设扎实推进。认真履行全面从严治党的主体责任,深化应用执纪监督的"四种形态",营造良好的党风政风。各项工作美誉度不断提升,召开国家级现场会 5 次、省级现场会 6 次,获省领导批示 19 次,《人民日报》刊登 10 篇文章,央视播报 51 条信息,国家级媒体报道量创历史新高。

双拥活动深入开展,积极支持残联、工青妇开展工作,科协、文联、红十字会等群众团体作用有效发挥,老龄、关心下一代等事业健康发展,统战、外事、侨务、民族、宗教、对台、档案、气象、机关事务服务等工作取得新的成效。

艰难方显勇毅,磨砺始得玉成。回顾一年来的政府工作,一手抓疫情防控,一手抓经济社会高质量发展,婺城经济社会逆势前行,实现了"两手硬""两战赢",交出了人民满意的高分答卷,这一年我们不寻常!这一年的非凡挑战,每一个人都了不起;这一年的非凡成就,值得所有人铭记。我们深深感受到:

人民是我们执政的最大底气。为政之要,在得民心。习近平总书记指出:"要始终把人民立场作为根本立场,把为人民谋幸福作为根本使命。"我们的政府是人民政府,来自于人民,为人民而生,因人民而兴,必须始终与人民心心相印、与人民同甘共苦。群众满意不满意、高兴不高兴、答应不答应,是衡量我们政府工作的标准。百万婺城人民对政府充满了期待,给予了信任和支持,我们要始终把人民安居乐业、安危冷暖放在心上,时刻把群众的困难和诉求记在心里。让人民群众的获得感、幸福感、安全感更加充实、更有保障、更可持续,打造人民满意的人民政府。我们相信,只要我们始终为了人民,始终依靠人民,我们必将无往而不胜,开创婺城最美好的明天!

担当实干要成为政府最强的辨识度。成之惟艰,实干为要。习近平总书记指出:"要牢记空谈误国、实干兴邦的道理,坚持知行合一、真抓实干,做实干家。”过去一年,从疫情防控,到文明城市创建,再到“五朵金茶花”的争相斗艳,都是我们的干部实实在在干出来的。而今,站在“十三五”与“十四五”的交汇之际,婺城的改革发展方兴未艾,更加呼唤我们的干部要在实干中抢抓机遇,在实干中创造机遇,面对矛盾敢于迎难而上、面对危机敢于挺身而出,做起而行之的行动者、做攻坚克难的奋斗者。努力在婺城大地干出千帆竞发、百舸争流的生动局面,唯有如此,婺城一定会展现一派生机勃勃、昂扬向上的动人景象!

实现婺城跨越式发展、弯道超车要抢抓大机遇。婺城作为浙中西部中心城市,文化底蕴深厚、地理位置优越,在百年未有之大变局中,正处于图强发展的战略机遇期、关键突破期和跨越发展期。面对机遇和挑战,我们更要办好婺城自己的事,埋头奋进,以等不起的紧迫感抢抓机遇,以慢不得的危机感追赶跨越,以坐不住的责任感干事创业,牢牢抓住长三角一体化、第四次产业革命、数字经济与实体经济融合提升、全国性综合交通枢纽打造等重大战略与历史机遇,努力爬坡过坎、推进婺城经济高质量发展,推动发展能级再上台阶。沧海横流,方显英雄本色。今天的政府,必须攻坚克难、乘势而上,抢抓弯道超车、变道超车的最佳机遇期,切实担当务实、更加有为,以“不负人民”的情怀和境界,创造婺城一流的新时代业绩。

过去一年的成绩来之不易。这是习近平新时代中国特色社会主义思想科学指引的结果,是市委、市政府正确领导的结果,是区委带领全区人民团结奋斗的结果,是区人大、政协有效监督和大力支持的结果。

与此同时,我们也清醒地认识到,婺城经济社会发展还存在不少困难和问题。新兴产业占比不高,传统产业转型任重道远,发展的质量和效益有待提高;高层次人才较为紧缺,科技创新能力和转化能力还需增强;土地、环境等要素制约依然突出;城市建设品质和管理水平有待提升;政府效能还需进一步提高,干部担当和责任意识有待加强。对此,我们将直面问题、回应关切,采取有力措施,切实加以解决。

二、“十四五”时期的总体目标和任务

根据《中共金华市婺城区委关于制定金华市婺城区国民经济和社会发展第十四个五年规划和二〇三五年远景目标的建议》,区政府制定了“十四五”规划纲要(草案),已提请大会审议。纲要(草案)全面提出我区“十四五”时期经济社会发展的总体要求、主要目标、重大任务、重要举措和二〇三五年远景目标,请与会各位人大代表、政协委员审议。区政府将认真吸收各位代表、委员的意见建议,对纲要(草案)进行修改完善,并作为施政依据,付诸实施。

“十四五”时期是开启全面建设社会主义现代化国家新征程、向第二个百年奋斗目标进军的第一个五年。在加快构建国内国际双循环格局大背景下,随着长三角一体化国家战略布局加深、金义片区取得中国(浙江)自由贸易试验区赋权、义甬舟大通道西延、建设全国性综合交通枢纽等重大战略部署落地金华,我区面临发展的重大历史机遇。“十四五”时期,全区上下要紧紧围绕“奋进‘十四五’图强新婺城”目标主线,加快推进“双城”战略迭代升级,奋力建设“五大名城”,构建高质量发展体系、高品质生活体系、高效能治理体系,争当社会主义现代化先行市的排头兵。

目标催人奋进,使命呼唤实干。“十四五”时期我们要高举习近平新时代中国特色社会主义思想伟大旗帜,深入贯彻党的十九大和十九届二中、三中、四中、五中全会和省委十四届八次全会、市委七届八次全会、区委七届九次全会精神,全面贯彻党的基本理论、基本路线、基本方略,统筹推进“五位一体”总体布局,协调推进“四个全面”战略布局,以争创社会主义现代化先行省、社会主义现代化先行市为总目标,以高质量发展、高品质生活、高效能治理为方向,以深化供给侧结构性改革为主线,以改革创新为根本动力,以满足人民日益增长的美好生活需要为根本目的,以人的现代化为导向,紧扣“五大历史使命”“十三项战略抓手”和“九市建设”,唱响“奋进‘十四五’图强新婺城”主旋律,高水平推进“双城”战略迭代升级、奋力建设“五大名城”,争当社会主义现代化先行市的排头兵,谱写建设“重要窗口”的婺城新篇章。

“十四五”时期经济社会发展的总体目标是：经过五年发展，努力打造经济综合实力更强，城乡协调发展更好，科技创新活力更足，现代治理效能更优，生态环境更美，人民获得感更多，都市能级更高的“五大名城”。“十四五”期间，地区生产总值增速超全省、全市平均水平，总量超500亿元。R&D投入占比和人才总量实现大幅提升。常住人口城镇化率达到80%。基本建成全覆盖可持续的社会保障体系。

“十四五”时期，我区经济社会发展的主要任务是：

（一）坚持以文铸城，建设文化名城

坚持以文铸城，保护历史文脉，挖掘深厚的历史文化底蕴，构建新时代婺文化发展体系。坚持文化传承和创新，成立婺文化研究院，加大金华山文化、南山文化、白沙文化、婺州古诗词文化等研究力度，擦亮国家历史文化名城和婺文化的金名片。加大基本公共文化服务供给，推进精神文明建设，提升社会文明程度。大力发展现代文化产业，以“文创+制造”为抓手，重点培育现代“婺文化”企业。加快婺文化数字化创新基地、数字教育基地和数字人才孵化中心的培育建设。大力发展文旅特色产业，做好“文化+旅游”文章，形成“一核两带四区”的文旅发展新格局。

（二）坚持改革创新，建设创新名城

坚持深化“县乡一体、条抓块统”改革，营造创业创新的浓厚氛围。深化全域集成综合行政执法改革、商事登记制度改革、投资项目审批制度改革等系列举措，全面激发创新发展活力。提高“五大创新”能力，加大科技创新力度，科技进步创新指数力争进入全省前20强，高新技术产业增加值占规模以上工业比重超过60%。加快传统产业转型升级，推进高质量发展。每年认定高新技术企业不少于5家，新增科技型中小企业不少于50家，培育小升规企业不少于20家。加大柔性引才力度，完善“揭榜挂帅”引才机制，建设科技创新示范区与人才生态最优区。

（三）坚持数字赋能，建设数字名城

坚持实施数字经济“一号工程2.0版”，打造数字经济先行区。加快数字新基建步伐，完善5G、物联网、人工智能的基础配套设施。拓展数字化场景应用，打造一批具有示范引领作用的“数字化车间”“物联网工厂”“未来工厂”，形成“百亿级”数字经济产业。数字经济产值、数字经济核心产业增加值占规模以上工业比重实现翻番。加快政府数字化转型，打造城市大脑婺城平台，依托数字赋能，提升公共服务数字化水平。强化基层治理创新与数字化的深度融合，提升数字化治理水平。

（四）坚持绿色发展，建设生态名城

坚持“绿水青山就是金山银山”理念，强化生态环境保护修复，塑造生态新优势。深入实施碧水行动，强化河湖长制，完善水网体系，持续提升水环境质量。白沙溪三十六堰积极争创国家级水利风景区。持续深化环境污染防治，推进废气、扬尘污染综合管控。持续推进生态功能区保护，争创国家级生态文明示范区。深入推进美丽乡村建设，建成美丽庭院、美丽村庄、美丽河湖，打造全省美丽乡村示范区。不断完善绿色发展机制，打造天蓝、水绿、山美、土净的美好家园，生态文明指数迈入全省前列。

（五）坚持共建共享，建设幸福名城

坚持以人民为中心，把百姓幸福作为评价标准，实施惠民举措，实现共同富裕。健全社会保障体系，切实提高社会保障能力。实施教育现代化战略，促进义务教育优质均衡发展，实现人民满意的品质教育。完善公共卫生服务体系，提高医疗服务质量，提高城乡居民健康水平。加快城市品质提升，积极创建“未来社区”。加快构建平安治理新格局，争取平安指数始终保持全省前列。

三、2021年主要工作

2021年是建党100周年，是“十四五”规划、全面开启社会主义现代化建设的开局之年，也是我们奋勇争先、赶超发展的宝贵窗口期。大战还未完胜，大考仍在继续。我们必须深刻领会、准确把握习近平总书记在浙江考察时重要讲话的丰富内涵和精神实质，保持一如既往的冲刺决战，信心不减，目标不变，扎实开展“争先攻坚年”“整体智治现代化建设起步年”活动，实施“四攻坚 四争先”行动，确保完成经济社会发展目标任务，为浙江建设“重要窗口”

贡献婺城力量。建议2021年全区经济社会发展的主要预期目标为：地区生产总值增长7.5%，固定资产投资增长10%以上，社会消费品零售总额增长8%，城乡居民收入增长高于经济增长速度，城乡居民收入差距进一步缩小，节能减排指标完成省、市下达任务，奋力实现“十四五”的开门红。具体开展好以下七方面工作：

(一)实施疫情严控行动，守护人民生命安全

慎终如始做好疫情的常态化防控，保障好人民群众的生命安全。一是坚持外防输入、内防反弹。严格落实“源头查控+硬核隔离+精密智控”机制。坚持人防、物防、技防并重，扩大检测覆盖面。强化对重点场所的日常监管，切实守好医院门、公共场所门、社区门，确保不发生院内感染，不发生公共场所集聚性疫情，不发生社区传播。二是坚持做好重点人员管控。以高风险地区人员、冷链物流人员、返乡人员、外来人员为重点，加强排摸和网格化管理，落实人员管控措施，继续守好“小门”、打好“巷战”。三是坚持提升疫情应急应对能力。增强核酸检测能力，稳步推进疫苗接种工作，不断完善公共卫生应急体系建设。加强个人自我防护的防疫宣传，提高群众戴口罩、多通风、勤洗手、少集聚的文明卫生素养。

(二)实施产业升级行动，推进高质量发展

加快现代产业体系构建，大力发展新能源、新材料、新装备等现代产业，聚力打造新能源汽车及零部件、现代五金等产业集群，不断推进高质量发展。一是坚定不移推动工业转型升级。大力实施数字经济“一号工程”，加快传统产业数字化、信息化融合步伐，加速工业互联网、5G发展应用，完成10家数字化示范性企业建设，打造数字经济发展示范区。加快智能制造、新材料、生物健康等新兴产业培育，重点推进智能制造设备及汽车摩托车零部件(一期)、氢途氢燃料电池发动机等项目建设。着力实施制造业主体培育，落实全省“雏鹰行动”“雄鹰行动”，新培育年产值10亿元和20亿元以上企业各1家，新增“小升规”企业20家。力争规模以上工业总产值、增加值各增长13%。以小微企业园培育为抓手，力争新建小微企业园15个，入园企业超600家。深化“亩均论英雄”改革，巩固“三去一降一补”成果，继续开展低效企业整治提升行动，整治“低散乱”企业70家以上。二是坚定不移推动服务业迭代升级。深入开展夜经济城市省级试点，围绕“夜游、夜购、夜宴、夜娱、夜宿、夜学”等六大主题，培育新业态，释放夜经济活力，打造“6+X”的消费新地标。继续发挥“春雷计划”“美好生活浙播季”等网红效应，培育“网红经济”新业态。依托金华市跨境电商服务中心，孵化跨境电商企业100家，开设跨境店铺100个，探索线上线下融合销售新模式。加快楼宇经济和总部经济集聚发展，提升都市核心区的首位度。积极培育文旅新业态，发展符合新时代需求的健康养生、文化体验和休闲旅游。发挥生态优势，挖掘地方文化，打造南山漫道、诗画白沙、茶花争艳等五大风景线。围绕国家级全域旅游示范区创建，加速北山、南山蝶变升级，争创AAA级景区镇(乡)3个以上。三是坚定不移推动农业高效发展。坚持“藏粮于地、藏粮于技”，大力开展“非农化”“非粮化”整治，落实粮食生产责任制，确保粮食增产增收，管好“婺城粮仓”，计划完成粮食播种面积4153.33公顷。加快畜牧业绿色发展，做大做强两头乌产业。做优农产品精深加工、乡村旅游、农村电商三大农业新兴产业，争创1家省级水产健康养殖示范场，打造10家区级“五园”示范基地。加快花博园项目建设，构建以茶花和精品苗木为主导的花卉苗木全产业链。四是坚定不移推动科技进步。加大科技研发力度，力争全区R&D占地区生产总值比重达2.2%。争取申报省级企业研究院、省级研发中心5家以上，新增高新技术企业15家、科技型中小企业80家以上。开展省级知识产权示范区创建，新增国家专利示范企业1家、国家知识产权优势企业2家以上。

(三)实施能级提升行动，增强发展后劲

以平台建设为载体，打造赶超发展新优势。以项目建设为抓手，跑出图强争先新速度。一是抓平台，培育跨越发展的新引擎。优化平台建设，拓展空间，赋能发展。城北跨境电商产业园继续推进城市有机更新，加快商业综合体二期土地的征收和出让。完善城市配套功能，实施城北景观公园提升改造。实施“退二优二”“退二进三”，加快低效用地开

发利用，推进企业转型升级，发展跨境电商和科创文创产业，打造数字产业新高地。高铁新城区块加大城市基础设施投入，打造城市新客厅、产业新平台、文化新地标、未来新社区。实行招商、征迁、建设同步推进。加快一期旧城改造征迁收尾，建设九年一贯制学校、婺城中医院、婺江西路西延工程、解放西路贯通工程等配套公建，完善区块城市功能。婺城新城区要优化城市规划设计，提升城市品质感观，丰富城市功能。启用金华五中成美校区、白龙桥法庭。完成区水上运动中心、紫金幼儿园、婺城小学白沙校区建设。建设婺城区妇幼保健院、康复医院等公建配套项目。完善城市基础设施配套，实施临江路优化改造工程，打通紫金南街、金江南街等多条断头路。加快黄金苑和三联村征迁安置，实现城市发展空间的“东进西扩”。谋划新城区至杭金衢婺城互通的城市大道。产业发展平台加快构筑。飞扬智能制造小镇加速推进基础设施建设，主要道路框架基本成形，产业创新综合服务中心投入使用。加快产业项目建设，力争今飞、万里扬、氢途科技等一批重大产业项目建成投产。南山国际慢城加快南山漫道二期建设，形成美丽风景带。加快燕语湖国际垂钓中心二期建设，打造中国钓鱼人目的地。加快观云小镇、熊猫猪猪欢乐王国等项目建设，实施南山林相景观改造，加大三十六堰世界灌溉工程遗产保护，打造南山休闲旅游目的地。二是抓项目，增强引领发展的新动能。加大政府投资力度，安排政府及国有企业建设项目 261 个，安排投资约 100 亿元。继续抓好“百亿”项目、“省市县长”项目和省市重点项目，以重点项目的加快实施来推动发展。狠抓社会投资项目，加快观云小镇、睿丰康系统免疫与预防医学基地、天地汇智慧物流、浙中天然气发电等重点项目落地建成。以打造全国性综合交通枢纽为目标，开展交通强区三年行动计划，加快婺城琅琊至兰溪上华公路、金建铁路、罗洋作业区等交通项目建设，构建铁路、公路、水运“三位一体”的交通体系。加大项目包装力度，申报专项债项目 12 个。积极开展新兴产业项目招引，争取引进内资 28 亿元，重大产业项目到位资金 19.8 亿元，外资 750 万美元。三是抓创新，培育赶超发展的新驱动。积极打造科创平台，推进科创飞地数量的持续增加，完成省级创新服务综合体建设。积极打造星创天地、孵化器、众创空间和省级农业科技园。深化“揭榜挂帅”人才机制、“百博入企”计划、“科技特派员三年行动计划”，为创新提供人才支撑。四是抓改革，激发图强发展的新活力。深化“最多跑一次”“无证明城市”改革，推进商事登记制度、“标准地”、企业投资审批等流程的精简高效，实现办事材料精简 40%以上，办事时间压减 50%以上。深化《关于进一步优化营商环境的若干意见》，激发市场主体活力，落实减税降费，强化金融支持，不断优化营商环境。加快国有企业改革，继续做强做优做大交投、城投集团，组建新的国企集团，为发展提供支撑保障。扎实推进全域集成综合行政执法改革全省试点，打造全省标杆、全国样板。

（四）实施城乡融合行动，实现共同富裕

以“花满婺城·幸福城”为总抓手，高标准推进城乡发展，加快都市核心区打造。一是持续推进城市更新。优化城市经营理念，合理安排高铁新城、婺城新城区的土地供给，推进新老城区融合发展，建设婺江沿岸绿色生态景观带、滨水宜居城乡带，走进城市发展的“婺江时代”。继续推进城中村改造，实施白龙桥三联村等城中村改造。二是持续提升城市品质。构建“百园之城”城市公园体系，建设河畔翠舞公园、龙乾大桥桥头公园、白沙溪三期公园等公共绿地，增添城市风景线。建成启用铁路文化公园、铁路文化展览馆，打造城市文化休闲新亮点。不断优化城市人居环境，建设污水零直排小区 182 个，改造老旧小区 105 个。巩固文明城市创建成果，继续推进社区环境卫生、沿街立面、停车难停车乱、户外广告等专项整治，实现城市面貌从“净”到“美”的转变。三是持续建设美丽乡村。推进美丽城镇建设，促进城乡基本公共服务全覆盖，打造一批省市级样板和达标乡镇。以深化“十百千万”工程和乡创行动为抓手，创建省级美丽示范乡镇 1 个、省级新时代美丽乡村达标村 54 个、省级特色精品村 2 个。深入开展农村环境整治，建设美丽庭院，打造乡村宜居环境。继续实施“四好农村路”二期建设，提升改善乡村交通条件。开展农村建房审批改革，实现农房规范化管理，破解农村宅基地建设审批难、落地难、监管难等问题。实行“大消薄”理念,优化“一村一策”,结合绿色小水电示范区创建,全面拓宽集体经济增收渠道。统筹大南山保护,继续推进“下山安居创富”工程,加快蒋堂移民新村二期建设,启动首批安置分房;谋划新一批安居创富工程。四是持续优化生态环境。让绿色成为发展最动人的色彩。以“省级生态文明示范区”创建为统领,深入推进“蓝天、碧水、净土、清废”四大行动,继续打好污染防治攻坚战。持续实施“蓝天保卫战”,开展降尘抑尘、废气减排等专项行动,推进能源、产业、运输、用地四大结构优化,不断改善空气环境质量。继续抓好“五水共治”,深化落实“河湖长制”,深入实施碧水行动,完善水网体系,持续提升水环境质量。积极开展桐溪流域、长湖区块的综合整治,实施白沙溪、梅溪流域的提升改造,推进美丽幸福河湖建设。加强水源涵养生态功能区管理和保护,加快金华江—武义江、莘畈溪、北山水系等生态廊道建设,打响“婺城水·幸福城”品牌。加大新绿造林力度,新增造林213.33公顷。对标“无废城市”创建,抓好固废全过程闭环管理,开展危废存量清零动态管理,确保危废无害化处置率达100%。深化垃圾分类处置,城乡垃圾分类覆盖率达99%以上,争创全国垃圾分类示范区。

(五)实施民生改善行动,增强人民群众获得感

加快社会事业发展,提升公共服务和民生保障水平。一是完善社会保障体系,提高保障能力。全面落实稳就业举措，确保年内新增就业1万人以上，城镇登记失业率控制在3.5%以内。强化精准扩面和动态管理,养老保险、基本医疗保险参保率保持在95%、99.5%以上。完善多层次社会保障体系,做好脱贫攻坚后半篇文章，继续开展低收入农户帮扶,防返贫、防反弹。持续推进居家养老服务中心建设,新建7家省级示范居家养老服务中心,力争实现全覆盖。健全殡葬公共服务体系,推进绿色文明生态殡葬,各行政村的生态安葬覆盖率达100%。健全慈善组织体系,以慈善文化基地建设为抓手,推进慈善事业发展。二是优化“优学婺城·幸福城”建设,提高人民满意程度。持续优化教育基础配套设施,投入3.6亿元推进16个教育重点项目建设。持续开展学前教育提升工程，公办园招生覆盖率达50%以上，普惠性幼儿园招生覆盖率达90%。深入实施教师引育工程,开展梯队人才培养,做强特级教师后备团队建设,做好名特教师孵化工作。三是优化“健康婺城·幸福城”建设,提高人民健康指数。继续抓好疫情防控工作,建立健全分级、分层、分流的传染病重大疫情救治机制,提高重大突发公共卫生事件应对能力,筑牢经济社会有序运行的防火墙。加快推进婺城中医院、康复医院、妇幼保健院等重点医疗卫生项目建设。积极引入优质医疗卫生资源,培育2~3个大专科,力争省级重点临床专科建设实现零的突破。深化医疗卫生领域改革,实施医疗卫生服务体系优化行动。实施传染病及地方病防控行动,适龄儿童疫苗接种率保持在90%以上。四是优化“人文婺城·幸福城”建设,提高社会文明程度。围绕建党100周年、新婺城区建区20周年等系列主题文化活动,打响“视觉婺城”“书香婺城”等文化品牌。挖掘婺文化及非遗文化,打造婺州古城、白沙文化创意园,提高婺城文化辨识度。支持金华山文化、南山文化、白沙文化、婺州古诗词文化等婺文化的挖掘和书籍出版,保护传承古婺文化。开展婺城新城区“以古诗词命名道路”活动,并向社会公开征集,增强新城区的文化积淀。落实好省运会、亚运会的“婺城责任”，高质量建成水上运动中心。积极打造体育强区,举办好莘畈万人毅行大会、燕语湖网红垂钓大赛、中国山水四项公开赛等品牌赛事,以“体育+”助力经济发展。

(六)实施平安法治行动,提升现代治理水平

深化“平安婺城·幸福城”建设,推进“县乡一体、条抓块统”改革,推动社会治理向“整体智治”转变。一是构建共建、共治、共享的平安治理新格局,实行“基层党建+社会治理”的新模式。深化民情民访代办机制,健全领导干部接访下访制度,全面完成乡村两级矛调中心(站)规范化建设。二是实施数字化改革,强化数字赋能。深化“最多跑一次”,巩固扩大“无证明城市”和“一件事”改革成果。强化政务服务数字化应用,启用区行政服务中心新的办事大厅。三是扎实推进“八五”普法,完善公共法律服务

体系，加快“枫桥式”司法所创建，打造“精准矫正”“婺城调解”的婺城司法品牌。四是压实安全生产责任，实施第二轮安全生产综合治理三年行动，开展“基层党建+安全生产标准化”建设。加强风险管控体系建设，完善区应急指挥平台，提升应急管理的信息化和现代化水平。五是遏制重点领域犯罪，持续开展扫黑除恶专项斗争、禁毒人民战争，严厉打击防范电信网络诈骗、网络黄赌毒、网络传销等各类违法犯罪行为，不断提升人民群众的安全感。

（七）实施政务提升行动，打造人民满意政府

加强党的政治建设，坚持“两个维护”，提升工作效能，打造具有婺城辨识度的现代政府。一是增强为民意识，提高为民服务的婺城辨识度。坚持为民服务宗旨，充分运用数字技术，将公共服务流程最大限度数字化，紧贴群众需求，实施精准服务。秉持“三服务”“家服务”理念，坚持问题导向，聚焦企业和群众办事难点堵点，深化“微笑办、暖心办、我来办、马上办”，全面实施“三服务”2.0版，提高人民群众满意度和获得感。二是增强实干意识，提高拼搏实干的婺城辨识度。紧扣当前高质量发展要求，着力建设一支堪当重任的新时代忠诚干净担当的高素质专业化干部队伍。引导干部以“追赶者”的姿态，对标先进补齐短板。制定“跳一跳，够得着”的目标要求，强化决策部署的落地成景，强化全过程的督查与协调，做到事事有落实，件件出成效。三是增强担当意识，提高担当作为的婺城辨识度。坚持担当有为的正确导向，坚决消除“不想为”“不作为”“不敢为”的顽疾，把目标确定在“干成事”上，把心思集中到“想干事”上，把能力提升到“能干事”上，通过攻坚克难开创新局面。四是增强清廉意识，提高清廉干净的婺城辨识度。深入推进清廉政府建设，营造政治清明、政府清廉、干部清正、社会清朗的政治生态和发展环境。充分发挥审计监督作用，加强对工程建设、政府采购、招投标等重点领域、重点环节的监管，严肃查处各类违纪违法行为。坚持政府过紧日子，严格控制和压减一般性支出，严控“三公”经费支出，建设节约型政府。五是增强法治意识，提高依法行政的婺城辨识度。强化依法行政，自觉接受人大法律监督和政协民主监督，充分听取民主党派、工商联和无党派人士的民主协商意见，广泛接受群众、媒体和社会监督。严格规范重大决策制定和执行程序，推进基层政务阳光公开，不断增强政府公信力。

新征程，再出发；征途漫漫，唯有奋斗。让我们紧密团结在以习近平同志为核心的党中央周围，在区委的坚强领导下，在人大、政协的监督支持下，在全区人民的共同努力下，解放思想、抢抓机遇，以坚定的信念、坚实的步伐，高水平推进“双城”战略迭代升级、奋力建设“五大名城”，争当社会主义现代化先行市的排头兵，以优异成绩向建党100周年献礼！

中国人民政治协商会议第四届金华市婺城区委员会常务委员会工作报告

——在政协第四届金华市婺城区委员会第五次会议上

婺城区政协主席　张茹先

2021 年 2 月 1 日

2020 年工作回顾

2020 年是极不平凡的一年。一年来,面对突如其来的新冠肺炎疫情,在区委的坚强领导下,区政协常委会坚持以习近平新时代中国特色社会主义思想为指导,坚持发扬民主和增进团结相互贯通、建言资政和凝聚共识双向发力,紧扣中心大局认真履职尽责,切实发挥专门协商机构作用,为助力疫情防控和经济社会发展“两手硬、两战赢”,助力“双城”战略落地成景,谱写“重要窗口”婺城华彩篇章作出了积极贡献。

一、坚持党的领导,思想政治基础更加牢固

牢牢把握政协是政治组织的定位,强化理论武装,增强“四个意识”,坚定“四个自信”,做到“两个维护”,确保政协工作始终保持正确方向。

——重学习强政治。始终把政治学习摆在首位,持续深学细悟习近平新时代中国特色社会主义思想,深入学习习近平总书记关于加强和改进人民政协工作的重要思想,认真学习习近平总书记考察浙江重要讲话精神、《习近平谈治国理政》第三卷、中共十九届五中全会精神和省、市、区委全会精神,营造学思用贯通、知信行合一的浓厚氛围。坚持落实党组会议、主席会议、常委会会议等专题学习制度,全年组织学习 32 次、研讨交流 56 人次,做到学习跟进、认识跟进、行动跟进,为更好担负新时代人民政协使命任务提供坚强保证。

——重党建强堡垒。加强政协党组、党支部建设,充分发挥政协党组领导核心和党支部战斗堡垒作用,形成“围绕履职抓党建、抓好党建促履职”的良好氛围,得到省政协充分肯定。加强党组力量配备,区委统战部长兼任政协党组副书记。以党建为引领,深化委员联村工作,架起党委政府与基层群众的连心桥,把更多的群众团结在党组织周围。依托“一村一委员”联村小组设立 23 个临时党支部、44 个临时党小组,明确党员委员在履职期间党组织活动的组织形式、活动形式,彰显党建工作“政协味”,党建工作做法在全市政协“一村一委员”工作会上作典型发言。

——重引领强根基。严格落实党的领导制度,始终坚持在区委领导下主动负责、协调一致抓好政协工作,重大事项、重要问题、重大活动及时向区委请示报告,自觉把政协工作置于中心大局中谋划,主动向区委常委会汇报工作 7 次。聚焦区委、区政府中心任务、重点工作,研究制定政协党组工作要点和常委会年度协商计划,邀请党政领导出席专题协商、视察监督等活动,确保政协工作与党政目标同向、工作同频、步调一致。

二、坚持围绕中心,协商机构作用更加充分

把协商作为主责主业,精选课题,精心组织,多角度切入,多形式协商,形成一批有价值的协商成果。

——聚焦都市经济多维发力。综合运用大会发言、重点提案、重点课题调研、专题协商、视察监督等履职方式,多维发力推动经济高质量发展。全会上 8 名委员紧扣经济发展作了《后疫情时代婺城制造业如何做强》《让 5G 成为婺城“双城”建设的加速器》等大会发言,为助推经济发展有体量又有质量

积极建言。多名委员围绕培育壮大小微企业、推动区块链技术和产业发展、建立企业金融综合服务平台等以提案形式提出建议意见。《紧抓长三角区域一体化战略发展机遇,全面升级优化婺城“科创+产业”体系的建议》等4个与经济发展相关的提案列入重点提案予以重点督办。紧盯工业园区转型升级老大难问题,深入工业园区开展调研视察活动,及时报送相关社情民意,直接推动洞溪工业园区基础设施改善全面展开。召开工业园区转型升级专题协商会,从创建智慧园区、加快制造业数字化转型、盘活处置低效工业用地等10个方面,提出意见建议60余条,区长在协商会上当场交办落实,有力助推工业园区体制机制运行、布局调整、配套升级等重大问题解决。深入调研并形成《加快临江工业园区腾笼换鸟,推进园区经济提质增效》《做强做大做优物流业,为我区经济全面发展提供有力支撑》调研报告,以建议案形式报送区委区政府,党政主要领导高度重视,将意见建议批转分管领导和部门认真研究吸纳。

——*聚焦乡村振兴献计出力*。围绕下山移民脱贫致富开展专题调研,走访群众近千人,形成《打造具有婺城辨识度的下山安居创富工程》调研报告,为下山安居创富工程把脉支招,得到区委书记批示。开展“高水平推进美丽城镇建设”专题协商,针对创建省级美丽城镇示范乡镇存在的问题和短板,与政府分管领导和相关职能部门面对面协商,零距离议政,提出8方面29条意见建议,为打造美丽城镇高质量发展现代版献计出力。针对新城区路况差、大货车乱停放等问题,开展协商式监督,经二次交办和催办,协调解决问题13个,助推二环西路提升改造、紫金南街延伸等多个项目开工建设。组织委员视察燕语湖国际垂钓中心、熊猫猪猪欢乐王国等文旅建设项目,助力“十乡百村”乡创婺城行动,助推“山水林田湖草”产业融合,在传统农业大区向现代农业大区迈进的道路上,唱响都市农业的最美和声。

——*聚焦幸福婺城建言献策*。围绕打造县域治理现代化婺城样板,充分发挥民主监督作用,先后听取财政预算执行、重大项目进展、平安建设等9个方面工作情况通报,开展“最多跑一地”专项民主监督,助推党委政府重点工作落实。首推提案“即提即商即办”,持续深化提案办理协商,促进提案事项落实和成果转化。四届四次会议立案交办的252件提案均已办复,提案所涉问题已经解决或基本解决的221件,委员反馈满意247件,满意率99.6%。围绕义务教育开展“加快推进婺城教育现代化”协商,从10个方面提出36条建议,助力教育优质均衡发展,推动“优学婺城”建设。开展“白沙诗路建设”调研,形成《赴一场霞山镜水的堰会》调研报告,为助推幸福城建设建言献策。围绕老旧小区改造、天然气村村通等重点民生工程开展基层微协商,助推民生项目有效落地。开展农村饮用水达标提标、高铁新城建设、“四好农村路”建设等视察监督,20名专家、133名委员深入一线,就如何保障农民喝上优质水、加快城市有机更新、激发社会治理新效能等方面提出145条意见建议,为党委政府正确决策提供民意民智参考,充分彰显政协助力提升人民群众获得感、幸福感的责任担当。

——*聚焦“十四五”规划制定协商议政*。把助力制定“十四五”规划作为履职重要内容,组织委员紧扣“十四五”时期需要重点关注的相关问题开展调查研究,46名委员先后参加区“十四五”规划工作相关座谈会,从多个角度为制定“十四五”规划献智献策。围绕区委制定“十四五”规划和2035年远景目标建议的重大决策,召开专题议政协商会,提出9大方面43个建设性意见建议,形成专题报告报送区委区政府,为擘画婺城发展新蓝图增色添彩。听取“十四五”文旅体专项规划方案通报,围绕争创全域旅游示范区、打造婺城特色智慧文旅进行协商研究,共商发展大计。

三、坚持履职为民,服务民生福祉更加有为

聚焦群众所盼,践行履职为民宗旨,倾情倾力联系服务群众,展现新时代人民政协新担当。

——*众志成城同心抗疫*。疫情来袭,第一时间号召全体委员在疫情防控主战场努力书写特殊“委员作业”。广大委员闻讯而动,各展所长、各尽其能,有的奋战救治一线,有的开展法律援助,有的创作抗疫文艺作品,有的参加志愿服务。委员们踊跃捐款捐物,共计捐款捐物1420余万元。政协机关全体干部组成突击队,驰援社区卡点。主席会议成员带队赴78家企业协调解决复工复产难题,并形成《国外疫情影响下我区外贸企业如何加强应对》调研报告,报送区委区政府供决策参考。举办"完善公共卫生应急管理防控体系"专题协商。7名委员获市、区"战疫先锋"称号。政协助力"两战"做法在省政协"同心苑" 微信公众号、《联谊报》、《人民政协报》上相继刊出。

——决战决胜文明创建。连续三年持续关注全国文明城市创建工作,发动全体委员共同参与。举办"我与文明城市创建面对面"协商,围绕创建工作难点堵点,提出60余条意见建议,被相关责任单位吸收采纳。广大委员深入社区一线,做好文明督导、入户宣传、车辆停放、污水排放、市容环境整治等工作, 开展志愿者服务3000余人次, 协调解决问题400余个, 不遗余力为打赢全国文明城市创建冲刺战贡献政协力量。13名委员荣获市、区全国文明城市创建工作先进个人,区政协办公室获评市级先进集体。

——全心全意服务基层。围绕扎实做好"六稳"工作、全面落实"六保"任务,深入开展"三服务"活动,走访企业170余家次,协调解决各类困难问题200多个,有力指导复工复产工作。全力开展"政协大家访"、"六送六服务"、民情民访代办等活动,走访服务基层和群众6000余人次, 发放宣传资料3600余份,慰问居家养老中心12个,急群众所急、帮群众所需,以实际行动诠释委员为民服务的责任担当。开展"包乡走村"和委员助力村社组织换届选举双月行动,通过政策宣讲、走访交流等"六个一"活动,走访村社62个,入户2400余人次,助力村社组织换届选举顺利完成。

四、坚持开拓创新,履职平台建设更加有效

努力打造"请你来协商""一村一委员""委员会客厅""民情联络站"等特色履职品牌,推动政协工作提质增效。

——擦亮"请你来协商"品牌。制定《"请你来协商"平台建设实施办法》,专门协商机构制度进一步完善。注重做好精准选题、协商调研、融合发力、服务民生、跟踪转化五篇文章,运用"会议+网络""线上+线下""场内+场外"等方式,拓展协商宽度,提升协商实效。全年开展 "请你来协商"8场,386名专家、群众、委员参加,提出意见建议300余条,以绘好"连环画"、播好"连续剧"的韧劲,持续跟踪关注协商成果转化,助推相关问题解决。其中,针对"花木产业融资难"问题,多次商请相关部门单位,成功助力"花木贷"融资产品落地,发放贷款8284万元,被列入全省"请你来协商"十大成果展。

——打造"基层微协商"样板。出台《关于开展"基层微协商"工作的指导意见》等文件,打通政协履职根植基层的快车道,要求委员下沉一线,让政协走近群众,请群众走进政协,实现政协协商和基层协商有效衔接,不断推动政协协商成果转化为基层治理效能。先后围绕停车难、集镇环境改善等群众最急、最忧、最盼的问题,就近就便在群众"家门口" 开展微协商51场次, 推动政协协商 "上山下乡",延伸协商触角,促进相关问题解决,收到良好效果。

——探索"民情联络站"机制。坚持"群众有需要,委员有回应"工作宗旨,构建"四五"工作规范,推动民情联络站建设规范化、特色化、常态化、实效化、品牌化。建成城西、新狮等8家特色品牌联络站。委员们以联络站为纽带,问需于民、协商于民、服务于民,收集上报社情民意202篇,《关于未来社区建设的建议》得到省委副书记、省长郑栅洁批示。民情联络站工作走在全省前列,社情民意信息工作列全市第一。

——深化"一村一委员"工作。建立"双保障、两建设、两考核、三延伸"长效机制,保障"一村一委员"工作走深走实,委员履职更加精细专注。省市区三级联动开展助推和美乡村建设之产业振兴、农村垃圾革命专项集体民主监督;市区两级联动开展农村公共卫生体系建设、农村生活环境整治调研监督,广大委员以小分队、小团组的形式,深入382个村,完成问卷调查1600余份,收集137条意见建议,有效促进党委政府决策部署在农村落实。

——做强"委员会客厅"特色。抓好委员会客厅的组织、制度、文化和规范化建设,通过专人联络、点对点指导、清单式服务，统一工作流程，做到阵地同建、队伍同育、内容同商、活动同参、成果同享。委员会客厅以会客访客结合、线上线下融合、联合联动聚合的形式，开展预防新型网络诈骗、企业法律风险防范、区块链赋能制造业、小微企业政策解读等活动12场，有效拓宽委员团结引领界别群众的渠道。婺商司法服务政协委员会客厅制度建设入选省政协“委员会客厅”工作优秀案例。新生代双创委员会客厅以“新生代、新机遇、新使命、新突破”为主题的活动，得到省市政协充分肯定。

五、坚持凝心聚力，团结民主氛围更加浓厚

通过团结联谊凝聚共识、凝聚智慧、凝聚力量，找出最大公约数，画好最大同心圆。

——*注重联谊互动增强团结力*。加强与各民主党派、工商联、人民团体合作共事，邀请参与政协组织的重要协商议政、专题调研、专题视察、民主监督等活动，为民主党派参政议政创造条件。民革报送的《疫情期间相关补助政策兑现过程中的基层反映》《关于推动婺城夜经济发展的建议》，民盟报送的《关于提升校园安防智能化水平的建议》《关于后疫情时代乡村旅游业发展的建议》等4篇“直通车”建议得到区委主要领导批示。组织委员视察金华经济技术开发区，增进双方互相交流，凝心聚力建设新时代“大婺城”。与兰溪市政协联合开展金华山旅游经济区、越龙山国际旅游度假区建设视察，促进打通两区道路，打造全域旅游项目。加强同婺城异地商会的联系沟通，走访云南婺城商会、绍兴婺城商会等，密切招商联络，积极助推招商引资工作。

——*赓续文化血脉提升感染力*。聚焦“白沙诗路建设”，加强白沙文化研究，编纂出版《红色白沙》文史资料，促进婺城本土红色文化宣传。积极做好“全面小康路上的政协人”“同心战疫”“浙江传统经典美食文化故事”等文史征集，发挥政协文史工作“存史、资政、团结、育人”的作用。开展“打造书香政协、讲好婺城故事”读书活动，提升委员文化素养。开展“最美政协人”评选，广泛宣传32名政协委员履职先进事迹，弘扬“最美”精神。

——*加强赋能引导扩大影响力*。开设婺城政协微信公众号，发布履职工作动态、工作亮点、委员履职风采等126篇，总阅读量超100万，影响力和活跃度在全省县级政协新媒体中位居前列。大力宣扬“全国劳动模范”陈立平委员的先进事迹，弘扬正能量、激发新热情。在人民网、新华网、《人民政协报》等中央级媒体刊稿27篇。在《浙江新闻》、浙江之声、《联谊报》等省、市媒体和网络平台刊稿268篇，省政协“同心苑”刊稿19篇，5篇稿件登上《人民政协报》“政能量”排行榜前十名，婺城政协的影响力进一步扩大。

六、坚持固本强基，政协自身建设更加过硬

把抓好自身建设作为履职能力提升的重要环节，从严要求，强化责任，多措并举加以推进。

——*建强委员队伍*。健全委员考核和管理机制，严密组织常委、委员履职述职等工作，充分调动委员履职积极性。重视发挥委员主体作用，努力提高委员的政治思想素质和参政议政水平，积极为委员履职创造良好条件，打造一支懂政协、会协商、善议政的委员队伍。开辟婺城政协微课堂，开展学习民法典等读书活动，营造浓厚的学习氛围。组织委员履职培训，通过专题教学与实地考察，切实提升委员的政治把握能力、调查研究能力、联系群众能力、合作共事能力。

——*加强机关建设*。着力解决“两个薄弱”问题，进一步优化专门委员会设置，建立“一办六委一中心”，选调年轻干部进机关，充实机关队伍力量。落实全面从严治党主体责任，抓好清廉政协建设，支持区纪委监委派驻纪检组开展工作。扎实开展“保先争优，善作善成”大讨论，深入推进政协党风廉政建设和作风建设，机关作风不断改进，综合协调和服务保障水平进一步提高。

过去的一年，婺城政协事业之所以能够取得丰硕成果，靠的是区委的坚强领导，靠的是区人大、区政府、金华经济技术开发区、金华山旅游经济区的大力支持和社会各界的积极配合，靠的是政协各参加单位、广大委员和政协工作者努力拼搏。

在肯定成绩的同时，我们也清醒认识到，工作中还存在一些薄弱环节和短板，主要表现在：政协专门协商机构作用还需进一步发挥，履职方式方法还需进一步创新，沟通联络机制还需进一步完善，强化委员责任担当的各项要求还需进一步细化落实。对这些问题,我们将认真研究,切实改进。

2021 年工作建议

2021 年是中国共产党成立 100 周年、新婺城建区 20 周年,是"十四五"开局之年。新的一年,区政协工作的总体要求是:高举习近平新时代中国特色社会主义思想伟大旗帜,深入贯彻党的十九大和十九届二中、三中、四中、五中全会和省委十四届八次全会、市委七届八次全会、区委七届九次全会精神,在中共金华市婺城区委的领导下,牢牢把握团结和民主两大主题,着力加强思想政治引领,着力提高双向发力质效,着力构建协商民主体系,着力强化委员责任担当,打好组合拳,弹出协奏曲,唱响"奋进'十四五'图强新婺城"主旋律,在高水平推进"双城"战略迭代升级、奋力建设"五大名城",争当社会主义现代化先行市的排头兵中展现政协担当作为,以优异成绩献礼中国共产党成立 100 周年!

一、加强理论武装,在强化思想引领上站位新高度

始终坚持把习近平新时代中国特色社会主义思想作为政协工作的根本遵循,持续深化学习贯彻中共十九届五中全会精神,推动学习贯彻习近平总书记关于加强和改进人民政协工作的重要思想走深走实,进一步增强"四个意识",坚定"四个自信",做到"两个维护"。深化以政协党组理论学习中心组学习为引领的学习体系,创新学习形式,提高学习实效。加强党的政治建设,不断增强政治判断力、政治领悟力、政治执行力。始终坚持把党的领导贯穿政协工作全过程各方面,健全"立体覆盖、各尽其责、无缝对接"的组织体系。严守党的政治纪律和政治规矩,严格执行请示报告制度,做到党委有号召、政协有响应,党委有要求、政协有落实。强化政协党组领导核心作用,落细落实全面从严治党主体责任,深化清廉政协建设。抓好委员履职期间的党建工作,探索富有婺城特色的政协党建新路径。开展庆祝建党 100 周年系列活动,引导各党派团体和各族各界人士坚定不移跟党走,风雨如磐不动摇,夯实团结奋斗的共同思想政治基础。

二、聚焦主责主业,在释放协商效能上发挥新作用

深化协商平台建设。不断丰富协商形式,加强协商活动的圈层融合、网络融合、履职方式融合,进一步扩大政协协商参与面和界别群众工作覆盖面,擦亮专门协商机构金字招牌。完善专门协商机构制度,推动政协协商更好地专出水平、商出质量、言出价值。开展"请你来协商"。紧扣"争先攻坚年、整体智治现代化建设起步年"建设,围绕都市经济创新发展、打造法治化营商环境最优区等议政协商,献政协之智;围绕加强农村宅基地审批改革、加强应急管理、提升食品安全智慧治理能力等开展专题协商,为提升群众获得感、幸福感、安全感聚智聚力;围绕全域集成综合行政执法改革、政务服务"一件事一次办"改革、物业管理等,联动开展基层微协商,推动政协协商与基层协商相衔接、与群众需求相契合、与社会治理相结合,更好解决群众关心关切的现实问题。创新提案办理协商,深化"即提即商即办",着力提升提案质量、办理质量和服务质量。采取现场督办、上门督办、座谈督办等多种形式持续跟踪关注,推动协商成果有效转化。

三、强化担当作为,在服务中心大局上谱写新篇章

践行新发展理念,围绕落实区委七届九次全会决策部署和"十四五"规划的实施,积极开展各类议政监督活动,助推区委区政府各项决策落地见效。助力"文化名城"建设。围绕乡镇文化站运行管理、农村体育设施建设等开展专项监督,听取文化产业发展情况通报,开展打造"世遗古堰"人文婺城品牌专题协商,建可行之言、管用之计、务实之策。助力"数字名城"建设。围绕工业企业数字化转型升级,观云小镇、睿丰康医学基地、天地汇智慧物流等重点项目开展专项视察,听取数字经济发展情况通报,就打造省级高新产业开发区、小微企业发展等开展专题调研,促进跨境电商发展,助推打造数字经济发展高地。助力"创新名城"建设。围绕科学城建设发展等开展专题监督,听取省级经济技术开发区运行、人才、科技、知识产权保护等工作通报,开展“城市大脑”赋能新型智慧城区创建课题调研，继续深入开展“三服务”，推进婺城高质量发展。助力“生态名城”建设。就深入推进美丽大花园建设开展省市区三级政协联动专项集体民主监督；聚焦生态环境持续优化改善，就“幸福河湖”、全民健康环境建设等开展视察监督，就农村水环境治理开展监督调研，共同打造天蓝、地绿、水清、土净的美好家园。助力“幸福名城”建设。围绕安居创富，开展乡村产业振兴调研，听取困难群体就业情况的通报，助推共同富裕；围绕农村基层民主和法治建设、农村居家养老、乡创行动实施情况等，开展“一村一委员”专项监督，推动基层社会治理创新，增强党政决策实施的执行力和有效性；围绕和美乡村建设、农村建房规范化管理等开展专题议政，积极建言献策，协助党委政府出台更多更实的惠民政策和利民举措。与兰溪市政协开展联合视察，开展金婺兰三方联动协商，助推金兰同城一体化发展。

四、发扬团结民主，在广泛凝聚共识上开创新局面

充分发挥人民政协的统战功能，形成全社会心往一处想、智往一处聚、劲往一处使的强大合力。制订出台《加强和促进人民政协凝聚共识工作实施办法》，画好最大同心圆。深入开展“政协大家访”，强化与委员的经常性联系。健全和落实与各民主党派、工商联、无党派人士、人民团体的联系制度。建好管好用好委员会客厅，进一步深化同社会各界特别是新社会阶层代表人士的联系交往。持续推进民情联络站精品建设，打造具有政协特点、婺城特色的标志性成果。畅通和拓宽各界群众的利益诉求表达渠道，加强对社情民意的收集，把群众呼声作为建言资政的第一素材，使政协工作更接地气、更有温度、更具实效。深化完善“一村一委员”工作机制。注重政协文化培育，发挥政协宣传平台作用，讲好婺城故事，展现婺城魅力。加强政协文史资料工作，编撰出版《述说白沙》和《婺城古桥》专辑。加强信息宣传等工作，发出更多政协好声音。组织开展庆祝新婺城建区20周年纪念活动。积极开展“政协走亲连心”，为各级政协委员、浙商婺商、各方乡贤“闻着花香回故乡”牵线搭桥，凝聚团结奋进的磅礴力量。

五、优化服务管理，在提升履职能力上实现新提高

以整体智治理念探索数字政协建设，以数字赋能履职平台集成、协商形式创新。搭建履职矩阵。构建“区政协大平台、常委会+乡镇分平台、委员微平台”工作矩阵。加强常委会建设，引导常委发挥“头雁效应”；重视专委会建设，推动专委会工作专起来、实起来、新起来；健全委员联系界别群众制度，推动界别工作动起来、活起来、强起来；优化乡镇工作委员会、街道联络组工作流程，推动政协协商与基层协商贯通起来、协同起来、联动起来。加强委员队伍建设。牢固树立“没有走在前列也是一种风险”的忧患意识，敢当“先行队”，勇做“排头兵”。继续加强委员履职能力提升培训，持续开展“书香政协”建设，以改革思维、创新理念、务实举措大力推进履职能力建设。强化委员责任担当，激励委员当好政协工作的主体，当好建功“十四五”的主力，当好传递正能量的“主播”，把高质量的“委员作业”写在婺城大地上，写进群众心坎里。加强机关队伍建设。按照政治强、能力强、服务强、作风强要求，进一步提高统筹协调力、整体谋划力、制度执行力，努力把政协机关打造成充满激情、富于创造、勇于担当的模范机关。

奋进“十四五”的号角已经吹响，逐梦前行，唯有奋斗。让我们更加紧密地团结在以习近平同志为核心的党中央周围，在中共金华市婺城区委的坚强领导下，以奋斗有我的责任感和时不我待的紧迫感，共绘新蓝图，图强新婺城，为高水平推进“双城”战略迭代升级，奋力建设“五大名城”，争当社会主义现代化先行市的排头兵，再谱“重要窗口”建设婺城新篇章作出新的更大的贡献！

专　辑

2020年婺城区重点建设项目

2020年婺城区重点建设项目一览表

表1

序号	项目名称	建设规模及主要内容	总投资(万元)
	婺城区(18)		1433619
1	313省道(45省道)婺城至兰溪段改建工程(婺城段)	本项目婺城区段长9千米，同步建设婺城连接线长4.869千米，该项目主线及连接线均按一级公路技术标准设计，设计速度80千米/小时，路基宽32米	134895
2	二七新村棚户区改造安置房建设工程一期西侧地块	城中村改造安置房建设、基础配套等费用。用地面积56528平方米，总建筑面积17.7万平方米	58551
3	婺城区洪源区块棚户区改造项目	城中村改造征地拆迁、安置房建设、基础配套等费用。用地面积71722平方米，总建筑面积21.5万平方米	135569
4	金华市婺江西路优化改造工程（婺州街至八一北街)	道路全长1.86千米，共分为新建段，隧道段，改造段，标准段红线宽度30米。包括道路工程、隧道工程、排水工程、管廊工程、交通工程、绿化工程、电力弱电路灯等附属配套工程	55642
5	金华新兴产业集聚区兰溪上华至婺城琅琊公路(婺城区段)	建设规模：长12千米，一级公路，设计速度80千米/小时，双向四车道，路基宽度24.5米	84300
6	金华市永强车业有限公司年产2万套挂车总成配件建设项目	新建厂房及其附属设施用房，建筑面积26646.3平方米。采用先进的激光切割技术，机器人焊接技术等先进设备，保证产品质量、工艺的先进性，根据市场需求，本项目投产后形成年产2万套挂车总成配件的生产能力	15800
7	金华市婺城区蒋堂移民新村(二期)建设工程EPC总承包项目	拟建22幢小高层住房建筑、2幢6层住房建筑及其配套工程，总建筑面积14.2万平方米，安置房864套。	34000
8	年产PC预制混凝土构件12.5万平方米生产项目	新建厂房及配套附属用房总建筑面积96984平方米，购置混凝土搅拌设备、自动化外墙板生产线设备、运输车辆、材料检测仪器设备、钢筋加工设备等	50000

续表 1

序号	项目名称	建设规模及主要内容	总投资(万元)
9	金华市第二生活垃圾焚烧发电项目	采用 PPP 模式建设运营一座总处理规模为 3000 吨/日的生活垃圾焚烧发电厂，其中一期规模 2250 吨/日，配置 3×750 吨/日的焚烧线；二期再增加一套 750 吨/日的焚烧线。另新建一座处理能力 900 吨/日渗滤液处理站，以及配套建设排水、取水管线及金武专用垃圾通道等附属工程	189964
10	婺城二中新建工程	征地 6 公顷，建筑面积 44000 平方米(学生宿舍 7200 平方米、地下室 1 万平方米)，建设规模 48 个班	19800
11	金华铁路文化公园项目工程	二七铁路主题公园总用地面积 15 公顷，建设内容包括园路、广场、景观构筑、绿化改造、停车场、基础照明、休闲建筑等	147300
12	二七凤翔安置房(婺江印月小区)	新建住宅 4 栋 18 层 288 套，总建筑面积 2.34 万平方米	41000
13	婺城区安居工程城中村改造项目(西郊一期)	城中村改造安置房建设，用地面积 21773 平方米，总建筑面积 6.7 万平方米	35926
14	婺城区安居工程城中村改造项目(鲍杨)	城中村改造安置房建设，用地面面积 97139 平方米，总建筑面积 30 万平方米	127190
15	今飞控股集团有限公司 汽车摩托车零部件及智能制造装备项目	项目规划用地 16.67 公顷，建设面积 10 万平方米，购买精雕机、加工中心、三坐标等设备	150000
16	330 国道武义江大桥改建工程(原二环南路武义江大桥)	路线全长 1.0 千米，其中含大桥 1 座 437 米	18682
17	浙江今飞机械有限公司年产 300 套节能环保设备、200 套工业机器人及配套机器人减速机项目	用地面积 6 公顷，新建厂房及附属设施，建筑面积 33082.28 平方米。项目采用先进的激光切割，数控折弯，高精度龙门加工中心等技术，引进德国环保计划，推广 VOCs 焚烧处理设备	50000
18	万泰集团(金华)有限公司万泰购物广场项目	项目一期投资 4.0 亿元，装修改造面积 18.8 平方米，包括海立方、物美超市等项目。项目二期投资 4.5 亿元，用地面积 7.67 公顷，总建筑面积 19.5 万平方米，业态包括特色商业街、精品酒店式公寓、商务写字楼、城市养老公寓等项目	85000

2020年婺城区十项重点惠民实事

一、优化建设提升工程。1.金华五中成美校区建设工程(婺城二中),总投资1.98亿元,建设规模48个班。2020年完成主体工程。2.开工建设环城二小东扩工程,总投资4500万元,2020年完成主体三层施工建设。3.丰亭东路幼儿园建设工程,总投资4500万元,建设规模18个班,2020年基本完成建设。

二、四好农村路建设及道路安全隐患整治工程。1.基本完成建设农村公路大中修55千米。2.农村公路路网完善工程,完成建设3.78千米(卢家—窖岗0.6千米;白杜塘—石楠塘0.5千米;白杜塘—西大路0.6千米;龙里村—西古城0.5千米;郑一村—郑宅桥1.2千米;倪家村—雅苏村0.38千米)。3.农村物流服务点计划实施80个。4.港湾式停靠站计划实施28个(长山2个、箬阳1个、乾西1个、罗店12个、白龙桥8个、琅琊4个)。5.完成婺城区农村公路病旧桥梁加固改造工程3座(琅琊镇山后金桥、白龙桥镇择住邻桥、莘畈乡枫坞桥)。6.开工建设"婺城新城区—白龙桥—长山—琅琊—安地—雅畈"南山漫道美丽风景线,总投资1亿元。7.完成市级事故黑点整治3处(313省道后溪河村路口、白门线与金龙路女子中学交叉路口由交通局负责实施,临江西路东俞村至社会福利院路段由新城区负责实施)。8.完成安全隐患排查点整治100处。9.实施智慧公路2条,增加和改造信息化设施50套,增加或改造非现执法设备2套。10.全面完成乡镇两站两员标准化建设,核增农村道路交通管理力量。

三、平安婺城"雪亮工程"。1.实施"雪亮工程"。2.实施智安校园建设工程。3.实施智安小区建设。

四、乡镇卫生院提升改造工程。1.2020年开工建设罗店镇中心卫生院提升改造工程。2.完成白龙桥镇中心卫生院提升改造工程。

五、示范型居家养老服务中心提升改造工程。项目涉及全区8家省级示范型居家养老服务中心和10家区级示范型居家养老服务中心,2020年3月开工,项目工期8个月,全部完成建设。

六、农村饮用水达标提标及水库除险加固工程。1.计划实现农村饮用水达标提标人口约3万人(罗店镇4309人、雅畈镇1592人、安地镇6415人、白龙桥镇10419人、琅琊镇2857人、长山乡4479人),项目总投资1亿元。2.南部山区水源涵养区范围内94个村,全部实现自来水费定人定额先收后返,惠及约5万人(沙畈乡13186人、塔石乡14513人、莘畈乡3816人、箬阳乡2673人、长山乡1726人、罗店镇5655人、安地镇10447人)。3.完成野鸭塘水库、水角垅水库、清塘水库、长岭水库、山下吴水库除险加固工程,总投资5000万元。

七、美丽河湖创建工程。1.开展全域美丽河湖创建工作。2.完成武义江8千米美丽河湖创建,总投资约860万元。3.开展白沙溪(沙畈段)、雅干溪美丽河道创建。

八、乡村文化振兴工程。1.完成10个小康体育村提升改造工程。2.在50个村开展农民运动会。3.开展文化过大年系列活动,完成80个村春节联欢晚会。4.新建农村文化礼堂30家,保障已完成建设文化礼堂的正常运营。

九、"污水零直排区建设"及老小区、沿街立面改造工程。1.完成江北片区301个住宅小区的雨污水管网改造。2.完成污水零直排改造后的老旧小区立面进行改造。3.完成江北杨思岭社区25个老旧小区改造。4.完成市创建办布置的街区立面改造。

十、公共环境卫生改善工程。1.开工建设5个口袋公园。2.新建和改扩建12个公厕(汽配公司公厕、东方前城南公厕、东上小区公厕、方井头公厕、玫瑰园公厕、东方巴黎公厕、五一村公厕、三清宫公厕、青春小区公厕、通济桥公厕、都市欧情公厕、新和苑公厕)。3.提升改造垃圾中转站2个(兰溪门转运站、凤凰山转运站)。4.建设23个垃圾分类示范小区,含3个省级示范小区。5. 建成60吨/日临江厨余垃圾处理中心,实现全区80吨的日处理能力。

大事记

1月

14日　由浙江锦鸿影视传媒有限公司和婺城区委宣传部联合摄制的电影《黄牯头》在杭州举行首映礼。

16日　白龙桥法庭审判综合用房暨司法警察训练中心项目奠基仪式举行。区委书记蔡艳出席并讲话。

26日　区委书记蔡艳主持召开全区疫情防控工作会议,第一时间传达贯彻中央和省、市有关会议精神,对新冠肺炎疫情防控再研究再动员再部署。

30日　婺城区红十字会接收浙江万里扬股份有限公司捐款100万元,用于新型冠状病毒肺炎疫情防控工作。这是婺城区红十字会发出社会各界款物捐赠接收相关事宜公告后,收到的首笔抗击疫情企业大额捐款。

同日　金华银保监分局局长冯明一行到中国人寿金华分公司进行新型冠状病毒疫情防控工作指导。同日,公司向金华市4.2万名医护工作人员捐赠疫情专属保险,保额每人50万元,为医疗救治提供保险保障服务。

同日　婺城万名党员组建300余支疫情专项服务小队,构筑群防群控严密防线。

2月

2日　副省长陈奕君到婺城区检查金华市科达医疗器械有限公司医用口罩生产供应情况。

5日　婺城区农业农村局推出“战疫情·助农户”菜篮子农产品公益售卖活动。市民可以通过微信小程序、“邮乐网”和“浙中优选”等网络平台购买或由各街道、社区、小区物业等汇总市民需求线下下单购买。第二日由金华邮政快递员将产自婺城区本地的各种蔬菜装箱打包,派送到下单的市区(二环内)居民手中。

10日起　为落实教育部、省、市、区对新型冠状病毒肺炎疫情防控工作要求,阻断疫情向校园蔓延,确保师生生命安全和身体健康,区教研室组织中小学各学科教研员,省、市、区教坛新秀、名师,借助金华华数公司,建立直播频道,开设电视课堂,开展电视在线学习。

13日　省委书记车俊一行到金华督导防疫工作,区委书记蔡艳陪同。随后召开区指挥部工作会议,传达省委书记车俊指示精神,部署下一步的防疫和企业复工工作。

17日　婺城区派出由经商、科技、公安、卫健、人力社保局等部门组成的3个工作小组,前往疫情相对平稳、到婺城就业人员集中的云南、贵州、四川3个省份,申请复工人员定制专列。

2月20日、3月1—3日　婺城“赶超图强”号返婺专列载着2500多名新婺城人,返岗婺城百余家企业。区委书记蔡艳及区领导黄国钧、朱利群、张茹先、王建中、张遵强、范锋鑫、吴冠频、唐剑刚等到车站迎接并表示慰问。此前,区人力社保局局长王会星、副局长郑广富、副局长刘娇英带队分别到云南、贵州协调相关事宜。

24日　省水利厅厅长马林云到罗店镇开展“三

服务”活动,推进水利工程建设复工复产。区委书记蔡艳参加活动。

3月

9日　区委副书记、区长黄国钧召集研究境外疫情输入防控工作会议。区领导王建中参加。

14日　“花满婺城　云赏山茶”金华市云上茶花节开幕,金华市委常委、副市长吕兵宣布开幕。区委书记蔡艳致辞。

同日　金华茶花精品园项目开工建设,市委常委、副市长吕兵,市政府副秘书长倪喜斌,区领导蔡艳、朱利群、张茹先、胡小荣等参会领导到精品园参加开工奠基仪式。

21日　“情满婺城·美好生活”消费促进月启动仪式在西市街商圈永盛购物广场举行。区委书记蔡艳出席仪式并讲话,区领导朱利群、张茹先、徐妙芳、张璞、范锋鑫参加仪式,副区长范锋鑫主持启动仪式。

4月

3日　金华烈士纪念馆开馆试运行。

13日　330国道武义江大桥南半幅通车仪式举行。

19—21日　中国人民政治协商会议第四届金华市婺城区委员会第四次会议召开。区委书记蔡艳代表中共金华市婺城区委对大会的召开表示祝贺并发表讲话。区政协主席张茹先代表区政协第四届常委会向大会作工作报告。大会审议通过政协四届金华市婺城区委员会第四次会议议程,听取区政协副主席楼存根作《中国人民政治协商会议第四届金华市婺城区委员会常务委员会关于四届三次会议以来提案工作情况的报告》。李文鸿等10位政协委员作大会发言,另10位委员作书面发言。

20—23日　金华市婺城区第九届人民代表大会第四次会议召开。大会以视频会议形式召开。区委副书记、区长黄国钧代表区人民政府向大会作《政府工作报告》。

23日　婺城区重点项目“比拼赶超”暨2020年“第一期百亿”项目集中开工仪式举行。市委书记陈龙出席仪式并宣布开工。副市长邵国强,市政协副主席许章才,市委副秘书长、办公室主任黄胜可,市教育局局长楼伟民,蔡艳、黄国钧、朱利群、张茹先、胡小荣等区四套班子领导参加仪式。区委副书记、区长黄国钧主持项目集中开工仪式。

5月

9日　婺城籍音乐人陈越向家乡捐赠“爱企日”吉祥物仪式举行。区委书记蔡艳出席并致辞。

同日,婺城区首届“白沙文化研究”座谈会举行。区委书记蔡艳出席会议并发表讲话。区领导陈旭辉、应跃成,词曲作家、音乐制作人陈越,金华电视台国家一级导演陈建平,金华市政协文史委主任吴远龙,金华市人大调研员成晓波,金华市少儿图书馆馆长,婺文化研究会会长周国良,《金华日报》原高级美术编辑戴云辉等50余位地方文化研究学者、专家代表参加活动。

12日　婺城区召开“健康婺城·幸福城”卫生健康大会。区委书记蔡艳出席会议并讲话。

14—15日　区委书记蔡艳带队到北京、天津招商考察。区法院院长鲍大兵参加考察。

20日　《白沙溪》大型电视散文在婺城区开机。区委书记蔡艳出席并致辞。金华市委宣传部副部长、市社科联主席程建金,金华市水利局局长金时刚,金华广播电视总台台长方鹰,金华市文化广电旅游局副局长徐利华,区领导傅得樟、王兴国、应跃成出席仪式。

23—24日　区委书记蔡艳带队到上海开展招商招才活动。区委常委、公安分局局长陈曙初,副区长范锋鑫参加活动。

25—31日　婺城区开展“众志成城 抗击疫情”文艺战疫作品展。自1月29日发出抗击疫情主题文艺作品征稿启事后,累计收到各类文艺作品800余件。展览从收到的800余件文艺作品中精选近百件,涵盖国画、西画、书法、摄影、剪纸、雕刻等种类,作品主题鲜明、内容鲜活、题材多样,为打赢疫情防控的人民战争、总体战、阻击战留下永恒的历史印记。

27日　婺城区首届“爱企日”系列活动启动仪式暨“政企同心、赶超图强”健身走活动举行。区委书记蔡艳参加活动，宣布5月27日为婺城“爱企日”。

同日　浙江省人大常委会副主任史济锡一行到婺城区调研动物防疫、野生动物保护“两法两条例两决定”工作。

5月29日至6月1日　区委书记蔡艳率婺城区党政代表团到四川省南充市嘉陵区开展扶贫协作工作。

同日　婺城区政府与中国农业银行金华分行战略合作协议签约仪式举行，区委副书记、区长黄国钧，区领导杜建明、范锋鑫参加会议。

6月

2日　金华第四中学玉泉校区正式揭牌。

5日　省委副秘书长、省信访局局长王忠志一行到婺城调研社会矛盾纠纷调处化解中心(信访超市)建设运行情况，并召开调研座谈会。市委副秘书长、市信访局局长李强，婺城区委书记蔡艳，区委副书记、政法委书记胡小荣，金华各县市区分管政法工作的主要领导参加会议。

10日　国网金华供电公司婺城供电分公司在新基地举行揭牌仪式。

11日　“讲好中国故事，牢牢把握意识形态主动权”宣讲报告会召开，上海交通大学干部培训常任教授、上海教育电视台原党委书记张伯安作宣讲报告。

24日　婺城区首届直播创业大赛启动。大赛共吸引1200万人次观看，带动“婺城好货”“婺城制造”产品销售30万单，成交额超1000万元，带动就业超500人。

26日　2020浙江金华燕语湖库钓公开赛举行开幕式。浙江省钓鱼协会秘书长孙浙东宣布大赛开幕。

29日　婺城区“侨之家”揭牌仪式举行。金华市委统战部副部长、市侨联主席王国人，婺城区领导蔡艳、朱利群、陈旭辉、陈丽萍，市侨联副主席潘刚，市侨联秘书长盛灶生，区侨联名誉主席、合丰科技有限公司总经理孙宇烽等共同为“侨之家”揭牌。

30日　金华市中医医院婺城康复中心举行启用仪式。金华市卫健委党委书记、主任徐志坚，金华市卫健委党委委员、副主任周国彪，婺城区委书记蔡艳，副区长吴冠频参加活动。

7月

1日　婺城区举行纪念建党99周年党员干部大会暨“千名书记讲党课”启动仪式，区委书记蔡艳出席并讲话，区委副书记、区长黄国钧主持会议。

3日　婺城区召开“婺城图强大讲堂”2020年首场经济培训会，邀请浙江经略视界董事长、总经理、高级经济师魏李鹏作专题授课。

10日　万泰·公园大道购物广场一期开业活动，区领导蔡艳、黄国钧、朱利群、张茹先、范锋鑫、江少华参加活动。

同日　金华氢途科技有限公司氢燃料电池发动机生产研发基地项目在飞扬智能制造小镇举行奠基仪式，区委书记蔡艳宣布项目奠基开工。

14日　婺城区举行高铁新城(一期)旧城改造国有土地上房屋征收集中签约仪式。区领导蔡艳、黄国钧、朱利群、张茹先、王建中、张遵强、唐剑刚，市建设局党委委员、金华市城市有机更新和房屋征收指导中心主任包上京出席活动。

21日　“金华制造·品牌出海”跨境电商高峰论坛暨金华市跨境电商综合服务中心启动仪式在婺城区举行。省商务厅一级巡视员徐高春，副市长邵国强，省商务厅电商处处长程雁，区委书记蔡艳，市政府副秘书长陈志坚，市商务局局长邵国龙，副区长王兴国参加仪式。

22日　海关总署总工程师韩森带队全国2020年生猪稳产保供和相关政策落实专项督查组到婺城区督查。省农业农村厅副厅长唐冬寿，杭州海关副关长郑自强，金华市委常委、市政府党组成员张伟亚，副市长张新宇，市政府副秘书长程长生，金华海关关长吴伟栋，市农业农村局局长范冬岩，区领导蔡艳、黄国钧、杜建明,省、市、区相关部门单位分管负责人分别参加工作汇报会并陪同考察生猪养殖企业。

28日　省委书记车俊到婺城看望慰问部队官兵。区委书记蔡艳参加活动。

8月

4日　王亮首场先进事迹报告会在婺城区举行。

6日　四川省南充市委常委、统战部部长、嘉陵区委书记廖伦志率嘉陵区党政代表团到婺城区开展东西部扶贫协作工作，并召开婺城区—嘉陵区东西部扶贫协作工作联席会,区委书记蔡艳出席并讲话,区领导黄国钧、朱利群、王建中、潘国东等参加会议。

8日　婺城区举行"促进全民健康,共创幸福婺城"创建全国健康促进区暨国家第五届"万步有约"婺城赛区启动仪式。

13日　全区举行滕勤男先进事迹报告会。区领导蔡艳、杜建明、陈旭辉、贾恒飞、诸晓东、盛奇兵、钟春宏、傅得樟、张遵强、吴冠频、王兴国、江少华、舒理成,区人武部政委、区法院院长、区检察院检察长和其他在职副处级以上领导,各乡镇(街道)、区直机关单位以及村(社)党组织主要负责人参加会议。

同日　婺城区举办创建全国文明城市"邻居节"活动,区委书记蔡艳出席启动仪式并讲话,市创建办常务副主任詹晓明参加活动。

19日　区委书记蔡艳主持召开区委理论学习中心组《习近平谈治国理政》第三卷专题学习会。区领导和区委理论学习中心组其他成员出席会议。

同日　浙江省检察院党组书记、检察长贾宇一行到婺城区调研检察机关进一步服务保障"重要窗口"建设、贯彻落实省委《进一步加强检察机关法律监督的若干意见》情况。

20日　区委书记蔡艳主持召开第二轮中央环保督察迎检工作领导小组会议。

同日　全区召开"婺城图强大讲堂"专题讲座,区四套班子领导,区直机关部门单位中层以上干部现场参加活动。

21日　婺城区举办第二届科技人才节暨"青年英才智汇婺城"高峰论坛。区委书记蔡艳出席活动并致辞,中国科学技术大学特任研究员、博士生导师金腾川教授参加活动。

同日　由深圳文化产权交易所文化金融中心总经理赵国星带队的深圳文旅考察团到婺城考察,先后深入仙源湖旅游度假区、二七区块、古子城和金华山等地,就相关合作领域开展交流对接。深圳清华大学校友会紫荆同学会主席、深圳市金华商会会长童星桦,深圳市金华婺城商会会长杨洋,区领导蔡艳、杜建明、盛奇兵、范锋鑫以及相关部门负责人分别陪同考察或参加对接交流活动。

27日　2020年沪苏浙森林资源监督员暨林草资源监管执法培训班在婺城开班。国家森林草原局驻上海监督专员办事处副专员高尚仁,浙江省林业局总工程师李荣勋,区委书记蔡艳,区委常委、区政府党组成员杜建明,国家林草局驻上海监督专员办事处资源和林政监管处处长王新国参加开班式。

9月

4日　婺城区举行"白沙八景"之"龙桥映月"外婆雕像揭幕仪式,婺城区委书记蔡艳,国家一级演员侯勇,词曲作家、音乐制作人陈越,区领导杜建明、赵燕华、江少华、应跃成,国家一级导演、金华市电影电视艺术协会常务副会长、秘书长陈建平,深圳市金华商会会长童星桦,金华市荣光国际学校校长徐锦生参加揭幕仪式。

15日　婺城区举办"唯实惟先善作善成　忠实奋力答好'重要窗口'婺城高分答卷"大学习大讨论大对标大发展活动研讨会。

18日　金华市2020年中国农民丰收节在古子城开幕,金华市副市长邵国强宣布活动开幕,区委书记蔡艳出席并致辞。

24日　授予驻金部队一等功臣王亮婺城区"荣誉市民"称号。

28日　由区检察院、区农业农村局、金华市野生动植物保护协会联合创建的"绿野之家"野生动物公益保护实践基地在金华市陆生野生动物救护中心正式揭牌成立。

同日　婺城区举行米德尔顿荣光校区奠基仪式。区委副书记、区长黄国钧宣布工程启动。

30日　婺城区社会矛盾纠纷调处化解中心城区分中心暨城西街道矛盾调解中心揭牌运行。

10月

14日　全国基层检察院建设工作会议暨第七届全国先进基层检察院表彰大会在北京召开，婺城区检察院获全国先进基层检察院称号。

14—16日　2020年婺城区首届体育节之婺城区第二十届中小学田径运动会暨“阳光体育示范学校”创建启动仪式在婺城中学召开，全区各中小学619名运动员、98名教练员参加此次运动会。

17日　婺城区举办“花满婺城·和美金华”婺城区百亿项目集中签约暨2020中国金华燕语湖首届全国钓鱼人运动会。

同日　婺城区举办第十二届仙源湖桂花节暨“印象南山·天籁仙源”南山桂谷风情小镇音乐汇。

21日　婺城区召开全区民政会议暨首届婺城慈善大会，区委书记蔡艳出席并讲话。

26日　作为全市综合交通大会战的重要成果，235国道金华婺城至武义公路正式通车。

27日　婺城区举办“展望‘十四五’图强新婺城”高峰论坛。区委书记蔡艳主持会议，省委原常委、杭州市委原书记、杭州城市学研究理事会理事长王国平作专题授课。

28日　婺城区举行“心写婺城”系列活动之“春天的故事”浙江省女书法家作品邀请展。浙江省人大常委会原副主任、浙江省文史馆馆长王永昌，浙江省文联副主席、书记处书记、省书法家协会主席赵雁君，浙江省文史馆专职副馆长姜玉峰，浙江省女书法家协会主席李军，金华市人大常委会副主任陶国兴，金华市政协副主席许章才，金华市委宣传部副部长、市社科联主席程建金，金华市文联主席楼冰，金华市妇联主席严小俊，区领导蔡艳、朱利群、张茹先、胡小荣、赵燕华以及来自全省各地的女书法家们参加活动。

30日　新狮街道花木之窗举办浙中首届超级网红音乐节，千万粉丝的网红登场亮相，为金华特产宣传带货。

同日　金华市第四届“科技婺商”评选活动在市文化馆举行。4位婺城企业家获“科技婺商”称号，1位婺城企业家获“科技婺商”优胜奖。

31日　2020第四届中国·金华山水四项公开赛暨浙江省首届生态运动会(金华站)在婺城举办。省体育局副局长张亚东，中国铁人三项协会主席、北京体育大学党委常委、副校长张健，市政府副秘书长叶顺清，市体育局局长何吉军，区领导蔡艳、朱利群、张茹先等参加活动。

11月

3日　第五届中国创新挑战赛(浙江)暨2020年浙江省技术需求“张榜招贤”大赛之金华市“揭榜挂帅·全球引才”专场拉开帷幕。

5日　婺城区召开全区新闻宣传工作会议暨婺城融媒客户端上线仪式。

同日　婺城区县府里·全球科创中心和婺州英才创新园建成开园并启用。

7日　婺城区举行“未来医学 闪耀浙中”2020浙中预防医学创新峰会暨婺江健康医学实验室启动仪式。婺城区委副书记、区长黄国钧出席并发表讲话，温州医科大学党委书记吕一军，浙江省疾控中心党委书记胡崇高，浙江省疾控预防控制中心微生物检验所所长张严峻，温州医科大学公共卫生与管理学院党委副书记、院长刘晓东，金华市有关部门领导，婺城区委书记蔡艳，区领导陈旭辉、范锋鑫、吴冠频，婺江健康医学实验室首席科学家秦晓峰等参加启动仪式。

16日　婺城区委副书记、区长黄国钧主持召开2019—2020年新增专项债券项目实施推进会。

19日　婺城区举行第八届精神文明建设“草根奖”颁奖晚会。区委书记、区精神文明建设委员会第一主任蔡艳出席并发表致辞，《金华日报》报业传媒集团党委书记、社长孙建成，金华广播电视总台党委书记、台长方鹰,市精神文明建设指导中心主任华刚,区领导张茹先、胡小荣、陈曙初、赵燕华等出席颁奖典礼。

21日　婺城区首届教育节开幕式暨综合素质教育实践基地(莘畈)授牌仪式在莘畈乡举行。

23日　“诗画中国行”大型主题采风活动走进婺城。区委书记蔡艳出席并发表致辞,中国美术家协会理事、中国书法家协会理事、中央文史馆书画院院委梁永琳,《人民日报》文艺副刊高级编辑、画家罗雪村,鲁迅文学奖得主、诗人曹宇翔,浙江省作协诗歌委员会主任、诗人孙昌建,中国人民军事博物馆书画研究院绘画研究室主任、中国人民大学特聘教授孙季康,《浙江日报》报业集团北京分社社长、美术报社副社长吴重生等诗人、画家和记者,婺城区领导蔡艳、胡小荣、赵燕华以及区委宣传部、区文联、区新闻传媒中心、区文旅体局,各乡镇(街道)相关负责人参加活动。

23—25日　吉林省四平市铁西区委副书记、区长刘红军率党政代表团到婺城考察。铁西区领导付永久、王学民、王敬涛、宋军和代表团其他成员参加考察,婺城区领导蔡艳、黄国钧、胡小荣、王建中、范锋鑫以及相关部门负责人分别陪同考察或参加座谈。

25日　婺城区举办“花满婺城·看见幸福”大型媒体走读活动媒体见面会。《浙江日报》报业集团党委委员、副总编辑金波,区委书记蔡艳,区委副书记、政法委书记胡小荣出席媒体见面会,区委常委、宣传部部长赵燕华主持活动。《人民日报》、新华社、《光明日报》、中新社、《中国青年报》、《农民日报》、《法治日报》、《中国经济时报》、《中国经济导报》、人民网、人民论坛、凤凰周刊、中国江苏网、东方网、《浙江日报》、浙江之声、《金华日报》、金华广电等中央、长三角和省、市20多家媒体相关负责人和代表,区委宣传部、区文联、区新闻传媒中心班子成员以及相关单位和乡镇(街道)主要负责人参加媒体见面会。

同日　在竹马乡举办“全民健身、活力中国”2020“花满婺城”中国门球冠军赛总决赛。赛事为期4天,来自全国27个省区市共77支球队近800名国内门球顶尖高手参赛。

27日　婺城区举办“展望‘十四五’图强新婺城”高峰论坛。区委书记蔡艳主持论坛,黄国钧、朱利群、胡小荣等区四套班子领导,杭州国际城市学研究中心相关负责人、市相关部门负责人、金华山旅游经济区相关负责人、区“十四五”规划及各专项规划编制团队有关人员、相关金融机构及企业负责人、区机关部门单位和乡镇街道相关负责人参加活动。

30日　浙江之声《浙广早新闻》特别策划《向人民报告》播出《全面小康路上的幸福婺城故事》,区委书记蔡艳参加专访活动。

12月

2日　婺城区举办双溪西路西延工程通车暨婺城新城区5条道路开工仪式。

3日　“我心向党”——婺城区劳模、工匠话初心使命座谈交流会在浙江巨龙温泉旅游度假村举办,全国劳模陈立平、徐锦生等9人作交流。

8日　原定于摩洛哥举办的国际灌溉排水委员会第71届执行理事会改为视频会议的形式举办,会上公布了2020年(第七批)世界灌溉工程遗产名录。“白沙溪三十六堰”获选世界灌溉工程遗产名录,是全国第23个、浙江省第6个、金华市首个世界灌溉工程遗产;白沙溪三十六堰灌溉工程展陈馆接待国家级、省级等百余家媒体、单位到馆参观、学习。

14日　婺城区举办滕勤男事迹陈列馆开馆仪式。区委书记蔡艳带领全体人员重温入党誓词,市委组织部副部长刘伟霞,区领导徐妙芳、张遵强、江少华参加开馆仪式。

18日　市政府新闻办举行“白沙溪三十六堰”入选世界灌溉工程遗产新闻发布会。市委宣传部副部长、市政府新闻办主任徐赞主持新闻发布会,区委书记蔡艳出席并发表讲话,市水利局党委委员、总工程师骆红旭,区委常委、宣传部部长赵燕华,副区长范锋鑫出席新闻发布会。

19日　温州医科大学公共卫生与管理学院和睿丰康生物医药科技(浙江)有限公司举行战略合

作启动仪式。区委书记蔡艳出席并发表讲话,温州医科大学公共卫生与管理学院党委书记柯奔、院长刘晓冬,睿丰康生物医药科技(浙江)有限公司负责人参加启动仪式。金华市疾控中心、金华市中心医院、区经济商务局、区卫健局、区招商投资服务中心、区侨联等相关部门负责人参加仪式。

30 日　婺城区举办“图强路上·花满婺城”2020 新年诗歌朗诵会(机关组),区领导蔡艳、黄国钧、朱利群、张茹先、胡小荣等四套班子领导参加活动。

31 日　婺城区举办“图强路上·花满婺城”2020 新年诗歌朗诵会(乡镇街道组),区领导蔡艳、黄国钧、朱利群、张茹先、胡小荣等四套班子领导参加活动。

婺城区概况

建置 区划 人口

【建置沿革】 金华市婺城区地域为《禹贡》扬州之地。春秋时属越国，其中原汤溪县地域属姑蔑国。楚威王七年(前333)灭越为楚地。秦王政二十五年(前222)置会稽郡乌伤、太(大)末县，其地分属两县。新王莽始建国元年(9)改乌伤为乌孝。东汉建武元年(25)复名乌伤，隶扬州。东汉初平三年(192)分乌伤县西南地置长山县，为长山县县治，以境内长山而得名(长山或称常山，即金华山)。三国吴宝鼎元年(266)分会稽郡西南部置东阳郡，以地处縠水(今衢江)之东、长山之阳得名。郡治设长山县。南朝宋孝建元年(454)属东扬州，永光元年(465)仍属扬州。此后，东扬州五废五置，郡属相随。南朝梁绍泰二年(556)就东阳郡置缙州。南朝陈天嘉三年(562)省缙州复东阳郡，后改金华郡。隋开皇九年(589)改东扬州为吴州，废金华郡；改长山县为吴宁县；废太末县分入吴宁、信安二县。开皇十二年(592)吴宁县改称东阳县。开皇十三年(593)废郡改置婺州，盖因“其地于天文为婺女之分野”而得名，为州治之所。开皇十八年(598)东阳县更名金华县。隋大业元年(605)改吴州为越州。大业三年(607)废婺州复置东阳郡。唐武德四年(621)复称婺州。同年，以太末故地复置太末县，分金华县为金华、长山二县。武德八年(625)废长山县复入金华县，废太末县入信安县。唐垂拱四年(688)改金华县为金山县。唐神龙元年(705)复名金华县。唐天宝元年(742)改婺州为东阳郡。唐乾元元年(758)复称婺州。五代后晋天福四年(939)改称婺州武胜军。宋淳化元年(990)改称婺州保宁军。元至元十三年(1276)置婺州路，为路治。至元十四年(1277)于大云乡(金华城区)置录事司。至正十八年(1358)朱元璋攻取婺州，改婺州路为宁越府。至正二十年(1360)改称金华府。明成化七年(1471)析金华、兰溪、龙游、遂昌四县边境之地置汤溪县，以附近有汤塘得名，属金华府。清沿明制，金华、汤溪二县仍属金华府。民国元年(1912)2月，废府，实行省、县两级制。民国3年(1914)5月，置金华道。民国16年(1927)4月，废道，直隶于省。民国21年(1932)6月，改设浙江省县政督察专员办事处第八区，9月改为浙江省行政督察专员办事处第六区。民国24年(1935)8月，改设兰溪区(公署兰溪)。民国25年(1936)2月，改为第四行政督察区，公署兰溪。民国36年(1947)10月，改为第五区。民国26年(1937)4月，移驻金华。民国32年(1943)5月，专署驻宣平县(今武义县)。民国36年(1947)10月，属第五区，专署驻衢县。民国37年(1948)4月，调整为第三行政督察区，驻金华，8月改为第八区。

1949年5月7日金华解放，8日汤溪解放，10日成立金华市军事管制委员会和汤溪县军事管制委员会，17日成立汤溪县人民政府，18日成立金华县人民政府，两县均隶属浙江省第八行政区。同年10月10日浙江省第八行政区改名金华专区，公署驻金华县。10月20日，析金华县城区建立金华市(县级)。1950年5月15日撤销金华市，并入金华县。同年9月27日，金华专区改称金华区。1951年7月20日复设金华市。辖3个镇公所，36个居委会。

1953年5月21日，金华市改为省辖市，仍由金华专员公署领导。1955年2月，金华区复称金华专区。1958年2月21日，撤销中共金华市委，归金华县委领导，保留市人委，市仍为一级行政机关。同年9月5日，撤销汤溪县并入金华县。1960年3月12日，湖镇人民公社从衢县划归金华县。1962年12月22日，国务院批准撤销金华市，并入金华县。1968年4月，改金华专区为金华地区。1979年9月10日，国务院决定恢复金华市，未实施。1981年1月14日，国务院批准撤销金华县并入金华市，下辖3个街道，69个公社。1983年9月13日湖镇区划归龙游县管辖。

1985年5月15日，国务院批准撤销金华地区，金华市升为地级市，原县级金华市地域分设婺城区和郊区。7月26日，中共金华市委宣布将金华市城区和近郊13个乡划给婺城区。12月23日，撤销郊区复置金华县。

1994年4月6日，中共金华市委、市政府作出婺城区机关部分部门与市机关合署办公的决定，除区人大和公安局、检察院、法院、人武部外，其余机构均纳入市、区合署办公体制。

2000年12月30日，国务院批准撤销金华县，设立金华市金东区，将原金华县雅畈等14个乡镇划归婺城区，原婺城区的仙桥、多湖、东孝3个乡镇划归金东区管辖。婺城区与市机关合署办公体制也随之结束，重新按照区一级党政机构的规范工作。

2013年10月，根据市委、市政府《关于完善金华经济技术开发区和金西经济开发区管理体制的意见》，两个开发区成建制整合，管理机构实行“一块牌子、统一对外，一套班子、统筹管理”。同时，保留金华高新技术产业园区和金西经济开发区牌子。原由金华经济技术开发区、金西经济开发区托管的乡镇(街道)由整合后的金华经济技术开发区托管，包括三江街道、江南街道、西关街道、秋滨街道、苏孟乡、汤溪镇、罗埠镇、洋埠镇，面积253.86平方千米。

2015年7月6日，金华市正式推出“大金华山”概念，设立金华山旅游经济区管理委员会。婺城区罗店镇、金东区赤松镇和新狮街道中的7个行政村，由金华山旅游经济区全面托管。金华山旅游经济区管理委员会是金华市政府直属单位，与金华双龙风景旅游区管理委员会、金华双龙风景名胜区管理委员会合署办公。实行三块牌子一套班子管理体制。这是一个以经济旅游开发为重点的新区，区域面积150平方千米，其中涵盖了双龙景区79.7平方千米的规划区。

2019年1月，金华山旅游经济区托管的婺城区罗店镇范围的教育、文化、卫生、体育、基层党建、信访维稳、社会综治、“三农”工作、“三改一拆”、“五水共治”、征地拆迁、人武统战、社会保障等有关工作交还婺城区负责组织实施。

【行政区划】 婺城区辖9镇9乡9街道(其中3镇1乡4街道由金华经济技术开发区托管)，113个社区居民委员会，317个村民委员会，区域内有国家级金华市经济技术开发区、省级婺城新城区、双龙风景区、仙源湖旅游度假区。全区土地总面积1391.24平方千米。

【人口】 截至2020年11月底，全区户籍人口65.63万人。区属户籍管理人口38.89万人。其中男性19.34万人，占总人口的49.73%；女性19.55万人，占总人口的50.27%；全年出生人口3052人，人口出生率7.85‰，死亡人口2855人，人口死亡率7.34‰，人口自然增长率0.51‰。

2020年，区属60周岁以上老年人96099人，占全区总人口的24.71%。至年底，百岁以上老人20人，年龄最大者105周岁。

地理环境

【位置面积】 婺城区地处浙江省中部，金华市中西部。东连金东区，南接武义县，西南与丽水市遂昌县接壤，西与衢州市龙游县毗邻，北与兰溪市交界。介于北纬28°44′~29°15′、东经119°18′~ 119°46′之间。东西长45千米，南北宽55千米。距省会杭州市135千米(径距)。土地面积1391.24平方千米，约占浙江省土地总面积的1.36%。婺城区是金华市辖区，金华市人民政府驻地，浙中城市群中心城市的核心区块。区人民政府驻宾虹西路2666号。

【地质地貌】 婺城区地处金衢盆地中段，地势西南与东北高，中部低。婺城区地跨浙西大复向斜与浙南变质地体两个Ⅱ级构造单元。由于两个构造单元地质历史演化截然不同,因而地层、岩性也不尽相同,大致以江山—绍兴深断裂为界,以北为江南地层区,以南为华南地层区。

江南地层区 属于扬子准地台的一部分,也称浙西台皱带,在地质历史时期经过一系列凹陷与隆起而形成的格局。一般地说,江南地层区,在整个古生界,地壳下沉,接受沉积,有页岩、灰岩、砂岩等浅海相沉积建造,主要分布于金华山。进入中生界后,该区地壳褶皱上升,仅在局部凹陷带有陆相沉积建造,主要分布于金华山及金衢盆地北缘。中生代侏罗系后期,地壳运动加剧,形成大片火山岩覆盖和大量侵入岩。白垩系及其后期,地壳岩石经历了强烈剥蚀,在盆地北缘与南缘有红色砂岩沉积。新生界,又经燕山运动、喜马拉雅运动的影响,形成多峡谷小盆地、地面起伏较大的现代河谷地貌以及岩溶地貌发育的特色。

华南地层区 属于华南地槽褶皱带一部分,也称浙东华夏褶皱带,在元古界有古老变质岩系和灰岩零星分布,主要出露于塔石乡一带。在中生界,该区属于稳定上升地区,整个地表都被火山岩系覆盖。侏罗系后期,地壳运动进一步加剧,有大量的岩浆活动,形成大片火山岩系覆盖和大量侵入岩,后经强烈剥蚀。这些火山碎屑岩和熔岩,主要分布于金华南山和盆地盆底南侧斜坡地带。新生界期,华南地层区在喜马拉雅运动影响下,局部地区有玄武岩喷发和覆盖,从而导致该区多浅小盆地的现代河谷地貌和火山造岩地貌的特色。

以金华江为中轴,向两侧呈阶梯式分布。地形根据绝对和相对高度、坡度可分为山脉、丘陵、平原三种不同类型。

山脉 高低起伏,坡度较缓,绝对高度在500米以下,相对高度一般在200米以下的为丘陵。绝对高度500~1000米的为低山。绝对高度1000~3500米的为中山。3500米以上为高山。其中,丘陵面积364.46平方千米,占全区总面积的26.20%;低山面积162.89平方千米,占全区总面积的11.71%;中山面积33.98平方千米,占全区总面积的2.44%。

金华山 又称长山,俗称北山。主要绵延于区境东北部罗店、竹马两个乡镇的东北和北部。

金华山北连龙门山脉,由于墩头盆地的陷落和向东侵蚀,浦江盆地的不断向西侵蚀,遂形成龙门山脉两头隔离、中间相连的格局。

金华山南坡,自兰溪市至金东区伸展着一条长25千米、宽1千米的石灰岩带,有大小溶洞50多个,有效面积大于1万平方米。这些溶洞洞景绮丽多姿,区境内可供旅游的有双龙、冰壶、朝真、桃源、仙瀑、二仙、讲堂等多个溶洞,其中双龙、冰壶、朝真三洞为国家级重点风景名胜区。

金华山西起兰溪市城区兰江东岸,东走经王大尖、白露尖、扁担岗,至兰溪市与婺城区界上的西坑岗。自此沿婺城区、兰溪市界东走6.5千米,经九龙山(海拔1245.2米),至金华城北东4°,距城15千米(方位、距离均以通济桥北堍为基点,下同)、海拔1312米的大盘山。复东北走11.5千米,经武平山(亦名玉壶山)、双尖(城北东15°,距城16千米,海拔1017米)、螺蛳尖出区境入金东区与兰溪市界上,续东走至兰溪、义乌、浦江三市县界上,北与龙门山北支相连,续东走沿浦江、义乌边界,至义乌市大陈江西岸,隔江与会稽山相望。以上为金华山干脉。

南山 区境内西南及南部诸山的统称,绵亘于塔石、沙畈、箬阳、莘畈、岭上、安地诸乡镇,呈西南—东北走向。由于新构造运动上升强烈,在流水侵蚀下,西南诸山,谷深坡陡,多千米以上山峰(50余座)。是白沙溪、厚大溪诸溪与瓯江水系的松阳溪、宣平溪的分水岭。向东北延伸,山势渐趋平缓,多呈块状丘陵。

南山属仙霞岭余脉,经遂昌县华表坑,至棋盘石北入区界,分支沿婺城区、遂昌县界西北延伸为鹅卵石大岗,至金鸡头隔梨树源与塔石乡东长坪(海拔1165米)相望。干脉沿婺城区、遂昌县界东北走3千米,过金竹湾,至区境内最高峰小金竹尖(海拔1336米),复北走1千米,有龙坑尖(海拔1328米),折东转东南走4千米,经白岩(海拔1250米)至小龙葱尖(海拔1324米)。复前走4.5千米,经风门山(海拔1233米),出区界至遂昌县狮子岩。折东北至婺城区、武义县界上的龙潭背。自此沿婺城区、武义县界东北走,经大阳山(海拔1320米)、大坞尖

(海拔 1180 米)、茶园头(海拔 1203 米)和横岗岭(海拔 1048 米),于林坑尖(海拔 1151 米)入武义县。经龙门亭,至婺城区与武义县界上的八县尖(海拔 964.2 米)、鲤鱼尖、宣家岭和高塘顶,隔武义江与武义县焦岩相望。

丘陵 海拔 70~500 米,坡度 15°~25°的丘陵地 364.46 平方千米,占全区总面积的 26.20%。主要分布在:

一、西起婺城区与龙游县界上,东至白沙溪左岸,南自莘畈乡、琅琊镇一线,北至浙赣铁路南北,包括汤溪镇中南部、琅琊镇北部、蒋堂镇大部、白龙桥镇西北部。地势呈南北走向,丘岗与溪谷相间。土壤以网纹红土发育而成的黄筋泥为主,面积约 180 平方千米,为全区最大的丘岗区。

二、西倚白沙溪,北起山嘴头,东至雅畈镇西大路的三角地带,包括琅琊镇东北部、长山乡中北部、安地镇北部、雅畈镇中北部和苏孟乡及秋滨街道的中南部。多呈馒头状浑圆低丘地貌。大黄山一带为冰碛阶地,土壤以红紫色砂页岩发育而成的紫色土为主,面积约 150 平方千米。

三、自城北街道的洪源、杨梅山向西北,沿金兰北线,至竹马乡姜衙一线东北,包括城北街道北部、新狮街道和罗店镇南部、竹马乡东北部。多为自北而南的低岗与溪谷相间地形,其中杨梅山和洪源一带为冰碛阶地,冲沟由山顶向四周网状延伸。土壤以红沙土为主,面积约 40 平方千米。

平原 海拔 70 米以下,横向坡度一般小于 10°,主要由江河冲积而成。面积约 315 平方千米,占全区面积 22.64%。主要分布于以下三片:

一、三江冲积平原。东起东关大桥以下义乌江两岸,南自武义江左岸的雅畈镇,西至环城西路。包括城东、城中、江南、三江诸街道全部,城西、西关两街道东部,城北街道南部,雅畈、苏孟两乡镇的东北部。地势略有起伏,海拔多在 45 米左右,面积约 90 平方千米。

二、城西冲积平原。环城西路以西的金华江两岸。包括右岸的城西街道西部,乾西乡全部,竹马乡西南部。境内有乾溪、盘溪自东北向西南蜿蜒曲折流贯其间,并有西湖、下湖、长湖等金华江故道残迹湖。地势低平,海拔多在 40 米以下。左岸东起环城西路,西至西溪,北止于婺城区与兰溪市界。包括白龙桥镇全部,长山乡北部。地势低平,其中白龙桥镇雅苏海拔 31 米,为全区最低点。漪溪、桐溪、白沙溪、西溪自南而北流贯其间,沿溪有大小不同的溪谷平原与平畈,面积约 120 平方千米。

三、衢江冲积平原。西起婺城区与龙游县界上,东北止于婺城区与兰溪市界上,东南大致沿浙赣线和黄路溪。包括洋埠、罗埠两镇全部,汤溪和蒋堂镇北部。有莘畈溪、厚大溪、黄路溪自南而北流贯其间,海拔多在 40 米左右,面积 105 平方千米。

【水资源】 婺城区江河属钱塘水系,有钱塘江一级支流衢江、二级支流金华江及其上游义乌江和支流武义江。流入以上 4 江的溪河,10 千米以上的有 18 条。诸溪下游和四江沿岸,水网交织,水利称便,唯受地形和气候影响,溪河之水暴涨暴落,山丘易旱,水土流失比较严重,河床淤积,沙洲迭见。

金华江 义乌江与武义江于燕尾洲汇合后称金华江,亦称婺江、婺港。通济桥以上亦称双溪。唐严维诗"明月双溪水,清风八咏楼",宋李清照《武陵春》"闻说双溪春尚好,也拟泛轻舟"均指此。

双溪西流,穿通济桥,过金虹桥、双龙大桥、河盘大桥,越橡皮坝至婺江大桥,转向西北流,经筱溪、石柱头,至雅苏北出境入兰溪市,至马公滩与衢江汇合后称兰江。

双溪西南别出为龙渎,穿过城南大桥,沿五百滩南缘西流,至河盘桥复入金华江。

金华江自燕尾洲至雅苏出区境,长 15 千米。河床宽 140~300 米,水深 1.7~4 米,比降 0.43‰。沿岸地势低平,水网交织,是全区水稻主要产区。有 10 千米以上溪流 6 条汇入:

玉泉溪 发源于苏孟乡西南部石人坑,北流经朱店过清江塘入湖海塘,出湖海塘至金华职业技术学院院区和茶花公园园区的金大塘和馒塘,复北流过湖海塘电站,沿磐安街北流于西关汇入金华江。全长 14.5 千米。

漪溪 发源于长山乡猴岭,北流经上溪、石门,过白龙桥镇黄碧塘,于邵家埠头西北汇入金华江。长 16 千米。

桐溪　发源于长山、安地、沙畈三乡镇界上的太平尖，曲折北流，经桐溪、长山、邵村，过白龙桥镇龙蟠、怡村、塌水桥，于下潘家入金华江。长22千米。

乾溪　发源于罗店镇西湖，南流过鹿田水库，至前庄头，经后园、溪滕至乾西乡黄桥头，转西流经竹马乡谢村，转西南流，于坛里郑南入金华江。长20千米。

白沙溪　曾名白龙溪，发源于武义、遂昌两县界上的狮子岩。南流过门阵入沙畈乡小洋坑，续北流经芝肚坑至柿树岭入沙畈水库(中型)，出沙畈水库，北流经岭脚、周村、山脚，于皂里入金兰水库，出水库经琅琊徐、高田塍，北流经新昌桥、白龙桥、临江，于后杜叉东入金华江。全长65千米，区境内长55千米。汇入白沙溪的支流有2条：银坑溪发源于沙畈乡与遂昌县界上的小龙葱尖，北转东流，经银坑，于黄坛井西入白沙溪，长10千米；左别溪发源于沙畈乡大坞头南与遂昌县界上，北转西流，经水碓基、黄家田，于半溪西入白沙溪。长14千米。

盘溪　发源于罗店镇九龙山，西南流过洞前，至西旺入双龙水库，出水库经罗店，至罗大门西南入竹马乡竹马馆，转西流入乾西乡，经栅川入兰溪市，于烟溪西入金华江。全长17.5千米，区境内15千米。

义乌江　为金华江之上游，亦称东港、义乌港，古称乌伤溪。源出磐安县龙鸟尖，经东阳、义乌、金东三区市，过东关大桥入区境，沿清风公园西流，过宏济桥，复西流于八咏公园、婺州公园与燕尾洲之间，至通济桥东与武义江汇合。义乌江自东关大桥入境，至通济桥长2.22千米，河床宽350米，水深1~6米，比降0.3‰，两岸公园和民居相间。区境内汇入义乌江溪流有通元溪。

通元溪　发源于罗店镇盘前，南流经弹子下，过里宅入新狮街道山下吴水库(小型)，出水库至山下曹，折东流至唐村南复南流，经沙溪、车头、道院塘，入城东街道，穿越浙赣铁路、人民东路，于清风龙头东汇入义乌江，长17千米。

武义江　为金华江最大支流，亦称永康江、永康溪、武义港。源出武义千丈岩，经缙云、永康复入武义县，于金东区焦岩东2千米处入区境，曲折西流，至寿溪转东北流，过国湖电站转北流，至竹园东转西流，接纳梅溪后沿苏孟乡北流，过豪乐、洪坞、李渔、金婺诸大桥，至燕尾洲与义乌江汇合。

武义江自焦岩入境至燕尾洲，长25千米，河床宽100~300米，水深2~3米，国湖以下比降0.65‰，金东区横店以下河道几分几合，沿岸平原渐见，梅溪口以下平原连片，进入三江平原。汇入10千米以上溪流(不计右岸金东区汇入溪流)有：

寿溪　发源于雅畈镇与武义县壶山街道界上的鲤鱼尖，北流经大山、罗芳埠，于寿溪北入武义江，长28.5千米。

梓溪　发源于雅畈镇东坞南与安地镇界上，北流经下新屋、宜山，于雅畈北入武义江，长14.5千米。

梅溪　发源于箬阳、沙畈两乡与武义界上的平顶坑，东北流经瀛头至武义县龙潭，复东北流入箬阳乡，经琴坛至安地镇山道、黄泥岗转北流，经郑宅，于小同北入安地水库(中型)。出水库经安地至苏孟，沿苏孟和雅畈两个乡镇边界流至金桑园东南入武义江。长54千米。安地水库以上比降10‰，安地水库以下比降3.3‰。汇入梅溪的支流有3条：外畈溪发源于箬阳乡上罗坪，至安地镇外畈汇入安地水库，长约14千米；上干溪发源于安地镇与沙畈乡界上的横路山，东北流经文明、项村、上干口，于安地西南入梅溪，长12千米；雅干溪发源于安地镇与武义县界上的彭公尖东南麓，北流经和村、雅干、郭村，至下傅西北汇入梅溪，长15千米。

衢江　又称信安江，古称瀔水。源出安徽省休宁县青芝埭尖。经开化、常山、衢州、龙游等县市，于洋埠西入境。沿洋埠、罗埠两镇和兰溪市游埠镇边界流，至罗埠镇后张北出区界入兰溪市，区界上长11千米，宽250~450米，水深3~6米，比降0.3‰，为婺城区与兰溪市之界河。沿江和汇入衢江的莘畈、厚大两溪下游有广阔的冲积平原，是全区主要水稻、棉花、甘蔗和淡水鱼产地。

莘畈溪　又名西源，亦称兰源。源出塔石乡青莲山，向北穿流于高山峡谷之中，经井上至莘畈乡井下，过学岭头注入莘畈水库(中型)，出水库经姓李，至祝村北入汤溪镇，复北流，经曹界、寺平，至中祝北穿越浙赣铁路入洋埠镇，北转东流于罗埠镇黄稍与厚大溪汇合。

莘畈溪原在洋埠镇下徐，穿万年桥后分为两支，一支名鹅头颈，北流1千米入衢江，后已堵塞。莘畈溪长43千米，上游水流湍急，出莘畈水库至洋埠镇盛村比降3.3‰，盛村至黄稍比降1.5‰。汇入莘畈溪的牛桥溪发源于汤溪镇里金坞东南，经戴家、牛桥，至萧家北入洋埠，于盛村北汇入莘畈溪，长12千米。

厚大溪 一名南源，又名塔石溪，源出塔石乡与遂昌县界上的白岩。曲折北流，经里大茗、山坑、塔石，于东店北入岭上乡。复北流，经岭上、黄岩孔、蒋畈，至汤溪镇陶寺，过厚大、蒋村、派溪李北入洋埠镇，于罗埠镇黄稍与莘畈溪汇合后转北流，至董家北注入衢江。全长57千米。自源头至厚大，水流湍急，两岸石岩嵯峨，比降10‰，厚大以下比降3.3‰。

根据金华市水文及水文地质条件，婺城区地下水类型属于一般山丘区，河床切割较深，河床基流量已汇集了地下水排泄量的绝大部分。因此，山丘河川基流量即作为地下水资源量。2015年，婺城区地下水资源量2.715亿立方米，比常年值2.4139亿立方米偏多12.5%。

【矿产资源】 婺城区主要金属矿产有锡、多金属、辉钼矿、铅锌矿和金等，非金属矿产有石灰岩、建筑石料、建筑沙砾、沸石、珍珠岩、萤石、砖瓦用页岩和花岗岩。

金属矿

锡 分布于南部的安地镇和村的仁坑垄、沙畈乡黄炫、箬阳乡岭后，有4个矿点，均属锡石—石英脉型高温热液矿床。20世纪60年代中期、80年代早期地质部门做过踏勘调查，规模偏小。

多金属 有安地镇和村、金岭庵，沙畈乡黄石玄、芝肚坑和塔石乡苏坑5个矿(化)点。矿床成因属高中温热液及矽卡岩型，矿体呈脉状或透镜状，充填于花岗岩体节理中，个别产于岩体外接触带，规模小，品位低，无工业价值。

辉钼矿 位于沙畈乡银坑村，产于花岗斑岩中，呈细脉状充填于裂隙内，钼矿平均含钼0.04%，品位低，未开采过。

铅锌矿 分布于沙畈乡银坑，塔石乡高田、南坑等地，有4处矿产地，矿床成因属高中温热液型，银坑为小型矿床，其余均为矿点或矿化点。银坑铅锌矿为一小型富铅锌矿，伴生铜钼及银可综合利用，矿脉之主要地段已为前人采空。

金 仅有汤溪镇曹界一处，系地质部门于20世纪80年代初发现，规模小，品位低，无工业价值。

非金属矿

石灰岩 金华山南坡自兰溪市洞源至区境九龙长9千米，预测储量2亿吨。九龙、玲珑岩等处探明储量近5000万吨。

建筑石材 分布广，开采点多，重点分布在雅畈镇。采石层位主要为上侏罗纪西山头组熔结凝灰岩，石材质量以雅畈镇南干、铜山一带为最佳，常用于路基、房基或铁路道砟制作碎石等工程建筑。

建筑沙砾 分布甚广，主要分布在洋埠、琅琊、安地、汤溪、白龙桥镇等地的衢江、金华江、武义江、厚大溪、梅溪和白沙溪之低河漫滩或河床浅滩上，经大量开采之后，日益枯竭。

沸石、珍珠岩 分布在岭上乡黄岩孔一带，矿区范围达30平方千米，含丝光沸石和斜发沸石，矿化有5个层位，以第二层较佳(西山头组顶部)。沸石常伴珍珠岩，但膨胀系数较低。沸石与珍珠岩矿在小规模开发利用。

萤石 主要分布在安地镇喻斯、凤凰山，琅琊镇大岩和汤溪镇里金坞一带。汤溪镇里金坞萤石矿探明储量103万吨，深部控制长度700米，平均厚度4.37米，平均品位60.38%。20世纪70年代开始，陆续开采至2004年2月发生塌陷事故后，封井结束采掘。琅琊镇大岩、安地镇凤凰山、于山垅、竹坞、荣坑、麻车、白峰、岩石背、枇杷弯、横栏下10处小型矿山，除大岩硐矿、凤凰山硐矿超过10万吨外，其余矿点储量一般为3万~5万吨，安地镇所有萤石矿点于2006年结束采掘。雅畈下店、团盘岭，安地郑宅发现有萤石矿点。经多年开采，萤石资源已所剩无几。

砖瓦用页岩 分布在白龙桥、蒋堂、汤溪镇一带，储量丰富。

花岗岩 分布于南部沙畈乡、塔石乡一带，沙畈乡芝肚坑花岗岩矿于20世纪80年代做过勘查，当地曾作小规模开采。

【土地资源】 婺城区山地丘陵地质构造复杂，地层岩性多样,岩石种类繁多。主要成土母质有白垩纪方岩组的暗紫砂页岩、紫红砂页岩、砾岩、砂岩、石灰岩、第四纪的红色黏土、侏罗纪的凝灰岩、流纹岩及燕山运动晚期的花岗岩、花岗斑岩等。山地土壤分成红壤、黄壤、石灰岩土、紫色土4个土类、9个亚类、18个土属、43个土种。四大土壤种类中红壤占63%,黄壤占20%,紫色土占15%,石灰岩土占2%。红壤黄壤具有黏、酸、瘦等主要特征,旱季保水性差,不适于作物高产,主要适于种植茶、竹、果等经济作物及玉米、甘薯等旱粮作物。

2020年,争取用地指标113.87公顷,比2019年翻了两番,创过去5年以来的最高纪录。其中,获得盘活存量建设用地奖励新增建设用地指标65.39公顷,消化批而未供和处置闲置奖励45.52公顷,全市贡献率17.6%。医疗补短板项目8个,用地面积17.2公顷,跨省增减挂指标21.33公顷,重大产业项目预支计划指标9.13公顷。

【水文水情】 2020年1月1日至10月8日,全区累计降水量1551.5毫米,比2019年同期累计降水量1622.4毫米偏少4.37%,梅雨量507毫米,是多年平均梅雨量的2倍,尤其是2020年梅汛呈现3个特点:一是入梅早,仅比1971年迟2天。二是梅期长,2020年梅期50天,已成为新纪录。三是雨量多。2020年5月29日入梅以后,婺城区遭遇7轮集中降雨,梅雨量507毫米,是常年的两倍。2020年6月29日至30日受局部强降雨影响,全区平均面雨量59.2毫米,面雨量超过100毫米的乡镇为安地镇105毫米、沙畈乡114毫米、岭上乡139毫米,其中降雨量最大为莘畈乡莘畈水库观测站,12小时面雨量152毫米,降雨量超过100毫米的观测站有8个。

(黄俊皓)

【气候】 2020年,婺城区总体气候特点是:气温偏高、降水量偏多、日照偏少。婺城城区年平均气温19.4℃,比常年偏高1.6℃,刷新历史纪录;2月20日入春,4月29日入夏,9月18日入秋,12月14日入冬。5月29日入梅,7月18日出梅,梅期长达50天,是多年梅雨日的1.2倍,婺城城区累计梅雨量586.3毫米,是常年梅雨量的106.2%,居历史第2位。年总降水量1609.4毫米,比常年多11%。年日照时数1500.6小时,比常年少18%。年内强对流、暴雨、干旱、寒潮等灾害性天气对生产、生活造成一定的不利影响。

2020年婺城城区气候情况表

表2

平均气温(℃)	气温距平(℃)	雨量(毫米)	雨量距平(毫米)	雨日(天)	雨日距平(天)	日照时数(小时)	日照距平(小时)	最高温度(℃)	日期(月/日)	最低温度(℃)	日期(月/日)
19.4	1.6	1609.4	163.6	155	−0.1	1500.6	−322.2	38.6	8/25	−4	12/31

注:距平指某气候要素值当年数值与多年平均值的偏差。

【气温情况】 2020年,婺城城区年平均气温19.4℃,比常年偏高1.6℃,连续24年偏高,刷新历史纪录。年极端最高气温38.6℃(8月25日),年极端最低气温−4.0℃(12月31日)。从各月分布来看,除9月平均气温偏低外,其他各月平均气温均为正常或偏高,其中1—3月平均气温显著偏高,"暖冬"特征明显。

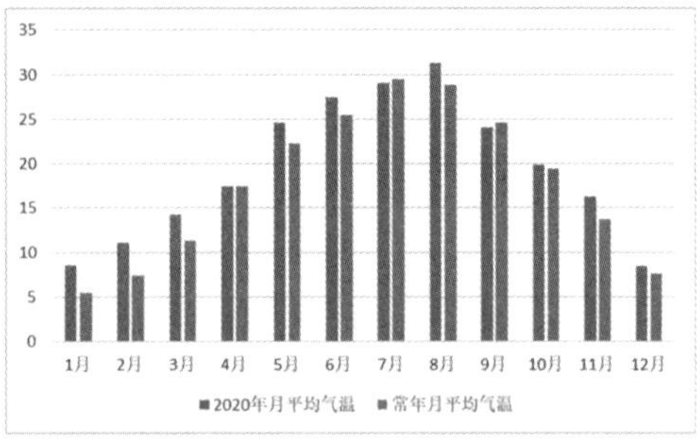

2020年婺城城区月平均气温变化图

(单位:℃)

全区各区域自动站 2020 年年平均气温为 12.3℃~19.7℃，最高为乾西，最低为北山，具体年平均气温分布如下图：

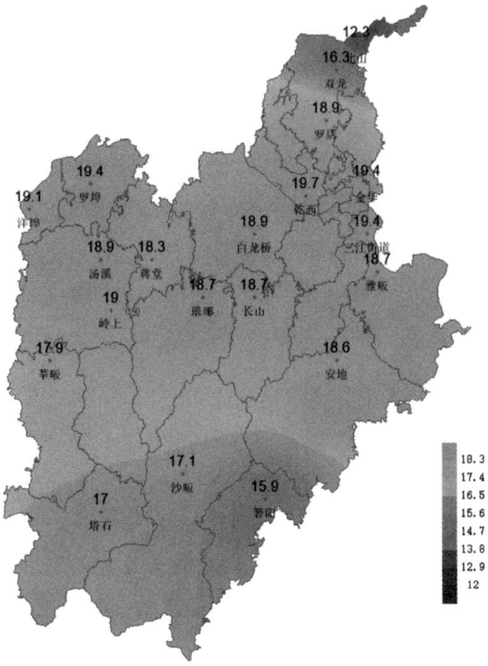

2020 年婺城区各区域自动站年平均气温分布图

（单位：℃）

全区各区域自动站 2020 年年降水量为 1430.9~2264.6 毫米，最大雨量出现在塔石，最少出现在罗店，具体年降水量分布如下图：

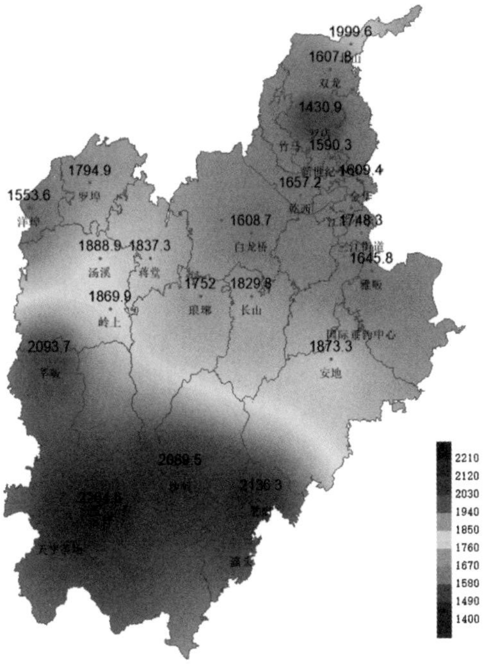

2020 年婺城区各区域自动站年降水量分布图

（单位：毫米）

【降水情况】 2020 年，婺城城区年降水量 1609.4 毫米，比常年偏多 11%。全年总雨日 155 天，接近常年平均值。从各月降水量分布来看，受连阴雨、梅雨影响，1 月、3 月、5—7 月、9 月降水量均多于常年；而 10—12 月降水量明显偏少，干旱显现，部分地区出现供水紧张。

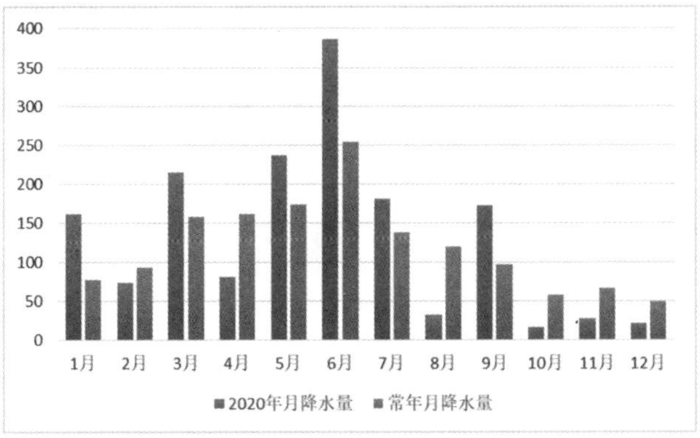

2020 年婺城城区月降水量变化图

（单位：毫米）

【日照情况】 2020 年，婺城城区总日照时数 1500.6 小时，比常年偏少 18%。其中 6—7 月受梅雨影响，累计日照时数仅为 216 小时，较常年同期偏少近 5 成，破历史同期纪录。受连阴雨影响，9 月中下旬，日照时数仅有 14.9 小时，较常年同期偏少 8 成；11 月下旬日照时数只有 4.4 小时，为常年的十分之一，排名历史第 2。

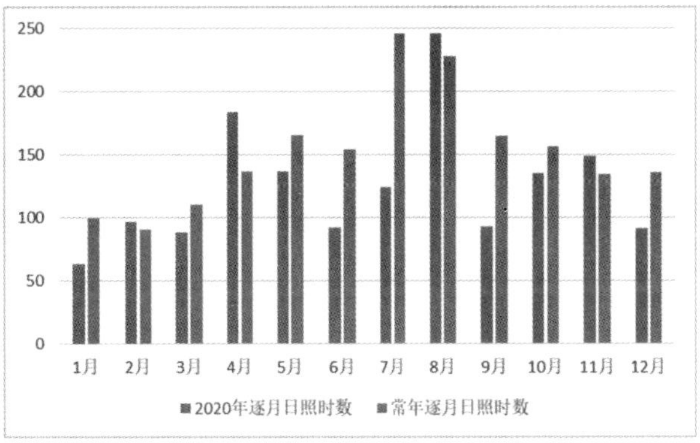

2020 年婺城城区月日照时数变化图（单位：小时）

【气象与灾害】 2020年，婺城城区年平均气温19.4℃,比常年偏高1.6℃,连续24年偏高,刷新历史纪录。其中一季度(1-3月)平均气温11.3℃,比常年偏高3.2℃;二季度(4—6月)平均气温27.1℃,比常年偏高1.4℃。入春、入夏分别较常年偏早23天和17天。此外,11月中旬平均气温18.7℃,比常年偏高5.4℃,刷新了历史纪录。

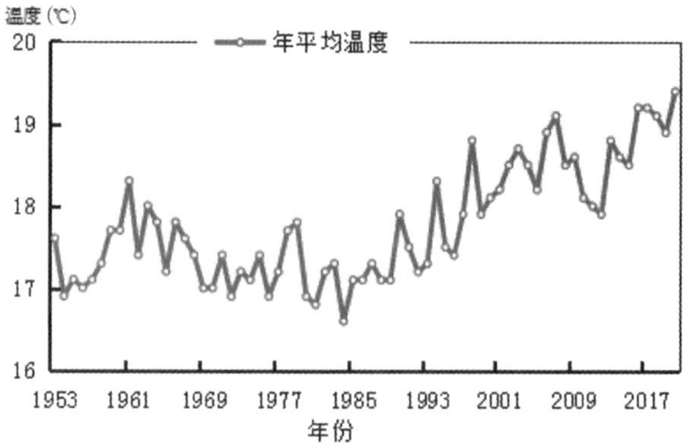

1953年后婺城城区历年年平均气温变化曲线图

2020年,强对流天气多发,婺城区气象台全年累计转发冰雹、雷电、大风等强对流天气预警28次。特别是5月15日傍晚前后受强对流云团影响,全区多地出现雷雨大风、强雷电、短时强降水及冰雹等强天气,风雹影响明显,城区也出现近些年罕见的大范围冰雹天气。

5月15日婺城区出现冰雹

(区气象局供稿)

2020年,梅雨入梅早、梅期长、强降雨区重叠、梅雨总量大。5月29日入梅,7月18日出梅,梅期长达50天,婺城城区累计梅雨量586.3毫米,较常年偏多106%,居历史第2。

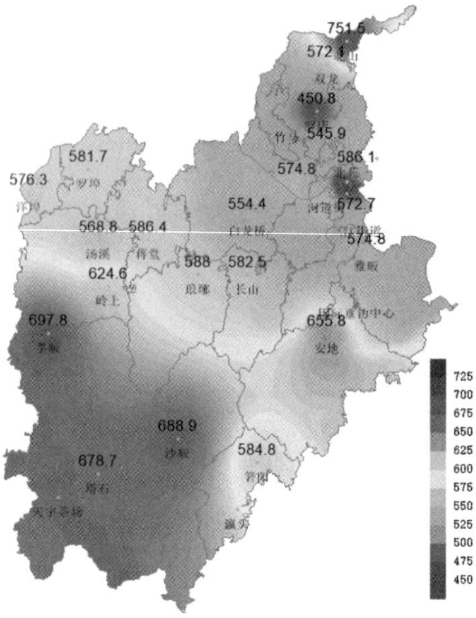

2020年婺城区各区域自动站梅雨量分布图

(单位:毫米)

2020年,第4号台风“黑格比”8月4日10—13时穿过金华市东部,受其外围对流云带影响,全区出现短时强降水与大风天气,最大累计雨量为安地92.6毫米,最大小时雨强为塔石70毫米,最大风速出现在竹马14.5米/秒。

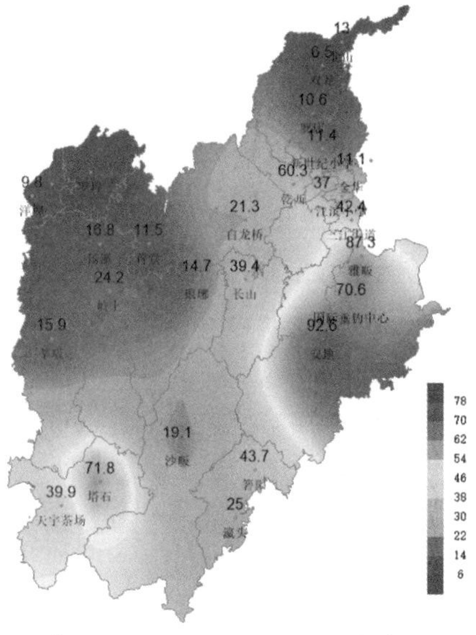

2020年8月4日8时—20时婺城区雨量分布图

(单位:毫米)

9 月 18 日，全区入秋，较常年偏早 16 天；入秋后至月末持续低温寡照，婺城城区日平均气温 18.5℃~22.5℃，累计日照时数仅 8.9 小时，致使作物生长受影响，尤其是双季晚稻正值抽穗扬花期，颖花授粉受阻结实率低。

初秋低温影响双季晚稻颖花授粉结实

（区气象局供稿）

10 月 20 日至 11 月 16 日，出现持续晴燥无雨天气，加剧气象干旱，婺城城区连续 28 天零降水，平均气温 18.1℃，系历史第 3 高。部分农村生活用水紧张，农田土壤墒情差，作物生长受影响，森林火险气象等级持续居高不下。

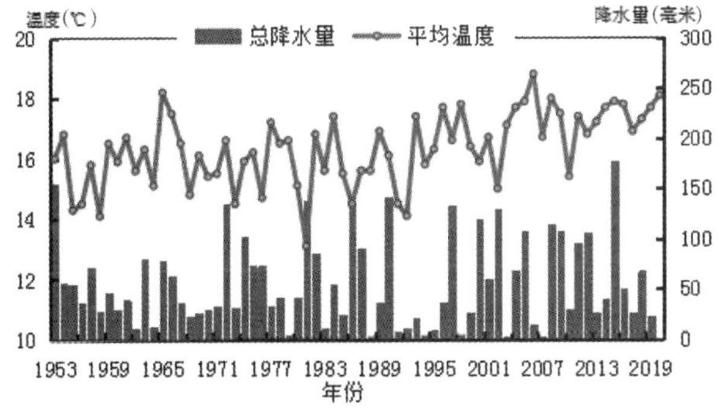

婺城城区历年 10 月 20 日至 11 月 16 日期间平均气温和降水量变化曲线图

受强冷空气影响，12 月 13—15 日，全区日平均气温降温幅度达 8℃~10℃，其中 15 日婺城城区最低气温仅 0.4℃。12 月 14 日全区入冬，较常年偏迟 13 天，并迎来初雪，部分平原地区有积雪，高海拔山区最大积雪深度达 10~15 厘米。

婺城北山 12 月 14 日雪景

（区气象局供稿）

受寒潮影响，全区自 12 月 29 日夜间起出现剧烈的降温、大风和雨雪天气，高海拔山区最大积雪 2~4 厘米，日平均气温的过程降温幅度达 12℃~14℃，31 日早晨最低气温-4℃~-6℃，山区-7℃~-11℃，有严重冰冻，雨雪低温天气过程造成部分作物受冻，同时也给交通出行等带来不利影响。

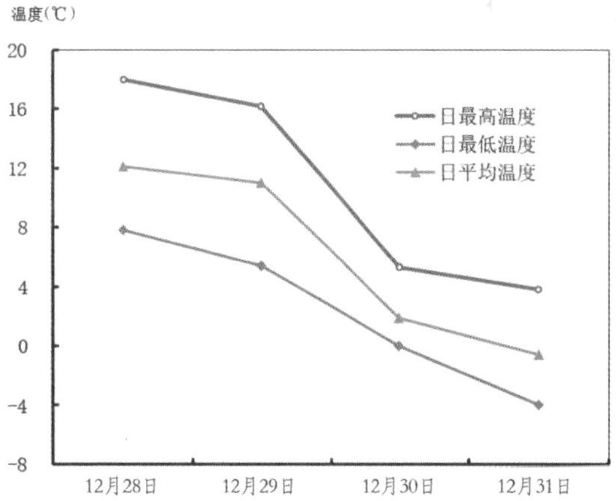

2020 年年底婺城寒潮过程气温变化图

【生物资源】 婺城区生物资源丰富，气候温暖，适宜各种动植物生存。

植物资源　婺城区境属亚热带常绿阔叶林植被地带，按海拔可划分为四类：海拔 400 米以下以马尾松和常绿阔叶林为主，主要由松、杉、茶、果等人工栽培树种和次生灌丛组成；海拔400~800米，以常绿阔叶林和杉木林、竹林为主，主要树种有松、杉、青岗、木荷、白砾、苦槠、石砾、枫香、浙江楠、大叶榆、牛筋树等；海拔800~1000米，以常绿落叶混交林和落叶阔叶林为主，主要树种有黄山松、柳杉、白砾、茅栗、化香、冬青、石楠、三尖杉、红花油茶等；海拔1000米以上以灌丛、草丛为主。

全区植被类型分阔叶林、针叶林、灌丛、草丛4个植被型组；常绿阔叶林、竹林、暖性针叶林、温性针叶林、常绿混交林、落叶混交林、落叶阔叶林、灌木林、草丛9个植被型和18个群系。植物种类有161科1500多种，其中，森林树种83科439种，毛竹8属34种2个变种2个变型，草本植物约70科300余种，农作物品种资源800余种。

全区植物资源丰富，不计常年栽培的粮、棉、油、茶、果和野生的藻、菌、蕨、苔藓、地衣等种类在内的主要植物有148科971种，其中，裸子植物门9科44种；被子植物门139科927种，其中双子叶植物纲113科761种，单子叶植物纲26科166种。有常见野生蔬菜39科68种。列为国家和省级重点保护的，有南方红豆杉、银杏、金钱松、竹柏、福建柏、鹅掌楸、香果树、浙江楠、半枫落、榉树、花榈木、半枫荷、天竺桂、杜仲、凹叶厚朴、青檀、珙桐、短穗竹等近20种。东方红林场被列为浙江省“油桐育种程序系列研究”项目试验基地。

动物资源 区境内动物资源计92科340种。其中无脊椎动物5科35种；脊椎动物中鱼类11科42种，两栖类6科18种，爬行类8科27种，鸟类40科137种，兽类22科81种。国家一级野生保护动物有云豹、豹、黑麂、白颈长尾雉(鸟类)4种。国家二级野生保护动物有猕猴、穿山甲、豺、水獭、小灵猫、原猫、鬣羚、鸳鸯、鸢、赤腹鹰、雀鹰、松雀鹰、红隼、领鸺鹠、斑头鸺鹠、草鸮、短耳鸮、白鹇、虎纹蛙等。列为国家三级保护动物的有虎纹蛙、鸢、苍鹰、赤腹鹰、松雀鹰、普通鵟、毛脚鵟、勺鸡、灰鹤、草鸮（猴面鹰)、周鸟鸮(猫头鹰)、黑熊、大灵猫、狸猫等。省级重点保护动物有狐、狼、貉、豹猫、鼬、獾、食蟹獴、豪猪、毛冠鹿、凤头鸺鹠、中白鹭、白鹭、夜鹭、四声杜鹃、大杜鹃、小杜鹃、姬啄木鸟、黑枕绿啄木鸟、斑啄木鸟、星头啄木鸟、三宝鸟、虎纹伯劳、牛头伯劳、红尾伯劳、棕背伯劳、红嘴蓝鹊、喜鹊、松鹊、黑枕黄鹂、眼镜蛇、五步蛇、滑鼠蛇、黑眉锦蛇、平胸龟等。省级一般保护动物在区境内普遍分布，其中兽类有32种，包括刺猬、花面狸、黄鼬、黄腹鼬、狗獾、猪獾、华南兔、野猪、小鹿及翼手目所有种(23种)。在鸟类中，国家及省级重点保护以外的所有鸟类均作为一般保护动物。爬行类有14种，包括王锦蛇、乌梢蛇、劲棱蛇、紫灰锦蛇、灰鼠蛇、水赤链游蛇、赤链蛇、玉斑锦蛇、银环蛇、蝮蛇、烙铁头、乌龟、黄睽水龟、缘闭壳龟。两栖类有2种，分别为棘胸蛙和大蟾蜍。列为国家二类保护动物的有大鲵(娃娃鱼)、鸳鸯、白鹇、猕猴、穿山甲、棕熊、水獭、金猫、毛冠鹿(乌獐)。畜牧业历史悠久，主要养殖种类有猪、牛、羊、兔、鸡、鸭、鹅等。金华两头乌为地方优质品种。主要经济鱼类有青鱼、草鱼、鲢鱼、鳙鱼、鲤鱼、鲫鱼、鲴鱼、鳜鱼、鳇鱼、长春鳊、三角鲂、团头鲂、泥鳅、黄鳝和鲶鱼等30多种。

城乡规划

【**概况**】 2020年，婺城区自然资源和城乡规划局与金华市局经过14轮图斑校核后，形成婺城区生态保护红线评估调整成果，面积为462.4平方千米，较2019年减少20.2平方千米，占“小婺城”国土面积的40.07%；完成婺城区国土空间规划战略研究方案，谋划最有利于婺城发展的“三区三线”，纳入到市级国土空间规划；完成《金华市国土空间总体规划》市区联动稿资料收集、联动报告、重点平台矢量数据上报。谋划婺城新城区城市设计和白龙桥等9个单元控规编制工作；完成婺城临乾单元(ZX-06)、竹马-栅川单元第04~06街区控规批复，推进婺城新区单元(ZX-15)街区控规报批；完成55个土地局部调整方案，114个项目共计257.47公顷申请“指标使用额度”获省厅批复。镇乡村规划审批权下放后，完成18个村庄规划报区政府批复工作。其中，第一批报区政府批复的13个村庄规划，是镇乡村规划审批权下放后全市首批由区政府批复的村庄规划；

白龙桥镇下窑村村庄(国土空间)规划是在国土空间总体规划大背景下村庄规划的创新,从过去仅为村民建房扩展到全村域的空间布局和管控。

【控规编制工作】 做好重要平台的规划保障工作,优化中心城区功能布局,做好城市设计和控制性详细规划。开展婺城新城区城市设计和白龙桥等9个单元控规编制工作,继续推进金华长湖湾(高铁新城)城市设计和控规、城北区块(新狮单元)城市设计,城北跨境电子商务产业园城市设计深化方案和新狮单元控规编制。

【镇(乡)村规划】 根据省厅下发的《浙江省村庄规划编制要点》等相关技术规范文件,在国土空间总体规划指导下,配合婺城区各乡镇做好新时期全域化村庄规划编制(修改)的规划指导服务工作,保障农民一户一宅的权益,改善农村环境,促进乡村振兴。

【执法监管】 全面开展"农村乱占耕地建房""违建别墅清查整治""大棚房"等专项活动,推进日常巡查与"卫片执法"有机结合,第一时间发现并制止违法行为,对立案查处的违法用地进行跟踪管理,直至消除违法用地状态。

【地质灾害综合治理】 完成开展婺城区新一轮《金华市婺城区矿产资源规划(2021—2025年)》与《金华市婺城区地质灾害防治与地质环境保护规划(2021—2025年)》的编制工作。推进婺城区地质灾害整体智治三年行动,启动婺城区地质灾害风险普查1个,开展乡镇地质灾害风险调查3个,新增地质灾害专业监测点3个,新增山区雨量监测站12处,实施地质灾害综合治理7处。

中国共产党金华市婺城区委员会

综　述

【基本情况】 2020年,区委高举习近平新时代中国特色社会主义思想伟大旗帜,深入贯彻习近平总书记考察浙江重要讲话精神,沉着冷静应对外部挑战明显上升的复杂局面,取得抗击新冠肺炎疫情斗争重大战略成果,以"高质量、走前列、答高分"的奋斗姿态,以大格局大视野大担当大手笔大情怀,纵深推进"双城"战略走深走实,县域治理现代化婺城样板雏形初显,"五朵金茶花" 争奇斗艳,"六大幸福城"惠泽民生,婺城大地风生水起、华丽蝶变,"十三五"实现圆满收官。2020年GDP总量320.22亿元,比2019年增长4.0%,增幅排名全市第二。完成规模以上工业增加值37.98亿元,同比增长5.8%,居全市第三;完成固定资产投资94.9亿元,比2019年增长9.2%,排名全市第三;四个结构性指标增速均在10%以上;城镇、农村居民人均可支配收入分别达58746元、26560元,分别增长3.0%和5.7%;"晒拼创" 连续四个季度获得全市优秀,实现全年红;获金华市综合考核优秀,金华市工业经济综合目标责任制考核先进单位、金华市党政领导科技进步目标责任制考核优秀县(市、区),取得市对区考核以来历史最好成绩。

【政治建设】 全年召开区委常委会38次,区委理论学习中心组学习研讨9次。举办习近平新时代中国特色社会主义思想综合培训班次8期,举办"图强大讲堂""展望'十四五' 图强新婺城"系列高峰论坛10场,"千名书记上党课"1500余场,坚持不懈用党的创新理论武装头脑、指导实践。巡视巡察工作获中央第一巡视指导督导组充分肯定。坚决贯彻落实习近平总书记关于打赢疫情防控阻击战重要指示精神和党中央决策部署,在全市率先启动一级响应,建立快速反应机制和应急体系,以党建+巷战为统揽,"115"工作法、大数据+网格、"499"管控模式,确保婺城除首例病例外,持续零增长。慎终如始抓好常态化疫情防控,率先复工复产、复市复学,及时开展"稳企赋能十大行动",出台"优化营商环境二十条"以及惠企政策42个,累计为企业减税降费9.23亿元,在"金华市智控指数相关工作评价"中连续6个月保持全市前3。在疫情防控阻击战中, 有新狮派出所等11支团队,24名先进个人获省市级抗疫先进荣誉,成为伟大抗疫精神在婺城的生动实践。

【经济发展】 2020年, 婺城区主要经济指标中,6项指标增速排名全市第一,10项指标排名全市前三。民营经济全面向好,大力开展"实把力"强企、"金护秋"护企行动,首届"爱企日"助力政商共图强。全区新增企业2914户,注册资本125.5亿,比上年分别增长8.37%和12.59%;新增"个转企"110家,完成年度任务137.5%。新增省科技型中小企业90家,完成全年任务数的180%,创历史新高。婺城上海科创中心获评第一批省级数字经济"飞地"示范基地。消费、外贸全面向好,"网络直播""网红带货"和社交电商等新模式新业态不断涌现,开展浙播季活动28次,带动线上线下消费超3亿元。完成金华海关首票"9710""9810"业务,打通全市跨境电商出口海外仓的高速通道。全面推进农业“标准地”改革，新增农业标准地1293公顷。农产品地理标志“箬阳龙珍”通过国家论证，金华两头乌猪肉正式入选中欧地理标志协定保护名录，进一步打开欧盟市场。

（何超华）

【项目建设】 项目招引取得历史性突破。举办两期百亿项目集中开工、签约仪式，涉及项目45个，总投资268亿元，其中投资60亿元的观云小镇项目，为市区有史以来规模最大的文旅投资项目。4个省集中开工项目、2个省重点项目、18个市重点项目开工率、投资完成率均达100%。11个项目被列入省新基建项目，项目数居全市第三。城市经营取得历史性突破。出让经营性用地25宗，面积73.53公顷，土地出让金超50亿元，高铁新城区块旧城改造（一期）国有土地20.73公顷全面完成征收；白龙桥黄金苑区块531户、47公顷66天完成征迁腾空，创造婺城征迁新速度，首宗7.27公顷地块成交价9.7亿元创新城区历史新高。土地保障取得历史性突破，“四破”攻坚盘活低效用地87.13公顷，其中城镇低效用地再开发列全市第一；处置闲置土地148.75公顷，完成率623%，列全市第一，其中消化批而未供和处置闲置奖励列全省第六，全市第一；全年共争取用地指标108.87公顷，列全市第一，其中飞扬小镇一次性争取跨省增减挂指标、申报医疗卫生补短板项目用地规模等居全市第一，建设用地复垦居市区第一，全市第三。交通建设取得历史性突破。金武快速路、45省道、武义江大桥改建、二环西路（婺城段）优化改造、南山漫道一期工程等一大批重点交通项目“开花结果”，承载市区群众十年梦想的双溪西路西延、聚合老镇新区跨江发展的马海路大桥等两条路全线通车。

【改革创新】 2020年省级汽车零部件制造业改造提升试点屡创佳绩，1—10月，汽车零部件行业利润比2019年增长484.2%，技改投资增长83.9%，成功申报婺城区汽车零配件产业创新服务综合体，实现省级产业创新服务综合体零的突破，万里扬公司入选2020年浙江省高新技术企业创新能力百强，获“全国百家优秀汽车零部件供应商”殊荣。婺城区“三个聚焦”掀起节约新时尚的做法在《竞跑者》刊发。全年发明专利产业化备案35项，完成全年目标任务的145%。智汇婺城全球引才。全年举办技术需求对接会、高校毕业生招聘会、“云端引才”等活动96场，涉及岗位6万个，引进各类人才1万多人。成功引进中国工程院院士1人、其他省级以上领军人才10人，新增大学生就业11260人，其中硕士350人、博士149人，同比增幅52%，创历史新高。

【花满婺城】 高标准开展全国绿色小水电示范区建设，在全国农村水电绿色发展座谈会上作典型发言。“白沙溪·三十六堰”成功获奖世界灌溉工程遗产名录，成为全国第23个、全省第6个、全市首个世界灌溉工程遗产。婺城南山成为省内面积最大的省级自然保护区。高质量做好第二轮中央环保督察迎检工作，督察交办信访件比第一轮下降53.03%。成功创建“基本无违建县（市、区）”。全面完成农村饮用水达标提标行动。高水平推进美丽镇村建设，建成“南山漫道”美丽乡村风景线1条，完成新时代美丽乡村达标村创建54个村、省美丽乡村特色精品村3个，建成省级美丽宜居示范村2个。持续推进“百千万”景区化创建工作，成功创建省A级景区镇（乡）2个，A级景区村庄22个。夯实全域旅游发展基础，可同时容纳5000人同场竞技的燕语湖国际垂钓中心被国家体育总局指定为全国唯一垂钓全项目赛事训练基地。以“花满婺城·幸福生活”休闲旅游年为主线，举办中国门球冠军赛总决赛、第四届中国山水四项公开赛等活动30余场。其中全国首届钓鱼人运动会，吸引全国20多个省份的1160名选手、300多名网红竞钓大师同场竞技，网络观看超1亿人次。全年接待游客达1006万人次，实现旅游收入92亿元。

【民生事业】 持续推进“优学婺城·幸福城”建设。深入推进学前教育“四个一批”补短提升行动，新开办5所公办幼儿园，新增学位2370个。教学质量持续领先，全区43名教师获国家级、省级荣誉，25所学校获省级以上荣誉，中考学科优秀率、合格率等各项指标位列全市第一。推进“健康婺城·幸福城”建设。在全市率先出台《婺城区促进健康事业发展十项举措》，投入19亿元实施中医院改扩建、妇幼保健院迁建等七大卫生补短板项目;婺城“移动医疗”七上央视,打响“婺家优医”服务品牌。省级卫生乡镇达到全覆盖,琅琊镇、塔石乡、莘畈乡、沙畈乡、箬阳乡获评国家级卫生乡镇。持续织密社会保障安全网,2020年新增就业岗位2.5万人,增幅列全市第二,累计减征、免征社保、失业、工伤保险企业缴纳费用3.8亿元,成功创建浙江省无欠薪城区,争取保障性安居工程中央资金1.67亿元,额度居全市第一。建成城东街道居家养老服务中心等省级示范居家养老中心11家。

【社会治理】 平安指数始终保持在全省第一方阵,3次位列全省前三名。擦亮“法治婺城”金名片。行政复议案件调撤率比2019年上升30个百分点;“婺城普法”公众号3次进入全国影响力榜单,23次进入省榜。擦亮“平安婺城”金名片。累计打掉涉黑涉恶组织37个,破获各类刑事案件389起,获中央扫黑除恶督导组高度肯定;深入开展安全生产事故、道路交通安全等八大专项行动,全力推进百日消防安全“四大”专项行动,1—11月全区各类生产安全事故数和死亡人数比2019年下降33.3%、25%。深化“最多跑一地”改革,高标准建成区级社会矛盾纠纷调处化解中心,城乡矛调中心实现全覆盖,城西街道矛盾调解中心建设走在全市前列,1—11月,全区来访总量比2019年下降29.1%,信访事项办结率达100%,信访工作“枫桥经验”婺城实践被国家信访总局点赞推广。擦亮“婺城家服务”金名片。深入开展“大家访、大代办、大接访、大化解”“四大”活动,累计解决问题4万余个。“微笑办、暖心办、马上办、我来办”“四办”作风成为全区干部的价值取向。

【文化引领】 着力建设“和美金华·花满婺城”城市品牌,“亲爱的婺城,亲爱的你”的城市主题文化,“闻着花香回故乡”的乡贤文化,“婺城一家亲”的家文化,“担当赶超 婺城图强”的图强文化,“努力到无能为力、拼搏到感动自己”的拼搏文化,在县域治理现代化建设中成为推动婺城蝶变的磅礴力量。婺城登上全国地级市辖区品牌传播热度百强榜第24位。琅琊镇水竹蓬村、罗店镇后溪河村获评全国文明村。涌现出一大批新时代楷模,全区荣誉市民、见义勇为英雄王亮荣立一等功,被授予“浙江青年五四奖章”,浙江美保龙种猪有限公司陈立平被评为全国劳模,“和姐”宋园春等2人入选“中国好人榜”,5人入围“浙江好人榜”,选树区级闪光婺星110人、团体(品牌)9个。2020年,共有17场现场会在婺城召开,其中国家级5场,省级6场;共获省领导批示19次,市委市政府主要领导批示16次,创历史新高。在中央、省、市级主流媒体见稿7000多篇,其中《人民日报》10篇,是2019年的5倍;央视51条,是2019年的5倍;“学习强国”271篇,是2019年的2倍;《浙江日报》超100篇,是2019年的2倍多;浙江卫视《新闻联播》21条,比2019年增长31%。

【基层党建】 抓好基层组织力提升工作。高质量完成村社组织换届工作,“一肩挑”人选当选率100%;构建村社干部“五星四过硬”全链条培养体系,推行村级组织运行“18条”等5条经验做法受中组部推广肯定。高标准推进“五星三强”党组织建设,深化打造示范乡镇3个、示范社区22个、党建示范点72个;产业党建联盟等做法先后12次受省市领导批示肯定。不断提升干部工作水平。深入开展“干部赋能”行动,分层次专题授课147场,培训7000余人次;突出“一线赋能”,选派400余名干部到一线摔打历练;突出实干导向,提拔使用政治过硬、实绩突出的74名干部;出台“12条举措”激励担当作为,发放113份强制休息令,对6名干部予以容错纠错,为8名受不实举报的干部澄清正名;坚决守好意识形态主阵地。坚定不移扛起管党治党政治责任。净化政治生态大数据平台荣获2020年“全省基层清廉建设十大创新经验”创新奖。持续加快清廉细胞规范化创建工作,16家单位获评市级示范工程。行贿受贿一起查等5项工作获中纪委肖培副书记肯定。开展三轮常规巡察和一轮扶贫专项巡察,发现问题1763个,移交问题线索53条,实现村社巡察“全覆盖”。常态推动高压反腐,党纪政务立案163件,比2019年上升41.7%;党纪政务处理125人次,比2019年上升35.9%。抓实正风2020专项行动,开展党员干部“赌博、酒驾”教育整顿,发现查处“四风”问题39个,追责问责79人。

(何超华)

区委办公室工作

【秘书工作】 2020年，完成办文办会、后勤服务、车辆管理、财务管理、人事管理、信访接待和其他各项工作任务。全年办理各种大小会务212场，下发公文164件，下发通知600余次。始终保持耐心细致的工作态度，做好劝解安抚工作。准确及时地做好各类文件的上传下达，按照领导批示要求办理，做好文件的分类和保存，及时填写文件办理情况登记表，以备查阅。全年共处理上级来文1076件，运转处理请示件、报告件等各类批办件116余件，及时处置领导批示210件，协调保障视频会议82次、区委常委会会议37次、专题务虚会8场，未出任何差错。严格遵守财务制度，提高办公经费的使用率，管理并使用好行政经费和办公室固定资产登记。

（楼瞻驵）

【值班工作】 区委、区政府总值班室是区委、区政府承上启下、平衡左右、沟通内外、协调机关部门和乡镇街道运转的枢纽。做好值班工作是确保政令通畅，信息及时传送，工作正常运转的重要环节。2020年，区委、区政府总值班室紧紧围绕区委中心工作，认真细致地做好值班室工作，牢固树立“值班室工作无小事”的责任意识，进一步创新值班工作方法、按照值班制度工作要求，努力做到24小时在岗在位，认真填写好值班记录，及时做到各种信息的上传下达，确保信息往来畅通无阻。特别是针对婺城区发生的重大或突发事件，值班人员协助领导处置紧急、突发事件，及时掌握事件发生的时间、地点、事由、经过、事件发生的伤亡情况或损害程度、目前的状况等相关信息，并严格按照值班工作程序做好紧急事件的上报、传达等各项工作。另外做好区委重要会议的通知和文件寄发工作。值班人员恪尽职守，履行值班职责，认真细致，不出差错，使区委、区政府值班室的“窗口”更加亮丽，信息往来更加畅通无阻、上传下达更加无误快捷。

（洪志生）

【信息工作】 2020年，信息科以拓宽信息源为基础，以提高信息质量为重点，以创新机制为手段，完善信息上报制度，强化信息的深度挖掘，探索信息的采编方式，突出重点信息的及时捕捉、编撰和报送，为上级提供大量精品信息。全年编发《婺城信息》100余期，创新推出《每周汇报》等刊物，进一步提升本级信息决策参阅水平；向省、市上报各类信息1256条，被省市录用200余条，获得省、市领导批示8次，信息考核位于全市前列。坚持实事求是、喜忧兼报的原则，辖区内如发生重大紧急突发性事件，做到及时、全面、准确地将事件发生的时间、地点、经过、原因、危害程度、发展趋势、应急处理措施及需要帮助解决的问题等情况报送领导，并及时续报事态进展和处理情况，直至事件处理完毕。健全信息工作网络，疏通信息报送渠道，加强与相关重点部门、单位的沟通联系，定期抽调基层信息员到信息科学习锻炼，提高基层编报水平。

（王芯怡）

【全面深化改革工作】 2020年，召开3次深改委会议，成立婺城区推进金兰同城化工作领导小组，制定出台《婺城区2020年全面深化改革工作要点》《2020年婺城区乡镇(街道)、机关部门重点改革项目清单》《2020年区领导领衔重大改革项目》《2020年婺城区推广复制改革经验清单》《全面深化改革工作考评细则》等系列文件。区“协同办公平台”建成并投入使用，梳理出内跑事项数325项，网上可办事项数309项，网办率95.08%，时间压缩比54.45%，材料压缩比48.64%，办件量为1500余件。深化婺城区公共场所大提升，涵盖区人民医院、西市街商圈、区图书馆、洋埠内河服务中心和公交站点、A级旅游景区、雅畈农贸市场和锦绣国际家居专业市场、农村公厕和城市厕所等七大领域8个场所。推进“最多跑一地”改革，全区18个乡级矛盾调解中心启用并实体化运作，累计接待来访群众3000批7000人次。改革信息被省《竞跑者》采用2篇、市《改革者》、金华改革等各类刊物采用十余篇。其中，助残“一件事”和节约用餐相关做法被省委改革办肯定。

（骆尧天）

【督察工作】 2020年,全年共交办反馈市委、区委领导批示件300余件,做到件件有着落,事事有回音,确保上级领导指示精神贯彻落实到位。改进考核方式,发挥考核指挥棒功能。牵头研究制定全区机关部门、乡镇(街道)工作目标责任制考核办法,创新设立"进位奖""领先奖""特殊贡献奖"等激励机制,并组织实施。每季度对市对区考核情况开展分析,并多次向区委常委会做考核有关工作汇报,督促各考核牵头单位及时查漏补缺,2020年,婺城区继续取得优秀的好成绩。围绕区委中心工作,做好任务落实。对区委重要决策或决议、年度主要工作任务、月度重点工作安排、重要政策性文件精神等,认真分解工作目标任务,不定期开展督察,创新设立"骏马奖""蜗牛奖";将区委全会任务完成情况作为婺城"图强榜"重要内容之一,全年共编制图强榜四期,努力营造全区拼争强创、大干快上的浓厚氛围;牵头组织落实区委党风廉政主体责任考核要求,获市对区此项考核第二名。加大督察频次,强化督察力度。采取书面督察、现场督察、跟踪督察、突击督察、明察暗访等多种形式提高督察的针对性和实效性,全年共下发督察通知单1期,刊发《督察通报》24期,报送《督察专报》1期,组织开展各类督察活动78次,为各项工作深入推进夯实基础;重点对年度惠民实事、重点建设项目和技改项目、经济运行目标管理、克难攻坚项目、文明城市创建等工作开展专项督察,特别是2020年还对疫情防控、复工复产情况会同纪委进行联合检查,客观反映进展情况,提出督察建议和意见,促进目标任务的达成;对其他经常性、随机性督察活动,发现问题及时向区委领导反馈报告,主动协调,狠抓落实,确保区委重要决策落实到位,取得实效。聚焦媒体曝光问题,持续跟踪督办。对涉及媒体曝光问题,严格按照省级媒体当天上报,市级媒体次日上报的要求,做好曝光问题整改反馈;对没有马上整改到位的,全程跟踪督办,每月对整改中的曝光问题进行"回头看",确保问题真整改、真落实。全年共反馈《正风问效》问题4起,确保曝光问题整改清零。

(李鹏程)

【机要保密工作】 增强保密意识,狠抓机要保密工作制度的落实;规范电报的使用和管理工作,确保电报绝对安全保密;提升机要保密人员的综合能力,增强队伍素质。高标准、高质量完成年度视频会议的保障工作;信息化管理安全可靠。对全区进行保密工作大检查;做好迎接省、市的保密检查与考核工作;及时更新保密业务知识;完成保密杂志的征订任务。

(张纯陆)

【外事工作】 区委外事办发挥"六方协作"优势,强化涉外工作基层治理。制定下发《致在婺城新狮外籍人士的一封公开信(中英文对照)》1000余份,告知境外人员疫情期间相关注意事项、求助办法;覆盖的外籍居民人数达到600余人;组织梳理《抗击新冠病毒肺炎常见法律问题100问》,确保为外籍人士权威解惑;实施"一户一表、一人一档、一人一证"管理;疫情防控期间无一境外人员感染,无一起涉外纠纷发生。健全外事工作机制,推进涉外事务综合管理。不断规范因公出国(境)管理,2020年未安排出国(境)考察团组。全年依法依规及时协调处置涉外案件3起;配合美国驻上海总领事馆,对涉案人员进行5批10人次探视;接待外国记者采访1批2人次,维护和推动婺城区对外交流的正常开展。凝聚力量齐心战"疫",守护国门防线。高质量完成前期摸排、接机任务、数据统计、宣传报送、热线服务等相关工作,接机累计完成104批142人次,通过"快捷通道"协助辖区企业邀请1名外籍人员入境。

【国安工作】 联合区司法局、区教育局、区人武部等部门开展全区总体国家安全观的宣传活动。通过婺城普法微信公众号平台发表《维护国家安全,人人都是主角》,阅读量达816次;在区行政机关(企事业单位)、村镇、街道、商场、医院、高铁站等主要公共场所张贴宣传海报480份;利用680处LED显示屏、电子白板、电子投影等多媒体设备不间断滚动播放宣传视频短片,播放数达12000余次;组织44所中小学以班级为单位观看国家安全日宣传视频;通过各种形式宣传普及约6万人。

【对台工作】 强化学习引领。组织开展元宵佳节涉台知识网络竞赛，吸引280余人参加；全年开展“周一夜学”常态化教育活动，专题学习习近平总书记浙江考察时的重要讲话精神和省委、市委、区委理论中心组的指示精神，不断加强政治理论水平和专业能力素养。积极投身抗疫。组织力量下沉到城东街道旌孝街社区、城中街道明月楼社区防控点开展宣传劝导工作，关心辖区内台胞台属防疫工作，帮助解决台企外来员工返工难题，并配送口罩、消毒液等防疫物资。推广试点经验。抓好台联组织规范化建设和台胞台属基本情况调查统计试点，承办市台办现场推进会，系统介绍全区试点工作做法和经验。打好基层基础。开展节日走访慰问，为20余名生活困难的台胞台属送去慰问金，帮助16名大陆学生返台就读，接待台企到婺城考察投资6批次，组织开展乐走公益活动。

(童　佳)

【档案管理】 做好区机关各部门（单位）、各乡镇(街道)2019年度文件材料归档、档案数字化、档案登记备份，对全区乡镇(街道)、机关单位(部门)、临时机构进行档案业务指导监管，以及对全区2019年度机关单位事业统计调查报表进行收集统计与上报。完成浙江省档案专业技术资格考试初、中级职称资格审查工作并及时上报。疫情暴发后，第一时间对接区疫情防控指挥部开展专题疫情档案收集指导工作。抓好村级组织换届年档案清整工作，确保换届不“瘓档”。以提高乡镇规范化、数字化建设水平，推进基层档案治理创新为目的，确定竹马乡、莘畈乡为试点单位，开展“村档镇(乡)管”试点工作。首次开展“互联网+监管”双随机抽查工作，对全区60家机关单位、18个乡镇街道、区级建设项目以及部分档案公司开展抽查，并按照“谁执法、谁普法”的原则，对单位和企业的负责人员进行普法宣传，对不达标的进行整顿。

(项雅馨)

【党史工作】 党史工作深入贯彻落实习近平新时代中国特色社会主义思想，紧扣“一突出”“两跟进”要求，不断发挥“以史鉴今、资政育人”作用，稳步推进党史各项工作向前发展。

结合主题教育，认真学习“两书一章”等，不断增强“四个意识”，坚定“四个自信”，做到“两个维护”。主动学习习近平总书记关于党的历史和党史工作重要论述及《习近平论党史和文献工作》一书，学习中央和省市关于加强地方党史工作精神，认清新时代党史工作地位、性质和作用。参加省委党史和文献研究室在杭州举办新时代党史和文献工作专题培训班，学到党史工作新知识、学到兄弟单位经验、学到党史人高尚情怀，并结合本地党史工作特点，从不同角度、不同层面，考量做好党史和文献工作的措施方法。

坚持“述而不作”存史原则，以新的精神状态，发挥党史工作连接“现在”和“未来”的独特功能，把服务现实融入党委政府的中心工作中。按照“不忘初心、牢记使命”主题教育要求，同区委主题教育办一道，完善沙畈银坑党史学习教育基地，在原有基础上加入人性化设计，让更多人认识银坑、了解婺城党史革命史，感受重走长征路厚重而独特的历史文化魅力。协助组织部打造沙畈银坑党史长廊，以时间脉络为线串连起婺城革命历史大事件，并配以相关历史老照片，更形象生动地宣传婺城党史。参与区委建党98周年系列活动，为区委书记蔡艳讲党课提供党史资料和婺城英烈事迹材料，讲党史、做贡献，全区所有党员干部共同回味共产党人的初心使命，走过的艰辛历程。

完善婺城党史二卷提纲，经过反复讨论修改，在市委党史研究室指导下，修订完善《中共婺城历史(第二卷)》大纲目和小章目。增加编写力量，确定《中共婺城历史(第二卷)》编写人员2人，并与其签订劳务协议合同。完善原始资料的收集与整理，下发《关于配合做好党史二卷编写工作的通知》，收集各部门各乡镇(街道)二卷编写相关的原始资料及书籍。查阅档案资料，完成数字化资料档案203卷935份文件，整理照片百余张，完成一编前五章13万字、三编前三章5.8万字初稿，并对三编提出修改意见建议。

完善编审组织，明确编审委员会成员和职责分工，健全机关单位和乡镇街道联络渠道，确定各单位分管党史工作领导和联络员名单，建立区党史工作微信群及QQ群。壮大党史工作人员队伍。6月，借调外单位副主任返回原岗位;10 月,确定方建东任主任;11 月,新调入工作人员 1 名;另聘请二卷编撰人员 2 名,党史工作人员队伍由原来的 2 名增加到 6 名。不断提高工作人员能力素质,参加省委党史和文献研究室组织的全省党史系统“我们的初心”演讲比赛,并获得三等奖,参加委办支部活动、“三服务”、文明城市创建、垃圾分类等活动,努力做到学思悟践行。

“七一”建党节前,参与组织开展“传承话初心、集结共图强”主题活动,组织 10 余个连队 260 余人赴沙畈乡银坑村重走红军路,请老领导话初心,交流心声,在活动中宣传体验党史革命历史,教育引导年轻干部。实地研学参观双龙电站纪念馆,聆听先辈革命事迹,重温入党誓词。参观金华城市规划馆,学习本地人文、生态、历史,创新党史宣教新方法。为委办支部提供党课资料,收集整理党史、革命史、英烈事迹,学党史讲党史用党史走在全区前列。做好向有关部门和领导发放《足迹》《春秋》等党史刊物等。

(蒋　涛)

纪检监察工作

【概况】 2020 年,在市纪委和区委的坚强领导下,全区纪检监察组织自觉增强“四个意识”,坚定“四个自信”,做到“两个维护”,忠实履行职责,纪检监察工作高质量发展态势持续巩固深化。“两个责任”考核蝉联全市第二名,标志性成果获上级批示和经验推广考核全市第一,全面从严治党成效不断彰显。聚焦脱贫攻坚、中央环保督察、村级组织换届等中心工作,即时跟进贯穿全程的 12 项专项督察,以“梳理、检查、整改、问责”一体化模式,提升监督检查精准性。发现并督促整改问题 737 个,追责问责 55 人,确保政令畅通。协助区委高质量推进巡察工作,对 26 个单位、100 个村社党组织开展巡察工作,实现村社巡察全覆盖,发现各类问题共计 1590 个,追责问责 816 人次,挽回经济损失 525.79 万元,完善相关制度 199 项。探索实行的村社巡察两张政治“体检单”得到市纪委主要领导批示肯定。

【区纪委七届五次全会】 3 月 23 日,中共金华市婺城区第七届纪律检查委员会第五次全体会议召开,会议听取和审议《推进纪检监察工作高质量发展为我区高水平全面建成小康社会提供坚强保障》的工作报告,总结回顾 2019 年全区党风廉政建设和反腐败工作,研究部署 2020 年任务。

【保障防疫大局】 担责于身履责于行,服务保障防疫大局作出重要贡献。在疫情最严峻的关头,全区纪检监察干部闻令而动、逆行出征,监督工作始终与防疫大局同向而行、合力合拍。创新建立“三全三查”分类督改机制,开展每日全覆盖督导,累计发现并督促整改各类问题 2494 个,问责 87 人。围绕“六稳”“六保”等重大决策部署,同步跟进监督,推动惠企扶企政策落实、项目工程落地,督促破解相关难题 115 个,提出意见建议 52 条,为“两手硬、两战赢”提供有力保障。

【作风建设】 驰而不息纠治“四风”,正气清风日益向上。开展“正风 2020”系列行动,查处违反中央八项规定精神问题 30 个,问责 48 人,持续释放“严”的信号。上下联动开展“烟票”背后“四风”问题专项整治和占用公共资源的会所问题“回头看”,督促整改问题 16 个,坚决防止享乐主义、奢靡之风反弹回潮。开展制止餐饮浪费等专项监督,对 8 家单位主要负责人提醒谈话,对 92 名党员干部进行提醒,培育“厉行节约、反对浪费”的良好风气。纠建并举开展工作纪律专项督察行动以及“讲规矩、树正气”对标整改等系列活动,明察暗访发现工作作风相关问题 87 个,问责 53 人,全区作风建设持续向好。

【夯实基层基础】 夯实基层基础,清廉建设不断深入。推进清廉单元规范化建设,16 家单位获评市级基层清廉示范工程,其中东市街小学获市纪委主要领导的高度肯定。深化基层监督的婺城实践,实施清廉村居“阳光指数”、基层权力监督“六全两零”、集体“三资”智慧化监管、“不见面交易”系统等一批基层善治创新举措,其中“阳光指数”获评全省清廉乡村建设与乡村治理现代化提名案例奖,“不见面交易”系统全市推广。开展信访举报“清源去淤提质效”专项行动,检举控告量比2019年下降23.6%,初次举报量比2019年下降6.9%,重复举报量比2019年下降57.7%。整治基层党员干部赌博、酒驾等突出问题,党纪政务处分111人。开展村社干部资格条件常态联审,出具联审意见3271条次,提出否定性意见13条次,为圆满完成村社换届提供坚强纪律保障。

【惩治腐败】 一体推进“三不”机制,腐败治理得到深化。抓早抓小精准运用“四种形态”处置701人次,其中运用第一、二种形态处置占92.3%,推动“红脸出汗、咬耳扯袖”成为常态。坚持“严”的主基调,立案175件,同比上升35.7%;党纪政务处分174人次,上升48.7%,严肃查处区综合行政执法局任岳东严重违纪违法案。深入推进扫黑除恶专项斗争,查处涉黑涉恶腐败和“保护伞”16人,移送司法机关2人,获评省扫黑除恶专项斗争成绩突出集体。深化以案促改,发出纪检监察建议35份,推动举一反三、堵塞漏洞、完善治理。开展“纪法四堂课”、“双清”干部和“双零”支部评选等10余项警示教育活动,充分用身边的“活教材”引导广大党员干部清正廉洁干事,标本兼治取得新成效。

【体制改革】 深化推进体制改革,监督活力持续释放。协助区委持续压紧压实“两个责任”,出台党风廉政建设主体责任考核办法、实行每季度专题例会机制,开展专项检查,发现并督促整改问题219个,提出整改意见142条,持续推动“四责协同”落细落实。提前谋划数字赋能,“净鉴”大数据平台发出预警信息1098条、发布廉动令487条、推动问题整改889个,获2020年“全省基层清廉建设十大创新经验”创新奖。推进乡镇(街道)纪检监察规范化建设,建立“四单一报”制度和问题线索主办责任制,乡镇(街道)纪检监察机构共立案144件,比2019年增长102.8%,自办案件覆盖率100%。在全市率先完成全部269个村(社)监察工作联络站建设,全年报送相关信息151条,其中转问题线索7条,有力推动监督向基层“神经末梢”延伸。

【干部队伍建设】 接受最严格管理,纪检监察铁军更加过硬。从严开展政治理论学习,按照“每周小测每月大考”标准,全年组织知识测试39次,参加测试4000余人次,提升全体干部的政治素养。坚持以战代训,常态开展业务技能比武,获信访举报工作“晒拼创”全市第一名等荣誉,超半数业务条线工作考核列全市第一名、第一档。紧扣“严纪律、守规矩、强作风”主题,自我加压开展警示教育月活动,全区纪检监察干部深入排查发现苗头性倾向性问题308个、制定整改措施195条。坚持刀刃向内,以最严纪律要求强化监管,坚决防治“灯下黑”。

(刘娅芸)

组织工作

【概况】 截至2020年年底,全区共有基层党组织数981个,其中党委62个、总支25个、支部894个。共有党员26234人。其中,女党员7485人,占党员总数的28.53%。党员按年龄划分,30岁及以下1999人,31~35岁2348人,36~40岁2050人,41~45岁2330人,46~50岁2320人,51~55岁2537人,56~60岁2836人,61~65岁2668人,66~70岁2560人,71岁及以上7586人。大专及以上学历党员10420人,占39.72%。农村党员11403人,占43.47%。

全区行政机关干部1438人。其中,女干部489人,占34%;党员干部1154人,占80.25%;35岁以下干部421人,占29.28%;36~45岁干部251人,占17.45%;大专及以上学历1433人,占99.65%。

【村、居换届选举】 严格按照“一严三高”要求,高质量推进村级组织换届工作。坚持把党的领导贯穿始终。深入开展区领导“包乡走村”工作,梳理“7+N”全系工作清单,明确包联领导7项必做事项和N项自选事项。区委常委会专题听取村社换届工作汇报5次,区委逐乡过堂听取村情选情汇报7次,区换届工作领导小组召开全体会议4次,区四套班子领导累计800余次开展包乡走村,协调解决重难点问题100余件。把“换中干、干中换”贯穿始终,严把资格条件,搭建比拼平台。制定“五星四过硬”培养评价体系,以“纸质问卷+云端测评”的方式发放村社干部满意度调查3万余份,在群众口碑中选准人。组建专项考察组、政策指导组等55个工作组，在全区面上推行选前“三谈三核”人选排查机制。搭建“大比武”“云端秀”“图强榜”等平台，主动把换届融入“双城战略”发展全局，换届选举期间，共完成民生实事、工程项目1000余个。通过组建村级“瞭望哨”、成立选情顾问团和换届工作督导团，加强源头稳控，有效应对换届期间的信访矛盾隐患问题。省、市交办的38件信访件全部办结，化解矛盾纠纷300余件。高质量完成267个村社换届选举各项工作，选举过程平稳有序、依法依规、平静安静，未发生一起违反选风选纪案件，实现“五好四确保”总体目标，交出换届选举高分答卷。“一肩挑”人选当选率100%，“两委”职数100%选足，委员大专以上学历占比28.2%，较上届提高8.2%，选出青年委员339人，平均年龄47.7岁，较上届下降3.9岁，村社班子结构得到进一步优化。

【人才队伍建设】 2020年，聚焦主导产业，服务转型升级，统筹推进亲情引才、以才引才、以会引才、市场引才。推行“揭榜挂帅”全球引才机制，设立“跟榜专员”，派驻“跟榜专员”58名，协助智企对接160余次，促成揭榜11项，涉及榜单金额8000万元。科技婺商入选4人，排名全市第一。深化以才引才机制，聘任“榜单推广大使”、大学生招才大使，组建分布全国的招才队伍，引才触角伸及京津冀、长三角、珠三角等发达地区。建立“婺城区日本招才引智工作站”，为婺城在日引才打通新渠道。截至2020年年底，新引进中国工程院院士1人、省级以上领军人才15名，入围省级引才计划建议人选1人，新增大学生12006人，其中博士149人、硕士377人，实现领军人才引进增长超50%，大学生集聚创历史新高。推进智企平台建设，新建17家大学生实习基地，指导5家企业认定为市区首批企业“飞地”名单，新增省级博士后工作站2家，市级院士专家工作站3家，新认定省级以上创新载体3家、市级以上企业研发中心14家，新申报国家高新技术企业32家。创新搭建人才云服务招引平台，加强网上引才工作，累计为200余家企业发布招聘岗位1.2万余个。牵手上海院士中心，共建“院士专家大讲堂”智力对接平台，依托上海的人才高地优势，开展技术对接，帮助婺城企业突破技术瓶颈。疫情期间先后出台《关于支持企业渡过难关的十条意见》等政策文件，为企业复工复产提供保障。升级人才政策，制定发布“婺城人才新政2.0版”，兑现人才资金3700余万元，给予人才、企业更多政策支持。全面开展人才企业大走访活动，建立点对点联系服务机制，主动回应人才与企业需求，累计走访企业200余家，协调解决问题996个。建设“婺城人才e站”信息化平台，设立婺城人才驿站，加速人才管理服务信息化、智能化，为企业、人才提供共享空间，让人才在婺城全程享受“家服务”。

【基层组织建设】 2020年，以提升基层党组织组织力为重点，通过村干部“阳光坐席”、“十乡百村”创业、“党建+巷战”等做法，高标准打造“五星三强”基层党组织。聚焦“红色引领”，打造党建精品。围绕“一村(社)一主题”理念，着力提升“茶花争艳”“南山漫道”党建示范带，共打造“五星三强”示范乡镇3个，深入推进24个示范村社党组织、72个党建示范点建设，打造出竹马馆村“青梅竹马、幸福驿家”、明月楼社区“明月进万家、服务不打烊”等基层党建金字品牌。推行村干部“阳光坐席”，持续深化“家服务”品牌，以“开门七件事”“实事我来办”“三问三送大家访”等为载体，为群众问困难送温暖、问发展送政策、问建议送服务，提升群众幸福感。全区党员干部累计走访群众100万人次，办理各类民生实事11000余件。聚力“红色驱动”，积蓄发展动能。以“十乡百村”创业行动为主平台，实施“双富”工程，加大财政、金融、用地等政策支持力度，鼓励因地制宜通过飞地抱团联营等“消薄十法”，全力做大“造血项目”，制定村集体经济发展项目700余项。发挥基层党组织的战斗堡垒作用，不断深化“党建+巷战”的作战体系，把全区2万余名党员嵌入388个红色网格，并以区域化党建联盟的形式，将民情民访代办、矛盾纠纷化解、平安建设宣传等工作与党员日常活动相结合，形成“区域统筹、条块协同、上下联动、共建共享”的基层治理新格局，累计化解矛盾纠纷、解决热点难点问题5000余件，其中罗店镇北高峰党建联盟“党员流动药房”得到央视多档节目的宣传报道。深入推进电教远教工作。

以深挖本地特色为重点,做好日常党建新闻宣传,2020 年,婺城党员干部转移受灾群众新闻得到央视媒体 3 次关注播报;完成《情满小康路·花满郑岗山》和《“硬核”娘舅》等 4 部电教片拍摄和修改,由市组推荐至省组参与评选,推荐数量位于全市第一;制定完善 2021 年电教片拍摄计划,其中《深山里的红——粟裕将军在婺城》被列为 2021 年全省“建党百年类”重点电教片。

1 月 8 日,雅畈镇芳田社区“红色芳华 润泽芳田”党群服务中心 (区委组织部供稿)

【防疫工作】 2020 年,组织部坚持把党旗插在战“疫”最前沿,率先发出“一书两令”,率先建立高铁、高速卡口临时党支部联合作战体系和 388 个网格作战体系,“疫”线成立 300 余支党员突击队,吸纳在职机关、村社、两新等党员志愿者 5000 多人,带动普通党员、红领新青年、居民群众等 2 万余人加入巷战,累计排查走访 40 余万人次。紧扣“两手硬”“两战赢”,成立“硒望田野”“北高峰”“莘 e 家”等 35 个“红色联盟”志愿队伍,吸纳 4430 名党员志愿者、182 家农场和 78 家联盟企业,帮助销售滞留蔬菜、禽蛋各 400 余吨。做强商圈、楼宇党建联盟,全面开展“三进”服务,推动线上、线下经济回暖。出台两新党组织助企复工复产“15 条举措”、服务人才企业复工复产“10 项举措”,帮助企业、人次解决问题 340 余个。杭金衢高速卡口临时党支部受全省抗疫先进集体表彰。

【文明城市创建】 全面助力文明城市创建,创争优服务模范。配合共建社区开展文明创建,参加社区文化服务、城市环境美化、公益宣传活动等共建志愿服务 1000 余人次,参与文明劝导 200 余人次,社区服务总时长超 700 小时。此外,肩负起组织发动党员干部的“双重责任”,深化“党建带群建、合力抓创建”机制,建好用好“红动婺城”“一格一姐”“路长制”“联系网格”等行之有效的制度,深化党员志愿服务活动,在文明创建“大考”中检验、展示党建品牌。在国测之后,继续开展人民东路和明月街口出行志愿者文明劝导活动,守好自己的责任田。

【“三服务”工作】 深化“三联”“三强”“三推”为载体的“优+(家)”服务提升工程,优化“政企直通车”结对帮扶机制,靶向发力解决涉企问题 4238 个;开通“民情民访夜班车”、组建 19 支“红色老兵代办员”队伍,解决民生、信访等问题 4122 个;开展“大家访”“包乡走村”,解决基层治理、村庄发展等问题 1615 个。区领导带头开展调研赋能、破题攻坚等专项行动,完成高质量调研成果 376 个,破难攻坚 307 个重大难点问题。大力发扬“微笑办、暖心办、马上办、我来办”服务作风,优化选派 567 名驻企服务员(联企干部),构建“五员代办”立体网,整合“三服务”小管家、企业码、爱企热线等服务平台协同运作,创新实施“涉企事项代办员”制度,全力助推“大家访、大代办、大接访、大化解”活动。群众、企业满意率均达 99%以上。持续提升“家服务”品牌美誉度,选树区级“闪光婺星”110 人、团体(品牌)9 个,蓝金玉同志获省优秀共产党员表彰。

【干部队伍建设】 2020 年,以高素质专业化为目标,聚力打造忠诚干净担当的干部队伍。聚焦政治建设,强化一线专项考察。坚持新时期好干部标准,把政治建设摆在首位,在政治考察中着重把握政治忠诚,打好政治体检、评价测评、分析研判“组合拳”。通过“聚焦基层、聚力一线”联系服务开展班子运行情况及年轻干部配备情况专题调研,谈心谈话 200 余人次。在疫情防控一线开展“五进四察三听双激励”考察,详细了解各级党组织和广大党员干部在疫情防控和复工复产方面作用发挥情况,收集各类先进事迹 350 余个,表彰市级战“疫”先锋团队 6 个,战“疫”先锋个人 8 人,区级战“疫”先锋团队 61

个,战“疫”先锋个人127人,该做法被中国组织人事报新闻网报道。聚焦干部赋能,全力保障复工复产。以“经济图强、争先创优”双月攻坚行动为契机,推行“干部讲、企业讲、专家讲”全员讲学制度,全面实施“百课(场)赋能”专项行动,组建经济图强赋能团为一线驻企服务员、乡镇联企干部等专题授课,培训2900余人次。以“双向”考评优企服务机制为载体,为全区557名驻企服务员建立“一员一档”,对一线帮扶解难、代办代跑涉企事项等全程记录,此外各驻企服务员上半年开展驻企服务4000余次,解决问题2800余个。聚焦精细培养,推动干部担当作为。坚持把服务中心大局作为锤炼担当作为的“主战场”,抽调200余名干部到区投资(政策)、工业(金融)等工作专班及各类指挥部一线攻坚破难,选派180余名干部到乡村振兴、征地拆迁、调解纠纷等吃劲岗位“摔打历练”。注重大力发现培养优秀年轻干部,抓好常态配备和后续培养,组织做好69名“90后”年轻干部调研能力“大比拼”工作,选派100余名优秀年轻干部到“四大四比”等重点工程接受锻炼,提升独当一面处理复杂问题的能力。实施“专业能力提升计划”,结合干部岗位经历、专业特长、个性特点、工作实绩和发展意向,收集全区285名城建规划、农业农村、项目管理等六大类专业干部信息,开展专题培训30场以上,储备培养一批专业型干部。聚焦正向激励,落实关心关爱机制。出台《进一步激励关爱党员干部和医务工作者在疫情防控一线担当作为的十二条举措》,通过为党员干部提供每人50万元的保险保障,发放113份强制休息令等举措,保障党员干部“逆行”无忧,该做法得到人民网、凤凰网、《浙江日报》等主流媒体报道。坚持以组织担当促干部作为,开展干部“大家访”暖心行动,“云解决” 家属反馈意见及相关诉求102条,开展干部心理辅导70余人次,用组织的“暖心指数”换取干部的“幸福指数”。

【干部监督管理】 用好干部大监督“1+5”工程,加强干部监督工作信息沟通和整合,累计对194名拟提拔人选、后备干部人选、转任重要岗位人选、拟晋升职级人选进行核查和征求意见。立足区管领导干部有关事项月度定期报告制度,做好干部监督信息收集研判工作,共收集各单位上报干部相关信息437条。开展领导干部兼职清理“回头看”工作,对全区3554名相关干部进行全面筛查,发现各级干部在企业兼职109人,在社会组织兼职250人,对42起较严重问题进行立项督办,清理违规在企业兼职持股81人、违规在社会组织兼职28人。部署基层选人用人突出问题“五查五看”专项行动,组建6个专项检查组在全区61家单位开展全面自查和专项督察,自查发现重点问题线索14条,查处问责6人,对临时机构抽调借用的70名干部工作情况进行专项审查,对56名违纪违法受处理干部的情况进行分析研判。强化选人用人检查与巡视巡察深度融合,在区委第八、第九轮巡察中组建选人用人专项检查组,对11家单位开展选人用人专项检查,共排查各类问题78个,形成反馈报告9份;着眼巡察中发现的各项问题,配合区巡察办指导被巡察单位做好各类问题的及时整改、开好专题民主生活会。

【农村党员培训】 以主题党日活动为切入点,加强农村党员学习培训工作。制定并下发党支部标准化规范化建设20条,通过科学合理制定“一月一主题”,把扎实深入系统学习习近平新时代中国特色社会主义思想、党的十九大和十九届系列全会精神、习近平总书记重要讲话精神以及中央、省委和市委重大决策部署等内容,作为支部主题党日活动的“第一议题”,不断强化主题党日的政治属性。同时,通过明确活动的时间、拓展活动形式、加强活动阵地规范化建设、建立长效督导考评机制等手段,不断提高学习的系统性和针对性,着力破解理论学习不自觉、不系统、不深入和落实不到底、行动跟不上等问题。切实做好新形势下发展党员工作,举办以“忆红色党史、立学习规矩、强理论基础”为主要内容的发展对象培训班二期,共计274名发展对象参加培训。发动2万余名党员干部和党代表积极参加民情民访代办活动。严格落实党员积分管理制度,扎实推进党员整治立规创优行动,提升巩固基层治理能力,集中整治党员参与赌博、酒驾醉驾等违纪违法等突出问题,整转处置不合格党员140名。

【村干部及驻村人员管理】 以村社组织换届为契机，创新“五星四过硬”基层干部队伍选人用人评价体系，注重从“五个一线”识人、以“五项保障”留人、用“360考评”全方位察人，探索出台《村级组织运行18条》，为全面“一肩挑”背景下的权力监管提供婺城经验，相关做法先后在《人民周刊》《中国组织人事报》《中国乡村干部报》以及省、市主流媒体被报道，并得到市委主要领导的肯定。开展村书记区级备案管理工作，对任职情况、履职情况进行“一人一表”全程管理。强化对村社优秀青年的政治引路和能力提升，联合金华职院开展“红领新青年”集中培训2批次、150人，精心设置政策解读、青春宣讲“训练营”、基层实践等教学板块，邀请专家学者，围绕新时代基层党建工作、村级集体经济发展、乡村振兴与工程管理、互联网时期农产品整合营销推广等基层发展热点课题进行授课，提升学员的综合素质，增强村级后备人才党性观念、宗旨意识、法治意识、服务意识，提高村级后备人才执行政策、依法办事、推动发展、服务群众的能力，促进村（社）党建工作水平进一步提升，为婺城乡村振兴提供坚强的基层人才保障。

【机关自身建设】 组织部坚持把政治建设摆在首位，完善中心组学习、周一夜学、组工学堂等常态化学习制度，创设“头脑风暴”“悦读分享”“云课堂”等载体，打造“书香组工”，累计开展专题学习52次，推动组工干部学深悟透做实新思想新理论。践行“对标比拼勇赶超”，学先进、赶目标、树标尺。实施改革、重点、基础、特色4张“十大清单”，工作项目化、项目清单化、清单责任化，落实“一档式”要求，挂图作战、销号管理，每月排进度比成效。全面实施“提质增效”行动，强化组织领域风险防控，开展风险大排查、隐患大起底，构筑组织领域风险防范密网。组织每名组工干部结合岗位职责、岗位风险点等，深入排摸新形势下的薄弱点风险点58个，研究制订防范化解举措61项，防止组织工作的“灰犀牛”“黑天鹅”。1—12月全区组织工作在中央电视台、《人民日报》等省级以上媒体刊发158篇次，在金华电视台、《金华日报》等市级媒体刊发112篇次。做强“党建红盟”服务保障“两手硬”“两战赢”，被央视《新闻联播》、《人民日报》、《光明日报》等21次报道；深入开展“干部赋能”专项行动，出台“12条举措”激励担当作为，规范领导干部直播带货等做法被中组部采用；高质量打赢村级组织换届攻坚战，构建村社干部“五星四过硬”全链条培养体系，推行村级组织运行“18条”，受到中组部和省组、市组推广肯定；“揭榜挂帅 全球引才”、党员干部“大家访”、“大代办”、村社“开门七件事”等经验做法，1次受省长郑栅洁、7次受市委书记陈龙、4次受市委组织部部长郑敏强批示肯定。

（王朱敏）

公务员事务管理

【概况】 2020年，区公务员局认真贯彻落实《中华人民共和国公务员法》《深化干部人事制度改革规划纲要》的要求，围绕区委、区政府的中心工作，深化高素质专业化公务员队伍建设，提高公务员管理科学化水平。

【公务员考录选调】 针对婺城区实际需要，统筹做好2020年公务员招录计划编报，不断充实紧缺专业人才。考录工作中面对疫情防控压力，严格落实防疫要求，稳妥完成8名选调生和32名省考公务员的考录工作；同时组织开展面向全省公开选调公务员工作，5家单位6个岗位选调7名公务员，队伍结构不断优化。

【公务员职务与职级并行】 做好公务员职务与职级并行制度改革工作，根据《公务员职务与职级并行规定》及省市实施方案，结合区人员结构、职数等实际，制订区实施方案，稳妥推进职务与职级并行制度。在晋升人选把握上，强化党组织的领导和把关作用，不唯资历确定人选，综合考虑人员德才表现、职责轻重和工作实绩等多方面因素，2020年，共晋升185人次，其中晋升三级调研员35人、四级调研员1人、一级主任科员148人、三级主任科员1人，晋升工作整体平稳有序。

【公务员职业生涯全周期管理“一件事”改革】 贯彻机关内部“最多跑一次”改革部署，会同区委编办、区大数据局等部门积极推进改革工作,2020年4月,在全市范围内第一个部署落实并上线运行管理平台。改革以组织部门审批同意后的办事环节为起点,将公务员职业生涯全周期分为录用、调任、转任、职务职级变动、调出、辞职、辞退、开除、退休等9个事项,把每个事项需要办理的出入编、工资、养老保险、医保、工伤保险和公积金等后续业务集成为“一件事”办理,系统性重塑业务办理体系,打破部门壁垒,畅通信息渠道,实现“一张表单申请、一个平台联办、一次不跑办成”。改革实施以来,办理各项业务412件,业务办理所需材料和办理时间都得到较大幅度减少,较好实现减负、增效和提质的目标。

(舒子剑)

机关党建

【概况】 2020年,婺城区委直属机关工委强化党建责任清单管理,制定下发“三级书记”抓党建责任清单。以“五星三强”基层党组织建设为目标,持续提升支部规范化标准化建设水平。大力配合区委巡察工作,轮流安排党务干部查纠机关党建薄弱点,强化巡察案例运用,以巡察问题整改促规范化标准化提升。推行机关与农村党建共建共强。104个机关党支部与农村党支部开展“牵手共建、互促共强”行动,联合开展活动153场,整改问题320个。实施党务干部素质提升行动。开设“机关党务大讲堂”,举办基层党组织书记示范培训班,上好理论专题课、党建实务课、典型交流课、现场观摩课等,增强培训的系统性和针对性,提升党务干部的工作能力和水平。

【提升机关政治首位度】 大抓理论学习。把深入学习习近平新时代中国特色社会主义思想和中共十九届系列全会精神作为机关基层党组织首要政治任务,推动理论学习走深走实。巩固拓展主题教育成果。常态化落实“初心四问四检”、实事我来办、领导干部调研破难、党员联系服务基层等做法,推动建立长效机制。强化年轻党员系统理论教育。深化青年马克思主义学习小组做法,有计划、分专题进行学习交流,提升青年党员干部践行“两个维护”的政治定力和政治能力。

【提升党建业务融合度】 全力服务保障“两手硬、两战赢”。发出“九个带头”坚决打赢疫情防控这场硬仗的倡议书及《关于进一步动员广大机关党员干部到居住地社区报到参与做好疫情防控工作的通知》,引导全区机关党组织和党员干部全面参与疫情防控和企业复工复产。在机关党组织中开展“最优制度供给、最优服务项目、最优组织举措”争创活动,有效提升企业、群众和基层的满意度。举办机关党建品牌“晒拼创”活动,20家优秀机关党建品牌同台比拼。深化先锋引领,聚焦全国文明城市创建、垃圾分类、节约粮食等工作,在机关党组织和党员干部中推行主题党日集中进社区活动,发出争当“五大先锋”及“拒绝浪费、向剩宴说不”的倡议,在“志愿汇”建立23支居住地社区机关在职党员志愿队,推动263个机关基层党组织和3579名在职党员融入红色微网格,发挥先锋模范作用,有效参与社区治理和服务认领。

【提升机关党组织清廉度】 2020年,全区14家机关党组织申报清廉机关建设,其中检察院、城中派出所、新狮市场监管所3家单位获评市级清廉机关。全面开展党员整治立规创优行动。一月一主题强化党员纪律规矩教育,全面开展“零违纪、零违法”支部创建,上好“讲规矩、树正气”为主题的专题党课,全员签订“党员遵规守纪承诺书”,用好第一种形态进行提醒谈话,累计开展提醒谈话259人次。推进清廉文化进机关,深化以“担当赶超、婺城图强”为主题的党建阵地建设,把清廉文化融入红色阵地,在机关营造“以清为美、以廉为荣”的良好风尚。

【提升机关党组织“含氧度”】 开展“学先进、共图强”活动,有效激励机关党员干部对标先进、见贤思齐、汲取力量。落实激励关爱举措,持续推进“闪光婺星 ”选树、干部“大家访”活动,树牢干事创业风向标。落实关心关爱党员相关政策,利用“七一”、春节等重要节点,累计走访慰问优秀共产党员、老党员、生活困难党员等193名。丰富机关文化活动,积极承办“万步有约”职业人群健走激励大奖赛、机关职工篮球赛、诗歌朗诵等活动，培养机关干部健康向上的生活情趣，让机关干部焕发活力和激情。

（项移娟）

两新工委工作

【概况】 2020年，两新工委根据“党建强、发展强”的要求，不断完善两新党建工作机制。坚持将两新党建作为基层党建的重要组成部分，与区委中心工作同心同向，人才物力优先保障。及时配齐配强乡镇两新党委班子，根据班子成员变动及时调整两新工委委员和两新党委委员，各级抓两新党建工作的力量充沛、职责明晰。继续深化乡镇街道两新党委“实体化”运作机制，落实《金华市两新党建服务民营企业发展十条举措》，两新党组织助企复工复产“15条举措”，推行乡镇两新党建季度例会、月度党委会、工作月报、重点工作立项包干、年底“一把手”党建述职等制度，让两新党建工作任务“件件有落实、事事有回音”。坚持开展工委委员“五联五促”活动，给每位工委委员明确年度职责和工作任务；同时，常态化开展“走基层、送党课、督落实”活动，推动区、乡两级委员们在下基层中宣扬党的主张、推动工作落实。2020年，工委委员联系两新党建项目21项，开展全区范围两新党建工作督察3次，发现、整改问题200余项，打通联系服务两新组织的最后一公里。构建区、乡、企三级综合配套的两新党建工作经费保障机制，区级层面，每年安排两新党建专项工作经费60万元，对重大工作额外追加经费。在乡级层面，全面落实“两新党组织党费全额拨返”制度，拨返党费由乡镇街道（部门）党（工）委党费账户统一保管，各两新党组织实报实销，2020年，共拨返两新组织党费29.8442万元。在企业层面，打通“两新党建工作经费税前列支”渠道，经常性宣传税前列支政策，多措并举加强两新党组织工作经费保障。同时，以“两新党建工作项目化管理”落实市“薪火基金”要求，实行项目资金区、乡、企业1:1:1配套，2020年，共完成项目10个，拨付奖励金50万元，带动企业落实党建工作经费200余万元。

【助力抗疫复产】 2020年，两新工委全面贯彻落实省委组织部“助企八条”、市委组织部“服务民营企业12条举措”“稳企十条”，结合区“三服务”活动，建立完善资源、需求和项目的“三张清单”工作法，实现党建引领下的资源共享、发展共促。深入开展“抗疫情、促发展、当先锋”行动。在疫情防控、复工达产过程中，各乡镇街道充分强化两新党组织的政治功能，发挥两新党组织的战斗堡垒和先锋模范作用。研究出台两新党组织助企复工复产“15条举措”，以万里扬集团、今飞集团等上市企业、龙头企业为核心，组织党员技术人才成立“红齿轮红盟服务队”，实现“员工共享、技术互助”，帮助全区汽摩配行业企业快速复工达产。

【“四化重组”】 全面开展新一轮“双覆盖”集中攻坚行动，摸清区内楼、园、重点企业和社会组织情况。通过集中攻坚，婺城区前期摸排出“1万平方米以上商务楼宇和商业场所”13个，小微企业园区6个，全区性重点社会组织3个。上述单位均建立党组织。对于缺乏直接建立党组织条件的两新组织，通过设立功能性党组织形式，基本实现全区两新党组织集聚地的组织全覆盖。深入总结全区商圈楼宇党建工作经验，其中西市街商圈“党建引领商圈红色共治”案例入选“长三角G60科创走廊基层党建高质量创新发展典型工作案例”，并获《人民日报》报道；时代楼宇党建联盟运行机制被市委组织部在全市推广，为全省乃至全国提供婺城样本、婺城经验。

【两新书记培训】 做好两新党建日常基础工作，采购《党支部书记使用手册》《最新非公有制经济组织和新社会组织党务工作规程方法与案例启示》等最新两新党建理论提升工具书400余册，下发到两新党组织书记和两新党务工作者手中。加强对基层两新党组织书记的管理和培训，开展两新党组织书记“双强”培训班，组织57名两新党组织书记和乡镇街道党务工作者前往市委党校参加为期2天的课堂学习和外出考察课程，拓宽两新党建工作的创新思维。

【“三师”助企】 全面深入开展“三师”助企“无微不至”专项行动，以3个“无微不至”服务小微企业，目标明确、措施有力，坚持在“微”上发力、在“实”上见效。做好系统化一体推进。全面对接省级小微园，并将商圈、楼宇、市场、工业功能区新增纳入专项行动范围，覆盖小微企业3000余家。高品质配备22个“三师”服务团，拍摄专题系列宣传片提升知晓度、美誉度，全面建立线下服务点，创设集中服务日，实现每月全覆盖走园入企服务。已为小微企业管理人员开展政策、技能培训超2200人次，解决企业实际困难超200个、争取惠企补贴900余万元、新增贷款超6000万元。做到项目化精准解难。针对小微企业共性问题较为集中的特点，组织“三师”深化调研企业融资困难、法律合规风险、企业成本控制等解决方案，通过举办“三师”服务项目擂台赛，打造包括“红企2.0”园区金融服务项目、管理会计时代下的精益成本管理咨询项目、商业秘密保护 & 普法讲座护航小微企业项目、投资发展法律护航项目、劳动法律合规护航小微企业项目和跨境电商孵化本土品牌出海项目在内的六大“三师助企”服务项目，实现项目化破题、批量化解决，推动各小微企业同步享受最优“三师”服务。做好智慧化全时服务。婺城始终秉承以“最小干扰”实现“最优服务”的理念，上线“码上办”服务平台，在线下服务点全面亮码，实现企业“一码提问”“三师”在线回复。让企业当“评判者”，做细落实“码上办”平台满意度测评和线下成果评估，设置“到位率、办结率、满意率”评价体系，全面构建智控式的“需求—服务—评价”闭环。

【新生代企业家培训】 加强对新生代出资人的摸排，统一整理全区新生代企业家数据库，并依据名单联合团委、工商联等部门开展组团交流、专题培训、新老帮带、挂职锻炼等工作，提升新生代企业家的创业创新能力和思想政治水平，吸纳优秀青年企业家不断向党靠拢。开展婺城区新生代企业家“双传承”示范培训班，全区36名示范培训班学员参加为期5天的集中培训，深入学习习近平新时代中国特色社会主义思想，帮助婺城新生代出资人做好事业传承和政治传承。

【赋能夜间经济】 以婺城区入选首批省级夜间经济试点城市为契机，主动作为，在区“6+X”夜经济地标建设中凸显两新元素。牵头经商、市场、执法、交通、文旅、建设等部门和夜市管理方，建立夜市联合党委；强化红盟协同，坚持市场运作与智慧管理并行，推广使用“夜市码”，做到精智闭环管理。做好党员示范，授牌“党员示范户”和“党组织推荐商户”，亮出身份，激发商户们的荣誉感和责任感。设立“党群e站”，在各夜经济活跃地配套“党群e站”服务点，开展现场服务，打造集商户服务、顾客服务、志愿服务于一体的一站式服务站。动员各类社会组织参与，在夜间经济中开展融入婺学、婺剧、婺窑等婺城特色文化符号的系列人文活动，打造有辨识度的夜经济品牌。2020年，全区夜经济有效推动新增就业6215人、再就业1154人，带动间接就业1.5万余人。

【商圈党建】 强化商圈联合党委工作职能，完善《商圈党建30条》推动党委实体化运作，组建3+N红色自治队伍、创设“五美”花漾街区标准、以“组织共建、服务共享、资源共聚、发展共促、党群共鸣、和谐共创”的“六共机制”推动城市基层各级各类党组织深层次互联互动。新冠疫情防控期间，西市街商圈联合党委组织商圈各单位党员24小时值守卡口，筑起坚实的“红色防火墙”，作为防控压力最严峻的区域之一，没有给街道社区添麻烦。在疫情初步控制，商场初步开放，亟须恢复消费的时候，联合党委发挥党“集中力量办大事”的优势，联合区经商局、区法律服务行业党委、浙中在线等单位，共同开展以“直播服务进商圈、法律服务进商圈、助企服务进商圈”的“三进服务”活动，助力西市街商圈实现“两战赢”。举办8场直播活动，共吸引近10万名市民围观，点赞超324万次。浙中在线网站、APP、微信公众号宣传共获曝光308万次，点击量36万，相关做法作为城市党建引领基层治理案例被《人民日报》报道。在疫情全面控制，消费潜力迅速复苏，亟需抢占市场的时候，区委两新工委牵手商圈联合党委，举办“跟党创业‘实把力’青春带货‘金护秋’”直播创业大赛。以创直播业大赛的形式，展示婺城形象、推广婺城好货,吸引更多的有志青年集聚婺城、发展婺城、共建婺城,实现“以赛促就业、以赛聚商业、以赛带农业”的目的。直播大赛期间,聚集120名婺城主播及直播团队亮相婺城,吸引1200万人次观看,带动“婺城好货”“婺城制造”产品销售30万单,成交额超1000万元,带动就业超500人。2020年,西市街商圈党委入选金华市影视基地联盟理事单位,吸引正午阳光出品的《乔家的儿女》及中宣部《记住乡愁》等知名剧组拍摄,特别是在金华城市形象宣传片《水墨金华》中,80%参演人员来自西市街商圈联合党委。商圈美誉度不断提升,真正实现“党建强、发展强、治理强”。

【社会组织党建】 联合区民政局推进社会组织党建工作,启动打造社会组织党建联盟。成立区社会组织服务中心党支部,实现社会组织“双孵化”基地常态化运行,开展社会组织党建“一社一品”创建。培育荣光国际学校等4家社会组织党建示范点。建设婺城党群连心桥工程总部中心,打造集党员志愿服务总站、社会组织孵化基地、流动党员之家等功能的综合性党群服务中心。律师事务所党建扎实推进,理顺区法律服务行业党委的隶属关系,完善律师行业党组织规范化建设标准,开展“百名党员律师下基层宣讲”“助企三进”等活动,以党建引领律师行业健康发展。

【产业党建联盟】 围绕婺城汽摩配、建材、花卉等传统优势产业,先后成立汽摩配产业党建联盟、竹马—灵洞建材产业链党建联盟、区互联网行业党建联盟等党建联盟,辐射带动产业集群,实现党建工作全覆盖。总结以“轮值化”自治、“契约化”合作、“共享化”议事、“清单化”协同、“组团化”服务为内容的联盟运行“五大机制”,推动实体化运作。特别是汽摩配党建联盟,开展联盟大型活动5场,场场爆满。截至2020年年底,成泰银行对联盟整体授信20亿元已实现100%,“红企贷”助力20余家企业业绩逆势上扬。区委两新工委牵头持续开展“百场直播送政策”系列活动,邀请各部门科室负责人,以在线直播的方式,对企业关心的热点问题比如职工子女入学政策、职工户籍迁移、社会保障政策等方面,在线解读政策,答疑解惑,累计收看人数超1300人次。党建联盟承办境外电商平台对接会汽摩配专场,超过60家汽摩配产业企业积极参与,邀请主流境外电商平台针对汽摩配产业特性,进行一场富有针对性的推介会。并通过政府政策,在后续提供及时高效免费的孵化配套服务,为企业掘金海外新蓝海保驾护航。举办汽摩配党建联盟首届乒羽联赛,增进企业之间的内部联通,增强联盟的聚合力,助推汽摩配产业党建联盟党群服务中心建成落幕。

(程俊杰)

关心下一代工作

【概况】 2020年,婺城区关心下一代工作委员会围绕“六大点”(以基层组织建强为切入点,以线上云宣讲为创新点,以“五老”志愿队伍建设为发力点,以“五好”关工委打造为提升点,以困难帮扶为着力点,以普法品牌打造为突破点),着力突出关工委政治性、先进性、群众性“三性”特征,全力开创婺城区关心下一代工作新局面。明确群团改革组织架构,在改革方案中明确增加一名挂职关工委副主任,强化关工力量。7月,区关工委召开基层组织建设工作推进会。要求各基层关工委要争取党委对关心下一代工作的重视支持,把关工委工作列入党委工作安排中。按照《婺城区群团改革实施方案》要求,制定乡镇关工委人员变化上报机制,动态掌握基层关工委队伍动态。要求各基层关工委把握好村社换届契机,配套发文,做到关工委组织在村(社区)全覆盖。组织网络向纵深延伸,持续发力。2020年,区白龙桥老年大学、雅畈老年大学关工委组建完成,全区新增8家非公企业关工委,新增7家关心下一代教育基地。创建五好关工委,抓基层工作。4月,召开婺城区关心下一代工作暨表彰会议,评选出7个“五好”基层关工委,区“五好”基层关工委创建达46%。通过培树典型,以点带面,总结创“五好”成果,探索建立保持基层关工委“五好”的长效机制,助力基层关工委建设和基层关心下一代工作。

【真抓实干铸魂】 面对新冠疫情,打破面对面的宣讲模式,在"网上关工委"建设上寻找工作创新点。借力市关工委新媒体云展播平台,推荐"五老"骨干录制"八婺同心话小康"宣讲云展播爱国主义教育视频7期,以青少年喜爱的方式加强青少年思想道德建设,引导青少年听党话、跟党走,取得较好反响。婺城小学的思政课和青春中学的思政课登上"学习强国"学习平台。清明节联合团区委等单位发起传承红色基因清明祭英烈线上主题教育实践活动。引导广大青少年在抗击疫情即将胜利的时刻,缅怀先烈、致敬英雄、传承红色基因,做新时代的好少年,全区近两万名少先队员参与网上祭扫,在中华英烈网了解英烈生平的英雄事迹,在浙江革命烈士纪念馆给金华的英雄们献花并留下感言寄语,通过线上"云祭扫",向革命英烈致敬,感受革命英雄的精神力量。6月24日,在义乌举行的金华市"决胜小康·奋斗有我"五老宣讲比赛中,婺城区推荐的许纪雁老师获一等奖。区关工委和网信办、妇联、文联等单位合作,开展"婺说幸福"亲子阅读活动,19户家庭受到表彰。9月小学新生入学,在蒋堂镇开化村、洪村,白龙桥镇叶店村、雅畈镇雅畈村举行开学"启蒙礼"活动,其中"敬廉崇洁"启蒙礼活动被《人民日报》(海外版)宣传报道。

【充实"五老"队伍】 "五老"志愿队伍是开展工作的坚强力量。在"两手硬、两战赢"的战"疫"过程中,"五老"志愿者们守小门、护大家做出重要贡献。如朱友权编写快板在线宣传居家抗疫;傅秀英、张金品"战"在检测一线分别被评为省、市银耀抗疫志愿者;抗日英雄高佑、应青被评为婺城区2020年第一季度战"疫"闪光婺星。老少携手开展文明创建、垃圾分类等宣传工作。成立婺城区"决胜小康·奋斗有我"五老宣讲团,各基层关工委充分发挥辖区"五老"骨干的带头作用,努力开创"头雁"引领,"群雁"齐飞的"五老"宣讲志愿服务新局面。夏月秋、宋园春、抗美援朝老英雄何志超、余荣安以"红色故事""普法宣传""节约粮食" 等为内容开展各类宣讲20余场次,组织河流水域巡视检查百余次。组织"五老"进村进校园,宣讲"护苗2020"专项行动中,协助排查危害青少年身心健康的书籍近千册。按照市关工委要求,按乡镇(街道)分组录入志愿汇系统2000余名"五老"志愿者,通过信息技术进一步增强"五老"志愿服务队伍的规范性和专业性,形成以"五老"为主体、让"五老"当主角的志愿服务体系。

【普法护航成长】 着力普法教育品牌常拭常新,落细落实法治教育,坚持教育、防范、服务和帮扶相结合。加强普法教育。与司法局、公安分局、法院等单位关工委紧密联系,开展校园法治教育活动20余场、发放宣传资料2000余份,举行"法院开放日",邀请孩子近距离走近法庭,了解法律知识。结合"六一"走访关爱活动,走进课堂与学生面对面开展法制宣讲。推进"蔷薇工作室"建设。最大限度加强未成年人权益保护,有效预防和遏制未成年人犯罪。深化未成年人受害人综合全面司法保护及加强涉罪未成年人社会支持体系建设。搭建线上学习平台。司法局关工委通过婺城普法公众号与电视台联动,宣传普及法律知识;公安分局关工委通过抖音、微博平台开展系列法治宣传报道,相关阅读关注度过千万;检察院关工委建立"婺城检察未成年人线上帮教群",完成实时互动的帮教任务,开通"检察官抖音直播课堂",以年轻人喜闻乐见的方式讲授法律知识。针对问题学生专题召开未成年人保护体系构建座谈会,组织"携手童行·关爱明天——检察体验之旅"公益夏令营,开展普法宣传。婺城区检察院青少年法治教育与宣传基地被评为第一批"金华市关心下一代教育基地"。

【倾情关爱帮扶】 情暖童心,持续开展特殊群体关爱和贫困助学帮扶慰问活动。开展"暖冬行动"。走访竹马乡红石榴家园为特殊儿童献爱心;联合市关工委在长山乡、白龙桥镇开展暖冬行动,为村民写春联,发放禁燃倡议书。学雷锋日与市关工委共同走访困难儿童。端午节在蒋堂小学开展"传承非遗文化·弘扬家国情怀"活动。争取资金,搭建"爱心圆梦"助学桥,210名贫困学子得到资助。5月29日在蒋堂小学举办"爱心圆梦·保亿萤火虫"发放仪式,省关工委主任徐宏俊、副主任傅颂恕,市关工委主任黄友源参加仪式。

【打造"第三"课堂】 家庭教育是孩子成长的坚实后盾。为助力家庭教育水平,区关工委和"作业帮"

家庭教育中心合作，推出“幸福·婺语”家庭教育云课堂三期，12000余名家长在线收看，打响区关工委家庭教育云课堂品牌。9月18日在浙师大附小举行“立德树人德育高地建设”发布会暨博雅家长学校开班仪式，中国教育网予以报道。11月25日联合区妇联在站前小学举办领“婺”幸福之婺城区家庭教育系列讲座，1500余名家长参加。

【基层活动】 卫健局关工委组织青少年学习急救知识。蒋堂镇关工委组织青少年学生学习“光盘”知识，制作节约粮食手抄报，参与杜绝”舌尖上的浪费”。城北街道关工委组织小朋友志愿者在曙光路菜场开展“健康人生·无毒家园”宣传。城中街道关工委组织开展“萌娃进军营”实践活动，接受爱国主义教育。各社区基层关工委，结合暑期活动持续开展“万名红领巾楼道长进社区”，组织青少年走进商户、菜场开展门前五包、垃圾分类宣传等活动，助力婺城区全国文明城市创建。浙江山山家食品有限公司和正方集团关工委开办暑期小候鸟班，解除职工暑期后顾之忧。

老干部工作

【概况】 2020年，婺城区委老干部局坚持以习近平新时代中国特色社会主义思想和习近平总书记关于老干部工作的重要论述为根本遵循，立足新目标新定位，不断强化“窗口意识”，做好老干部“晚年乐活”和“银发生辉”结合文章，为婺城建设“重要窗口”赋能银色力量。

【思想政治建设】 深入贯彻省委老干部局《关于推进离退休干部党支部规范化建设的指导意见》，以“红色婺语·银辉先锋”党建项目为抓手，探索以“一个阵地(老党员驿站)、三个支撑体系(老党员先锋队志愿服务体系、党建资源共建融合共享发展体系、党支部建设规范管理体系)”为载体的党建工作模式。明月楼社区以“明月进万家·服务不打烊”的老党员驿站为红平台，以“七彩服务·四季暖心”志愿服务项目为抓手，助力社区网格“微治理”，释放银领“正能量”。盘活红色资源推进“五百工程”，增加阵地辐射。2020年新增离退休老党员驿站3个，共享基地2个，老干部品牌工作室2个，“家门口”老年大学教学点3家，城东街道、琅琊镇、雅畈镇、蒋堂镇等教学点人数新增明显。响应疫情常态化防控，探索云端学习新模式，在各离退休党支部中，引导老党员过线上组织生活。建立完善“三个一”为主题的（一期红色初心课、一场特色党日活动、一位“双先”最美典型宣讲)“一读三谈”主题党日活动，凝聚合力。开展“我手写我心·峥嵘岁月稠”颂歌建言手稿征文活动，收到老干部手稿50余份。成功举办首次县处级退休老领导读书会暨“走促看”活动，组织专题学习会2场，及时传达贯彻中共十九届五中全会精神。

以制度为抓手，精耕细作老干部管理服务。制定《加强县处级退休领导干部服务管理工作的实施办法》，做好县处级退休老领导服务管理工作。出台《婺城区“八个暖心”干部荣誉退休制度》实现干部管理全周期闭环。以真抓实干为导向，推动惠老实事落地生根。举办婺城区首次新退休公务员荣休仪式，32位新退休公务员参加仪式。争取区委、区政府对区级老年大学的办学给予支持，区委常委会审议通过区级老年大学“两步走”建设方案，办学经费、人员等正在落实中。

【落实离休干部“两项待遇”】 截至2020年年底，婺城区共有离休干部48名。重视和加强离退休干部的思想政治学习，定期组织离休干部阅读相关文件、听重要报告、看必要的学习材料以及参加重要的政治活动等，听取他们的意见和建议。为便于离退休干部集中活动方便，谋划对区老干部活动中心进行提档升级改造。为离休干部征订《浙江老年报》《开心老年》《离退休党建》等报刊，丰富老干部精神文化需求。实施“永绽·红色茶花”红色记忆，深挖离休干部“红色史”“光荣照”“奉献录”，制作一视一册，留下宝贵记忆和史实。

落实各项待遇。关爱通呼叫费、公特费及时足额发放；2020年将全区离退休干部体检标准同步提高；开展暑期送学送清凉活动，上门慰问并赠送学习书籍；春节前夕对离休干部进行走访慰问；对离休干部护理费进行发放调整；重阳节，区级领导班子带头走访看望老干部，纪念抗日战争胜利75周年、纪念抗美援朝战争70周年，区委常委、组织部部长亲自带队，将暖心慰问品及时送到老干部手中；严格按文件精神执行好离休干部的自费部分医药费报销工作，2020年共计报销医药费8人，总额11万余元。

突出生活照顾，坚持重大节日必访。针对老干部"双高期"特点，建立健全"四必访"制度，做到"有事必访、重要节日必访、有病必访、病故必访"，用心用情服务好老干部，为老干部安享幸福晚年创造良好条件。有事必访：做好离休干部的来信来访、倾听诉求。采纳离休干部提出的一些好的意见和建议，对离休干部生活中的困难和问题给予明确答复并及时解决。重要节日必访：重阳节、春节等重要节日区级领导班子带头走访看望离休干部，及时掌握离休干部情况，为他们带去党组织的关怀。有病必访：与离休干部家属保持密切联系，有生病住院的老干部，老干部局主要领导及分管领导都会亲临病房探望慰问，并详细询问离休干部的病情、鼓励离休干部安心治疗、战胜疾病，让离休干部切实感受党和政府的关怀和温暖。病故必访：离休干部逝世第一时间对家属表示关切慰问，送去组织的关心关爱。

【老干部活动】 成功举办首次县处级退休老领导读书会暨"走促看"活动、组织专题学习会，传达贯彻十九届五中全会精神、区摄影协会老干部分会组织重走红军路活动。寻找最美人物和银尚系列先进人物，向市局择优选送参评，3名退休干部被评为市级最美老支书、最美老干部、最美银耀志愿者，区府办离退休党支部被评为最美银辉党支部。

【志愿服务】 坚持"党建统领、融合发展、银领参与、共建共享"原则，持续开展"三服务三助力"行动。助力文明城市创建工作。"银雁"返乡，为助力乡村"法治、德治、善治"三治融合贡献力量。老干部程明芝编写音乐快板剧助力乾西"五水共治"，创作动画片助推本土企业"山山家"提升形象。乘风破浪的"和姐"自成为红色银领民情民访代办员以来，为群众解决烦心事2000余件，解决率达98%以上，被评选为助人为乐类"中国好人"。众志成城，助力抗击疫情防疫工作。离退休老党员、老干部们积极参与村社路口防控、文艺创作、捐款捐物，传递抗疫正能量。退休医生傅秀英、张金品分别被评为省级银领抗疫先锋、市级银领战疫志愿者，离休干部高佑、退休干部应青被评为区"闪光婺星"。老年大学校长朱有权创作防疫、光盘行动、村社换届快板活跃在宣讲一线。县处级退休老领导献策"十四五"规划研讨会，共绘婺城"十四五"蓝图。文明城市创建、垃圾分类、红色宣讲、关爱下一代等银力量闪耀在婺城。

(周冉澜)

宣传工作

【概况】 2020年，婺城区宣传工作以推进"创建决胜年"活动为总抓手，围绕"城乡并重、软硬均施、标本兼治、全民共建"工作重点，实行项目化操作、品牌化打造、智能化提升、制度化考核、全民化发动，全面做好"设施环境优化、体制机制落实、文明素质提升、乡镇整治提档、示范样板打造、创建经验宣传、工作效能增强、群众全面发动"8篇文章，高标准打赢全国文明城市创建决胜战役。全国文明村实现零的突破，琊镇水竹篷村、罗店镇后溪河村获评全国文明村。创成市级中小学德育品牌13个，"两书一信"家校共育项目获全国"2020民生示范工程"。高标准建成第二批新时代文明实践中心省级试点。顺利举办第八届精神文明建设"草根奖"评选表彰。21人入选市级以上好人，排名全市第二。健全志愿者发动、考核、管理与激励机制，组建52支部门特色文明实践队伍。开展"乡村音乐节""打开一扇门里一家亲""我爱我家之文明习惯养成活动"等大型活动13场，各类文明实践活动4700余场。

【理论学习宣传】 抓好领导干部这个"关键少数"，做好《习近平谈治国理政》第三卷和党的十九届四中、五中全会精神的学习。组织区委理论学习中心组集中专题学习研讨9次、"婺城论坛"3场。全区"学习强国" 学习平台用户15000余人。打造 "润'婺'有声"系列宣讲品牌，实施"党课名师"培育工程，新增各类宣讲员300余人，推出30多个微党课精品课程，开通新媒体"润'婺'有声"随身课堂5

期，组织开展“我最喜爱的习总书记一句话”“重要窗口·青年说”等活动。

【宣传舆论引导】 2020年，全国地级市市辖区品牌传播热度百强榜中婺城区位列浙江省第四、全国第24。全年在中央级主流媒体发稿量是2019年的5倍多。推行新闻宣传重点部门联席会议制度，开展新闻发言人素质培训。疫情期间，派出采访小组随招工组分赴战“疫”一线，“关注返程复工”等网络专栏10余个，打通“区乡村群”三级疫情防控微信群圈矩阵，累计推送各类信息1100余条。

【文化文产发展】 新建农村文化礼堂38家，提前实现人口500人以上行政村文化礼堂全覆盖。高标准完成省级书香型文化礼堂试点建设。完成明月楼社区文化家园、蒋堂文化礼堂省书香型文化礼堂试点、清廉文化阵地示范点创建工作。罗店镇文化礼堂获评2020年度省文化礼堂建设示范乡镇。3个村获评省五星级农村文化礼堂称号。完成网络文化家园建设和网络作家村的建设。婺窑小镇入选第五批省成长型文化企业，CRC文化创意园入选省重点文化产业园，举办以“寻找造婺者”为主题的诗路婺文化创意大赛。开展省文化产业发展专项资金申报，项目总投资额超2亿元。

5月20日，首届诗路婺文化创意大赛总决赛现场

（区委宣传部供稿）

【意识形态工作责任制落实】 以省级试点标准抓好党委(党组)书记抓意识形态工作专项述职，“三述三评三问”述职婺城模式在全市推广。指导琅琊镇、教育局两家单位做好基层党组织书记抓意识形态工作述职试点。开展印刷企业、出版物单位、电影院“双随机”联合检查280家次，约谈企业法人9名。组建“0579X”多部门舆情信息共享机制。“一哨‘双’生”持续深化，在全省“瞭望哨”现场会上做交流发言。组织开展网络界人士座谈会，招募网络大V18名助力婺城正能量宣传。举办第二届农民网络文化节，组织农民微信群群主开展网络直播培训。

（鲁杭燕）

新闻传媒

【概况】 2020年，婺城区新闻传媒中心围绕“重要窗口”建设、“双城”战略走深走实、打造县域治理现代化婺城样板和打造“三大样板”“五大高地”做强做好新闻报道；围绕疫情防控，设置科普知识、应知应会、疫情防控、众志成城抗击疫情等栏目报道，把区委部署、基层经验、爱心行动等声音第一时间传播出去；围绕“两手硬、两战赢”，扩大覆盖面，增强传播力，切实提高疫情防控的科学性和有效性，凝聚起众志成城、攻坚克难的强大正能量；聚焦脱贫攻坚和全面小康，推出一批重点专题，深入报道婺城通过积极探索产业植入构建农村发展新业态，大力推动土地全域整治，促进农业转型升级和集体经济增收的好做法；围绕高铁新城区块改造、文明城市创建、乡村振兴等重点工作，用形式多样的系列报道，培树先进典型，推广先进经验，营造浓厚的舆论氛围。

【宣传工作】 2020年疫情期间，央视记者全程跟拍婺城返岗专列接回复工人员，报道婺城助力复工复产的好经验好做法；“移动药房”和“抗洪抢险”莘畈水库泄洪工作创造单日央视各频道7次和12次连续报道纪录；4月6日，央视《新闻联播》头条《抓好春耕备耕扎实推进农业生产》播出婺城区蒋堂镇春耕备耕的画面；7月7日，央视《新闻联播》播出《各地举行活动纪念全民族抗战爆发83周年》，报道婺城中小学生暑期思政课，走进爱国主义教育基地，重温历史，缅怀先烈。在中央、省、市媒体的发稿量实现新的历史突破，中央、省级、市级主流媒体(含新媒体)见稿7000多篇，比2019年增长17%，其中《人民日报》(含海外版)11 篇,比 2019 年增长 175%;央视 53 条次比 2019 年增长 420%;《浙江日报》104 篇,比 2019 年增长104%;浙江卫视《新闻联播》24 条,比 2019 年增长 35.3%。

【媒体融合】 11 月 5 日,婺城融媒 APP 正式上线,在全区进行推广,安装量已达 10.4741 万,巩固新闻舆论宣传阵地。2020 年婺城新闻网发布原创新闻 6984 条,转发新闻报道 2123 篇,婺城新闻网连续 4 年获得浙江在线十佳支站奖;婺城发布公众号共发布信息 1967 条,总用户 170095 个。“我又闻到幸福的花香!婺城首例确诊新型冠状病毒感染的肺炎患者治愈出院”的发布条目,点击量达111834 次,评论数 174 条,实现历史性突破;婺城融媒客户端发布新闻 5073 篇,直播 4 场,第一时间为全区人民送上最新新闻资讯;“学习强国”学习平台婺城区供稿篇 500 篇,采用 187 篇,采用数量位居市区首位。

【业务能力】 2020 年,中心加强理论学习教育和业务技能培训,在全媒体融合的过程中,采编队伍通过技能操练、实践锻炼、作风锤炼,实现向全媒记者、全媒编辑转型,做到既政治过硬,又本领高强;坚持每周召开新闻点评会,对新进人员进行一对一和多对一的帮扶,并邀请上级媒体资深记者编辑开展专业培训,通过岗位练兵、技能竞赛、业务研讨、观摩交流、好新闻评比等活动提升互联网思维和综合媒介素养,培养一批懂技术懂新闻的新型复合人才,打造“既专又能、一体多用”的新闻队伍。

(戴　翔)

10 月 31 日,浙江省首届生态运动会(金华站)“战马杯”2020 第四届中国金华山水四项公开赛举行

(新闻中心供稿)

统战工作

【概况】 2020 年,区委统战工作坚持以习近平新时代中国特色社会主义思想为指导,贯彻落实中央、省委市委和区委决策部署,围绕中心,服务大局,为“双城”战略更好落地成景作出统战贡献。加强多党合作政治协商制度,抓好民宗宗教工作,做好归侨侨眷服务工作,强化自身建设,做好疫情防控工作。

【提升多党合作效能】 组织党外人士培训班、民主党派学习会等各种形式,结合“中国共产党建党 100 周年”“婺城建区 20 周年”系列活动,引导全区民主党派、党外知识分子代表人士深入学习习近平新时代中国特色社会主义思想。围绕全年全区中心工作、主要目标,分领域落实民主监督任务,指导用好“直通车”等制度。实施“一党派一品牌”工程,突出党派各自特点,发挥党派各自特长,着力在服务民生、公共文化建设等方面,形成一批有特色、叫得响、反响好的社会服务品牌。建立民主党派(知联会)联系少数民族村、共建社区机制。

12 月 3 日,召开婺城区党外知识分子联谊会三届一次理事会

(区委统战部供稿)

【新的社会阶层人士统战工作】 推动新的社会阶层人士“组织起来、活动起来、人物熟悉起来、作用发挥起来”。完善新的社会阶层人士统战工作联席会议制度,落实各职能部门责任分工,加强与律师、注册会计师等行业协会的配合。深化新的社会阶层人士统战工作实践创新基地建设,推进盈科(金华)

律师事务所参政议政研究院建设。

【凝聚乡贤力量】 搭建乡贤数字服务平台，乡贤信息查询录入、乡贤服务家乡信息汇集等功能有效发挥。完善乡贤工作机制。深化区领导联系重点乡贤制度，建立健全区、乡镇(街道)、村(社区)三级乡贤统战工作网络。围绕“我为乡贤做什么”，出台服务乡贤的具体化、制度化举措。在全区各乡镇(街道)乡贤会中开展“乡贤服务家乡示范创建活动”，探索形成乡贤参与乡村振兴、服务民生、社会治理等方面的有效路径、有益经验。牵头筹办婺城第二届发展大会。积极谋划在外乡贤家乡行、乡情恳谈等活动，向在外乡贤展示、推介婺城，组织统战团体“我为筹办婺城发展大会献一策活动”，为举办第二届发展大会暖场、造势。

【加强自身建设】 学习贯彻《中国共产党统一战线工作条例》，熟悉掌握统战理论政策，不断提高业务能力。注重创新思维，突出问题导向，秉持各领域工作具体化、项目化的要求，以创新思路不断打开工作新局面。加强作风建设。严明纪律规矩，勇于担当作为，力戒形式主义，驰而不息正作风，树立统战干部良好形象。

【疫情防控】 向社会发布倡议书，鼓励海外侨胞捐资捐物，折合捐助金额累计 185 万元。配合疫情防控指挥部做好境外疫情输入防控工作，排摸在外滞留人员 3000 余人，累计接听咨询热线 400 余个，配合接机专班接返本地境外返回人员 5 批次 20 余人。针对国外留学生防疫物资紧缺、物流困难问题，联合爱心企业合丰信息科技(金华)有限公司，为在美留学人员送去“爱心包”70 份，包含口罩 2800 只。

(胡　珊)

12 月 30 日，婺城人才驿站暨留学生创业园揭牌仪式举行　　(区委统战部供稿)

侨务工作

【概况】 2020 年，婺城区侨务工作围绕区委、区政府中心，立足侨务本职，团结广大归侨侨眷和海外侨胞，在优化服务、维护侨益等方面取得一定的成效。

【服务中心】 响应省市深化为侨“三服务”工作部署要求，为企业提供上门服务。由于国外疫情蔓延，国内入境管控严格，不少涉侨企业发生企业外籍人员在境内滞留超过时限、境外专家无法入境等问题，主动与市出入境管理局沟通，帮助解决浙江奥新智能有限公司、睿丰康生物医药等多家企业海外专家的签证问题。2020 年，累计为企业协调解决问题 30 余个，有效帮助辖区内涉侨企业正常运转，为婺城区经济发展贡献侨界力量。

【维护侨益】 做好困难侨界群众、侨界重点人士家属和回国探亲的海外高层次人才走访慰问工作。深入贯彻“最多跑一次”改革理念，为侨界群众提供更便捷的服务。针对疫情期间办事不便的情况，在电话问询时告知材料清单，通过网上预设和快递材料等方式，做到“一次都不跑”。2020 年共为 5 名华侨子女办理“三侨生”认定，1 名归侨申办“归侨证”，为 4 名侨胞子女解决就学问题。

(申晓卫)

民族宗教工作

【做好疫情防控工作】 2020 年 1 月 23 日，区委统战部下发要求全区宗教活动场所及民间信仰场所停止开放的通知，到重点宗教场所现场督察防控措施执行情况。协助市民宗局，全力做好智者寺、西华寺、黄大仙祖宫等宗教活动场所关停工作。实行“一日一巡查一报告”制度，民宗部门、乡镇(街道)和村三级联动，通过视频监控巡查和实地检查、线上线下相结合方式，对各活动场所进行每日安全巡查。公布举报电话，主动接受社会群众监督，形成“巡查—监督—整改”工作闭环，确保在春节及两会期间等重要节点，全区宗教领域无人员集聚、无疫情感染。建立体系化、多层面宣传阵线，做好正面宣传，通过微信群、公众号及时向各宗教团体、宗教场所推送疫情防控工作成效、政策信息、先进典型等。各场所悬挂宣传标语、张贴公告倡议书、“十个凡是”须知等，营造全员防控氛围。开展人员健康情况摸排，加强联系提醒，推动健康码申领使用。婺城区宗教界发挥爱国爱教、服务社会优良传统，宗教团体发动广大信众和社会爱心人士踊跃捐款捐物，共筹得善款50余万元。

【开展专项行动】 打好“四治”专项行动攻坚战。开展“四治”整治工作，全面开展未登记宗教活动场所清查清理工作；巩固基督教私设聚会点整治成果，加大力度实现全面治理，摸排和走访基督教私设聚会点，梳理形成“一点一档”，并提出整改意见和报告。上半年，全区10处基督教私设聚会点整治工作全部完成，其中5处以堂带点、5处集中取缔。

【落实基层宗教工作主体责任】 区委召开专题会议，听取区宗教工作有关情况汇报，分析全区宗教工作形势，研究部署当前及今后一个时期宗教工作重点任务。调整全区宗教工作协调小组成员，明确成员单位职责，分解年度宗教工作重点任务。继续深入推进“三级管理两级责任”工作机制的落实，强化乡镇(街道)全科网格中宗教(民间信仰场所)事务管理的正常运行，下拨基层宗教网格员专项工作经费共计17.88万元，切实加强全区宗教工作的人财物保障。宗教场所深化“5+1”活动成果，不断推进宗教网格化管理模式，发挥好“三人驻场所”小组作用，各乡镇(街道)确保每月平安巡查检查率100%。狠抓宗教领域平安建设，围绕“9+1”安全指标体系，开展宗教领域风险点排查，研究解决方法和工作机制。开展“十百千万”普法工程。在全区宗教活动场所深入持久开展法治宣传教育，牢固树立宗教界宪法意识和法治理念。11月，组织全区24名宗教界代表人士前往大陈岛参加“爱国爱教 正言正行”主题教育实践活动。

【深化民族团结和发展】 实施民族乡村振兴工程。2020年，中央、省下拨的少数民族发展专项资金30万元，分别用于安地镇杨垅村畲族风情办公楼改造和琅琊镇水竹蓬村畲族民宿修建。深入开展“民族团结进步宣传月”活动。关爱少数民族干部。6月，白龙桥镇玉龙社区党支部书记郑珍珍被推选为全省第六届民族团结进步模范个人。疫情防控期间，送上防护用具、生活物资等物品，及时协调解决企业复工复产遇到的困难和问题，帮助外来少数民族群众投入生产生活。

(邵玲奕)

机构编制工作

【概况】 2020年，婺城区委编办以机构编制的“高质量资源利用、高水平服务保障”，深化重点领域体制机制改革，深化乡镇(街道)体制改革，全面梳理乡镇(街道)“属地管理”事项责任清单，探索建立“县乡一体、条抓块统”治理模式，协同推进全域集成综合行政执法改革全省试点，全面完成全区事业单位的清理规范整合，加强机构编制的精细化动态化管理，出台新的婺城区编外用工管理办法，配合区委、区政府做好中心工作，加强干部队伍建设。

【重点领域体制机制改革】 2020年，区委编办支持保障区社会矛盾纠纷调处化解中心建设，牵头拟订区社会矛盾纠纷调处化解中心职能配置、内设机构和人员编制方案，在周边县(市、区)中率先完成机构设立工作。开展森林公安机关管理体制改革。做好机构职能编制、人员转隶等事宜，优化完善区林业局森林防火工作建设。开展开发区(园区)管理机构调查摸底和规范工作，助力婺城南山省级自然保护区管理机构建设。参与群团机构改革，研究提出群团机关机构编制设置方案，保障群团机构改革顺利推进。

【事业单位清理整合】 建立并完善事业单位领导职数管理、经费形式保障等改革配套制度，确保改革过程平静安静，人员平稳过渡，工作无缝衔接。改革后，全区共设置事业单位120家，精简整合事业单位23家，精简比例16.1%，高出省定比例11.1%，事业单位的布局结构、职能配置、机构编制得到明显优化,解决一批事业单位职责交叉重叠不清、人员混岗严重等历史遗留疑难问题，理顺事业单位与主管部门的工作体制机制,强化事业单位的公益属性。

【机构改革“回头看”】 指导相关部门完成9个区委议事协调机构的议事规则制定,健全相关工作机制,规范工作程序。组建“政策解答服务团”,结合婺城“三服务·家服务”工作,组团走访部门21家、乡镇(街道)13家,发现并整改机构改革后“三定”规定落实和机构编制等方面问题39个，为部门提供涉改事业单位人员转隶、职责划转、完善协商机制、事业单位变更登记等一系列后续工作的指导和服务,确保改革工作不留死角。

【四大领域综合行政执法改革】 全面完成市场监管、交通运输、文化市场、农业四大领域综合行政执法改革，完成4支综合行政执法大队内设机构设置、人员编制锁定、人员转隶等工作。协同推进全域集成综合行政执法改革全省试点,牵头梳理编制行政处罚事项、职责边界、监管事项三张清单,共梳理21个部门行政处罚事项4820项,其中拟划转19个部门3116项到综合行政执法局、拟下放乡镇（街道)事项1738项。编制监管事项7761项。理清市区两级行政执法事项2365项，其中拟回归法律规定在县级、实际在市级执行事项661项。

【“县乡一体、条抓块统”基层治理模式改革】 牵头制定构建“区乡一体、条抓块统”基层治理模式改革实施方案,提出推进职能部门赋能基层、提升乡镇(街道)统筹管理能力、促进条块融合集成一体运行3个方面13项重点任务。进一步规范乡镇（街道）“属地管理”,梳理规范乡镇(街道)“属地管理”事项69项,新增农村建房审批监管、乡村建设工程质量监管2项基层关注度高、与群众关系密切的“身边事”。

【机关内部“最多跑一次”改革】 指导区级部门做好机关内部“最多跑一次”改革事项梳理、办事指南编制工作,共梳理事项328项,其中联办事项23项。开展办事指南、流程图专项检查,督促整改16个部门31个问题,确保在网上公布的事项规范完整。

【机构编制精细化动态化管理】 跟踪部门现有机构编制使用情况,推进编制精细化管理,根据各部门实际,着重保障民生、经济、卫健、教育等系统的用编计划审批，进一步落实事业编制周转使用制度,进一步推进报备员额管理规范化,进一步加强全区公立医院报备员额管理和宣传。

【实名制数据库精细化管理】 及时掌握机构变化情况,与事业单位改革同步,实现对编制、人员全方位监控,实时更新。2020年全区办理出入编1340人次,其中入编623人次、出编717人次;全年机构编制实名制系统信息维护20254条。实行实名制系统双随机抽查,重点翻阅单位实有人员花名册、比对实名制系统录入信息、核对三定规定,巩固实名制系统在建立机构编制长效管理机制中的作用。

【编外用工规范化管理】 修订婺城区编外用工管理办法,进一步明确用工总量、用工岗位、用工程序等相关规定,完善日常管理与考核。逐步推行政府购买服务,变“花钱养人”为“花钱办事”,2020年共核减备案编外用工415名。

【机构编制监督检查】 对全区部门(单位)进行机构编制专项抽查,共抽查教育局、建设局、司法局等11个部门,针对实际挂牌、任职配备、是否超职数、实名制系统数据维护管理、编外人员备案等情况进行现场核查并落实整改。

【“三服务”工作】 建立常态化走访调研制度,对联系的10家村(企)、贫困户,按照责任分工,定期开展调研走访。对5个结对企业、3个共建村、1个消薄村、1家贫困户,按照责任分工,明确到人,定期开展调研走访。2020年累计服务群众685人次,服务企业68次,服务基层183次,收集或现场解决问题84个。切实开展为民解难题工作,班子成员带头下沉,建立“销号”制度领办难题,领办的4个难题在11月底全部落实到位。

【干部队伍建设】 深学细研机构编制业务和各项政治理论知识,提升干部队伍学习力、谋划力、执行力。创建“清廉编办、模范机关”,加强干部队伍作风建设。开展办公室内部“晒拼创”,开展“闪光婺星”选树推荐。打造“小机构·大担当”党建品牌,获区党建品牌“晒拼创”优秀奖。

【信息调研】 在全年完成上报信息中,编办网站信息采用5条,省委编办杂志采用1条,省编办网站信息采用17条,《金华日报》头版采用1条,其他各类媒体采用18条。其中,《婺城区学前教育现状分析及编制需求探索的对策》被《浙江机构与编制》第二期采用,《把110留给真正有需要的人》等7篇网评信息被《八婺观察》采用。

(方　馨)

信访工作

【概况】 2020年,全区信访总量共6464件。其中群众走访648批2109人次,群众来信480件,网上投诉5306件。群众通过"12345"热线投诉举报咨询来电20491件。信访事项办结率达100%,群众满意率达98.5%。

【民情民访在探索实践中走深走实】 深化"五员代办"工作体系,采取"虚拟学院,实体运营"的方式,组建民情民访代办学院,培养代办人才,塑造代办品牌,涌现出城西"和姐"、新狮"新丝路"、莘畈"莘e家"、罗店"北高峰"等品牌,推出民情民访夜班车、助企代办直通车、流动代办站、代办进小区等一批特色代办服务。年内共代办民情民访事项8368件次,办结率99.76%。

【信访积案在破解难题中妥善化解】 建立区级领导与乡镇部门捆绑包案制,开展"信访积案清零百日攻坚"和"信访户大家访",将责任项目化、项目清单化,挂图作战、周周研究、月月晒榜。探索实施"四方会审"机制,完善"三级终结"机制,化存量、控增量、减总量,努力使信访积案清仓见底。2020年国家级、省级交办积案全部化解。市级交办的137件,化解116件,化解率84.7%,完成积案化解率70%以上目标。

【矛调中心在合力共建中成效凸显】 围绕让老百姓遇到问题能有地方"找个说法",建好点线面矛盾调解"区级旗舰店、镇街连锁店、村社便利店",就近就地解决各类矛盾问题。"区级旗舰店"规范高效运作。9个中心合一、12个单位常驻、6个单位轮驻、5个专调进驻,共接待来访群众1167起3458人次,受理、化解各类矛盾纠纷876件,化解率100%。"镇街连锁店"上下贯通联动。将区级矛盾调解中心的网络和机制下沉至镇街,在统一名称架构、功能定位和运行体系基础上,深入开展信访矛盾纠纷化解、基层治理事件处置、风险研判分析等工作。2020年,到市级以上信访人数同比下降69.3%。"村社便利店"源头化解矛盾。深推"矛调+民情民访代办"民生工程,设立区级民情民访代办指导科,在村社党群服务中心设置民情民访代办点271个,在14个派出所设立代办窗口。全年受理解决劳资、情感、债务纠纷以及老人赡养等民情民访代办事项1448起。

【"四大"活动在统筹推进中深入开展】 推进"大家访、大代办、大接访、大化解"活动,抽调区委办、组织、政法、信访等部门工作人员组建专班实体化运作,与集中治理重复信访化解、信访积案专项工作相结合,作为深入开展群众工作的重要抓手。"四大"活动开展后,全区农村建房类专项交办问题18件(省级12件、市级1件、区级5件)已全部化解,《婺城区"四招十二式"推进"四大"活动 解锁社会治理新密码》被市委书记陈龙批示肯定。

(李荣飞)

婺城区人民代表大会

综　述

2020年,婺城区人大常委会围绕区委“项目建设年”和“县域治理现代化建设年”目标任务,认真履行法定职责,发挥人大优势,2020年,召开常委会会议11次、主任会议19次,听取审议专项工作报告59个,作出审议意见15项,审查规范性文件12件,组织代表视察13次,开展执法检查4次、专项监督5次、专项评议2项。

坚持党的全面领导,认真贯彻区委决策部署,慎终如始做到同心发力、同心共济、同心同行。面对新冠肺炎疫情,人大机关全体干部和1300多名省、市、区、乡代表赴一线参加疫情防控工作。常委会组织辖区各级代表、街道议政会成员近700人捐款捐物,累计捐款400多万元,捐赠防护服5000余件、口罩6万余只、手套2万余双、护目镜3000余副、额温枪100余把。围绕落实“六稳”“六保”任务,常委会领导带队走访联系企业累计107家次,收集困难问题40个,现场协调解决25个,其余问题及时交办相关职能部门研究解决。组织代表开展文明城市创建专项视察,听取区创建办“关于创建全国文明城市的情况”通报,提出增强创建攻坚意识和群众参与率、优化城市环境与建设长效机制等意见建议。完成责任路口斑马线文明劝导任务,为创建文明城市尽责出力。依法做好任前法律知识考试、任前表态发言、颁发任命书、宪法宣誓等工作,持续推动“一府一委两院”及政府部门落实宪法宣誓制度。依法任免国家机关工作人员108人次,任命人民陪审员6人。补选市七届人大代表1名,区九届人大代表11名。要求人大任命的政府职能部门主要负责人书面向常委会报告年度履职情况。

坚持服务中心大局,积极助力经济社会发展,慎终如始聚焦依法监督、精准监督、有效监督。成立6个专题调研组,广泛收集各方建议意见,为政府制定“十四五”规划和2035年远景目标纲要提供决策参考。听取区政府“十三五”规划完成情况、“十四五”规划和2035年远景目标纲要编制情况报告。听取审议预算执行情况、决算和审计工作报告、审计查出问题整改情况报告、数字经济发展情况报告,审查批准2019年区级财政决算和2020年预算调整方案。开展对区政府投资重大项目审查监督和国有资产管理情况专项监督,重点财政支出绩效评价,关注抗疫特别国债项目资金使用、国有资本运营运行情况。开展对金华五中成美校区、环城二小东扩、丰亭东路幼儿园等工程建设情况专项监督,组织代表视察高铁新城等重点区块建设工程,双溪西路和解放西路西延工程,武义江大桥、金武快速路建设,武义江雅畈段廊道建设工程。开展婺城发展大会签约项目落地情况监督,助推浙(婺)商项目回归。成立以常委会领导为组长的6个监督组,对民生实事项目实施情况开展全程监督,听取审议区政府关于2020年民生实事项目完成情况报告并开展满意度测评。开展农村集体资产管理、少数民族村建设、花卉产业发展现状、粮食生产、生猪保供、下山移民安居、疫情后就业情况、养老体系建设、殡葬改革等工作调研督察,推动民生事业发展。听取审议区政府创建省教育基本现代化区工作报告,促进教育均衡发展。开展农村群众饮用水提升改造监督,助推群众生活品质提升。

坚持弘扬公平正义,不断深化法治婺城建设,慎终如始推进法治宣传、法治保障、法治落实。开展地方立法普法宣传,发放地方性法规单行本5000多册。审议区政府关于“七五”普法工作报告,与依法治区办共同组织全区干部法律知识培训,组织机关干部和人大代表参加民法典专题讲座。在《今日婺城》报上刊登《浙江省民营企业发展促进条例》全文,召开部门负责人、企业家代表专题座谈会,听取审议“一府两院”关于条例宣传贯彻情况报告。听取审议区政府关于环境状况和环境保护目标完成情况、水环境保护情况报告,听取区政府关于开展全域集成综合行政执法改革情况通报,听取审议区法院行政审判工作报告和区检察院公益诉讼工作报告,视察退役军人服务站建设管理情况、江南公安分局智能防控建设工作和婺城公安分局打击食品药品违法犯罪工作,推进社会管理法治化水平不断提高。首次开展“两官”履职评议,随机抽取5名区法院员额法官进行履职评议,增强司法监督实效。注重信访工作,妥善处理群众来信来访33件次,其中涉法涉诉11件次。与省市人大联动开展矛盾纠纷调处化解“最多跑一地”专项监督,联动开展动物防疫、野生动物保护“两法两条例两决定”执法检查。配合省人大开展村社区组织换届选举办法等三部法规执行情况调研。与市人大联动开展《浙江省华侨权益保护条例》执法检查。开展公共文化服务保障“一法一条例”、安全生产法执法检查,开展土壤污染防治情况专项检查,维护群众切身利益。

坚持发挥代表作用,时刻牢记以人民为中心,慎终如始践行为民服务、为民解忧、为民代言。组织代表开展专题培训、走进“8890”接听民情热线、市人大代表向常委会述职和省人大代表金华市中心组第一小组代表到磐安学习考察美丽经济和生态经济建设,邀请代表列席人大常委会会议、政府常务会议,提升代表履职能力。健全代表履职经费保障机制。组织对乡镇、街道代表联络站进行升级改造,其中新狮街道、秋滨街道被评为首批金华市示范性“四好”代表联络站。在区矛调中心成立人大代表联络站,新狮街道掌上人大代表联络站试运行。组织领导干部代表和“一府一委两院”负责人走进人大代表联络站开展主题活动,累计32人次区级领导干部代表和“一府一委两院”负责人进站,接待基层人大代表75人和群众81人,职能部门负责人97人次进站,收到反映问题95个,现场有效解决或部分解决78个,无法解决的进行解释说明,相关做法在浙江人大网、《金华人大》杂志上刊登。按期答复区九届人大四次会议代表提出的172件议案建议,解决率95.3%,满意率100%。召开人大代表建议专题交办会、部分建议办理单位座谈会,跟踪指导建议办理。听取审议区政府和金华开发区管委会关于代表建议办理情况报告。深化重点建议督办制度,开展重点建议办理二次评价,着力提高人大代表建议办理的质量与实效。

坚持从严从实要求,努力加强人大自身建设,慎终如始建设忠诚人大、活力人大、有为人大。始终把学懂弄通做实习近平新时代中国特色社会主义思想作为首要政治任务,不断增强“四个意识”、坚定“四个自信”、做到“两个维护”。严格落实“第一议题”制度,认真落实党风廉政建设主体责任和“一岗双责”,认真落实意识形态主体责任制,制定重大突发网络舆情“全链条”应急处置制度。全面落实请示报告制度,严格落实党组“三重一大”制度,党支部“三会一课”制度和主题党日学习制度,不断提高党组把方向、管大局、保落实的能力水平和党支部的战斗堡垒作用。巩固拓展“不忘初心、牢记使命”主题教育成果,开展“三服务·婺城家服务”活动,开展党员整治立规创优和“三清理一规范”专项行动。贯彻落实中央八项规定精神,不折不扣贯彻落实好全区作风建设大会精神。加强与“一府一委两院”和政府各部门间的工作对接,确保年度审议议题的精准性和针对性。加强与金华开发区的协调,加强对乡镇街道人大工作的联系指导,推动基层人大规范化建设。组织召开学习贯彻《浙江省街道人大工作条例》工作推进会,与上级人大联动开展条例落实情况执法检查,促进条例贯彻落实。提升人大宣传和信息工作力度,在浙江人大、金华人大、《今日婺城》等省市区级媒体共刊载信息54篇(条)。《“代表联络站+”建设,创造与人民之间的无限可能》获评金华市第29届人大新闻奖三等奖。接待外省人大来婺学习考察7批次，提升婺城人大对外知名度。

重要会议

【区九届人大四次会议】 4月19—22日，区九届人大四次会议在区行政中心召开。出席会议的区人大代表272人，列席人员202人，参加区政协四届四次会议的全体委员列席会议。会议听取和审查区政府区长黄国钧所作的政府工作报告，审议金华经济技术开发区管委会工作报告，审查金华市婺城区2019年国民经济和社会发展计划执行情况及2020年国民经济和社会发展计划草案的报告、金华市婺城区2019年财政预算执行情况和2020年财政预算草案的报告，听取和审查区人大常委会主任朱利群作的金华市婺城区人民代表大会常务委员会工作报告、区人民法院代院长鲍大兵作的金华市婺城区人民法院工作报告、区人民检察院代检察长李良才作的金华市婺城区人民检察院工作报告。会议通过关于批准上述报告的相应决议。会议补选傅得樟、张遵强为区九届人大常委会副主任，鲍大兵为区人民法院院长，李良才为区人民检察院检察长。会议设立社会建设委员会，法制内务司法委员会更名为法制和监察司法工作委员会，通过法制和监察司法委员会、社会建设委员会主任委员、副主任委员、委员名单，对区人民政府2019年度民生实事项目进行票决，表彰2019年度区人大工作各项先进。

【各级人大代表人员变动】 2020年12月30日，罗店镇第一选区补选周文、第三选区补选陈波，雅畈镇第四选区补选包纯正，安地镇第三选区补选洪一政，白龙桥镇第七选区补选胡卫连，长山乡第一选区补选鲍大兵，蒋堂镇第五选区补选斯方南，箬阳乡箬阳选区补选王书智、李良才，城北街道第三选区补选高俊勇，部队选区补选姜启红为金华市婺城区第九届人民代表大会代表。金华市婺城区第九届人大常委会代表资格审查委员会审查后认为，周文、陈波、包纯正、洪一政、胡卫连、鲍大兵、斯方南、王书智、李良才、高俊勇、姜启红11人的代表资格有效。

金华市婺城区第九届人民代表大会第四次会议闭会以来，廖土生、解耿2位代表调离婺城区行政区域，江卫锋、俞军、赵锡生、高建洪、陆菲、傅金良、陶顺法7位代表因工作需要辞去代表职务被接受，以上9人的代表资格终止。

本次金华市婺城区人民代表大会部分代表的代表资格变动后，金华市婺城区第九届人民代表大会实有代表为274名。

【区人大常委会会议】 1月8日下午，区九届人大常委会举行第二十六次会议。会议听取各街道人大工委向常委会作的工作报告，通报区九届人大四次会议筹备情况，作出调整区九届人大四次会议召开时间的决定，审议提出主席团和秘书长名单草案，审查通过区九届人大四次会议列席和邀请人员名单，听取区政府关于2019年度民生实事项目完成情况报告并对实施情况进行满意度测评，审查提交区九届人大四次会议审议票决的2020年度民生实事候选项目，审议区政府关于区九届人大三次会议代表建议办理情况报告，金华开发区管委会关于区九届人大三次会议代表建议办理情况报告，审查代表资格审查委员会关于个别代表的代表资格审查报告，审查通过区人大常委会工作报告稿，审查区人民政府工作报告、金华经济技术开发区管委会工作报告、区计划工作报告、区财政工作报告、区水环境工作报告、环境报告、区法院工作报告、区检察院工作报告，讨论通过2019年度人大工作先进单位和先进个人、代表优秀建议、代表建议承办先进单位名单。以电子表决方式通过区政府、主任会议有关人事提请，决定免去方锦瑞区政府副区长职务；以无记名投票方式通过区政府有关人事提请，决定任命吴冠频为区政府副区长，区人大常委会主任朱利群向会议任命的国家工作人员颁发任命书。会议组织此次会议决定任命的人员分两批次进行宪法宣誓。以电子表决方式接受王国平辞去金华市婺城区第九届人民代表大会常务委员会副主任职务。

1月19日上午，区九届人大常委会举行第二十七次会议。会议以电子表决方式通过主任会议、区法院、区检察院有关人事提请。区人大常委会主任朱利群向会议任命的国家工作人员颁发任命书。会议组织此次会议任命的人员进行宪法宣誓。以电子表决方式接受张永伟辞去区人民法院院长、区第九届人民代表大会代表职务，徐洪彬辞去区人民检察院检察长、区第九届人民代表大会代表职务。以无记名书面投票表决方式，决定鲍大兵副院长代理区人民法院院长、李良才副检察长代理区人民检察院检察长职务。以电子表决方式通过区人大常委会代表资格审查委员会关于个别代表的代表资格审查报告，审议提出区九届人大四次会议议程草案、日程草案，听取和审议区人大常委会关于作出加快推进“双城”战略决议的代表议案办理情况的报告。

3月31日下午，区九届人大常委会举行第二十八次会议。会议组织学习《浙江省民营企业发展促进条例》，并将学习宣传贯彻条例列为今年重点工作内容之一。会议以电子表决方式通过区政府、主任会议、区监委有关人事提请。区人大常委会主任朱利群向会议任命的国家工作人员颁发任命书。会议组织此次会议任命的人员进行宪法宣誓。

4月15日下午，区九届人大常委会举行第二十九次会议。会议听取和审议区政府关于《金华市婺城区生态文明示范区建设规划(2019—2025)》编制情况的报告。会议以举手表决方式通过个别代表的代表资格审查报告，区九届人大四次会议召开时间、日程。会议研究讨论区九届人大四次会议代表团团长和参会人员调整情况，组织学习传达省委、市委、区委关于习近平在浙江考察时的讲话精神。

4月22日下午，区九届人大常委会举行第三十次会议。会议组织区九届人大四次会议当选的区九届人大常委会委员，通过的区九届人大法制和监察司法委员会、社会建设委员会组成人员，分三批进行宪法宣誓。

6月30日上午，区九届人大常委会举行第三十一次会议。会议以电子表决方式通过区政府、区法院、区检察院有关人事提请，决定免去张璞区政府副区长、张莉区政府副区长(挂职)、赵燕华区政府副区长职务。以无记名书面投票表决方式，决定任命王兴国、江少华为区政府副区长。区人大常委会主任朱利群向会议任命的国家工作人员颁发任命书。会议组织区九届人大四次会议第三次全体会议选举通过的区检察院检察长李良才和此次会议决定任命的人员分两批次进行宪法宣誓。会议听取和审议区法院关于行政诉讼异地审理工作的报告，区检察院关于开展公益诉讼工作情况的报告。以电子表决方式通过《关于开展法官检察官履职评议工作的实施意见(试行)》和区政府关于2020年政府投资重大项目预安排情况的报告。

8月20日上午，区九届人大常委会举行第三十二次会议。会议听取区长黄国钧通报的上半年经济社会发展情况，听取区政府2020年度民生实事项目实施情况报告，代表与选举任免工委、社会建设工委主要负责人和代表发言。会议以电子表决方式通过区政府、主任会议、区监委人事提请。区人大常委会主任朱利群向会议任命的国家工作人员颁发任命书。会议组织此次会议决定任命的人员分两批次进行宪法宣誓。以电子表决方式通过关于调整代表资格审查委员会组成人员的决定。朱利群主任传达全省各级人大常委会主任学习会精神。

8月28日上午，区九届人大常委会举行第三十三次会议。会议听取和审议婺城公安分局、江南公安分局关于打击网络诈骗犯罪工作的报告，区政府关于社会矛盾化解“最多跑一地”改革工作、交通建设项目情况、区2019年财政决算和2020年6月止预算执行情况、2019年度财政预算执行和其他财政收支情况的审计工作、数字经济发展情况、提请授予王亮同志婺城区荣誉市民称号的报告和财经工委《关于婺城区数字经济发展情况调研报告》，审议区政府关于婺城区2020年上半年国民经济和社会发展执行情况的报告。以电子表决方式通过《关于批准2019年度财政决算的决议》、区人大常委会交办人大街道工委2020年有关工作任务情况的说明和主任会议有关人事提请，任命区第九届人大常委会各工作委员会委员。会议组织此次任命的人员分两批进行宪法宣誓。

10月30日，区九届人大常委会举行第三十四次会议。上午，会议以无记名书面表决方式补选市人大代表和通过区政府有关人事提请，补选邢志宏为金华市第七届人民代表大会代表，决定免去杨旭锋、唐剑刚区政府副区长职务。会议以电子表决方式通过区法院、区检察院有关人事提请。会议听取和审议区政府关于“七五”普法宣传工作、2020年婺城区地方政府专项债券、抗疫特别国债项目安排情况、2020年财政预算调整情况的报告，以电子表决方式批准区政府提出的14个债券项目、通过区人大常委会《关于批准调整2020年财政预算的决议》。会议听取和审议区政府关于粮食生产情况、婺城区乡镇级居家养老中心建设情况的报告，听取部分市人大代表向区人大常委会履职情况汇报。下午,会议听取区人民法院5名员额法官的履职情况报告，以无记名书面投票方式进行现场评议表决，并授予评议结果优秀的2名法官“人民满意法官”荣誉称号。

12月7日上午，区九届人大常委会举行第三十五次会议。会议听取和审议区政府、金华经济技术开发区管委会关于区九届人大四次会议代表重点建议办理情况的报告(含二次评价),并对重点建议办理情况以按表决器的方式进行满意度测评。会议听取和审议区政府关于婺城区乡镇级居家养老中心建设情况汇报，审议7名区人大代表辞去代表职务的报告。会议以电子表决方式通过《金华市婺城区人民代表大会常务委员会关于补选金华市婺城区第九届人民代表大会代表的决定》和《金华市婺城区人民代表大会常务委员会关于召开区九届人大五次会议的决定》。会议组织学习《农村集体土地征收中的相关法律问题》。

12月25日上午,区九届人大常委会举行第三十六次会议。会议以电子表决方式通过主任会议、区监委、区法院有关人事提请。区人大常委会主任朱利群向会议任命的国家工作人员颁发任命书。会议组织此次会议任命的人员进行宪法宣誓。会议听取和审议区政府、金华经济技术开发区管委会关于区九届人大四次会议代表建议办理情况的报告、区政府关于审计查出问题整改情况的报告，听取各街道工委2020年度工作报告。

重要活动

2020年婺城区人民代表大会常务委员会重要活动情况表

表3

活动次	时间	视察与调研
1	4月13—15日	区人大常委会组成调研组,调研学校疫情防控和复学准备工作。调研组先后走访金师附小、琅琊初中、十四中、长山小学等地,详细了解学校复课复学全流程准备工作。调研组体验进入校园前测温设施,实地查看临时观察室和防疫物资存放室,了解教室卫生消杀落实和复学后班额安排情况,检查食堂学生就餐安排和卫生保障情况,听取学校关于保障复学相关工作和应急预案部署等工作汇报
2	4月13—30日	区人大常委会分7个小组,开展村社组织换届工作专题调研。调研组先后走访安地镇、琅琊镇、罗店镇、长山乡、莘畈乡、塔石乡,详细了解各村百日攻坚“六大行动”开展情况、村社“两委”班子组织建设情况、村社集体经济发展等情况,实地查看村社面貌及本届村社干部创业承诺完成情况,同时也为村社建设和村社集体经济发展提出建议
3	6月5日	区人大常委会组织部分人大代表开展贯彻落实公共文化服务保障“一法一条例”执法检查。检查组实地检查竹马乡文化站、文化礼堂和区文化馆、图书馆,并召开座谈会
4	6月17日	组织部分区人大代表视察燕语湖国际垂钓中心项目建设情况。视察组实地查看项目现场,详细了解项目规划设计、施工管理、建设进度、赛事筹备等情况,听取区政府相关情况汇报

续表 3

活动次	时间	视察与调研
5	6月18日	组织部分区人大常委会组成人员视察全国文明城市创建工作。视察组实地查看城东街道金华医院宿舍老旧小区改造情况,城北街道曙光花园小区污水零直排项目改造情况,新狮街道勤俭社区文明城市创建工作,听取区政府相关情况汇报
6	8月5日	组织部分区人大代表视察“矛调中心”建设工作,实地查看汤溪镇“矛调中心”建设使用情况,听取相关工作汇报
7	8月5日	组织部分区人大代表视察美丽河湖创建和乡镇卫生院提升改造工程。视察组实地查看白龙桥和罗店卫生院建设情况、武义江雅畈镇芳田段和白沙溪新昌桥村段建设情况,分别听取区政府及实施部门相关情况报告
8	8月11日	组织部分区人大代表视察交通建设项目等重点工程和2020年度民生实事项目。视察组实地查看武义江大桥建设工程、双溪西路西延工程和解放西路西延工程的施工现场,详细了解项目进展情况、存在问题,听取区政府相关情况汇报
9	8月12日	区人大常委会组织部分人大代表督察“七五”普法工作落实情况。督察组实地走访罗店镇,详细了解普法工作开展情况和存在问题,并召集相关部门,部分乡镇、街道负责人开展座谈会,听取工作报告,提出意见建议
10	8月13日	区人大常委会组织代表对婺城区优学婺城建设提升工程项目开展督察。督察组实地走访检查金华五中成美校区、环城二小东扩、丰亭东路幼儿园等工程的建设工地,详细了解工程建设进展情况和存在的重点、难点问题,并提出加快配套工程进度、加强沟通衔接、建议大规模基建采用“交钥匙”工程三点意见建议
11	8月21日	组织市人大代表第三小组到开发区调研视察茶文化主题公园绿地EPC总承包项目推进进度和金华之心·数字经济产业园一期、二期项目建设情况并召开座谈会
12	8月26日	组织省十三届人大金华中心组第一小组代表(婺城、金东、兰溪)赴磐安开展视察调研活动。视察组视察美丽经济和生态建设、磐安中药材产业,考察森林公园,并召开学习座谈会
13	11月25日	组织部分区人大代表视察公安分局工作。视察组实地查看江南公安分局智能防控建设工作和婺城公安分局打击食药环违法犯罪工作。听取相关情况汇报
14	11月26日	组织部分区人大代表专题调研督察居家养老建设及运营情况。调研组实地查看竹马乡、新狮街道居家养老服务中心站建设运行及城北医养结合康养中心,听取相关工作汇报
15	11月27日	组织部分区人大代表视察全区农村饮用水达标提标及水库除险加固工程实施情况。视察组实地查看长山乡望山新村的城市管网延伸工程、桐溪村黄岭脚自然村的单村供水站工程和白龙桥镇野鸭塘水库除险加固工程施工情况。听取区政府相关情况汇报
16	12月2日	组织全体机关干部视察城市有机更新及历史文化名城保护开发工作。视察组实地查看婺州古城、五星小区创业园现状。听取相关情况汇报
17	12月4日	组织部分区人大代表视察退役军人服务站建设及运行情况。视察组实地查看新狮街道退役军人服务站、罗店镇退役军人服务站、区退役军人服务中心硬件设施建设情况和服务站运行情况,听取退役军人事务服务管理工作情况汇报
18	12月10日	组织部分区人大代表视察美丽河湖武义江雅畈段创建情况。视察组实地查看武义江(雅畈竹园村至孟宅桥段)河道创建情况。听取区政府相关情况汇报
19	12月15日	组织部分省、市、区人大代表视察金华经济技术开发区经济社会发展情况。视察组实地查看金华之心·数字经济产业园建设及运行情况、新东方双语学校设施建设和浙江闪铸三维科技有限公司经营情况。听取开发区工作情况通报
20	12月22日	组织“优学婺城暨教育发展大会20亿投资落实情况”工作视察,视察优学婺城建设提升工程

【重点建议督办】 区人大常委会主任会议审议确定“关于要求政府相关部门加强对小微企业扶持力度的建议”等10件代表建议为区九届人大四次会议代表重点建议。常委会组织代表围绕重点建议办理情况开展视察、听取专题汇报建议办理情况，督促建议更好地办理和落实。专题听取审议区政府、金华开发区管委会和建议承办单位关于重点建议办理情况报告。进行满意度测评，当场通报满意度测评结果，所有重点建议办理情况“二次评价”均获“满意”。

【文明城市创建工作】 组织代表开展文明城市创建专项视察，对学校、农贸市场“关键点位”、垃圾分类、公益广告、环境卫生等进行实地检查，听取区创建办“关于创建全国文明城市的情况”通报，提出要进一步增强创建攻坚意识和群众参与率、优化城市环境与建设长效机制等意见建议。区人大机关在帮助联系社区做好文明城市创建工作的同时，完成责任路口斑马线文明劝导任务，为创建文明城市尽责出力。

【疫情防控】 面对突如其来的新冠肺炎疫情，坚决贯彻落实区委决策部署，人大机关全体干部和1300多名省、市、区、乡代表闻令而动，奔赴基层防控一线，开展防控知识宣传、卡口值守、服务群众等工作，牢牢筑起阻断疫情传播的“防火墙”，甘当百姓安康的“守门员”。为解决疫情防控物资短缺问题，辖区各级代表、街道议政会成员近700人积极捐款捐物，累计捐款400多万元，捐赠防护服5000余件、口罩6万余只、手套2万余双、护目镜3000余副、额温枪百余把。围绕落实“六稳”“六保”任务，常委会领导带队走访联系企业累计107家次，帮助企业复工复产，谋思路、解难题、增信心，收集困难问题40个，现场协调解决25个，其余问题及时交办相关职能部门研究解决，为区疫情防控和复工复产贡献人大力量。

【领导干部代表和“一府一委两院”负责人走进代表联络站】 为深入发挥区、乡两级人大常委会及代表联络站在建设“重要窗口”中的作用，婺城区人大常委会组织区级领导干部代表和“一府一委两院”负责人走进人大代表联络站开展主题活动，“面对面”听取代表群众意见建议，“心贴心” 回应社会关切，“实打实”推动问题有效解决。累计32人次区级领导干部代表和“一府一委两院”负责人进站，接待基层人大代表75人和群众81人，职能部门负责人97人次进站，收到反映问题95个，现场有效解决或部分解决78个，无法解决的进行解释说明，相关做法在浙江人大网、《金华人大》杂志上刊登。

【推动民生实事落地见效】 5月11日，婺城区人大常委会召开党组会议，分解落实并部署2020年度十大民生实事项目督察工作，7个督察组分别由区人大常委会各工委牵头、部分区人大代表参与，全程做好联系督察协调工作。8月20日，召开2020年度十大民生实事项目监督工作推进会。会议听取审议区政府2020年度民生实事项目实施情况报告。代表们结合自身工作领域和专长，为婺城经济社会发展把脉问诊，提出切实可行的意见建议。

【区矛调中心人大代表联络站正式挂牌成立】 根据市人大常委会擦亮“四好”代表联络站“金名片”，全力打造“龙山经验”代表联络站升级版的要求，婺城区人大常委会在区矛盾调解中心设立人大代表联络站。11月26日，婺城区矛盾调解中心人大代表联络站正式挂牌成立，将区域内各级人大代表编组，安排定期进站，帮助化解社会矛盾纠纷。

【“两官”评议】 区人大常委会围绕“努力让人民群众在每一个司法案件中感受到公平正义” 这一目标要求，首次开展“两官”履职评议工作，通过前期考察学习，制定出台《婺城区2020年度法官检察官履职评议工作方案》，成立区人大常委会法官检察官履职评议工作领导小组，召开动员大会。会后，评议小组随机选取5名员额法官作为履职评议对象，通过新闻媒体向社会发布公告，设立监督电话和网上信箱，接受有关情况反映，同时，向政法相关部门征求履职意见。常委会听取评议小组调研报告和5名员额法官的履职情况报告，以无记名书面投票方式进行现场评议表决，授予评议结果优秀的2名法官“人民满意法官”荣誉称号。

【代表履职培训】 11月10—11日，区人大常委会组织涉及法制和监察司法、社会建设等领域的人大代表和人大工作人员近50人开展为期两天的集中培训。培训就增强人大代表和人大工作人员的宪法意识，营造尊崇宪法、学习宪法、遵守宪法、维护宪法、运用宪法的良好氛围，开展宪法学习。围绕《中华人民共和国民法典》开展民法典解读。围绕新成立的社会建设专门委员会和工作委员会，开展推动社会组织参与基层社会治理的结构化研讨。围绕《金华市无偿施救规定》，开展立法思想及意义的解读。

【街道人大规范化建设】 为深入贯彻《浙江省街道人大工作条例》，更好发挥人大街道工委服务大局和依法监督职责，区人大常委会召集人大街道工委主任、开发区人大工作联络处负责人，召开学习贯彻条例工作推进会，深入分析落实条例过程中的重点、难点问题，统筹推进街道人大组织建设、基础建设和阵地建设提升工作。组织开展专题调研，形成“加强和改进街道人大工作和建设的思考”的调研报告，提交区委区政府决策参考。向每个街道党工委书记赠送《浙江省街道人大工作手册》，在扉页手写赠言，提高街道党工委及主要负责人对条例学习贯彻和街道人大工作的重视程度。

【人大代表走进“8890”】 区人大常委会按照金华市人大常委会统一部署，在金华市便民服务中心支持下，组织辖区市、区人大代表两次走进“12345(‘8890’拨拨就灵)民情热线”活动。6月19日上午，围绕“开展矛盾纠纷调处化解‘最多跑一地’改革工作和创建全国文明城市工作中存在的突出问题和解决办法的意见建议”主题开展接听热线活动。10月20日上午，围绕“开展矛盾纠纷调处化解‘最多跑一地’改革，助推省大湾区、大花园、大通道、大都市区‘四大建设’，完善省、市‘十四五’规划编制和制止餐饮浪费行为工作中存在的突出问题和解决办法的意见建议”主题开展接听热线活动。

(李双双)

婺城区人民政府

综　述

【基本情况】 2020年,婺城区辖9个街道、9个镇、9个乡（其中3个镇、1个乡、4个街道由金华经济技术开发区托管）。113个社区居民委员会,317个村民委员会,总面积1391.24平方千米。年末户籍人口65.63万人,人均生产总值99832元,比2019年增长3.6%。为浙江中西部的经济文化中心。年内实现区属地区生产总值320.22亿元，比上年增长4%;第一、二、三产业增加值占地区生产总值的比重为4.4:22.3:73.3,财政总收入44.25亿元,比上年下降6.11%,其中区级财政收入11.1亿元、增长0.17%,固定资产投资增长7.8%。社会消费品零售总额299.9亿元,比上年下降7.4%。批发业销售额比上年增长2.1%;零售业销售额比上年下降6.2%;住宿业营业额同比增长9.6%;餐饮业营业额同比下降2.3%。全区一般预算支出33.36亿元,比上年增长28.97%。

完成农林牧渔业总产值23.5亿元,比上年增长0.1%;完成农林牧渔业增加值15.07亿元,比上年增长0.1%。根据粮食监测统计,全年粮食作物播种面积3640公顷,比上年增长5.5%;粮食总产量1.9993万吨,比上年增长5.23%。老百姓"米袋子"牢牢扎紧。蒋堂镇入围省级特色农业强镇,婺南省级现代农业园区入围省级现代农业园区。花卉苗木种植面积7733.33公顷,比上年增长6.4%。全区油菜籽产量2304吨,比上年下降22.2%;蔬菜产量6.9万吨,与上年持平；果用瓜及园林水果总产量2.76万吨,比上年下降11.7%。全年生猪出栏14.93万头、比上年下降17.6%,年末生猪存栏11.89万头、比上年下降11.5%；两头乌猪肉正式入选欧盟地理标志协定保护名录。家禽出栏28.93万羽,比上年增长24.9%;牛存栏数7994头、比上年增长27.1%，牛奶产量32378.2吨、比上年增长47.1%;淡水产品产量10289吨,比上年增长3.03%。"箬阳龙珍"茶叶通过国家地理标志认证。乾西乡全省最大优质蛋鸭养殖基地项目全面建成投产,乾西金婺农业被评为国家级标准化示范场。花卉苗木经营规模快速扩大,经营单位达1450家,育苗7600公顷,实现年产值9.8亿元。农业生产活力有效激发。实施高标准农田建设,深化农业"标准地"改革,新增标准地1293.33公顷,推动"亩均效益最大化"。首推农业"标准地"履约保险,婺城经验获全省推广。开展农村"两权"抵押贷款试点，加大林权抵押贷款推广力度,"惠农e贷"等金融新产品不断涌现,有力推动现代农业发展。

大力发展都市农业,非洲猪瘟防控先进做法被农业农村部在全国推广,以全省最高分通过畜牧业绿色发展示范县验收,33家养殖场通过省级美丽牧场验收,比例全省最高,开启"花满婺城·幸福生活"休闲文化旅游年系列活动,竹马茶花节、雅畈杜鹃花节、安地桂花节、琅琊中国山水四项等24场节会活动参与人数50余万人次,"花博园""花木之窗"项目顺利推进,白龙桥十里荷花、蒋堂彩色稻田、沙畈茶花基地、塔石百合花基地、箬阳药谷种植基地等项目落地,婺城被农业农村部确定为农民合作社质量提升整县推进试点县。

实现工业增加值53.15亿元,增长2.3%,工业增加值占地区生产总值的比重16.6%。其中规模以上工业企业完成总产值208.30亿元,增长5.3%;完成销售产值209.71亿元,增长4.9%,工业品产销率为100.7%。规模以上工业企业完成出口交货值30.16亿元,下降0.6%,占销售产值比重为14.4%。工业企业实现营业收入230.50亿元,增长1.3%;实现利税总额24.70亿元,增长25.4%;其中利润总额19.38亿元,增长31.8%。

完成建筑业总产值54.55亿元。全区建筑施工企业全年房屋建筑施工面积224.8万平方米,竣工房屋面积94.2万平方米。

进出口总额10.96亿美元,增长48.66%。其中,外贸出口额10.72亿美元,增长50.76%;合同利用外资6134万美元,增长203.21%;实际利用外资558万美元,下降46.24%。

全年各类科技立项68项,其中省级新产品试制计划8项,市级科技计划项目10项(其中重大3项)、区级科技计划项50项。国家高新技术企业新认定数30家,重新认定国家高新技术企业12家,完成全年任务数的214%;全区新增省科技型中小企业83家,完成全年任务数的166%。认定浙江省高成长科技型中小企业6家。新增G60金华(上海)科创中心1家。全区专利申请量1733件,其中发明专利申请量469件,发明专利申请占比27.06%;全区专利授权量2066件,其中发明专利授权量258件,发明专利授权占比12.49%。

全区有职业高中1所,专任教师236人,在校学生3829人;初中19所,专任教师1233人,在校学生15580人;小学26所,专任教师2044人,在校学生32233人;幼儿园99所,专任教师1362人,在园儿童17830人。

各类医疗卫生机构365个,其中政府举办的医疗卫生计生单位26个,包括综合性公立医院2个,监狱医院2个,基层医疗机构19个,公共卫生计生机构3个,社区卫生服务站21个。民营医疗机构40个,其中医院13个,门诊部27个。全区核定医疗床位1104张(其中公立医疗机构599张,民营医疗机构505张)。

【精准抗疫助力复工复产】 2020年初,新冠肺炎疫情突发,婺城区坚持人民利益高于一切,坚持把人民的生命安全放在第一位,实现“两手硬、两战赢”。立体布控防传染。在全市率先启动一级应急响应,率先推行“115”工作法,打好“巷战”,守好“小门”,确保管控无死角,实现全市首例确诊后的零新增。精准施策促复工。率先实施员工“异地隔离”返岗,出台“帮扶十条”纾困政策。解决企业用工难,开通高铁“返岗专列”,接回员工3000余人,婺城经验做法23次登上中央电视台。常态防控保安全。利用大数据信息,构建精密智控网,对重点人群、医疗场所、冷链物品开展常态监测,进行精准管控。提高应急处置能力,组建调查、采样、消杀队伍近4000人,确保现有物资满足医疗机构30天满负荷运转需求。

【重大项目建设】 2020年,举办两期百亿项目集中开工、签约,涉及项目45个,总投资268亿元,其中投资60亿元的观云小镇项目,为市区有史以来规模最大的文旅投资项目。4个省集中开工项目、2个省重点项目、18个市重点项目开工率、投资完成率均100%。11个项目被列入省新基建项目。出让经营性用地25宗,面积73.53公顷,土地出让金超50亿元,高铁新城区块旧城改造(一期)国有土地20.73公顷全面完成征收;白龙桥黄金苑区块531户、47公顷66天完成征迁腾空,首宗7.27公顷地块成交价9.7亿元创新城区历史新高;盘活低效用地87.13公顷,处置闲置土地148.75公顷,完成率623%,全年争取用地指标108.87公顷。蒋堂许里、安地岩头、竹马青梅里、琅琊泉口4个全域土地综合整治项目获专项债1.6亿元,4个新项目获省全域办批复。金武快速路、45省道、武义江大桥改建、二环西路(婺城段)优化改造、南山漫道一期工程等一大批重点交通项目“开花结果”,承载市区群众十年梦想的双溪西路西延、聚合老镇新区跨江发展的马海路大桥等两条路全线通车,加快金兰一体化步伐的人民西路西延(一期)全面竣工。琅琊镇、塔石乡成功获评金华市第二批“四好农村路”示范乡镇。

【城乡建设发展】 2020年,婺城区城市提质步伐加快,美丽乡村建设扎实推进。城市有机更新持续推进。完成老城区拆迁35万平方米、安置房建设38万平方米。改造提升老城区环境,完成老旧小区改造66.5万平方米、沿街立面改造35.8万平方米、污水零直排小区建设215个,人居环境有效改善。城市交通能级持续提升。金武快速路建成通车,金兰快速路基本建成,金武、金兰同城化有效推进,都市区核心集聚效应增强。武义江大桥改建、45省道等一批交通项目加快建设,城市交通路网更为通达。双溪西路西延道路建成通车,群众期盼多年未解决的"断头路"实现打通,新老城区交通干道更为通畅。美丽乡村建设持续深化。大力开展"千万工程",打造"花满婺城"美丽乡村,新增国家级美丽宜居示范村1个,省级示范美丽乡镇4个,区级精品示范村和秀美村66个,农村人居环境明显提升。琅琊镇水竹蓬村、罗店镇后溪河村获评全国文明示范村,罗店镇盘前村获全国"一村一品"示范村。实施旅游村创建工程,建成景区镇3个、A级景区村18个。开展新时代美丽城镇建设,安地镇获评省级样板镇,雅畈镇、塔石乡获评省级达标镇。加快乡村道路提升,建成"四好农村路"121.8千米,实施农村公路大中修55.9千米,琅琊镇、塔石乡成为全市第二批"四好农村路"示范乡镇。农村饮用水条件持续改善,完成78个行政村的农村饮用水提质达标工程,受益人口7万余人。启动"下山安居创富"工程,完成蒋堂移民新村864套安置房建设。城市精细管理持续加强。打赢全国文明城市创建荣誉战,深化城市环卫管理、物业管理等机制,城市品质显著提高。新建停车场18个,新增停车泊位近万个,有效解决老百姓停车难问题。启动城市大脑婺城平台建设,加快城市治理数字赋能。深入推进"无违建区"创建,"基本无违建区" 通过省级验收。绿色生态治理持续深入。"五水共治"持续发力,深入推进"污水零直排区"建设,完成5个河道排水口规范化治理,全面消除黑臭水体和劣V类水。加强水环境保护,完成水库除险加固、小流域治理等水环境提升项目。高标准开展全国绿色小水电示范区创建,完成38家小水电国资收购,实施针对性生态改造,成为全国先进典型。大气污染防治卓有成效,空气质量优良率达91.5%。大规模推进绿色森林建设,蒋堂、长山、箬阳、莘畈被命名为"浙江省森林城镇"。治土治废有序开展,建立小微企业工业危废、一般工业固废统一回收体系。城乡垃圾分类深入开展,无害化处理率达100%,生活垃圾明显减量,获评省级示范区。

【聚焦民生保障】2020年,婺城区发展各项社会事业,政府一般公共预算收入近80%投入民生事业,有效保障和改善民生。政府十大民生实事高质量完成,投入之多、范围之广、惠民之众,创历史新高。优学婺城高品质推进。加大教育基础设施投入力度,安排资金4.2亿元,实施教育重点项目20个,校园硬件得到改善。优化学前教育资源配置,新增公办幼教学位2370个。建立义务教育集团14个,学前教育集团4个,名校扩面工程迈出坚实步伐。"两书一信"家校协同育人模式获评全国民生示范工程。健康婺城高水平提升。顺利召开婺城卫生健康大会,在全市率先出台"健康十条"。实施卫生医疗提升工程,投资19亿元建设婺城中医院、妇幼保健院、康复医院等项目。实施"婺家优医"工程,打造家医签约服务婺城样板。深化卫生乡镇创建工作,琅琊、塔石、莘畈、沙畈、箬阳获评国家级卫生乡镇。人文婺城更显活力。新建农村文化礼堂38家,罗店镇获评省级示范乡镇,3个村获省五星级荣誉称号。扎实推进农村体育设施"三个一"工程建设,打造"十五分钟健身圈"。群众文体活动更趋丰富,举办中国门球冠军赛总决赛、第四届中国山水四项公开赛等大型活动40余场。社会保障更加有力。新增就业岗位25107人,完成全年任务的102%。完善"1+8+X"救助体系,发放低保金2270万元。强化脱贫攻坚兜底保障,低收入农户享受扶贫政策。打造"三级联动"的智慧健康养老综合服务平台,建设省级示范型居家养老服务中心5家。成功召开婺城首届慈善大会,慈善救助帮扶力度不断加大。开展节地生态安葬点建设,新增骨灰存放格位近2万个。社会治理更加高效。扫黑除恶强势推进,打击犯罪团伙成员494名,查扣非法资产3.1亿元。社会总警情数、犯罪发案率分别下降8%、22%。反邪教、跨境犯罪领域斗争获国家和省、市肯定。应急管理水平不断提高,防灾、减灾、救灾举措有效落实。安全生产风险防范总体平稳,全年各类安全生产事故数和死亡人数同比分别下降33.3%和25%,事故指标控制居全市前列。

【入选省级夜间经济试点城市助力第三产业发展】2020年,婺城区第三产业实现迭代升级,现代服务业发展亮点纷呈,商贸服务加速升级。成功入选浙江省首批13个省级夜间经济试点城市名单,万泰公园大道购物广场、古子城区域、西市街商圈、解放东路小百货夜市、时代广场区块和花木之窗等6个消费地标串起婺城夜间经济。其中,古子城和西市街被定位为省级夜经济消费地标。首创夜市码,实施"夜经济"样板项目,古子城获评首批省级高品质步行街,夜间经济活力持续释放。2020年,发放消费券1700余万元,举办消费促进活动160余场,有力拉动居民消费。网络经济加速创新。金华市跨境电商综合服务中心落地婺城,完成金华海关首单"9710""9810"业务。县府里·全球科创中心、婺州英才创新园启动运营,实现网络赋能增效。网络直播、网红带货和社交电商等新业态不断涌现,实现网络零售额139.1亿元,带动线下消费超3亿元。全域旅游加速推进。总投资60亿元的观云小镇实现签约,成为近年来全市最大的文旅招引项目。安地镇获评省级非遗主题小镇,罗店镇双龙溪峡谷、环鹿湖景观等"新十景"对外开放,金华山与南部山区节假日游客量持续增长。成功举办竹马茶花节、安地桂花节、箬阳茶文化旅游节等农旅活动,有力带动乡村旅游。全年接待游客1045.4万人次,实现旅游收入95.8亿元。

8月26日,区残联开展为期三天的全区残联系统业务培训 (区残联供稿)

【白沙溪三十六堰入选世界灌溉工程遗产名录】 2020年12月8日,国际灌排委员会第71届执行理事会上公布婺城区白沙溪三十六堰入选被誉为"灌溉工程界诺贝尔奖"的世界灌溉工程遗产名录,成为浙江省第六个、金华市首个世界灌溉工程遗产。白沙溪三十六堰是浙江省现存最古老的堰坝引水灌溉工程,向世界展示婺城悠久的治水文化和优越的水资源禀赋,展示婺城古代灌溉工程遗产的核心价值和人文情怀,得到国内外专家的高度赞誉,对于弘扬白沙文化、促进水资源水文化发展、把白沙溪打造成为世界级"幸福河"将产生重大深远的影响。

(范升元)

2020年婺城区人民政府常务会议情况表

表4

会次	时间	主要议题
61	1月9日	1.听取关于《拆迁安置房全过程代建开发实施办法》制定情况的汇报 2.听取关于二七区块钱志方户征收遗留问题协商调解有关情况的汇报 3.听取关于蒋堂镇界首区块企业用地收回情况的汇报 4.听取关于金华市跨境电商综合服务中心建设工作情况的汇报 5.听取关于婺城区人民医院迁建工程项目(一期)有关情况的汇报 6.听取关于《专职从事就业和社会保障工作人员管理办法》制定情况的汇报 7.听取关于补发中小学教师工资收入与公务员工资收入差额情况的汇报
62	1月22日	1. 听取关于《西关街道山嘴头区块国有土地上房屋征收决定》制定情况的汇报

续表 4

会次	时间	主要议题
63	2月26日	1.听取关于《婺城区生态文明建设示范区规划》编制情况的汇报 2.听取关于在全区推行限额以下工程建设项目采用“不见面交易”系统交易的汇报 3.听取关于2019年度工业10强企业等考评结果情况的汇报 4.听取关于2019年度“人才开发先进企业”和“优秀企业科技人才”评选情况的汇报 5.听取关于2019年度推进工业企业转型升级扶持企业发展政策兑现相关情况的汇报 6.听取关于《扶持建筑业快速健康发展实施意见》制定情况的汇报 7.听取关于飞扬小镇EPC项目等工程招投标工作有关情况的汇报 8.听取关于《婺城区农民专业合作社质量提升整县推进试点方案》制定情况的汇报 9.听取关于建设用地复垦工作有关情况的汇报 10.听取关于拟购置在沪科创飞地有关情况的汇报 11.听取关于疫情防控工作有关情况的汇报
64	3月11日	1.听取关于组建成立人民广场商圈办及商圈综合行政执法大队实施方案制定情况的汇报 2.听取关于建设精品城市·云执法(智慧系统二期)系统有关情况的汇报 3.听取关于婺城区2020年“五改”工作有关情况的汇报 4.听取关于二七区块许水云户协商调解有关情况的汇报 5.听取关于《加强政府投资项目审批及管理操作指引(暂行)》有关情况的汇报
65	3月26日	1.听取关于《进一步优化营商环境若干意见》制定情况的汇报 2.听取关于《招商招才接待管理办法(试行)》制定情况的汇报 3.听取关于“大美金华 花满婺城”杯国际休闲垂钓邀请赛筹备情况的汇报 4.听取关于安地镇桂花街工程涉及申津尧户政策处理情况的汇报 5.听取关于全区农村饮用水达标提标工程相关事项的汇报 6.听取关于2020年粮食生产扶持政策有关情况的汇报 7.听取关于落实受疫情影响企业社保优惠政策的汇报 8.听取给予见义勇为人员方正超嘉奖相关情况的汇报 9.听取关于《“无违建”创建及违法建筑物拆除以奖代补办法》《2020年度“三改一拆”工作考核办法》《城区阳光房和雨棚必拆类型导则》制定情况的汇报 10.听取关于国土资源历史积案清理工作情况的汇报
66	4月16日	1.听取关于一季度工业经济情况的汇报 2.听取关于今飞飞扬小镇项目、邵家地块项目的补充协议相关事宜的汇报 3.听取关于《实施乡村振兴推进“十乡百村”乡创婺城行动方案》制定情况的汇报 4.听取关于花满婺城·南山漫道(二期)美丽乡村精品线建设等事项的汇报 5.听取关于《婺城区既有住宅加装电梯财政补助资金使用管理办法》制定情况的汇报 6.听取关于中心医院扩建项目情况的汇报 7.听取关于补发中小学教师工资收入与公务员工资收入差额的情况的汇报

续表 4

会次	时间	主要议题
67	5月14日	1.集体学法(《浙江省民营企业发展促进条例》) 2.听取关于《工业企业亩产效益综合评价办法》制定情况的汇报 3.听取关于睿丰康生物医药科技(浙江)有限公司系统免疫与预防医学基地投资项目的汇报 4.听取关于氢燃料电动机生产研发基地建设项目补充协议相关事宜的汇报 5.听取关于提前兑付万里扬变速器生产项目和今飞飞扬小镇项目有关政策补助事宜的汇报 6.听取关于《经营性国有资产集中统一监管工作方案》制定情况的汇报 7.听取关于兑现婺城区特殊贡献企业高管奖励相关事宜的汇报 8.听取关于建议参与中国农业银行股份有限公司金华城西支行和金华金东支行两处房产拍卖的汇报 9.听取关于《关于推进人才强区建设的9条补充意见》制定情况的汇报 10.听取关于区新闻传媒中心聘用采编人员增加考核激励待遇及人员招聘等情况的汇报 11.听取关于45省道平改立项目实施有关问题情况的汇报 12.听取关于《金华山农房管控和风貌提升工作方案》制定情况的汇报 13.听取关于2020年婺城区垃圾分类考评办法的汇报 14.听取关于区交投集团飞扬小镇道路工程的汇报 15.听取关于婺城区安居工程城中村改造项目(五星田里)工期调整的情况汇报 16.听取关于国土空间规划战略研究及乡镇级国土空间规划招标工作的汇报 17.听取关于《高铁新城区块(一期)旧城改造房屋征收与补偿方案》制定情况的汇报 18.听取关于参加疫情防控人员补贴情况的汇报
68	5月27日	1.听取关于浙江师范大学婺州外国语学校权益受让等情况的汇报 2. 关于金华市婺城区国有企业退休人员社会化管理实施方案制定情况的汇报 3.听取关于推广市场采购贸易方式工作的汇报 4.听取关于和中国电信金华分公司《5G战略合作协议》制定情况的汇报 5.听取关于婺城区垃圾处置项目有关情况的汇报 6.听取关于婺城区安居工程城中村改造项目(西郊二期)全过程代建模式招标方案制定情况的汇报 7.听取关于长山乡旅游综合开发项目收回重新出让的有关情况汇报 8.听取关于明确婺城区林权统一登记工作相关情况的汇报 9.听取关于罗店镇玲珑岩石灰岩矿生态修复工作有关情况的汇报 10.研究讨论《2020年度婺城区政府重大行政决策事项目录》制定情况
69	6月4日	1.听取关于婺城区高铁新城(一)期旧城改造房屋征收范围作出征收决定的汇报 2.传达学习贯彻全国两会精神区政府党组(扩大)会
70	6月24日	1.听取关于《金华市中心医院科教综合楼建设项目国有土地上房屋征收与补偿方案(征求意见稿)》制定情况的汇报 2.听取关于《促进3岁以下婴幼儿照护服务实施意见》的汇报 3.听取关于婺城区中医医院建设项目有关情况的汇报 4.听取关于双溪西路西延涉及农户安置房有关情况的汇报 5.听取关于涉双溪西路110千伏部分电力线路迁改项目有关情况的汇报 6.听取关于许里村全域土地综合整治项目的汇报 7.听取关于白龙桥镇黄金苑城中村改造有关情况的汇报 8.听取关于浙中信息产业园区创新大厦维修项目工程相关情况的汇报 9.听取关于收回浙江金磐机电实业有限公司土地情况的汇报 10.听取关于城市社区调整及专职社区工作者配置有关工作的汇报 11.听取关于金华市婺城区农业产业稳产保供扶持政策的情况的汇报 12.听取关于《公布婺城区建筑业龙头、骨干、重点培育企业名单的通知》有关情况的汇报 13.听取关于垃圾综合治理暨“无废城市”创建实施方案的汇报 14.听取关于《创建全国健康促进区建设工作实施方案》制定情况的汇报 15.听取关于安全生产精神传达及《金华市婺城区第二轮安全生产综合治理三年行动计划》制定情况的汇报

续表 4

会次	时间	主要议题
71	7 月 9 日	1.听取关于婺城区“企业大数据综合管理平台”建设情况的汇报 2.听取关于收回金华昆仑置业有限公司土地的情况汇报 3.听取关于莘畈水库饮用水水源保护生态补偿专项资金使用管理办法(2019—2021 年)(送审稿)的汇报 4.听取关于《婺城区环卫一体化实施方案》制定情况的汇报 5.听取关于白龙桥镇综合行政执法体制改革试点工作实施方案的情况汇报 6.听取关于婺城区水上运动中心项目的情况汇报。 7.听取关于通过“发行美元债”“发行绿色项目收益债”进行融资相关事宜的汇报
72	7 月 31 日	1.集体学法(《中华人民共和国传染病防治法》) 2.听取关于 2020 年中国青年生物多样性夏令营暨第五届国际青少年环境论坛活动筹备有关情况的汇报 3.听取关于金华市中心医院科教综合楼建设项目国有土地上房屋征收与补偿方案有关事宜的汇报 4.听取关于金建铁路集体土地及房屋征收补偿方案的汇报 5.听取关于白龙桥黄金苑区块城中村改造有关情况的汇报 6.听取关于解决婺城区农饮水达标提标工程加压泵站电费等事宜的汇报 7.听取关于农村困难家庭危房治理改造实施办法编制情况的汇报 8.听取关于浙江三联集团二七区块“4-11-0-13 地块”有关情况汇报
73	8 月 21 日	1. 听取关于创建绿色小水电示范区有关情况的汇报 2. 听取关于婺城新区核心区块提升改造工程项目的情况汇报 3. 听取关于琅琊、蒋堂污水处理厂运行维护中存在问题的汇报 4. 听取关于双溪西路西延给水工程招投标工作有关情况的汇报 5. 听取关于婺城区中医院、人民医院二期项目的情况汇报 6. 听取关于授予王亮婺城区荣誉市民称号的汇报 7. 听取关于进一步规范全区党政机关公车使用管理的汇报 8. 听取关于《金华市婺城区关于加快推进工业企业数字化转型升级的实施方案》相关事宜的汇报 9. 听取关于拟启动浙江金华丁丁实业有限公司协议收购的汇报 10. 听取关于《推进新时代婺城民政事业高质量发展的实施意见》有关情况的汇报 11. 听取关于二七区块信访积案化解相关情况的汇报
74	9 月 11 日	1. 集体学法《中华人民共和国社区矫正法学习》 2. 听取关于市场集团意向出让地块政策处理情况的汇报 3. 听取关于黄金苑区块土地房屋征收需明确问题的汇报 4. 听取关于将军路 47 号、87 号土地房产情况的汇报 5. 听取关于《电子政务项目管理暂行办法》制定情况的汇报
75	9 月 29 日	1.听取关于数字婺城(金华城市大脑婺城平台)总体设计及一期软硬件子系统项目方案制定情况的汇报 2.听取关于金华城市大脑婺城平台土建工程(行政服务中心迁改)的情况汇报 3.听取关于金茶花产业园容积率提升改造的汇报 4.听取关于泰越建筑材料有限公司制砂厂项目有关情况的汇报 5.听取关于高铁新城“长湖湾”周边片区“城市复兴”概念方案及实施方案工作的汇报 6.听取关于各安置房前期物业管理单位有关情况的汇报 7.听取关于国有企业负责人薪酬制度改革实施意见制定情况的汇报 8.听取关于拟出资参与今飞凯达股票定向增发相关情况的汇报 9.听取关于“四好”农村路二期情况的汇报 10.听取关于学前教育补短提升情况的汇报 11.听取关于铂大工贸合伙投资等 2 个区级“飞地”抱团消薄项目有关事项的汇报 12.听取关于万里扬两个项目协议书制定情况的汇报 13.听取关于水上运动中心皮划艇(赛艇)赛道建设等有关情况的汇报 14.听取关于仙源湖观云小镇项目协议书制定情况的汇报

续表 4

会次	时间	主要议题
76	10 月 15 日	1.听取关于《乡级河道管理与保护范围划界实施方案》制定情况的汇报 2.听取关于罗店新朝线、罗电线风貌提升改造工程项目的情况汇报 3.听取关于国土空间生态修复与综合整治规划招标工作的汇报 4.听取关于上海六界信息公司“小葫芦商业化运营中心”项目的情况汇报 5.听取关于《建立行政复议应诉案件统计报告制度和行政败诉案件过错责任追究工作办法》制定情况的汇报
77	11 月 5 日	1.听取关于金马水泥厂资产处置及土地征收情况的汇报 2.听取关于上海天地汇企业管理有限责任公司天地汇智慧物流项目的汇报 3.听取关于给予今飞控股集团、浙江万里扬股份有限公司新设立贸易公司扶持政策的情况汇报 4.听取关于收回立春科创园发展有限公司房屋等资产处置情况的汇报 5.听取关于金建铁路工程婺城段征地拆迁包干协议相关事宜的汇报 6.听取关于天然气发电项目招商竞争性磋商方案的汇报 7.听取关于婺城新城区临江分区环境景观与市政设施整体提升一期工程招投标有关情况的汇报 8.听取关于拟公开转让大岩路 868 号工业厂房的汇报
78	12 月 26 日	1.听取关于双溪源三期项目规划与建筑设计方案的汇报 2.听取关于仙源湖旅游度假区提升改造工程(二期)采用 EPC 总承包模式情况的汇报 3.听取关于《支持今创智能制造研究院建设协议书(送审稿)》制定情况的汇报 4.听取关于《桐溪流域综合治理规划(报批稿)》制定情况的汇报 5.听取关于行政规范性文件清理情况的汇报 6.听取关于年产 1000 万只不粘锅智能制造项目投资协议相关事宜汇报 7.听取关于发放 2020 年度婺城区“4050”人员灵活就业社保补贴的汇报 8.听取关于金华银行股份有限公司第四轮增资扩股方案的汇报
79	12 月 15 日	1.听取关于金华铁路文化展览馆方案优化提档事宜的汇报 2.听取关于婺城区连片土地综合开发项目(石道畈区块)土地流转相关情况的汇报 3.听取关于《节水行动实施方案》(送审稿)制定情况的汇报 4.听取关于进一步与金华市人民医院加强婺城区妇幼保健院合作办医有关情况的汇报 5.听取《关于强化浙江省知识产权示范区工作的若干政策意见》(送审稿)制定情况的汇报 6.听取关于自收自支转全额单位资产移交相关情况的汇报 7.听取关于汽车零配件产业创新服务综合体建设有关内容的汇报 8.听取关于燕语湖项目招标及水库产权划转事宜的汇报 9.听取关于行政中心机关食堂经营模式调整情况的汇报 10.听取关于落实交警部门从优待警措施的汇报 11.听取关于婺城新城区城市设计招标工作的汇报 12.听取关于 2020 年度法治政府建设(依法行政)工作的情况汇报

区政府办公室工作

【秘书工作】 规范收文、登记、分派、审核等各个环节,严控文件数量,严把文件质量,2020年全年收文收函3258件,发文280件,全部落实到位。严抓公文批示反馈,做到区领导批示件件有落实,件件有回音。认真做好会前会中会后各项工作,累计保障全区性大、小型会议2000余场。

(陈　婷)

【政府信息公开】 2020年,完成婺城区基层政务公开基本目录和26个试点领域标准目录,全区主动公开各类政府信息28460条,比上年增长330%;处理信息依申请公开127件,及时答复率100%。

(葛璇锟)

【代表建议、提案办理】 全区政府系统各有关单位高度重视建议、提案办理工作,按照区政府的总体部署,及时落实工作任务,强化具体措施,加大办理力度,并主动加强与人大代表和政协委员的联系沟通。全年共办理人大代表建议172件,满意率100%;政协委员提案252件,满意率99.6%;重点建议、提案方面,共办理重点建议10件,重点提案10件,解决率和满意率都是100%。

(陈　恒)

【督察工作】 从事务性督察向决策性督察转变,从突击性、阶段性督察向经常化、制度化转变。对区九届人大四次会议和区政协四届四次会议的代表委员提案建议办理、省、市、区民生实事完成情况等重点工作开展跟踪督办300余次。对重点项目进行重点督办,确保有关问题高效解决,有关决定高速落实。2020年启动实施的政府投资项目共125个,总投资193.28亿元,年度投资67.65亿元,截至11月底,完成53.75亿元,投资完成率79.45%;20个省、市重点项目开工率均达100%,完成投资超50亿元。成功申报抗疫特别国债项目2个、地方政府专项债项目12个,争取资金8.24亿元,其中保障性安居工程中央预算内资金共计1.67亿元,全市排名第一。聚焦难点问题,进行实时通报,跟踪督办取得实效。围绕领导关注的问题,突出领导交办、批办事项督察,做到一事一查。坚持一线工作法,做到督察督办与调查研究相结合。

【信息工作】 共上报各类信息833条,同比增长107%。省级采用21篇、市级采用79篇,省市采用均创历史新高。获省领导批示9篇,市领导批示8篇,同比2019年分别增长350%、100%,均创历史新高。获得全市政务信息考核第一,全省政务信息考核第37,首次获得省政务信息考核三等奖。

(童未名)

【文明城市创建】 成立创建工作领导小组,完善定期研判制度,每周一次参加社区共建、每月一次调研情况、每季一次分析创建进展,确保创建制度化、长效化。根据创建工作要求,科学定任务、定进度、定责任,将全办干部落实到社区网格,确保责任到人。做好全区文明城市创建的动员会、培训会等各类会务保障,同时做好创建期间检查、督导车辆安排。加大全区创建经费保障协调落实,区府办向联系社区拨付社区共建经费15万,并协调解决区财政资金600余万元,用于社区基础设施改造及精神文明提升,不断补齐创建短板。深入社区、深入一线,抓好小区门口整改脏、乱、差现象整改;加强机动车、非机动车乱停放劝导;协调解决社区老旧小区立面整治、污水管网、停车泊位划分、管线规整、破旧围墙拆除等工作,切实提升区域人居品质。督促商户落实门前"五包"制度,配合社区与辖区内的商户签订门前"五包"责任书。针对社区内商铺、小摊贩占道经营情况,多次组织干部及时进行纠正,已形成良好的行为习惯。全年开展大扫除活动300余次,及时清理社区各类生活垃圾、白色垃圾、"牛皮癣"广告及烟头等,全面提升社区"颜值"。深入社区开展宣传,通过"小手拉大手""文明婺城"随手拍等活动,做好各类创建知识的宣教,洪湖路社区居民对创文的知晓率不断提高,做到应"应知尽知、应会尽会"。通过"心连心大走访"活动,广泛开展走访服务,在居民走访中主动收集社情民意1000余件,帮助困难群众代办事务600余个,以干部的多跑多干换来群众的满意与肯定。利用微信、微博等技术手段,引导广大群众摒弃不健康的生活习惯和不文明行为,以良好的精神面貌,为文明城市创建贡献力量和智慧,营造出创建文明城市“我知晓、我参与、我奉献”的浓厚氛围。

(陈　恒)

【疫情防控】 坚持人民利益高于一切,坚持把人民的生命安全放在第一位。2020年年初突发新冠疫情,婺城区坚决贯彻中央和省、市决策部署,闻令而动,万众一心、众志成城,实现“两手硬、两战赢”。立体布控防传染。在全市率先启动一级应急响应,率先推行“115”工作法,打好“巷战”,守好“小门”,确保管控无死角,实现全市首例确诊后的零新增。精准施策促复工。率先实施员工“异地隔离”返岗,出台“帮扶十条”纾困政策。解决企业用工难,开通高铁“返岗专列”,接回员工3000余人,婺城经验做法23次登上中央电视台。常态防控保安全。利用大数据信息,构建精密智控网,对重点人群、医疗场所、冷链物品开展常态监测,进行精准管控。提高应急处置能力,组建调查、采样、消杀队伍近4000人,确保现有物资满足医疗机构30天满负荷运转需求。

(徐　意)

【大数据发展管理】 2020年,共实施政府数字化转型项目26个,投入约480万元,有效保障全区各类系统的正常运行,政府数字化转型成效初现,“健康码”“企业码”“夜市码”等数字化手段助力疫情防控和复工复产效果显著。夯实“浙政钉”基础服务能力。根据省市工作要求,同步开展“浙政钉2.0”迁移工作,根据人员变动情况,及时调整政务“钉钉”人员信息。婺城区政务“钉钉”注册人数8920人,激活率100%,信息完整率100%,平均活跃率77%;“浙政钉2.0”注册人数8427人,激活率100%,信息完整率100%。具备与省市同步启用“浙政钉2.0”条件。推广机关内部“最多跑一次”系统应用。优化建设区协同平台(“部门间内部跑一次”平台),平台涉及41个部门,事项数321,线上可办率95.64%。与全市同步推进“公务员一件事”“事业单位人员一件事”改革,“公务员一件事” 办理405件、“事业单位人员一件事”办理1253件,婺城区协同办公平台(OA)全年办件13820件,有效提高机关办公效率。做好网络安全管理工作。进一步完善网络信息安全等管理制度,加强日常巡检;在政务外网PC端安装安全防护软件,保证入网计算机无毒、无漏洞地稳定正常运行;将政府门户网站迁移至省集约化平台,各类应用服务器迁移至市电子政务云平台,接入玄武盾防护体系,进一步提高网络安全防护能力。“互联网+政务服务”助力“最多跑一次”。全区政务服务网办率达96.13%,由群众“跑腿办”变成“网上办”;政务服务许可事项即办率93.55%、承诺压缩比99.28%,真正实现“最多跑一次”。深化“无证明城市”改革。持续实施“减证便民”行动,依托信息共享,取消证明事项295项,开展无证明城市改革工作后,群众办事累计少提交证明73813件。配合“三化”政务大厅建设。根据《政府服务2.0行政服务中心改造指引》要求,配合行政服务中心各项改造工作,特别是强化政务网络保障,确保网络通到每台自助终端,实现政务服务网络进社区。持续迭代升级“浙里办”。“浙里办”作为浙江政务服务网的手机客户端,是群众“掌上办事”的主要途径,积极配合各业务主管部门,丰富“浙里办”应用,并严格按照省市要求做好“浙里办”迭代升级的相关工作,确保用户体验效果。统筹推进“互联网+监管”等工作。根据《2020年浙江省行政执法监管(“互联网+监管”)平台建设工作要求》,按照全市始终保持“互联网+监管”走在前列的工作目标,仔细研究“互联网+监管”工作的晾晒和考核指标,细化任务分解,多次组织指标落后单位集中办公后,对相关指标进行重点提升,全区事项认领率80.06%,实施清单编制率100%,监管行为覆盖率82%。开展数据目录编制工作。参照《浙江省大数据发展管理局关于深入开展2020年省级信息系统普查和数据目录编制工作的通知》,开展全区自建信息系统普查和数据编目梳理工作,已梳理各部门自建系统42个,其中编目系统共26个,涉及118个信息资源项,2840个数据字段,编目工作走在全市前列,也为区较早启动“金华城市大脑婺城平台”建设提供数据支撑。启动建设“城市大脑”应用平台。“金华城市大脑婺城平台”总体设计和一期实施方案已经区政府第75次常务会议讨论通过。一期投资3916万元,其中子项目金华城市大脑婺城平台项目支撑系统和数字驾驶舱项目、智慧养老系统已完成招标，项目中标价分别为698万元、588万元，城市云执法系统、机动车监管系统、垃圾清运处置平台项目，应急指挥平台、一码通婺城、一机游婺城等项目正在走招标流程。治安监控、智安小区、智安校园等分别由政法委、公安分局和教育局实施，除智安校园外，基本完成建设。

（黄晓佳）

【金融工作】 召开婺城区复工复产银企对接会，工商银行婺城支行等6家区" 金融超市" 入驻银行与16家企业达成贷款意向3亿余元。组织"金融超市"的成员单位参加婺城区汽摩配产业党建联盟相关活动，促成金华成泰农商银行为婺城汽摩配产业党建联盟一次性授信20亿元。主动兑现2019年度区级企业股改挂牌扶持奖励，共向浙江开创电气股份有限公司等19家企业兑现奖励资金70.77万元。

（陈　昆）

发展改革

【概况】 2020年，婺城区实现区属地区生产总值320.2亿元，同比增长4%；区级一般公共预算收入11.1亿元，同比增长0.17%；货物贸易出口（不含市场采购）53.65亿元，占全国比重的0.299‰；固定资产投资109亿元，同比增长7.8%，其中交通运输投资实现21.6亿元，同比增长13.9%，生态环境和公共设施投资实现8.4亿元，高新技术产业投资实现9.4亿元，民间投资实现19.1亿元，同比增长51%；社会消费品零售总额300亿元；城镇居民人均可支配收入58746元，同比增长3%；农村居民人均可支配收入26560元，同比增长5.7%；城镇登记失业率1.67%，完成年度目标；单位生产总值能耗下降和主要污染物总量减排均全面完成上级下达的目标任务。

【经济体制】 拟定全区经济体制改革专项小组2020年工作计划，确定2020年经济体制改革重点项目。

2018—2020年，全区共出让“标准地”25宗，面积73.63公顷。其中2020年完成“标准地”出让16宗，总面积38.64公顷，实现新增工业用地100%以“标准地”形式出让。推进“标准地+承诺制”进程，建立部门联席制度。全区已建立以区发改局为牵头单位，区经济商务局、区自然资源与规划分局、区水务局等相关部门协同的“标准地”指标设置联席制度。新增工业用地在明确出让意向后，由区发改局牵头会同协同部门确定出让地块的亩均税收、能耗、产值等“硬约束”控制指标，报自然资源和规划部门。完善企业信用奖惩制度。推行信用评价+数据应用的“一诺双用”全过程监管机制，研究事中事后监管方案，配合行业主管部门建立企业及相关行业信用评价及奖惩制度，根据评价结果和企业的信用状况，实施分类监管，依法依规对企业严重失信行为进行整治及监管，营造“守信者受益、失信者受限”的社会氛围。推行项目代办制度。设立区投资项目代办中心，为企业项目审批提供协调或代办服务，指导企业办理相关审批流程，由业主自主选择是否提供代办服务，全程为企业提供“保姆式”服务。

完成服务业企业亩均效益评价，前期对所有规上及自有土地0.2公顷以上规模以下服务业企业开展数据采集工作，其中包括占地面积、总建筑面积、出租和租用面积等占地情况。后期经过多次对企业的信息包括土地使用性质、面积、容积率等的核对，并征求相关部门、乡镇（街道）意见，顺利完成对服务业企业的评价，最终结果为A类8家、B类42家、C类28家、D类12家。

【计划发展管理】 完成《金华市婺城区2020年国民经济和社会发展计划执行情况及2021年国民经济和社会发展计划草案》和《关于婺城区2020年上半年国民经济和社会发展计划执行情况的报告》。完成2021年主要经济指标发展目标编制。充分发挥综合协调职能，认真搞好经济形势的季度分析和区域企业经济运行监测预测，实时掌握工业和服务业企业的各项发展指标，注重对全区经济运行特点的研究，及时提出解决问题的对策和建议。

【能源管理工作】 婺城区能源管理工作在上级的精心指导下、在区能源监察大队的辛勤努力下，紧紧围绕区政府下达的各项工作目标，以节能为主线、以技术突破为切入点，加强管理制度创新、强化目标责任制考核、加大节能政策扶持力度。主要在煤炭消耗管控、燃煤锅炉整治、百万家庭屋顶光伏发电等方面开展工作。开展电力直接交易试点工作，为进一步减轻企业用电压力，2020年全省开展电力直接交易试点工作，全区2020年共完成电动汽车城市公用充电桩121个建设工作；开展百万家庭屋顶光伏发电工作，2020年全区完成家庭屋顶光伏发电户数2515户、共计发放补助资金1260.057万元；完成2台20吨燃煤锅炉淘汰改造工作。

【发展规划编制】 全力开展“十四五”规划编制工作，召开人大、政协、经济界、机关部门等层面规划编制座谈会，完成“十四五”规划基本思路编制，组织开展“十四五”汇才集智活动，面向社会各界征集规划编制意见建议，累计收集高质量金点子60余条，高质量奠定“十四五”规划工作编制基础。切实做好26个“十四五”专项规划之间的衔接、审核、发布等管理工作，加强与国土空间规划的有机融合、高度衔接，确保区级专项规划、国土空间规划细化落实“十四五”规划纲要对特定领域提出的战略任务和目标要求。

【重大项目建设】 聚焦聚力“经济图强、争先创优”双月攻坚行动，第一时间成立投资(政策)专班，抢机遇、抓时间、比进度。成功争取到保障性安居工程中央预算内资金1.67亿元，全市排名第一；争取到地方政府专项债券额度7.5亿元；争取到抗疫特别国债项目资金1.97亿元。成功将总投资15亿元的飞扬小镇今飞智能制造装备及摩托车零部件项目纳入省重大产业项目。2020年，全区列入省重点建设项目共2个，列入市重点建设项目共18个，列入区重点建设项目21项，项目开工率、投资完成率均为100%。新基建成功申报省新基建项目11个，项目数位列全市第三，申报争取2021年度省公建资金项目3个，总投资1.65亿元。全区125个政府投资实施类项目完成投资62.7亿元，完成率92.75%，开工数120个，开工率96%。

【疫情防控】 区发改局贯彻落实上级防控工作部署，组织疫情防控先锋队，直沉到白龙桥镇玉龙社区星河湾小区战疫一线，全力配合做好卡点登记、出入核查、居家隔离观察户日常管理等疫情防控各项工作，通过规范化、制度化管理，疫情防控工作得到广大业主、社区、区委督察组和乡镇的一致好评，1名党员被评为区级战“疫”先锋先进个人。

【文明城市创建】 区发改局全力参与高桥社区文明城市创建工作，成立志愿服务队，对包干区域网格开展道路卫生整治以及不文明行为自查，督促责任区域内家庭作坊、店铺、社区居民做好“门前五包”，及时清理烟头、垃圾、“牛皮癣”小广告，提醒行人不乱扔烟头、垃圾，同时劝导居民将车辆停在泊位内，维护村容村貌，推进全国文明城市创建。区发改局在白龙桥镇玉龙社区青少年服务中心开设四点半课外学堂，组织局青年志愿者对社区外来务工人员子女开展课后家庭作业辅导、课外阅读指导、文体娱乐等活动，有效解决学校学生放学后无人管的后顾之忧，为孩子们营造起一个更加健康的成长环境。区发改局积极参与“礼让斑马线，文明过马路”文明劝导活动，安排志愿者手持“礼让行人”提示牌，守在各个路口的斑马线上，在早晚交通高峰期劝导司机礼让行人，为文明城市建设添砖加瓦。

(洪梦婷)

审 计

【概况】 2020年，婺城区审计局实施审计项目20个，查出问题金额52446万元，促进增收节支2623万元，审计报告和专报获主要领导批示38人次，移送案件线索7件，促进各相关部门出台完善制度25项，1个项目在全省质量检查中获评优秀，1个项目获全市优秀，1个项目获全市表彰，35篇宣传信息被市级以上刊物采用，全市审计机关年度考核获得优秀。

【财政预算执行审计】 继续以“专题+”模式开展财政同级审，揭示预算绩效管理不到位、财政资金沉淀、就业政策落实不到位等11个问题，为促进防范风险、优化营商环境等提出审计意见。社区配套用房管理机制不健全问题得到区主要领导重视，并由区府办牵头召集14个相关部门落实；“村级资金优化存放”建议得到区主要领导实质性批示，全区各村已与银行签订协定存款协议或定期存款协议，每年可增加存款利息300万元以上。

【领导干部任期经济责任审计】 组织召开经济责任审计工作联席会议并出台四项制度，加强对全区经济责任审计工作的统一领导。2020年，组织对9个单位(部门)和乡镇(街道)13名领导干部开展经济责任审计，发现决策随意、违规决策，国有资产资源管理不严、投资项目推进不力，对下属单位监管不到位等问题，促进整改收回资金914万元，建立完善制度20项。

4月17日，2020年全区内部审计工作会议召开 (区审计局供稿)

【各项专项资金审计】 开展疫情防控资金和捐赠款物、扶贫、残疾人社会保障情况和新增财政资金直达市县基层直接惠企利民情况专项审计，促进医护人员补助落实到位和捐赠资金规范使用、消薄项目有序推进、农村饮用水达标提标工作甲供材料完成清算、补助资金拨付到位，推动民生政策落地见效。实施石道畈区块建设管理情况专项审计调查、小城镇项目建设管理情况专项审计、"五改"工作指挥部财政收支审计等项目，提出完善监管制度和风险防控机制的建议，为重点工作和重点工程高效推进发挥审计建设性作用。

【区委审计委员会办公室】 梳理2017年以来审计发现的围绕政府投资项目、财政资金管理、保障改善民生、领导干部履职尽责四大类16方面52个共性问题，形成有效风险预警和警示教育；2020年召开两次区委审计委员会会议，各乡镇(街道)党(工)委书记和区政府部门的主要负责人列席第三次(扩大)会议，会上由区委书记、区委审计委员会主任蔡艳亲自部署审计整改工作，要求相关单位主要领导严格履行整改"第一责任人"职责，明确整改时限要求，有效推动整改落实；完善请示报告制度和协调沟通机制，2020年，共向区委审计委员会报告事项41件，审计委员会及其办公室运转顺畅。

8月31日，婺城区委审计委员会第三次(扩大)会议召开 (区审计局供稿)

【质量提升】 2020年，集全局之力首次开展区本级部门预算执行情况全覆盖审计，在审计方式上将大数据审计与现场审计有机结合，在组织方式上整合人员，推动"项目为主线"向"被审计单位为主线"转变；在3个乡镇领导干部经济责任审计中，同步开展小城镇环境综合整治项目专项审计调查，嵌入土地整治、三改一拆、村级工程建设等专题审计内容。全年选派12人次参与区委巡察工作，通过"巡审结合"发现并推动问题线索查办7件，8人被追究相应责任。

【内审工作】 建立国家审计与内部审计协同机制，区建设局内审项目和局长经济责任审计同步进行，有效利用内审成果，发现问题12个并已及时完成整改，收回资金874万元，退回企业资金142万元，修订完善多项制度；采取"以审代训"方式，项目组主审确定为被审单位的内审指导员，指导14个部门和18个乡镇街道完成222个内审项目，提高内部审计工作质量和水平。

【审计整改】 区委审计委员会出台《审计整改责任追究实施细则》，推动5家被审计单位公开审计整改情况；推动区人大出台《区人大常委会关于对审计查出问题整改情况监督的暂行办法》,区委巡察办将审计问题整改情况列入巡察重点内容,区纪委将审计未整改问题录入净化政治生态平台,“巡审结合”相关经验做法在人民网、《金华日报》等媒体专题报道;2017年后审计查出的337个问题,整改327个,整改完成率达到97.0%。

【文明城市创建】 审计干部到共建社区上天师社区进行环境整治和垃圾分类指导工作,2020年,进行300余人次社区志愿活动。根据要求安排干部周二、四早晚高峰期间常态化开展文明礼让斑马线劝导活动,全年共开展50余次。

【疫情防控】 全体审计干部深入社区一线,广泛开展新冠肺炎防控志愿服务,审计干部和社区干部一起登记外来人员情况,上门排查发热情况,帮助隔离居民、行动不便的居民购买生活必需品,宣传防疫知识。全局3名干部荣获“抗疫闪光婺星”“第二批战‘疫’先锋团队及个人”“最美战疫志愿者”称号。

【清廉建设】 婺城区审计局以打造“政治生态山清水秀、审计监督依法清明、审计环境亲清和谐、审计队伍忠诚清正、审计文化崇清尚德”的“五清”审计机关为目标,推动审计机关全面从严治党向纵深推进、向审计一线延伸、向每个支部和党员覆盖。精心打造以“红杏审计工作室”为载体的“红心为民 立审为公”党建品牌,不断提升党建引领审计工作水平;组织全局党员干部到磐安仁川镇、金华监狱等开展参观见学活动,组织学习《党员干部违纪违法典型案例警示录》,观看警示教育专题片《灵魂洗礼》,强化党员干部廉洁从审意识;要求审计干部杨遵守审计“四严禁”工作要求、“八不准”工作纪律,严格执行请示报告制度,严禁违反政治纪律和政治规矩,严禁违反中央八项规定及其实施细则精神。

(严　纯)

统　计

【概况】 2020年,区统计局负责统计信息咨询服务的规划、管理和协调工作;拟订普查(人口普查、经济普查、农业普查)工作实施方案,并组织实施,对普查资料进行数据处理、统计分析和开发利用;负责基本统计资料的搜集、整理、提供、管理、发布工作;负责对经济社会发展进行统计监测、预测和综合分析研究,提出宏观经济分析报告和宏观决策咨询建议;建立健全国民经济核算体系和统计指标体系,组织实施国民经济核算工作;负责统计标准和统计报表的管理工作,负责区级有关部门单独开展统计调查项目审批;负责定期向社会发布国民经济和社会发展情况的统计信息;负责开展经济社会发展各方面的统计调查工作;贯彻执行国家、省、市统计法律、法规和规划;负责开展统计执法检查,对统计违法案件进行立案查处;负责指导统计基础建设和统计业务指导。

【统计服务】 区统计局全面深化“三服务”活动,各专业统计员累计走访企业300余次,上门为企业解决问题80余个,受到企业一致好评。通过全区“百课赋能”活动,为乡镇街道送学上门,服务基层。发挥参谋助手作用,成立统计指导组,统计专业人员加入各专班,加强对疫情影响下经济形势的分析研判,撰写月度、季度经济形势分析报告,为区委、区政府出谋划策。加强部门沟通协作,以部门统计联席会议机制为纽带,发挥各类分析会议的作用,增强形势研判的准确性。为部门提供优质的统计资料服务,每月在统计局微信公众号平台更新“婺城图强榜”,编刊印发《数析婺城》、统计公报、统计年鉴等统计产品。

【统计数据检查核查】 全面开展自查自纠行动。全区497家四上企业全面检查本单位统计资料和报表并上报自查表。每月对企业上报数据进行实时监测,对数据差异大、数据有明显疑问的企业进行及时查询和重点核查。对84家企业进行常规数据核查,对26家单位进行统计执法检查,其中采用双随机抽查单位15家,实施处罚3家,提高基层统计人员的法律法规意识。加大统计法治宣传力度,通过统计开放日、统计知识竞赛等方式,提高统计人员和群众统计法治意识。

【统计基础建设】 统计系统完善机构职能与人员配备,各乡镇街道成立经济与统计服务中心,确定有1~3人专职从事基层统计工作。开展各类培训,提升基层统计人员业务能力。抓培训提质量，各专业开展针对企业、镇街统计人员的多种类型培训13次，提高统计人员的业务能力。推进企业规范化建设，要求所有“四上”企业均开展统计基础“四大体系”规范化建设，严格对标建设标准，确保统计资料的真实完整，严抓统计数据源头。评出五星统计单位23家，四星统计单位64家，优秀统计工作者23名，并进行表彰和奖励。

【人口普查】 全区人口普查筹备工作从3月开始，成立区人口普查领导小组，落实普查经费和物资以及办公场所；完成两员选聘和业务培训，重点对全区2500名普查员和普查员的业务能力、沟通能力和法律法规开展培训与指导。组织开展人口普查试点入户登记工作，为正式普查奠定基础；完成划区绘图工作并开展自查和交叉检查；开展正式普查摸底工作。完成正式入户登记工作。通过全区两员夜以继日的不懈努力，仅用15天时间完成25万户近66万人口的普查登记工作。截至2020年年底，已完成前期准备工作和正式入户登记工作，基本完成比对复查。

7月26日，婺城区统计局召开第七次全国人口普查综合试点培训会（区统计局供稿）

【疫情防控】 盯防管控，抓好防疫任务不懈怠。2020年1—3月，按照区防疫指挥部部署要求，全体党员干部前往玫瑰园社区、浙师大社区、东方前城社区、勤俭社区、骆家塘社区5个疫情防控联系社区参与一线疫情防控工作。当好守门员，通过电话核查、等方式进行“四清”排查，共排查住户2140户；对居家隔离人员进行全天候值守，做好隔离户管控工作；对社区进出人员、车辆进行坚持、测温、登记。当好宣传员，加强对群众的劝导、引导，讲清疫情防控的利害关系，帮助群众克服麻痹思想和侥幸心理。当好服务员，根据企业情况做好精准分类并提供分类服务，指导企业做好复工，同时根据区三服务办统一部署，分派10名驻企服务员，对企业进行一对一服务。后续根据区委区政府及区防疫指挥部的要求，切实落实防疫工作的各项要求，守护好人民群众的生命安全和身体健康。

【文明城市创建】 开展文明城市创建和文明劝导志愿活动，全年共建社区开展文明城市创建活动344人次，帮助乾西乡后畈田社区清理卫生死角、捡拾烟头、走访入户宣传文明创建和垃圾分类知识；组织志愿者到人民西路与双龙北街路口开展“礼让斑马线、文明过马路”文明劝导活动124人次，取得较好的成效。

（朱煜娜）

行政服务中心工作

【概况】 2020年，区行政服务中心大厅集中办事的部门30个，窗口工作人员112人。中心围绕区委、区政府打造“三大样板”“五大高地”和“双城”战略工作主线，全面贯彻落实党的十九大会议精神，扎实推进“最多跑一次”改革和公共资源交易平台规范化建设。全区35个部门纳入“最多跑一次”办事事项共2071项，其中，已经实现“网上办”事项2008项，占比99.12%，实现“掌上办”事项1870项，占比96.29%，实现“零跑次”事项1880项，占比96.81%。民生事项212项，已实现“一证通办”事项数168项，占79.24%。

【“一窗受理、集成服务”】 打造“三化”办事大厅，优化便民服务环境。以“数字化”转型为理念，推广“机器换窗、人机联办”服务模式。以“标准化”布局为原则，设置智能导服、收件、审批、出件等4个服务功能区，完成办事大厅24小时自助服务区改造，加快政务服务2.0事项接入进度，推进实体大厅与自助、移动、PC 端同步“一网受理”。以“集成化”设置为导向,按窗口集成、业务协同的工作思路,完善企业开办、民办学校开办、证照联办等“一件事”窗口和 G60“一网通办”窗口功能,实现“一事、一窗、一次”办理。实施 “三集成”公共服务改革,提升便民服务水平。着眼打破水、电、气、电信、移动、联通、数字电视等公共服务事项条线分割,群众企业办事多地跑现状,实施公共服务 3 个层面的“集成办”改革。中心办事大厅公共服务窗口、公共服务营业网点和全区 18 个乡镇(街道)综合窗口均可办 “水电气网”公共服务事项 80 余项。推进基层便民服务体系建设,提高便民服务效能。婺城区 18 个乡镇(街道) 及重点村(社区)已实现政务服务自助终端机全覆盖。组建“金茶花”便民利企服务队上门服务,实施组团式上门服务,现场办理营业执照。在黄金苑党群服务中心开展水电气网等公共服务事项“集成办”活动,实现水电气网“一站式”上门办理,助推政府重点项目黄金苑区块征迁。

9 月 11 日,区委常委、宣传部部长赵燕华(中)到区行政服务中心指导文明城市创建工作

(区行政服务中心供稿)

【公共资源交易监管】 在全省首推“区乡一体化限额以下不见面交易系统”,率先实现全区 19 个乡镇(街道)及部门公共资源招投标“一件事”全覆盖,以数字化赋能有效识别防范打击各类串标围标,改变以往项目招投标成本高、程序多、易串标等乱象,优化营商环境,其做法得到市纪委书记郎文荣点赞并要求在全市推广。在 2020 年金华市公共资源交易年终工作会议上,“金茶花”区乡一体不见面交易被作为“婺城经验”在全市推广。

【招投标专项督察】 加快推进县域治理体系和治理能力现代化,开发集“不见面”交易系统、行政监管系统、信用评价系统、智能评标系统四大系统为一体的婺城区公共资源交易综合系统,全面构建“以依法治理为核心,区域共建一体、监管共治一体、数据共享一体、服务高效一体”的综合治理婺城样板模式。完成行政监管系统升级运用,在原有的行政监管部门监管系统进行升级各审核重点环节和交易敏感节点设置红、黄、蓝灯三级预警功能,特别是评标结束招标代理把废标情况行政监管系统,同时行政监管系统为纪委监委、审计部门提供在线。

(陈小方)

机关事务服务

【概况】 2020 年,区机关事务服务中心制定完善《物资采购管理制度》《主任办公会议议事规则》《车辆维修(保养)制度》等 7 项制度,规范物资采购、维修审批、财务审批、公务用车积分加油卡使用管理流程;落实“五不直接分管”“三重一大”集体决策等制度;执行中心主任办公会议、区府办党组会议议事规则,规范权力事项、责任事项和服务事项的职责权限,以制度刚性约束,促服务保障水平提升。持续开展学习教育,与区政府办公室第一支部共同开展每月一次的支部主题党日“夜学”,以读书分享、心得感悟、上党课等各类学习形式,动员全体党员干部掀起学习强国比学赶超热潮,全年共开展各类集中学习共计 20 余次。制定党风廉政建设和反腐败工作责任清单,明确重点任务。全面梳理中心内部廉洁风险点,完善廉洁风险防控体系,从规范项目招投标程序、合同签订、接待服务等方面着手,加强源头管控,推动责任落实到位。

【疫情防控】 面对突如其来的新冠肺炎疫情,中心全体干部放弃春节休假全员上岗,为区领导、行政中心各单位抗击疫情提供有力保障。成立疫情防控工作领导小组,制定防疫工作及应急预案,建立健全各项工作机制。强化安全保卫,严格实行"亮码测温"管理,对进入大院的车辆、人员全覆盖体温检测,守牢行政中心"小门"防线,严防严控疫情输入。强化环境整治,全面开展办公(会议)区域、餐厨区域、中央空调、公共电梯等清洁、杀菌、消毒,督促物业加强保洁力度和消杀频次,建立健全消毒台账,确保消杀情况登记在册、张贴公示。根据疫情防控形势及时调整优化用餐流程,实行"分批领餐、错时用餐"。强化机关内部防控宣传引导,提升自我防护能力。抓实口罩、消毒液等疫情防控物资保障,及时购置、调配防控物资和设备,严格规范管理使用。在食堂超市专设"暖心生鲜"区,解决机关工作人员疫情期间出行采购问题。

【工程项目建设】 完成南楼725会议室装修改造、食堂宴会厅改造、食堂升级改造、行政中心以北停车场建设等重点项目,规范项目建设流程,从决策、实施到监督实行全覆盖、全流程、全周期管理;抢抓项目建设进度,利用周末、中秋、国庆等假期部署施工;强化项目建设质量,落实领导班子带班指导、协调部署,业务科室深入一线跟踪监督工作体制,保质保量完成项目建设。

【机关食堂经营管理】 2020年,中心主要领导带队到市政府、开发区、兰溪等多地兄弟单位调研学习食堂优秀经营模式和先进管理经验,形成内容全面、数据翔实的报告,为下一步优化食堂经营模式、提升食堂服务质量打下坚实的基础。建设智慧食堂系统。与联通公司合作,开发线上智慧食堂平台,实现网上预订、钉钉电子钱包、后端管理等功能,为机关干部职工提供简餐速取、线下配送、智能柜自提等新服务体验。贯彻落实习近平总书记对制止餐饮浪费指示精神。做好"珍惜粮食,反对浪费"倡议宣传海报、宣传标语、宣传牌上屏上墙上桌等宣传发动。强化源头管控,充分发挥经营企业优势,减少食材从采购、初加工到烹饪全过程的损耗浪费;坚持精准供餐,根据就餐人数合理制定次日原材料配送数量,结合错峰就餐规律少量多次补餐;拓宽选餐空间,推出"小份饭""拼盘菜";强化监督检查,组建光盘监督员志愿队,联合区纪委不定期开展文明就餐劝导、提醒、监督工作,在收餐区安装摄像头,适时对餐饮浪费及不文明用餐行为进行曝光。

【"最多跑一次"改革】 以后勤服务需求为导向,全面梳理中心办事事项,及时在婺城区协同办公平台及公务员"一件事"平台上线8个办事事项,包含会议室预约、车辆通行证办理、一卡通办理等多个高频次事项,后勤服务"最多跑一次"实现率达100%,机关干部职工幸福感、满意度大大提升,后勤服务跑出疫情弯道"加速度"。

【公共机构节能】 抓好节约型机关、节水型单位创建,指导完成1家省级节约型公共机构示范单位、1家省级节水型单位、6家区级节水型单位创建工作,完成区行政中心水平衡测试工作。做好公共机构节能平台修复工作,为实现区行政中心节能工作日常动态管理提供基础技术支撑。建立能耗统计系统和统计台账制度,全区各级公共机构均实现能耗统计网上申报。牵头召开全区节约型机关创建工作推进会,制定《婺城区节约型机关创建"八大行动"实施方案》,在各乡镇(街道)和机关部门全面推开节约型机关创建工作,落实创建宣传、节约用电、节约用水、节约办公用品、节约使用公务用车、节约运行经费、节约粮食、垃圾分类八项行动,引领全区上下形成厉行节约的良好风气。

【垃圾分类】 全面限制区行政中心一次性消费用品使用,倡导干部职工自带餐盒、环保袋。建立健全垃圾分类监督机制。常态化开展全区党政机关垃圾分类专项检查。规范餐厨垃圾处置。自"光盘行动"开展后,行政中心食堂厨余垃圾总量较上年减少12.95吨,同比下降28.54%,所有餐厨垃圾均由专业资质企业统一收运并制成有机肥原料,达到实实在在的减量效果。指导协助全区共21家党政机关、事业单位成功创建生活垃圾分类示范单位。

【后勤保障】 完成外地复工人员返婺接车、区重点项目"比拼赶超"暨2020年"第一期百亿"项目集中开工仪式、市二季度"晒拼创"活动、区百亿项目集中签约暨2020中国金华燕语湖首届钓鱼人运动会开幕式、国家生猪稳产保供督察组、第二轮中央环保督察等重大活动后勤保障任务,累计保障全区性大、小型会议2000余场。加大行政中心设施设备安全排查维修力度,完成行政中心日常维修2000余次。对照全国文明城市测评体系标准,加强行政中心日常保洁和绿化养护,集中开展垃圾清扫、减量分类、绿化美化、玻璃幕墙清洗、停车秩序规范、宣传阵地整治、共享文明伞维护等一系列工作,确保良好的办公环境,助力全国文明城市创建。

【公务接待】 完成接待128批次1269人次,其中厅局级来宾22批、省部级来宾3批、外国来宾2批。做好区领导赴广州、深圳等地外出考察保障工作。完成全国2020生猪稳产保供和相关政策落实情况督察组、全国农民工工作督察第二督察组、省"基本无违建县(市、区)"考核验收组、省防汛督察组以及对口嘉陵区、铁西区等重要接待任务,得到区委、区政府领导的充分肯定。

【安全保卫】 做好大院及周边社会治安排查工作,加紧大楼内24小时安全巡逻,及时排除安全隐患。严格出入登记联系制度,做好大院交通秩序维护。定期组织召开安保工作会议,加强思想教育工作。加大保安员的消防安全、应急处置培训,邀请公安分局民警组织反恐演练,提高安保业务技能。协助信访部门做好群众来访工作,引导群众依法上访。落实违规问题每月通报制。2020年登记来访办事群众69972人次,巡检提醒违章车辆1018辆。

【公务用车】 完善公务用车管理信息化系统建设,全面启用浙江省"公务出行一张网"新平台,累计派车4100余次,完成各项公务出行保障任务。强化公车日常管理,明确"三个强化一个提升"要求,严格执行"三定点"规定,起草印发《关于进一步规范全区党政机关公车使用管理的通知》,进一步规范全区公务用车定点维修、租车等事项,全面提升管理水平。完成公务用车保障市场化转型,区直属各单位重要公务、机要应急以及补贴区域外交通不便地区的公务出行调整为通过社会化定点服务机构租车和定额报销方式提供保障。完善公务用车配备更新,严格按照《浙江省党政机关公务用车管理办法》科学编制年度公务用车配备更新计划,2020年完成10辆公务用车采购更新。

(楼晓娜)

招商投资

【概况】 2020年,婺城区实际到位内资29.55亿元,完成市下达任务25.5亿元的115.88%,比2019年增长6.41%;重大产业项目到位资金18.93亿元,完成市下达任务18亿元的105.17%,其中制造业项目到位资金14.897亿元,完成市下达任务11亿元的135.43%;3亿元以上签约项目8个,完成市下达任务7个的114.29%。20亿元以上项目1个,完成市下达任务1个的100%。

2020年签约3亿元以上项目落地4个,完成市下达任务4个的100%。标准地招商完成5个,完成市下达任务4个的125%。2019年已签约未落地3亿元以上项目5个,落地4个,落地率80%。

【重大招商活动】 为更好开展招商引资工作,婺城区从实际情况出发,多管齐下创新体制机制,推动招商引资工作取得实效。区主要领导主动对接招商项目,到北京、上海、杭州等地频繁招商。不断深化在产业对接、园区建设、招商引才等方面的合作,更好地融入和助推长三角一体化发展国家战略。举办高层次人才"云社区"千企万岗招才活动,依托各地婺城商会协助开展招商活动,宣传婺城招商引资政策,探索建立异地商会招商激励考核办法,组织异地商会回乡考察。

【创新体制机制】 强化招商委的领导作用,明确各专委会工作职责,层层压实责任,确保落实到位,形成上下协同、齐抓共管的强大工作合力。双招双引形成全区一盘棋思想,招大引强,强化队伍建设,形成标准化、有特色的文化体系,并给予参会的招商中心工作人员警醒与强化招商工作的指导方向。婺城区与时俱进,利用互联网+招商的模式,精心打造一站式管理、多部门联动的移动智慧招商办公平台,确保所有招商洽谈项目都记录至招商平台中,实行项目有跟进必记录的动态跟踪机制,确保项目从洽谈到签约、落地全程有迹可循。累计录入系统库项目171个,2020年洽谈项目63个。

(杜紫薇)

自然资源管理

【概况】 2020年,婺城分局按照机构改革要求和新的“三定”方案,根据全局队伍建设和工作实际,完成三定后中层干部调整。分局干部职工争先创优,拼搏实干,在规划品质提升、土地要素保障、低效用地再开发、自然资源保护、生态经济保障、营商环境优化等工作方面提交一张张“高分报表”,在年度考核中获得“双优秀”的成绩:在婺城区委、区政府对乡镇(街道)和机关部门(单位)2020年岗位目标责任制考核中获优秀单位称号;在市局对各县(市、区)自然资源和规划局2020年度综合考核中被评为优秀单位。受省人民政府办公厅表彰,婺城分局获全省地质灾害隐患综合治理“除险安居”三年行动“成绩突出集体”荣誉称号。

【土地资源】 2020年,共争取用地指标118.5公顷,较2019年翻两番,创过去5年最高纪录。其中,累计获得盘活存量建设用地奖励新增建设用地指标66.1公顷,居全市第二,全市贡献率为17.6%;医疗补短板项目8个,用地面积17.5公顷,全市第一;跨省增减挂指标21.3公顷,全市第一;重大产业项目预支计划指标9.1公顷,市区唯一;农房专项用地指标4.5公顷。

【矿产资源】 南干矿地项目作为第一批试点项目,矿区保有建筑用石料(凝灰岩)资源量约800万吨,拟新设经营性采矿权,待资源开采完后,通过土地复耕后可新增耕地——水田30.33公顷。项目已完成项目立项、环评与施工设计等前期准备工作,待完成政策处理扫尾工作后,上省交易中心平台公开出让。

安地地热资源勘查项目位于金华市仙源湖省级旅游度假区内,矿业权人为金华市南山生态旅游投资有限公司(属国资公司)。2015年依申请设立探矿权以来,已完成勘探详查并提交成果,经省厅评审备案其中DR2井为优良温泉井。目前已完成探矿权分立,下一步将办理探转采。随着该地热资源开发利用,将有利推动仙源湖旅游度假区的提升发展。

【耕地保护】 省厅召开“两山”理论提出15周年工作交流会上,婺城分局代表金华市作汇报发言。经市保护耕地和全域土地综合整治与生态修复工作领导小组考核,确定婺城区为2019年度金华市县级政府耕地保护责任目标履行考核优秀单位。建设用地复垦工作列全市第一。完成建设用地复垦省系统验收备案39个项目32公顷;婺城区政府与省国土整治中心签署加强国土整治工作合作协议,此次签署合作协议是省国土整治中心与区级政府签署合作协议的全省首例。

9月18日,婺城区政府与北京市建筑设计研究院签订战略合作协议。图为双方进行现场考察

(区自然资源局供稿)

【用地审批】 2020年,共完成规划审批相关工作297件,其中建设工程135件,建筑面积3664750.12平方米;竣工验收47件,建筑面积431499.85平方米;规划变更12件,临时用地3件,临时改变房屋用途1件,设施农用地续批备案22件;核发证件建设项目用地预审与选址24件,建设用地53件。

【节约集约用地】 2020年,低效用地再开发完成67.73公顷,完成率287.8%,居全市第二,完成数比2019年提高100%;闲置土地处置完成数148.47公顷,完成率622%,全市第二,完成数居全市第一,占全市完成数比例58.2%;盘活存量建设用地完成数63.6公顷,完成率159%;消化批而未供完成数171.8公顷,完成率468.6%,市区第一;消化2009—2017年批而未供完成数2.32公顷,完成率155%。

【土地利用】 2020年,全区总供地134宗,面积

249.8公顷，其中工业用地16宗，面积39公顷；仓储用地1宗，面积1.7公顷；住宅用地5宗，面积34.7公顷；商服用地5宗，面积6.7公顷；公共设施用地4宗，面积2.7公顷；交通运输用地20宗，面积136公顷；村民建房65宗，面积4.9公顷；村公用设施公益事业用地4宗，面积0.2公顷。机关团体用地2宗，面积0.8公顷；监教场所用地3宗，面积2.2公顷；教育用地3宗，面积7.9公顷；水工建筑用地2宗，面积5.1公顷；体育用地1宗，面积6.3公顷；文化设施用地2宗，面积1.5公顷；宗教用地1宗，面积0.1公顷。

【国土资源监管】 历年耕地保护督察整改问题涉及全区主要七大类共49个具体问题，分别是：政府建设的人造景观工程未经批准占用耕地甚至永久基本农田1个，已完成耕地占补平衡方案的上报；以承诺方式补充的耕地到期未兑现1个，已由业务科室办理核销；城乡建设用地增减挂钩项目未按期完成14个；例行督察时发现的问题未整改到位问题(挂账问题)9个，其中闲置土地问题4个，已完成收回并注销土地证2个，另有2个被司法查封，违法违规占地问题4个，已完成拆除并复耕，水工建筑用地占用永久基本农田问题1个，已完成永农补划方案和耕地占补平衡方案的上报；补充耕地项目选址重视生态保护不够18个，已由业务科室按要求整改；新增耕地转用未落实占补平衡1个，已由业务科室完成整改；已批建设用地调出允许建设区5个，已由业务科室按要求整改。

2020年耕地例行督察新下发挖田造湖图斑5个，已通过现场照片举证反馈，有被现场督察或列入整改问题的风险。

【土地出让】 全区共完成土地出让26宗，面积73.5公顷，出让金50.34亿元；其中住宅4宗，共30.3公顷，土地出让金44.42亿元；工业用地16宗，共39公顷，土地出让金2.2亿元；综合供能站4宗，共1.4公顷，土地出让金3.47亿元；教育用地1宗，共1.4公顷，土地出让金0.14亿元；文化设施用地1宗，共1.4公顷，土地出让金0.11公顷。

【地籍管理】 根据国家和省三调办工作要求完成“三调”统一时点更新工作，三调统一时点更新成果经省级核查通过，并于10月底上报自然资源部，形成报部成果。完成农房确权调查宗地97279宗，数据入库92629宗，完成单一农房及房地一体登记农户数为16984户，其中单一农房发证数7768户、房地一体登记7256户、安置房1960户。

【矿产资源开发利用现状】 2020年5月，省厅下发的《关于贯彻落实自然资源部推进矿产资源管理改革若干事项意见（试行）的通知》(浙自然资规〔2020〕6号)之后，分局严格管控工程性采矿协议出让，推行公开竞争方式出让。2020年全区共完成工程性采矿协议出让6宗，出让金642.02万元；完成工程性采矿公开竞争出让4宗，出让金2652万元。

【矿产资源管理】 金华申华矿产有限公司罗店镇玲珑岩石灰岩矿被列入2018年度省级环保督察整改，要求2020年12月底前完成矿山生态修复。由于此矿山涉及已出让矿产资源未开采完且政策处理复杂、村民信访多年等遗留问题，婺城区排除万难，终于提前至8月完成矿山生态修复与环保督察项目核销工作。

根据《浙江省废弃矿山生态修复三年专项行动实施方案》的文件精神，下达全区废弃矿山生态修复的任务7处，全区已完成其中的6处，剩下1处为金华山罗店镇九龙废弃矿。由于该矿山涉及信访、政策处理困难等原因2020年难以完成，置换为琅琊镇新兰村小坑口废弃矿山，此项目已完成招标并进场施工。

根据省委、省政府的决策部署，婺城区以“全面摸排、综合整治、生态修复、严格管控”为手段，全力推进露天矿山综合整治工作。婺城区第一时间召开整治工作推进会，部署落实整治工作任务。并在全面查清本地区露天矿山基本情况的基础上，结合婺城实际编制露天矿山综合整治实施方案。对于持证矿山严格按照“边开采、边治理”要求，开展绿色矿山建设与生态修复；对于废弃矿山由政府逐一组织开展生态修复。通过建立“一矿一档”露天矿山整治工作台账，有序推进露天矿山综合整治，有效提升矿区环境，为打赢蓝天保卫战三年行动提供有力保证。

8 月 21 日,省自然资源厅副厅长盛乐山(右二)一行到婺城调研乡村全域土地综合整治和生态修复工作　　(区自然资源局供稿)

【土地矿产执法监察】 2020 年度，全区下发图斑 127 个,其中二季度 25 个、三季度 102 个。总面积 138.93 公顷(耕地 49.86 公顷,永久基本农田 5.14 公顷)。经实地核查:合法图斑 75 个,面积101.87 公顷;其他图斑 52 个,面积 37.06 公顷;违法图斑 0 个,面积 0 亩。2020 年卫片实现“零违法”上报,为婺城区“平安金鼎”考核奠定坚实的基础,相比 2019 年婺城区违法占用耕地 0.16 公顷，违法耕占比下降 0.17%。

【地灾防治】 共开展汛期地质灾害防治巡查 1115 人次;全年无地质灾害人员伤亡,梅汛、台汛期共发生小型地质灾害 (隐患)10 处，已完成 7 处应急处置;完成 180 个地质灾害风险防范区的划定和浙江安全码赋码工作。

【违法违规案件查处】 对日常巡查发现、领导交办、科室移交、群众举报、卫片执法检查发现的案件,及时做好立案查处工作。对未履行到位的及时移交法院强制执行;涉及刑事的,及时移交公安部门;涉及党政纪处分的,及时移交纪检监察部门;涉及没收的及时移交财政或属地人民政府。对程序完结的案件要及时在政府网上进行公开。2020 年做出行政处罚 6 件,罚没款 1502275 元。收到行政处罚罚没款 2181127 元,其中 2020 年案件罚没款 1492279 元,历年案件罚没款 688848 元。

根据浙江省高级人民法院、省国土资源厅、省“三改一拆”办统一部署,共清理 2015 年 12 月 31 日前已作出行政决定但未执行到位的历史积案 1767 宗(含开发区 501 宗),区政府已正式发文,涉及没收的移交问题也已明确。

【国土资源法律法规宣传】 结合“6·25”全国土地日,在物美超市门口进行现场宣传,在《金华日报》报道;组织各乡镇街道通过电子屏滚动或悬挂标语等形式进行宣传; 在区政府大楼悬挂主题标语;组织自然资源系统工作人员培训 2 次;积极推行法律顾问制度,与浙江金奥律师事务所签订《常年法律顾问聘请合同》，讨论决定重大事项听取法律顾问意见,代理参加行政诉讼和行政复议活动,构建国土资源法律服务团队。

【文明城市创建】 通过节省办公经费等方式为共建单位解决创文帮扶经费。分局为新狮街道后垅社区解决帮扶经费 15000 元,专项用于社区整治环境及卫生死角、“牛皮癣”、入户宣传、模拟测评、问卷调查等创文工作开展的人力、物力支出。

深入社区开展共建工作。每月定期安排志愿者深入社区,协助和配合社区扎实开展社区环境综合整治,集中清理垃圾、牛皮癣、楼道堵塞、消防设施占用、共享单车乱停乱放等问题,维护道路路面、无障碍设施、垃圾桶、照明灯、楼道玻璃等公共设施,确保正常使用。

【疫情防控】 积极应对新型冠状肺炎疫情,分局全体干部职工严格按照习近平总书记和区委、区政府应对新冠肺炎疫情“两手都要硬,两战都要赢”工作要求,履职、细化举措,通过领导干部带头、党员干部冲锋,全员皆兵防控,全面做好行业领域疫情防控工作,全力帮助企业渡过难关,助力婺城打赢疫情防控阻击战。从 2 月 3 日开始,分局重心下移,全体党员干部始终坚守防疫一线岗位，共出动 1028 人次前往防疫前线。

【工作难题破解】 安地双溪源项目是十年以上的老大难问题,分局经历多时,以专业和担当,积极破题,11 月 2 日市局党委会同意分局提出的处置方案,四期土地收回工作已完成。三期方案已通过评审并经区政府常务会议审查通过,协调解决土地出让金补缴的担保，完成三期项目规划许可工作,终于解决了老大难问题。

玲珑岩是第一轮中央环保督察有问题项目,原属金华山管委会和金华山分局管辖,2019 年 9 月接到任务后,经千方百计沟通协调,注销玲珑岩矿采矿许可证,重新编制玲珑岩矿生态修复方案,矿山生态修复边坡复绿工程已通过验收,环保督察问题已销号。

破解长山国际设计走廊项目建设难题,根据省厅要求,此项目已经出让的住宅用地必须调整成商业用地,长山国际设计走廊项目正有序推进中。

(胡　敏)

市场监督管理

【概况】 2020 年,婺城区新设市场主体 10666 户,注册资本(金)138.75 亿元,同比增幅 9.91%、12.63%。其中:新设企业 2914 户,新增注册资本 125.48 亿元,同比增幅 8.37%、12.59%;新设个体工商户 7698 户,新增出资总额 11.88 亿元,同比增长 10.64%、19.40%;新设农民专业合作社 55 户,与去年持平。截至 2020 年 12 月底,全区实有市场主体 49309 户,注册资本(金)905.22 亿元,同比增长 12.23%、8.79%。其中:企业 16005 户,注册资本 849.1 亿元,同比增长 11.45%、8.03%;个体工商户 32622 户,出资总额 39.58 亿元,同比增长 12.90%、28.05%;农民专业合作社 682 户,同比增长 0.59%。

2020 年,区市场监督管理局获评金华市抗击新冠肺炎疫情先进集体、创建第六届全国文明城市工作突出贡献集体嘉奖、全市系统综合绩效评价优秀单位、市级文明单位、区委区政府岗位目标责任考核优秀单位、"四大四比"晒拼创先进集体、区应急管理(安全生产)工作先进单位。"婺城区局创设'服务上云',全面激发市场主体活力"获金华市市场监管局局长赵国荣批示肯定;"优化营商环境九条举措"获婺城区委蔡艳书记批示肯定。

【"五化"市场改造提升】 完成金华市锦绣国际家居市场江北分市场和金华市婺城区雅畈综合市场"五化"改造提升工作,投入改造资金 139.65 万元,对市场服务体系、市场设施设备进行优化完善;在农贸市场加强食品安全快速检测室规范化建设与管理,在专业市场定期开展产品质量监督抽查和缺陷产品登记,建立数字化"驾驶舱",实现从人工监管到数字监管的转变。

【"守合同重信用"企业认定】 加强企业信用建设,认定浙江省 AAA 级"守合同重信用"企业 4 家,延续确认浙江省 AAA 级"守合同重信用"企业 9 家;认定浙江省 AA 级"守合同重信用"企业 5 家,延续确认浙江省 AA 级"守合同重信用"企业 10 家;认定浙江省 A 级"守合同重信用"企业 9 家,延续确认浙江省 A 级"守合同重信用"企业 6 家。

【商标品牌建设】 召开百城千业万企对标达标提升专项行动部署会、规模以上工业企业召开 2020 年 QC(质量管理)小组活动专题培训会,强化质量标准引领。注重品字标企业培育库的建设,2020 年,新增品字标培育库企业 10 家、浙江制造品字标认证 6 个、市政府质量奖 1 家(金华市精工工具有限公司)、区政府质量奖 2 家(金华市佳怡包装有限公司、浙江先创能源科技股份有限公司),发布浙江制造标准 2 个,浙江制造品字标贴标"四个百分百"全覆盖,规模以上企业标准化统计监测率达 100%。金华市酥饼行业协会品牌服务指导站挂牌;"竹马茶花"申报地理标志集体商标;交投公司全种类申报注册的"燕语湖"商标正在培育农产品企业区域公共品牌。金华市仙源山铁皮石斛种植基地有限公司获评浙江省商标品牌示范企业。婺城区获评浙江省商标品牌示范县(市、区)。

【食品监管】 贯彻"闭环管理、溯源倒查、滚动推进、强化规范"16 字方针,全力整治食品安全风险隐患,依托"浙冷链"系统全链条管控高风险冷链食品,对重点冷链食品集中监管仓进行重点监管、驻场指导,在全市率先完成冷链食品集中大批量作业。启动《全市食品小作坊规范提升新三年行动(2020—2022)》,在已创建的名特优食品作坊和亮化达标小微食品生产企业中推进实施以"整理(SEIRI)、整顿(SEITON)、清扫(SEISO)、清洁(SHITSUKE)、素养(SHITSUKE)"为主要内容的"5S"现场管理模式，推动小作坊生产加工管理标准化，完成 6 家小作坊和小微企业的“5S”改造提升。

12 月 25 日，举行金华市婺城区进口冷链食品公共集中监管专仓启动仪式 （区市场监管局供稿）

【广告监管】 通过日常广告监测和投诉研判，监测检查各类广告 1385 条次，查处各类广告案件 8 件，罚没款合计 21.7941 万元。

【专项整治】 对36 家乳制品、肉制品、蜂产品、包装饮用水四类地产食品，6 家固体饮料、压片糖果、代用茶，6 家冷冻饮品等高风险食品，开展专项整治，加强原辅料控制和生产过程管理。立案查处违法添加、虚假标注、无证生产等违法行为案件 35 件，其中流通领域 25 件，罚没款 23.89 万元；生产领域 10 件，罚没款 14.26 万元。共计 38.15 万元。

5 月 28 日，婺城区市场监管局启用全省首台搭载 5G 技术的“伊心一意·三服务”直通车，开启政务服务“反向跑”改革 （区市场监管局供稿）

【餐饮服务监管】 抓好“一老一少”守护行动，加强养老机构食堂与校园食堂监管，落实重大活动餐饮保障，以“零失误、零投诉、零事故”的成绩完成元旦春节、国庆中秋，两会、中高考及市区两级重要会议等餐饮保障工作。采用“双随机”模式开展事中事后监管，落实餐饮第三方平台主体责任，实行线上线下同质化监管。完成 43 所学校的智能“阳光厨房”建设。

【企业年报监督】 首推精准化、均衡化年报。2020 年度应报企业 13688 家，已报 12789 家，自然年报率 93.4%，列异 936 家；农专社应报 641 家，已报 593 家，自然年报率 92.8%，列异 61 家；个体户应报 25895 户，已报 22152 户，自然年报率 85.6%。

【“双随机、一公开”】 2020 年，共发起双随机抽查任务 49 个（跨部门任务 9 个），接收省市系统抽查计划 10 个，检查结果公示率 100%，企业抽查覆盖率 4.69%，关联信用规则抽取比例 57.1%。在检查中，发现问题已责令改正 15 家，发现问题待后续处理 22 家，通过登记的住所（经营场所）无法联系 191 家，已关闭停业或正在组织清算 225 家，后续处置完成率 100%。在特种设备、餐饮、食品、产品质量等重点监管领域实施全覆盖监管。

【食品检测】 制订全年食品安全抽检监测计划（共 1800 批次），加强重点区域、重点食品、重点项目的抽检力度。完成食品生产、流通、餐饮环节监督抽样检测 1881 批次，主要涉及蔬菜水果、畜禽肉制品、自制面制品、面包糕饼、饮料等品种，抽检结果均已在区政府网站上公布。

【药械化监管】 结合“药剑”、疫苗联合等专项整治行动，力保全区药品、医疗器械、化妆品安全，探索单体药店转型连锁门店相关工作，为 23 家单体药店转型实现“经营不停、药品不退、医保不断”。制定年度日常监督检查方案，与行政许可、GSP 认证检查、飞行检查、监督抽验等工作相结合，加强重点环节和高风险品种的监管，保障药品质量安全。2020 年，监督抽验药品 85 批次（中药饮片 31 批次）。完成 56 个批次化妆品监督抽检和风险监测，其中生产环节省抽 16 批、市抽 20 批，化妆品原料 10 批；经营环节市抽 10 批。

【消费维权】 扩展“消费维权义工服务队”,消费维权信息员、监督员、宣传员和调解员实现角色“四员合一”;“放心消费在婺城”品牌建设提质扩面,在茶花之都竹马乡建立“放心消费示范乡”;多举措培育浙江省放心消费示范区和市级以上放心消费示范单位,建立放心消费11项规章制度,发放相关标志12000余份,制度上墙、标志上柜,营造统一规范、醒目的放心消费氛围。2020年,累计处理消费者投诉举报咨询5116起,解决率99%,为消费者挽回经济损失400余万元。

【合同监管】 办理格式合同备案19件,涉及房地产销售合同、旅游合同、汽车销售合同;检查房地产销售、拍卖等合同206份。

【农贸市场】 2020年,婺城正常经营的各类有证市场(包括区政府指定的交易点)有24个,其中农贸市场19个、专业市场5个。2020年,有证商品交易市场成交额86亿元,上半年由于疫情影响比上年同期下降15%;下半年由于复工复产成效明显,全年比上年同期略有上涨。

【特种设备安全监察】 强化重大节假日期间、人员密集场所特种设备监察工作,重点排查571家单位、检查设备953台,发现隐患53处,100%整改;开展叉车智慧化监管试点工作,5家企业的5台叉车设备试运行状况良好。

【产品质量监管】 以“5·20”计量日、“质量月”等时间节点为载体,维护计量安全,开展产品质量宣传,不断提升监督抽查在保障产品质量安全中的作用,全年共查处案件26起,罚没款14.2万元。

【知识产权】 强化政策引领,牵头制定区级知识产权新政,推动知识产权数量多起来、结构优起来、运用活起来、形象树起来。全年新增国内发明专利授权253件,专利PCT国际申请40件;专利质押融资额首次突破3亿元,同比增长144.91%,完成率居全市第二,为企业减免专利评估费用5万余元,婺城区被确认为浙江省商标品牌示范区。截至2020年底,全区每万人发明专利拥有量为20件,有效发明专利数876件,省、市级商标品牌示范企业11家、专利示范企业53家,国家知识产权优势企业2家。

【案件稽查】 开展防疫物资质量专项整治,强化食品案件查处,加强产品质量及违法广告执法力度,深入开展药品、化妆品稽查及监督抽样工作,2020年,查处案件126起,罚没款221.7万元,其中大要案26起,罚没款98万元,移送公安案件3起。全年抽检药品85批次,抽检大型医院电刀和激光治疗仪15批次。

【文明城市创建】 做好商品交易市场的迎检工作,严格按照《婺城区农贸市场公共服务管理月度考核表》对第三方托管团队进行每月一次的考核,建立权责明确、行为规范、监督有效、保障有力的农贸市场委托监管机制。2020年,文明示范市场项目获得市场创建办颁发的创建全国文明城市“骏马奖”;3家市场完成省放心市场创建工作;3家市场完成二星级文明规范市场延续认定工作。

【疫情防控】 成立工作专班,制定《金华市婺城区市场监督管理局新型冠状病毒感染的肺炎疫情防控工作方案》《疫情防控工作责任书》《疫情防控倡议书》《致婺城区“六小”行业经营者的一封信》等材料。运用在线视频监管模式,对农贸市场开展全天候非接触式疫情防控网络巡查,累计监测时长800余小时;发挥药店“哨点”作用,根据疫情变化对餐饮单位实行动态管理,排查特种设备使用单位、重点场所及复工企业,保障特殊时期医用气瓶、氧罐安全可靠。开展防疫物资质量专项整治,共查处口罩案件12起,罚没款51万元,移送公安3起,其中销售不合格口罩案件9起、销售未标注生产日期和有效日期口罩案件3起。为涉疫防控企业开通绿色通道,推出“六小”行业复工备案码,推出“你点我送”“你安心复工,我按时送餐”“云客服”“云帮办”“云代办”等便民服务。

【2020年婺城区驰名商标、商标品牌示范企业】 截至2020年年底,婺城区共有行政认定驰名商标3家,分别为浙江万里扬集团有限公司、浙江高峰控股集团有限公司、盛博奥集团有限公司;省级商标品牌示范企业4家,市级商标品牌示范企业11家。

(李 朦)

物价管理

【概况】 2019年国家行政机构改革后，不再设立物价局，相关职能归口发改局价格科，主要职责是：起草有关价格和收费的规范性文件，拟订全区价格和收费的改革方案、有关政策措施并组织实施，承担全区重要商品和服务价格、重要收费的管理，调整区级管理的商品和服务价格、收费标准，按规定承担政府调定价格项目成本调查和监审，组织开展全区重点行业、重要农产品、重要商品和服务的成本调查，组织开展价格监测预警工作，实施价格信息发布。

【价格监管】 做好价格监测和农产品成本调查，开展粮食价格监测，发布价格信息12次，密切关注市场价格波动情况，维护市场价格稳定和正常市场秩序。开展油菜籽成本调查，并对成本进行分析，撰写分析报告。

【价格管理】 根据省价格主管部门授予金华市辖区定价权限，积极开展定调价工作。审批7家非营利民办学校、3个小区前期物业、小学课后托管的收费标准；按照上级部署完成4个污水厂2018年度成本、收费情况调查；召集婺城区、开发区住建局、财政局召开婺城区污水处理费评估联席会议，评估污水处理费收费标准。向市发改委上报关于游埠枢纽及船闸工程水电站上网电价的请示，转发省、市发改委关于游埠枢纽及船闸工程水电站上网电价的批复。

【价格认证】 发挥价格认证中心作用，为社会稳定服务。完成各类涉案物品价格鉴定282件，鉴定金额2363.31万元，其中完成公安涉案物品价格鉴定279件，鉴定金额1980.7万元；纪委涉案物品价格鉴定3件，鉴定金额382.61万元。

（洪梦婷）

综合行政执法

【概况】 2020年，区综合行政执法局秉承“群众为本、服务至上”的“服务+执法”工作理念，全面推进综合执法体制改革，提升执法铁军核心战斗力，全力打造“讲政治有担当、讲公平有正气”的执法铁军队伍。全年共办理一般程序案件1084件，简易程序案件4612件，合计处罚金额180.3万元；人行道违停处理3.36万人次，处罚金额435.8万元；办理行政许可4147件，收到金额60.2万元。

【市容环境整治】 开展餐饮油烟专项整治。制定下发《金华市婺城区综合行政执法局关于开展餐饮油烟污染专项整治工作的实施方案》《婺城区综合行政执法局餐饮油烟治理指导手册》，全年共排查餐饮油烟店1965家，其中无油烟餐饮店445家，应安装油烟净化器餐饮店1520家，安装率100%；发放限期改正通知书230份，处罚26起，处罚金额6600元。开展路面扬尘专项整治。制定下发《金华市婺城区综合行政执法局关于开展2020年大气污染综合治理专项整治行动的方案》，重点加强二环西路、宾虹西路、环城西路等路段的专项整治。共查处未覆盖遗洒案件61件，处罚46300元。开展垃圾、秸秆焚烧专项整治。加强对焚烧垃圾、秸秆的监控巡查，建立完善常态化露天焚烧巡查工作机制。共发放禁止焚烧宣传单4227份，制止乱焚烧847起，查处乱焚烧案件211起，处罚16150元。全域推进“污水零直排区”建设。牵头开展“六小行业”摸排整治行动，共发放“六小行业”公开信4396份，“六小行业”摸排建档1708家，一般程序案件6起，简易处罚140起，处罚金额合计15770元。做好秋冬扬尘治理工作。根据《金华市2020年秋冬季建筑施工扬尘专项执法行动实施方案》《金华市2020年秋冬季餐饮油烟专项执法行动实施方案》《金华市2020年秋冬季秸秆禁焚专项执法行动实施方案》，制定局“2020—2021年秋冬季大气污染综合治理攻坚行动措施任务表”，做好环保各项工作。做好中央环保督察工作。按要求完成第一轮环保督察问题整改完成情况的台账资料和公示工作及第二轮中央环保督察期间相关工作，配合完成中央环保督察调度保障、资料调阅、交办件处理回复工作。中央环保督察期间共接环保信访57件，其中中央主办2件、配合10件；区级主办24件、配合21件，均已及时回复反馈;中央环保督察简报被采纳 4 期。全面开展违法建设治理。配合乡镇、街道全面推进“三改一拆”专项行动及“基本无违建”创建工作,加大违建管控处置力度,对新增违建做到立查立拆,全年8890 投诉及巡查发现违建 120 余处,办结 80 余处件。配合各乡镇政府,做好到期砂场关停拆除工作,婺城区范围内砂场已全部关停,张都砂场因机器设备未完全拆除,处在断电停产拆除设备过程中,原材料只出不进。全力抓好安全生产工作。以打造“平安幸福城”为目标,开展小微企业安全生产和消防安全违法建筑专项整治,对瓶装液化气经营点和户外室外广告进行全面专项整治,广泛宣传动员,强化责任落实,狠抓隐患治理。组织全体党员干部学习习近平总书记关于安全生产重要论述及相关法律法规,全力助推企业有序复工复产。制定安全生产月方案,开展辖区内户外广告、燃气安全、违章建筑等安全生产大排查,对液化气站点的设施设备、用电、防火等安全隐患进行每周 2 次以上排查整治。加大对道路两侧乱设广告、悬挂张贴物、大型广告安全隐患的排查力度,对存在安全隐患的户外广告按要求进行整改或拆除。

【执法改革】 推进综合行政执法体制改革。全面贯彻实施中央 5 号文件精神、落实做细省委省政府《关于深化综合行政执法改革的实施意见》的总体部署,切实践行省委书记袁家军关于综合行政执法改革的总体要求,发挥首创精神,推动全区综合行政执法改革向纵深发展。已梳理 21 个部门 4851 项权力事项(其中区级 1937 项、市级 2914 项),初步拟定改革所需制度建设 59 份。《婺城区“大综合一体化”综合行政执法改革试点方案》先后经婺城区委常委会、金华市政府常务会审议,原则上同意,已提交金华市委深改委会议研究。在全省创新推出“教科书式”执法。率先在全省综合行政执法系统创新推出“教科书式”执法新理念,在全市第一个承办“人行道违停教科书式执法现场会”,牵头编写《金华市综合行政执法系统人行道违停处罚教科书式执法指引》,为下一步基层执法提供健全完善的执法依据。制定下发《2019 年度典型案例汇编》《人行道违停处罚指导手册》等资料,得到省、市执法系统领导的好评。在全市创新推出“一圈六方”管理机制。商圈管理办公室和西市街商圈联合党委合署办公,以优质党建推动市人民广场商圈优质发展,通过六方协作,实现“共管、共治、共享”新格局,牵头推行“一圈六方”长效管理、部门联合执法、商家共建共管机制,全面提升西市街商圈城市品质。组建女子巡逻队、“啄木鸟”服务队、联合执法大队,打造“综合查一次”最优营商环境;建设智慧商圈系统,构建智能化、可视化商圈管理体系、实现审批服务“零次跑”。

11 月 29 日,举行婺城区综合行政执法局队伍综合素质大提升集中培训 (区执法局供稿)

【文明城市创建】 开展社区环境卫生专项整治。坚持社区环境卫生整治八字诀,拆除违章建筑8.6 万平方米,增划规整社区停车泊位 2213 个,对辖区老旧小区楼道灯进行更换、破损道路进行修补等。开展沿街立面专项整治。以“三个一流”为总要求,按照“七个有序”标准打造示范街路,青春西路、常平路、明月街、飘萍路改造已完成,进度为 100%,飘萍路被评为四星级示范街,其余 3 条示范街均被评为五星级示范街。共发现“牛皮癣”77819 处,全部即查即清,对乱张贴“牛皮癣”行为处罚 58 起,处罚金额共计 11800 元,上报停机号码 437 个。开展养犬管理专项整治。深化实施《金华市养犬管理规定》,利用公告栏、村(小区)微信交流群和网格员志愿者入户巡查宣传,加深居民依法养犬、文明养犬的意识,全区已注册养犬码 1534 只。同时,开展“两头乌”犬类专项整治行动,重点加强公园、广场等公共区域巡查整治,对违规养犬行为处罚 424 例,处罚金额 52625 余元,收容流浪犬 1100 只。开展停车难停车乱专项整治。加快公共(临时、配建)停车场新(改、扩)建工作,完工停车场共14个,1268个泊位,新建停车场2个。增加、规范人行道施划机动车泊位6309个,施划、规整人行道非机动车停车36700米;排查隔离设施达27000米,拆除钢管4218根,拆除立柱502个,新做立柱48个,修复石柱7个,新做石柱18个;共查处人行道违停车辆42609辆,拖移违停车辆1041辆。开展户外广告专项整治。加强公益广告日常管理维护的监督,确保公益广告设置品质,婺城区工作机关部门、单位共计完成1846处,乡镇街道共计完成7147处,二环以内的社区(小区)安装楼道牌8195个,做到全覆盖。累计拆除户外广告905处,1万余平方米。

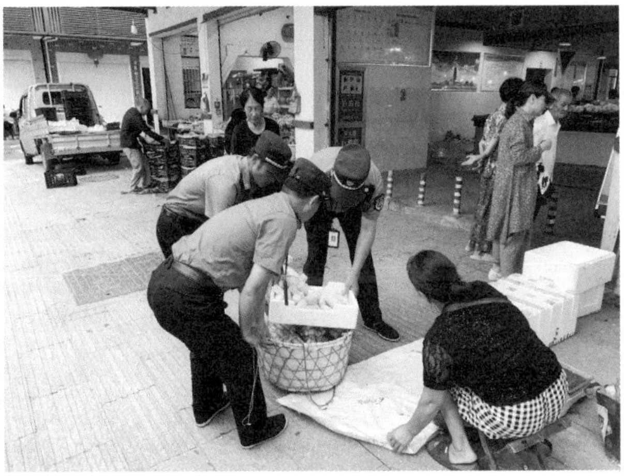

7月14日,婺城区综合行政执法局参加文明城市创建省级测评活动　　(区执法局供稿)

【疫情防控】 聚焦核心商圈,迅即行动防控到位。第一时间组建联合执法队,对人民广场进行管控,完成核心商圈人民广场智慧监控点设置并配备高音喇叭设备,将商圈纳入智慧监管范围。共劝离集聚人群600余起,发放《新冠病毒科普知识》宣传手册500余份。着眼活禽交易,市场周边捕杀到位。出动3000余人次,对活禽交易进行专项整治,从严查处占道销售活禽、野生动物等行为。累计排查336个/次市场。取缔曙光路市场、沁园春市场两个活禽交易点,切实保障辖区内活禽交易零风险。下沉基层社区,应急管控协助到位。全局92%队员下沉乡镇街道286个点位,开展联防联控工作,累计循环值班5000余人次,为全市筑牢疫情防控第一道防线。

【"三改一拆"】 突出"重点区域、重点类型",对群众反映强烈、舆论高度关注的热点难点,采取有力措施,敢于动真碰硬,如对金华城区、中心镇区以及省道两侧可视范围内未经审批、自行搭建的违法建筑物、构筑物开展集中攻坚专项整治行动。2020年,集中拆违近200次。突出专项整治,针对国土卫片发现的违建及时查处,将年度卫片执法检查违法占用耕地面积占年度新增建设用地占用耕地面积控制在1.2%以下。针对省、市媒体曝光的违建,如新狮街道违建,快速处置,拆除6117平方米,罗店镇被曝光的3个违建厂区,第一时间协调处置,共拆除20768.4平方米。疏堵结合分类处置。根据《婺城区违法建筑分类处置实施方案(试行)》,按照"应拆尽拆、应补尽补"的原则,分门别类、科学处置违法建筑,对未依法取得建设工程规划许可证、村镇规划建设许可证等情况的建筑依法拆除,对由于结构性原因无法拆除的暂缓拆除。

(崔梦琪)

环境建设与管理

【概况】 截至2020年年底,婺城区$PM_{2.5}$浓度为25微克/米^3,全市排名第三,比上年同期(31微克/米^3)下降19.4%,达到国家二级标准及市下达的$PM_{2.5}$浓度33微克/米^{3}以下的年度目标任务;空气优良指数(AQI)为91.5%,达到85%以上的年度目标任务。

2020年1—12月,婺城区64个乡镇支流交接断面中,Ⅰ~Ⅲ类水质断面63个,占98.44%;Ⅳ类水质断面1个,占1.56%,无Ⅴ类、劣Ⅴ类水质断面。沙金兰水库集中式饮用水源地水质平稳达到Ⅱ类以上。

【环境宣传教育】 进一步加大生态环境保护宣传力度。8月,承办第五届联合国中国青少年环境论坛暨2020中国青年生物多样性夏令营活动,来自清华大学、复旦大学、中科大、昆山杜克大学等17所国内知名院校的专家、学者等40余人对婺城区南山自然保护区内生物多样性开展夏令营科考活动,本次活动在凤凰网、澎湃新闻等国内多家重要媒体上进行广泛宣传，为提升全民生态环境保护的意识,建设美丽婺城贡献力量。积极营造全面参与生态环境满意调查氛围，根据省美丽办公布的2020年全省生态环境公众满意度调查结果,婺城区得分89.71分,居全市第二。

【执法检查】 先后开展全区“安全生产大排查”“正面监督执法清单”“清水斩污”“涉VOCs企业”“化工企业大排查”等生态环保专项执法工作。出动执法人员1548人次,检查企业488家次,下达责令整改通知书47份,处罚环境违法行为案件46件(其中拟处罚案件25件,移送公安行政拘留4件,查封扣押6件,简易处罚案件11件),拟处罚金额366.07万元,责令停产企业3家,取缔“低、散、乱”6家,有力保持环境执法的高压态势。

(郭 腾)

应急管理

【概况】 区应急管理局内设办公室、综合协调科(挂政策法规科牌子)、安全生产监管科(挂行政许可科牌子)、应急救援科、综合防灾科5个科室,下辖区应急管理执法大队、区防汛抗旱指挥中心、区应急管理宣传教育中心3家事业单位。2020年,各类生产安全事故6起、死亡6人,与上年相比分别下降33.3%和25%，持续保持全市较低的事故指标控制。2020年度安全生产和消防工作目标管理责任制考核全市第三,获评全省2020年“安全生产月”活动优秀单位。

【安全生产责任制】 推动安全生产综合治理三年行动。6月28日,区委、区政府审议通过《金华市婺城区第二轮安全生产综合治理三年行动计划》,区安委办立足“早、准、实”,全面发力、建立专班、统筹推进，排查发现并整改危险化学品隐患146处,小微企业加工制造类隐患310处,交通运输行业隐患181处,消防安全隐患478处(其中责令停产整顿22家),城市建设安全隐患421处,各行业累计处罚金额1379.48万元。

【安全生产网格化管理】 高质量提升安全生产体检站体系。更新体检站服务机构6家,按照“分区域、分级别、网格化”原则,实施安全风险差异化动态管控，依托安全生产体检站排摸工业企业1496家并建立“一企一档”,组织体检站首席专家开办业务技能培训班12期，开展全封闭实战式体检站技能比武1次。

【排查治理安全生产隐患】 常态化推进危化品等重点行业监管,开展全覆盖检查,安全生产体检站每月检查1次，区级专家库成员每周视频监测1次,开展联合检查3次,邀请省级危化、矿山专家开展季度体检18次;开展“重大危险源”“危险化学品生命全周期”“危险化学品全链条”“非法违法小化工”“涉硝酸铵等易爆品”“非煤矿山安全专项整治”等专项整治行动,定期召开高危行业安全监管季度培训会。

开展重点时段、重点领域集中整治。全面开展小微企业安全生产和消防综合整治,以“三场所两企业”为重点,持续加大加工制造业小微企业安全整治工作力度,全区摸排小微企业1196家,每月20日召开会商研判会,共开展小微企业检查2928家,排查隐患4036项，已整改隐患3898项，整改率96.5%。

2020年,婺城区排查生产经营单位3873家次,发现问题隐患3579项，完成整改3380项，整改率94.4%(其中一般工矿企业共排查生产经营单位454家次,发现问题隐患584项,完成整改584项;高危行业共排查生产经营单位65家次，发现问题隐患135项,已完成整改135项,整改率100%)。集中排查整治期间,省督导检查组在婺城区共发现问题隐患22个(其中重大隐患1个),市督察组发现隐患问题28个,全部整改完毕。

【安全生产宣传教育】 多维度开展宣传活动,在全国第19个“安全生产月”以及“5·12”防灾减灾日、“10·13”国际减灾日等关键时间点,开展安全宣传咨询日活动、“公众开放日”活动、科普讲座和网上知识竞答等系列活动,进企业专题宣讲2次,发放安全生产倡议书1027份,制作公益广告片1部,在金华教育科技频道以每周3次的频率播出。全面推广“婺城应急”公众号应用,2020年累计推送文章370篇,开展线上互动2次,累计吸引群众58912人次参与互动。发送森林消防宣传提醒短信、微信10万余条,以横幅、电子屏宣传2300余条,粘贴标语800余条,编制并发放安全生产宣传册4900册,发动51所学校48000名学生学习防震知识。由于宣传成效突出,被评为全省2020年“安全生产月”活动优秀单位。

讲好婺城应急好故事,累计在《今日婺城》刊发新闻报道46条、特别策划专版2版,在“婺城发布”公众号发布新闻报道8条、婺城新闻客户端发布新闻报道140条,《金华日报》刊发新闻报道12条、金华电视台《金华新闻联播》发布新闻报道6条、金华电视台其他栏目发布新闻报道6条、金华新闻客户端发布新闻报道36条,浙江卫视发布新闻报道2条、浙江新闻客户端发布新闻报道32条。

【安全生产培训】 全面拓宽培训覆盖面,创新实施“三管两评一保障”,实现“四个全覆盖”,举办安全生产知识培训班60期,参与培训3484人。举办安全生产和应急管理培训2期4批次,应急管理责任人业务培训4次277人,联合防指成员单位开展相关业务培训3次479人。

持续深化应急处置技能比赛。首次统筹18个乡镇(街道)应急管理(安全生产)、人武、消防、民政、水利、林业、自然资源和规划、气象、地震等9条业务线及危化企业、矿山等500余人,设置1个主会场和5个分会场,开展2020年度金华市婺城区应急处置技能比赛。

【应急管理职责】 构建乡级“大应急”工作体系,全力推动“基层党建+应急管理标准化”工作,落实乡级应急管理中心“1+X+3”工作机制,实现乡镇(街道)应急管理(安全生产)、人武、消防、民政、水利、林业、自然资源和规划、气象、地震等业务线“9线统筹”。4月23日,承办2020年全市现场会,工作成效多次获市领导肯定,宁波市及金华市金东区、开发区等兄弟单位多次到婺城交流学习。工作体系在汛期实战中发挥出作用,安地镇人员成功避险案例被央视《朝闻天下》等栏目报道。

理顺应急管理责任链条。编制区级综合应急预案2个、专项应急预案4个。指导各乡镇(街道)修订完善突发事件总体预案及防汛防台、森林防灭火等专项预案。印发防指工作规则、自然灾害会商制度、应急工作指南等,进一步提升全区应急研判能力。印发《金华市婺城区应急管理局应急响应行动方案》,实行“全局防汛”模式。

【救灾减灾职责】 高标准完成避灾安置场所规范化建设任务。在市局下达的任务基础上,完成避灾安置场所规范化建设74处,超额640%,率先实现规范化避灾安置场所“三个全覆盖”,即县级全覆盖、乡镇级全覆盖及山区村、防汛重点村全覆盖,发放建设补助资金120.5万元,完成避灾安置场所可视化建设任务75处。新狮街道柳湖花园社区成功入选2020年“浙江省综合减灾示范社区”名单。

筑牢森林火灾防线,建立森林防灭火会商制度及信息交互制度,开展森林防灭火专项督察4次,参与检查76人次。立案查处野外违规用火行为4起、过失引起火情1起。克服山高路险、情况不明、水源难寻等恶劣条件,联动全市救援力量,协调区消防救援大队及区直3支森林义务消防队120余人,妥善处置“1112”北山火情,得到市、区领导肯定。

3月18日,区应急管理局开展森林防灭火演练

(区应急管理局供稿)

强化应急队伍建设,聘请应急抢险专家为突发事件处置提供专业技术支持。指导各乡镇(街道)建立三支应急抢险(半)专业队伍,推动民兵应急力量和政府应急救援体系耦合联动发展,大力支持社会应急队伍建设。疫情期间,协调蓝天和红十字两支社会救援队参与各类防疫志愿活动,出动队员300

余人次，检查车辆6.73万辆次，移送疑似人员19人,劝返人员0.6万余人次。

4月21日,区应急管理局开展防汛拉练
(区应急管理局供稿)

【水旱灾害防治】 全方位开展防汛隐患大排查。汛前组织各乡镇(街道)和应急委成员单位参与检查6222人次,检查4218处,发现并整改隐患122处,区应急委办下发通报1次,督办3次。入汛后,推动防汛隐患“回头看”工作,组织9个防指成员单位参与检查200余人次,18个乡镇(街道)参与检查1589人次,检查重点区域200余处,发现问题10处,立即交办完成整改9处,下发整改通知1份、督办单1份。

全面提升应急物资储备管理水平。会同区经商局等部门建立健全应急物资储备、信息平台和调拨制度，建立救灾物资储备使用规范管理和联动机制。采购应急通信指挥车1辆、强排车1辆,无人机1台，应急照明灯4台，提升应急现场先期处置水平。采购卫星电话132台、排水泵141台和发电机126台并配备乡、村两级应急物资柜,实现多灾易灾乡镇(街道)和重点村(社区)三项防汛重要应急物资全覆盖。疫情期间,积极争取调拨省级救灾物资6批次,协调区经商局紧急采购物资5批次。

【震灾应急救援】 落实防震减灾工作要求,加强抗震设防管理,组织开展建设工程地震安全监管专项检查,加强地震台网建设。在“5·12”防灾减灾日开展区级地震应急救援演练,全实景模拟、全要素指挥、全过程导调,提升地震应急实战水平。

以练代战提升应急处置能力。结合区域季节气候特点、队伍应急特长(能力)和应急预案适用等因素,组织开展“每月一练”,共组织开展应急拉(演)练12次，参练队伍120支次，参练人数4000余人次,使用装备520件次,完成应急救援队伍从“一盘散沙”到“高效凝聚”的转变。

【科技信息化】 加大资金投入提升应急管理科技信息化水平,采购配备移动单兵、布控球、无人机、应急通信指挥车、可视化指挥调度系统等,初步建成可视化指挥调度系统,实现突发事件时,省、市、区三级指挥系统与现场的互联互通。投入巨资对局会议室进行可视化指挥调度系统建设改造，使之与区城市智慧大脑、可视化指挥调度系统、应急指挥平台、视联网等有效融合,有效提高突发事件应对的科技性,提高应急效率。对全区75个避灾安置场所进行可视化建设,通过接通专网、安装摄像头等手段,实现省、市、区应急管理部门对避灾安置场所实时可视。

(郑贤清)

气象局

【概况】 金华市婺城区气象局为实行金华市气象局与婺城区人民政府双重领导、以金华市气象局领导为主的正科级部门机构,主要工作职责是负责婺城区气象行政管理、大气探测、气象预报服务和气象防灾减灾工作。

金华市婺城区气象局的前身是金华市气象局婺城分局，由金华市气象局与婺城区人民政府于2016年4月共同组建(金气发〔2016〕13号)。分局成立以后,在针对性、精细化服务地方气象防灾减灾工作上发挥重要作用，尤其是在2017年梅汛期洪涝、2018年初低温雨雪冰冻、2019年梅汛期强降雨、“利奇马”超强台风等灾害性天气预报预警服务中很好地发挥科学参谋作用。

随着气象监测、预警服务的不断深入,婺城区气象机构、人员编制不完善已明显制约防灾减灾工作的正常开展。为此,经过婺城区委、区政府,金华市气象局的共同努力,2019年9月17日,中国气象局发函批复同意成立浙江省金华市婺城区气象局

(中气函〔2019〕175号)。2019年10月28日,浙江省气象局印发《浙江省气象局关于成立金华市婺城区气象局的通知》(浙气发〔2019〕73号)。

金华市婺城区气象局的建立得到婺城区委、区政府的大力支持,12月20日,金华市气象局党组书记、局长吴瑞欢率班子成员,婺城区委常委、副区长杨旭锋共同参加揭幕仪式。金华市婺城区气象局步入发展新阶段,依法履行本行政区内气象主管机构的各项法定职责,承担相应的气象业务、服务、管理工作,并全面融入婺城区委、区政府各项工作。

【组织建设】 2020年5月18日,金华市气象局发文设立婺城区气象局党组。7月27日,中共金华市婺城区人民政府办公室系统机关委员会同意批复设立中共金华市婺城区气象局支部委员会。8月5日,婺城区总工会同意成立婺城区气象局工会委员会。金华市婺城区气象局围绕区委、区政府和上级气象部门的重大决策部署,紧扣"双城"战略规划目标,着力加强天气预报预警服务,提高应对气象灾害防御能力,预防和减轻气象灾害损失,守牢防灾减灾第一道防线。

(张小泉)

"三改一拆""无违建"创建工作

【概况】 2020年,婺城区"三改一拆"处置各类违法建筑113.51万平方米,完成市级任务的166.9%,累计销号3436户,销号率为45.31%;旧住宅改造35万平方米,完成市级任务的285%;旧厂区改造17.07万平方米,完成市级任务的171%;累计开工城中村改造35.2万平方米,完成市级任务的232%。完成曙光花园、青春小区、北苑小区等旧住宅区改造。完成金华市兴华皮件有限公司、金华市永强车业有限公司等旧厂区改翻建。完成洪源村、五星田里、黄金苑村等地城中村改造。紧盯拆改攻坚综合治理,全面拆除印染小区道路、空地上搭建的200余个铁皮棚,优化住户的居住环境。推进城市有机更新,完成总面积113.33公顷、6251户的全省最大体量的棚户区二七区块的改造,利用区块内金华老城印记,实现拆改结合,打造独具金华特色的铁路文化公园,留给金华一座铁路文化地标。

【创成"基本无违建区"】 4月,全区先后迎来省、市无违建创建现场检查和复查验收工作,涉及具体点位22个,根据考核验收组指出的问题,需整改的罗店镇、白龙桥镇、乾西乡、新狮街道快速反应,全员参与,以政治自觉和责任担当打赢整改"攻坚战",以问题整改的实效推动工作落实,共整改拆除15家企业违建3.6万平方米,保障全区初步通过考核验收。

【农房分类处置和确权登记工作】 全区将农房分类处置与确权登记工作相结合,采取对违建农房分类处置后确权办证的形式,消除农村非法一户多宅,违法占地,超高超面积,房前屋后乱搭乱建等问题。出台《婺城区违法建筑分类处置指导意见》,为开展工作提供政策支持,多次召开动员会、部署会、业务培训会等提供业务指导,共拆除违法农房175户,8万余平方米,公示16个村3166户,卓有成效。

【小微企业违法建筑专项整治】 根据边查边改边制定方案要求,对全区1196家小微企业开展联合摸排,以严重影响消防和生产安全的违法建筑为重点排查整治对象,通过联审联议,分类处置,发现需整改企业526家,建议拆除部分违建129家、整改73家、缓拆319家、补办5家,已完成拆除89家、整改43家。按照缓拆处置意见,由企业填写"婺城区小微企业违法建筑暂缓拆除申报表",交至属地乡镇(街道)备案256份,处置一批占用、堵塞、封闭消防通道,影响逃生和灭火救援的违建和违建危房,保障企业的健康发展和人民群众生命财产安全。

(方学原)

中国人民政治协商会议婺城区委员会

综 述

婺城区政协共有办公室(研究室)及提案委员会、委员工作委员会、经济科技委员会、资源环境与农业农村工作委员会、教育文化卫生体育与文史资料委员会、社会法制民族宗教与港澳台侨委员会6个专门委员会,罗店工作委员会、乾西工作委员会、竹马工作委员会、雅畈工作委员会、白龙桥工作委员会、琅琊工作委员会、蒋堂工作委员会、汤溪工作委员会、塔石工作委员会、罗埠工作委员会、洋埠工作委员会11个工作委员会,以及城东联络组、城中联络组、城西联络组、城北联络组、新狮联络组5个联络组。2020年,区政协召开全体会议1次、常委会会议4次、主席会议10次;组织调研视察56次,形成调研报告5篇;共收到以提案形式提出的意见建议257件,按照《中国人民政治协商会议金华市婺城区委员会提案工作规则》,经提案审查委员会审查,立案253件(其中集体提案12件)。

重要会议

【区政协四届四次会议】 2020年4月18—21日,区政协四届四次会议召开。主会场设在区会议中心三楼大会议室,讨论地点设在世贸大饭店。与会政协委员273人,邀请人员31人,列席人员52人。会议期间,区委书记蔡艳,区委副书记、区长黄国钧等区委、区政府领导出席大会,与委员们共商婺城改革发展稳定大计。会议审议批准区政协主席张茹先代表政协第四届金华市婺城区委员会常务委员会作的工作报告,审议批准区政协副主席楼存根代表政协第四届金华市婺城区委员会常务委员会作的提案工作情况报告。委员们列席金华市婺城区第九届人民代表大会第四次会议,听取并讨论黄国钧区长作的政府工作报告,听取并讨论区人民法院工作报告、区人民检察院工作报告,讨论金华经济技术开发区工作报告和其他有关报告,对上述报告均表示赞同,并提出意见建议。全体委员以高度的政治责任感和历史使命感,认真参政议政,通过提案、大会发言、小组讨论等形式,积极建言资政,广泛凝聚共识,取得重要成果。希望区政府高举习近平新时代中国特色社会主义思想伟大旗帜,深入学习贯彻党的十九大和历次全会精神,坚决扛起习近平总书记赋予浙江建设“新时代全面展示中国特色社会主义制度优越性的重要窗口”的使命担当和政治责任,坚持新发展理念和稳中求进工作总基调,坚持疫情防控和经济社会发展“两手抓、两手硬”,以谋划“十四五”规划为引领,聚焦聚力“十大治理”,深入打好“九场硬战”,加快推进县域治理体系和治理能力现代化,高质量推进“双城”战略走深走实、落地成景,确保向全区人民交出高水平全面建成小康社会的高分答卷,得到人民认可,经得起历史检验。

会议期间，共收到委员意见建议 257 件，按照《中国人民政治协商会议金华市婺城区委员会提案工作规则》，经提案审查委员会审查，立案 253 件。

【区政协常委会会议】 2020 年 4 月 21 日，区政协在区会议中心 211 会议室召开四届十六次常委会会议。区政协主席张茹先，副主席楼存根、吴月华、张琳鑫、应跃成、舒理成、陈丽萍，秘书长刘志明及政协常委参加会议。各讨论组组长、联络员列席会议。会上，各组组长汇报会议讨论情况；审议通过政协第四届金华市婺城区委员会第四次会议决议（草案）；审议通过提案委员会关于本次会议提案审查情况的报告（草案）；审议通过优秀大会发言名单。

8 月 14 日，区政协在区会议中心 211 会议室召开四届十七次常委会会议。区政协主席张茹先，副主席楼存根、吴月华、张琳鑫、应跃成、舒理成、陈丽萍，秘书长刘志明及政协常委参加会议。会议传达学习习近平总书记在企业家座谈会上的讲话精神、省委书记车俊在省管领导班子政治建设座谈会上的讲话精神、区委七届八次全体（扩大）会议精神；听取区政府关于 2020 年上半年经济社会发展情况的通报；围绕全区经济社会发展和区委、区政府重大决策部署开展专题协商。

10 月 29 日，区政协在区会议中心 211 会议室召开四届十八次常委会会议。区政协主席张茹先，副主席楼存根、吴月华、张琳鑫、应跃成、舒理成、陈丽萍，秘书长刘志明及政协常委参加会议。会议学习习近平总书记在中央党校（国家行政学院）中青年干部培训班开班式上的重要讲话精神、习近平总书记在深圳经济特区建立 40 周年庆祝大会上的重要讲话精神，传达全国政协及省、市政协有关会议精神；听取平安建设工作情况的通报；听取区政府关于政协四届四次会议提案办理情况的通报；开展区政府职能部门工作和政协提案办理情况双向民主评议（区卫健局、区人社局）；审议并通过《加快临江工业园区腾笼换鸟，推进园区经济提质增效》调研报告；审议并通过《打造婺城白沙诗路旅行目的地》调研报告。

12 月 25 日，区政协在区机关食堂三楼大会议室召开四届十九次常委会会议。区政协主席张茹先，副主席楼存根、吴月华、张琳鑫、应跃成、舒理成、陈丽萍，秘书长刘志明及政协常委参加会议。会议传达学习习近平法治思想和中央全面依法治国工作会议精神、中央经济工作会议精神、习近平总书记在党外人士座谈会上的讲话精神、浙江省委十四届八次全体（扩大）会议精神、金华市委七届八次全体（扩大）会议精神；听取区政协委员调整情况的说明；审议通过有关人事事项；听取区政协四届五次会议有关报告起草、筹备情况，邀请列席人员范围原则意见、分组及召集人名单、议程（草案）和日程、秘书长及副秘书长名单、执行主席及主持人名单、未尽事宜的决定等事项的说明；部分基层委组、常委开展 2020 年度履职述职；审议通过 2020 年度政协工作先进集体、优秀委员、“一村一委员”先进个人名单；审议通过 2020 年度优秀提案、提案承办先进单位名单。

【区政协主席会议】 2020 年 1 月 27 日，区政协召开四届二十七次主席会议。会议传达学习习近平总书记在全国政协茶话会上的重要讲话精神、金华市委七届六次全会精神、婺城区委七届七次全会精神等；审议通过区政协四届四次会议日程（草案）、关于调整中国人民政治协商会议第四届金华市婺城区委员会第四次会议召开时间的决定（草案）、区政协四届四次会议各次大会执行主席及主持人名单（草案）、区政协四届四次会议邀请列席人员范围原则意见（草案）、区政协四届四次会议分组及召集人名单（草案）；审议通过 2020 年度常委会履职活动安排；审议通过 2020 年度协商工作计划；审议通过《深入推进都市经济创新城建设专题协商方案》《深入打造美好生活幸福城建设专题协商方案》；审议通过《区政协办公室关于委组活动经费使用管理办法》《关于金华市婺城区政协委员活动经费管理使用的意见》。

3 月 24 日，区政协召开四届二十八次主席会议。会议传达学习中共中央政治局常务委员会会议精神、习近平总书记在湖北考察新冠肺炎疫情防控工作时的重要讲话精神；听取财政局关于财政预决算工作情况的通报；审议通过《政协金华市婺城区委员会关于深化“服务企业服务群众服务基层”的实施方案》;审议通过《“请你来协商”——花木产业发展》协商方案、《“请你来协商”——完善公共卫生管理防控体系》协商方案。

4月9日,区政协召开四届二十九次主席会议。会议传达学习习近平总书记在浙江考察时的重要讲话精神、全市作风建设大会精神;审议通过区政协四届四次会议议程、日程(草案)、召开政协第四届金华市婺城区委员会第四次会议的决定(草案)、政协第四届金华市婺城区委员会常务委员会工作报告(讨论稿)及报告人、政协第四届金华市婺城区委员会常务委员会关于四届三次会议以来提案工作情况的报告(讨论稿)及报告人、区政协四届四次会议秘书处工作机构分组职责(审议稿)、区政协四届四次会议秘书长及副秘书长名单(草案)、区政协四届四次会议各次大会执行主席及主持人名单(草案)、区政协四届四次会议邀请列席人员范围原则意见(草案)、区政协四届四次会议分组及召集人名单(草案)、区领导参加区政协四届四次会议有关活动安排(草案)、审议通过区领导参加区政协四届四次会议有关活动安排(草案);审议通过《关于开展“最美政协人”评选活动的实施方案》。

5月19日,区政协召开四届三十次主席会议。审议传达学习习近平总书记在党外人士座谈会上的讲话精神、全区作风建设大会精神;审议通过重点提案;审议通过《婺城区政协开展“打造书香政协、讲好婺城故事”读书活动方案》;听取婺城区政协机关“委员工作室(民情联络站)”学习考察情况汇报,审议民情联络站建设有关事项;审议通过《婺城区乡镇(街道)政协工作指导意见(试行)》(征求意见稿);审议通过《“请你来协商——‘我与文明城市创建面对面’之‘决战决胜之战’”专题协商活动方案》等。

6月10日,区政协召开四届三十一次主席会议。会议传达学习全国“两会”会议精神,听取高铁新城区块(一期)旧城改造有关工作情况的通报。

7月15日,区政协召开四届三十二次主席会议。会议传达学习省政协主席葛慧君在省政协委员会客厅建设培训研讨班上的讲话精神;听取“三服务·婺城家服务”开展情况的通报;听取金建高铁、金华铁路货运外绕项目工作情况的通报;审议通过《政协金华市婺城区委员会办公室关于开展“基层微协商”工作的指导意见(试行)》;审议通过《关于开展政协委员工作室(民情联络站)创建工作的实施意见(试行)》。

8月11日,区政协召开四届三十三次主席会议。会议传达学习习近平总书记在企业家座谈会上的讲话精神、全国地方政协秘书长工作交流座谈会精神、省委书记车俊在省管领导班子政治建设座谈会上的讲话精神、区委七届八次全体(扩大)会议精神;听取婺城区扶贫开发工作情况通报;听取制定《科技创新示范区与人才生态最优区的实施意见》的情况通报;审议通过区政协四届十七次常委会会议议程、日程;审议通过《“请你来协商——‘我与文明城市创建面对面’之‘决战决胜之战’”专题协商活动方案》。

10月19日,区政协召开四届三十四次主席会议。会议传达学习习近平总书记对新时代民营经济统战工作的重要指示精神、省委常委会会议学习贯彻习近平总书记对新时代民营经济统战工作重要指示精神、全省政协主席读书会暨市、县(市、区)政协工作经验交流会精神、全市政协“一村一委员”工作推进会精神;听取安地镇蓝绿双城观云小镇项目情况通报;听取2020年婺城区重大项目进展情况通报;审议通过区政协四届十八次常委会会议议程、日程;审议通过2020年度政协提案双向民主评议方案;审议通过《政协委员助力村社组织换届选举双月行动方案》;审议通过《“请你来协商”——强基础 促均衡 加快推进婺城教育现代化》专题协商活动方案;审议通过《加快临江工业园区腾笼换鸟推进园区经济提质增效》调研报告;审议通过《打造婺城白沙诗路旅行目的地》调研报告。

11月26日,区政协召开四届三十五次主席会议。会议传达学习习近平法治思想和中央全面依法治国工作会议精神、习近平总书记在浦东开发开放30周年庆祝大会上的重要讲话精神、省委十四届八次全体(扩大)会议精神;听取“十四五”文旅体专项规划方案通报;审议通过《做强做大做优物流业,为我区经济全面发展提供有力支撑》调研报告；审议通过《打造具有婺城辨识度的下山安居创富工程》调研报告；审议通过《"请你来协商 强联动 促融合 美全域 高水平推进美丽城镇建设"专题活动方案》。

12 月 24 日，区政协召开四届三十六次主席会议。会议传达学习习近平总书记对平安中国建设的重要指示精神、习近平总书记在全国劳动模范和先进工作者表彰大会上的重要讲话精神、中央经济工作会议精神；审议通过委员调整名单（草案）；审议通过有关人事事项；审议通过区政协四届十九次常委会会议议程（草案）、日程，审议通过关于召开区政协四届五次会议的决定（草案）、审议通过区政协四届五次会议议程（草案）、审议通过区政协四届五次会议日程（草案）、审议通过区政协四届五次会议秘书处工作机构分组职责（讨论稿）、审议通过区政协四届五次会议秘书长、副秘书长名单（草案）、审议通过区政协四届五次会议各次大会执行主席及主持人名单（草案）、审议通过区政协四届五次会议邀请列席人员范围原则意见（草案）、审议通过区政协四届五次会议分组及召集人名单（草案）、审议通过授权主席会议审议区政协四届十九次常委会会议未尽事宜的决定（草案）；审议通过 2020 年度委组、常委向常委会开展年度工作履职述职方案；审议通过区政协常委会工作报告（草案）及建议报告人；审议通过区政协提案工作报告（草案）及建议报告人；审议通过 2020 年度政协工作先进集体、优秀委员、"一村一委员"先进个人名单（草案）；审议通过 2020 年度优秀提案、提案承办先进单位名单（草案）。

重要活动

【政治协商】 2020 年，开展"请你来协商"8 场，386 名专家、群众、委员参加，提出意见建议 300 余条，以绘好"连环画"、播好"连续剧"的韧劲，持续跟踪关注协商成果转化，助推相关问题解决。其中，针对"花木产业融资难"问题，多次商请相关部门单位，成功助力"花木贷"融资产品落地，发放贷款 8284 万元，被列入全省"请你来协商"十大成果展。召开工业园区转型升级专题协商会，从创建智慧园区、加快制造业数字化转型、盘活处置低效工业用地等 10 个方面，提出意见建议 60 余条，区长在协商会上当场交办落实，有力助推工业园区体制机制运行、布局调整、配套升级等重大问题解决。围绕义务教育开展"加快推进婺城教育现代化"协商，从 10 个方面提出 36 条建议，助力教育优质均衡发展，推动"优学婺城"建设。先后围绕停车难、集镇环境改善等群众最急、最忧、最盼的问题，就近就便在群众"家门口"开展微协商 51 场次，推动政协协商"上山下乡"，延伸协商触角，促进相关问题解决，收到良好效果。把助力制定"十四五"规划作为履职重要内容，组织委员紧扣"十四五"时期需要重点关注的相关问题开展调查研究，46 名委员先后参加区 "十四五"规划工作相关座谈会，从多个角度为制定"十四五"规划献智献策。围绕区委制定"十四五"规划和 2035 年远景目标建议的重大决策，召开专题议政协商会，提出九大方面 43 个建设性意见建议，形成专题报告报送区委区政府，为擘画婺城发展新蓝图增色添彩。听取"十四五"文旅体专项规划方案通报，围绕争创全域旅游示范区、打造婺城特色智慧文旅进行协商研究，共商发展大计。

12 月 11 日，婺城区政协组织委员开展"六送六服务"活动 （区政协供稿）

【调研视察】 紧盯工业园区转型升级老大难问题，深入工业园区开展调研视察活动，及时报送相关社情民意，直接推动洞溪工业园区基础设施改善全面展开。深入调研并形成《加快临江工业园区腾笼换鸟，推进园区经济提质增效》《做强做大做优物流业，为我区经济全面发展提供有力支撑》调研报告，以建议案形式报送区委、区政府，党政主要领导高度重视，将意见建议批转分管领导和部门认真研究吸纳。围绕下山移民脱贫致富开展专题调研，走访群众近千人，形成《打造具有婺城辨识度的下山安居创富工程》调研报告，为下山安居创富工程把脉支招，得到区委书记批示。开展“白沙诗路建设”调研，形成《赴一场霞山镜水的堰会》调研报告，为助推幸福城建设建言献策。组织委员视察燕语湖国际垂钓中心、熊猫猪猪欢乐王国等文旅建设项目，助力“十乡百村”乡创婺城行动，助推“山水林田湖草”产业融合，在传统农业大区向现代农业大区迈进的道路上，唱响都市农业的最美和声。

11 月 20 日，婺城区政协组织委员视察金华经济技术开发区社会经济发展情况　（区政协供稿）

【民主监督】 围绕打造县域治理现代化婺城样板，发挥民主监督作用，先后听取财政预算执行、重大项目进展、平安建设等 9 个方面工作情况通报，开展“最多跑一地”专项民主监督，助推党委政府重点工作落实。首推提案“即提即商即办”，持续深化提案办理协商，促进提案事项落实和成果转化。开展农村饮用水达标提标、高铁新城建设、“四好农村路”建设等视察监督，20 名专家、133 名委员深入一线，就如何保障农民喝上优质水、加快城市有机更新、激发社会治理新效能等方面提出 145 条意见建议，为党委政府正确决策提供民意民智参考，彰显政协助力提升人民群众获得感、幸福感的责任担当。

【民主评议】 开展区政府职能部门工作和政协提案办理情况双向民主评议（区卫健局、区人社局），通过提案者对提案办理效果和部门工作提出意见，办理者对提案质量提出建议，促进提案质量和办理质量双提高，助推部门工作落实。

【提案和信息工作】 四届四次会议立案交办的 252 件提案均已办复，提案所涉问题已经解决或基本解决的 221 件，委员反馈满意 247 件，满意率 99.6%。建成城西、新狮等 8 家特色品牌联络站。委员们以联络站为纽带，问需于民、协商于民、服务于民，收集上报社情民意 202 篇，《关于未来社区建设的建议》得到省委副书记、省长郑栅洁批示。民情联络站工作走在全省前列，社情民意信息工作列全市第一。开设婺城政协微信公众号，发布履职工作动态、工作亮点、委员履职风采等 126 篇，总阅读量超 100 万，影响力和活跃度在全省县级政协新媒体中位居前列。大力宣扬“全国劳动模范”陈立平委员的先进事迹，弘扬正能量、激发新热情。在人民网、新华网、《人民政协报》等中央级媒体刊稿 27 篇。在浙江新闻、浙江之声、《联谊报》等省、市媒体和网络平台刊稿 268 篇，省政协同心苑刊稿 19 篇，5 篇稿件登上《人民政协报》“政能量”排行榜，婺城政协的影响力进一步扩大。

【文史工作】 聚焦“白沙诗路建设”，加强白沙文化研究，编纂出版《红色白沙》文史资料，促进婺城本土红色文化宣传。积极做好“全面小康路上的政协人”“同心战疫”“浙江传统经典美食文化故事”等文史征集，发挥政协文史工作“存史、资政、团结、育人”的作用。开展“打造书香政协、讲好婺城故事”读书活动，提升委员文化素养。开展“最美政协人”评选，宣传 32 名政协委员履职先进事迹，弘扬“最美”精神。

【委员管理】 健全委员考核和管理机制，严密组织常委、委员履职述职等工作，调动委员履职积极性。重视发挥委员主体作用，提高委员的政治思想素质和参政议政水平，为委员履职创造良好条件，打造一支懂政协、会协商、善议政的委员队伍。开辟婺城政协微课堂，开展学习民法典等读书活动，营造浓厚的学习氛围。组织委员履职培训，通过专题教学与实地考察，提升委员的政治把握能力、调查研究能力、联系群众能力、合作共事能力。

【履职为民】 做好“六稳”工作、全面落实“六保”任务，深入开展“三服务”活动，走访企业170余家次，协调解决各类困难问题200多个，有力指导复工复产工作。全力开展“政协大家访”、“六送六服务”、民情民访代办等活动，走访服务基层和群众6000余人次，发放宣传资料3600余份，慰问居家养老中心12个，急群众所急、帮群众所需，以实际行动诠释委员为民服务的责任担当。开展“包乡走村”和委员助力村社组织换届选举双月行动，通过政策宣讲、走访交流等“六个一”活动，走访村社62个，入户2400余人次，助力村社组织换届选举顺利完成。建立“双保障、两建设、两考核、三延伸”长效机制，保障“一村一委员”工作走深走实，委员履职更加精细专注。省、市、区三级联动开展助推和美乡村建设之产业振兴、农村垃圾革命专项集体民主监督；市区两级联动开展农村公共卫生体系建设、农村生活环境整治调研监督，广大委员以小分队、小团组的形式，深入382个村，完成问卷调查1600余份，收集137条意见建议，有效促进党委政府决策部署在农村落实。

【团结联谊工作】 加强与各民主党派、工商联、人民团体合作共事，邀请参与政协组织的重要协商议政、专题调研、专题视察、民主监督等活动，为民主党派参政议政创造条件。民革报送的《疫情期间相关补助政策兑现过程中的基层反映》《关于推动婺城夜经济发展的建议》，民盟报送的《关于提升校园安防智能化水平的建议》《关于后疫情时代乡村旅游业发展的建议》4篇“直通车”建议得到区委主要领导批示。组织委员视察金华经济技术开发区，增进双方互相交流，凝心聚力建设新时代“大婺城”。与兰溪市政协联合开展金华山旅游经济区、越龙山国际旅游度假区建设视察，促进打通两区道路，打造全域旅游项目。加强同婺城异地商会的联系沟通，走访云南婺城商会、绍兴婺城商会等，密切招商联络，积极助推招商引资工作。

【疫情防控】 疫情来袭，第一时间号召全体委员在疫情防控主战场努力书写特殊“委员作业”。广大委员闻讯而动，各展所长、各尽其能，有的奋战在救治一线，有的开展法律援助，有的创作抗疫文艺作品，有的参加志愿服务。委员们踊跃捐款筹物，共计捐款捐物1420万元。政协机关全体干部组成突击队，驰援社区卡点。主席会议成员带队赴78家企业协调解决复工复产难题，并形成《国外疫情影响下我区外贸企业如何加强应对》调研报告，报送区委、区政府供决策参考。举办“完善公共卫生应急管理防控体系”专题协商。7名委员获市、区“战疫先锋”称号。政协助力“两战”做法在浙江政协同心苑公众号、《联谊报》、《人民政协报》上相继刊出。

【文明城市创建】 连续三年持续关注全国文明城市创建工作，发动全体委员共同参与。举办“我与文明城市创建面对面” 协商，围绕创建工作难点、堵点，提出60余条意见建议，被相关责任单位吸收采纳。广大委员深入社区一线，做好文明督导、入户宣传、车辆停放、污水排放、市容环境整治等工作，开展志愿者服务3000余人次，协调解决问题400余个，不遗余力为打赢全国文明城市创建冲刺战贡献政协力量。13名委员获市、区全国文明城市创建工作先进个人，区政协办公室获评市级先进集体。

【其他工作】 委员会客厅开展会客访客结合、线上线下融合、联合联动，开展预防新型网络诈骗、企业法律风险防范、区块链赋能制造业、小微企业政策解读等活动12场，有效拓宽委员团结引领界别群众的渠道。婺商司法服务政协委员会客厅制度建设入选省政协“委员会客厅”工作优秀案例。新生代双创委员会客厅以“新生代、新机遇、新使命、新突破”为主题的活动，得到省市政协充分肯定。全会上8名委员紧扣经济发展作“后疫情时代婺城制造业如何做强”“让5G成为婺城‘双城’建设的加速器”等大会发言，为助推经济发展有体量有质量积极建言。多名委员围绕培育壮大小微企业、推动区块链技术和产业发展、建立企业金融综合服务平台等以提案形式提出建议意见。《紧抓长三角区域一体化战略发展机遇，全面升级优化婺城“科创+产业”体系的建议》等4个与经济发展相关的提案列入重点提案予以重点督办。

（徐成星）

民主党派

中国国民党革命委员会婺城区基层委员会

【概况】 2020年,中国国民党革命委员会婺城区基层委员会(以下简称民革婺城区基层委)有党员66人,发展新党员3人。下设3个支部,其中教育支部19人,机关支部22人,企事业支部25人。担任市人大代表1人、区人大代表4人(其中常委1人),市政协委员3人、区政协委员11人(其中常委4人),有6名党员担任市、区特邀(约)监督员、督察员、督学。2020年基层委按照建设"重要窗口"新要求,围绕打造"五大"民革,全面加强自身建设,认真履行参政党职能,积极助力"双城"战略走深走实。基层委与下属3个支部有分有合组织29次活动,其中学习教育和纪念活动12次、社会服务活动3次、祖统联谊慰问活动3次、基层微协商2次、专题座谈和调研3次、基层委和支部工作会议6次。基层委及基层委市区人大代表、政协委员全年共提交建议和提案29件,其中基层委团体提案1件。有26位党员获得荣誉与奖励,其中陈立平荣获全国劳动模范和浙江民革骄傲人物;凌煊入选4月金华好人榜,先后获得金华市五一劳动奖章、浙江民革骄傲人物特别致敬奖、浙江民革防控抗疫先进个人、金华市抗击新冠疫情先进个人;缪雪荣、马钢锋、李小燕、楼伟、曾军兵、李鲁、倪柳英7位党员获评浙江民革防控抗疫先进个人;陈丽萍等11位党员被评为民革金华市委会2020年度防控抗疫先进个人;缪雪荣被评为民革全省社会服务工作先进个人、省优秀归侨侨眷;邵红艳被评为农村饮用水达标提标行动突出贡献省级先进个人;胡晓燕被评为金华市三八红旗手;朱国勇被评为金华市优秀法律服务工作者;洪晓燕被评为金华市法律援助中心检察院工作站优秀律师。民革婺城区基层委获2020年度民革全省社会服务工作先进集体、民革金华市委会2020年度先进基层组织荣誉称号。

【参政议政】 民革婺城区基层委发挥自身的特色和优势,深入开展城市大脑、美丽城镇、花木产业、下山安居创富、乡村产业振兴等调查研究,反映社情民意和建言献策。在市、区"两会"期间,基层委代表委员们聚焦中心、结合实际,就如何有效应对疫情影响、促进市区经济社会发展等方面积极建言献策,提交建议、提案29件。其中,在市政协七届四次会议上党员王岚代表民革金华市委会作的《并村要并心更要并出发展后劲》发言获评优秀大会发言;区政协四届四次会议上党员沈晓蓉的《关于高质量发展需要高素质经济干部队伍的建议》发言和王岚的《发展夜间经济让婺城的夜色亮起来》发言获评优秀大会发言,党员马钢锋《关于推进美丽城镇建设的提案》和陈立平《大力提高公办、普惠性幼儿园建设的提案》被评为区重点提案、区优秀提案,孔爱华《加强农村基础设施后续管护 助力美丽乡村建设》的提案获评区优秀提案,马钢锋《关于构建长效机制助力民营建筑经济发展的建议》被评为市政协七届四次会议优秀提案。缪雪荣被评为2019—2020年度金华市政协优秀政协委员,朱国勇被评为2020年度金华市人大优秀履职代表,缪雪荣、孔爱华、戴爱红、陈立平被评为区优秀政协委员，陈丽萍、缪雪荣、孔爱华、王岚被评为民革金华市委会2019—2020年参政议政先进个人。基层委发挥民革委员工作室作用，举办以“提升新城区交通环境”和“推动婺城夜间经济发展”为主题的专题协商会，助推婺城交通强区建设、助力婺城夜间经济发展。召开对口联系部门知情议政会，建立常态化联系制度，保持密切交流合作，实行重大事项相互协商通报机制，联合开展调研，共同组织社会服务等活动，推动对口联系工作再上新台阶。基层委党员参加市区党委、政府、人大、政协召开的专题协商会、情况通报会和意见征询会，就工业园区转型升级、经济社会运行情况、“十四五”规划编制等方面在协商会上建言献策，发出民革好声音。婺城民革党员之家被民革浙江省委会评为2020年度五好民革党员之家。通过一村一委员活动，参与农村生活环境整治、公共卫生体系建设等监督调研活动。基层委6名特邀（约）人员认真履职，通过参加低收入农户全面奔小康专项民主监督等检查、监督活动，发挥民主监督作用。基层委党员们发挥各自优势，积极撰写社情民意和提案素材，上报疫情防控、企业复工复产、民生保障、经济社会发展等方面信息16篇、参政议政素材5篇。积极发挥民主党派直通车作用，通过开展专题调研，向婺城区委报送《疫情防控期间相关补助政策兑现过程中的基层反映》《关于推动婺城“夜经济”发展建议》并获得蔡艳书记批示，为区经济发展献计出力。孔爱华、朱国勇、吴宇丛、戴爱红被评为民革金华市委会2019—2020年社情民意信息先进个人。

【社会服务】 开展爱心助残活动，1月17日，基层委在党员楼伟支持下向红石榴残疾人之家捐赠6万余元的蒙氏教具、工作台、桌椅、储物柜等教学设施，并为22位残障人士送上慰问金和新春祝福。开展“六送六服务”活动，12月11日，在副主委马钢锋支持下为白龙桥镇双牌村居家养老服务中心和困难群众送上2万元的米、面、油和慰问金。开展消费扶贫，基层委组织党员通过“以购代捐”“以买代帮”形式参与湖北、贵州纳雍特色农产品消费扶贫，40位党员购买28600元的农产品，为湖北和贵州人民奉献爱心。开展抗击新冠疫情防控捐赠活动，在新冠疫情防控中通过各种渠道捐献63.87万元款物，其中，向红十字会捐款24.77万元，向各方捐赠总价值39.1万元的消毒液、口罩、护目镜、医用体温枪、防护服等防疫物资和牛奶、水果等慰问品。党员缪雪荣的企业金大康公司在大年初三即紧急组织复工复产，全力以赴保障防疫物资供应，并向区疾控中心等捐赠消毒液240件，折合人民币24万元；楼伟向市区疫情防控工作指挥部等捐赠口罩、护目镜、医用体温枪、防护服等折合14.5万元；李小燕企业海天公司向区红十字会捐款10万元；马钢锋企业晟民公司向红十字会捐款8万元并捐赠价值1万元的口罩以及慰问品；朱国勇向市红十字会捐款6万元。开展社区疫情防控志愿服务活动，在疫情防控关键时期，组建婺城民革同心志愿者服务队奔赴新狮街道道院塘社区，参与巡逻、居民劝导、居家观察人员督察、疫情防控宣传等社区疫情防控工作，为打赢疫情防控阻击战贡献民革力量。有8位党员获评浙江民革防控抗疫先进个人，11位党员获评民革市委会2020年度防控抗疫先进个人，基层委获评民革金华市委会2020年度防控抗疫先进集体。开展法律服务活动，发挥党员资源优势，朱国勇、洪晓燕走进校园、企业、社区街道宣传《中华人民共和国民法典》的精神要旨与条文要义，为维护社会和谐稳定、推进基层法治建设发挥积极作用。

【祖国统一工作】 开展“慰问抗战老兵传承革命精神”活动，组织各支部先后走访慰问9名抗战、抗美援朝老兵，给他们送去厚棉被、被套等过冬慰问品，并送上民革组织的关心与问候。

12月3日，民革婺城区基层委慰问抗战老兵传承革命精神活动留念　　（民革婺城区基层委供稿）

【自身建设】 强化思想政治引领，通过党员会议、扩大会议、支部会议、专题培训、转载学习文章等形式，先后12次组织党员集体学习贯彻中共十九大和十九届五中全会精神、习近平总书记重要讲话精神,及时传达学习民革中央、民革省委会、民革市委会有关会议和文件精神，以坚持中国共产党的领导、坚持走中国特色社会主义道路作为政治导向，巩固中国特色社会主义共同思想政治基础。5月15日,召开基层委专题学习会议,学习贯彻习近平总书记在5月8日中共中央召开的党外人士座谈会上的重要讲话精神、习近平总书记在浙江考察时的重要讲话精神等;8月13—14日，召开基层委2020年暑期读书会;10月24日,基层委召开党员大会学习贯彻习近平总书记在中央党校（国家行政学院）中青年干部培训班开班式上的重要讲话精神、习近平对新时代民营经济统战工作作出的重要指示等;11月8日,基层委员会(扩大)会议专题学习党的十九届五中全会有关精神。强化组织建设,做好基层委各支部换届工作,1月18日,基层委下属3个支部进行换届选举，产生新一届支部委员会和主委、副主委。优化队伍建设,规范组织发展程序,强化人才引进与培养,全年共发展3位党员;有重点地推荐骨干党员参加培训学习和参政履职活动,激励骨干党员双岗创优、发挥作用,不断提升“五种能力”。丰富组织生活,举办党员学习会议、培训会议、参观考察活动、纪念活动等多样化活动。关心关爱党员工作与生活,平时党员生病住院必访;对于在本职工作中取得成绩、获得荣誉的党员,送去组织的祝贺。尊重关爱老党员,重阳节和春节对70周岁以上老党员进行专项慰问，为党员营造良好的组织氛围,党派活力和凝聚力得到加强。

（孔爱华）

7月10日,婺城民革委员工作室召开基层微协商推动婺城夜间经济发展专题协商会

（民革婺城区基层委供稿）

中国民主同盟
婺城区基层委员会

【概况】 2020年,中国民主同盟金华市婺城区总支部委员会(以下简称民盟婺城区总支)下辖4个支部,共有盟员88人,年内发展盟员3名,转出组织关系盟员1名,去世盟员1名。有市政协委员2名、区政协委员9名,其中区政协常委2名。9月4日,成立民盟婺城区基层委员会,婺城民盟发展进入新阶段。2020年,基层委被民盟省委会授予“抗击新冠肺炎疫情先进集体”称号,被民盟金华市委会授予2020年度参政议政工作先进集体、盟务工作先进集体、抗击新冠肺炎疫情先进集体、思想政治建设和宣传工作先进集体荣誉称号。盟员郑艳球、陈长征、项建忠被盟省委授予“抗击新冠肺炎疫情先进个人”称号,盟员项建忠、虞秋风、吴慧莲、李朝辉、陈长征、金圆圆、施亚夫、范新娟、郑宏晟荣获“民盟市委会抗击新冠肺炎疫情先进个人”称号。

【参政议政】 民盟婺城区总支围绕区委、区政府的中心工作,组织动员所有盟员结合工作实际,开展工作调研,积极履行参政议政职能。9位盟员委员提交区两会个人提案12件,团体提案2件,提交市两会个人提案6件。盟员施亚夫、金圆圆分别作题为《让农村教师幸福守望》《创婺城赛事，展健康城市品质》的大会发言,获鼓励奖。盟员陈凯瑜、罗良庆、金圆圆、赵小渊被评为2019年度区优秀政协委员。郑艳球被评为2019年度市政协“一村一委员”优秀委员。盟员郑艳球参加区政协“工业园区转型升级”专题协商,作《加快创新整合,为创建省级开发区蓄能》的发言;盟员施亚夫、金圆圆参加“高水平推进美丽城镇建设”专题协商,分别作《让生态校园积极融入美丽城镇建设》《着力破解两大难题,开启美丽长山建设》的发言；盟员吴晓参加市政协“请你来协商‘老旧小区改造’”专题协商，作《多措并举破解停车难》的发言。7月，组织骨干盟员开展后疫情时代乡村休闲游课题调研活动，形成调研报告《关于后疫情时代乡村旅游业发展的建议》，以区委直通车的形式报送区委。根据当前学校安保工作实际，形成调研报告《关于提升校园安防智能化水平的建议》，以直通车形式报送区委。2个直通车建议均获区委书记批示。

【社会服务】 在盟员中大力提倡无私奉献精神，组织和动员盟员在做好本职工作的基础上，采取多种形式开展面向社会、为建设幸福婺城服务的活动。1月16日，民盟婺城总支来到琅琊镇泉口村开展送春联下乡活动，现场书写春联近500副，把新春的祝福送给村民。组织盟员不遗余力抗击新冠肺炎。1月26日，发出《关于助力打赢新型冠状病毒肺炎疫情攻坚战的倡议书》，组织发动捐款75066元。6月4—5日，盟员吴晓、陈长征参与全省民主党派消费扶贫签约，助力乡村振兴和脱贫攻坚。6月8日，组织盟员到民盟浙江省委会联系的扶贫村——兰溪市游埠镇范院坞村帮助果农疏果。7月，盟员施亚夫、范新娟、姚晓飞、吴慧莲4名名师参加民盟市委会名师赋能教育活动。9月下旬，组织盟员主动、就近、及时到各学校、社区等参加文明创建活动，助力全国文明城市创建。国庆期间，一支部组织盟员赴安地镇喻斯村开展捡拾垃圾，宣传垃圾分类活动。重阳节，开展重阳节慰问老盟员活动，盟员吴慧群先后到5个村为399位老人送去慰问品。

1月16日，区民主同盟会开展会员送春联下乡活动 （民主同盟婺城区基层委供稿）

【自身建设】 围绕“做合格盟员，创活力总支”，开展学习、参观、联谊等组织活动，分支部开展习近平总书记系列重要讲话、全国两会精神和上级会议精神学习。春节前开展老盟员走访慰问活动。3月19日是中国民主同盟成立79周年纪念日，总支以学盟史并开展盟史知识竞赛的方式来庆祝民盟的生日。面向盟员开办“同心美美”书法、中国画、古琴等中国传统文化艺术培训班，增强盟员凝聚力。4月30日，在“美美同心”之家开展纪念“五一口号”发布72周年书法展，重温“五一口号”的历史意义和深远影响。10月31日，为深入推进“不忘合作初心，继续携手前进”主题教育，基层委以党盟共建为抓手，与浙江华杰工程咨询有限公司党支部、青春中学党支部联合开展“清廉大讲堂”专题教育活动，在广大盟员中营造崇清尚廉的良好氛围。11月11日，组织骨干盟员集中学习讨论中共十九届五中全会精神，交流学习体会，研究贯彻落实意见。

（郑艳球）

中国民主建国会
婺城区基层委员会

【概况】 民建婺城区基层委有会员95人，8个支部。其中有民建省委会委员1人、市委会委员2人，市人大代表2人、区人大代表2人，市政协委员3人、区政协委员7人。其中区人大常委会委员1人、区政协常委2人。2020年以来，基层委团结全体会员，围绕市委、市政府和区委、区政府的中心工作，创优争先，取得突出成绩。基层委获市社会服务先进单位荣誉，杜剑、张洁心被评为省优秀会员，范振翔、王昕达、郑文君、张叶燕、郑志平、张萍、童健英、周卫中被评为2020年度市级优秀会员。

【参政议政】 基层委充分利用人大政协舞台，认真履行职责，为婺城区实现“双城战略”建言献策，充分展示民建会员履职尽责的风采。1月10日，基层委组织委员和各支部主委及骨干人员，举办参政议政培训会，市政协副主席、民建主委杨坚明到会指导，市政协提案委主任万晨曦应邀到会主讲。两会期间,政协委员、人大代表积极建言献策,提交提案、建议十余篇。童健英提案《建议健全心理危机干预措施》,郑威提案《如何发展南部山区林下经济的建议》,周卫中提出《关于市区交通信号灯科学设置的建议》《关于加快我区军民融合产业发展的建议》《关于增加城区停车位的建议》;温小敏提出《关于推进家庭医生签约服务的建议》;陈燕文提出《关于加快建立高层建筑消防维修物业专项维修资金申报使用绿色通道的建议》;俞建花提出《关于减免乡村老人和特殊群体签约医生的建议》等,都得到相关部门的积极回应。其中,范锦霞的《不温不火的婺城乡村旅游路在何方》获区政协四届四次大会发言优胜奖,团体提案《关于进一步做好“创建”工作 打造文明金华的“金名片”的建议》获2019年优秀提案。

【自身建设】 婺城区基层委始终把思想建设作为发挥参政党职能的首要工作,上半年,因疫情的影响,各支部通过各种形式,认真学习习近平总书记的系列重要讲话精神,贯彻落实民建中央、省民建有关会议精神,切实增强党派的凝聚力和向心力。4月28日,民建婺城区七支部召开会议,传达两会精神,助力推进民生实事工作。8月4日下午,基层委召开第十三次扩大会议,学习《习近平在企业家座谈会上的讲话》和区委七届八次全体扩大会议暨区政府九届八次全体会议精神。10月11日下午,民建婺城区七支部共同学习习近平总书记在全国抗击新冠肺炎疫情表彰大会上的讲话精神。11月5—8日,婺城区基层委组织会员到韶山、井冈山等革命根据地开展“红色之行”,重温党的领导人的艰辛奋斗历程,感受党的革命优秀传统。

【社会服务】 新冠疫情发生以后,民建婺城区基层委主动担当、迅速响应,组织成立疫情防控领导小组,号召全区会员立足本职、尽职尽责、主动作为,为打赢疫情防控阻击战贡献智慧和力量。在基层委主委雷永金的带领下,急筹防疫物资,短短3天时间共收到捐赠款近16万元。会员戴崇华发动远在奥地利的海外亲友排除重重困难,通过各种途径抢购到医用口罩9万余只、防护服200套,用于全区及全市防控工作。副主委周卫中等企业家积极投身“抗疫”和复工复产工作,为地方经济注入“强心剂”,用实际行动诠释当代企业家的良好担当。会员企业九德堂、中洋生鲜超市等,积极组织货源,始终平价销售,深得市民喜爱。广大婺城民建会员坚守初心,或在前方防控,或在后方支援,在这场没有硝烟的战争中,以实际行动彰显国家情怀和使命担当,为婺城区及金华市防控工作贡献民建力量。

(童健英)

中国民主促进会
婺城区基层委员会

【概况】 中国民主促进会金华婺城区基层委员会(简称民进婺城区基层委)原名民进婺城区总支,2005年10月以原民进汤溪支部为基础成立,2016年9月换届并更为现名。截至2020年年底,民进婺城区基层委共有会员87人(其中女会员46人),平均年龄54岁,离退休26人。大学本科以上学历64人(研究生3人),占74%;中高级职称74人,占85%。教育界别58人,医卫界别9人,企业界别11人,党政机关9人。会员中有市人大代表1人,市政协委员1人,区政协委员7人(其中副主席1人、常委3人)。下设6个支部。

【思想建设】 民进婺城区基层委始终把加强思想建设放在自身建设的首位,加强学习,提升理论研究水平,拓宽宣传工作平台,引导广大会员增强坚持中国共产党领导、走中国特色社会主义政治发展道路的自觉性和坚定性。深入开展主题教育。坚持和发展中国特色社会主义学习实践活动深入开展。开展“我心中的民进”宣讲活动,有效发挥先进典型示范引领作用,诠释民进优良传统时代内涵。在开展“不忘合作初心,继续携手前进”主题教育中,开展“学习民进章程,争做优秀会员”“弘扬爱国奋斗精神,建功立业新时代”“警示教育和纪念革命先辈”“学习中共十九届五中全会会议精神”“会史考考你”等活动,广大会员始终不忘“只有跟着共产党走,才是在正道上行”的初心,牢记使命,树牢“四个意识”、坚定“四个自信”、坚决做到“两个维护”的政治站位。参加系列主题纪念活动。组织会员参加市委会纪念民进成立75周年暨民进金华市委会成立35周年纪念大会,“翰墨丹青颂盛世” 书画展,“初心·祝梦”三八节全市女会员演讲比赛,全市青年会员廉政警示教育活动、“我向民进献祝福”等。同时在三八妇女节、五四青年节、教师节、重阳节、春节等传统节日活动中,开展宣传思想教育,把关心、关爱会员作为思想政治工作的出发点和落脚点。有序推进会史整理工作。积极开展会史资料的抢救性工作,筹备撰写金华民进前辈(主委)传记《李仲先传》;完成期刊《婺城民进》(2020卷)的撰写。邵发明被聘任为民进浙江省委会会史研究会委员、民进金华市会史研究会主任,《马叙伦与〈彗星报〉》《〈昌言〉寻记》《俞子夷与兰溪侠谷战时初中》《叶圣陶1957年在金华》4篇文章刊登在民进中央网站,《马叙伦在“旧政协”召开前后的战斗檄文》《胡适日记中的“索薪运动”》2篇文章入选浙江民进编印的《纪念马叙伦先生诞辰135周年征文选编——风骨绵亘》,《读马老的三份遗嘱,感受向往光明的力量》登上“学习强国”学习平台,《“报人”马叙伦》发表在《中国新闻出版报》9月25日第四版,《俞子夷与兰溪侠谷战时初中》《叶圣陶1957年在金华》在《金华日报》刊登。注重宣传工作,婺城民进的各项活动新闻在“金华民进”公众号上共刊登25次。

【组织建设】 民进婺城区基层委以主题年活动为契机,以班子建设为重点,以人才队伍建设为根本,规范组织发展,完善机构设置,提高组织建设科学化水平,2020年获评“市级先进基层组织”。加强领导班子建设,推动会内民主。把加强领导班子建设作为自身建设的重点,班子成员认真执行学习、议事、决策制度,坚持把理论学习与研究工作相结合。发挥会内民主,对代表人士后备人选推荐工作方案、推荐先进等工作进行充分酝酿讨论。重要工作部署、重要调研项目确定都经过班子会议讨论决定。注重交流,前往结对支部——苍南民进进行交流。加强骨干队伍建设,培养中坚力量。重视参政党理论、参政议政、信息员、宣传员等骨干队伍建设。有计划地给有潜力、有发展前途的中、青年会员交任务、压担子,提供舞台,培养一批新的骨干。会员参加婺城区党外代表人士建言献策专题培训会、金华市政协信息骨干培训、全省骨干会员第二期培训、婺城区政协骨干素能提升培训、民进金华市委会履职能力建设培训会、全市统战调研宣传信息工作培训、市区两级政协专题报告会等。通过培训,提高骨干会员的思想政治把握能力、履行职能能力和水平。加强会员队伍建设,夯实人才基础。从人才兴会、人才强会的战略高度,认真贯彻民进中央和浙江省委会、民进金华市委会有关组织发展的精神,规范入会考察、审批程序,积极稳妥地做好组织发展工作,优化会员界别结构,不断增强组织活力。全年收到入会申请书5份,经组织研究同意报区委统战部审核,已进入考察阶段。

【参政议政】 民进婺城区基层委围绕中心、服务大局,以加强参政议政能力建设为抓手,发挥骨干会员的重要作用和全体会员的主体作用,深入调查研究,积极参政议政。坦诚建言,积极参与政治协商。在中共婺城区委、区政府、区委统战部召开的“婺城区半年经济社会发展情况通报”“党外人士‘十四五’规划编制暨2021年工作思路”等各种民主协商会、座谈会、情况通报会上,会员就婺城的经济、文化、社会生活的重大决策发表意见,对事关全区长远发展和人民群众关心的热点难点问题坦诚建言,得到党委政府的肯定。履行职能,开展专项民主监督。参加“未来社区”建设专项民主监督,“四好农村路”专项民主监督等活动。部分政协委员和部分会员参与“一村一委员”“垃圾分类”“三服务”等民主监督活动,走村入户开展督导、服务工作。深入调研,集智聚力建言献策。在市两会上提交4件提案建议,其中《关于强制餐饮企业提供“公筷”从严预防病毒传染的建议》获市政协优秀提案,大会发言《让金华成为孩子的书本》获优胜奖。在区两会上,提交2件团体提案和7件个人提案。参加区政协完善公共卫生应急管理防控体系、经济社会发展通报、“夜经济”重点提案等专题协商会,农村饮用水达标提标、文体旅产业项目建设、高铁新城建设情况、金华开发区等视察活动,婺城新城区交通提升、婺城区工业园区转型升级、美丽城镇建设等“请你来协商”活动。知情达意,反映社情民意信息。反映社情民意信息工作取得丰硕成果,信息《未来社区

“建设周期过短、约束指标过多、配套政策不足、资金平衡难度大”诸问题亟待重视解决》获省长批示,《未来社区存在“四大问题”或影响项目建设成果》“党派直通车” 获市委书记批示,《应在春季开学前做好疫情防控物资储备和人员培训工作》《疫情防控期中校企业主睡不着觉 减轻焦虑有四个 “期盼”》被全国政协采用。据不完全统计,会员撰写的信息,被省政协采用 1 篇,省委办采用 2 篇,省委统战部采用 1 篇,民进中央采用 8 篇,民进省委会采用 22 篇,市政协采用 37 篇,市疫情防控指挥部采用 4 篇。

【社会服务】 民进婺城区基层委坚持“政治性、公益性、组织性、实效性”原则,通过抓队伍、建机制、搭平台、树品牌、创特色,发挥广大会员的主体作用,有序开展社会服务,成效明显。借助市级平台,参与社会服务。倡导“服务就在身边,人人可以参与”的“微公益”理念,通过市委会“8890”民进志愿服务队参与“志愿服务,走在前列”公益活动,开展健康义诊、法律咨询、爱心助残周等公益活动。会员陈政权率领会内书法家赴社区、农村、军营免费写春联近 8000 副。疫情期间,基层委走访部分会员企业,指导疫情防控,了解企业复工情况,协调解决困难;为乾西乡中心小学捐赠口罩 2000 只,助力师生齐心抗疫;副主委滕惠芳走进金华盛博奥集团有限公司帮助企业直播带货,助推企业线上销售。坚守传统阵地,开展社会服务。持续开展送医、送教、结对帮扶等活动。重阳节赴罗埠敬老院开展关爱老年人活动,赴市儿童福利院送爱心,参加国际残疾人感恩关爱行动,开展植树护水活动,到塔石山区、上镜古村、玫瑰园社区冠达花园等开展送医送药义诊活动,送心理活动课到宾虹小学。组织公益书法培训两期。

(邵发明)

8 月 31 日,民进婺城基层委委员开展三服务进基层之义务送教活动 (民进婺城基层委供稿)

中国农工民主党婺城区基层委员会

【概况】 农工党婺城区基层委员会(以下简称婺城农工)下设 5 个支部,有党员 89 人。郑池爱(女)任主任委员,李笑银(女)、杜伟亮任副主任委员,龚琴丹(女)、吴章秋、陈卫军、陆卫红(女)、唐金寿任委员。有 11 人次担任金华市、婺城区人大代表、政协委员。

【思想组织建设】 婺城农工在中共婺城区委、婺城区委统战部的领导下,按照农工党金华市委会的统一部署,开展主题学习活动,把中共十九届五中全会精神、习近平新时代中国特色社会主义思想、习近平总书记在浙江考察时重要讲话精神的学习贯彻作为首要政治任务抓紧抓好,不断提高站位,凝聚共识,思想组织建设有力度。隆重召开党员大会,传达学习市委七届八次全会精神,研究贯彻落实意见。选派党员参加浙江海洋大学区政协委员骨干培训班学习。为更好地继承和发扬革命传统,学习革命先烈的精神,组织 20 余名骨干党员赴井冈山革命根据地和韶山参加“追寻红色足迹,坚定理想信念”主题活动,自身建设不断加强,组织活力日益增强,广大党员“四个意识”不断增强,“四个自信”日益坚定,坚定做到“两个维护”。金华五中被评为金华市先进基层组织。

【参政议政】 婺城农工牢记使命担当,立足人大、政协大舞台坚实履职,组织广大党员紧扣中心工作,围绕社会热点,提交发展夜间经济、发展农村物流、优化“后疫情时代”教育资源配置、公共卫生应急指挥体系建设、加强医疗卫生机构基础设施建设、发掘优化旅游资源等 10 个提案议案。其中,陈志毅《加强医疗卫生机构基础设施建设 提升卫生应急能力》、郑池爱《聚焦夜间消费特点 聚力发展夜间经济》获优秀重点提案，陈卫军《提前十年规划市区教育布局》获优秀大会发言，为推进“双城”战略更高质量发展，建设新时代现代化都市核心区和“重要窗口”作贡献，参政议政民主监督有“亮度”。4月20日，《今日婺城》报以《倾听群众声音 传递百姓诉求》为题，对郑池爱事迹进行报道。深入一线开展调研，郑池爱负责的课题“在学生心理健康平台建设上当好窗口”在省委会立项并结题；李沂轲《关于包机接浙江籍在英国留学生回国的建议》、陆卫红《新冠肺炎疫情后经济社会风险隐患亟待关注》《关于防汛关注的几点建议》等信息被省委会采用；黄杰伟《为民营企业融资难融资贵扫除制度障碍》、朱挺《“二倍工资”规定亟待修正或重构》等信息被市委统战部采用；郑池爱《关于尽快在我市发放消费券的建议》等信息被市委会采用；陈卫军《挖掘乡村旅游资源 助推乡村振兴战略实施的探索》、杜伟亮《应对人口老龄化 建设老人向往康养福地》等信息被区政协采用。张旭东获2020年度浙江省参政议政先进个人，郑池爱获2020年度金华市参政议政先进个人。

【社会服务】 婺城农工广大党员发挥自己所长和优势，社会服务积极主动有“温度”。主委郑池爱在下张家村设立政协委员工作室，开展“一村一委员”工作，架起群众“连心桥”，倾听村民、学生诉求，关心关爱困难群体，帮助他们一同解决难题。与中医院支部联合举办“环境与健康”进校园活动，为百余名学生作现场讲座，并在 “八婺讲坛”为婺城家长网络直播，打造“健康农工”服务品牌。与琅琊初中结对，助学两名品学兼优的学生，持续打造“送教下乡”品牌。吴章秋到竹马乡下张家村宣讲中共十九届五中全会精神。郑池爱做好人民监督员相关工作，参加《金华市城市绿化条例》等的立法调研与修订。组织党员投身新冠肺炎疫情防控阻击战，奉献农工“温度”，陈志毅在疫情期间开设心理辅导课；郑红建、孙傲雪分别用油画、书画作品，以文艺力量助力抗疫；吕金春用三句半、歌曲等教育引导群众做好疫情防控工作。吕金春被评为浙江省社会服务工作先进个人。

【其他工作】 婺城农工广大在职党员本职工作争先创优，出彩出色有“厚度”。张旭东参加省教育厅“百人千场”名师送教活动，1篇论文获省一等奖，陆卫红2篇论文获市一等奖，郑红建入选“省群星美术二十家”，吕金春获区精神文明草根奖。

（郑池爱）

九三学社婺城区基层委员会

【概况】 九三学社婺城区基层委员会在2020年秉承九三“爱国、民主、科学”的优良传统，在中共婺城区委和九三学社金华市委员会的领导下，认真履行参政议政、民主监督职能，开展社会服务活动，为婺城经济社会发展做出贡献。

【参政议政】 2020年，基层委围绕党委、政府中心工作、群众关心的热点难点问题开展调查研究，以“两会”为平台，履行政治协商、民主监督、参政议政职能。年初多次召开民主座谈会，集思广益，精选课题，确定2020年两会大会发言及提案议案。2020年，九三学社社员向区政协提交《关于将“白沙诗路”打造成婺城文化新坐标的建议》等提案6件。其中叶丹的提案被评为大会发言鼓励奖，被列为区重点提案。

季美珍、胡达华撰写的直通车《脱贫攻坚战决胜之年 金华山风景区辖区内饮用水安全问题亟须加快解决》得到市委书记陈龙批示。马春炜、钱善治、鲍弢等社员以社情民意形式向市委会提交信息5篇。

【社会服务】 2020年1月，到琅琊镇东畈村结对贫困户进行慰问，李中天社员出资8000元。

春节，面对疫情，在主委季美珍的号召下，副主委李中天带头发起捐赠，不到12小时，累计捐款108000元，并汇入婺城区红十字会账户。社员方林军、郑红梅坚守疫情第一线的事迹得到大家的赞赏。人民交通网，社省委宣传公众号、市委会公众号、区政协等纷纷报道两人事迹。社员耿建在《文艺金东》刊登基层委社员抗击疫情美术作品《众志成城》《高原》《静待花开》，在《金华美术》刊登《祈福》《阳光》《小船》《抗疫之小别离》《战“疫”一线》等作品。

3月11日,组织社员到东方红林场开展义务植树,种植珍贵树种浙江楠200多株。这是基层委坚持植树的第13个年头。人民交通网、《商务时报》、《金华晚报》都予以报道。

12月15日,九三学社婺城区基层委员会组织委员到东方红林场进行植树造林活动

(区政协供稿)

组织社员进行考察调研活动。1月,调研洋埠万亩良田建设,参观全国种粮大户先进种粮经验。6月,到白沙溪流域进行调研,进一步挖掘白沙文化内涵、传承和保护白沙文化。10月,组织30余名骨干社员,到宁波开展"古村落保护"考察参观活动。11月,前往金华山参观毛泽东视察双龙电站纪念馆,社员们循着伟人足迹,观看毛泽东当年考察双龙水电站的珍贵照片和相关文物史料,了解金华水电工程的沧桑历史,考察当前金华山全域旅游的建设情况,并对景区内村庄饮用水情况进行调研。组织社员参观兰溪余粮山村乡村建设,用画笔描绘美丽乡村。

【自身建设】 1月4日,基层委在洋埠镇五四村文化礼堂召开座谈会。区委统战部常务副部长高洪成出席此次会议并致辞。会上,主委季美珍传达婺城区委七届七次全体(扩大)会议暨区政府九届六次全体会议精神,对2019年基层委工作做总结并对2020年工作作出重要部署。2020共召开基层委班子会议、主委会议及全体社员大会12次,及时传达区委、区政府及省市委会的指示精神,讨论基层委工作开展情况。

2020年,基层委吸收新社员4名,列入考察对象2名。基层委骨干社员季美珍、叶丹、王建盼等,参加统战部组织的党派信息员宣传工作座谈会、区党外代表人士建言献策专题培训会以及市委会组织的中青年骨干培训。

【社员共同参与党派事务】 1月3日,季美珍、鲍旭勇参加区委七届七次全体(扩大)会议暨区政府九届六次全体会议。1月19日,林恺丰、李中天、叶丹参加团区委组织的青年政协委员面对面座谈会。6月4日,季美珍参加全区领导干部会议,传达全国两会精神。6月11日,骨干代表参加市委会召开社市委八届四次全会。7月30日,叶丹、鲍旭丹、鲍弢参加市委会召开的工委会会议。8月14日,季美珍参加区政协四届十七次常委扩大会议。8月16日,叶丹、王建盼、耿建参加市委会组织的理论社成立会议。8月18日,方林军、杨丽艳、郑红梅参加医师节活动。10月14日,社员骨干参加市委会组织的组织委员会议及专委会会议。

【建功立业】 2020年,社员们在各自工作岗位上建功立业,其中李中天被评为区最美政协人。在党派工作中也有突出贡献,基层委被评为九三学社创建75周年暨浙江建立组织65周年先进基层组织、2019年五星级组织;鲍弢被评为省优秀社员、汪燕鸣被评为省先进社务工作者、叶丹被评为九三学社创建75周年暨浙江建立组织65周年优秀社员。

(罗　霞)

群众团体

婺城区总工会

【概况】 2020年，全区共有乡镇、街道总工会14家、机关工委8家、产业工会2家；共有516家基层工会，其中机关事业单位工会212家（含国企），非公企业单建工会297家、联合工会7家，工会会员32638人。

【服务经济建设工作】 2020年，区总工会结合“三服务·婺城家服务”工作，走访企业635家，收集问题258个，已经解决233个，跨部门研究解决25个；走访群众（包括劳模、先进工作者）256人次，收集问题38个，已经全部现场解决；走访基层238家次，收集问题45个，已全部现场解决。发布“三服务”走访调研动态消息65篇，在婺城组工发布8篇，班子成员每人开展一个课题研究。

助力疫情防控和企业复工复产。疫情暴发，区总工会迅速贯彻落实“党有号召，工会有行动”的政治责任，主动担责，设立疫情防控专项资金50万元，走访慰问疫情一线医务人员、卡点、基层干部、志愿者16201人，走访企业77家，赠送口罩3万余只，累计慰问金额37万元。全额返还小微企业工会经费150余万元，切实减轻企业负担。开展网上“春风”行动，发布3000多个岗位招聘信息，帮助6家企业进行线上推广产品，助力企业复工复产。

举办闻着花香游婺城——“花满婺城” 职工疗休养、助力经济发展推介会。深入挖掘、推介婺城区旅游资源，打造精品线路7条，吸引各地职工到婺城疗休养，促进消费，拉动内需，助力婺城经济发展。

开展“经济图强、争先创优”双月攻坚企劳动竞赛活动。以企业和职工为主体，以“五比五赛”为载体，即通过“比产品质量、赛精品创优争一流”“比安全生产、赛疫情防控保安康”“比进度效益、赛精益管理上水平”“比科技创新、赛技术进步促发展”“比点子思路、赛全员参与促管理”，争创“优秀车间、班组”、争当“劳动达人”，开展“职工科学技术创新竞赛”、“我爱我家·我为企业献一计”金点子竞赛。全区共有200多家企业、2万多名职工参与劳动竞赛活动，涉及汽摩配、化工、商贸、服务业等多个行业和产业，共收到职工科学技术创新项目申报39项，“优秀车间、班组”申报101个，“劳动达人”申报202人，“我爱我家·我为企业献一计”金点子107个。评选出职工科学技术创新成果一等奖2项、二等奖4项、三等奖10项，“优秀车间、班组”20个，“劳动达人”200人，“我爱我家·我为企业献一计” 金点子一等奖17项、二等奖30项、三等奖59项，在全区营造比学赶超的劳动竞赛氛围。

【服务和谐创建工作】 开展慰问高温一线职工“送清凉”活动。为切实关爱坚守高温一线工作的职工，保障广大职工的身心健康，开展以区内重点工程、室外一线职工、重点企业职工为主要走访慰问对象的“送清凉”活动。共累计走访慰问重点工程项目6个，室外高温一线单位11家，重点企业26家，发放清凉慰问品1855份，价值18.6万元。落实生活困难劳模调查摸底工作，对有生活困难的劳模进行建档，动态掌握；走访区级困难劳模5人，发放补助金

2.2 万元。对当年过世的 5 名劳模的遗属(亲属)进行慰问,发放慰问金 1.5 万元。完成婺城区困难职工家庭情况调查摸排工作,并完成申报,年底前完成建档及帮扶工作;救助职工 58 人次,使用资金 7.88 万元,“送温暖” 慰问职工 375 人次, 发放慰问款 10.03 万元。

为有效整合社区资源,本着“不为所有、但求所用”的原则,打通服务职工最后“一公里”,提升工会服务能级,探索“工会搭台、区域共建、职工共享”模式,融合政策宣传、文体活动、职工阅读、技能培训、职工子女托管、心理健康辅导等工会职能,打造多功能综合性共享职工之家。在青春路社区、柳湖花园社区、明月楼社区、中山路社区、西市街社区建设 5 家“共享职工之家”。

【服务文化建设工作】 开展“同心抗疫”职工风采随手拍摄影比赛。共收到 500 多幅摄影作品,这些作品记录真生活,传递正能量,多层次多角度展现各行各业职工在抗击疫情中的感人故事和瞬间,共评选出一等奖 6 名、二等奖 10 名、三等奖 20 名。

举行“劳动铸就中国梦·齐心共创幸福城”职工工间操展示活动。全面展示新时期产业工人文化建设成果和健康向上的精神风貌,全区 10 家企业 500 多名职工参加展示活动;举行“迎国庆展风采、聚合力促发展”婺城区职工篮球联谊赛。丰富广大工会干部职工业余文化生活,展现职工拼搏向上的精神风貌, 进一步激发全区上下拼争抢创的积极性、创造性, 全区共有 36 支基层工会篮球代表队 430 余名运动员参加,通过 20 多天的激烈角逐,最终教育工会、新狮街道总工会、区消防大队工会代表队分别获第一、第二、第三名;罗店镇总工会、婺城公安分局工会、区政法系统、万里扬集团工会、竹马乡总工会分别获得第四至第八名;区党群系统、区府办系统、白龙桥镇总工会等 12 支队伍获精神文明运动队称号。

9 月 27 日,婺城区首届体育节暨职工篮球联谊赛开幕现场式 (区总工会供稿)

举行“你劳动的样子最美”全区女职工学习贯彻十九届五中全会精神演讲比赛。通过预赛层层选拔,共有 40 名优秀选手进入决赛,经过专业人员评选,共评出一等奖 6 人、二等奖 9 人、三等奖 9 人。

【服务职工民生工作】 维护职工合法权益。疫情期间深入走访企业, 指导疫情防控和企业复工复产,开展职工劳动纠纷排查化解工作,排查出重大劳动纠纷问题 1 项,可能产生劳动纠纷问题 5 项,并全部化解,有效推进“婺城零欠薪”和“平安婺城”建设工作;开展工会劳动法律监督员培训 2 批次,共有 130 余名乡镇(街道)总工会专职副主席和企业工会主席参加培训,发放多种宣传学习资料,有效提高工会干部业务能力; 组织 66 名家政行业职工参加转岗再就业培训; 参与劳动仲裁调处工作 9 起,涉及人员 213 人、金额 315.7 万元。

开展工资集体协商。以区域性工资集体协商为重点,扩大协商覆盖面,推动企业加快建立职工工资共决机制、正常增长机制和支付保障机制,构建和谐劳动关系。全区续签集体协议 245 份,涉及企业 309 家、职工 2.2 万余人,续签率达到 100%,实现全覆盖。已开展工资集体协商的企业,全年未发生 1 起劳资纠纷上访事件。

推进职工医疗互助保障。完成在职职工医疗互助参保单位 381 家,参保人数 25763 人,参保人数增长5.5%,完成市总任务目标数比例 107.8%,实现稳中有进,逐年提高。开展企业职工免费体检活动,已完成 35 家企业 4515 人次体检。

开展职工疗休养活动。做好 8100 余名职工疗休养网上备案,组织 110 余名职工参加疫情防控一线职工疗休养活动,组织 80 余名“劳动达人”赴东阳疗休养,组织 55 名劳模、工匠在婺城区域内疗休养。通过各类疗休养、春秋游等工会活动,拉动全区消费2300余万元。

【工会组织自身建设】 推进产业工人队伍建设改革。围绕“政治上保证、制度上落实、素质上提高、权益上维护、措施上保障”25字方针，制定适应婺城企业实际的产改方案，成立领导小组，设立任务清单。打造浙江万里扬股份有限公司为省级非公企业产业工人队伍建设改革试点单位，以“红色车间”为亮点、以“五个突出”为切入点，打造产改工作示范样板，组织召开多场推进会和企业现场会，在全区68家企业全面铺开。组织第一批参与产改企业赴万里扬参观学习，进行2次产改知识和工作重点培训，并责任到人，分赴乡镇(街道)企业指导产改，确保三分之一以上企业开展产改。通过“青蓝计划”“厉兵计划”“薪火计划”三大抓手，创建市级劳模(工匠)创新工作室2家，区级7家，发挥劳模(工匠)引领作用，产改试点工作取得初步成效。

推进区工会“基层组建、基层改革”工作，集中开展基层工会组建攻坚行动，在特色工会组建中充分发挥党建带工建优势，推进“三新”领域工会组建，已组建一批“三新”领域工会。2020年，新建基层工会33家，新加入工会会员1200多人，其中，区教育工会新成立幼儿园工会18家，实现工会组建工作多点开花，齐头并进的新格局。在基层工会改革中，以“十有”模式打造安地、竹马两家乡镇街道总工会规范化试点，试点经验交流在金华市总工会2020年第一次主席例会上做经验介绍。

开展企业工情代办站建设。为充分发挥企业工会主体责任，以“工会干部多跑腿，企业职工少跑腿”的家服务理念，“一站式”解决职工需求，创新性地建立企业工情代办站。选取浙江正方控股集团有限公司和浙江万里扬股份有限公司为试点单位，总结提炼“一三一一”工作机制，即树立一个理念、明确三个目标、成立一支队伍、设立一套工作流程，推进企业工情代办站建设。该机制推行以来，已解决职工需求400多件次，做到百分百解决、零上报，在全市工会特色创新工作“晒拼创”活动中获第一名，并在市委《每日要讯》刊发推广。

深化职工疗休养基地建设。创建省级疗休养基地1家，命名区级疗休养基地1家、疗休养推荐点6家。

【活动举办】 举办“我心向党”系列主题活动。开展“我心向党”劳模工匠话初心使命座谈交流会，举办“我心向党”劳模工匠“五进”(进机关、进乡镇、进企业、进学校、进社区)活动，大力弘扬“劳动精神、劳模精神、工匠精神”，通过“我心向党”主题系列活动，引导广大职工群众听党话、跟党走。

12月4日，婺城区召开劳模工匠“五进”宣讲启动仪式暨劳模工匠进校园宣讲报告会 (区总工会供稿)

开展树立典型示范活动。挖掘、选树一批先进集体、先进个人，推荐评选全国劳动模范1人，全国五一巾帼标兵岗1家，市级五一劳动奖状1个，市级五一劳动奖章4人，市级工人先锋号3家，评选表彰“婺城工匠”10名，以庆祝五一国际劳动节为契机，举办劳模、工匠、高技能人才风采展系列活动，充分发挥先进典型的示范引领作用。

(郑宏晟)

中国共产主义青年团婺城区委员会

【概况】 截至2020年底，婺城区共有基层团委34个，基层团工委7个，团总支3个，团支部741个，在“志愿汇”上注册志愿者总数72897人，志愿者队伍608支。团婺城区委围绕共青团工作重点和党委政府中心工作，广泛动员全区团组织和团员青年切实担负起走在前列的时代重任，为“三地一窗口”建设贡献青春力量。

【基层团组织建设】 2020年，通过“推优入团”程序顺利发展团员 874 人,学社衔接比例接近 100%。批复同意 17 个机关部门成立团组织，加强机关团组织建设,成立区机关团工委。顺利完成“一村一青年委员”换届选举工作,选举产生 275 名青年委员,青年委员比例高达 82%,全市村级团组织换届观摩会在婺城蒋堂镇召开。召开婺城区青年联合会第二届委员会第一次全体会议,区委书记蔡艳出席大会开幕式并讲话。

【主题教育活动】 开展“青年大学习”行动,把学习情况纳入团队员日常管理教育。深入各个团组织和少先队挖掘 37 名青少年宣讲人才,成立青春领“婺”宣讲团队伍,举办润“婺”有声宣讲比赛,发布宣讲视频 9 期。举办 4 场抗疫交流分享会,金华中心医院团委书记、援鄂医生邓鸿胜到场分享援鄂经历。

【真善美种子工程建设】 探索党团队一体化阶梯式培养新模式,破解党团队衔接难题,依托团员青年“三亮三比”和“红领巾走家乡——寻访六大幸福城”“红领巾小志愿者”实践活动,全面实施“真善美”种子工程,推进青少年的政治锻造常态化、制度化。2020 年,共举办“真善美”主题活动 173 次,覆盖青少年 5000 余人。

【青年创业就业工程】 2020 年，举办直播创业大赛,120 名婺城主播亮相直播间,7 天吸引 1200 万人次观看,销售产品 30 万单,成交额 1000 万元。举办“青年英才智汇婺城”高峰论坛活动,邀请来自各地优秀高校的近 180 名婺城学子共叙乡情,成立婺城区大学生联盟及北京、南京、上海、杭州、广州五大地区婺城人才联络站,引导婺城学子回乡就业。

【青少年权益维护】 2020 年，举办“与月亮相约”“刚好遇见你”等 5 场青年联谊活动,吸引 360 余名单身青年参加。全覆盖走访全区 40 名四类青少年 120 余次，携手婺城区心理辅导站重点关注虹路村患有心理疾病的青少年,开展慰问帮扶 3 次,联合科贸学院团委开展“情暖童心筑梦成长”暖心工程,慰问青少年 78 人次。继续打造“春苗计划”,创新“团建+”五堂帮教模式,加大涉罪青少年的社会支持力度,对 88 名涉罪未成年人进行行为矫正、技能培训和心理干预,其中 5 人经帮教考上大学,6 人复归社会。

【少先队工作】 线上、线下交互式深入学习贯彻落实习近平总书记贺信精神和全国第八次少代会精神,以“五个一”专题系列,构建学、思、践、悟一体化学习模式。开展“我眼中的‘十四五’”“红领巾相约 2035”集中队活动课,全区共 652 个中队积极运用讲故事、谈感受、析案例等方式,引领少先队员学习领会全会精神。常态化开展“优秀少先队集体”“新时代好少年”等典型选树活动,评选区级“新时代好少年”100 名,“优秀少先队员”“优秀少先队辅导员”154 人、区级“优秀少先队集体”66 个,8 名队员获评“金华市新时代好少年”,2 名队员获评“浙江省优秀少先队员”,2 名辅导员获评 “浙江省优秀少先队辅导员”,站前小学五(5)中队活动省优秀集体,姚舜哲获评“全国优秀少先队员”称号。团区委公众号真善美“大传播”学习专栏,对优秀事迹进行线上发布,全区 2.3 万名少先队员参与学习。

【青年志愿服务行动】 CRC 文化产业园设立婺城“跑小青”工作室,常态化开展驻企助跑服务,中央团校党委书记倪邦文曾带队到 CRC 进行调研。600 余名青年志愿者下沉到社区网格，开展卫生保洁、秩序规整、交通引导等志愿服务、全国文明城市创建活动。由社区民警、社区干部、“老娘舅”、律师、热心群众等青年组成的“阳光洁节帮”工作室,帮助千余名群众解决困难 500 余起,收获锦旗 30 面。

9 月 2 日,学雷锋志愿服务站品质提升培训行动

(区团委供稿)

【疫情防控】 招募 80 名志愿者赴科达医疗器械、

宇龙防护用品两家企业支援生产口罩、护目镜等医护用品；同时还组织志愿者协助基层做好村社网格化排查、交通枢纽及卡口管控、居家隔离人员服务等疫情管控工作，其中10名志愿者到330国道卡口、高铁站两个婺城负责卡口协助做好出入人员筛查工作。2020年，共组织招募投入疫情防疫工作志愿者1280人次，开展志愿活动350场次。同时，100余支抗疫青年突击队、千余名青年志愿者组成助企复工、助农惠农、综合保障队伍，投身疫情防控和复工复产第一线，青年企业家捐赠护目镜、酒精等医疗物资总价值超过15万元，帮助村社守牢“小门”，打好“巷战”。

（彭　聪）

婺城区妇女联合会

【概况】 截至2020年年底，婺城区有乡镇妇联14个，街道妇联5个，区、乡镇（街道）专（兼）职妇联干部51人。有村（社区）妇联269个。获评浙江省巾帼建功先进集体。

【基层妇联组织建设】 2020年，区妇联围绕党的工作重心，深化党建带妇建，在夯实党的基层基础方面发挥好妇联作用。推进机关事业单位妇联组织全覆盖及妇联组织换届。婺城区共有267个应换届村（社），主职干部中女性34人，占比12.7%；村党组织成员1231人，其中女性280人，占比22.7%；村委会成员1054人，其中女性374人，占比35.5%，选举产生新一届村妇联主席267人，实现村妇联主席100%进村“两委”；村民代表12359人，其中女性4724人，占比38.2%。全区村（社）妇联组织换届选举工作全面完成。重点推进新领域妇联组织建设，对条件成熟的10家单位指导建立妇联组织。召开基层妇联干部培训班，提升工作能力和水平。

【发展来料加工】 全区现有经纪人361人，月加工人数5213人，年发放来料加工费11967.46万元。2020年，区妇联注重强化引导，召开全区来料加工经纪人座谈会，引导经纪人树立资源共享、抱团取暖、互相帮扶、共克时艰的信心。组织班子成员分别到相关乡镇街道的来料加工点、加工企业走访调研，进一步理清思路，从强化宣传引导、抓好技能培训、完善产业政策等三方面入手，促进全区来料加工业转型升级。举办电商直播技能培训班，开展来料加工手工技能大比武和产品展示，引导来料加工从业人员转变思维，学习借鉴网络直播带货等营销新模式，拓展销售新渠道，努力克服加工扶贫领域巡查整改，开展对来料加工企业负责人的警示教育。

【妇女权益保护】 开展婚姻家庭纠纷排查化解工作。乡镇（街道）、村（社区）各组建“和姐”队伍，实现全覆盖，打造妇女民情民访代办制度“升级版”。2020年，专职“和姐”常驻区级“和姐”工作室，接待来访群众40余人，受理调解23件，在金华市“12338”

12月29日，区妇联召开六届三次执委（扩大）会暨2020年年终工作总结会　（区妇联供稿）

8月26日，浙江省妇联副主席童丽君（左二）、权益部部长谢琦琦（右二）在婺城区调研指导妇女儿童权益保护工作　（区妇联供稿）

热线服务质量抽查中排名第一，受到省、市妇联和基层妇女群众的肯定与认可。乡镇街道“和姐”工作室进驻矛盾调解中心基本完成。8月26日，省妇联副主席童丽君到婺城调研，充分肯定婺城“和姐”品牌建设。做好妇女信访代办工作，建立各级妇女代办服务机构283个，妇女代办员481名，1—11月全区各级妇联妇女代办件数771件，办结件数771件，办结率100%。

【平安家庭创建】 展示巾帼风采，开展庆“三八”评双美活动，开展“花满婺城 云赏山茶”云上茶花插花大赛和培训。“和姐”宋园春获评中国好人。开展最美家庭、文明家庭等评选：1户获评省绿色家庭，5户获评市“文明家庭”，30名志愿者获评最美抗疫巾帼，20户获评区最美抗疫家庭。

【关爱妇女儿童】 开展国际家庭日系列活动。走访慰问低保特困女性，邀请专家宣讲家庭教育促进条例，开展亲子阅读活动，评选出20篇优秀亲子阅读读后感作品。组织各级基层妇联开展多形式的关爱行动，走访慰问困难儿童家庭。开展家庭教育系列讲座，开展护蕾行动。在乾西小学、站前小学开展“为国教子、为家育儿——做智慧家长”宣讲活动，并开展“守护平安、健康成长”未成年女童防侵害“护蕾行动”宣传，受益学生家长近2000名。

【文明城市创建】 探索建立“一格一姐”工作机制，涌现出以宋园春为代表的优秀典型，在助推双城战略落地成景方面贡献巾帼力量。出台区级“茶花姐妹”一格一姐志愿者的礼遇办法，建立工作激励机制，“茶花姐妹”一格一姐志愿服务体系在实践中日趋完善，此机制在助力全国文明城市创建、美丽婺城建设等方面均发挥非常积极的作用。协助实施全区“建设美丽乡村·做美大郊区”三年行动计划，做好“党建+美丽庭院”文章，2020年，全区共创建美丽庭院达标户9024户，示范户3128户，三年累计创建美丽庭院达标户45638户，美丽庭院示范户14098户。在全国文明城市创建攻坚阶段，发动近万名“格姐”，开展垃圾分类、环卫保洁、禁烟控烟等近8万人次的志愿服务活动，为打赢文明城市创建荣誉战贡献“半边天”力量。

【疫情防控】 发动9000余名巾帼志愿者，开展15万人次的抗疫志愿服务活动，无偿在一线付出。开展助企巾帼志愿活动。走访调研来料加工企业和女企业家协会会员企业，送温暖上门。联合区女企业家协会开展公益助农活动，帮助农户销售滞销农产品。开展经济复苏暖心活动。开展婺城巾帼直播团走进帝壹城活动；举办女企业家经济形势分析会，帮助女企业家树立信心，引导各领域妇女抢抓“后疫情时代”的发展机遇；启动“一十百千”婺女云创行动，培训云创女主播近30场次，培训人员近千名。

（徐美珍）

婺城区科学技术协会

【概况】 2020年，婺城区科学技术协会凝心聚力做好疫情防控、复工复产，稳步推进高端智力集聚工程，提高全民科学素质、建设科普阵地，努力建设科技工作者之家，赋能“双城战略”落地成景，努力为“重要窗口”贡献科协力量。区科协被评为2020年度全市科学普及突出单位，开展的“小小探索家，海洋伴我行” 科普教育活动获评2020年全国科普日优秀活动。

【疫情防控、复工复产工作】 全体干部职工在居住地社区和联系地乾西乡联合社区做好卡口值守、体温检测、信息登记等疫情防控工作。致信全区各级科协组织和科技工作者、科普工作者，倡议他们为科学宣传疫情防控、增强公众自我保护意识做贡献。给各乡镇(街道)寄送科普宣传折页、宣传画等应急科普宣传资料。“三服务”全面助推复工复产，助企服务员为企业解决难题。每天通过QQ群给各企业科协发送应急科普资料、最新政策等，前往赤诚工贸、家大夫医护用品、红牌智能电器、日兴食品、环亚包装等企业，送上防疫“大礼包”，联系口罩购买渠道，宣传复工审批流程和最新助企政策。

【高端智力集聚工程】 提高对院士专家工作站的扶持力度，新增新建站奖励，考核奖励上浮300%。2020年新增金华市婺城区椒椒农业有限公司、金华市金婺农业发展有限公司和中油农业股份有限公司3家市级专家工作站，创政策推行以来年度新增数新高。由婺城区委组织部牵头，与上海院士中心达成合作协议，形成服务党和政府决策、服务创新驱动发展的专家智库，举办首期院士专家大讲堂。前往湖南长沙向湖南农业大学蔬菜育种专家邹学校院士团队“取经”，助力婺城辣椒产业发展。邀请植物病理学家陈剑平院士到婺城区农业基地调研指导，著名节目制作团队采访种粮大户陈建军。

【全民科学素质提升】 开展“五彩水世界”科普活动课1堂，“悦读科普 美好生活”科普阅读推广系列活动科普阅读5场，非遗文化科普系列活动2场。依托“科普婺城”微信公众号和“科普e站”开展云上科普日有奖竞答活动，参与答题数超过2万余人次。“中科院老科学家科普巡回报告”进校园活动，中科院陈光南教授的《身边的科学之声音趣谈》巡回报告覆盖婺城9所中小学，场次创历年新高，服务师生5000余人，并送上科普书籍1000册。“小小探索家，海洋伴我行”科普教育活动深受好评。在乾西乡联合社区、浙师大社区、红湖路社区和凤凰山社区等地开展科普活动。选送5组亲子家庭参加“冲刺！科学+”大型益智竞赛市级赛，1组亲子家庭获第4名。

8月28日，全国科普日系列活动之小小探索家活动现场 （区科学技术协会供稿）

【科普阵地建设】 联合市科协与解放军某部队建设的全市首家军民融合军营科普馆于5月开馆，万泰海立方海洋公园获批市级科普教育基地。6月，新开“科普婺城”微信公众号，不定期推送政策法规、工作动态、活动通知、科普信息等内容。

5月19日，婺城区强军科技馆开馆

（区科学技术协会供稿）

【科技工作者之家建设】 开展“科技为民 奋斗有我”庆祝“5·30”全国科技工作者日系列活动。牵头成立婺城区科普学会，推动全区科普工作发展。认真做好优秀科技工作者举荐工作，乾西乡卫生院院长张茂秀被评为金华市第一批“最美抗疫科普人”，方永根、吴芳云被评为“金华市乡村产业技术首席”，金华市捷特包装有限公司科协获评省百佳企业科协，林志杨、钟晓蓉分别获评省百佳企业科协工作者、企业科技工作。

【服务乡村振兴】 联合区纲要办成员单位在安地镇等乡镇开展科普下乡活动，在白龙桥镇开展“金秋暖重阳　浓情寄桑榆”重阳节文化科普活动。包根玉家庭农场获批市级农村科普示范基地。

【基层党建】 召开“不忘初心、牢记使命”主题教育总结会，贯彻落实好中共十九届五中全会等重要会议精神。每周一开展“德、勤、廉”主题学习，提升党员干部思想境界。党组到联系村莘畈乡学岭头村困难户盛根宝家中慰问走访，密切联系群众。前往蒋堂镇开化村开展党员廉政文化教育活动，学习先辈的廉政事迹和优秀的家风家训。深入联系社区乾西乡联合社区开展全国文明城市创建志愿服务，做好文明劝导工作。

（何　凡）

婺城区归国华侨联合会

【概况】 2020年,婺城区侨联在区委、区政府的正确领导下,在市侨联的关心指导下,结合实际,为侨界群众办实事、解难事,团结引导广大海内外侨胞和归侨侨眷守望相助、共抗疫情,共同致力于促进婺城经济社会发展,开创侨联工作新局面。

【同心抗疫】 及时向社会发布倡议书,在国内物资紧缺的情况下发出号召,鼓励海外侨胞捐资捐物,折合捐助金额累计185万元。认真配合疫情防控指挥部做好境外疫情输入防控工作,排摸在外滞留人员3000余人,累计接听咨询热线400余个,配合接机专班接返本地境外返回人员5批次、20余人。针对国外留学生防疫物资紧缺、物流困难问题,联合爱心企业合丰信息科技(金华)有限公司,为在美留学人员送去“爱心包”70份,包含口罩2800只。

【服务侨企】 深入贯彻婺城“家”服务理念,为企业当好联络员和服务员,走访涉侨企业30余次,全面梳理助企、扶企政策,并通过上门解读、座谈会等形式,助力企业顺利复工复产。如针对企业复工时员工到位率不高问题,及时引导企业参加定制专列接千名员工返岗活动;针对企业防疫物资缺乏问题,联合生产企业送上抗疫物资。助力温州医科大学公共卫生与管理学院和睿丰康生物医药科技(浙江)有限公司举行战略合作启动仪式,实现高校优势学科和地方产业有效联合。

【联络联谊】 做好春节、中秋节期间的走访慰问工作。2020年,走访30余户困难侨界群众、侨界重点人士家属和回国探亲的海外高层次人才,了解他们生活状况,宣传发展氛围和引才政策,鼓励他们回国发展,得到海外侨界人士点赞。

【组织建设】 统筹抓好侨情普查工作,清理完善全区侨情信息数据库,累计排摸登记海外侨胞661人。加强基层组织建设,丰富侨联季度座谈活动内容,组织侨联委员们开展中共十九届五中全会精神学习、参观雷烨烈士故居等。推进侨界服务阵地建设,打造侨联“家服务”品牌,6月底在合丰信息产业园区新建“婺城区侨之家”。探索婺城籍留学生创新创业的新途径,12月挂牌成立婺城区留学生创业园,搭建海外留学人员回婺创业的发展平台。

(申晓卫)

婺城区工商业联合会

【概况】 2020年,婺城区工商业联合会所属商会有21个,其中基层商会11个、行业商会 3个、异地商会7个。全区工商联会员总数1817人, 个人会员1817人,新发展会员 2人。会员中有市人大代表8人,市政协委员5人,区人大代表35人,区政协委员59人。婺城区工商联为正科级群团机关,行政编制3名,事业编制2名,内设机构领导职数3名,共有工作人员5名。

【组织建设】 2021年3月23日,召开婺城区工商联(总商会)四届四次执委会议。会议回顾总结2020年工商联(总商会)主要工作,明确2021年工作思路。围绕“高质量建设都市经济创新城、高品质建设美好生活幸福城”的“双城”战略,以“担当赶超、婺城图强”为奋斗主旋律,加强基层商会、行业商会、异地商会建设,2020年, 完成指导5家基层商会换届工作,新成立钢管租赁商会。多次召开民营企业家座谈会,组织学习《浙江省民营企业发展促进条例》《浙江省企业家参与涉企政策制定暂行办法》,充分发挥工商联的桥梁纽带和助手作用。2020年

5月6日,婺城区召开工商联(总商会)四届二次轮值主席会议 (区工商联供稿)

10月23日，区工商联（总商会）召开四届二次轮值主席会议暨专题学习会，专题学习全国民营经济统战工作会议及《关于加强新时代民营经济统战工作的意见》精神，把民营经济人士团结在党的周围，更好地推进民营经济健康发展。

【参政议政】 区工商联始终坚持正确的政治方向，把加强思想政治引领，广泛凝聚共识，作为参政议政的中心环节，引领民营企业家聚焦聚力区委区政府中心工作，主动作为、履职尽职，服务大局有作为，履职为民有温度，建言资政有成效，创新实践有影响。

【疫情防控】 2020年，疫情发生后，工商联党组当机立断，第一时间研究部署，通过区工商联微信公众平台、工作群、执委群，发出“致全区广大民营企业的倡议书”，班子领导带队到各乡镇企业，引导科学抗疫、发动捐款捐物。民营企业和民营经济人士累计捐献爱心款300余万元，捐赠口罩10.5万只、护目镜6500副。上海婺城商会会长回婺城投资设立医用口罩生产线，4月即达到美国市场准入标准。制定“助企抗疫情，联企复生产”专项行动工作方案，以11个基层商会平台为抓手，组建3个助企专班，完成对78家区工商联执委以上企业的走访调研，全面把脉企业复工堵点、摸清企业复产难处，有序复工复产。发挥“驻企服务员”作用，制定《“你返岗·我护送”——异地婺城商会助力家乡复工专项行动方案》。发挥异地商会优势，云南省婺城商会为全区民营企业在云贵地区职工返厂协调提供包车服务186班次，运输3000余人。

【会员服务】 开展“青蓝接力”，锻造高素质新生代企业家队伍，在区工商联（总商会）副主席、副会长等企业家中选择具有丰富创业实践经验、在经济形势把握和分析上有见解、且富有社会责任感的一代企业家作为成长导师，通过一对一结对，充分发挥老一代企业家在典型引领、经验传授、精神传承等方面的“传帮带”作用。组织10名新生代企业家参加由市委统战部和区委组织部主办的企业家培训班，提高管理素养和能力，提升战略思维和创新意识。

以区委、区政府设立的“爱企日”（每年5月27日）为抓手，常态化开展爱企、助企、惠企服务，全力打造最优营商环境、服务民营经济高质量发展。多次召开“亲清直通车·政企恳谈会”，收集企业复工复产后问题102个，破解企业难题，提振发展信心。针对企业“资金转贷难”问题，与区涉经部门建立会商研究机制，先后协调工商银行婺城支行、金华成泰农商银行、金华银行等8家金融机构开展对接，已有12家企业与相关银行达成8000万元的转贷合作意向。联合区司法局、检察院、法院走访企业，多次召开座谈交流会，就企业在市场运行中的一些难题，如金融法律风险的防控问题、公司公章的管理问题及企业依法宣传等相关问题展开深入的互动交流。

【扶贫工作】 成立“东西部扶贫协作”工作领导小组，组织十余家会员企业和基层商会到四川省凉山州布拖县、南充市嘉陵区开展东西部扶贫协作工作交流活动，签订帮扶协议，开展扶贫捐赠活动，向结对村捐款50万元。

（朱胜君）

法 治

政法委及综治工作

【概况】 2020年,区委政法委紧盯建设“平安婺城·幸福城”的目标定位,坚持源头治理、多元化解,坚持创新驱动、固本强基,以“最多访一地”改革为牵引,以“基层党建+社会治理”创新为主线,全面推进“微网格”建设和区乡村三级矛调中心建设,夯实平安建设基层基础,激发基层社会治理新活力,平安建设和基层社会治理取得长足进步。平安婺城建设实现十五连胜,成功捧回全省首批星级平安金鼎。2020年,平安指数始终位列全省第一方阵,其中5月和8月取得全省第三的好成绩。

【“平安婺城”建设】 区委政法委按照中央、省委和市委的决策部署,以建设“重要窗口”的使命担当,拼搏实干,争先进位,深入推进“平安婺城”建设,全市平安建设模拟测评一直位列前三,全区未发生影响社会稳定的重大案(事)件、不稳定因素均在可控范围,基层基础建设得到稳步提升,获全省首批“一星平安金鼎”。加强重点监管,紧盯平安创建一票否决的6方面15项指标,严防死守。加强重点行业、重点领域、重点人员“三个重点”监管。把社会治安、生产安全、食药安全、网络安全作为工作的重点和难点进行专项治理。根据“平安指数”情况,每个月对排名靠后的项目进行督办,促进平安考核事项全方位争先进位;高度重视平安暗访,组织跨部门、跨行业联合暗访检查十余次,排查整改安全隐患100余处,并举一反三,对辖区同类场所、同类问题开展自查自纠,彻底消除各类安全隐患。创新建立“三三三”工作机制,通过全体动员、全力以赴、全时值守,当好战斗员、信息员、宣传员,坚持战一线、固防线、保底线的“三全、三员、三线”做法,充分发挥全体政法干警和网格员作用,为深化平安创建贡献基层最坚实的力量,力助平安指数再列全省前茅。

【社会治安综合治理】 区委政法委不断深化“基层党建+社会治理”,创新社会治理体制,坚持发展新时代“枫桥经验”,加强社会治安综合治理。智慧平安校园发挥新作用。根据《浙江省中小学幼儿园安全防范工作实施细则》与《浙江省人民政府办公厅关于进一步加强单位治安保卫工作的意见》,在做好校内安全防护保障的同时,创新提出校外安全防护体系,打造学生基于城市内的安全防控中心。站前小学作为试点单位,6月24日在站前小学进行了“智慧校园平安卡”发放仪式。在校门口部署人脸识别摄像机,辅助识别学生到校离校情况,防止出现假带卡的情况。人脸识别系统接入公安部一所的危险人群数据库,实现实时布控,当有危险人员接近校门口时,向门卫、公安系统发出预警,提醒校园安保人员提高警惕的同时,达成警校联动机制,从“被动”转为“主动”,为专业化预防预警提供有效安全保障;确保学生出入校安全、到家安全,建立城市的安全信息预警机制。为方便校方、家长对学生的安全管理,要求中小学生佩戴Mini学生卡,可识别上课期间是否在校、离校时间统计、到家时间统计、是否回家路线偏移警报(与往常回家轨迹差异)、是否在危险区域或禁止区域逗留。当发生儿童丢失事件或其他险情时，公安机关可通过系统平台查询儿童行走的历史轨迹，进行高效定向的搜索救援，为遇险儿童增添一线生机；注重校园消防安全建设。在校园食堂、图书馆、停车场等区域部署物联网烟感报警器，当发生火灾时第一时间现场警报，并推送告警信息到城市消防部门，在火势蔓延之前第一时间得到遏止。农村道路交通安全“两站两员”具有新优势。浙江省公安厅交管局在婺城区开展农村道路交通信息化试点工作，以“两站两员”为依托，以农村道路交通信息化建设试点为契机，创新提出“三化融合”(实体化、网格化、信息化)、“四防联动”(人防、物防、技防、心防)的新型农村道路交通安全防御网，创新开发通过“四个平台”的“五网互通”的农村道路交通APP系统，创新实施“电子劝导员”等科技项目，成为可复制、可推广的农村道路交通基层治理“婺城样板”。婺城区共有交通管理员39名，交通劝导员(网格员)416名，每年安排专项工作和人员经费约1000万元。据统计，试点工作开展后，各乡镇交通秩序明显改善，交通事故减少。辖区事故发生率、死亡率都明显降低。境外人员服务管理机制起到新保障。围绕“打造新时代平安浙江示范区”“延伸最多跑一次改革”目标，聚焦境外人员服务管理，针对婺城区84%境外人员为浙师大留学生情况，以留学生聚居密集的新狮街道勤俭村为试点，设立“外国人服务管理中心”，建立公安、院校、街道、社区、房东、留学生志愿者为主体的“六方协作”机制，提高留学生聚居区域的规范化管理，以及信息采集的完整性，境外人员登记率、准确率达到100%，警务工作、服务管理效能明显提升，受到校方、房主以及广大留学生欢迎。

【维护社会稳定】 2020年，区委政法委不断强化责任落实，突出源头治理，全力化解稳控，完成全年各项维稳安保工作任务，有效维护婺城社会稳定的良好局面。全力化解社会风险。在全区范围内开展社会风险隐患大排查大整治工作，按照“任务项目化、项目清单化、清单责任化、责任具体化”的要求，进行攻坚化解，做到排化结合、销控结合。市委、市政府交办的10件重大社会风险隐患全部化解。建设“关爱之家”3家。凝神聚力抗击疫情。编制《防范化解涉新冠肺炎疫情风险隐患及应对建议》，组织开展重大涉稳风险隐患排查化解集中攻坚月活动助力“六保六稳”，系统创新搭建安全“防护网”、助企“直通车”、政民“连心桥”，有效化解基层矛盾纠纷，预防涉企风险，为“两手抓、两手硬、两战赢”营造和谐稳定的社会环境。做好特殊时期和敏感节点维稳安保工作。完成各级两会、文明城市创建国测、中央环保督察、村社组织换届等重大任务活动期间的维稳安保工作。做好维权活动处置工作，成功化解维权活动11起，减小规模4起。

【预防青少年违法犯罪】 区委政法委协同区检察院，聚焦落实最高检“一号检察建议”，深化“蔷薇工作室”品牌，建立“春苗计划”未成年人帮教矫治机制，累计教育挽救276名未成年人有序回归社会，8人经帮教考上大学，其中，办理的“支持起诉困境儿童抚养权受教育权纠纷诉讼案”获评省级未成年人司法保护优秀案例。

【网格化管理】 2020年，新冠肺炎疫情发生后，婺城认真贯彻落实省市有关疫情防控要求，充分发挥“一中心四平台一网格”作用，精细管控，筑牢疫情防控第一道防线。充分调动区三级综治中心优势，启动“三三三”工作机制，全区388名网格长、416名专职网格员和上万名红色兼职网格员全体动员、全力以赴、全时值守(三全)，当好战斗员、信息员、宣传员(三员)，坚持战一线、固防线、保底线(三线)，铺天盖地，当好宣传排头兵；一户不落，当好排查排头兵；密不透风，当好防控排头兵；守望相助，当好帮扶排头兵，快速拉开一张“纵向到底、横向到边、无缝对接”的防控网，组织动员网格员切实发挥先锋模范作用，划小责任单位，最大限度防控疫情蔓延，最大化贡献网格力量。

【排查化解矛盾纠纷】 全区共排查出1378起矛盾纠纷，成功调解1378起矛盾纠纷，成功率100%。排查出的矛盾纠纷包括：民族宗教矛盾纠纷1起，征地拆迁安置引发的矛盾纠纷49起，建筑工程质量、物业管理等问题引发的矛盾纠纷41起，土地矿产山林水利界限权属纠纷12起，经济活动引发的矛盾纠纷51起，劳资纠纷148起，环境污染、生态破坏引发的矛盾纠纷27起，司法活动引发的矛盾纠纷8起,行政执法活动引发的矛盾纠纷2起,大中专院校、中小学校引发的矛盾纠纷5起,干部作风等问题引发的矛盾纠纷1起,村务管理引发的矛盾纠纷4起,农村土地承包、农村集体“三资”及农民负担等问题引发的矛盾纠纷9起,婚姻家庭邻里等各类民间纠纷461起，医患纠纷1起，其他纠纷558起。

【基层社会治理】 区委政法委推行“基层党建+社会治理”创新试点经验,以“红色全科网格”为基础,以综治中心为支撑,建立领导干部下访接访、矛盾纠纷多元化解、重点人员关爱帮扶、民情民访代办等基层治理机制。强化资源整合,让网格力量“强”起来。按照规模适度、便于管理、科学规范、全域覆盖的要求,结合行政村规模调整,重新科学统一划分网格。全区共划分网格388个,配备388名网格长、720名网格指导员、416名专职网格员。全区1万多名党员担任兼职网格员,实行“一网格+一党支部”模式,以红色力量激活全科网格,组建一支职业化、专业化的专职网格员队伍。明确任务职能,让作用发挥“实”起来。根据调研座谈,汇集基层对网格员队伍建设的意见建议,结合全区实际,梳理出专职网格员50项巡查采集信息工作清单,形成区全科网格建设的总体方案。制定下发全科网格工作信息采办清单，明确专职网格员的职责任务，根据省平安考核的要求，实行日考核日通报。各网格围绕不同时段的中心工作,结合网格管理、治安防控、矛盾调解、信访接待、人口管理、社区矫正、法律咨询、心理咨询、反邪禁毒等功能,深入一线走村入户,宣传沟通,努力做到社情民意第一时间收集、矛盾纠纷第一时间调处、安全隐患第一时间消除，在基层社会治理中发挥积极作用。完善工作制度,让网格运行“活”起来。建立健全符合实际、实用的网格员绩效考核、日常巡查、信息上报、事件处置等管理规范,提升网格规范化水平。通过落实网格工作日巡查、周提醒、月通报等工作机制，依托平安建设信息系统,2020年,全区共流转交办事件 120738件,信息上报数质量、有效信息流转率、事件办结率、巡查考核指标均有大幅度提升,实现信息采集上报、有效流转、分流交办,实现闭环管理。全科网格工作成效显著。

【文明城市创建】 区委政法委根据创建国家级文明城市的工作要求,加强领导,建立以政法委主要负责人为组长，政法委委务会议成员为副组长,各科室负责人为成员的创建全国文明城市工作领导小组,形成主要领导亲自抓、分管领导具体抓、全体人员积极参与的创建工作格局。领导到位、机构健全、人员落实,不断完善创建机制。认真履行职责,确保有序推进。共组织进道院塘社区活动40余次,参加活动人数达160人次,协助社区开展环境整治大行动,对社区的楼道环境、门前屋后乱堆乱放和水池、飞线等问题进行全面整治,使社区环境焕然一新。在文明城市交叉检查期间,安排人员配合社区工作，全天值守，协助社区做好相应的秩序管理、环境整治、走访宣传等工作。在集中攻坚期间,严格按照全区部署，组织全体干部到社区参与创建,定人定岗落实工作,提前“扫雷”,排除隐患,高标准完成任务。突出自身特色,发挥引领作用。2020年,区委政法委坚持统一思想、统一行动、凝心聚力，在完成机关单位常态化工作和全区性行动的同时,动员各乡镇(街道)网格力量和平安志愿者积极开展文明城市创建活动。发动全区1000余名专兼职网格员开展网格大排查，重点排查卫生脏乱差、楼道及电杆上违法广告、日常生活不文明行为,形成清单报送各乡镇(街道),定期组织垃圾分类入户宣传工作,助力整治。强化社会治理,维护和谐稳定。推进社会治理创新,有效防控各类社会风险,有力推进基层组织参与社会治理工作,指导建立平安类社会组织24个，组成人员8700多名,带动辖区10万名平安志愿者参与社会治理。坚持创新驱动、固本强基,全面推进“基层党建+社会治理”试点,整体推进红色全科网格建设,创新搭设“平安驿站”“平安庙会”“反诈联盟”等宣传载体,夯实平安建设基层基础，实现社会治理与平安建设水平同步提升,人民群众获得感、幸福感与安全感同步增强的良好局面。

【疫情防控】 新冠疫情发生后,区委政法委第一时间牵头成立服务企业返工复工领导小组,结合“三服务”活动,指导协调企业返工复工过程中需要政法部门服务的事项。迅速出台助企措施意见,在政策、融资、用工等方面有针对性地提出有效措施和办法,帮助企业解决实际困难。半个月时间,走访、服务企业,解决问题,减少企业经济损失。全区万余名网格员快速拉开一张“纵向到底、横向到边、无缝对接”的防控网,排查企业返工人员,发放宣传资料。利用“大数据+网格化+信息化”,依托“智能门禁”、警务“二维码”“一点通”等技术措施,精准开展返婺人员排查管控,守牢防疫攻坚阵地。区委政法委编制《防范化解涉新冠肺炎疫情风险隐患及应对建议》,组织开展重大涉稳风险隐患排查化解集中攻坚月活动助力“六保六稳”,系统创新搭建安全“防护网”、助企“直通车”、政民“连心桥”,有效化解基层矛盾纠纷,预防涉企风险,为“两手抓、两手硬、两战赢”营造和谐稳定的社会环境。组建“抗疫助企”法律服务团、政法战线“助企红盟队”等,使网格员、党员干部、志愿者等红色力量帮助企业协调、解决各类问题,全面助力企业复工复产。服务前移,主动对接辖区 86 家快递物流企业,推进邮政快递业复工;优先保障辖区 2 家口罩企业复工复产,采取“一对一”帮扶措施,简化人员审核流程。

【政法及综治工作】 区委政法委发挥党委领导、政府负责、社会协同、公众参与、法治保障的社会治理体制优势,推动综合指挥、矛盾化解、诉讼服务、系统平台、全科网格等一体化建设,实现矛盾纠纷“一窗受理”“一揽子调处”“最多跑一地”的目标。高标准提升区社会矛盾纠纷调处化解中心建设。坚持按照信息共享、统一指挥、协同办理、处置高效的原则,赋予统一指挥协调、统一考核监督职能,区社会矛盾纠纷调处化解中心统一负责信息收集、分析研判、分流交办、调度指挥、反馈督办等日常工作;统一负责群众举报投诉、民生服务和政策咨询等工作;加快推进统一政务咨询投诉举报、“雪亮工程”、智慧城管、食品安全、应急管理等系统融合接入,实现指挥系统共享、视频资源共享、数据应用共享。指导乡镇(街道)综治中心品牌建设。所有乡镇(街道)均已建立综治中心,形成区、乡、村层层渗透、全面防护的综治综合体。完善工作机制,通过制度上墙,运行管理,协作联调等工作,着重体现效能发挥;强化考核督察,确保其“1+X+N”的布局得到完善,确保“矛盾联调,问题联处”的功能得到加强;融入“三治融合”“两站两员”“民情民访”等特色理念,建设有亮点的综治中心,并逐步形成“一村一品,一乡一特色”的基层综合治理新格局。高质量推进“基层治理四平台”数字化建设。加快构建数据共享、系统构架、流程再造“三大模型”,实现数字技术与“基层治理四平台”深度融合,明确功能定位,厘清工作边界,按照信息采集、事件分类、对象管理、流程整合、功能集成等相关工作标准和业务规范,统筹推进、协调对接、优化调整、规范提升;强化机制建设,健全和落实事件研判分析、流转交办、联动处置、督察考核等机制,全面实施网格责任捆绑制度,着力形成上下联动、左右协调、一体运作的“基层治理四平台”工作体系。

(郭瑚彬)

公 安

·金华市公安局婺城分局·

【概况】 金华市公安局婺城分局(以下简称分局),设置派出所 14 个,设立政治处(机关党委)、警令指挥处、警务监督处、执法监督处、警务保障处、国保反恐中心、治安管理中心、刑事侦查中心、经济犯罪侦查大队等 9 个综合管理、执法勤务机构(新增执法监督处);2020 年,实有民警 461 名(其中女民警 58 名,派出所民警 290 名),辅警 762 名;辖区常住人口(户籍人口)38.8 万人,流动人口 14.7 万人。2020 年,分局对标“三地一窗口”,围绕“党建铸警魂、严纪锻铁军,战训增本领、强基保平安,聚力谋发展、创新求突破”基本思路,圆满完成各项任务,全区社会治安平稳可控。2020 年,分局连续第 17 年获评全省公安机关执法质量优秀单位、获金华市抗击新冠肺炎疫情先进集体,荣立集体二等功 1 次、集体三等功 1 次、集体嘉奖 1 次;另有 1 个集体立一等功,1 个集体立二等功,1 个集体立三等功,1

个集体立集体嘉奖,2 人立二等功,19 人立三等功,57 人受到嘉奖。

【打击防范】 2020 年,接报有效警情 33338 起,同比下降 8%,传统侵财警情 2102 起、矛盾纠纷警情 13306 起,分别同比下降 37%、4%;刑事立案 1904 起,同比下降 21.6%,破案 528 起,破案率下降 5.7%,命案发 1 起、破 1 起,侦破命案积案 2 起;刑事处罚 1710 人、行政处罚 3550 人,同比上升 47.7%、59%;移送起诉 1038 人,同比上升 0.48%;重大群体性事件、公共安全事故"零发生"。

【推进扫黑除恶专项斗争】 打击恶势力团伙 7 个,其中套路贷恶势力团伙 2 个,涉黄恶势力团伙 1 个,涉网黑恶犯罪团伙 4 个,打处团伙成员 45 名,排摸线索 19 条,查实打处 10 条,查扣非法资产 51.1 万元。

【推进打击治理跨境赌博】 连续侦办国督"3·17"、部督"5·20"、市督"3·23""6·10",以及境外开设赌场"7·9"、越国境赌博"9·8"等专案,刑事打击 435 人,治安拘留处罚 202 人。打处传统侵财犯罪嫌疑人 208 名、通信网络诈骗新型犯罪 520 名;成功破获部督境外"杀猪盘"诈骗案,抓获犯罪嫌疑人 63 名,串并案件 40 余起,涉案金额达 3000 余万元;33 小时速破"城中特大入户盗窃案",追回被盗物品价值 120 余万元。

【深推禁毒专项行动】 查处吸毒违法人员 74 名,打击涉毒犯罪嫌疑人 29 人,强制隔离戒毒 29 人。侦破省标"6·22"重庆籍吸贩毒团伙案,得到副市长董旭斌的批示肯定。

【加大经济犯罪案件侦办力度】 成功破获部督"5·20"非法经营案,连续开展 5 轮收网行动,捣毁团伙 7 个,抓获主犯在内犯罪嫌疑人 70 名,成功斩断为境外赌博网站提供服务的资金通道。开展"云端""猎狐""蓝剑"专项行动,打击成效走在全市前列。

【公安行政管理】 坚持"以人民为中心"发展思想,转变理念、改进作风、完善机制,营造新时代公安行政管理服务新生态。2020 年,群众和企业"最多跑一次"159 个办事事项,网上受理率达到 71%;机关内部"最多跑一次"7 个办事事项,网办率已达 100%。推行"一窗通办"试点工作,在办证中心和区行政服务中心增设 4 个综合窗口,统一受理跨警种的简易、高频事项,提升网上受理率;在派出所建立"1+X"型综合窗口,实现派出所户籍窗口可办事项 124 项,派出所非户籍窗口可办事项 73 项。按照政务网 2.0 版数字转型要求,理清每类事项的政策依据、办理条件,不断完善办事指南、优化办事流程,重新认领权力事项 591 项,梳理"最多跑一次"事项 159 项。全面贯彻落实新《金华市户口迁移登记规定》,加大宣传新政举措,协助办理辖区企业、高校落户高层次人才 50 多人次,减少群众提供不动产权核验材料达 2.4 万份。推进信访"最多跑一地"改革。抓住公安信访整体进驻区矛调中心的契机,投入 109 名警力,完成全局 14 个派出所信访工作入驻辖区 18 个乡镇、街道矛调分中心,进一步提高公安信访事项办理效率、非公安信访事项的流转速度,切实将矛盾纠纷和信访问题解决在萌芽状态、化解在基层。召开全局推广民情民访代办现场会,按照"全局一个框架、工作一套机制、一所一品牌"要求,在辖区各乡镇街道、社区、村(居)全面推开民情民访代办工作,打造城西所"阳光节洁帮"帮帮团、城中所"阳光联席代办"、新狮所"新丝路"等代办品牌。2020 年,共设立民情民访代办点 17 个,受理代办事项 1541 起,办结 1532 起,办结率达 99.4%。深入推进信访工作"双无"创建活动,成立涉法涉诉信访积案化解工作领导小组,明确局领导、单位"一把手"信访包案责任,定期开展清理包办化解、会商倒查评议等工作,累计办结信访积案 33 起,息访 29 起,办结率、息访率分别为 100%、87.9%。认真贯彻落实省厅、市局关于情指行一体化改革会议精神,成立分局"情指行一体化"改革建设工作领导小组和工作专班,按照"三合六全"要求,从调整架构、优化平台、集约用警、完善机制等方面出发,制定改革方案,同步落实家具办公桌椅采购、场地腾空、基建工程招标等软硬件改造工作。健全"1+6+N"情指行运行机制和战时联勤指挥体系,运用好警戒线、研判会商、合成作战等措施,提高预测预警预防能力。2020 年,核查上级涉稳人员指令 338 条,涉及 150 个群体 660 人次,会同市局与区应急管理局组织开展反暴恐封控演练 4 次、重大事故应急处置演练3次。优化“区应急联动、区综合治理、公安情指联勤”三位一体指挥中心建设，综合指挥、联动部门、打击研判等26个“工席”联合作战，情报引领、指挥精准、行动迅速，特别是在疫情防控、安保维稳中发挥重要作用。4月23日，市委书记陈龙到分局调研，高度肯定“云上公安、智慧警务”工作实效。

【公安队伍建设】 秉持“严是大爱”理念，以党建为统领，强化纪律作风建设，提升队伍核心战斗力，优化暖警惠警措施，打造阳光公安、红色警队。以党建带队建，以党风促警风，持续增强队伍政治底色。进一步夯实党建工作“五层六级”责任体系，从严落实党建主体责任。扎实开展“向警旗致敬”“学习重要训词精神”等活动，通过领导带头、党课引领、政治轮训、考试督导等形式，教育引导广大民警、辅警坚定信仰信念。依托全省机关党建十佳品牌“阳光7·1党建”优势，大力实施“品牌党支部”创建活动。扎实推进红色示范所队创建活动，制定年度创建方案，高标推进第二批创建任务，力争年内完成创建70%以上的任务。成立分局全面从严管党治警领导小组，明确2020年分局党风廉政建设和反腐败工作责任分工，落实全面从严管党治警主体责任。开展“坚持政治建警全面从严治警”教育整顿工作，确定情指联勤中心为先行试点单位，按照教育整顿工作实施方案部署，紧扣主题，重点抓、抓重点，确保工作取得实效。开展“清廉基层所队”创建活动，对33个科所队开展“把脉式问诊”，指导开展创建工作。其中，城中、蒋堂派出所获评全市公安机关“五星级清廉所队”，城中派出所获评全市首批基层清廉建设示范单位。深入推进全警实战大练兵，下发实施方案，成立领导小组及工作专班。各警种部门依据上级有关练兵大纲，统筹抓好本业务条线教育训练。狠抓“练兵先练长”，组织开展派出所“一把手”四项基础能力训练及测试，营造比学赶超、争先进位的浓厚氛围。全面开展基层所队素质能力提升工程，创推“云上”练兵模式，设置精品课程10门13.5学时，培训民警1800余人次。坚持战训合一、保障到位，高质量建设市警察学校婺城分校，在区民兵训练基地挂牌成立战训分基地。建立健全练兵激励机制，在抽考中获得前三和后三的名单逐个挂网公示，全面调动民警积极性，确保上下同心、全力以赴。2020年，分局公共基础科目及户籍管理业务能力比武均获全市团体第一，网安、督察比武分获全市第一、第二，电诈、追逃比武分获全市二、三等奖；反恐比武全市第二，1人入选市局代表队；巡特警系统夜间射击比武1人获全省第二；2人代表市局参加全省出入境比武荣获第一；3人入选市局代表队参加全省户籍业务比武荣获第一；扫黑除恶比武2人获全市一、二等奖，派出所所长比武1人获个人项目第三，警务辅助人员练兵抽测获全市第三，法制比武获全警团体及法制民警团体第四。

【推进警务保障工作】 稳步提升基层所队综合保障水平，完成蒋堂派出所大楼主体建设及室内装修、雅畈派出所大楼主体建设，安地派出所新业务用房9月动工建设，城西、乾西派出所选址工作按计划进行中。保障一线实战需求，加强警务装备及应急物资建设，年内新增100套单警装备，更新、新增警务用车5辆，累计发放价值53万余元的各类防疫物资。深化警医合作，与中心医院签订“优诊优治”警医协作协议，保障民警享受良好的医疗待遇；落实古子城景区、双龙景区向民警免费开放政策。成立分局警营俱乐部7个，丰富民警业余生活，倡导“多锻炼，降体重、增肌肉”健康生活方式。不断完善智慧警保系统，拓展浙政钉功能应用，推进内部最多跑一次，提高民警办事效率。

【公安宣传工作】 婺城分局围绕“重振婺警雄风、再树婺城标杆”主线，全面加强公安宣传工作，讲好警察故事、传好婺城美誉。利用“两微两号”(微信、微博、头条号、知乎号)打造“微警务”建设，开展“寻找婺城美警”“婺警课堂”等主题宣传活动10余次，发稿5828条次，阅读量达1002万余次。借助“闪光婺星”“最美浙警”等宣传推选活动，相继推出网红“神探”俞和村等先进典型48名，全面绘好婺城公安“最美群像”。开展“随警作战、随岗培训”的“双随”提升计划，组织跟班学习28期30人，开播“云课堂”21期，培训525人次，通讯员队伍宣传能力明显增强，投稿采用率由上年的50%提高到85%。全年中央、省、市级媒体分别刊用稿件89篇、235篇、278篇，总量较2019年同期增长20%，其中7次登上央视平台。

【推动打造“8+N”张名片现代警务模式】 聚焦建设“重要窗口”，在区委区政府和上级公安机关的坚强领导下，围绕“降警情、控发案、保平安、强队伍”，以“党建铸警魂、严纪锻铁军，战训增本领、强基保平安，聚力谋发展、创新求突破”为基本思路，奋力打造具有婺警辨识度的“8+N”名片，保驾护航更加主动，婺城“枫警”更加深拓，打击防控更加到位，执法创优更加务实，队伍严管更加有力，维护社会大局稳定、护航经济社会发展取得新成效。

【打赢疫情防控阻击战、整体战】 持续抓好境外及国内重点地区疫情输入防控、大数据精准研判、基层小门管控、助力复工复产等各项工作，确保“两手硬”“两战赢”，年内，累计投入警力28.6万人次，卡点核录866万人次，分析研判重点疫区人员4960批4053万人次，会同区防疫指挥部向卫健、镇街、派出所同步下发“一警情三联动”处置指令6000余条20万人次，落实管控15.5万人次。其中，卡点疫情检测“五步工作法”“三联三查三控”精密智控法被全市借鉴，分局被授予金华市抗击新冠肺炎疫情先进集体并立集体三等功，新狮派出所被授予全省抗击新冠肺炎疫情先进集体。聚焦“六稳”“六保”，出台《分局服务保障企业复工复产十二条措施》，派员随队到云南、贵州、四川三省开展招工，开展“集中破难攻坚月”服务企业专项行动，创推“智能封条”等措施，助力企业复工复产。严打涉疫违法犯罪，加大12类涉疫案件的查办力度，办理全市疫情防控首例阻碍执行职务案；办理收购出售濒危野生动物制品大要案；与湖北警方跨区域联动速破涉疫诈骗系列案。疫情防控期间，通过一起家暴警情侦破拐骗儿童案，得到副省长王双全批示肯定。

【先行推进平安高校现代治理】 贯彻中央和省委关于社会治理向高校延伸的决策部署，与浙江师范大学加强“校地融合”，围绕“一个阵地、两类群体、三类突出治安问题”，完善关注人员管控、毒品水样监测、反诈防骗等协作机制，出台人员非正常死亡预防和处置预案，规划防溺水防坠楼警戒体系，开发留学生管理APP，“新丝路”联勤警务站即将建成。2020年，浙江师范大学未发生涉政涉恐涉稳案事件，电诈案件下降51.3%，舆情反制联动在全市“415”机制会议上受到表扬，《数字化外管破解留学生管理难题》被省委办采用，“六方协作”专报被外交部采纳，国家智库专家、中央民族大学管理学院院长李俊清带领团队专程来局调研。

【再创全省执法质量“十七连优”新纪录】 深入开展执法司法规范化水平提升年活动，按期完成提升年活动“排查问题整改销号、涉案资金专项清理”等八大项工作任务。聚焦提升执法主体能力，落地“四训三队两活动”，年内开展法制教育培训15场次，发布教学视频59个，组织刑事案件主办民警庭审旁听305人次，分局10人通过2020年“国家法考”。加大执法监督力度，编发执法巡查等各类通报105期，自主排查执法瑕疵问题54处，整改43处。基于“一点通”系统开发“执法顽疾曝光台”模块，综合分析“指名道姓、图文并重”曝光执法问题，倒逼顽疾整治，成效在省委政法委、省厅简报刊发，做法在全市推广。分局在2020年全市执法质量考评中排名第一，连续17年夺得“全省执法质量优秀单位”称号。

【打赢创建全国文明城市决战决胜攻坚战】 围绕公安创建“不失分、得满分、多加分”目标，坚持“党委领导、局长总抓、分工协同、全警共建”，一办八组高效运转，13个分方案实施到位，20项93条任务压实到具体岗位具体人，三年计划全部落地，为连战连胜提供有力保障。强势推进六大攻坚行动，在全市率先展开“牛皮癣”整治歼灭战，打开突破口，查破案件1065起，打处1083人，捣毁窝点12个，为高分创建奠定坚实基础、作出突出贡献，分局三年测评“零失分”，连续两年荣获市区两级创建“双先进”、被区委区政府授予集体三等功，被市委市政府授予集体二等功，为擦亮“重要窗口”文明底色、打赢创建荣誉战作出重大贡献。

【严是大爱理念沁心脾、治警砺警】 一以贯之“严是大爱”理念，深推红色示范所队、清廉星级所队创建，城中、蒋堂派出所获评“五星级清廉所队”，城中派出所被评为全市首批基层清廉建设示范单位；开展教育整顿、廉洁教育、涉酒纪律专项治理，建立队伍信息员制度，出台《辅警严管 12 条措施》，四责协同、警辅同严，定期分析重点人、重点事，用制度和机制去发现、解决、防范队伍肌体“病灶”，抓早抓小抓苗头，年内违法违纪零发生。暖警惠警措施落地见效，推进内部“最多跑一次”，出台《分局减轻基层负担关爱民警的 37 条措施》，加大警用装备设备保障力度，按期完成蒋堂、雅畈、安地派出所等基建施工，住院看护暖警房正式投入使用，3 名民警落实团圆计划。常态开展警营文化活动，成立足篮排跑乒羽 6 个俱乐部，不断增强内生活力。

【全面提升“创枫扬旗”基层治理能力】 围绕“创枫扬旗”，推进“一警情三推送”，辖区总警情同比下降 8%，传统侵财警情下降 38%，矛盾纠纷警情下降 5%，未发生民转刑命案，群众安全感、满意度居全市前列。完成“雪亮工程”“智安小区”“智安单位”民生实事建设，探索公安资源与社会资源聚合、线上与线下融合、传统与科技结合的新路径，提高共建共治共享的治理水平。完成村社组织换届选举安保工作，落实落细风险隐患排查化解、人员稳控、选举现场安保、候选人资格审查等工作，累计出动警力 3955 人，政审相关人员 2322 人，完成全区 18 个乡镇街道 355 场次选举安保工作。在区委主要领导的支持下，深化“最多跑一地”改革，会同区委政法委、信访局，以区矛调中心为枢纽，建立矛调分中心 18 个、民情民访代办点 271 个，构建“区级旗舰店、镇街连锁店、村社便利店”的三位一体矛调体系，全区受理信访和矛盾纠纷 5510 件，90%以上化解在镇村两级，有效助力婺城平安指数走在全省前列。

【“战训增本领” 推动全警实战大练兵质效】 深入开展全警实战大练兵活动，成立领导小组及工作专班，各警种部门依据上级有关练兵大纲，统筹抓好本业务条线教育训练，创推“云上”练兵模式，设置精品课程 10 门 13.5 学时。狠抓“练兵先练长、全警大提升”，所长比武 2 人获得前 10，在全警基础科目比武中，分局获团体第一。向能力要警力，向机制要效率，发挥老中青优势作用，人均办案数提升 16.6%，破案率提升 13.8%，分局 10 人通过 2020 年“国家法考”，全警练兵 13 人出战省厅比武，夺得 9 项名次。坚持战训合一、保障到位，高质量建设市警察学校婺城分校，在区民兵训练基地挂牌成立战训分基地。

【建立“双随”机制，提升公安宣传能力水平】 建立机关部门、各派出所“1+1+N”通讯员队伍，即 1 名宣传民警、1 名宣传辅警和 N 名一线通讯员。2020 年，分局在册宣传员达到 98 名，基层一线提供新闻线索 6800 余条。开展“线上+线下”精品课程培训，每周安排 1 名所队宣传民警到政治处跟班学习，布置“五个一”精品课程任务，以媒体刊登为考核依据，提升通讯员队伍宣传实战能力。组织跟班学习 28 期 30 人，开播“云课堂”21 期，培训 525 人次，通讯员队伍宣传能力明显增强，投稿采用率提高到 85%，讲好警察故事、增强内生活力。大兴调查研究之风，加大内宣工作力度，总结公安工作和队伍建设中的经验做法、实践成果和探索思路，不断深化公安宣传，促进警务交流，提升工作水平，累计编发信息 160 余篇、简报 120 余篇，多篇经验材料被中办、省委办公厅、省厅信息简报采用，质量数量再创新高，“经验总结”项考核全市排名第二。

【研发应用“留学生管理”APP 数字化智治系统】 针对留学生疫情防控、签证服务、外宿管理、出行核录等难题，强化精密智控迭代升级，依托警务“一点通”系统先发优势，研发“留学生管理”APP，集成优化“多语种界面支持、电子身份信息生成、签证到期自动预警、校内学习生活全周期管理、出入境服务指引、法律法规应知应会、在线咨询服务”等七大掌上办功能，一网式解决留学生学习生活、服务保障、社会管理等问题，留学生使用率 99.2%，日均交互信息 200 余条。汇聚源头数据 5.3 万余条，强化互联共享，警方抓取身份、人脸、签证、出入境、活动轨迹等数据，信息导控导侦导稳，核处集会结社、签证过期、“三非”等风险 18 个；指导校方整合报到、退休学、奖惩、考勤等数据，为外籍访问学者、留学生精准“画像”，建立全息档案 1528 份，有力提升服务管理智慧化水平,《数字化外管破解留学生管理难题》被省委办采用。

7月17日,新狮派出所打造“新丝路”全链式窗口品牌与留学生拍照留念　　(区公安局供稿)

【打造智慧“执法顽疾曝光台”】 基于“一点通”系统开发“执法顽疾曝光台”模块,汇聚执法检查、实地走访、审核考评、网上巡查、信访倒查等发现的多源执法陋习数据,设置顽疾一网展示、顽疾列表统计及顽疾单位个人曝光等功能,明确应受案未受案、未按规定执法记录、先处罚后告知等应予曝光的15类53项内容,“指名道姓”晾晒问题、“刀刃向内”曝光整治、“围观评学”举一反三,倒逼顽疾清零、执法规范。2020年内,累计曝光执法顽疾80期,涉及执法单位18个、民警160人次,成效在省委政法委、省厅简报刊发,做法在全市推广。

【信息赋能“境外诈骗,境内打击”】 深入推进“云剑2020”“长城2号”等专项打击行动,以信息赋能为重要抓手,成功破获部督特大“杀猪盘”诈骗案,通过对诈骗微信号、受害人资金流向等信息进行联动分析,查明该团伙操作IP地址在境外,但在国内有固定的活动轨迹,同步结合出入境及银行取现等记录开展落地抓捕,成功捣毁“诈骗平台研发制作公司”“境内拉手公司”“境外诈骗窝点”,抓获犯罪嫌疑人63人,上逃10人,冻结涉案资金70余万元,退赃13.12万元,实现“境外诈骗,境内打击”,有效节约办案成本。

【创推“高维研判、降维打击”模式】 通过内网数据与互联网数据相结合,全警触网整合所有涉网线索,刑事侦查提前介入行政办理的方式,在线索排查和研判上下功夫,不断提升线索的数量和质量,确保打击工作持续发力;同时从犯罪团伙入手,剖析团伙架构,以此降维进行打击,实现全链条深挖。2020年,经侦大队借助“高维研判降维打击法”,成功侦破省督“317”、部督“520”为境外赌场提供资金服务等系列案,捣毁“地下钱庄”和网络支付平台61个、团伙7个,全链条打处平台老板、技术公司、购物平台“内鬼”、金主、客服、赌客等嫌疑人70名,涉案赌资超40亿元。

【打造“城中云联”阳光智联新模式】 完善党委领导、政府负责、社会协同、公众参与、法治保障社会治理体制,以进一步深化“枫桥式公安派出所”创建经验为契机,打造“城中云联”工作新模式,通过新一代信息技术及智能化手段,采用云服务+大数据+网格化方式,促进社区防控工作与现代信息技术深度融合,构建社区防控数据平台,实现“共建、共管、共治、共享”,从而打造为政府、为人民服务的平台,全面助推基层治理现代化,打造共建共治共享的社会治理格局,形成问题联治、工作联动、平安联创的良好局面,构建富有活力和效率的新型基层社会治理体系。

【打造“新丝路”全链式党建品牌】 探索基层社会治理现代化模式,打造“新丝路”全链式党建品牌,形成“一院三站五团队”的管理服务模式。“一院”即民情民访代办学院,切实解决群众信访、社会矛盾等问题;“三站”即联勤警务站、民情联络站、暖心工作站,提供办证、法律咨询、求助及家庭矛盾纠纷化解等服务;“五团队”即“新丝路”志愿服务队、全链条调解团、青年突击队、外国人“老娘舅”调解队、暖心服务队,助力文明城市创建、矛盾纠纷化解、社区治理及疫情防控等工作。2020年,“新丝路”志愿服务品牌获省、市志愿服务大赛金奖与银奖,同时被授予全省志愿品牌先进单位称号,相关经验做法在《公安内参》予以刊发。

【建立竹马联勤警务站打造基层联动治理新阵地】 2020年,乾西派出所深耕新时代“枫桥经验”,坚持“治安与治理协同、警务与服务相融”工作理念,整合多方资源建立竹马联勤警务站,深化“茶花管家”

平安类社会组织建设["雨泉"和合团(纠纷调解类)、老麟(龄)帮办团(服务帮办类)、"老郑"平安体检团(平安综治类)、"老兵"应急团(应急救援类)],组建民情民访代办、矛盾纠纷调处、安全生产监管、应急处突联动4个领域的联勤队伍,提供治安防范宣传教育、流动人口管理服务、矛盾纠纷联处联调、反恐防暴防护及企业用工前科劣迹查询等10项平安服务,形成治安联防、平安联创、民情联办、矛盾联调、应急联动的基层社会治理新格局。截至2020年年底,警务站累计处理帮办事项26件,化解矛盾纠纷37起,收到感谢信5封、锦旗2面,成功率达100%,相关事迹被人民法治网、光明网、浙江新闻客户端、《平安时报》等国家、省、市媒体报道,广受辖区群众好评。

【成立"尖峰卫士"青年志愿服务队】 疫情防控期间,罗店派出所青年民警、辅警自发成立"战疫"青年突击队,并在该所党支部的领导下,倡议并召集辖区43位有志青年,积极主动参与抗击疫情工作。突击队员们坚守村居卡口,宣传防疫知识,劝阻聚集行为,协助隔离管控,解决群众困难,助力复工复产,为打赢疫情防控阻击战贡献青年力量,事迹被《金华日报》、金华电视台、浙江新闻网以及学习强国等多家媒体报道,荣获金华市第一批"最美战疫组织"。罗店派出所引导"战疫"青年突击队转型为"尖峰卫士" 青年志愿服务队, 在吸收全镇预备党员、入党积极分子加入"尖峰卫士"青年志愿服务队的基础上,不断吸收社会各阶层、团体加入,为"尖峰卫士"注入新鲜血液,形成一支"党建引领、公安主导、社会参与"的青年志愿服务队,继续开展各类志愿服务。

【建立"政警企"机制,优化营商环境】 聚焦新城区"一心、双轴、三片"城市功能拓展,立足行政商业中心区位优势和维护稳定工作需要, 建立 "政警企1116"工作机制,通过搭建"一格一企一员"层级服务体系,组建6支"爱商护企"队伍,全方位、立体化、多层次为新城区经济发展保驾护航,工作成效得到区委书记蔡艳,区委副书记政法委书记胡小荣的批示肯定,并在《平安时报》、人民法制网、浙江新闻等20多家媒体宣传报道。

【深化"阳光洁节帮"推动非警情类矛盾纠纷化解】 依托"阳光洁节帮"团队,探索非警情类矛盾纠纷排查化解工作,通过对接城西街道,下发"阳光洁节帮"进社区工作方案,设立5个前哨站,延伸社区民警获取信息的触角, 发动最广大人民群众力量,实现报警处矛盾纠纷警情的及时发现化解,促进辖区全部纠纷警情均排查化解到位。2020年,共排查化解无警情矛盾纠纷43起, 其中家庭情感类纠纷25起,青少年维权类纠纷8起,其他纠纷警情10起,均妥善解决,得到省委改革办副主任谢小云等领导的肯定。

【开辟警监协作新路径携手共筑平安社区】 前期,在分局与金华监狱签署勤务合作协议的基础上,通过共同设立蒋堂派出所勤务指挥室等方式,加强监狱范围内治安防控体系建设,实现优势互补、资源共享、联勤联动,提升监狱及周边区域治安管理水平。2020年,蒋堂派出所在此基础上成立东兴平安服务队,从矛盾纠纷排查化解、防控打击联合统一、社会服务合作响应3个方面开展协作, 力图实现"常态、共享、联动、共赢"目标。2020年,监狱范围内总警情36起,同比下降38.98%。

【打造"笑笑工作室"实现山区"最多跑一次"】 为深化辖区"最多跑一次""无证明城市"工作,结合山区派出所实际, 琅琊派出所倾力打造笑笑工作室,由户籍民警周笑笑命名,以阳光微笑服务山区群众为宗旨,开展民情民访代办、预约咨询、上门送证、疑难户口问题处理等便民服务。2020年,工作室为山区困难群众上门办理服务56次, 民情民访代办137件,解决疑难户口12起,期间帮助一名32年黑户人员成功落户。

【创推"和雅警务"模式助力矛盾纠纷化解】 以"和雅"文化为根,对内深推"坚持政治建警全面从严治警"教育整顿工作,对外做到"和雅"共进共融共享,共建和雅警务,使"新时代枫桥经验"在雅畈辖区落地生根。吸收乡镇综治办、村委、企业代表等优秀人才组成矛盾纠纷调解处理的"和雅团",结合"一警情三推送"工作,定期开展矛盾排查与跟踪回访,真正做到"矛盾不上交、平安不出事、服务不缺位",构建具有雅畈特色的"和雅警务"矛盾纠纷调解处理工作机制,将矛盾纠纷化解在基层、解决在基层。自“和雅警务”模式运行以来,已妥善化解矛盾纠纷 56 起,化解率达 94.8%,辖区信访总量下降 20%,故意伤害类案件下降 50%。

5 月 21 日,新狮派出所会同多部门开展一警情三推送反家暴工作会议　　(区公安局供稿)

【成立“仙源美警·南山卫士”平安志愿服务队】 2020 年 4 月 17 日,安地派出所正式启用,立足辖区实际,牵头组织派出所民警、辅警、网格员、村干部、镇干部等,成立“仙源美警·南山卫士”平安志愿服务队,积极参加平安宣传、矛盾纠纷排查化解等社会治理活动。2020 年,志愿服务队共参加 30 余次宣传活动,参与调解矛盾纠纷 120 余起,化解率达 100%。

(李　迪)

·金华市公安局交警支队直属一大队·

【概况】 2020 年,金华市公安局交警支队直属一大队下设综合处罚室、智能勤务室、事故中队、江南中队、湖海塘中队、秋滨中队、汤溪中队;大队设党总支委员会,综合处罚室和智能勤务室合并设立综合党支部,各中队分别成立中队党支部。2020 年底,大队有在职民警 51 人,职工 3 人。2020 年,大队接报各类交通事故 34604 起,立案 9487 起,其中简易程序处理 9402 起。处理上报交通事故 85 起,上报交通事故造成死亡 26 人,受伤 74 人,直接经济损失 103101 元;与上年同期(上报交通事故 93 起,死亡事故 29 起,死亡 31 人,受伤 72 人,直接经济损失 223504 元)相比,上报事故少发 8 起,死亡人数下降 3 起,受伤人数较上年同期增加 2 人,直接经济损失下降 120403 元。查处各类交通违法行为 163586 起,机动车交通违法 140641 起,其中:醉酒驾驶 195 起,饮酒后驾驶 517 起,机动车闯红灯 38493 起,机动车违法停车 34527 起,机动车不礼让行人 5474 起;非机动车交通违法 20884 起, 非机动车逆向行驶 3046 起,非机动车行驶在机动车道 5009 起;行人交通违法 2061 起。完成创建文明城市秩序整治机动车现场纠违 28646 起,查处快递、外卖车辆 1352 起,违章学习 3224 起,拖车 7128 起,整治总数位居市本级前列。

【文明城市创建】 2020 年是金华市创建全国文明城市收官之年。大队提升行人非机动车秩序,从范围、内容、形式等方面着手,打消违法行为人侥幸心理,提高查处震慑力;提高人车文明礼让水平,通过常态宣传引导,实现由“车让人”向“人车互让”转变,丰富礼让内涵;规范机动车停放秩序,按照“一街四方”联勤共管模式,常态化开展联合执法集中行动,协调城管等部门合理划设非机动车停车区域并加强管理, 不断提升市区机动车规范停放水平;优化道路交通组织,开展“交叉口革命”,对市区所有交叉口进行一次摸底排查,对拥堵路口会同相关部门进行拓宽改造, 通过增加车道数和科学渠化,提高路口通行效率,缓解路口交通拥堵现状;完善交通安全设施,持续开展“啄木鸟”行动,对信号灯设施逐个排查, 加快建设科技设施智能运维平台,实现交通设施的数字化、精细化存储和可视化管理;整合创建力量,形成齐抓共管局面,促进文明城市创建。

【道路交通安全大会战】 2020 年是大队大会战工作开展第二年,分“三步走”全面遏制各类道路交通违法行为多发势头, 将事故预防与事故研判相结合,做好做实春季道路交通事故预防工作。巩固基层治理,落实亡人事故领导到场制、责任倒查制,压实乡镇道路交通安全主体责任, 发挥基层力量,完善“两站两员”,推动“无交通事故村”创建和企业自治管理,持续深化警保合作;攻坚辖区隐患治理,建立隐患动态排查治理机制,完成辖区重点整治路段兰贺线(8~18 千米)隐患治理,推动完成生命防护工程建设,优化道路标志标线,整治过程严格落实“五同时”规定;严格路面秩序严管,强化重点路段、重点时段大清查,警力下沉、屯警路面,联合交通运输部门联合执法,全面落实“一超四罚”,重点打击“百吨王”等违法行为,加强重点运输企业源头监管,严打货运车辆非法改装;从严整治重点车辆,加快推进大货车、电动车、“两客一危”、两外车辆、渣土车等车辆专项整治行动,推动外卖、快递行业安全自律管理;提升文明交通意识,持续发挥新媒体的宣传作用,深化开展“七进”宣传,持续开展“五大曝光行动”,建立健全交通安全信用体系,加强宣传攻势。

【教育整顿】 大队作为交管分局“坚持政治建警全面从严治警”教育整顿工作试点单位,迅速落实,提高站位,稳步推进教育整顿工作,促进业务工作和队伍建设上台阶。仔细排查隐患,坐实“整顿”二字,“严”字当头、通过个人申报、层级审核、总支讨论等方式对大队警员逐个进行全方位无死角岗位隐患排查,自我审查、大队检查相结合,推动廉政交警队伍建设;多途径听取群众意见,积极开展系列“开门纳谏听民声”的评警活动,及时回应社会各界对公安工作的殷切期望;树立先进典型,指引大队警员树立正确从警职业观,严肃处理违纪民警,对违纪案件举一反三,引以为戒;坚持边查边改边建,制度建设同步跟进。

【枫桥式交警中队】 2020 年,为推动“枫桥式交警中队”创建工作,大队围绕“努力成为新时代全面展示中国特色社会主义制度优越性的重要窗口”新目标、新定位,聚焦“降警情、控发案、保畅通、优服务、强队伍”主线,聚力“推动构建现代警务模式”主题,聚焦打造“八张名片”,推进四项举措,深入推进各项重点工作,落细落实各项工作措施:依法严厉打击各类违法行为;推动社会治理现代化;全力做好教育整顿工作。其中汤溪中队、秋滨中队分别作为省级和市级试点单位创建“枫桥式”交警中队。

【铁骑队伍建设】 大队公路铁骑分队于 2020 年 6 月 5 日授旗正式成立。随着公路铁骑分队的不断发展和完善,各项体系逐渐成熟,网格铁骑分队在此基础上组建而成,并有序开展各项工作。铁骑队实行“平峰巡逻、高峰站点”制度,铁骑队员高峰站点,指挥疏导交通;平峰期正常巡逻,维护辖区秩序。对巡逻中发现的事故,在驾驶员报警之前,巡逻队员主动介入处置,有效降低警情;铁骑分队队员在执行巡逻任务时,主动发现需要帮忙的人民群众并施以援手,同时积极接受群众求助,为群众排忧解难,真正践行“为人民服务”理念。铁骑队自成立以来,每月劝导量逐渐增加,劝导力度逐渐增强,铁骑力量逐渐彰显。

【减量控大】 2020 年,全市减量控大工作形势严峻,大队主动作为,严防死守,在 2019 年交通事故死亡人数比上年下降 29%的基础上,2020 年实现交通事故死亡人数比上年再降 12%,在市本级三个大队中事故防控成效位居第一,为平安金华创建作出突出贡献。大队狠抓隐患排查治理,对辖区国、省道公路、城市道路、农村支小路开展地毯式排查,共排查出隐患点位 432 个。针对排查结果,大队量化工作目标,强化责任追究,将事故隐患点治理工作条目清单式上墙,其中市级隐患点 3 个陆续于 9 月底前全部整改完成;大队紧扣“减量控大”目标,做好源头管控,进一步抓好“两客一危”重点车辆管控工作,持续开展各类整治行动,严厉打击酒驾、醉驾、超速、涉牌涉证等严重交通违法行为,有效净化交通环境。抓重点人群源头管控,实现一个记分周期内有记分的重点驾驶人在每个记分周期结束后 30 日内接受审验率达 99.5%以上。

【荣誉】 大队获 2020 年度全省创文明交通治秩序乱象“减量控大”系列行动成绩突出集体和第六届全国文明城市创建集体嘉奖;江南中队获 2020 年度全省创文明交通治秩序乱象“减量控大”系列行动成绩突出集体;秋滨中队获评 2020 年度全市创文明交通治秩序乱象“减量控大”系列行动成绩突出集体;陈清元、郑梦雅在文明城市创建行动中成绩突出、姜裕杰在全国比武中成绩优秀、胡晓飞疫情防控工作成绩突出、王旅和滕飞连续三年被评为优秀公务员,均记个人三等功;李建新、李益、杨胜在文明城市创建行动中表现突出受市委、市政府表彰;邵志昌获评全省“减量控大”系列行动突出个人。

(何勇俊)

·金华市公安局交警支队直属三大队·

【概况】 2020年,金华市公安局交警支队直属三大队共接报各类交通警情34247起,立案处理交通事故9009起。其中简易程序处理8884起;上报事故125起,同比上升40.45%;死亡35人,同比增加2人,上升6.06%;受伤136人,同比增加63人,上升86.3%;直接经济损失348750元,同比上升87.52%。

【事故防控】 2020年,大队紧紧依靠婺城区委、区政府,推动、联合各职能部门,形成政府主导、部门协作、群众参与、齐抓共管的局面。主导制定婺城区大会战实施方案。对照市大会战方案,大队联合婺城区交通局主导制定《婺城区“珍爱生命、远离车祸”道路交通安全大会战实施方案》,细化工作方案,明确防控措施,并将婺城区各职能部门、乡镇街道均纳入责任部门,形成各部门齐抓共管的局面。严格落实亡人事故领导到场制。大队立即落实各中队上门与辖区乡镇街道主要负责人汇报,议定操作细节及信息沟通渠道,确保该制度落地。深化警医联动机制。为提高道路交通事故伤员的救治效率,贯彻“以人民为中心”的工作理念,大队与金华市中心医院、金华市广福医院就深化警医合作事宜达成共识。通过警医联动机制,做到信息共享,信息反馈,为事故抢救伤者提供最优质的“绿色通道”,提高伤者的抢救效率,降低交通事故死亡率。推动警保联动工作。大队以“平安不出事、矛盾不上交、服务不缺位”的枫桥经验为指导,充分发挥交警和保险公司的自身优势,整合保险农网、农村地区保险服务站点以及“两站两员”队伍,实现队伍规模和人员职能的双扩充,形成“一人多职、融合发展”的共赢局面,建立一站式业务受理、重点路口安全值守、进村入户宣传、定期培训、考核考评五大机制深入推进“警保联动”工作。警报联动工作人员上门面对面宣传1万余人次,在重点路口劝导违法行为4000余起,调解事故100余起。

【队伍管理】 政治建警,夯实思想作风。大队牢固树立思想政治工作“生命线”意识,督促全体民警、辅警以“学习强国”学习平台为依托,加强对时政要闻、党史法纪、国际时评、军事教育等知识的学习,确保全体民警、辅警增强“四个意识”,坚定“四个自信”,做到“两个维护”,始终高举习近平新时代中国特色社会主义思想伟大旗帜,在思想上打牢“对党忠诚、服务人民、执法公正、纪律严明”的根基,奋力开创交管工作新局面。

业务强警,提高实战能力。大队在网页设定《教科书式执法专栏》,组织全体民辅警认真掌握学习,不断树立“学中干、干中学”的思想理念,着力提升民警、辅警的法律知识水平和办理业务能力。各中队结合岗位实际继续开展实战演练活动,重点围绕道路执勤、交通违法行为查处、事故现场勘查、安全防护等环节开展有针对性的训练,切实提高一线执勤民警的综合业务素质。

从严治警,瞄准纪律脉搏。大队牢固树立“宽是害、严是爱”的理念,坚持高标准、严要求管理队伍,强化民警学习教育活动。通过周例会、支部会、中层领导会议、警示教育专题会等方式,组织全体民警、辅警认真学习《中国共产党纪律处分条例》《公安机关人民警察纪律条令》等法律规定和上级公安机关下发的各种违纪违法的典型案例,教育和引导全体民警把政治纪律和政治规矩挺在前面,严格遵纪守法,守住“底线”、不踩“红线”,切实筑牢思想防线。

规范用警,树立良好形象。严格落实执法程序、执法记录仪等警用装备督促检查制度和日常纪律、着装佩戴、警容风纪等规章制度,加大对服务窗口和一线执勤民警、辅警的检查、通报,使执法服务过程始终处于监管范围,杜绝队伍触碰法律“高压线”的问题发生。同时加强数字证书管理和公安信息网络安全日常管理及监督,排查整改存在问题,强化教育管理,引导民警依法、安全使用公安信息网及数字证书,确保不发生泄露公民个人信息问题的情况。

从优待警,营造和谐氛围。大队严格落实从优待警各项规定要求,认真研究解决民警、辅警休假、执法权益保障等问题,切实提高队伍工作积极性。加大安全防护设施装备投入,定期进行安全防护教育和培训,确保民警执法执勤安全。强化文化育警。组织开展篮球赛、健步走、青年民警座谈会等活动,进一步丰富民警、辅警的业余文化生活,营造拼搏、进取、健康、向上的警营文化氛围。

【隐患排查治理】 婺城区政府对于道路交通安全隐患治理十分重视,并将其列入民生实事,大队借此契机,深化隐患排查治理工作,还道路安全属性。建立隐患点常态排查治理机制。大队联合区交通局、应急管理局,每季度开展交通事故多发点段排查,形成动态排查、通报整改、公布提示"三位一体"隐患排查治理机制。2020年,共排查出市级事故多发点段5处、县级719处其中389处已完成。强化设施提升。大队联合区交通局,推进辖区堵点改造及公路防护设施提升。实施生命防护工程4条,合计32千米,改造二级加宽公路2条。开展路口革命。经排查25条主要道路510多个路口开口,年底全部整治完成。

【深化"一路一警"工作机制】 健全"一路一警"工作机制。按照"中队—警区—网格—路段—岗点"开展五级事故防控层级责任制,大队7个路面中队共划分24个责任区,中队领导、民警承包主干道、事故多发道路,辅警承包支路,"一路一警"分工基本落实到位。建立常态化的督导检查和科学的绩效考评机制,明确"一路一警"工作目标,科学有序完成任务。

成立大队合成作战专班和打击队。大队打击队学习分局打击队工作理念和经验,3月26日,经大队党总支讨论,率先成立合成作战专班和打击队,以智能勤务室为主,各中队确定一名业务骨干配合,利用监控倒查、铁骑线索上报、群众举报等各种途径,开展视频倒查工作,抓拍重点企业大货车114辆,其中溯源处罚35辆次;固定重点企业大货车交通违法行为证据303起,追处违法224起,共记351分,罚款22320元,抓拍电动自行车、三轮车闯红灯、违法载人等违法行为297起。向新闻媒体报送两起典型案例,被省、市两级媒体报道,进一步扩大震慑效应。

推行"党建+"新模式,打造农村交通安全治理新格局。大队与白龙桥镇对接,充分发挥乡镇党员干部先锋模范作用,制定高峰点位执勤表,白龙桥镇34个行政村每天安排党员干部在各村口参与交通安全劝导工作,形成"农村道路有人管、安全宣传有人抓"的良好格局,实现"交通事故发生数大幅下降、群众安全满意度大幅上升"的目标。乡镇亡人数均实现比上年下降50%以上。安地、雅畈、琅琊、蒋堂乡镇均已推广党员干部参与交通安全劝导工作。

推进"双创"工作。大队始终坚持把"双创"工作作为压实事故防控的契机,紧紧围绕双创工作要求,推进"枫桥式交警中队"和"红色示范所队"创建工作,要求各部门增强思想认识、强化硬件设施、创新"一队一案"建设,以点带面,促进队伍业务全面提升。大队安地、乾西中队已完成新营房主体建设,正在内部装修。琅琊、罗店中队正在抓紧土地征用工作。

【深化重点运输企业星级管理】 大队对辖区14家危化品运输、工程运输企业督促落实企业主体责任、对企业日常交通业务办理、交通事故、车辆驾驶员押运员登记、问题整改落实等情况,通过网上查基础信息、实地检查、翻阅台账等方式进行逐一检查。对企业内部安全责任落实不到位、动态监管存在缺失等问题的企业进行约谈。共走访检查运输企业182次,就企业内部安全责任落实不到位、动态监管存在缺失等问题约谈企业14家。5月10日,大队在二楼设立交通安全宣教室,通过PPT课件和观看警示教育片、分析典型事故案例等形式,讲解交通安全法规和安全驾驶知识,以及超速行驶、酒后驾驶、疲劳驾驶、不礼让行人等交通违法行为带来的严重危害。大队宣教室启用后,组织重点运输企业人员培训16次,培训人数365人,强化交通安全基层基础工作,探索安全生产长效机制建设,努力推进交通安全形势明显好转。

【深化重点车辆违法整治】 根据死亡事故发生的特点,大队有的放矢,加强对电动自行车、工程车等车辆和酒驾、超载、超速等违法行为的查处力度。加强电动自行车的管理。针对电动自行车事故高发的现状,大队专门制定电动自行车整治方案("三个一律"和"六不得"),在各个重点路口,严管电动自行车交通违法行为。全年共查处未戴头盔27123起,登记劝导未戴头盔行为9056起；查处电动自行车违法行为50145起。检查电动自行车生产企业3个、销售企业189个，加强工程车管理。针对2020年工程车连续发生亡人事故，大队及时与市渣土办对接，召开运输企业管理会议。要求行业协会加强运输企业管理，对亡人事故负有责任的企业加强管理直至采取停运措施，并于12月3日下午，召开渣土运输企业挂牌督办整治工作座谈会，向辖区3家督办企业传达分局《关于对安建土石方等三家渣土运输企业挂牌督办整治的通知》，要求企业要严格按照挂牌整治的工作要求，严格落实企业安全生产主体责任。加强重点违法行为的查处力度。大队自“减量控大”“百日会战”行动开展以来，紧密结合交通安全大会战工作要求，围绕“减量控大”目标，根据辖区冬季道路实际，出重拳、亮实招、严执法，预防和减少道路交通事故。全年共查获酒驾醉驾违法行为1128起、超速2733起、超载超限470起、机动车不礼让8579起。

【深化交通安全宣传】 为提高交通参与者素质，大队通过多种渠道，开展形式多样的宣传活动。开展随警报道，提升宣传的广度。2020年上半年，大队联系金华电视台，在酒驾现场、电动自行车整治现场、改装车整治现场开展随警报道6次，取得较好的宣传效果。同时，利用江北银泰、一百、帝壹城大屏幕，播放电动自行车戴头盔公益广告，提升宣传成效。开展“七进”宣传活动，提升宣传的深度。大队针对学生、老年人、农民群众、重点驾驶人等重点人群，开展“七进”宣传活动，宣传交通安全知识。充分借助“两站两员”力量，针对事故高发地区和高发群体，在沿线公路、重点农村、企业悬挂交通安全宣传横幅；利用农村文化礼堂等阵地发放宣传资料，普及交通法律法规，开展有针对性的讲解和提醒，提升市民的交通素养；强化重点驾驶人的交通安全意识和法规意识，源头管理预防事故；联合辖区各中小学校，做强“小手拉大手”宣传活动，使交通安全常识及法律法规通过学校、学生走进每个家庭，依托“百警进千企”工作要求，从源头着手，以网格区域划分，落实民警职责，高频次进入辖区渣土货运、危化品等重点企业进行走访排查。2020年，通过各种形式开展“七进”宣传活动668次，开展交通安全宣讲115次，发放宣传资料6万余份。开展违法曝光，提升宣传的力度。大队依托今日婺城、婺城发布、金华交警“双微”、交通“942”等媒体平台，每周一期对超速、闯红灯、不礼让行人、电动自行车载人、逆向行驶等违法行为进行曝光。共曝光45期，有力教育交通违法者。

（夏宇真）

·婺城区消防救援大队·

【概况】 2020年，婺城区消防救援大队共接警出动720起(其中抢险救助249起，社会救助98起，成灾火警70起，未成灾火警302起)，出动车辆1084辆次，出动警力7290人次，抢救疏散被困人员270人，抢救财产价值522.6万元，成功处置“10·23”宇龙有限公司厂房火灾等各类重大灭火救援事故。

【坚持党建领航】 大队党委始终坚持“以党建促队建，抓队建促工作”的工作思路，严格落实基层党组织七项组织生活和“三会一课”制度，持续推进“党建双强”和示范基层党组织建设。班子成员带头过双重组织生活，带头讲党课，主动汇报思想，按时交纳党费，在经常性的党内生活中锤炼作风。同时，认真贯彻执行民主集中制和党委议事规则，重大事项一律经充分酝酿后提交党委研究决定，会上发扬民主，畅所欲言，推动党委工作制度化规范化民主化。每月坚持党委“议教、议训、议防、议安全”等工作，2020年，召开党委会54次，研究“三重一大”事项19

6月18日，婺城区召开全区高危行业安全生产集中排查整治推进会　（区消防大队供稿）

次，确保党委议大事抓大事能力不断提升。

【培养思政风标】 大队坚持党委核心引领，狠抓思想作风建设。严格落实“一岗双责”，始终坚持以学习践行训词精神为“魂和纲”，开展“践行训词精神，担当神圣使命，坚持五个不动摇”主题教育实践活动和专项整顿活动，组织开展11期“我是小教员、讲透小道理”故事会、11期“思政微课堂”等互动式、启发式讨论交流，真正让教育实践活动走进指战员心田。此外，累计组织集中理论学习30余次，举办专题研讨活动15次，心得体会交流11次，开展专题党课8次，不断推进学习型、创新型班子建设。协调区图书馆建立流动图书驿站，添置各类图书400余册，充实指战员文化生活；大队主官主动与地方党委政府、纪委监察委、工商银行等部门的交流沟通，及时掌握指战员动态，发现违法违纪违规问题线索的，第一时间上报支队纪委；邀请区人民法院、中国建设银行专家等对个人财务管理和风险防控知识等内容专题授课2次；结合“四个珍惜”自主教育活动，组织开展特色串讲4次，讨论辨析4次，邀请浙江省道德模范曹荣安老人来队开展专题授课、参观红色教育基地、家访等活动，全面提升指战员职业认同感、生活满意度、家庭责任心、法纪敬畏心，延伸教育成果。

【强化队伍建设】 大队党委坚持“两严两准”建设标准，紧密结合“九化”重点问题与整治要求，对内部管理的薄弱点、问题多发的风险点及时分析研判，结合队伍实际，制定出台《党员积分制管理办法(试行)》《婺城区消防救援大队政府专职消防员量化管理规定(试行)》等规章制度，形成“用制度管权，按制度管事，靠制度管人”的良好局面，并形成长效机制。2020年，全国连续发生多起造成消防员伤亡的火灾和事故，为切实改进和加强队伍灭火救援作战训练安全工作，大队定期召开队伍形势分析会、集中开展安全教育等活动，每周组织学习《消防员个人安全行动规程》和《消防救援队伍作战训练安全常识100问》，有效强化指战员安全防范意识，将各类安全隐患消灭在萌芽阶段，提升队伍安全管理水平；严格落实现场带队干部为安全第一责任人，落实“训前检查、训中监管、训后小结”安全管控措施，做好“练前热身，练后放松”避免训练安全事故的发生，确保队伍高度安全稳定。

【提升作战能力】 大队始终坚持对标“国家队、主力军”的职责使命，立足灭大火、救大灾、打大仗、打恶仗任务需求，加强练兵备战。全面提高全体指战员整体素质和灭火救援实战能力。针对大队体能基础薄弱的实际情况，聘请浙师大专业体能教练来队指导训练，对体能进行强化训练，并采取班与班、个人之间相互竞赛的方法，并在队站内部设置全员岗位练兵龙虎榜，营造良好的“赶、帮、超”训练氛围，以激励斗志促进训练成绩的稳步提升。消防站在开展九大科目训练的基础上，结合消防站实际和实战化训练工作要求，采取理论授课、注意事项讲解、操法训练、分段训练、合成训练、按岗施训、多岗轮训、总结讲评等不同方式固化各号员的战斗意识和习惯，通过灾情想定的模拟，提升指战员的临机应变能力和灭火救援水平。

10月23日，婺城区道院塘新业街宇龙厂房火灾现场 (区消防大队供稿)

【提高综合协同水平】 大队开展政府专职消防队、志愿消防队以及微型消防站的指导工作，不定期实战调度拉动，开展城市大型综合体消防协同演练，全面织密灭火救援联动网络。落实每季度召开专职队长例会、微型消防站站长联席会议，组织职业能力鉴定，实现联勤、联训、联考，明确运行模式，推动多种形式消防队伍职业化、规范化、正规化。同时，坚持“以赛促训，以训促战，交流互动，协同发展”的理念,定期组织轮训、协同演练、实地帮扶,提升多种消防力量联勤联训和灭火救援实战协战能力。

【深入隐患排查】 坚持消防安全专项治理与日常监管相结合,全面推进打通“生命通道”、高层建筑和居住小区、小微企业、百日消防安全“大检查大宣传大整治大落实”等消防安全专项整治。区、乡镇(街道)两级政府及各行业部门层层落实责任,签订消防工作年度目标责任书。针对消防车道治理,提请区政府成立工作领导小组,开展定期研判、移送抄告、联合查处和征信管理机制,提高监管质效,由政府对划线标识实行全额经费保障, 完成67个单位和小区集中施划消防车通道标线标志,集中清理消防车通道135条,开展部门联合检查9次,办理消防车道违法行政处罚5起。针对居住小区,依托文明城市创建,继续消防安全综合治理,开展联合执法、考核奖惩、隐患治理曝光制度。针对出租房,发动各乡镇(街道)和派出所,提高消防检查频率、效率,重点对消防“四件套”、灭火器和烟感配备等情况进行检查,督促隐患整改和责任落实。针对小微企业,指导乡镇(街道)全面排查摸底,逐家填写排查登记表,建立基础台账,结合百万员工消防安全培训开展宣传教育培训。

【加强消防宣传】 结合金华市“百万员工消防安全大培训”以及“百日消防安全大宣传”专项活动,大队以第三方专业培训为主, 大队宣传人员培训为辅,助推全区消防安全培训工作。将“消防课堂”搬进企业为员工“加餐”,有针对性宣传消防宣传。将消防安全教育纳入学校教育教学计划,开展“消防安全进校园”活动,对辖区内十余所学校开展消防安全培训。大队结合辖区实际,围绕“关注消防 生命至上”主题,以消防宣传“五进”工作为抓手,提前部署、精心组织, 开展形式多样的“119”消防宣传月宣传活动。高位部署,在活动组织上下功夫。11月9日,婺城区“119”消防宣传月暨百日消防安全大宣传启动仪式在万泰广场举行。区领导、乡镇街道代表、公安民警代表、消防指战员代表、专职消防队代表、村社区代表、美团外卖代表、重点单位代表等150余人参加启动仪式。打造民间消防安全宣传队伍,联合社区消防宣传大使和消防志愿者,向社区居民提示消防安全,完成3个乡镇消防教育体验室和9个农村体验点的提档升级;同时,建成消防主题公园1个, 有效提高宣传的接纳度和到达率,提升消防安全知晓率。

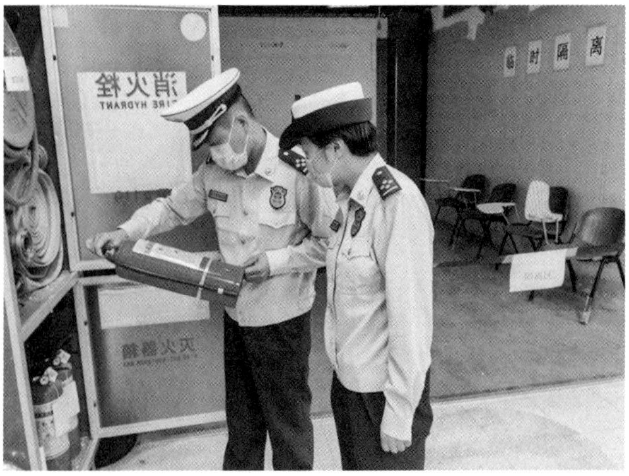

5月25日,婺城大队联合支队蹲点组持续开展全国两会消防安全夜查行动　　(区消防大队供稿)

(袁 也)

检 察

【概况】 2020年,区人民检察院全面履行法律监督职责,业务考核位列全省前茅。院集体获评全国先进基层检察院、全国五四红旗团支部、全国检察宣传先进单位,连续4年获评全省检察工作成绩突出基层检察院,获市级以上荣誉15项,获省市区级荣誉表彰45人次。2件案件获评最高检典型案例,11件案件获评全省精品优秀案例。

【服务改革发展】 2020年,起诉分裂国家、泄露国家秘密、邪教等犯罪9人,批准逮捕涉黑涉恶9人,起诉35人,办结省、市级督办涉黑涉恶案件6件,追缴涉案财产 3000余万元,办理的“杨某某等人黑社会组织案”获评省级优秀案例。依法严惩涉人身权、财产权犯罪。起诉故意杀人、故意伤害等严重暴力犯罪9人,起诉“盗抢骗”等多发性侵财犯罪289人,办理电信网络诈骗、网络赌博、泄露个人信息等犯罪231件,起诉599人。依法严惩涉职务犯罪。依法起诉职务犯罪案件3人,对司法工作人员侵犯公民权利、损害司法公正犯罪立案侦查1人。

保障疫情防控大局，批准逮捕涉疫刑事犯罪10人，起诉33人。护航重点工作，围绕区委重点工作，起诉妨碍公务、寻衅滋事等犯罪193人，起诉金融诈骗、破坏金融管理秩序等犯罪45人。助力脱贫攻坚，起诉扶贫领域"蝇贪"、恶意欠薪"老赖"10人，帮扶助力箬阳茶产业发展，工作成效被《人民日报》《检察日报》报道。

服务经济发展和企业创新，坚持从严打击。批准逮捕侵犯企业和企业家合法权益犯罪6人，起诉16人，积极追赃挽损，帮助企业挽回损失4000万余元。准确把握政策法律界限，严格落实少捕慎诉，对26名涉企人员做出不逮捕、不起诉处理，5名做出适用缓刑的建议。扎实开展"大家访、大代办、大接访、大化解"活动，举办涉企专题"检察开放日"，组建"检察官助企团"，为辖区120余家企业提供法律服务，帮助解决问题30余个。

融入社会治理格局，着力稳妥化解矛盾。推进"12309"检察服务中心入驻区矛盾调处化解中心，与区司法局、区信访局、乡镇街道形成共治格局，其中成功化解一起持续5年上访的民转刑案件。落实检察长带头"坐诊"接访，做到所有群众信访案件100%回复。创新重大疑难案件公开听证制度，邀请人大代表、政协委员参加公开听证，促成轻微刑事案件和解38件。其中，某企业业主拖欠262名农民工工资，导致集体上访，区检察院主动介入促成和解，450万元拖欠款全部支付到位，实现案结事了。助推社会治理，立足检察职能，深度研判案件中存

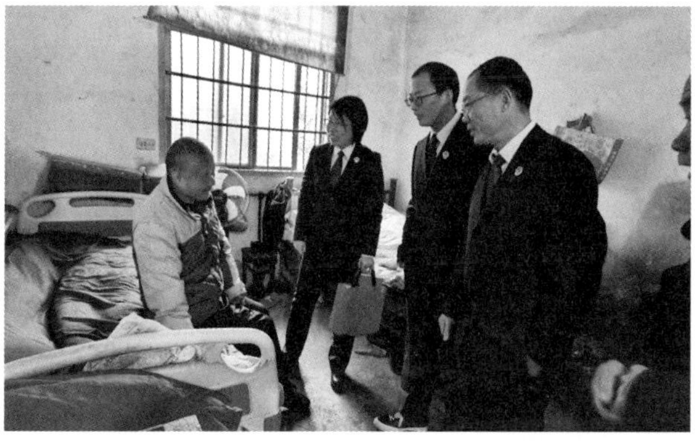

1月14日，婺城区检察院第七检察部走访慰问困难群众　（区检察院供稿）

在的社会治理隐患，发出检察建议162件，撰写问题报告21篇。其中，涉"暗网"毒品犯罪省域治理现代化专题调研得到省委主要领导、省院检察长、区委主要领导批示。加强特殊群体权益保障，落细落实对妇女、老年人、残疾人的权益维护，对10名因案致残、致贫的当事人提供司法救助，共发放救助金10万元。大力维护农民工合法权益，共为942名农民工追缴工资1580万元。

【公正司法，维护社会公平】 2020年，区检察院做优刑事检察，贯彻宽严相济刑事政策。依法受理逮捕案件665件982人，提起公诉1457件2439人。对涉嫌犯罪但不符合羁押必要性标准的不批准逮捕202人，对犯罪情节轻微、依法不需要判处刑罚的不起诉295人，对未成年人附条件不起诉9人。强化刑事诉讼监督。督促侦查机关立案40件，监督撤案8件，纠正漏捕漏诉17人，其中监督立案判处10年以上刑罚4人，对确有错误的刑事裁判提出刑事抗诉，被法院依法采纳7件。办理的"刘某某等贩卖毒品、非法持有枪支案"获评省级精品案例。加强刑事执行监督。监督收监社区矫正对象13名，纠正脱管漏管18人。对56名被指定居所监视居住的人员进行巡回检察，办理羁押必要性审查案件16件，对由于客观原因变化不需要继续羁押的，发出检察建议变更强制措施15人。

做强民事检察，注重精准监督。对认为确有错误的民事生效判决，提起抗诉、提请再审检察建议32件。对申诉人提出无理诉求的，及时做好释法说理，促成息诉服判。整治虚假诉讼。加大对虚假诉讼、恶意诉讼的惩治力度，对在民间借贷、企业破产、房屋买卖等领域多发的"假官司"问题，开展专项整治，纠正虚假诉讼12件，有效维护司法权威。助力破解执行难。强化民事执行监督，积极与法院会商沟通，对民事执行活动提出监督意见或检察建议41件，依法批准逮捕拒不执行判决、裁定的"老赖"13人，有效推动执行规范化。

做实行政检察，构建行政争议化解大格局。与区法院、区司法局共同出台《关于加强行政争议实质性化解工作衔接和协作配合的实施意见》，实质性化解行政争议11件。其中，办理的拖欠619名农

民工工资行政非诉执行案件,被最高检评为典型案例。深化行政非诉执行监督。围绕国有财产保护、国有土地使用权出让等领域发出行政非诉执行监督建议 148 件。会商法院、行政执法部门等开展执法行动,将 2 万余平方米被违法占用的土地退还给村集体,该案被《检察日报》、正义网、腾讯、新浪等新闻媒体专题报道。

做好公益诉讼检察,践行公益诉讼监督职能。办理公益诉讼 64 件,在全市率先实现“四大领域”全覆盖。积极开展守护“美丽河湖”专项行动,治理被污染和损毁的耕地、湿地、林地 12.9 万平方米,追偿修复生态、治理环境费用 124 万元。践行双赢多赢共赢理念。与区农业农村局等部门共同出台公益诉讼诉前磋商、野生动物保护协作配合等机制,构建多领域通力协作大格局。其中,办理的果品质量安全行政公益诉讼案被评为省级精品案例。践行普法教育职责。积极开展以案说法、法治进社区等普法教育活动。在全省率先建立野生动物公益保护综合实践基地,把实践基地作为公益诉讼法治公开课堂,参观人数已超过 9000 人。

4 月 15 日,检察法律监督和公益诉讼工作座谈会召开 （区检察院供稿）

【打造过硬检察队伍】 2020 年,区检察院完善以党组中心组为龙头、中层干部为重点、党支部为基础的理论武装格局,深入学习贯彻习近平法治思想,不断增强“四个意识”、坚定“四个自信”、做到“两个维护”。巩固深化“不忘初心、牢记使命”主题教育成果,抓好《中国共产党政法工作条例》及省委 5 个配套文件规定的贯彻落实,严格落实意识形态工作责任制和请示报告制度。持续开展“三服务”活动,组织全体党员干部积极参加全国文明城市创建和社区疫情防控,共计出动干警 2000 余人次。

坚持多元协同赋能,强化数字赋能。推进数字化卷宗单轨制协同办案,建立检察指挥中心,深化智能辅助、远程办案、“啄木鸟”数据巡查等系统。出台系统化实战练兵方案,构建“诉、辩、研、判”一体化岗位练兵机制。组建疑难案件、扫黑除恶等专业办案组,开展每周一辩、刑事论辩赛、指导性案例学习等活动。6 名干警入选省检察院人才库,微党课获评全市政法系统一等奖。出台检察官绩效考核机制和业绩考评机制,形成“争办案、争创优、争担当、争写调研论文”的良好氛围,13 件案件获评省级以上精品优秀案例,45 人次获各级荣誉表彰。

政治生态清明,持续强化纪律作风。认真落实全面从严治党主体责任,细化责任清单和工作机制,保证党风廉政建设和反腐败工作落到实处。开展检务督察。统筹开展政治督察、执法监督和纪律作风督察,共开展日常检务督察 20 次,使用第一种形态执纪问责 8 次。严格落实“三个规定”,做到“逢问必报”。浓厚清廉氛围。扎实开展司法规范化水平提升年活动,自觉接受纪检监察机关监督。在检察办案区专设“思廉通道”,营造知廉倡廉守廉的浓厚氛围。院集体入选全市首批基层清廉机关建设示范单位。

检察亮点创新,锻造法律监督金名片。构建“一体化、专业化、规范化”的法律监督事项案件化办理机制监督格局,相关经验做法被全省推广。办理全省最大毒品案等 12 件有重大社会影响的监督案件,8 件案件获评省级以上精品、优秀案件,撰写高质量办案调研文章 11 篇,1 篇获省委主要领导批示。锻造保护未成年人金名片。深化“蔷薇工作室”品牌,建立“春苗计划”罪错未成年人帮教矫治机制,累计教育挽救 276 名罪错未成年人有序回归社会,8 人经帮教考上大学,其中,办理的“支持起诉困境儿童抚养权受教育权纠纷诉讼案”获评省级未成年人司法保护优秀案例。团队获评金华市三八红旗集体等市级以上荣誉 3 项。锻造检察宣传金名片。

打造“指尖”新媒体工作室，夯实检察新闻宣传主阵地，连续两年获评全国检察宣传先进单位，1篇文章在《人民日报》刊发，十余篇新闻被《法治日报》《检察日报》转发报道。

践行“监督者更要接受监督”理念。自觉接受人大及其常委会监督，自觉接受民主监督，自觉接受社会监督，通过“两微一端”等渠道，依法及时发布案件信息2354件、公开法律文书1740件，发布检察信息1.4万条，主动满足人民群众的知情权、参与权和监督权。

（张倩文）

法 院

【概况】 2020年，婺城区法院新收各类案件26777件，办结28706件，比2019年分别下降9.1%、10.2%，涉案标的额58亿元，一线法官人均结案480件，主要办案质量、效率、效果指标继续保持在全省前列。

【疫情防控】 面对突如其来的新冠肺炎疫情，迅速贯彻中央、省、市、区委和上级法院决策部署，第一时间采取疫情防控系列举措。坚持疫情防控与执法办案并抓、管控风险与服务发展并重，驰援乾西乡参与联防联控1597人次。以法治助力复工复产，出台系列稳企助企措施办法，编印发放涉疫情相关纠纷系列解答500余册。开展依法助企、精准帮企活动，宽限金华晟博工具有限公司15天腾空厂房，保住千万元外贸订单，获评全省“十佳执行典型案例”。针对疫情带来的打官司难题，采取线上联动“无接触”办案模式，广泛运用互联网法庭、移动微法院办案，线上立案14350件、开庭230件、调解1176件，网络查控32万条，司法网拍成交额9亿元，做到疫情防控期间诉讼服务不停歇、司法办案不松劲。

【扫黑除恶】 围绕“六清”目标，决战决胜扫黑除恶专项斗争，助力基层维稳治乱。开展“打财断血”专项执行行动，创新“黑财清底”执行模式，开通涉案财物司法网拍平台，实行“一元起拍，一次拍定”竞价规则，最大限度追赃挽损，黑恶案件财产刑执行到位率95.6%，到位金额180万元。突出社会效益，强化“一案一建议”机制，提出加强监管等司法建议32件。

【营商环境高标打造】 依法平等保护各类市场主体权益，促进完善公平竞争的法治环境，投身“实把力”强企、“金护秋”护企行动。落实中央依法保护民营经济发展精神，做好《浙江省民营企业发展促进条例》的宣传贯彻落实，出台服务和保障民营经济健康发展专项意见28条。注重发挥破产审判促进市场主体优胜劣汰的作用，受理破产案件53件，结案49件，申报债权总额6.9亿元；成功拍卖莱恩系列破产清算案主要资产，盘活土地25.2公顷，价值2.9亿元；建立破产重整企业健康管理档案、信用修复机制，盘活龙湾置业公司、三联系列公司房产面积24万平方米，创造税收6152万元。强化涉企案件善意执行，活封活扣为12家政府帮扶清单企业办理查封财产临时解封转贷3.7亿元，缓解涉困企业的融资难题。促成相关部门出台《金华市区工矿仓储用地流转处置实施细则》，有效盘活低效闲置工业用地5.5万平方米。

【推进绿色司法】 深入践行“绿水青山就是金山银山”理念，坚持生态综合治理观，当好“花满婺城·幸福城”“婺城水·幸福城”的捍卫者，支持婺城绿色事业发展。实行环境资源类案件“三审合一”制度，审结环境污染、非法猎捕、杀害珍贵、濒危野生动物案件13件、38人。贯彻落实生态环境损害赔偿制度，引入生态环境修复性程序，生态放养环境净化鱼苗80万尾，救护野生动物13次。促进全社会形成环境保护广泛共识，邀请婺城人大代表、在校学生200余人旁听破坏环境资源案件庭审，到塔石乡、琅琊镇向涉野生动物犯罪社区矫正人员、村干部及群众进行环境资源保护现场宣讲。

【司法为民】 2020年，新收刑事案件942件，旧存235件，审结1020件1777人，其中判处5年以上有期徒刑231人。严惩危害社会安全犯罪，审结故意伤害、“两抢一盗”等严重暴力犯罪案件204件256人。守护放心消费，审结制售假冒伪劣商品、危害食品安全案件8件30人。严厉打击涉众型经济犯罪，审结非法吸收公众存款、电信诈骗、网络赌博等案件32件、167人,涉案金额3.2亿元。依法打击非法闹访,以寻衅滋事、破坏生产经营罪追究刑事责任3件、3人。贯彻宽严相济刑事政策,对591名被告人判处非监禁刑。实行律师辩护全覆盖,为1135名被告人指定法律援助律师。

【诉源治理】 主动融入区委领导下的社会治理体系,坚持把非诉讼纠纷解决机制挺在前面,推动诉调衔接工作走深走实,助力县域治理现代化建设,全年民商事收案同比减少2536件。完善源头预防机制,发挥基层群众主体作用,加强基层法治宣传教育、推动基层依法民主管理、加强纠纷科学防控,开展“法在身边·五十百千”服务工程,法庭派员作为辖区乡镇联络员,就地开展巡回审判、调解,对14个社区的人民调解员开展调解技能培训,夯实联片调解常态长效基础。助力上浮桥区块拆迁工作,提供法律咨询服务,协助老娘舅、驻村干部解决纠纷41件。开展诉讼前调解8000余场次,化解纠纷4305件,为1000余名员工追薪2700万元。

【法治政府建设】 着力化解行政争议,发挥行政审判职能,监督支持行政机关依法行政。加强司法与行政良性互动,召开府院联席会议3次,针对审判实践中发现的问题,向各级党委政府通报行政执法的不足,并发送司法建议4件,促进法治政府建设,行政机关负责人出庭应诉率99.5%。主动对接行政争议化解中心,府院联动多元化解纠纷,行政诉讼收案332件,比上年下降55.6%。落实行政案件管辖机制改革,成功有效化解154名村民与永康市政府房屋拆迁安置补偿协议系列案。建立行政案件跨域立案与诉前协调衔接机制,主动参与辖区内以行政机关为被告的纠纷化解,参与协调212件。

【执行难题破解】 健全“自动履行为主、强制执行为辅”的执行长效工作机制,加强失信惩戒,发布失信被执行人名单3403人次,发布限制高消费名单7180人次,罚款4579人次、687万元,以拒执罪判处14件、18人;民商事案件自动履行率51.2%,比上年上升4.3%。新收执行案件9606件,比上年下降11.6%,办结9978件,执行到位金额17.8亿元,结案平均用时同比缩短23.4天。在常态化疫情防控形势下,第一时间响应最高院“发挥执行职能、做好‘六稳’工作落实‘六保’任务”的号令,两次在凌晨出击,执结案件59件,执行到位标的额230余万元。

【司法责任制落实】 健全院庭长办理重大疑难复杂案件制度,院庭长办结案件8988件,占结案总数的31.3%。健全完善审判权力和责任清单,落实“四类案件”院庭长在线监管87件,探索关联案件和类案强制检索制度,召开法官专业会议26次,审判委员会讨论18次,强化统一裁判尺度。建立案件质量反向评价主导式评查机制,对改判发回案件实现一案一评,共评查案件152件,认定裁判瑕疵责任10件,评查结果与绩效考核、按期晋升等挂钩,对违法审判案件依规启动法官惩戒程序,做到真查真用。

【“最多跑一次”改革】 坚持发展新时代“枫桥经验”,派员入驻矛调中心,助推“信访打头、调解为主、诉讼断后”的矛调中心建设,解决纠纷312件。推进执行“一件事”改革,重塑人民法庭功能,与相关乡镇签订《完善人民法庭执行“网格化”工作机制》,法警编队驻庭参与执行,执结844件,执行到位标的额4亿元。开展“企业扫码我来办”活动,发挥青年的力量,成立青年助企团,74名青年干警组成帮扶团队,提供预约式线上“一对一”服务。

【诉讼制度改革】 深入推进以审判为中心的刑事诉讼制度改革,全面准确适用认罪认罚从宽制度,认罪认罚办结513件,适用率48.8%。全面推进政法一体化办案系统应用,释放程序效能,激发制度活力,实现刑事诉讼程序100%在网上流转。推进繁简分流机制改革和分调裁审机制改革,优化审判流程,设立调解速裁团队6个,诉前化解3349件,占民商事结案总数的20%,平均用时3.8天。强化人民陪审员的考核、培训等工作,激发人民陪审员参审的积极性和责任感,人民陪审员陪审案件2382件,普通程序陪审率100%。

【智慧法院建设】 打造“无纸化”办案办公法院,依托“网上网下、内网外网、有线无线协调一致、互联互通”的全省法院统一办公办案平台,实现办案过程全程留痕,法官、律师和当事人可以同步手机阅卷、网上送达、网上开庭。在全市率先建成无纸化办案法庭和信息采集中心，实现立案全程无纸化、集约化电子送达、无纸化开庭、电子档案自动编目以及卷宗一键归档，无纸化立案率、电子送达率、在线签章率、移动微法院应用率、政法一体化协同办案协同率等无纸化办案指标均达100%，位居全市第一，其中电子送达20857件，让人民群众真正享受到“家服务”的网上诉讼体验。

【队伍建设】 以信立本增强政治定力。不断巩固深化主题教育成果，增强“四个意识”、坚定“四个自信”、做到“两个维护”。深入开展“政治大学习”“理论大培训”“思想大讲堂”“认识大讨论”活动，全员参加省高院举办的“院长论坛”，聆听40名院长围绕习近平法治思想、建设“重要窗口”等主题谈学习体会。参加浙江法官学院线上培训，邀请党校教授宣讲习近平总书记考察浙江重要指示精神，组织干警到浙江大学开展政治素养轮训等培训1000余人次。严格落实意识形态工作责任制，认真贯彻“三同步”原则，强化网络舆论引导，在报、网、微、端刊发稿件173篇。

以学固本增长图强本领。大兴学习调研之风，为婺城图强提质创优升级提供服务保障。开展常态化周一夜学，通过举办法官论坛、网络教育等落实民法典全员培训15次，并与金华市广播电台联合开播法官“案说民法典”，向公众宣传民法典精神12期。开展普法进校园活动4次，受众800余人次，王莺法官工作室获评浙江省优秀普法工作室。开展“优秀庭审”“优秀案例”“三学三比”技能竞赛、青年干警辩论赛等“晒拼创”活动，形成争优创先氛围，郑向华获评全国法院办案标兵。深入开展长期未结案清理专项活动，长期未结案件比例降至1‰，让正义不再迟到，及时维护老百姓的合法权益。

以镜正冠增进自强自律。加强党风廉政建设，严格落实“一岗双责”，坚持抓早抓小，常态化开展纪律作风督察。扎实开展警示教育、司法规范化水平提升年活动，出台《金华市婺城区人民法院记分管理办法》《金华市婺城区人民法院岗位目标量化考核办法》，将文明创建、庭审规范、办案质效等88项内容，纳入记分范围。院领导每周带队巡查共计48次，发送整改通知书26份，运用第一种形态处理轻微违纪违规行为46人次，政治生态焕然一新。开展“零违纪、零违法”支部创建活动，开设党员微论坛、微讲堂、微故事，激活“党员主角”，不断增强党支部战斗堡垒作用。

自觉主动接受监督。认真贯彻区人大及其常委会决议，自觉接受法官履职评议监督，健全落实人大代表分级联络制度。积极参与专题协商，诚恳接受政协民主监督。严格办理程序，及时反馈沟通，办结代表建议、委员提案各1件。组织“代表委员开放日”活动，邀请代表委员视察法院、旁听庭审、见证执行等20人次。自觉接受纪检监察机关法纪监督，广泛听取代表委员等社会各界意见。落实检察长列席审委会制度，认真办理再审检察建议19件。深化阳光司法，推进审判流程公开，网络庭审直播7363次，被评为全国庭审直播优秀法院。广泛接受社会监督，组织“公众开放日”活动8次，受众600余人次。

（赵　晨）

司法行政

【概况】 2020年，婺城区司法局立足司法行政职能优势，主动对标“重要窗口”新定位，全力打造一批有辨识度的样板项目，展示婺城法治建设成果。不断完善“1+X”多元化矛盾纠纷调处机制，打造“婺城调解”品牌，建成市级“文明规范公正”司法所8个。持续扩大“婺城普法”的影响力，普法微信公众号3次进入全国影响力榜单，27次进入省榜。完善公共法律服务体系建设，新配备15台人工智能自助机。扩大法律援助覆盖面，2020年，受理法援案件1088件，挽回经济损失420万元。推行“智慧矫正”，升级“码上矫正”APP，精心打磨“实时管控、在线教育、分析研判、帮扶救助”等模块，实现“教育、监管、帮扶”全闭环信息化管理，项目入围“婺城区改革创新项目”。

【普法宣传】 印发《2020年度婺城区普法责任清单》，落实“谁执法谁普法”要求，开展专项宣传活动30多场。依托金华电视台，播出《婺城普法》节目60多期，“无限金华”APP总点击量达到近100万，收视率稳居全市前列。“婺城普法”微信公众平台固定粉丝超 1 万人,全年发送普法微信 36 期,阅读量 17 万多次。关注青少年群体,主动“送法入校”30 多场,在校学生法治教育普及率达 100%。重点普及《中华人民共和国民法典》《中华人民共和国社区矫正法》等新法新规,开展“送法下乡”活动 20 场。开展律师行业“扬帆行动”和教育整顿活动,推进行业党建工作,农村法律顾问、公共法律服务站点、法律援助作用发挥更有效。发挥民主法治引领作用,创建省级民主法治村 27 家,市级 217 家,市级以上民主法治村覆盖率达 90%。

4 月 24 日,婺城区工商业联合会、区普法办、区总商会联合举办《浙江省民营企业发展促进条例》专题讲座,12 家商会参加　　(区司法局供稿)

【人民调解】 建成市级“文明规范公正”司法所 8 个,白龙桥司法所创建省级“枫桥式”司法所已初步通过验收。大幅上调人民调解案件补助标准,奖励额度较 2018 年翻一番。继续扩大婺城“老娘舅”效应,《金华老娘舅》节目调解员接受了“学习强国”记者的专访。升级 23 家个人调解工作室的品牌形象,接受省、市领导调研考察 13 次。聘请 10 名专家调解员,28 名专职人民调解员,开设“娘舅大讲堂”5 期,推动人民调解队伍向专业化方向发展。调解专题片《爱情与现实的距离》在央视播出,国家信访总局官微推送“枫桥经验”新实践的婺城做法,全年调处矛盾纠纷 2551 件,调处成功 2549 件,调解成功率达 99.9%。

【社区矫正】 “精准矫正”试点再深化。多方发动社会资源,深挖心理矫治具体措施,与“金华爸妈在线”“金华启源”合作开展推进矫正对象家庭关系修复项目,帮助矫正对象稳固“后方阵地”、顺利回归社会。深入探索“心理矫治”具体措施,相关做法两次在省厅会议上作交流发言,经验在《法治浙江》《浙江政法》《浙江日报》刊载。升级“码上矫正”APP,整合在线教育资源,定制每人每月 8 小时教育学习标准,线上课程学习 50400 小时,在线签到打卡 43248 次。增加“定制”帮扶服务,整合用工招聘单位、出租房等社会资源,畅通矫正对象求职、租房渠道。制定积分评价体系,开发“积分兑换商城”,矫正对象可使用积分兑换米、面、油等日用品,鼓励社区矫正对象参与社区共建。探索“家服务”多元帮扶机制,一次性困难救助帮扶 37 人次,结对 23 对,提供工作岗位 43 个。

【法律服务】 开展“法律家服务”活动,2020 年,共计 1126 人参与服务工作,服务对象达 1986 人次,解决问题 254 个。持续推进“法雨春风”助企活动,成立“法律服务团”和“志愿服务队”,深入企业开展法治体检。融合“婺城普法”“婺城司法”微信公众号和金华电视台优势,多角度、多层面解读《浙江省民营企业发展促进条例》,共计开展宣传活动 68 场,发放宣传资料 3400 份,发布复工复产典型案例 39 个,推出涉企案例解析栏目 15 期,为企业提供精准高效的法律服务。精准服务企业复工复产,主动送法入企 477 家,解决法律问题 497 个,化解矛盾纠纷164 起,普法宣传覆盖 1.4 万人。开展律师行业“扬帆行动”和教育整顿活动,落实“三师”助企“无微不至”专项行动,加强律师职业道德和执业纪律教育培训,不断规范律师执业行为。组织开展“双随机一公开”执法检查,推动律师行业持续健康规范发展。加强农村法律顾问考核监督,落实保障机制,激发农村法律顾问的积极性和创造性,引导农村法律顾问积极投身基层社会治理,维护基层社会稳定。

【法治建设】 2020 年,将法治建设工作纳入区委巡视巡察范围,列为区委和区政府的年度工作重点,局机关新设全面依法治区委员会办公室秘书科。抓好“少数关键”推动依法执政,区委班子率先垂范,区委理论中心组两次专题学习《中华人民共和国民法典》,102 名党政主要负责人向依法治区委员会述法,举办全区领导干部法治建设工作培训,170 人参加。出台《婺城区乡镇(街道)合法性审查全覆盖实施方案》,制发《婺城区政府法律事务工作手册》《婺城区合法性审查工作指导意见》《长山乡合法性审查指引汇编》,将区级层面成熟的审查模式应用到各乡镇(街道),推动乡镇(街道)合法性审查全覆盖。加强行政规范性文件合法性审核工作,审核区政府行政规范性文件 11 件,行政合同 14 件,行政决策公信力和执行力得到提升。印发《婺城区 2020 年行政执法监督计划》,制发《行政执法监督通知书》7 份,开展 9 个重点执法部门案卷评查,有效落实执法监督。组织行政执法培训考试,执法部门平均持证率达 93.7%。行政执法监督员由 5 人扩大到 17 人,组建首批 52 人法治监督员队伍。

全域化推进民主法治村建设,设立"民主法治村专项经费",按市级 1 万元、省级 3 万元、国家级 8 万元的标准发放创建补助,第一批已下拨 45 万元。全年创建省级民主法治村 7 个,市级民主法治村第一批创建 30 个,第二批培育 109 个。进一步壮大乡村法治力量,村村配备"法治宣传员",与"农村法律顾问""人民调解员"互补互促,培育 816 名"法治带头人"、1360 名"法律明白人"和 880 多户"学法守法示范户",切实打牢基层法治建设基础。

11 月 9 日,全区举行《中华人民共和国民法典》的价值与体系宣讲报告会　　(区司法局供稿)

【行政复议】 成立区行政复议应诉案件咨询委员会,出台立案接待、集体讨论、网上公开、档案管理、听证规则、调解和解等 6 项相关制度,进一步完善复议办案流程。出台《婺城区行政复议应诉统计分析报告与过错责任追究工作办法》,倒逼领导干部依法行政,预防行政争议产生。全年行政诉讼收案 147 起(含开发区),较上年(297 件)下降 50.5%,行政负责人出庭应诉率达 100%;行政复议案件调撤 15 件,调撤率 34.09%。建立行政争议"每案引调"机制,出台《关于加强行政争议实质性化解工作衔接和协作配合的实施意见》,多方合力化解"全国十大行政民事典型案件"许水云案、酒坊巷佳环电子案、罗店前庄头 64 人批量案件等 83 件疑难案件。获评全市行政争议化解工作晒拼创良好单位,罗店镇获评乡镇(街道)组别优秀单位。

【基层党建】 坚持"首题必政治",局党组开展集中学习 9 次。加强机关党建,"法润婺城服务有我"党建项目入选全区优秀党建品牌。深入开展"执法司法规范化水平提升年活动",综合得分位列全市第三。加强干部廉政建设和能力素质提升,连续多年无违规违纪行为发生,22 名干部参加法律职业资格考试。重视精神文明建设,获评"浙江省文明单位"。

【疫情防控】 派遣干部职工值守高铁站出口 63 天,每日排查逾万人。全体司法所人员服从乡镇(街道)指挥落实防控责任,600 多名人民调解员集中排查矛盾隐患,迅速就地化解纠纷。发起法律服务行业抗击疫情倡议,干部职工和律师累计捐款 34 万元。法律志愿服务"三进商圈",参与联合党委助力西市街商圈发展,做法被《人民日报》报道。

【便民服务】 作为婺城区无证明城市改革工作的牵头单位,负责全区"无证明城市"改革专班日常工作,每周工作专报获得市专班负责人点赞 12 次,累计办理涉及取消证明事项 68739 件,其中涉及直接取消的 7603 件,告知承诺的 24200 件,数据查询的 16770 件,部门核验的 20166 件,不断推动减证便民改革走深走实,全力打造办事效率更高、服务质量更好、办事流程更优、工作机制更健全的"无证明城市"改革 2.0 版本。

(倪书宇)

军　事

人民武装

【概况】 2020年,全区国防动员和后备力量建设呈现稳步上升、持续向好的良好态势,先后圆满完成军分区赋予的应急连紧急拉动、重要目标防卫课目演练、社区征兵规范化3个试点任务;在省军区第三届岗位练兵比武暨应急应战能力检验评估中代表军分区参赛获得总分全省第一,连续3年被省军区评为全面建设先进单位、征兵工作先进单位。

【民兵组织整顿】 2020年,人武部严密组织国防动员潜力七大类基础数据调查,深入开展8个重点领域专项核查,着力推动“统计数据”向“能力指标”转化运用。突出实体编兵,高质量迎接军委国防动员部检查考评电话抽查。

【区委常委议军会议】 1月3日,婺城区召开区委常委议军会议,研究出台《关于进一步加强新时代民兵队伍建设的实施意见》,提升党管武装考核占比,首次将武装工作经费列入乡镇(街道)预算科目,重新将武装工作先进单位和个人纳入区委区政府表彰表扬项目,有效解决武装工作建设瓶颈问题。

【全区武装工作会议】 1月3日,组织召开全区武装工作会议,深入学习贯彻习近平关于强军兴军系列讲话精神,总结部署武装工作,乡镇(街道)党(工)委书记代表进行党管武装述职,表彰先进典范、弘扬担当作为,直面问题、补短板找差距,有力推动武装工作始终走在前列。

【承担应急连紧急拉动演练试点】 7月7日,军分区在人武部组织民兵应急连紧急拉动演练现场会,主要规范应急连紧急拉动的流程和标准。军分区领导、各县市区人武部主要领导及机关科长、应急连骨干共计40余人参加。

【征兵工作】 7月10日,以三江街道和城中街道为社区征兵宣传试点召开现场会,总结征兵宣传“八进入”做法。全区征集新兵区本级获“五率”量化考评全市第一,连续3年被评为全省征兵工作先进单位。

【承担重要目标防卫科目演练试点任务并参加比武】 7月20日,人武部承担军分区重要目标防卫科目演示观摩,规范重要目标防卫课目的流程和标准,军分区领导和相关人武部主要领导参加观摩。8月6日,组织区民兵应急连到义乌参加重要目标防卫课目比武(省军区第三届岗位练兵比武金华赛区),获该课目第二名。

【遂行应急抢险任务】 8月4日,人武部组织区民

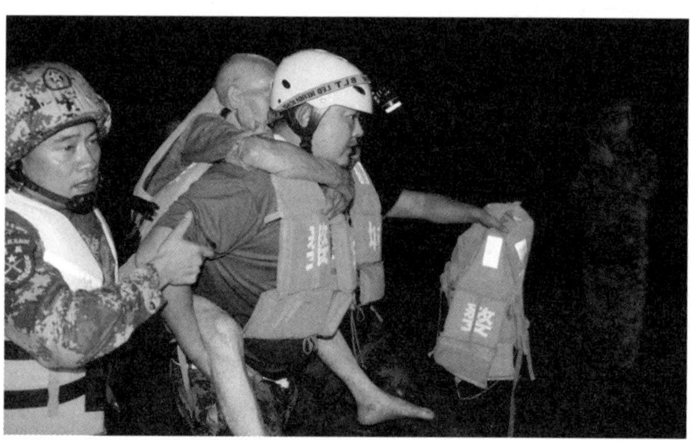

8月4日,婺城区人武部应急连到永康参加抗洪抢险　　(区人武部供稿)

兵应急连连夜驰援永康抗击台风“黑格比”,成功营救2名被困群众,安全转移十余人,受到军分区通令表彰;罗店镇组织民兵成功搜救失踪老人。

【参加省军区第三届岗位练兵比武】 12月3日,区民兵应急连和白龙桥镇民兵交通巡线连代表军分区参加全省民兵岗位练兵大比武暨应战能力检验评估,一举拿下7个比武课目中的2项第一,其余均进入前4,取得总分全省第一的优异成绩。

【组织首届民兵应急应战技能比武】 12月21日,人武部联合区应急委组织首届民兵应急应战技能比武活动,设置两大类12个课目,来自各乡镇街道的基干民兵、区应急连民兵和专武干部参加。

【民兵荣誉体系构建】 2020年,人武部通过结合“八一”组织颁发民兵示范岗,探索建立电子民兵证,帮扶家庭突发变故和困难民兵,参加民兵家庭婚礼,组织民兵出入队和总结表彰,稳步推进民兵荣誉体系建设。

【国防教育】 2020年,人武部在抓好边海防官兵军属大走访、八一光荣榜、军人荣誉墙等工作基础上,聘请驻金某部一等功臣、救人英雄王亮为征兵宣传大使,授予其婺城首位荣誉市民称号,并在全区举行首场事迹报告会;推荐金华雷锋事迹馆成功评选省级国防教育基地,是区内第二家省级国防教育基地,并专门举行授牌仪式;组织完成16所中学学生的国防教育和军训。

【疫情防控工作】 2020年,全区先后出动民兵参与新冠疫情防控,区民兵应急连被评为“区战疫先进团体”,白龙桥镇民兵应急排民兵黄政质执勤期间不顾个人安危抢救晕倒群众事迹广受赞誉,被评为“市抗疫先进个人”“金华好人”和“区抗疫先锋”;出动民兵参加火车站夜间执勤,1000多小时连续奋战在全市的第一道关口。

(钟沧海)

退役军人事务

【概况】 2020年,婺城区退役军人事务局(以下简称退役军人事务局)以“最多跑一次”改革为契机,探索退役军人创业路径、维护合法权益、一线解忧解困,构建退役军人全生命周期服务管理体系,全面解锁退役军人“幸福密码”,打造“全方位、多维度、零距离”服务保障“新生态”,营造“崇军拥军”的良好社会氛围。成功打造“军星闪耀”党建品牌,激励引导广大退役军人在基层治理、应急抢险、平安建设中实现自身价值。疫情防控期间,区内退役军人投身抗疫一线,深入隔离点、道路关卡、社区一线抗疫。成立区退役军人服务中心党支部,建立“八个一”转业士官党员管理制度,有效填补军地管理空档期组织生活。坚持以“新时代枫桥式退役军人服务中心(站)”创建为主抓手,高规格、高标准完成15家国家级示范站和100家省级示范型站创建工作,区服务中心和罗店镇服务站成功创建省级“新时代枫桥式退役军人服务中心(站)”。

【优抚褒扬】 2020年,退役军人事务局组织开展清明祭英烈、“9·30”公祭等褒扬烈士活动40余场,完成农村现役义务兵父母和享受定期抚恤补助的烈属免费健康体检,完成残疾等级评定和残疾等级提高认定工作。

【双拥共建】 2020年,助力金华市实现全国双拥模范城(县)创建“四连冠”;“八一”建军节期间迎接省委书记车俊慰问驻地部队和新狮街道抗美援朝老兵陈志英;春节、“八一”建军节期间,区级领导班子牵头慰问驻婺部队,送去慰问物资价值共计94万元;组织区级领导班子、国防动员委员会成员单位、双拥成员单位领导和双拥办工作人员进军营过军

12月3日,婺城区双拥办联合司法局开展送法进军营活动　　(区退伍军人事务局供稿)

事日活动等;创新政企合作模式,联合市民卡中心推出“拥军码”,数字化升级“百企千店助国防”惠军项目,提供“优惠、优质、优先”的便捷服务;授予驻金部队一等功臣王亮“荣誉市民”称号,并聘请王亮担任征兵宣传大使。

【移交安置】 2020年,退役军人事务局深化退役军人全生命周期服务管理改革,以服务“军人一家”和“军人一生”为目标,把军人全生命周期中不同阶段的事务,整合成“征兵”“服役”“退役”等9个一件事;做好部分符合条件退役军人社保接续工作和符合条件退役军官、士官接收安置工作,成立区退役军人服务中心党支部,组织退役军人招聘活动2场。

(赵　钰)

10月16日,婺城区举行退役军人就业创业园地授牌仪式　　(区退伍军人事务局供稿)

农业　农村　水务

农　业

·综述·

【基本情况】 2020年,婺城区农村集体资产拥有量增势平稳。全区农村集体拥有资产总额33.88亿元,增加6.28亿元,比2019年增长18.54%;2020年村均拥有资产1382.86万元,比2019年增加256.49万元,村均资产拥有量得到大幅提升。资产拥有量主要集中在少数经济较发达的乡镇(街道)。全区有214个行政村,总收入在1万元以下的村(社)0个;年总收入在1万~10万元的村(社)0个;年总收入在11万~50万元的村(社)有60个,占总村(社)数的28.04%;年总收入在51万~500万元的村(社)151个,占总村(社)数的70.56%;年总收入在500万元以上的村(社)3个,占总村(社)数的1.4%。

(贾玉珍)

【加速推进农村改革】 2020年,婺城区基本完成农村土地承包经营权确权登记颁证工作。全区共完成15个乡镇街道(含罗店镇)、328个确权村(社),涉及农户52345户,地块223642块,实测家庭承包耕地面积11567.88公顷。农户类基本完成农村股份制改革。

【薄弱村经济扶持】 婺城区经过行政村规模调整后行政村共计214个。2020年底,全区总收入达到20万元以上且经营性收入12万元以上的行政村达到214个,完成率100%。经营性收入20万元以上的行政村98个,较2019年增加68.97%;省定相对薄弱村全部消除,非相对薄弱村全部达标。村级组织发展集体经济"五忌五要"、生态功能区"五型"消薄法等经验做法也获得上级肯定,《婺城区高标准开展绿色小水电示范区创建》以绿色小水电助力"消薄"的做法获得浙江省副省长彭佳学批示。

(杨朝洋)

【家庭农场】 全区经工商部门注册的家庭农场有811家,比2019年增加237家。其中,种植业667家,畜牧业38家,渔业26家,种养结合44家,其他行业36家。家庭农场经营土地面积2605.4公顷。通过培训、项目申报、建立观测点等多种形式,引导家庭农场向规范化方向发展。婺城区22家家庭农场被评为市级示范性家庭农场,59家家庭农场被认定为规范化家庭农场。年销售农产品总值15986万元,其中20万元以下556家,20万~50万元182家,50万~100万元51家,100万元以上22家。拥有注册商标的家庭农场21家,通过农产品质量认证的30家。规范区家庭农场,使全区规范化家庭农场朝着经营规模化、成员知识化、产品安全化、农业设施化、产业生态化、销售品牌化的"六化"方向发展。

【农民负担监管】 农民负担监督管理长效机制有效运行,惠农补贴政策落实及时到位,无重大农民负担案件发生。一事一议奖补政策加强规范化运作,落实有序。全区一事一议奖补项目38个,涉及人口34845人,承担筹资人口12889人,承担筹劳21956人,确定全区2020年度村民一事一议筹资筹劳以资代劳工价标准每工100元。

(李思锋)

【土地承包及流转管理】 2020年,家庭承包经营的耕地面积11667公顷,家庭承包经营的农户数6.7万户,家庭承包合同份数6.65万份,颁发土地承包经营权证份数5.86份。家庭承包耕地流转面积4200公顷,占家庭承包经营耕地面积的36%。流转后用于种植粮食作物土地面积453.3公顷,签订耕地流转合同份数1.09万份。

(杨朝洋)

【农村普惠金融工作】 2020年,推进小额普惠金融工作,通过与金华成泰银行开展深度合作,加强制度建设,突出重要环节,形成上下联动强力推动机制,全区普惠金融工作走在全市前列。15个乡镇214个行政村覆盖率达到100%,签约率均达到35%以上,其中40%~46%的有6个,50%~58%的有3个,授信农户数69174人,授信率达到100%。

(李　玲)

【现代农业园区建设】 2020年,开展婺南省级现代农业园区建设项目,争取省级财政补助资金557万元。2020年,婺城区安地镇和竹马乡市级特色农业强镇完成创建。

(戴美艳)

·农产品质量安全·

【概况】 2020年,巩固农产品质量安全放心县创建成果,农产品质量安全监管到位,与14个乡镇签订农产品质量安全监管责任书。加强农产品检测,2020年,累计监测抽样数量411批次,合格率99.3%。提升农产品品牌,婺城区首个农产品地理标志“箬阳龙珍”通过国家认证。推进标准化生产,全区新增通过认证的无公害农产品14个。

健全监管体系,区、乡镇建立监管机构。强化落实生产主体是质量安全第一责任人意识,完善生产记录台账,加强农业投入品的使用监管。完善农产品追溯体系建设。全区开展农产品质量安全专项整治,出动565人次,对533家生产经营企业进行检查,发放宣传资料416份。

加强农产品监测,2020年全区农产品定量检测411批次,其中蔬菜188批次、水果94批次、茶叶11批次、稻谷71批次、猪肉、猪肝24批次、禽肉、禽蛋8批次、水产品8批次、生鲜乳5批次、蜂蜜2批次,送中国水稻所和浙江省农科院检测,合格率99.3%;完成定性(快速)检测10168批次;配合部、省、市农业部门抽检319批次。

创新农产品质量安全监管模式,提升监管能力,新增二维码追溯主体27家,现已实现二维码追溯主体183家,基本实现规模主体合格证全覆盖,农业龙头企业、合作社、家庭农场、“三品”基地农产品质量安全追溯率达100%。

(李玮峰)

【三品认证】 2020年,新增无公害农产品14个,完成24个无公害农产品的复查换证。累计通过无公害认证农产品103个;绿色食品20个,面积953.33公顷;全区主要食用农产品“三品”认证比率56.89%。

(厉尹翔)

【农业执法】 2020年,“绿剑”执法行动出动执法人员262人次,检查企业417家次,完成监督抽检57个批次。全年查处农业违法案件24起,罚没款合计11.1万元,取缔未经定点从事生猪屠宰活动窝点1个。受理农民投诉31起,诉值82.5万元,为农民挽回赔偿(补偿)款14.3万元。开展农业法律法规知识宣传,发放农业法律法规宣传资料1300余份。2020年全区农药废弃包装物产生量37.975吨,实际回收42.56吨,回收率达112.1%,超过回收任务22.1个百分点;处置任务34.1775吨,实际无害化处置42.56吨,处置率达124.5%,超过处置任务34.5个百分点。

【农业植物检疫】 2020年,全区植物疫情发生面积共23.8公顷(不包括加拿大一枝黄花),其中红火蚁疫情发生面积8.8公顷,柑橘溃疡病发生面积9.07公顷,甘薯茎腐病发生面积1.33公顷,柑橘黄龙病发生面积1.73公顷,豚草发生面积4.2公顷。2020年9月,在竹马乡新发现红火蚁疫情8.8公顷,立即组织开展应急防控,防控效果达95%以上,有效遏制了红火蚁的蔓延。对加拿大一枝黄花、柑橘溃疡病和甘薯茎腐病等疫情持续进行防控,疫情未扩散蔓延。

2020年,早稻产地检疫121.27公顷,检疫合格种子数量为712.6吨,签发“全国农业植物产地检疫合格证"6份。签发"植物检疫证书"410份,调运合格种子数量为51吨。

(黄净轩)

【种子管理】 2020年,制繁种面积100.87公顷,生产种子397.92吨。2020—2021年度救灾储备种子共48.45吨。

(董小红)

【农民信箱】 2020年,全区用户注册数43789户,启用数43789户,启用率100%。通过农民信箱发布农产品买卖信息4条,"每日一助"信息102条,全年邮件及短信发送次数达4044次,成交额412.62万元。全区益农信息社覆盖214个行政村,覆盖率100%,万村联网平台益农信息社开通率100%。

(傅丁帅)

·种植业·

【粮食生产】 2020年,全区粮食播种面积3640公顷,总产2万吨。粮食播种面积比2019年增加193.33公顷,增幅5.61%;总产增加0.09万吨,增幅4.71%。

全区水稻播种面积3.7万吨,比2019年增加39.62%。总产15643.5吨,比2019年增加35.65%。受气候因素影响,水稻单产水平有所下降,为6342千克/公顷,比2019年减少2.58%。其中,早稻播种面积866.67公顷,比2019年增加18.18%;单产5535千克/公顷,比2019年减少3.91%;总产4797吨,比2019年增加13.57%。单季晚稻播种面积6733公顷,单产7519.5千克/公顷,总产5058吨,比2019年面积增加35.22%、单产下降3.41%、总产增加30.63%。连作晚稻播种面积926.67公顷,单产6247.5千克/公顷,总产5788.5吨,比2019年面积增加73.36%、单产减少2%、总产减少69.9%。

【油料生产】 2020年,全区油菜播种面积1280公顷,比2019年减少20%;单产1800千克/公顷,减少2.68%;总产2304吨,减少22.16%。

(祁　雪)

【蔬菜生产】 2020年,全区蔬菜播种面积3144公顷,比2019年的3114公顷增加30公顷,增幅0.96%;产量71715吨,比2019年的68972吨增加2743吨,增幅3.98%。果用瓜播种面积724公顷,比2019年的852公顷减少128公顷,减幅17.68%;产量18227吨,比2019年的21550吨减少3323吨,减幅18.23%。

受新冠疫情影响,区蔬菜生产供应受到一定影响,为打赢疫情防控阻击战,保障蔬菜生产供应,区种子管理站及时对接省种子管理站,申请蔬菜储备种子苏州青45千克、早熟5号50千克,下发到全区蔬菜种植企业及大户手中。

为保障新冠疫情期间农产品有效供给,市级出台农业复种补助政策,对2020年2月10日到3月31日新播种或定植的速生叶菜(白菜、青菜、苋菜、生菜、木耳菜、空心菜、龙骨菜),集中播种面积在0.33公顷以上,且亩产量1000千克以上(含),产品抽检合格的农业生产经营主体,按实际种植面积给予12000元/公顷的一次性补助。区级对从2020年1月23日开始至新冠疫情结束,种植速生蔬菜(如青菜、大白菜、空心菜、苋菜)等保障型蔬菜品种,面积0.67公顷以上,可补助4500元/公顷的补助。共申请市级补助资金125880元、区级补助资金16380元。

在白龙桥董村的金华市婺城区椒椒农业有限公司建立湖南农业大学邹学校院士工作站,合作开展辣椒新品种选育、种质资源创新、育种技术创新几方面的研究。

为掌握蔬菜价格波动情况,6月,选择3家具有一定规模、种植蔬菜品种较多的基地对进入批发市场的菜品进行价格监测,分别是金华市七彩天宏家庭农场、金华市弘毅家庭农场有限公司、金华市婺城区薛丽萍家庭农场3家单位,并与3家单位签订婺城区蔬菜价格预警监测点协议书。按照协议,监测点于7月开始上报数据,并在每月10日、20日、30日按时上报蔬菜价格监测日报表。已预拨每家单位500元/月,半年合计3000元的补助,全年9000元。

【水果生产】 2020年,全区水果栽培面积755公顷,比2019年的820公顷减少65公顷,减幅8.6%;产量9410吨,比2019年的9762吨,减少352吨,减幅3.74%。

组织种植企业、大户参加在金华职业技术学院开班的浙江省新型职业农民技术培训,培训内容主要围绕标准化的整枝修剪,疏花、疏果以及按绿色食品要求进行施肥、病虫害防治等。邀请生产经验丰富的葡萄专家吴江到基地现场指导,传授标准化生产技术。

在稳定传统水果的基础上,大力发展优质高效小水果,如猕猴桃、樱桃、火龙果和果桑等小水果。柑橘中重点推广2个优良品种,早熟"由良"品种,推广面积有8公顷左右;迟熟杂柑"红美人"品种,推广面积37.33公顷。

依托政府平台,实施品牌战略,推进产业化进程,扶持农业创品牌。通过举办各类活动向社会各界宣传品牌,提升知名度,提高农产品的市场竞争力和市场占有率。通过实施品牌战略,构建起优势产业群,推进产业升级。

结合全区生产实际,对水果生产中农药、肥料使用作出详细阐述,明确告知果农严禁使用"三证"不齐、标签不规范的农药以及国家明令禁用的农药;对膨大剂、着色剂、催熟剂等激素严格按照技术标准规范使用,控制使用浓度、次数、时间;在生产中建立健全农产品生产记录。

【棉花生产】 受棉花收购价格回落、人工成本上涨等因素制约,2020年,全区的棉花面积继续出现大幅下滑,全区棉花播种面积10公顷,比2019年减2公顷,减幅20%;产量15吨,比2019年减5吨,减幅33.3%。

【茶叶生产】 2020年,全区茶园总面积1388公顷,比2019年的1405公顷减少180公顷,总产干茶1092吨(比上年同期的1405吨减少313吨)。

2020年,全区茶叶最早开采日期为2月27日,到3月中下旬,各主要产茶乡镇已经大面积开采,开采时间比2019年提前一星期左右,主要受2020年暖春天气影响。据气象部门统计,2020年,全区春季平均气温比往年高3度。2020年,春季气温平稳,茶叶受倒春寒影响小,茶农未受到明显损失,春茶采摘期也较往年延长10天左右。

4月15日,举办"十乡百村 乡创婺城"箬阳高山茶·云游记暨箬阳乡第二届茶文化旅游节活动。联合益农信息社及浙中在线、金华行、第一百货、《金华晚报》、抖音直播、快手直播和顺丰快递等平台共同参与,通过茶园亲子游体验、高山瑜伽、网红打卡以及网红直播"云带货"等形式,帮助茶农解决滞销难题,提振山区茶农春茶销售的信心,推动婺城茶产业提质增效。

2020年,成功申请婺城区第一个农产品地理标志——箬阳龙珍。以婺城区茶叶行业协会名义申请"箬阳龙珍"农产品地理标志登记,获得省、部级专家组的一致好评,箬叶龙珍原产于箬阳乡,具有"箬叶形、箬叶香"的独特品质,是婺城区茶叶的金名片。

7月28日,举办婺城区首届机关茶文化节。婺城区是"中国茶文化之乡",产茶历史悠久,茶文化底蕴深厚,举办茶文化节是为做大茶产业、做优茶品牌、做强茶经济、做深茶文化,推动茶文化进机关、进校园、进社区,进一步提高婺城茶产业知名度、辨识度。浙江采云间茶业有限公司、浙江玉阳春农产品有限公司、金华市婺江丝雨茶叶专业合作社、金华萌峰茶业有限公司、金华狮岩农业发展有限公司、金华市锦科茶厂、金华市金竹茗茶有限公司、婺城区益农信息社、金华婺州窑陶瓷研究所9家单位共同参与。

(朱丽娜)

·植物保护·

【化肥减量增效】 实施测土配方施肥20006.67公顷,推广配方肥3010吨,减少不合理化肥施用量10吨。实施商品有机肥推广应用,2020年,全区共推广商品有机肥16800吨。

【耕地质量提升】 完成全区4个耕地地力长期定位监测点和农用地土壤污染防治10个综合监测点、15个常规监测点的年度监测任务,掌握全区耕地质量和农田土壤污染变化发展。

【植保测报】 做好农作物病虫害测报工作,定期到田间调查农作物病虫害的发生动态,根据病虫发生情况,制定相应的防治策略。2020年,共发布病虫情报11期1540份,指导科学用药,推广高效、低毒、低残留农药。

建立省级绿色防控示范区1个,示范面积66.67公顷,推广农作物病虫害绿色防控技术,实施生物防治、生态控制、物理防治等绿色防控措施。推广绿色防控面积5666.67公顷，推广病虫害统防统治5200公顷，农药减量10.6吨。

（李 宽）

·畜牧业·

【概况】 2020年，全区奶牛养殖场（小区）10家，存栏奶牛7209头，占金华市奶牛存栏46.49%左右，约占全省的1/4，为浙江省最大的奶牛养殖区，全年牛奶产量36276吨，生鲜乳收购站5家。生猪养殖场29家，生猪年末存栏11.68万头，其中能繁母猪存栏1.3万头，年出栏生猪18.16万头，全年饲养量29.84万头。家禽存栏26.43万羽，出栏33.65万羽，全年家禽饲养量60.08万羽。全区2020年肉类总产量15502.95吨，比2019年下降13.6%，其中猪肉产量15502.95吨，比2019年下降13.6%；牛肉409.35吨，比2019年下降0.74%；羊肉产量4吨，比2019年下降64.19%；禽肉产量547.01吨，比2019年上升62.5%；禽蛋产量2923.56吨，比2019年上升99.45%。

（张树金）

【美丽生态牧场创建】 继美保龙打造成为全国美丽生态牧场的样板之后，以美保龙为中心，全力改造提升所有保留牧场，促进种养有机结合，全面实现畜禽粪污资源化利用，着力打造生态安全、环境友好的美丽生态牧场。通过多次举办全区美丽生态牧场推进会、一对一结对现场帮扶指导等方式，切实提升规模养殖场的生产经营、粪污资源化利用、美化绿化洁化水平。全区41家保留养殖场全部通过美丽生态牧场初验，其中通过省级验收的35家。2020年，新增省级美丽牧场2家，同时金婺农业成功创建国家畜禽养殖标准化示范场。

（倪俭余）

【重大动物疫病防控】 制定2020年重大动物疫病防控实施方案、免疫计划和监测方案，全年共免疫高致病性禽流感56.26万羽、新城疫1.69万羽、牲畜口蹄疫39.03万头、猪瘟37.27万头、高致病性猪蓝耳病12.01万头、小反刍兽疫0.007万头，做到应免动物全部免疫。为科学评估强制免疫效果，开展动物疫病免疫抗体监测2081份，其中高致病性禽流感609份、新城疫220份、牲畜口蹄疫706份、猪瘟451份、高致病性猪蓝耳病95份，免疫抗体合格率均达到省市相关要求。开展动物疫病病原检测1264份，其中检测牲畜口蹄疫病原50份、高致病性禽流感病原120份、高致病性猪蓝耳病原20份、非洲猪瘟病毒核酸检测1074份。开展人畜共患病奶牛“两病”普查工作，普查检测奶牛布鲁氏菌病血样6927头份，结核病皮试检测6927头，检出阳性病牛按规定进行无害化焚烧处理。对全区有螺村的耕牛进行血吸虫病普查，166头耕牛全部阴性。

【非洲猪瘟防控工作】 2020年5月，国务院督导组到婺城区督导非洲猪瘟疫情防控工作，对全区非洲猪瘟防控工作举措及工作成效给予充分肯定。9月，建成一座集生猪运载车辆清洗、烘干于一体的高标准非洲猪瘟防控区域性洗消中心，该中心是金华市首家通过验收的区域性洗消中心，得到省、市两级畜牧农机发展中心领导的高度赞扬。浙江美保龙种猪育种有限公司无非洲猪瘟小区创建工作于10月通过省级评审，11月通过国家级评审，成为全省首批国家级无非洲猪瘟小区，农业农村部将该公司“三洗三消一烘干”等非洲猪瘟综合防控措施作为典型经验向全国推广。

【外来动物疫病防控】 2020年7月，在金华牲畜交易市场（金华市康民菜牛有限公司）内，发现从江西调入的肉牛疑似牛结节性皮肤病，经中国动物卫生与流行病学中心国家外来动物疫病研究中心确诊为牛结节性皮肤病。为防止外来动物疫病的传播蔓延，婺城区立即果断采取防控措施，有效阻止外来疫病的传播蔓延。对患有牛结节性皮肤病的3头病牛进行无害化焚烧处理。对被污染的场地进行全面彻底清洗消毒，并做好灭杀蚊蝇工作。责令金华牲畜交易市场暂停牲畜交易，整改到位后复市。开展全面排查，排查金华牲畜交易市场近一个月内牛只的去向，跟踪追溯。全区开展牛结节性皮肤病大排查，共出动161人次，排查852个场次、肉牛53576头次，并指导辖区内奶牛养殖场开展自行排查。对辖区牛只采用国家批准的山羊痘疫苗按照山羊的5倍剂量开展紧急免疫，共免疫牛6861头。开展牛结节性皮肤病防治技术培训，发放动物疫病防控告知书，加强对牛只养殖、经营、屠宰等相关从业人员的宣传教育，提高从业人员防控意识。督促落实清洗消毒、灭杀蚊蝇等防控措施。

【动物卫生监督执法】 2020年11月，市动物卫生监督所将其承担的金华市江北畜禽屠宰服务有限公司、浙江金华双汇食品有限公司和浙江新辰食品有限公司的检疫工作移交给婺城区动物防疫检疫中心。2020年，全区生猪定点屠宰场(点)有5家，动物及动物产品检疫申报点2个，冷库1家，牲畜交易市场1个。实施产地检疫生猪15.53万头，家禽2.14万只；屠宰检疫生猪33.92万头，检出病害生猪264头，全部无害化焚烧处理；“瘦肉精”等违禁药物监督抽检61047头份，未发现阳性生猪。牲畜交易市场检疫肉牛2.29万头，“瘦肉精”等违禁药物监督抽检7230头份，牛布鲁氏菌病监督检测1226头，未发现阳性牛。立案查处未经备案从省外调入动物及动物产品等违法案件14起，结案14起，累计罚没金额4.306万元。

【规范犬类免疫管理】 2020年，全区有动物诊疗机构14家，其中宠物医院4家、宠物诊所10家。授权10家动物诊疗机构为犬只狂犬病免疫注射定点单位，规范犬只狂犬病免疫工作。

【死亡动物无害化处理监管】 自2016年1月开始，区生猪养殖环节病死猪统一由金华市莱逸园环保科技开发有限公司统一收集、集中无害化焚烧处理，建立生猪保险全覆盖与无害化处理联动长效管理机制。病死猪收集由无害化处置中心收集员、人保公司理赔员、乡镇监督员和养殖场人员同时到场收集，并在保险理赔单据上签字确认。病死猪由专用车运到无害化处置中心后，称重、核对、破碎、无害化焚烧处理环节由区动物防疫检疫中心负责监督管理。2018年，在病死猪统一收集、集中无害化焚烧处理的基础上，延伸到病死牛、羊、家禽等其他病死动物以及养殖场、动物诊疗机构的医疗废弃物，统一由金华市莱逸园环保科技开发有限公司负责收集、集中无害化焚烧处理，实现病死动物、医疗废弃物无害化焚烧处理全覆盖。2020年金华市莱逸园环保科技开发有限公司统一收集、集中无害化焚烧处理病死猪89736头（其中死胎5140头），计1269.33吨，病死牛11头，病死犬3308只，病死禽3250只，全年未发生乱扔病死动物及流域性漂浮病死动物现象。

【职业技能竞赛成绩】 婺城区动物防疫检疫中心选派刘芳艳、郦胜威参加2020年浙江省农业职业技能大赛，综合成绩位列全省第一，实现历史性突破，其中刘芳艳获动物疫病防治比赛一等奖，郦胜威获动物检疫检验比赛二等奖。

刘芳艳还代表浙江省参加2020年全国农业行业职业技能竞赛，获第三届农业行业职业技能大赛(动物疫病防治员)决赛二等奖，被农业农村部授予“全国农业技术能手”称号。

（钟雯菲）

·渔业生产·

【概况】 2020年，全区水产养殖总产量10289吨，比2019年增长3.03%；水产养殖面积850公顷。新增一家国家级水产健康养殖示范场、一家省级水产健康养殖示范场。

【渔业生产管理】 全区58座小(2)型以上水库全部持续实施洁水渔业。开展“中国渔政亮剑2020”系列专项执法行动、钱塘江流域禁渔期制度执法行动等一系列执法行动，严厉打击各种渔业违法违规行为，有效保护渔业资源和水域生态环境，全年渔业执法检查160多次，出动执法人员465人次，共收缴各种捕鱼网具200多副，行政处罚案件1起，处罚金3000元。加强水产品质量安全监管，开展初级水产品质量安全执法检查，现场抽查营业执照、水产养殖及《养殖生产记录》《用药记录》《销售记录》3项记录本等资料，推动水产养殖科学用药、精准用药、减量用药，保障养殖水产品质量安全。积极落实渔业船舶油价补助发放工作。

【产业结构调整】 引进放养大口黑鲈优鲈系列大规格苗种35万尾，建立尾水零直排整治示范点1个。完善水产养殖病害监测预报体系，加强水产养殖病害预警和风险评估，提高重大病害防控和应急处置能力。开展渔业资源增殖放流活动，放流鲢鱼、鳙鱼夏花1631万尾；放流鲢鱼、鳙鱼、赤眼鳟、黄尾鲴、三角鲂冬片38.9吨，为区“五水共治”工作输送大批生物“护水军”,有利于水生生物资源恢复,促进人与自然和谐发展。

(李世杰)

·农机工作·

【概况】 截至2020年年底,婺城区全区农机总动力153954千瓦,拥有各类机具23544台套;2020年,购置补贴机具978台套,各级财政补贴433.07万元,惠及农户823户。完成设施项目12个,建设连栋大棚80258平方米,拨付项目补贴资金400.42万元。

2020年,罗店镇被评定为省级“平安农机”示范镇,金华市金寿星蜜糖金桔有限公司为省级农业“机器换人”示范基地,金华市婺城区杨桂芳家庭农场为省级农业“机器换人”示范基地。

(应 红)

【农业机械】 婺城区免费实地检验农田机具159台,其中有34台农田作业大中型拖拉机、48台烘干机、26台收割机和51台插秧机。2020年,全区提前报废变型拖拉机407台,补贴金额总计197.85万元。

(汪志祥)

农 村

·综述·

【基本情况】 婺城区以“双城”战略为引领,以深化“千万工程”为牵引,以共建共享全域美丽大花园为总目标,以“花满婺城”建设为载体,通过加强农村人居环境提升、生态廊道美丽乡村风景线建设、发展美丽产业,形成“多点布局、串点成线、联点成片”的全域美丽乡村布局,努力打造一批创新强美、产业壮美、环境秀美、数智增美、风尚淳美、生活甜美的新时代美丽乡村。

【农村人居环境整治】 2020年,婺城区打造全省首个全域覆盖的农村环境数字化监管平台,对全区的农村生活垃圾实施分类数字化监管,实现全域化检查、全域化整改反馈、全域化整改审核的数字化监管,极大提升问题整改力度,全区问题平均整改率从最初的40%提升到现在的90%,数据化体现农村人居环境提升效果。婺城区3月制定《农村阳光堆肥房专项整治提升活动方案》,财政安排320万元专项整治提升资金,与浙江大学合作进行阳光堆肥房的技改提升,全区8个技改提升阳光堆肥房,5个完成建设,3个在建设中,罗店镇生活垃圾资源化处理站经过方案设计、站点选址、基建招标、机器运维招标等相关程序,站房建设、机器安装已完成并试运行。2020年,经婺城区政府常务会审议通过,决定将农村环境卫生长效管理补助标准从84元/人·年提升到102元/人·年。根据农村环境“十佳村、十差村”的评选结果进行考核,2020年年底,将评定出行政村环境整治及垃圾分类6个星级档次,依据星级档次差异化拨付农村环境卫生长效管理补助资金,2020年,共评选出16个五星村,10个四星村,20个三星村,117个二星村,37个一星村,13个不合格村。为进一步完善婺城区农村生活垃圾分类体系,提升农村垃圾分类处理的实效,婺城区农业农村局委托浙江大学研究生团队,开展《婺城区农村生活垃圾分类处置规划(2021—2023年)》编制工作。12月22—23日,婺城区成功举办全国农村生活垃圾处理技术暨运行管理现场会,总结推广农村生活垃圾处理“源头减量、中途可控、后期能用”的婺城模式。

(吴冬根)

【美丽乡村精品村创建】 2020年,建成“南山漫道”美丽乡村风景线1条,完成新时代美丽乡村达标村创建54个村(其中精品村19个村),完成省美丽乡村示范乡镇创建1个,省美丽乡村特色精品村3个,建成省级美丽宜居示范村2个,建成精品村2个、秀美村5个。在白龙桥镇新昌桥村创建全区首个采取村集体、农户、社会资本、国企入股的“7+X”乡创模式,进一步盘活农村闲置资源,入驻“第三产业”,发挥农民主体作用,壮大村集体收入,增加农民收入,增强新农村“造血功能”。

(王 莺)

·农村扶贫·

【概况】 2020年,全区认真贯彻中央、省、市决策部署,以脱贫攻坚为统揽,举全区之力、聚全区之才、集全区之智,全力以赴攻坚决战,扎实做好“六稳”“六保”,全面解决“两不愁三保障”问题,取得脱贫攻坚全面胜利。“两不愁三保障”突出问题全面清零、家庭人均收入9000元以下农户全面清零、集体经济相对薄弱村全面清零、扶贫巡查整改任务全面完成。

【产业扶贫】 2020年,安排雨露计划17.4万元,补助贫困学生58人。安排低收入农户医疗补充政策性保险63万元,按月为新增低收入农户购买保险。安排产业化项目11个,补助资金1813.2万元。安排绿色小水电低收入农户增收项目,第一批投入资金1000万元。资金已按计划实施。修订下发《金华市婺城区扶贫小额信贷实施细则》和《婺城区来料加工以奖代补项目及资金管理办法实施细则》,并对5名经纪人和46名参加来料加工的低收入农户进行补助,补助资金18512.41元。接受各级多个部门扶贫领域巡察督察检查工作,全面完成巡察问题整改工作,“两不愁三保障”突出问题全面清零、家庭人均收入9000元以下农户全面清零、集体经济相对薄弱村全面清零、扶贫巡查整改任务全面完成。

(徐　斌)

【异地搬迁】 由区委组织、市级领导参与,在南部山区开展下山安居创富大调研活动,涵盖南部山区饮用水源保护区所有乡村,初步摸清群众搬迁意愿。推动蒋堂移民新村二期安置小区864套安置房建设,24幢主体结构全部封顶完成,二次结构墙体砌筑完成。

(徐　刚)

·良种场·

【长山良种场】 金华市婺城区第一良种场位于长山乡境内,土地面积102公顷,可耕种面积86.67公顷(农田60公顷、山地26.67公顷),其中农业试验6.67公顷、淡水养殖33.33公顷、蔬果20公顷、茶叶13.33公顷、竹园6.67公顷、苗木6.67公顷。2020年有干部职工168名,其中退休146名、在职22名。农场以培育水稻、小麦良种为主,属国家南方小麦区域试验,水稻省、市区域试验定点场。主要职能是稻麦棉油良种生产、农业试验和技术推广。2020年,完成省种管站下达的50个品种农业试验任务,其中早稻区域试验25个,生产试验9个;晚稻区域试验14个,生产试验2个。

(陈　鹏)

林　业

·综述·

2020年,婺城区坚持以习近平新时代中国特色社会主义思想为指导,践行“绿水青山就是金山银山”理念,紧紧围绕“五年绿化平原水乡、十年建成森林浙江”决策部署,不断深化林业改革,大力发展生态林业、富民林业、人文林业,林业各项工作取得积极的进展和明显的成效。婺城区被授予“‘森林浙江’建设工作突出贡献集体”荣誉称号,被浙江省林业局评为“2020年度森林浙江建设目标责任制考核”优秀单位。

·林业生态建设·

【森林资源年度监测】 全区土地总面积139137公顷,林地面积85139.93公顷,森林面积81094.27公顷,林木蓄积量4481986立方米,乔木林亩蓄积量4.23立方米,森林覆盖率58.28%,林木绿化率62.32%。

【森林督察】 按时完成2020年森林督察自查工作,不瞒报漏报,数据真实,对发现违法问题及时查处整改。国家林草局上海专员办组织的2020年沪苏浙三省(市)森林资源监督员暨林草资源监管培训班在婺城召开,婺城区作为先进典型发言。

【林地项目立项及审批】 林业生产服务设施立项15个项目。严格执行林地定额管理,依法依规办理林地占用审批手续,截至2020年年底,共审核审批44个项目(其中长期占用52个、林业生产服务设施项目18个、临时占用1个),占用林地定额43.78公顷,应收取森林植被恢复费1665.5815万元。

【林地案件查处】 全年受理违法使用林地案件16起，其中3起案件经实地调查涉及刑事已移交公安机关查处，13起行政案件已办结，涉及林地13938.2平方米，共收取罚款18.01万元。

（王怡卉）

【国土绿化工作】 完成新增百万亩国土绿化338.73公顷，完成省下达任务数的127%，编制完成2020年度新增百万亩国土绿化行动实施方案，落实编制《婺城区新增百万亩国土绿化行动建设规划（2020—2024年）》工作。完成迹地更新265.33公顷、中幼林抚育106.67公顷、新植珍贵树16.3万株，分别完成省下任务的100.8%、100%、107.2%。

【森林系列创建工作】 完成蒋堂镇、莘畈乡、长山乡、箬阳乡4个单位创建省级森林城镇方案评审，指导4个创建乡镇编制创建申报材料，通过市级验收，迎接11月中旬省抽查验收。落实塔石乡、沙畈乡、竹马乡3个乡镇创建2021年省级森林城镇。成功创建15个市级森林村庄。指导宾虹中学创建省级生态文化基地。指导莘畈乡学岭头村、竹马乡竹马馆村、沙畈乡停久村、安地镇岩头村、箬阳乡罗坪村5个村创建“一村万树”示范村。配合塔石乡开展梨树源省级森林公园申报工作。

【林下经济发展工作】 全区林下经济种植面积66.67公顷。其中林下种植前胡23.33公顷，金线莲10公顷，铁皮石斛8公顷，芍药7.67公顷，黄精种植5.33公顷，三叶青种植3.33公顷。浙江榧龙生态农业开发有限公司被评为省重点科技研发项目——黄精示范基地；沙畈乡包根玉户与浙江农林大学合作，成功申报国家林下经济金线莲仿野生栽培示范基地项目。

【生态公益林管理】 完成上年度9个建设项目征占用林地涉及公益林20个小班共2.87公顷的公益林变更调整工作。完成2020年全区公益林补偿面积变动调整，统计上报市林业局。完成51333公顷公益林林木火灾保险年度投保工作。完成2020年度生态公益林补偿资金发放工作。全年接待公益林咨询、查询、信访等50批次。

·林业产业建设·

【种苗管理工作】 办理林木种子生产经营许可证71本，完成省控珍贵彩色树种容器苗赠苗3.2万株，结合“新增百万亩国土绿化行动”赠送绿化树种容器苗1500株，委托东方红林场培育造林树种容器苗10万株。完成苗木质量自查工作，抽检苗木6个批次（珍贵彩色树种3批次，乡土树种1个批次，木本油料树种2个批次），检查合格率100%。根据要求完成种苗生产、经营单位“双随机”检查31家。

【产业项目管理】 完成6个2019年市级林业发展和保护项目的验收，补助资金83万元；2020年组织开展省集体林区道路项目1个（5千米），争取省级林业补助资金25万元，市本级林业发展和保护项目5个，补助资金48万元；指导1个区级支持现代农业发展项目申报工作，完成验收省花卉产业技术项目1个，争取省级补助资金20万元。完成年度林产品质量抽检任务，抽检油茶籽、香榧籽等木本油料9批次，抽检三叶青、黄精等林产品4批次。组织全区10家林产品生产企业参展第13届义乌森林产品博览会。

【林产品安全建设】 2020年，省林产品质量检测站抽检冬笋15批次，合格率100%。市林技站抽检木本药材4批次（三叶青和黄精各2批次），合格率100%；抽检油茶20批次（10批次产品+10批次土样，土壤和产品一一对应，测量地理坐标信息），合格率100%。

（何梦琳）

·森林资源保护·

【林业有害生物】 2020年，累计完成林业有害生物监测面积6.39万公顷，监测覆盖率100%，无公害防治率98.8%，种苗产地检疫率100%。科学实施松材线虫病防控，完成打孔注药3万瓶，重点罗店镇尖峰山综合示范区16公顷松林、新狮街道杨家相村4.07松林、双龙风景区500余株古松树及各乡镇古松树，共计1万余株。挂放松褐天牛诱捕器35只，完成松材线虫病秋季疫情调查工作，松材线虫病秋季发生乡镇12个，疫情发生面积2630.2公顷，发生范围内共有枯死松木25054株。做好松材线虫病疫木利用定点企业的监管工作。在箬阳乡、安地镇、沙畈乡、塔石乡防治柳杉毛虫333.33公顷。

对全区现有林开展美国白蛾全面监测,选择代表性地段悬挂诱捕器15只,并落实好人员定时检查监测,在4月至9月每周进行监测检查,2020年监测未发现美国白蛾。

(郑艳宏)

【森林消防】 为调动义务森林消防队员积极性,免除其后顾之忧,2020年9月,为所有义务森林消防员续保人身意外伤害险,共支付保费17.85万元;在11月6日举行的市本级森林消防大比武活动中,区3支森林义务消防队分别获一、二、三等奖;根据省、市相关文件要求,全区于3月、10月先后成立野外火源专项治理行动领导小组和打击森林违法用火行为专项行动领导小组,依据《关于印发婺城区百日消防安全"大检查大宣传大整治大落实"专项行动方案的通知》,在严格火源管控、消除森林隐患、打击森林违法用火行为方面压实压细森林防灭火工作责任;做好春节、元宵节、清明节、冬至等重点时节的森林防火工作,确保林区安全,实现全区全年"零火灾"。

【森林公安】 婺城区森林公安局按照省市的统一部署,开展"2020雷霆行动""昆仑行动"等专项行动,针对群众关心的焦点、热点问题,重拳出击,严厉打击破坏森林资源违法犯罪行为。疫情发生后,从严从快查处各类破坏野生动物案件,加大大案要案侦办力度,案件办理数量逐年增加,取得明显的成效。累计查处各类涉林及野生动物案件25起,其中协助地方公安办理刑事案件6起,打击35人;查处涉林行政案件19起,处理违法人员20人,收缴野生动物制品110千克,猎具20件。移交工作人员涉嫌违法案件线索1起。

(周济果)

【林木采伐管理】 婺城区各乡镇都成立由政府分管领导任组长的保护森林资源工作领导小组,建立健全工作机制,实行目标管理和行政首长负责制,并严格考核评比。婺城区"十三五"森林采伐限额期初已分解下达各乡镇街道和国有林场等26个归口单位,发放林木采伐许可证严格按照限额管理、凭证采伐制度。实行伐前公示,提高公正性和透明度,接受公众监督。对未完成更新造林任务、发生重大森林火灾,采伐限额适当扣减。

2020年,婺城区占限额采伐许可证发证量266份,限额使用总量15941.82立方米,使用率20.61%,其中商品林限额9898.55立方米(包括主伐7553.44立方米、抚育采伐0 立方米、低产林改造0 立方米、其他采伐2345.11立方米);公益林限额6043.27立方米(更新采伐91.7立方米、抚育采伐849.91立方米、低效林改造0立方米、其他采伐5101.66立方米)。

(程晨升)

【野生动物保护】 落实"两证"管理办法,加强陆生野生动物人工繁育和经营利用管理。2020年,审核陆生野生动物经营利用申请3家;建立野生动物公众责任机制,和中国人民财产保险股份有限公司签订婺城区野生动物肇事公众责任保险合同,保险费5万元、保险金额200万元、保期1年,每人财产损失赔偿限额1万元;扎实推进在养野生动物处置工作,根据浙江省政府办公厅《关于全面禁止非法交易和滥食野生动物妥善处置在养野生动物的意见》、浙江省农业农村厅《浙江省农业农村厅浙江省林业局关于做好纳入〈国家畜禽遗传资源目录〉畜禽品种和明确按照水生动物管理物种监管职责移交的通知》要求,制定《婺城区全面禁止非法交易和滥食野生动物妥善处置在养野生动物工作方案》,将全区2家棘胸蛙养殖企业、3家黑斑蛙养殖企业移交水利部门管理,将全区5家梅花鹿养殖企业移交畜牧部门管理,禁食退养蓝孔雀养殖企业2家,处置禁食野生动物蓝孔雀6708只,安排处置资金389.672万元;建立陆生野生动物救护机制,和金华市龙宝动物园签订救护协议,投入陆生野生动物救护资金4万元用于陆生野生动物救护,2020年,救护陆生野生动物48只(条),其中国家二级重点保护陆生野生动物10只(条)、省重点保护陆生野生动物18只(条),省一般保护陆生野生动物20只(条)。

2月5日,副市长祝伦根到婺城调研野生动物保护及疫情防控工作。4月9日,省委办公厅戴连俊、韩倩一行到婺城调研野生动物保护与管理工作。5月27日,省人大常委会副主任史济锡等到婺城指导调研“双法两条例两决定”贯彻落实和野生动物保护情况。9月15日,省人民政府野生动物处置督察组组长骆文坚带队到婺城督察野生动物处置工作。

婺城区野生动植物保护管理站在2020年度金华市野生动植物保护管理工作考核中获评先进集体。

(潘 建)

·现代林业发展·

【深化林业股份制改革】 2020年,婺城区创建3家林业股份合作社,面积198.6公顷,累计创建7家股份合作组织,面积388.07公顷,参股农户854户;探索林权流转机制改革,2020年婺城区新增林地流转面积666.67公顷,累计流转面积达10200公顷。

(钱海燕)

【古树名木保护】 按照《浙江省古树名木认养办法》开展古树名木认养工作,共青团国家税务总局金华市婺城区税务局支部委员会认养婺城区莘畈乡方家村1株三级枫香古树,为金华市首个被成功认养古树名木的县(市、区),其认养经验在全市得到推广。

新建一个罗汉松古树公园,位于金华市婺城区塔石乡余坞里村张坑自然村,面积550平方米。其中2株罗汉松树龄已有1000年,为一级保护古树,有“浙江最美古树”之称。在婺城区琅琊镇东畈村规划创建平原特色古树文化公园1处,园中有3株樟树,其中国家一级古树1株、三级古树2株。

(董海均)

【项目完成情况】 婺城九峰省级湿地公园湿地保护与生态恢复项目是根据《浙江省财政厅 浙江省林业局关于提前下达2020年省级专项资金的通知》(浙财建〔2019〕124号)和《浙江省林业局关于下达2020年第一批省级林业专项任务的通知》(浙林规〔2019〕90号)文件精神,通过公开招投标由金华市恒晨建设有限公司承担建设任务,于2020年8月6日开工建设,建设内容为绿道、护坡驳砍600米、界桩168个、界碑7块、警示牌10块、入口标识4处、宣传牌40处,总投资170万元,11月15日竣工,12月10日,组织专家验收并通过验收。

白沙森林古道修复建设项目是根据《浙江省林业局关于下达2019年度诗路文化带森林古道建设任务和申报2020年度建设任务的通知》(浙林规〔2020〕3号)文件精神,由婺城区农业农村局(林业局)野生动植物保护管理站负责牵头、郑卫军站长为项目牵头人,沙畈乡人民政府负责实施。项目总投资200万元,于2020年6月28日通过公开招投标由浙江万力建设有限公司承担具体建设任务,11月基本完成项目施工。

市区饮用水源生物多样性物种复壮保护项目是根据《金华市自然资源和规划局 金华市财政局关于下达2019年金华市区饮用水源涵养生态功能区生态补偿项目资金的通知》精神,通过询价采购方式确定由浙江师范大学负责,于2020年6月28日实施,项目总投资6.98万元,项目内容为在婺城区沙畈乡青草村等地放生棘胸蛙蝌蚪56000只、2年幼蛙19200只、成蛙600只、娃娃鱼125尾。

(郑卫军)

【自然保护地建设和整合优化】 4月29日,《浙江省人民政府关于建立婺城南山省级自然保护区的批复》(浙政函〔2020〕37号)同意建立婺城南山省级自然保护区。保护区总面积9532.60公顷,其中核心保护区面积5104.48公顷、一般控制区面积4428.12公顷。地理位置介于北纬28°43′56.021″~28°54′8.069″、东经119°23′0.081″~119°30′45.113″之间。2020年8月21日,中共金华市婺城区委机构编制委员会发布《关于印发金华婺城南山省级自然保护区管理中心主要职责、内设机构和人员编制规定的通知》。

委托国家森林草原局华东调查规划设计院启动婺城区自然保护地整合优化方案编制工作,本年度已完成草案编制并上报浙江省林业局。

(叶 锋)

水　务

·河道治理·

2020年,区政府投资河道治理项目18个,项目总投资3.69亿元,2020年计划投资1.96亿元。6个续建项目，其中武义江芳田段治理工程完工验收,雅苏排涝泵闸新建工程、长湖联民村至G60高速段治理工程、雅干溪郭村段整治工程等3个项目主体工程完工,进入验收准备阶段,桐溪龙蟠段治理工程、金华江高桥段治理工程等2个项目正在施工;新建项目婺城区"美丽河湖"建设二期工程(武义江8千米)主体已完工,金华江治理一期工程施工四标、金华江右岸婺城大桥至兰溪交界段治理工程、武义江石楠塘段治理工程、金华江左岸白沙溪景观提升工程、长湖雅宅永光寺闸(湖舌坝)改造工程、车坞水库引水工程、北山水系盘溪金兰北线段治理工程、市本级金华江二期婺城段等9个新建项目都已完成年度形象进度目标;河湖库塘水环境提升工程、桐溪雅绕段及石门溪整治工程等2个项目正在发改部门立项审批,北山水系乾溪黄桥头下游段治理工程项目待定。

·河道管理·

【概况】 2020年,白沙溪下堤台阶栏杆原为实木材质,安装数年后已严重腐蚀破损,流域站全面组织修复工作,综合考虑美观和耐用性,重新安装仿木混凝土栏杆,总长度258.8米;武义江江东桥至孟宅桥段堤防原属乡镇管护,管理力量相对薄弱,长期以来,堤防背水坡杂草灌木丛生,严重影响堤防工程安全和美观,流域站组织人员对该段堤防进行全面清理,工程整洁,岸线分明,为之后管理打下较好的基础;金华江方店村至婺城大桥段由于周边施工影响,迎水坡土渣堆积,已全部清除。

【河道执法】 2020年,区水务局深化落实河湖"清四乱"专项行动,结合"无违建河道创建",重点针对非法采砂、非法占用水域等涉水违法领域以及水利工程建设项目,综合运用巡查走访、信访接待、受理举报等措施手段,全方位开展排查、清理,建立问题台账。2020年,共完成3处河湖"清四乱"问题整改处置工作。

·水资源建设·

【城乡供水】 2020年，婺城区基本建成规模化发展、标准化建设、市场化运营、专业化管理的农村供水体系,建成以城市供水县域网为主、乡镇局域供水网为辅、单村水厂为补充的县域三级供水网,农村饮用水达标人口覆盖率达到95%、农村供水保证率达到95%、农村供水工程水质达标率达到90%,规模化供水(包括城市水厂和乡镇水厂,乡镇水厂包含联村水厂,下同)覆盖人口比例达到91.98%,全面建立健全农村供水区级统管长效管护机制,实现城乡居民同质饮水。

安全生产。建立安全生产工作领导小组,层层签订责任书,认真开展安全生产大检查,举办安全知识培训,狠抓水利工程建设安全管理,实现安全生产无事故。

【水政水资源管理】 开展取水口核查登记工作并完成取水口核查登记招投标工作。全面组织开展取水工程(设施)核查登记工作、分类实施问题整改建立监管长效机制。开展水域调查工作,完成水域保护规划编制报批稿。强化取用水管理工作,根据浙江省《取水户年度取水计划管理规定》的要求,按照取水户上年度的用水情况下达本年度的取水计划,对辖区内所有办理过取水许可证的生活和工业的117个取水户下达2020年度取水计划。为水资源管理专项行动排查出的未办理取水许可的企业办理取水许可。全年共办理取水许可证申请2件。按照"实行最严格的水资源管理制度"的要求,牢牢把握水资源管理"三条红线",加强水资源管理。加强对取用水单位的全面监管,建立落实巡查机制,及时掌握取水计量的运行情况。按时收缴水资源费,2020年,共征收水资源费417万元。加强水政水资源管理统计工作。及时准确地统计上报水资源费征收情况、水事案件和巡查情况等。完成上年度区水资源公报、水资源管理年报等工作。落实开展"双随机"工作。做好饮用水水源保护工作,推进水资源保障工程建设。完成莘畈水库饮用水水源保护生态补偿专项资金使用管理办法(2019—2021年)编制,已提交区政府常务会通过。

【农村饮水安全工程】 在农村饮用水达标提标工程建设方面,根据《浙江省水利厅关于印发浙江省农村饮用水达标提标行动2020年工作要点的通知》(浙水农电〔2020〕6号),婺城区2020年农村饮用水达标提标任务为4万人,实际实施123个项目,8.8万人受益,超额完成计划任务。婺城区已完成农村饮用水达标提标行动清盘验收,农村饮用水达标提标行动圆满收官。

8月28日,全区农村饮用水达标提标行动决战决胜及清盘验收工作推进会召开 (区水务局供稿)

【水利项目建设和管理】 2020年,计划实施政府性投资项目20个,总投资4亿元。

【防汛抗旱】 3月5—15日,区水务局分4个小组对各乡(镇、街道)防汛准备工作进行检查,对存在安全隐患的水库、山塘、防洪堤和基层防汛防台体系建设情况进行重点复查。2020年,共组织防汛检查468人次,抽查值班与巡查人员情况52人次,对检查中发现的25处安全隐患及时进行处理并落实相关措施。为加强水旱灾害防御工作组织领导与汛期防洪调度和防汛抢险提供科学、可靠的技术支撑,落实工作责任,有效防范风险,成立婺城区水旱灾害防御工作领导小组和金华市婺城区水务局水旱灾害防御专家组。同时全面贯彻落实水旱灾害防御责任制,落实水库、农村水电站防汛安全"三个责任人"、山塘保安"三个责任人"、山洪灾害防御责任人。根据防汛抗旱应急职能调整,组织人员对水旱灾害监测工作规程等相关预案和工作规程进行完善修订,增强预案和工作规程的可操作性和科学性,已完成婺城区水旱灾害防御工作预案、婺城区洪水(含超标准洪水)防御方案编制。根据省政府、省防指与省水利厅通知要求,区山洪灾害调查评价工作有序展开,完成婺城区山洪灾害调查评价方案、婺城区水文防汛"5+1"工程建设实施方案(2020—2022年)编制工作,根据方案要求现这两项工作2020年度的工作任务已全部建设完成,投入资金240余万元。做好水利工程水毁修复工作。2019年区共下达水利工程水毁修复补助资金250万元,涉及11个乡镇街道、38个村,截至2020年年底,已全部完成工程建设内容,中央财政资金水利工程水毁修复项目4个下达资金290万元,涉及4个乡镇,全部完成工程建设项目。2020年9月,下达水利工程水毁修复补助资金共计3422440万元,共涉及11个乡镇32个行政(自然)村与单位。加强水旱灾害防御物资储备。按照水旱灾害防御需求,对全区水旱灾害防御物资储备情况进行清查整理、维护与补充。并制定物资管理和调运制度,为做好全区的水旱灾害防御工作提供物资保障。

【文明城市创建】 2020年,婺城区水务局按照《婺城区创建全国文明城市"双十"行动方案》和《婺城区创建全国文明城市三年规划》的要求,全面查摆问题补短板,积极探索实践,对涉及具体工作任务进行进一步细化分工,明确时间、人员、任务,列出问题清单、责任清单、负面清单,做到创建工作不留死角、不留盲区。为大力提升市民志愿服务意识和城市文明程度,推进志愿服务制度化、常态化开展,每周安排4名志愿者到东市北街与玉泉东路路口进行文明交通劝导工作,对"不走斑马线、闯红灯、非机动车斜穿马路、车辆逆行"等不文明交通行为进行耐心劝导,全年服务达150余人次。每月安排3~4批次人员前往共建双龙社区进行社区志愿服务,开展"我为婺城洗把脸"和"让烟头垃圾无处藏身"等公益活动,全力做好迎检测评工作,做到守土有责、尽锐出战、善作善成,凝聚全局创文的最强合力。坚持党建引领,广泛宣传发动。通过"基础党建+文明创建",发挥党员先锋带头作用,组织全局党员干部和志愿者们一起,开展集中整治行动,全面提升创建工作的群众知晓率、参与率、满意度。上门入户宣传调查,做好社区共建工作;清洁美化家园,为创建全国文明城市出力。倡导垃圾分类,引领婺城新时尚。垃圾分类是关键小事、民生大事,是婺城“双城战略”中幸福婺城的重要内容。区水务局在“两定四分”模式的基础上,实行源头化管控,倡导广大干部进社区、走企业,下田间、走地头,宣传好垃圾分类、指导好垃圾分类,进一步念好“减”“控”“分”的“三字诀”。

【疫情防控】 从2月3日到3月22日,区水务局30余名党员干部坚持“守土有责、守土担责、守土尽责”原则,到城北街道抗“疫”前线,在街道社区的统一安排下开展联防联控工作。在祝丰亭社区、郑岗山社区所辖青春路口、北苑小区、光昭巷路口、花锦巷、劳动小区等13个卡口上,主动负责小区人员外出情况排查、日常出入核验登记、体温测量、个人安全防护的宣传劝导等相关工作,用实际行动诠释责任与担当,为群众生命安全筑起一道坚实的防线。3月19日,城北街道祝丰亭社区工作人员手捧锦旗到婺城区水务局,代表北苑小区全体业主感谢水务局防疫志愿者一个多月以来对小区防疫工作的日夜坚守。在4月11日城北街道干部大会上,区水务局在职党员志愿者团队被授予战“疫”先锋团队称号,以表彰区水务局党员干部在疫情防控期间参与联防联控、勇担社会责任,为打赢疫情防控阻击战所作的贡献。

(洪之铭)

工　业

综　述

【基本情况】 2020年，新冠疫情暴发，婺城区经济发展遭受巨大的冲击，在区委、区政府的正确领导下，婺城区复工复产工作走在前列，为企业恢复生产赢得宝贵的时间。全年实现规模以上工业企业总产值208.3亿元，比2019年增长5.34%。汽摩配等七大支柱产业保持稳定，实现规模以上产值167.22亿元，占规模以上工业总产值的80.28%。

2020年，全区限额以上投资增速明显，全年完成限额以上工业投资19.89亿元，其中工业技术改造累计完成投资15.06亿元，占工业投资比重75.72%。

2020年，婺城区推进强企业、扶产业，高质量发展工业经济。完成"低散乱"企业(作坊)整治134家，完成率191.43%；完成亩均税收万元以下低效企业出清102家，完成率102%；盘活闲置低效用地87.14公顷。

2020年，婺城区送政策、破难题，高标准践行"三服务"。出台《金华市婺城区关于加快推进工业企业数字化转型升级的实施方案》，深入开展"三服务·婺城家服务"优+提升工程，推进服务大提速。576名驻企服务员为全区644家重点企业、19个园区(商圈)解决企业员工子女入学、亩产效益综合评价等问题4700多个。推广"企业码"实现掌上服务，覆盖3.59万家企业，完成目标任务的133.43%。开展"爱企日"等系列活动，开通88900527爱企热线收集企业心声，关注关爱企业发展，营造爱商、亲商、尊商的最优营商环境。兑付各类政策资金预计超2亿元。为5家企业转贷3924万元，充分发挥"金融超市"作用，解决企业融资、理财等问题。做好企业家健康体检工作，组织规模以上企业、纳税超千万企业负责人参加健康体检。

【汽摩配行业】 2020年，全区汽摩配行业有规模以上企业22家，汽摩配产值58.14亿元，同比增长19.29%；实现利税总额10.72亿元，同比增长51.9%；实现利润总额10.23亿元，同比增长56.4%。

【五金工量具产业】 2020年，婺城区五金工量具产业有规模以上企业29家，实现产值36.21亿元，同比增长9.66%；实现利税总额2.31亿元，同比增长21.3%；实现利润总额1.8亿元，同比增长26.9%。

【纺织服装产业】 2020年，婺城区纺织服装产业有规模以上企业11家，实现产值8.63亿元，同比下降3.32%；实现利税总额0.76亿元，同比下降17.2%；实现利润总额0.21亿元，同比下降25.5%。

【新型建材产业】 2020年，婺城区建材产业规模以上企业有31家，实现产值39.43亿元，同比增长3.04%；实现利税总额4.97亿元，同比下降1.4%；实现利润总额3.25亿元，同比下降3.1%。

【医药化工产业】 2020年，婺城区医药化工产业有规模以上企业18家，实现产值15.89亿元，同比增长6.78%；实现利税总额0.89亿元，同比增长7.5%；利润总额0.51亿元，同比下降1.2%。

【食品加工产业】 2020年，婺城区食品加工产业有规模以上企业4家，实现产值1.12亿元，同比下降13.02%；实现利税总额0.1亿元，同比下降8.9%；实现利润总额0.06亿元，同比下降25.3%。

【包装彩印产业】 2020年，婺城区包装彩印产业有规模以上企业17家,实现产值7.81亿元,同比下降6.88%;实现利税总额0.7亿元,同比增长57.1%;实现利润总额0.46亿元,同比增长102.7%。

(杜紫薇)

电　力

【概况】 2020年,婺城供电分公司全年下达电网投资1.27亿元,完成配电网建设改造项目104项,先后完成110千伏峙垅变、项宅变、蟠龙变的投运,进一步优化婺城配网网架结构;配合完成金华山配电线路改造,助力AAAAA级景区创建;完成江北核心区块老旧电缆更换工作,进一步提高供电可靠性;婺城区全社会最高负荷96.18万千瓦,较上年增长7.55%;全社会电量46.65亿千瓦时,较上年增长3.47%;累计回收电费26.03亿元,回收率100%。

【作风建设】 执行党建联系点制度,6名党委委员组织关系调整至党支部,实现一支部一委员。落实党委工作要点和各类党建计划,班子成员坚持双重组织生活制度、严格履行党建“一岗双责”,以身作则带动基层党建工作。实行支部分层分类差异化管理,率先实现专职书记配备率超50%目标值。扎实开展支部交叉检查和月度对标管理,强化党建问题排查梳理和整改到位。推进退休人员社会化,开展员工慰问传递工会温度。围绕支部“基础工作、精益工作、重点工作”三驾马车做好党建提质增效,建立党支部九项精益清单、六项重点工作清单,实施《婺城区党员积分管理办法》,将参与度、活跃度与党员评价积分相挂钩。

【抗击疫情】 抗疫保障有力。建立与政府主管部门、防疫指挥机构的高效对接机制,第一时间制订专项应急预案及做好应急值班,全体班子成员靠前指挥、分头带队执行。抗疫惠民落地。为政府提供精准研判疫情、有序复工复产提供决策服务,为55859户非居用户执行降价政策,为243户企业办理暂停用电、减少基本电费支出,为454户客户减免电费迟交违约金。抗疫保电出色。建立政企联动疫情防治保供电机制,主动配合防疫项目报装增容,确保疫情防控重点部门、重要设施用电需求,圆满完成抗疫保电抢修、新能源及智慧电务运维。

【安全生产】 健全安全稽查闭环管理机制,修编和签订安全履责清单,成立党员安全稽查先锋队,领导、管理人员到岗到位,实现稽查全覆盖。健全风控系统指标监控和通报保障机制,梳理六级以上电网风险预警收发职责和流程,及时纳入婺城配网监控平台监控指标范围,提升安全管理精益化水平。稳步推进婺城、三为安全管理融合,明确安全管理补强的重点方向、工作任务和时间节点,全面完成应急处置方案和“一事一卡一流程”的修编。

【电网建设】 优化智能建设,开展台区智能融合终端、自动化系统点表试点应用研究,推进变电所科学布点和新增配电市场电网规划、自动化远控及FA功能投入,电缆网投入率实现100%。优化多元融合,提升区域末端线路联络转供能力,探索跨区线路互联新模式,消除常规供电分区限制,有效提升供区边界可靠供电。优化用户侧响应,签约高压削峰负荷5.75万千瓦时、填谷负荷2.9万千瓦时,首批低压体验客户10万余户。

【供电服务】 推进标准化建设。通过政企共建和实施跨界业务结对制、调度后台帮扶制、办电服务下沉制,拓展办电服务网络,实现市级、婺城区行政服务中心及所有乡镇(街道)业务入驻。优化营商环境。稳妥、有序放开用户杆架变接入容量,积极推行临时用电租赁服务,低压业扩实现24小时和高压业扩24天快速接电,实现全覆盖。推进智能服务。全面推进4级电力分级代办服务,推行自助服务营业厅建设,金华首家无人化营业体验厅上线。开展智能语音机器人电费催收,为用户提供更暖心服务。

(潘跃伟)

12月4日,婺城区供电分公司职工活动中心启动仪式暨体育周开幕式举行　　(区供电局供稿)

园 区

金华经济技术开发区（金华市高新技术产业园区）

【概况】 金华开发区属国家级开发区，是省级高新园区，成立于1992年，1993年核准为省级经济开发区，2010年晋升为国家级经济技术开发区，发展模式是“开辟园区、工业集聚”。2013年与原金西经济开发区成建制整合，发展模式转变为“整合两区、产城融合”，托管一乡三镇四街道（苏孟乡、汤溪镇、罗埠镇、洋埠镇、秋滨街道、三江街道、西关街道、江南街道），托管面积251.65平方千米，建成区面积50平方千米，下辖155个村（社区），集聚人口55万人。

2020年，实现地区生产总值334.26亿元，同比增长4.1%；实现规模以上工业产值514.53亿元，增长3.1%，规模以上工业增加值94.89亿元，增长4.2%；限上批零商品销售总额达294.46亿元，增长17.2%。

【疫情防控】 新冠肺炎疫情发生后，根据中央和省市统一部署，金华开发区闻令而动，攻坚克难，实现疫情防控“零病例、零感染、零传播”。全员全域全力防控，快速建立疫情防控指挥部以及整个作战体系，迅速落实各项防控举措，守好“小门”，打好“巷战”。创新“浅黄预警”机制，累计核查人数近15万人，排查冷链食品商家超2000户，做好核酸检测和新冠疫苗接种工作，“12336”疫情防控指导法被省卫健委采用并在全省推广。迅速推进复工复产，规模以上工业、数字经济、商贸业、重点项目仅用10天全部实现复工复产；创新“五色法”加速提产能，全市首趟包机接员工；累计兑现复工用工奖补342万元，帮助企业稳定员工岗位16057个，缓解企业用工困难；仅用2个月时间，企业员工应返尽返，服务业经营场所有序开业，中小学、幼儿园教学秩序井然恢复，为经济企稳回升赢得时间、抢到先机。

【经济发展态势企稳回升】 提速争先创优，地区生产总值、制造业投资、出口、建筑业省内产值等多项主要经济指标始终保持全市前列。全力稳企赋能，深化“三大员”服务机制，健全企业服务体系，打出涉及工业、商贸、外贸、建筑等行业的稳企惠企“6个10条”政策组合拳，推广职业技能培训633场，惠及180余家企业1万余名员工，落实省市区各级企业“五减”等扶持政策资金近15亿元，发放抗疫贷款4.53亿元，把疫情造成的损失尽可能降到最低。快速畅通循环，对接淘宝、快手等平台抢占直播市场，带动皇冠等企业销售额破2亿，“淘宝镇”实现“零”的突破，省级新零售示范企业占全市半壁江山，对内发动1000多家企业抢占消费市场，带动消费近10亿元，限上批零商品销售额增长17.2%；游客接待668万人次，实现旅游收入82.18亿元；创新“跨境电商+”等新型贸易模式，举办线上广交会开拓海外市场，外贸外资智稳指数连续8次居全市第一。

【区域发展动能加快集聚】 招商招才攀新高，率先开展云招商招才，瞄准头部企业、重点区域、主导产业，创新“全员招商”“以商引商”“亲情招商”“乡镇书记吆喝”“飞地招商”等招商方式，外出招商招才累计150余次、接待客商350批。全年签约招商项目33个,其中3亿元以上项目数、总投资额两项指标均超市考核目标200%,分别为25个和358亿元,实际利用外资4239万美元,实际引进内资71.81亿元,重大产业项目到位资金34.6亿元,各项招商指标完成率均超100%。项目推进见成效,省市重点项目、县市长工程提前两个月超额完成全年投资目标;总投资151亿元的36个技改项目25个投产或试生产;总投资78亿元的21个产业园项目13个运营并通过省级认定,入园企业1127家;总投资78亿元的17个安置房项目累计分配6559套;总投资51亿元的49个教育卫生项目中妇保院等15个项目完工或投入使用,南苑中学新校区等7个新建学校结顶;总投资50亿元的55个城市功能项目16个完工,金婺大桥工程过半。

【产业平台能级加速提升】 供需两端双向发力,构建平台、片区和各类综合体联动的复合型城市开发和经济建设体系,五大平台实现公路网全覆盖,推进5个片区综合开发,启动933.33公顷,向上争取土地指标85.33公顷;启动整村搬迁19个,涉及3155户、8664人、137公顷、89万平方米拆除面积,更新工业用地近千亩,整治低效用地近400公顷。中央创新区、湖海塘新区、文旅康养区、高端装备制造产业园、健康生物产业园五大重点平台能级全速提升,湖海塘公园获BALI全球景观大奖,百诚、花园等一批优质企业再添动能,岭垅湖核心区扫尾全速推进;恒大养生谷为金西新城再添新彩,75万平方米"金华之心"数字经济产业园一期开园,已集聚阿里云、洲际等49家企业;湖海塘以西片区开发率先启动,打响170万平方米"G60区域创新中心新引擎"建设第一枪。

【产业转型升级成效明显】 坚持培育、整治两手抓,全面加速产业向高端化、智能化发展。创新能力显著提升,规模以上工业企业研发投入连续6个月保持增幅20%以上;包揽全市2020年省级重点实验室创建名额;万人发明专利拥有量全市第一;专利质押的登记合同数和金额数增长均超50%,融资额增长226.8%;工业重大研发项目占全市50%;入选市重点技术项目数五年全市第一;中科科技园成功创建为国家级科技企业孵化器;金华科技园获评A类国家级科技企业孵化器,全市唯一;"长三角G60科创走廊科技成果转移转化金华示范基地"共建项目落地并加快建设。产业强链效应扩大,高端装备制造业产教融合示范基地上榜省"五个一批";健康生物医药和新能源汽车分别入选省产业链"链长制"试点示范单位和试点单位;省数字文化产业创新服务综合体创建实现"零"的突破;高新技术产业投资31.78亿元,同比增长16.3%。企业转型成效显现。获评国家级"小巨人"企业3家,总量全市第一;获评A类生产制造小微园亩均效益超3000万元,全市第一;成为省级小微企业园建设提升重点县(市、区),全省仅5家;新认定国家高新技术企业46家、省级科技型中小企业118家、市级以上研发中心68家。

【发展内生动力增强】 立足国际视野、前沿理念,聚焦关键领域和突出问题,全面推进各项内部改革,扩大对外开放。人才改革提质,"人才智谷"两大场馆全面启用,全年共引进顶尖院士专家及国家领军人才专家16名,乌克兰院士舒尔等顶尖人才2名;出台"金开英才"新政20条,对"带项目、带技术、带资金、带团队"的"四带"人才补助"上不封顶";打造永不落幕的"揭榜挂帅、全球引才"中心;新增人才用房334套,最快当场"拎包入住"。国企改革提效,构建"管委会+国资公司+片区开发"开发模式,优化第三方购买服务程序,国企2.0改革实效明显,组建21亿元市场化产业基金三支,混改项目有序推进,全年国企融资到位资金94.79亿元。开放战略走深,深度融入长三角一体化,在上海、杭州、深圳三地设立1.8万平方米招商招才中心,搭建海外引才站、中加科创园等一批创新招引平台,聚人聚企聚项目。

【社会治理格局纵深推进】 实现"党建+大数据+微网格+X"网格功能扩展,依托"八网"融合智慧治理系统,深度参与区内经济社会发展各项工作。网格建设新突破,建设四级"微网格"9538个,优化完善网格化社会治理机制,实行社会"微智治"新模式,培育了"一圆一网一代办""罗小兴"等一批基层治理新品牌。多项工作居前列,村社换届100%实现"一肩挑","换届九法"得到市委书记陈龙的批示肯定；成为中央环保督察中全市唯一无环保重点信访件和警示案例的县（市、区）；以3年26次市级月度综合考评15次第一、6次红榜的亮眼成绩助力金华高分创成全国文明城市；“睦家园”反家暴项目获全国妇联肯定；人口普查登记68.6万人，登记进度全市第一，登记质量全市第二。

【社会民生实事密集落地】 2020年，区“三农”工作卓有成效，创建省级农业绿色发展先行地2个、省级示范性家庭农场6个；衢江获评省“美丽河湖”；低收入农户人均可支配收入达到市定9000元以上目标；所有行政村达到总收入20万元且经营性收入10万元以上。教卫文体提档升级，教育大会涉及的校园提档、产教融合等十大举措逐项落地，教师工资总额增速19.8%，新增义务教育阶段学位6503个。家庭（责任）医生签约人数近10万人；金西三镇成功创建国家级卫生乡镇；建成全市首家县级PCR实验室；新建农村文化礼堂15家，创成四星级以上文化礼堂9个；送电影、送表演等文化下乡超2600场，送书9200册，获省文化示范村（社）、市“体育+”特色村（社）等省市级荣誉23个，建成基层体育场地设施32处。社会保障更加到位，基本养老保险参保率96.4%，基本医疗保险参保率99.97%；累计建成村（社区）居家养老服务照料中心206家、乡镇（街道）示范型居家养老服务中心8家。

【城乡宜居指数提升】 全力以赴扮靓城乡，全面改善城乡人居环境。城乡改造见新貌。实施19个老旧小区改造、12个绿化、82个污水零直排等项目；完成美丽乡村项目建设12个，4个村上榜省级引领型农村社区；建成美丽乡村精品线4条、美丽宜居示范村8个、精品村27个、秀美村95个。生态环境出佳绩，13个生态廊道项目快速推进；6项空气环境质量指标全面达标；市本级交接断面水质考核结果优秀，农村饮用水提升工程惠及14个村12000余人；建成城区垃圾投放点782个，累计创建农村生活垃圾分类优秀村84个；全域土壤污染地块利用率、危废无害化处置利用率100%。

【政治根基夯实】 围绕中心抓党建，全面从严带队伍、凝心聚力促攻坚。政治引领不断强化，开展党的十九届五中全会精神等主题线下线上宣讲570余场。正风肃纪持续加强，省委巡视反馈问题整改扎实推进，各领域审计、督察、“清风护航”等专项行动坚定有力，开展正风肃纪79次共检查单位278家，实现全域村（社区）巡察全覆盖，督促整改问题1521个，排查6家国企廉政风险点240个。干部队伍日益优化，干部队伍结构进一步优化，科级干部大学本科以上学历比例达到92%、平均年龄降至45.6岁；累计晋升职级干部108名，提拔抗疫一线优秀年轻干部8名。基层党建成效显著，建立书记抓党建工作责任制，领办党建696个重点项目全部销号，化解软弱后进基层党组织45个，新建、提升村级组织活动场所92个，打造市区级党建示范点32个，市区级“职工三满意”示范企业47家、红色物业小区12个。

（徐　超）

婺城新城区

【概况】 2020年，婺城新城区已建成行政服务中心、婺城公安分局、婺城区人民医院、婺城中学、万泰城市广场等40多项城市配套功能体，入驻企业820家，形成汽摩配、五金工具量、医药食品、新型建材等支柱产业，工业总产值占全区70%以上。婺城新城区已建设成为大金华中心城市的副中心，建成金华市区重要的工业新城、教育新城、人居新城。

【经济指标】 2020年，婺城新城区实现工业总产值239.18亿元，同比增长4.87%，其中规模以上产值148.68亿元，同比增长15.88%；规模以上利税总额16.48亿元，同比增长45.99%；完成工业投资8亿元，同比增长29.29%；规模以上新产品产值68.35亿元，同比增长30.62%。

【招商引资】 新签约工业项目17个（新筑科技、海螺万家、致顺粉末、成喜科技等），总投资40亿元，总用地面积63.47公顷，达产后预计产值28.56亿元。

【工业项目】 在建工业项目12个，其中聚新科技有限公司（新世纪）已完成一期建设，部分竣工投产。金华泓鑫纸业、玖沣包装2个包装箱项目一期1

幢厂房已结顶并投产;金华市蓝森科技有限公司橱柜板业生产项目在建厂房和办公楼已骑过主体验收;金华维倪玩具有限公司年产6500万套(只、包)派对吹龙建设项目已建设完成;金华惠盛电子科技有限公司年产8000吨新型环保绝缘材料建设项目一期工程已建设完成并部分投产;浙江智造重工有限公司年产200台桥门式起重机制造项目已竣工投产;浙江仁耀电气科技有限公司年产3万套智慧电气设备建设项目,一期二栋厂房已结顶,已建至二层;金华市力扬五金制造有限公司年产120万套家用铁梯、健身器材项目,钢结构厂房已竣工投产;金华市汇隆电子设备有限公司年产5万台AGV电动驱动桥生产线建设项目厂房已建设完成,正在内部装修和附属工程建设;浙江吉峰齿轮有限公司婺城新厂区建设项目已竣工投产;金华浙农茂阳农产品配送有限公司食材配送新建项目一期已完成建设,部分投产。

【低效盘活】 盘活低效用地拓39.52公顷,其中司法拍卖土地35.97公顷(浙江美奕工贸有限公司3.38公顷、金华市万峰汽配有限公司4.03公顷、浙江赛神实业有限公司3.33公顷、浙江莱恩动力机械有限公司14.84公顷、金华莱恩农庄10.39公顷);政府收回金磐机电3.55公顷,通过公开出让建设小微园区盘活闲置用地。

【项目解困】 婺州城市广场完成资产重组,由万泰集团投资2.8亿元,对整个商业综合体进行重新改造、定位,现有星巴克、肯德基、盛武肥牛、海立方、物美超市等多个商业体开业;新宇宏腾生活广场破产重组项目通过司法拍卖盘活,中奥邑墅楼盘重新复工。工业项目解困立春科技园由政府收回并重新挂牌出让给初阳资产管理公司,用于建设小微园。

【基础设施】 公共服务设施和商务配套日益完善,婺城区人民医院(金华市中心医院婺城分院)、公安应急指挥中心、区消防大队项目、金华电业局婺城生产基地已投入使用,婺城小学北扩工程已投入使用;市福利院二期、新华书店、白龙桥法庭项目已结顶;婺城区机关幼儿园、五中成美校区已开工建设,部分建筑已结顶。万泰公园大道商业项目第一期招商基本完成,星巴克、物美、肯德基等一些有影响力的商业项目入驻并盛大开业。完成二环西路两侧(临江东路—婺城大桥)景观绿化工程、双溪西路西延道路新建工程、新建义政街工程等3个项目,总投资额3233万元。

【土地市场】 完成工业用地出让7宗,面积31.32公顷(力扬五金、仁耀电气、婺城城乡物业管理、今飞控股、氢途科技、万里扬、初阳园区管理);商住用地1宗面积7.28公顷(厚朴置业),教育用地1宗面积1.44公顷(东航教育),文体设施用地1宗面积1.39公顷(飞扬小镇客厅);收回国有建设用地使用权6宗面积21.1公顷(万里扬3宗、立春科创园2宗、金磐机电1宗)。完成农转用报批16个地块面积51.38公顷。协助完成企业用地履约情况审查5宗。

【"家服务"】 主动对接企业开展"家服务",集中走访企业32家,收集并解决问题2个。完成三服务交办单23件、" 8890"交办单152件,答复政协、人大建议16件。

(周建爱)

金华仙源湖旅游度假区

【概况】 仙源湖旅游度假区位于中国桂花之乡——金华市婺城区安地镇境内,2002年1月经浙江省人民政府批准设立,是浙江省第12个省级旅游度假区、省内唯一的城郊湖山型旅游度假区,也是金华市区唯一的省级旅游度假区,是首批浙江省职工疗休养基地,距市区10千米,规划面积40.57平方千米。2020年,度假区累计接待游客100.57万人次,实现旅游经营性收入1.358亿元;完成税收总收入6628万元,较上年同期增长80.91%。

【项目建设】 按照"五美""十个一"工作要求,谋划建设项目37个,实施智慧系统升级、5G网络建设及基站优化、邻里中心、旅游集散中心、香溪公园、上干口地质灾害景观提升及十里桂花长廊连接工程、揽秀阁南侧道路、仙源大道两侧景观绿化提档工程等,努力健全"镇、村15分钟生活圈",通过美丽城镇建设补齐功能短板,优化长期服务供给。通过严把项目建设基本程序，加强项目管理和资金使用，工作取得积极进展，安地镇获评美丽城镇省级样板和省级园林城镇。同时，国际桂花物种园、智慧旅游运营、特色夜游路线等19个政府性投资项目打包为仙源湖省级旅游度假区提升改造工程，募集专项债资金1.2亿元

【招商引资】 度假区党工委、管委会以仙源湖总体规划为蓝图，结合安地小城镇环境综合整治、美丽城镇建设以及文明城市创建成果，积极招引文旅项目落户仙源湖度假区，“观云小镇”“澜山院子”等一批项目先后签约落地。

【配套设施】 与度假区内房地产企业对接，出谋划策，做好企业“三服务”工作，做好L-2地块出让前期工作，并做好配套建设项目立项报批及相关协调工作，完善地块通水通电通路等基础配套设施工程项目建设工作，促进项目开发建设进程。并做好首期区块内相关土地的遗留问题政策处理工作。配合做好双溪源项目历史遗留问题处置，西侧4.8公顷国有建设用地收回及开发过程中问题协调等工作，理顺三期开发建设工作。协调水库管理处、香溪玫瑰园开发公司等做好香溪西路延伸段对接、桂花街延伸段工程项目设计方案调整等工作。

【综合服务】 立足发展化解遗留问题，有效破解金海置业地块政策处理及规划许可问题，帮助该项目全面复工；成功化解金华市野生动物园3.07公顷纠纷土地政策处理问题；全面完成吁山垄10.07公顷土地清表出让。同时协调处理香溪玫瑰园、桂雨山居、双溪源等问题楼盘相关遗留问题，全力保障项目进展。

（汪 烨）

投资集团

交通投资集团

【概况】 2020年，婺城区交通投资集团有限公司(以下简称婺城交投集团)2019年6月18日挂牌成立，注册资本3亿元人民币，主要从事重大交通基础设施项目的投资建设和运营、车辆运输、土地开发、新能源开发、服务业拓展、文旅开发等业务。截至2020年年底，基本完成公司内设机构设置及人员配置，分设4个部门及下属子公司21家，实体化运作11家，共有员工266名，其中正式编制217名，劳务派遣49名，其中党员48名。截至2020年年底，集团总资产约58亿元，净资产约10亿元，累计融资27.12亿元，其中银行融资累计20.90亿元，发行应收账款权益私募债累计募集资金6.22亿元。2020年，完成产值约8亿元，比2019年2.30亿元翻两番。

【重点工作】 2020年，集团党支部创新党小组模式，设置4个党小组；开展婺城交投集团党支部与沙畈乡店边村党支部“牵手共建、互促共强”党建行动，参观婺城航运游埠枢纽工程、发放党员生日贺卡、参加诗歌朗诵比赛、趣味运动会等多种创新党建活动形式，完善婺城交投集团党建和业务工作共同融合发展。

2020年，全体婺城交投集团人同心共振，抗击新冠疫情，助力全市创文工作，打好寒潮“保卫战”。新冠肺炎疫情防控期间，安排多组人员连续22天值守高速路口，截至2020年年底，为卡口送餐11344份、各类物资1620件，婺城交投集团针对各防疫卡点、多个社区及村庄交界处共设立9000余个等安全设施。创文期间，婺城交投集团及下属子公司积极做好社区服务和应急抢修工作，高质量完成社区共建工作，下属施工队伍坚守岗位，及时完成二环南路武义江大桥路面应急抢修工程等多项应急工程。抗击寒潮期间，婺城交投集团上下提前做好防雪防冻，养护站及应急队伍及时抢通湖大线、罗电线、张六线等重点路段，向社会展示出属于交投人的新面貌。

【重点项目】 2020年，婺城交投集团上下坚持目标不变，标准不降，力度不减，吹响交通大会战冲锋号，为婺城“双城战略”走深走实交上一份满意答卷。上华至琅琊公路、二环西路优化改造工程、飞扬小镇道路工程、“四好农村路”、洞溪工业园区提升改造工程、罗洋作业区等工程全面开工，并先后完

4月23日，婺城区重点项目“比拼赶超”暨2020“第一期百亿”项目集中开工仪式举行

(区交投集团供稿)

成飞扬小镇“晒拼创”段、双溪西路绿化样板段等应急工作任务。其中双溪西路绿化样板段为荣光学校特别定制的停车场设计，解决该校上下学期间，学生家长接送小孩排队难问题，缓解双溪西路和二环交叉口交通拥堵问题，获区领导一致好评；“四好农村路”一期竣工通车，全力助推琅琊镇、塔石乡获评金华市第二批“四好农村路”示范乡镇。

【多元布局】 2020年，婺城交投集团在业务转型发展上彰显新作为，初步形成“能源”“水运”“文旅”“资源”等方面的全新产业链。综合能源站项目，竞得蒋堂、安地、潘村垅综合供能服务站国有建设用地使用权。综合停车服务项目，区政府停车场已完成，已正式运营，董村停车场工程路基宕渣填筑已完成。与乡镇协同推进近333公顷的全域土地整治项目，高效完成罗店镇玲珑岩矿生态修复治理工程，已申报2020年度优质工程。打造燕语湖综合文旅开发项目，自4月中旬动工，用60天时间，实现从无到有，顺利完成主会场基础设施及垂钓赛区建设，可同时容纳5000人同场竞技，并被国家体育总局指定为全国唯一垂钓全项目赛事训练基地，实现网红经济、社交电商与体育赛事的跨界营销和宣传。持续跟进4个平台移交工作，截至2020年年底，已完成金华市婺城区二环道路建设投资有限公司、金华市绿野新农村建设发展有限公司、金华市仙源湖建设投资公司、金华市南山生态旅游投资有限公司4个平台的股权变更和工商变更。收购低小企业资产工作，以2662万元拍下万峰厂房，1809万元拍下赛神地块，约8000万元竞得婺城农行和金东农行两幢大楼，实现资产的保值增值。对全区38家小水电收购，后期承担技改、消薄、扶贫等工作，2020年年底，成功签约32家，完成整体收购23家。

【举办活动】 2020年，婺城交投集团完成杭州（国际）未来生活节婺城板块、2020浙江金华燕语湖库钓公开赛、2020中国金华燕语湖·首届全国钓鱼人运动会和2020浙江金秋购物节等活动，受到多家媒体争相报道，对外打出了一张金名片。其中全国首届钓鱼人运动会吸引全国20多个省份的1160名选手、300多名网红竞钓大师同场竞技，其赛事预告及带货直播累计超过150场次，带货渔具、火腿、茶叶等商品超20万件，总销售额超1000万元，直接拉动婺城区及周边产业消费近亿元。

【队伍建设】 2020年，婺城交投集团在内部管理上激发新潜力，整体队伍素质大幅提升。加强培训力度和对外交流，根据工作实绩用人，培养、选聘勤于思考、敢于创新，符合公司创新发展需要的综合型管理人才。组织员工参加婺城区第二届“双城”杯职工技能竞赛，并获得好成绩。人才队伍力量进一步充实。2020年完成一次中层竞聘，选聘出9名中层人员，完善人员组织架构。扩大选人用人的视野，面向社会，公开选聘13名技术、管理、文创、园艺等方面高素质的人才。提升企业资质，婺城交投集团下属金华市鑫畅公路养护工程有限公司顺利通过公路工程施工总承包三级资质申请，标志其业务范围进一步扩展，工程施工能力更上一个台阶。规范建设，树立清廉风气。婺城交投集团先后印发《考勤管理制度》《财务管理办法》《规范招投标暂行管理办法》等多项规章制度，并成立招标中心，规范招标流程，增强纪律意识，进一步防范廉政风险。高压严管，强化安全责任。面对项目建设任务繁重，点多、线长，婺城交投集团始终把安全工作作为第一要务，从思想、制度、检查、设备设施维护保养等多方面管控，做好各项安全工作，确保全年安全事故零发生。

（陈严韬）

6月19日，婺城区国有企业成立一周年研讨会召开 （区交投集团供稿）

城乡建设投资集团

【概况】 金华市婺城区城乡建设投资集团有限公司(以下简称婺城区城投集团)前身为金华市江城投资有限公司,成立于2013年11月,是婺城区财政局出资设立的国有独资公司。2018年区委、区政府将金华市江城投资有限公司调整为区政府直属国有企业,2019年6月18日,区委、区政府领导为金华市婺城区城乡建设投资集团有限公司揭牌,婺城区城投集团正式改组成立。通过搭框架、建制度、抓党建、强融资、上工程、谋经营、管资产、带队伍,集团获得长足发展,截至2020年9月,资产154.85亿元,所有者权益55.15亿元。公司主体信用等级AA级,评级展望稳定。

【主营业务】 婺城区城投集团注册资本金3亿元,主要承担婺城区城乡基础设施的投资、建设、运营、管理,区块综合开发,授权范围内国有资产保值增值等职责及完成区委、区政府交办的其他任务。经营范围为城乡基础设施的投资、建设、管理;城乡改造服务;园林绿化景观投资建设;保障房项目建设,房地产开发经营;建筑安装工程施工;政府授权范围内的国有资产经营管理;闲置资产租赁;物业管理服务;旅游景点开发;实业投资、管理;政府授权范围内的土地整理服务。

婺城区城投集团内设综合办公室、计划财务部、工程建设管理部、资产经营管理部和投融资部5个部门;下辖金华市婺星新农村建设有限公司、金华飞扬智能制造小镇开发建设有限公司、金华市婺川建设投资开发有限公司、金华市金婺建设投资开发有限公司、浙江花满婺州文旅发展有限公司、金华市婺城区城乡物业管理有限公司、金华双成建设管理有限公司、金华市雏英教育培训学校有限公司、金华市婺城区泰越建筑材料有限公司、金华市婺城房地产有限公司、金华市婺城区建筑材料检测有限公司、金华市婺城区水利水电建筑安装工程有限公司、金华讯城信息产业发展有限公司、浙江浙中信息产业园有限公司、金华仙源湖旅行社有限公司、金华市婺城教育投资有限公司,共16家子公司。子公司业务涵盖城乡建设、各类工程建设活动、建筑劳务分包、园林绿化工程施工、土石方工程施工、市政设施管理、城市绿化管理、土地整治服务、建筑材料销售、建筑材料经营、建筑材料检测、建筑材料试验设备配件零售、教育投资、资产和物业管理、文旅开发、房地产开发、园区运营、电信业务、信息技术开发、高新项目及产品开发、技术成果转让、高科技产业投资与管理、国内旅游业务、入境旅游业务等多个领域。

【文明城市创建】 2020年,婺城区城投集团积极主动完成文明创建各项志愿服务工作。为全面落实《2020年金华市创建全国文明城市工作要点》工作部署,按照《金华市创建全国文明城市2020年公益广告提升工作方案》具体要求,婺城城投集团第一时间传达市委、市政府有关文件精神,根据区委、区政府有关部,自上而下开展全国文明城市公益广告“治乱、减量”工作,力求不留死角。

为迎接创建全国文明城市省检工作,区城投集团率先垂范,承担社会责任,扛起国企担当,集团志愿者们走进移民小康社区开展“创文”社区共建,邀请并指导小区居民下载、注册使用“信义居”APP同时,协助社区对小区居民进行文明城市创建测评问卷调查工作。

婺城区城投集团发挥社区共建优势,集中开展志愿服务活动,整合志愿资源、强化社区联系服务群众功能。本着“资源共享、活动共办、环境共建”的原则,广泛开展文体活动联谊、困难联帮、文明城市创建、党史联学等多种共建活动,形成社区建设的整体合力,共同构建优势互补、融合发展的志愿服务新格局。

婺城区城投集团陈中山、丁辰获金华市创建第六届全国文明城市工作纪念章;王卫丰、贾博文、朱奕韬获创建全国文明城市工作个人区级表彰;吴霞峰获金华市创建第六届全国文明城市先进个人市级表彰。

【疫情防控】 2020年,做好疫情防控工作,集团成立之初克服人员少、物资短缺、天气严寒等困难,婺城区城投集团党支部党员率先垂范,党支部书记亲自挂帅，全体党员组成防疫先锋志愿服务队到达市区杭金衢高速路口，配合相关部门维护现场秩序，助力测温排查。在新冠疫情防控工作中，集团公司建筑材料检测有限公司负责人胡俊峰获婺城区战“疫”先锋个人奖。

【运营服务】 婺城区城投集团肩负建设“都市经济创新城、美好生活幸福城”的使命与职责，以城乡基础设施投融资、建设、运营、管理为主线，通过集聚人才、参与城乡开发建设、投资相关产业等，培植多元化经营能力，增加公司盈利，努力发展成为治理规范、制度科学、运作专业、竞争力强的区级城乡基础设施建设、城乡公共资源投资、公共产品服务运营的综合性运营集团，为推动全区城乡建设事业发展和“双城”战略迭代升级、奋力打造“五大名城”贡献城投力量。

（邓铭瑶）

3月1日，婺城区城投集团以党建带工建、带团建、带群建进行植树活动　　（区城投集团供稿）

9月27日，婺城区城投集团带队参加区级文体活动　　（区城投集团供稿）

城乡建设

综　述

【基本情况】 2020年，区住建局办理施工许可证179件（房建项目86项，涉及总建筑面积2504298.38平方米，市政项目33项，涉及管线道路21219.248米，装饰装修项目 60项）;征收城市基础设施配套费10笔，共计1144.01万元，减免1575.27万元；消防设计审核44件，消防竣工验收备案76件，消防竣工验收22件；人防报建12件；施工图联合图审234件；竣工解锁125件；招投标项目230件(施工类项目165件，服务类项目65件)施工类项目投资预算约为314882.08万元，实际中标价为275645.23万元，比预算下浮12.46%。

全年收到政府信息公开申请6件，信函申请5件、当面申请1件，及时答复率达100%。2020年，受理网上、来信、来电信访件共117件；办理“12345”市民热线投诉件2336件。

【文明城市创建】 2020年是金华市全国文明城市创建的决胜之年，全局围绕“物业(准物业)机制落地”“建筑工地管理”“环卫一体化工作”等重点工作狠抓落实，全力助推创建工作得高分。制定长效履约行为考核机制，对小区绿化、公用设备、保洁等等方面按照规范标准予以考核，通过公布星级、告知业委会及建议淘汰解聘等方式方法约束物业服务企业的行为。6月28日，经局指导成立金华市婺城区物业协会，54家婺城区物业服务企业成为会员加入协会，通过《金华市婺城区物业协会章程》等各项行业管理相关规范，使婺城区物业企业从各自为战的游击队逐步转变为团结作战的正规军。落实“四个全面”，即全面部署工作抓落实、全面动员抓氛围、全面学习测评标准提水平、全面宣贯培训抓面上，严格落实文明城市创建“工地长”制度，高标准、严要求推进建筑工地文明城市创建工作。落实“环卫一体化”工作，助力文明城市创建。全年清运城市生活垃圾车次1.5万次，总量约4.3万吨，完成12座公厕、1座垃圾中转站提升改造。优化垃圾分类收集作业模式，按照“两定四分法”分类要求在各小区设立垃圾集资点，并开展垃圾二次清运。

【疫情防控】 疫情暴发后，区住建局坚持“防疫+复工”两手抓，全力保障“两战”全胜。按照“全面排查、精准掌握、不留死角”的原则，克服时艰，对全区建筑业企业、房地产企业、建筑工地等进行全面排查，多渠道宣贯上级部署和指示精神；研究制定《婺城区房屋建筑和市政基础设施工程疫情防控指南十六法》和《婺城区住宅(大厦)物业管理区域疫情防控工作标准20条》，在建筑工地、房地产企业、物业小区等领域筑牢战“疫”防线；按照区委、区政府统一部署，全员下沉街道社区，打好疫情防控“阻击战”。根据全区建筑企业、房地产企业和在建项目复工复产实际需要，区住建局通过钉钉进行“线上审批”，实现开复工审批“零次跑”。驻企服务员一对一对接企业，开展上门走访，协调解决有关困难，共发放口罩2万余只、消毒液500瓶。3月，局领导带队往返2000千米，于河南周口、商丘等地接回110余位建筑工人，保障区安置房项目推进进度。为保障环卫工人安全，住建局加大防疫物资采购，第一时间向环卫工人发放口罩8000余只、乳胶手套2000余双。采购5吨消毒液,在环卫一所、二所、运输所、环卫基地及56座环卫公厕共配备66台消毒液喷洒器,在垃圾中转站配备大型喷雾器,严格执行每日消毒工作。

建筑业

【概况】 2020年,婺城区有建筑业企业207家,具有总承包资质企业145家(其中具有一级总承包资质的企业8家,具有二级总承包资质企业17家,具有三级总承包资质企业120家);专业承包资质企业51家;咨询、监理、造价、检测等服务机构11家。2020年,全区建筑企业完成总产值54.6亿元,同比增长6.4%;省内产值36.6亿,同比下降4.4%。全区建筑业税收4.51亿元,同比增长5.62%。

【产业人才培养】 扶持指导企业做好企业的工程技术人员的职称评审材料,配合企业做好工程技术人才的储备工作。2020年,全区建筑业企业申报初级职称评审49人,通过41人;申报中级职称评审156人,通过103人;申报高级职称评审41人,通过29人。

【建筑项目】 2020年,新开工装配式项目21个,建筑面积76.4万平方米,其中住宅和公共建筑(不含场馆)装配式项目6个,建筑面积共计58.96万平方米;全装修项目3个建筑面积22.75万平方米。审查民用建筑节能项目21个,建筑面积70.99万平方米,其中二星级(含)以上项目12个,建筑面积35.13万平方米;完成公共建筑节能改造37490平方米;完成可再生能源建筑应用17.27万平方米;婺江印月项目获得绿色建筑三星级示范项目,实现婺城区绿色建筑三星级示范项目零突破。

房地产管理

【概况】 2020年,婺城区有房地产开发资质的企业23家。在建项目19个,总建筑面积283万平方米,总投资316亿元。2020年,完成投资额42.8亿元。

【房地产交易】 2020年,全区新建商品房累计取得预(现)售证36本,共涉及15个项目,批准预(销)售的商品房面积为990438平方米(9444套)。其中,商品住宅累计批准预(销)售面积723415平方米(7672套),商业用房累计批准预(销)售面积28356平方米(287间),其他用房累计批准预(销)售面积238666平方米(1485间)。

2020年,全区商品房累计销售面积80.76万平方米,同比增长78.67%。累计销售金额139.92亿元,同比增长113.98%。其中,住宅78.67万平方米(7813套),销售金额137.10亿元;商业1.77万平方米(219间),销售金额2.69亿元;办公0.32万平方米(38间),销售金额0.13亿元。

【白蚁防治】 2020年,新建预防受理项目54个;总面积134.80万平方米;新建预防施工项目7个,总面积10.83万平方米;监控安装309个,监控维护309个,新技术应用面积10.83万平方米;旧房白蚁灭治数量35户(处)。

市政建设

【概况】 2020年,全区安装背街小巷路灯100盏;完成江北背街小巷雨污分流改造6条;修复婺城新城区核心区块市政道路路面6万多平方米;修复江北背街小巷破损路面6.8万平方米;完成海绵城市建设3.74平方千米;疏通、清淤管网50千米。

【市政设施】 安装婺城区一环至二环区域内背街小巷路灯100盏;完成江北背街小巷柳青街、芙宁巷北段、芙宁巷南段、乐民里、光华里、岳蓉街等6条道路的雨污分流改造工程,建设雨水管网长度950米,污水管网长度1200米;修复新城区核心区域市政道路路面面积6万多平方米,修补人行道花岗岩铺装约600平方米,面包砖约2200平方米,花砖约2300平方米,修复侧石约1800米,平石约1000米;修复婺城区各乡镇(街道)背街小巷破损路面6.8万平方米;完成海绵城市建设3.74平方千米。

【桥梁养护】 婺城区有公铁立交桥、白沙大桥、临江大桥等3座大桥和宾虹西路1号小桥、宾虹西路

2号小桥、临江东路小桥3座小桥,按照城市桥梁养护规范,指导婺城新城区管委会所属的养护单位建立桥梁基本信息资料(包括一桥一卡、日常巡逻资料、月检查信息卡、年检查信息卡)。

【排水养护】 2020年,疏通、清淤婺城区各污水干管及背街小巷约50千米;完成排水户排水许可证核发44份。

公用事业

【污水处理】 区住建局下辖3座污水处理厂。其中婺城新城区污水处理厂,日处理能力8万立方米;蒋堂镇污水处理厂,日处理能力0.5万立方米;琅琊镇污水处理厂,日处理能力0.3万立方米。三座污水处厂均已投入运行。全区各乡镇全年建设污水管网9.37千米。

2020年,全区农村生活污水标准化运维完成227个,提升改造工作稳步推进,共完成48个终端的提升改造,提升改造工作获省市主管部门认可,2020年4月23日,金华市农村生活污水工作推进会在婺城区召开,各县市建设系统分管领导及负责人参观婺城区长山乡提升改造站点,经验向全市推广。2020年末,省考核组对婺城区农村污水治理工作进行考核,婺城区获优秀县市称号,排名全市第一,获省级补助资金638万元,居全市第一。农村生活污水在“五水共治”考核中占比50分,此工作获得满分,为夺取大禹鼎贡献力量。

【燃气管理】 在婺城区行政区域内(不含金华市经济开发区)经营的瓶装燃气企业有3家,正常经营的三级瓶装燃气供应网点18个。每季度开展经营网点安全检查,检查情况上报金华市建设局,确保液化气行业安全、有序健康发展。

【环境卫生工作】 2020年,如期完成12座公厕、7座精品示范公厕、1座中转站提档改造项目。同时,全面落实车辆、物资采购计划,采购30辆以桶换桶车,7辆3吨无滴漏压缩车,12辆挂桶车,4辆8吨洒水车,2辆3吨洒水车,2辆应急联动皮卡车;采购一线工人GPS胸牌200副,雨衣550件,雨鞋550双,背心560件,新工服1194套;采购中转站移动压缩箱体3个。

将婺城区北面以杭金衢高速为界,南面以婺江、开发区交界、浙赣铁路为界,西面以白龙桥集镇区域、330国道、广兴路为界,东面以金东区交界为界范围内除封闭式小区、开放式小区“准物业范围”外的所有区域道路、街巷及城中村、自然村的环卫保洁、垃圾分类收运、公厕保洁管理、中转站运维、应急服务等全部的环卫作业分为婺城区城区智慧环卫一体化和婺城区城乡环卫一体化两个项目进行市场化运作;开工建设婺城区厨余垃圾处置项目(规划一期建设100吨/日);获评“2020年度浙江省生活垃圾分类工作成绩突出集体”。

【拆迁改造】 2020年,婺城区拆迁改造西郊、黄金苑两个城中村,拆迁面积35万平方米,超额完成年度任务,稳步推进城中村改造。

【安置房建设】 2020年,根据区委、区政府工作安排,发扬“铁军”精神,弘扬“四办”作风,始终沿着“双城”战略总体发展目标,全速推进安置房建设这一重点工作,改造城中村35万平方米。二七、洪源两个项目顺利完成建成38万平方米,续建鲍杨、西郊一期、五星田里项目,其中鲍杨项目作为全区安置房代表项目,被评为金华市第二季度“晒拼创”优秀项目及婺城区第二批“骏马奖”项目。新建项目西郊二期,积极开展黄金苑及西郊三期筹备工作。

【绿道建设】 2020年,婺城区住建局稳步推进绿道建设工作,在上一年度绿道建设基础上,继续新建和完善绿道闭合圈。2020年婺城区住建局投入4900万元,完成绿道建设47千米,正在建设24.6千米。其中婺城区2019年度绿道(桐溪—怡村段及其他零星段)3.4千米,婺城区郊野公园绿道——长山二村至东屏村绿道2.7千米,婺城区郊野公园绿道——白龙桥山回铺村至蒋堂平水殿村绿道17.5千米,婺城区郊野公园绿道——乾西乡长湖绿道13千米,婺城区郊野公园绿道——莘畈乡环乡绿道10千米。续建郭力垅水库周边绿道24.6千米。2020年婺城区绿道建设稳步推进,为花满婺城打下坚实的基础,为百姓打造更多休闲娱乐的好去处。

【园林绿化】 2020年,建成口袋公园5个;完成婺城区各乡镇（街道）背街小巷绿化补植 3.2 万平方米；指导安地镇、琅琊镇获评“浙江省园林城镇”；完成 1 个省级“优质综合公园”创建；完成 1 个省级“园林式单位、园林式居住区”创建；完成 6 个市级“园林式单位、园林式居住区”创建。

建成复兴街清风隽府北侧、复兴街人民东路交叉口东南角、环城北路东市北街交叉口东北角、中山路与婺江东路交叉口、芙峰街方井头社区居委会南侧等 5 个口袋公园；完成婺城区各乡镇(街道)背街小巷绿化补植约 3.2 万平方米；指导安地镇、琅琊镇获评“浙江省园林城镇”；完成中轴景观公园 2020 年省级“优质综合公园”的创建；完成香溪·玫瑰园 2020 年省级“园林式单位、园林式居住区”的创建；完成香溪·玫瑰园、金华美的金宸府、汇昌凤泉花园、金华市第四中学教育集团婺城中学、金华市婺城区东市街小学、金华市第五中学 6 家单位的市级“园林式单位、园林式居住区”的创建。

（朱林罡）

住房公积金

【概况】 2020 年，金华市住房公积金管理中心婺城管理部围绕年度工作目标和重点，聚焦婺城“重要窗口”新使命，展现公积金工作新作为，完成各项工作任务，并在全市公积金系统工作岗位目标考评中获“优秀单位”中第一名。2020 年，全区住房公积金缴存单位 603 个，缴存职工 17835 人，净增人数 2390 人，实缴住房公积金人数比上年底增长 15.5%，超考核责任目标 11.5 个百分点。

【住房公积金归集】 2020 年，归集住房公积金 3.6 亿元，比上年增长 12.5%，累计归集住房公积金 24.01 亿元。

【住房公积金提取】 2020 年，提取住房公积金 3.05 亿元，同比增长 50.99 %，占当年归集额的 84.72%，其中住房消费类提取 2.54 亿元，退休、终止劳动合同等销户提取 0.51 亿元。累计提取住房公积金 16.38 亿元。

【住房公积金贷款】 2020 年，发放住房公积金贷款 2.62 亿元，发放户数 791 户，存贷比 95.32%，放贷额同比增长 106.3%，累计发放住房公积金贷款 5910 户 14.96 亿元。2020 年，住房公积金个贷逾期率为 0，已连续 9 年保持零逾期。

【住房公积金增值收益】 2020 年，住房公积金业务收入 2455.2 万元，业务支出 1210.14 万元，实现增值收益 1245.06 万元。

【公积金政策调整】 及时调整完善住房公积金贷款支持政策，将首套住房贷款最高额度由原来的 40 万提高到 60 万元，存贷挂钩倍数由原来的贷款额度不超账户余额的 10 倍调高到 20 倍；无房职工提取公积金用于支付房租的，每户最高取额由原来的每年 2 万元提高至 2.4 万元；落实公积金支持加装电梯政策，助力老旧小区加装电梯；偿还购房贷款本息“一年一取”额度调整为不超过借款人近 12 个月还本付息总额，计算口径等方面与省内其他地市调整一致；按时开展基数调整工作，严格落实“控高保低”政策，按照规定标准调整公积金缴存基数及月缴存额限值。

【开展扫黑除恶专项斗争】 2020 年，继续以社会关注的“利用虚假材料骗提骗贷住房公积金，收取高额手续费”为工作重点，对骗提骗贷行为零容忍，发现虚假材料骗提事件 2 起，对骗提人员进行通报，作出 3 年内不予办理提取、贷款业务的决定。另一方面，运用 G 系统将骗提人员和法院查封人员的公积金账户在查封期内直接冻结。

【规范资金运行】 开展 2019 年度公积金运行情况专项审计工作，财务报告及制度实施情况在《今日婺城》和区政府门户网站上进行公告，接受社会监督；开展 2019 年度管理经费决算专项审计工作，审计报告上报市中心备案；在区政府门户专网公布 2019 年决算及 2020 年预算情况，接受各界监督；住房公积金资金存放采取竞争性招标方式。

【“最多跑一次”改革】 加强与区委组织部的数据对接，与区机关各部门间实现“公务员及事业单位工作人员职业生涯全周期管理一件事”联办；依托长三角“一网通办”平台，指导职工线上开具“异地贷款职工住房公积金缴存使用证明”，实现长三角地区跨省开具缴存证明“零跑腿”，方便异地缴存职工申请贷款;借助省级金融综合服务平台,实现公积金还贷结清“一个环节、一次办结”,群众取证、他项权证注销只需“跑一次”;12 月,配合市公积金中心做好公积金 29 个服务事项在政务服务 2.0 系统上线,公积金租房提取业务实现“秒办秒到账”,群众反映公积金租房提取“像去银行取现一样方便”,2021 年 1 月 18 日,全面上线公积金购房提取等 7 项业务的“智能网办”,推动网办业务服务更上一层楼。

【推进扩面工作】 在巩固现有缴存单位的基础上,以非公有制企业及新成立单位为重点,加大宣传力度,主动走访,督促他们尽快为职工建立住房公积金制度,并对有意向建缴公积金的企业派人员上门指导,帮助建缴。同时,将扩面工作纳入存款招投标的评分指标里,提高银行协助公积金扩面工作的积极性。2020 年,管理部扩建非公企业人数占当年新增缴存人数的 87%左右。

【服务企业】 走访金华市宇龙防护用品有限公司、金东区碧桂园售楼部等企业单位,宣传公积金缴存、提取、贷款政策,为企业单位答疑解困;落实疫情期间惠企政策,帮助浙江金康医药有限公司 500 多名员工申请阶段性缓交住房公积金,缓解企业资金困难 600 多万元;帮助解决婺城区铂瑞花园楼盘公积金贷款申请堆积的问题,加快放款速度,助力房地产开发企业复工复产。

【队伍建设】 加强干部队伍谈心谈话及窗口人员的管理激励,制定《服务大厅工作人员月考细则》,对业务大厅工作人员进行效能作风量化考核,加强队伍政治素质和业务素质提升,树立争先创优意识。加强年轻干部培养选拔,规范中层干部的选拔、任用、考核管理,推进机关效能作风建设和干部履职能力提升,努力打造高质量的公积金队伍。

4 月 23 日,公积金婺城管理部到金华碧盛房地产开发有限公司碧桂园·湖境佳苑售楼部开展“三服务”活动 (区公积金管理中心供稿)

【基层党建】 根据市公积金中心支部委员会《“三重一大”制度实施细则(试行)》的通知,重大事项决策、重要人事任命、重大项目安排和大额资金使用事项均需党支部集体决策的要求,10 月,在党员人数满足成立党支部基本条件后,向区府办系统机关委员会申请成立管理部党支部,在市中心和有关部门的大力支持下,婺城管理部党支部于当月批复成立。11 月,召开第一次支部会议,选举产生第一届书记,陈祝华任党支部书记,为党建工作及集体议事制度的进一步完善提升提供组织基础和基本保障。

(姜 玥)

商贸业

综　述

【基本情况】 2020年，机构改革后经济商务整合招商引资、粮食和物资储备、数字经济等工作职能，同时承担浙中信息产业园管委会，区“四破”攻坚（退二进三）指挥部的日常工作。全年数字产业化蓬勃发展。截至2020年年底，婺城区（含开发区）网络零售额达139.1亿元，同比增长1.2%，软件和信息服务业达24.51亿元。

【电子商务】 2020年11月，“县府里全球科创中心”“婺州英才创新园”正式开园运营。其中，“县府里全球科创中心”对园区进行改造提升的同时注重项目招引和培育，深兰科技有限公司、科大讯飞股份有限公司、疏科纳米疏水科技有限公司、金华中荷益成企业管理咨询合伙企业、上海艽祯新能源科技有限公司等一批优秀数字经济企业相继入驻，园区税收超1000万元。婺城区积极响应省、市“美好生活浙播季”活动号召，引导企业开展“网络直播”、“网红带货”、社交电商等新模式新业态。2020年，开展28次大型浙播季活动，带货种类达760余种，线上线下交易额超亿万元。其中，依托区域产业优势，政企携手成功举办“大美金华，花满婺城”首届中国（金华）网红垂钓大赛，吸引50名国家级垂钓大师和200余名垂钓网红参赛，通过网红垂钓高峰论坛、网红垂钓大赛、网红旅游推荐、垂钓网红嘉年华直播晚会等系列活动，垂钓网红粉丝覆盖量达3000多万，网络点击量超2亿次，特色产品销售额超1000万元，传播婺文化，打响“婺品牌”。成功举办“婺城电商大讲堂”系列培训活动，累计培训电商人才1650人，为婺城区发展电商产业奠定良好的基础；探索发展跨境电商产业。成立金华市跨境电商综合服务中心，通过实施“十大行动”，建设跨境电商展示、全球开店服务、全球数字营销体验、跨境电商孵化、数字贸易众创空间、新型贸易综合服务“六大中心”。在城北工业园区规划范围内拟成立婺城区跨境电商产业园，总规划面积1.5平方千米。启动丁丁地块收回程序，此地块资产列入浙中信息产业园区管委会用于跨境产业园建设。依托金华电子商务创业园、CRC文创园、浙师大创业园等现有产业优势，借助跨境电商综合服务中心和产业园的集聚带动作用，引导周边县市传统制造业企业，实现“抱团出海”。产业数字化稳步推进。2020年，婺城区实现规模以上数字经济核心产业制造业增加值2.41亿元，同比增长13.7%，排名全市第六。2020年，立项市级“两化”融合项目4个；市级“数字化车间和物联网工厂”项目6个。全面升级汽车零部件和五金工量具行业“机器换人”分行业试点；完成开创数字化车间项目验收补助；万里扬打造全市首条“5G+工业互联网”生产线，用工需求累计减少1200余人、订单排产效率提高33%、缩短交货期24%、缩短生产周期25%、降低管理和生产成本23%左右、提高设备使用率22%、停工待料时间减少50%；加快推进小微企业园数字化管理及精密智控，开展“园区大脑”建设；推进“两鸟”理论实践试点，加快推进工业企业数字化转型升级，已设立2亿元工业数字化改造专项资金，共有19个项目进入培育池；积极打造5G

环境下的产业应用场景,探索区块链技术在制造业的应用,切实发挥示范引领和典型带动作用,推动形成数字化产业集群。

6月18日,经济商务局党组书记、局长胡霞亮(右一)参加“美好生活 浙播季”——金华燕语湖国际垂钓大赛首场直播活动进行直播带货

(区经济商务局供稿)

【小微企业园】 截至2020年底,全区共有13个小微企业园通过省级认定,其中4个生产制造类园区、9个生产服务类园区,总占地面积61.91公顷,总建筑面积81.62万平方米,入园企业数量达450余家。

【“两化”融合】 列入市级“两化融合”项目4个,浙江维力塑胶有限公司——经营管理智能制造信息化项目,浙江先创能源科技股份有限公司——先创股份一体化管理运维平台项目,浙江鹊巢建筑科技有限公司——PCMES构件生产管理系统、金碟系统项目,浙江开创电气股份有限公司——开创电气全厂两化融合项目。

【工业企业整治】 强企业,扶产业,高质量发展工业经济。完成“低散乱”企业(作坊)整治134家,完成率191.43%;完成亩均税收万元以下低效企业出清102家,完成率102%;盘活闲置低效用地87.14公顷。淘汰落后产能全年计划完成8家,实际完成8家,完成率100%,分别是浙江厚鹏化工有限公司、浙江正方交通建设有限公司、金华双宏化工有限公司、古方坤余砖瓦厂、金华雅帅纺织有限公司、金华市城建混凝土有限公司、志钢空心砖厂、浙江六环电缆科技股份有限公司。

【新型墙体材料和散装水泥推广工作】 2020年,婺城区散装水泥使用量51.93万吨,完成散装率71.45%,预拌混凝土201.09万立方米。

【疫情防控】 指导企业防控,每日报送规模以上、限额以上企业员工动态;线上线下结合,检查指导企业防疫工作;开发、推广“园区大脑”,精准管控企业防疫工作。全力保障物资。提前排摸保供医疗物资,协助53家防疫物资企业复产转产,成立口罩专班。稳定市场保供生活物资,协调粮食加工企业、生鲜配送企业复工保供;指导商超做好防疫。紧急调拨应急物资,开通绿色通道紧急采购,第一时间入库和调拨。支持复工复产。复工“云”备案,提前搭建线上复工备案模块,3135名企业负责人实时线上对接,备案当天办结,最快130秒完成。助力员工返岗,开通高铁“返岗专列”接回员工3000余人。出台《关于支持企业渡过难关的十条意见》等一系列政策;为复工企业提供15万只口罩等一批防疫物资;为475家四上企业投保复工复产企业防疫综合险,保障额度共计85.5万元,用于保障企业因疫情造成的停产损失。

【文明城市创建】 制定《婺城区经济商务局创建全国文明城市攻坚行动方案》,定期走访督促落实整改。全体干部成员开展进社区“亮身份、作表率”活动,主动参与文明劝导、社区文明共建活动、入户调查等志愿服务,传递志愿服务精神。通过宣传引导,推动大型商场超市做文明城市创建的先行者,推进婺城区福泰隆、帝壹城等大型商场超市的门前五包、垃圾分类、公益广告、消防安全、疫情防范检查等工作。依托商场的客源优势,有效提高群众“测温、亮码、戴口罩”的疫情防范观念。在大型商场超市日常经营中,做文明城市创建的监督者。全年开展“礼让斑马线”文明劝导志愿活动218人次;到社区参加共建活动456人次,共建社区玫瑰园社区在2020年国测月中,二类社区市测成绩第一名荣登红榜并获市级文明创建集体三等功。

粮食工作

【粮食流通】 区经商局对辖区内涉粮企业的粮食收购许可资格进行全面检查,确保其在有效范围内。制定国有粮油仓储物流设施备案及动态管理相关工作制度,贯彻实施国有粮油仓储物流设施保护。

【粮食收储】 区经商局根据上级落实的储备粮油规模,在古方中心粮库和开化分库储备省、市两级地方储备粮,按规定及时轮换到位。逐步优化储备品种结构,增加晚籼稻储备比例。

【粮食购销】 婺城区支持和引导本地粮食企业"走出去",一枝秀、正方米法、婺珍等多家本地粮食企业与省外粮食主产区开展购销贸易,签订粮食种植、加工等合同,建立粮食订单基地。以"互联网+粮食"等多种形式,扩大粮食经营销售规模。

【储粮管理与中心库建设】 婺城区储存的各级储备粮账实相符、粮温正常、水分均在安全水分以内、脂肪酸值均符合宜存放标准、储粮害虫达到基本无虫粮标准,没有出现坏粮事故,未发生安全生产责任事故或较大以上储存事故,达到"一符四无"储粮标准。

为加快实现粮食数据、视频"一整两通",区经商局积极推进国有粮库信息化、智能化升级改造,省级平台基础数据补全,中心粮库政务外网、监控设备接入等工作。根据婺城区粮食收储和物流及"优粮优储"需要,做好仓储功能提升,逐步推进信息化建设,实现"四散化"作业。通过对粮库信息化、智能化改造,储备粮仓库及部分出租资产(一期)天眼监控项目工程建设,仓储基础设施得到明显改善,智能绿色储粮条件逐渐成熟,各项储粮新技术也逐步得以应用。

【粮食流通应急管理】 区经商局按照"合理布局、全面覆盖、平时自营、急时应急"的原则,基本形成以城区、乡镇骨干店和军供网点为基础,以应急供应网点和应急加工企业为龙头、以信息化为支撑的粮食应急供应保障体系。及时协助市粮食局调整4家粮食应急供应网点。婺城区范围内共设立粮食应急供应网点45个,粮食应急加工企业10家(应急加工能力700吨/日),应急配送中心2家(日配送能力400吨)、应急运输企业1家。各应急供应网点、加工企业履行自身职责,特别在新冠疫情期间,备足货源,引导群众理性消费,确保市场粮油品种丰富、数量充足、质量良好,为粮油市场稳价保供发挥积极作用。

【粮食直补与储备粮订单收购】 区经商局根据市粮食物资局关于粮食订单文件精神,制定详细工作要求和工作计划,把整个订单落实工作细分为7个阶段,根据总体工作要求和各阶段的实际情况,确定各阶段工作完成的时间。按区域落实负责人和责任人,明确分工,责任到人,同时又要密切配合、团结协作。结合市粮食物资局的调研活动,开展惠民政策"五送"活动,针对2020年订单粮食收购政策,进村入户进行政策宣传解读,加强对种粮大户的调研和指导,促使广大种粮大户充分安排好种植计划。制定收购监管工作方案,及时对收购工作安排部署,实行"优质优价、分仓储存",开展为农优质服务,支持引导市场化收购,坚持"五要五不准"的收购守则,做到"四上墙、五公开",让农民卖"明白粮",收购平稳有序。2020年,共落实早稻订单合同共计86个村、791户,核定早稻订单面积3237.6公顷,签订早籼订单18977吨、晚籼7000吨。实际入库订单早籼15244吨、晚籼6318吨,合计21562吨,完成订单83%。发放预购定金41户、596万元。

【粮油质量监管】 婺城区被列为全省早稻和晚稻监测重点区域,区经商局为此分别制定早、晚稻重金属镉污染监测处置实施方案,及时组织相关人员对辖区内的10个主要产粮乡镇种植面积在13.33公顷以上的订单户在田间取样,实行重金属镉污染监测关口前移;各站点入库时对所有农户实行一车一检。所有超标粮均专仓专储、严格监管,做好跟踪检测,根据上级超标粮处置办法,协助市粮食物资局将超标粮定向销售给饲料加工企业,只限用于饲料加工,严禁超标粮进入口粮市场。做好"放心粮油"后续监管工作,委托金华市食品药品检验检测研究院组织一年两次质量抽检,对"放心粮油"示范企业、示范店加强政策、业务等方面的督导,及时掌握相关情况。

【居民生活】 坚持自愿申请、严格审核、强化监管、公开公正的原则并根据示范单位经营情况,由所在乡镇(街道)推荐、初审,区级部门复核,重新调整1家“放心粮油”示范店。现全区符合标准要求的“放心粮油”加工企业3家,配送企业1家,示范店27家,“放心粮油”示范店网络覆盖全区26个乡镇(街道)和军粮供应站,乡镇(街道)覆盖率达到96.3%。区经商局组织开展80户乡村居民固定调查户的粮油专项调查,及时向统计、公安、农业农村等部门收集粮食播种面积、产量、全区人口、畜牧生产情况,做好2019年全区粮油供需平衡调查并参与全市汇编工作。

【应急储备物资的收储、轮换】 婺城区启动重大突发公共卫生事件一级响应后,区经商局根据区新冠肺炎疫情防控工作指挥部“区级应急物资调用函”的指令,共调拨6批次救灾物资,其中帐篷140顶、床15张、雨鞋96双、应急灯100盏、毛毯24条、棉大衣192件、雨衣410件。对于库存不足的,积极与区财政局协调,启动政府采购绿色通道,组织紧急采购疫情防控物资5批次,价值9.775万元,其中帐篷50顶、睡袋20个、棉大衣155件、雨衣190件。同时,接收省市调拨的帐篷2批次140顶、接收区红十字会捐赠的价值约8万元的帐篷等防控物资。为确保2020年汛期救灾物资储备充足,及时对疫情期间消耗的救灾物资进行补充采购,4月15日前完成6个品种800件价值9.09万元救灾物资采购工作。为加快推进物资储备应急保障信息化建设,组织开展全区应急物资储备企业信息调查工作。通过公开招投标的方式,完成74个避灾安置场所规范化建设,完成9个品种6385件价值59.88万元救灾物资采购、调拨工作,并组织专家组和应急管理局对救灾物资进行质量验收。

【市场监测管理】 市粮食物资局在辖范围内设立10个粮油应急监测点,区发改局设立5个价格监测点,其中零售价格监测点3个、批发价格监测点1个、成品粮出厂价格监测点1个。在2020年疫情和强寒潮期间,区经商局通过建立粮油应急供应点微信群,增加监测频率,要求各供应点在群内进行每日一报,及时将各乡镇街道粮油价格波动等信息进行汇总、整理、分析、上报并公示,密切关注市场行情,准确把握市场动态上报数据。严防出现粮价暴涨、断供和抢购粮食等现象。同时,完成对4家粮食企业的“互联网+监管”平台双随机检查。

对外贸易

【概况】 2020年,婺城区有出口实绩的外贸企业为364家(其中流通型企业159家,生产型企业205家),比2019年度增加30家。全区累计进出口总额达到76.53亿元,同比增长50.57%,其中出口为74.84亿元,同比增长52.75%,增幅位列全市第二,出口占全国总量的0.417‰(年度目标任务出口占全国总量的0.330‰),累计进口1.69亿元,同比下降7.54%。

【增强服务】 2020年,根据市政府年度工作目标任务,结合乡镇街道及部门单位实际,对年度外贸目标任务进行分解落实安排,促成各单位尽早明确工作目标和工作重点,有针对性地采取措施谋划和开展各项工作。认真推进三服务,贯彻区委、区政府“家服务”理念服务外贸企业。为婺城区出口超300万美元以上的企业配备专门的助企特派员,一对一服务企业,一有问题可及时响应。另外婺城区也发动出口专班成员单位对全区出口100万美元以上制造型出口企业开展服务,了解企业经营状况,并从强链补链固链的角度引导企业做精做细,寻求更大发展空间,鼓励企业积极开拓市场,抢占疫情期间企业发展先机。

【开拓市场】 推进广交会、华交会、2020浙江出口网上交易会等线上展会筹展和组织企业参展工作。2020年,组织94家企业参加12场线上展会,其中,分别组织19家和20家企业参加第127届和第128届线上广交会,涉及工具、零部件、电器等多个行业。经过前期婺城区专门组织的线上广交会操作培训,展会期间企业结合网上展会特点,通过图片、视频等多种信息技术,多形式、多维度展示品牌形象,实现与采购商的"远程互动"。

【化解企业压力】 面对国际大环境形势严峻，部分企业生产经营举步维艰，出口下行等不利局面，采取各种应对措施，竭尽全力帮助企业解困。大力宣传各项外经贸专项扶持政策(特别是最新形势下的复工复产政策)，并在企业申报的过程中给予指导，把好关，提高申报成功率。同时，相关政策予以快速兑现，2020 年婺城区兑付相关外贸发展专项资金共计 1850 万元。用好金融扶持政策，缓解企业融资难融资贵问题。特别是疫情情况下，许多企业流动资金紧张，通过实施好企业贷款应急周转资金，发挥好区级融资平台的作用，解决中小企业资金燃眉之急。

【跨境电子商务】 2020 年，婺城区通过打造"一园一中心"加速推进跨境电商工作。"一园"是指在新狮街道城北综合园区内成立婺城区跨境电商产业园，"一中心"是指建立一个金华市跨境电子商务服务中心，通过整合产业园集聚带动和服务中心的综合服务能力加速推动婺城区传统外贸企业转型发展，让其成为婺城区外贸出口新的增长点。2020 年，通过金华市跨境电子商务服务中心，婺城区分别举办金华市跨境电商服务资源对接会、短视频制作及海外营销培训分享会、婺城跨境电商一期、二期孵化班启动仪式等培训及对接会，为企业对接多家跨境电商服务商(包含支付、金融、物流、海外仓、知识产权、营销等多个领域)，为企业开拓海外市场提供全生命周期的服务，帮助企业孵化专业人才。

【平台建设】 以"订单+清单"为抓手，加大监测分析。在已经落实 81 家外贸企业运行监测的基础上，全面覆盖全区外贸企业"订单+清单"运行监测系统上线工作，落实监测预警系统工作人员经费保障，加快实现对外贸企业监测全覆盖；建立健全外贸监测预警工作，完善预警响应机制和网络，通过核实情况、评估影响、分析原因、因企施策 4 个响应标准加强应对，切实提升风险预警能力。

【企业技术创新和技术改造】 2020 年，婺城区列入金华市市级技术创新项目 16 个，市区两级技术创新财政专项资金补助合计 475.5 万元。列入省"四个百项"重点技术改造示范项目 2 个，全省千亿技术改造投资工程项目 23 项，列入市级重点技改项目 20 个，省、市、区三级技术改造财政补助资金合计 6208.12 万元。

(杜紫薇)

供销合作

【概况】 金华市婺城区供销合作社联合社(以下简称区供销社)，不断推动供销综合改革与"三位一体"农合联为农服务体系建设，为奋力打造"重要窗口"贡献供销力量。2020 年，落实农信担保"三办"机制，升级农信担保"三办"内容，做好农信担保各项服务，截至 11 月月底，提供贷款担保总计 31 笔、金额达 3350 万元，其中涉农组织、农民专业合作社、农民种植养殖大户计 18 笔、2005 万元，中小微企业等其他行业计 13 笔、1345 万元。

【综合改革深化】 健全与完善供销社组织机构，于 2020 年年初召开区供销社第一次代表大会，恢复供销社代表大会、理事会、监事会"三会"制度，理顺供

1 月 15 日，金华市婺城区农民合作经济组织联合会第二届理事会、监事会会议召开 (区供销社供稿)

1 月 7 日，金华市婺城区供销合作社联合社第一次代表大会召开 (区供销社供稿)

销社机构建制,完善社务决策运行机制,强化社有资产与重大决策的监督,不断提升供销社各项决策运行的制度化与科学化水平。

【农资供应】 做好农资商品储备供应,满足农业生产需求,确保商品质优价稳。根据农业生产需求,及时整合经营网点,拓展网点服务功能。完成农资销售额7445万元。同时与市农资公司合作,利用其储存设施,开展农药化肥收储工作。农资公司储存农药1.8吨,化肥入库350吨,确保满足特殊时期婺城区农业生产需求。

【农合联会员技能指导培训】 结合培训经验,围绕会员产业分布与需要,探索“点单式”培训,灵活开展培训,同时组建专家团队,开展新型农技推广服务,开展茶叶类、粮食类、蔬菜类等专业培训12场次,培训520余人次。提供农资咨询、技术指导服务100余人次。

【农产品品牌建设】 推荐金婺农业、九康茶蔬、婺江丝雨等共计14家婺城农业经营主体加入市公用品牌“金农好好”;主动与市供销社联系,以“市社专业指导+区社资金场地”模式,于11月24日落地婺城区首家金华市区域公用品牌展示展销馆——“金农好好”婺城区旗舰店。

【区级现代农业综合服务建设】 增加农资供应、农技咨询、农业生产社会化服务、农信担保、农民素质培训等服务内容,推动现代农业服务中心向乡镇延伸,统筹推进乡镇综合服务中心和特色产业服务中心建设,已揭牌成立乡镇及产业农业服务中心7家,村级综合服务社6家。

(王　欢)

交通　通信

交　通

【概况】 2020 年,婺城区公路通车里程 1628.944 千米,其中管养里程 1579.798 千米,二级及以上公路 187.841 千米。公路总里程居全市第二位。等级公路通村率、路面硬化率均实现“双百”目标。基本形成以县道为骨架、乡道为支线、村道为脉络的农村公路网络体系。

婺城区交通局下属单位 4 家,其中事业单位 4 家,正式职工 145 人。

【交通建设】 武义江大桥主体工程施工中改建;二环西路(婺城段)优化改造 4 月实现全线贯通;南山漫道完成一期工程,二期工程招投标已经完成;313 省道(45 省道)改造工程施工中;沪昆高速公路金华互通至浙赣界段改扩建工程主线拓宽施工中。婺城互通完成房建部分施工;金义东城际轨道工程全速推进;金建铁路婺城段征地包干协议已签订;在完成衢江航道的基础上,金华港婺城港区罗洋作业区(1~8#)泊位工程完成总体形象进度 40%。

【民生实事项目】 2020 年,婺城区民生实事工程项目:四好农村路建设及道路安全隐患整治工程总投资 2.044 亿元,涉及交通项目总投资 1.864 亿元,2020 年计划投资 1.36 亿元,受疫情影响,前期工作较计划有所延缓,现已全部完成。主要项目有:基本完成建设农村公路大中修 55 千米;农村公路路网完善工程,完成建设 3.78 千米;完成建设农村物流服务点 80 个;建设港湾式停靠站 28 个;完成婺城区农村公路病旧桥梁加固改造工程 3 座;建设南山漫道美丽风景线;完成市级事故黑点整治 2 处;完成安全隐患排查点整治 100 处;实施智慧公路 2 条,增加和改造信息化设施 50 套,增加或改造非现执法设备 2 套;事故黑点、物流网点建设项目已经完成,港湾式停靠站、安全隐患排查点整治,智慧公路建设 11 月底完工,南山漫道美丽风景线一期等其余项目年底全部完工。

【普速铁路沿线外部环境安全隐患综合治理】 2020 年 8 月初,省交通运输厅要求用三年时间,进行全省普速铁路沿线外部环境安全隐患综合治理。婺城辖区内共有金千线和沪昆线 2 条普速铁路,总里数 43.3 千米,沿线外部环境复杂、基础薄弱,安全隐患点 105 个,约占总数的 40%,数量位居全市第一。全局自我加压,通过问题排查、协调处置、晾晒评比、长效管理组合拳,用 22 天,100%完成 105 处隐患整治,整治面积达 48282 平方米,在隐患点数量为全市最多的情况下率先完成清零。

【公路养护】 交通局坚持以“路面养护为中心,以路基、边沟、绿化为侧重点,实行桥涵构造物、安全标志并重”的工作思路,努力提高公路路况,着力打造通达、便捷、安全、经济、绿色的公路网络体系。加强公路日常巡查和监管,加大推行公路机械化养护力度。认真完成小修保养,确保道路畅通。经统计,农村公路各项工作指标完成情况:修补坑洞 33654 平方米,清理堆积物 2899 立方米,路面沥青灌缝 429286 米,更换窨井盖 262 套,清洗桥梁伸缩缝 29381 米,清洗护栏 1304518 米,路面冲洗 95326 千米,路面清扫 86991 千米,修复刷新警示桩、百米桩、公里牌 7574 根。公路养护基本做到路面整洁、路肩边坡适顺、边沟畅通、设施完好、路容美观,为打造平安公路、构建和谐交通打下良好的基础。

【文明城市创建】 2020 年,交通局强力开展二环线及通各乡镇主要干道的环境整治,出动人员 17494 人次,投入资金 472 万元,修补路面坑洞 2.7 万平方米、查处违章案件 973 件、整治马路市场 98 个等。完成琅琊路口、安地路口、雅畈路口等二环通乡镇路口及各乡镇主要路口,10 个路口结点创建文明城市的氛围营造。

在高铁新城区块(一期)旧城改造房屋征迁中,交通局 4 名党员干部在肉联厂和海联区块第 4 组第 5 网格小组,从 7 月 14 日开放签约,仅用 10 天时间就 100%完成 9 幢、48 户征收任务,成为整个指挥部最早完成任务的工作组之一。在黄金苑区块征迁工作中,局 3 名党员干部(其中 1 人任组长)所在的第六小组从 8 月初启动征收工作以来, 坚守一线,用真心换真情,用 51 天时间顺利完成调查、评估、签约 3 个 100%。

【执法管理】 深化路警联合治超执法,一起对涉嫌超限车辆进行检测整治,24 小时不间断、不定时上路巡查, 严格管控辖区二环路、金九线、330 国道、315 省道等重要路段的超限超载车辆, 抓好道路交通运输安全生产工作。5 月,联合交警部门在全市范围内开展为期一个月的货车超限超载集中整治行动,将交警路面执法和路政非现处罚相结合,从严查处大货车严重超限超载行为,特别是对车货总重超过 100 吨、超限比例超过 100%的“百吨王”,重拳出击,严厉惩处,让超限超载货车“无可遁形”,有效震慑大货车违法超限超载行为,为群众出行创造出安全有序、平安畅通的道路交通环境。

全面推进“最多跑一次”改革,路政审批事项全部进驻行政服务中心并实现“最多跑一次”, 按照“八统一”和“跑改办”要求,完成权力事项库维护,完善浙江政务服务网各级站点部分界面优化,印制简明易懂的办事指南,同时做好申请书和相关资料上门送达服务,变“他跑”为“我们跑”。极大地提升窗口工作效能、提高窗口服务质量, 让企业和群众享受到更简捷、更方便的服务。2020 年,共办理路政许可 358 件(其中超限联办 350 件)。

【疫情防控】 2020 年,在防控新型冠状病毒感染肺炎疫情的战役中, 婺城交通人从农历正月初一开始,在 60 国道高速金华出口、金华西出口 315 省道龙游交界处等 3 个车流最多的出入口设置防疫监测点,不分昼夜,不畏病疫,义无反顾,投身一线,坚守金华北大门,截至 2020 年 2 月 18 日撤卡,累计排查 11.23 万辆车,24.81 万人, 转移发热人员 27 名,劝返 6000 多人。3 月 4 日又牵头组建金华客运西站疫情防控服务点,截至年底,检查省际班车 531 车次,检查省际旅客人数 2443 人次。

【复工复产】 做细做实“三服务”, 成立复工专班服务组和巡查监督组, 局班子领导率队到浙江正方集团、浙江智隆投资公司、金华市海悦报送代理有限公司、城建商品混凝土、金华市交通建筑工程公司、民安危险品运输有限公司等企业走访, 与企业负责人座谈,掌握企业生产经营状况和困难需求,共商发展大事。带领驻企服务员分别到企业进行“一对一”精准服务, 定期对各在建交通项目开展防疫风险和安全隐患排查,确保关键岗位人员、设备设施、施工环境等满足安全生产要求。宣传企业复工指南和相关优惠政策,送去防疫物资,了解企业困难,第一时间帮助 16 家物流企业全部复工。截至 12 月底,累计走访企业 675 人次,累计收集问题 85 个,解决 76 个,需跨部门解决问题 9 个,都已经解决。按照《加快金华市区物流企业发展十条措施》,2020 年 4 月和 6 月分两批提前兑现物流企业奖补资金共 365.8 万元,有效缓解物流企业因疫情影响造成的资金压力。

截至 12 月底,共走访企业、群众、基层 4220 个,收集问题 258 个, 解决 249 个, 转办其他部门 9 个(已全部解决)。

(吴晓慧)

通　信

·电信公司·

【概况】 2020 年, 婺城区电信局以客户服务为抓手,全年完成主营收入超 3.3 亿元,宽带用户 15 万户左右,移动用户 21 万户,ITV 用户 9.3 万户,固话用户 11 万户。

【网络建设】 2020 年,婺城城域网优化,完成 2000 户 OLT 上联物理双路由 10 台,交换机归并数量 13 台,1.5 平面改 2 平面完成 69161 个 PON 口。进行标准化机房整治,年度完成 61 个 D 类机房、2 个 C 类机房。完成以电源空调设备改造、设备退网等技术技能方案合计节约年能耗 19.5 万元,全年完成转供电改造 100 个站点小区,年节约能耗费约 40 万元。全年共完成动态扩容, 拆闲补忙基站开通 19 个,5G 基站 6 个, 室分点位建设完成 17 个,开通 93 个信源,完成开通率 95%。无线网优化提升全网 MR 覆盖率至 97.4%, 完成电源清网排障 172 个局站。

【区重大项目建设与支撑】 2020 年,婺城区电信局继续紧抓政府信息化建设契机,聚焦政府"十四五"规划,紧盯政府两会民生项目,签约金华市公安局婺城分局民生实事 2020 年雪亮建设项目,涉及 500 路视频监控改造及新建。以及金华经济技术开发区秋滨街道智安小区、高空瞭望建设及维护,涉及秋滨街道 32 个智安小区及 29 个高空点位建设。在支撑好项目的同时,实实在在地为城区安防的提升贡献力量。

在智慧开发区整体签约的大背景下,继续做好智慧化项目的签约延伸,签约智慧养老项目。该项目作为金华市全区智慧养老平台试点,可作为全区案例进行复制推广。另外在婺城城脑项目当中,完成婺城区政务云、应急系统、智慧文旅、垃圾处置以及机动车管理等项目签约。

【安全生产与应急保障】 婺城区局网络党支部 6 名党员,16 名应急通信队员,实行 7×24 小时不间断值守制度,开展网络优化、链路设备检修、预防各类隐性故障,确保网络安全运行。开展 5G 直播活动,完成金华山越野赛 5G 直播、红歌赛直播、燕雨湖钓鱼节、亚运会倒计时 1000 天活动直播保障工作,"金秋购物节"、沙畈马拉松、市人防战备动员点验、婺城古方油库演习、婺城区政府应急局演习。给广大客户带来更直观的 5G 体验。

【文明城市创建】 婺城区电信局与后垅社区、西市街社区共建,配合做好清理社区卫生、劝导不文明行为,为创文明城市贡献一份力量,共参与社区共建志愿者 193 人次。

【防疫工作】 疫情期间,婺城区电信局党总支组建了一支 28 人的党员和技术人员的突击队, 协助区政府复工复产。做好返金人员健康码登记工作,在高速口、地铁口进行保障支撑,出动 208 人次;安装疫情监控设备 1600 个, 其中街道乡镇层面安装防疫监控设备 790 个;开展返金人员健康码登记培训工作,开展培训 40 场次,确保街道社区人员 100%会使用。参与婺城区红十字应急救援队组织的防"疫"行动,协助区政府做好防疫抗疫工作。

【结对帮扶】 2020 年是脱贫攻坚之年,按照集团公司、省市公司的统一部署,根据婺城区政府《关于开展"百个部门百家企业结对帮扶集体经济薄弱村"行动的实施意见》婺城区局承担结对帮扶村是婺城区塔石乡大坑村。区局领导高度重视,坚持把脱贫攻坚作为帮扶结对村消薄工作头等大事来抓,发挥自身优势与结对村开展帮扶工作,积极与政府相关部门沟通协调,聚焦精准扶贫。区局每月定期组织人员走访大坑村,2020 年进行 2 次慰问低保户家庭,捐赠大坑村款物共计 1 万元。电信作为信息化的主力军,将积极发挥电信资源优势,结合业务扶贫在大坑村委门口安装天翼看家监控业务, 在网络、消费、就业等方面实施扶贫。为促进大坑村发展建设出谋划策,有力地推进大坑村发展,取得良好的成效。

(鲍　晨)

·移动公司·

【概况】 婺城移动深入贯彻集团公司创世界一流"力量大厦"发展战略及工作部署, 2020 年实现运营收入 7.34 亿元, 通话客户 87.25 万户,4G 活跃客户 79.05 万户,有线宽带用户 21.01 万户。

【党业深融合】 2020 年, 婺城移动坚持党的领导,加强党的建设。发挥党建优势,把党建优势转化为发展优势和竞争优势。聚焦党建工作融合发展年主题,以巩固深化党建质量为主线,围绕"和创""和格"重点任务,推动"三个显性化",以高质量党建引领和保障高质量发展。做实做深党员亲情网格。落实“五必谈”、定期研究亲情网格问题、纪委监督等机制,抓好沟通成效、问题闭环、政策传导质量,上情下达,下情上报,有效解决员工群众反映强烈的突出问题,真正起到党员联系群众的“连心桥”作用。推进“和格行动”“党建和创”优化升级。通过赋能增效,收集客户感知、商机和竞争信息,加大 5G 产品推广。纵横双向升级,加强垂直行业的联动和创;立足园区、商务楼宇等小微场景,通过政府“管家”合建“党员 i 企”,促进业务发展。擦亮党业融合“金名片”,“党员 e 家”要拓展服务内容,贴近社区管理需求和服务需求,凸显 “党建+”的叠加效应;加强“岗区队”建设。明确建设内容,党员先锋岗立足工作岗位,党员责任区围绕生产经营单元,党员突击队主要完成阶段性“急难险重”攻坚任务。

【科技发展战略】 坚持党建统领,高水平落地落实创世界一流“力量大厦”发展战略,落实“五个新”,分别是新使命:创世界一流信息服务科技公司,做 5G 发展的领跑者、数字浙江的主力军、智慧社会的使能者、高质量发展的排头兵;新目标:坚持“发展创优、转型创先”,稳增长、优结构、增动能、强管理,实现“四个新突破”;新主线:推进数智化转型,实现高质量发展;新要求:强化“四个三”的战略内核;新工程:把握数智化转型方向,以七大工程为抓手,牵引战略落地落实。

【队伍建设】 婺城分公司在贯彻浙江公司“善知善行 惟和惟新”工作文化中心思想的基础上,以“责任文化“为引领,践行工作文化于生产经营中。推进组织管理创新, 打破传统思维, 统筹推进组织优化,合理规划人力配置,优化激励机制,强化干部队伍建设,强化干部管理与监督,完善管理人员梯队建设,健全干部交流轮岗机制。加强队伍能力培养,激发员工队伍活力,外部对标市场,内部与岗位价值、团队和个人贡献挂钩,以能力定价值,以贡献论奖赏。

【5G 网格测试全省首位】 5G 二期一阶段共计宏站 404 站,室分 75 站,均 100%入网。5G 二期二阶段宏站共计 160 个站点,已入网 132 站,入网率 83%,室分共计 8 个站点,已入网 8 站,入网率 100%。为确保集团网格测试顺利通过,应急开通网格测试保障站点 163 个,综合评分获全省第一。

(张　乐)

财政　税务

财　政

【概况】 2020年，金华市婺城区实现生产总值320.22亿元，增长4.0%。其中：第一产业增加值14.23亿元，下降0.2%；第二产业增加值71.33亿元，增长0.3%；第三产业增加值234.66亿元，增长5.5%。三次产业结构比为4.4:22.3:73.3。按户籍人口计算，全区人均生产总值82326元，增长3.9%。城镇居民人均可支配收入58746元，增长3%；农村居民人均可支配收入26560元，增长5.7%。全区财政总收入44.25亿元，同比下降6.1%，地方一般公共预算收入21.04亿元，同比增长2.1%，其中区级一般公共预算收入11.10亿元，同比增长0.2%，占财政总收入的25.1%。一般公共预算支出33.36亿元，同比增长29.0%，其中区级一般公共预算支出21.87亿元，同比增长37.6%。当年财政收支平衡。

【组织财政收入】 依法依规组织收入。在认真落实减税降费政策、促进实体经济更好更快发展的同时，加强重点税源、重大项目税收监控。全年地方一般公共预算收入占GDP的6.6%，占财政总收入的47.5%；区级一般公共预算收入中税收收入9.21亿元，占比83.0%。强化收入分析。加强与税务部门沟通，适时分析研判收入形势，掌握收入进度，采取针对性措施优化收入结构。加强非税收入管理。梳理执法单位罚没收入征收情况，督促罚没收入及时缴纳入库。推进非税收入电子化征缴改革。全年实现非税收入39.82亿元，同比增长12.3%，其中纳入一般公共预算管理的非税收入2.10亿元，同比下降4.3%。

【保障民生支出】 2020年，民生支出26.21亿元，同比增长31.6%，占总支出的78.6%。加强财政资金统筹使用，支持全国文明城市建设，加快城市有机更新，推动老旧小区改造，加强基础设施建设，推进污水零直排工程和生活垃圾分类管理。推进教育文化事业发展。全年教育支出7.82亿元，同比增长28.8%，新建公办幼儿园5所，投入2919万元用于校园整体改造提升。文化旅游和传媒支出4269万元，同比增长6.9%，投入1723万元用于诗路文化带建设。保障医疗卫生支出。全年卫生健康支出2.99亿元，同比增长90.2%，优化医疗卫生资源，标准化改造社区卫生服务中心，建立疫情防控区乡村三级指挥体系，新增疫情防控相关补助资金7431万元。实施中医院、妇幼保健院签建工程。加大社保投入。社会保障和就业支出5.36亿元，同比增长25.3%，投入3.70亿元用于城乡居民和机关事业养老保险，低保补贴提高至850元/月，城镇特困人员标准提高至1320元/月，农村特困人员标准提高至1060元/月。统筹安排就业创业专项资金1000万元。支持乡村振兴。全年农林水事务支出3.41亿元，同比增长22.8%，开展“十乡百村、乡创婺城”行动，投资1.03亿元支持现代农业提质发展。推动南山漫道美丽乡村风景线农村综合改革试点、全国绿色小水电示范区创建与低收入农户增收扶贫开发试点项目建设。支持白沙溪三十六堰申遗。

【支持三大攻坚战】 全年使用财政扶贫资金1.21亿元，统筹整合涉农资金7.54亿元。加大消费扶贫力度,扶持本地农产品入驻“扶贫馆”,全年49家行政事业单位完成农副产品采购107万元。推进生态文明建设。严格规范生态补偿资金使用,安排上下游流域水质生态补偿资金357万元。完善市区和乡镇空气质量自动监测体系,投入资金869万元建成空气质量自动检测站点16个。加强债务风险防控。对地方政府债务化解实施动态管理和月报制度。按照化债方案逐年化解隐性债务,完成年度政府债务化债计划。全年获批专项债券7.50亿元、抗疫特别国债1.97亿元、再融资政府一般债券1.60亿元、专项债券6000万元。

【推进疫情防控】 建立资金支付“绿色通道”,成立疫情防控经费支付保障小组,加强与中国人民银行、国库代理银行协同配合,对中央、省、市疫情防控资金实行即到即办制,全区共拨付疫情防控物资储备专项经费4644万元。建立采购“绿色通道”。严格落实疫情防控物资采购“绿色通道”相关要求,全区通过绿色通道采购防护口罩、消毒液、救护车等疫情防控物资2103万元。强化资金拨付效率。加快资金审批,推行资金申请网上便捷传递,实行统一归口审批压缩办结时间,凡涉及疫情防控的所有支付申请压缩至两个工作日内完成。

【推进复工复产】 抓好落实省委省政府30条等“五减五免”和促消费工作,联合主管部门相继出台保障企业节后用工复工、支持建筑行业健康发展、防控期间减免企业房租等意见,落实兑现(减免返还)资金22.27亿元。及时兑付产业扶持资金。全年共兑付各类补助资金1.80亿元。第一时间拨付“两直”资金1.32亿元。兑付外贸扶持资金1853万元,支持市场采购外贸政策,拉动本区出口额21.20亿元,外贸出口额增速居全市第二位。积极争取贴息资金,全区申报疫情防控重点保障资金贴息企业6家,贷款金额2.50亿元,申请贴息资金286万元。降低企业成本,累计办理应急周转金16笔,周转资金7114万元,全面取消政府采购投标保证金,降低履约保证金缴纳比例,减少占用企业资金1.03亿元,支持小微企业采购1.73亿元。

【加强财政监管】 全年实施预算单位财政投资绩效目标管理项目1028个,涉及资金34.34亿元,重点评价16个部门(单位)20个项目,涉及资金3.64亿元。组织全区预算单位开展绩效运行监控,实现预算监控、绩效全覆盖。2020年,完成项目预结算审核项目278个。规范政府采购。深入推进政采云,全年计划采购金额2.79亿元,实际采购金额2.45亿元,节约资金3381万元,节约率12.1%。深化国企改革。出台《婺城区经营性国有资产集中统一监管工作方案》,盘活闲置房产,择机注入国有实体公司。稳步推进国有企业退休人员社会化管理工作,助力国有企业轻装上阵,完全实现社会化管理退休人员5870人,移交率100%,移交人数列全市第一。

【强化干部队伍建设】 成立中共金华市婺城区财政局(国资办)直属机关委员会、直属机关纪律检查委员会,选举产生新一届党委委员和纪委委员。开展志愿服务。组建党员志愿者队伍,选派800人次支援社区协助开展疫情防控工作。加大干部教育培养。面向全区财务工作人员开展财政业务综合素养提升培训,培训人员200余人次。2020年,新提拔中层正职6名,中层副职4名。开展廉政建设,签订“党风廉政建设责任书”,建立党员干部廉政档案,推动清廉财政建设。强化内控管理。出台《婺城区财政局内部控制操作规程(试行)》,将业务风险防控与廉政风险防控有机结合,推动财政内控建设迈向深入。2020年,婺城区财政局被省人民政府授予浙江生态省建设集体三等功,市政府给予创建第六届全国文明城市集体嘉奖,连续第9年获得区级岗位目标责任制考核先进单位称号。

(杨秀清)

税　务

【概况】 2020年,区税务局综合考虑疫情、减税政策等因素,切实加强税收预测和收入进度监控,确保按照既定目标完成全年收入任务。2020年,组织税收收入44.81亿元,减幅3.79%。其中中央级入库24.82亿元,减幅11.98%,地方级(含省级)入库19.99亿元,增幅8.78%,县市级入库19.38亿元,增幅17.98%。组织非税收入2.05亿元,同比增长10.85%;

组织社会保险费收入（含职业年金）22.77亿元，同比下降3.94%。

【税收管理】 针对婺城区辖区广，部分纳税人从偏远乡镇到市区办税不便的问题，区税务局依托乡镇街道和涉税中介机构力量，设立5个个人出租房代征点，19个社会化代征点，并派出精干人员入驻婺城区行政服务中心，提升个体及零散税收社会化管理工作。土增税清算方面，2020年完成7个项目的清算工作，其中4个项目实现补缴税费6615.62万元，清算入库税费4807.25万元，3个项目应退税款4629.67万元。

【依法治税】 联合区商务局、财政局、市场监管局等部门以进驻企业分布、经营状况、税务申报情况等数据创建“3D可视化数据模型”，对辖区内的7个重点商业楼宇进驻企业情况进行网格化动态管理。通过智能分析资源占用量与税收贡献值匹配程度，梳理出78户“企税分离”企业，安排专人辅导企业引导企业回迁本地，确保税收颗粒归仓。

【纳税服务】 引导纳税人通过征纳沟通平台“预约专窗”进行预约，并在相应时间享受专窗办税服务，在替纳税人省去等候时间的同时实现“错峰办税”。积极吸收中介机构作为纳税服务志愿者加入钉钉平台群组，带头使用智能办税功能，加大智能办税服务的推广力度，纳税服务志愿者队伍已有54人，覆盖25个网格，累计服务纳税人513次。

1月13日，区税务局办税服务厅因优质服务获纳税人送锦旗两面　　（蒋焕杰摄）

【税收宣传】 围绕2020年新出台的税费政策，区税务局制作“税前消息”短视频，按纳税人类别在钉钉“云端课堂”进行精准推送。全年共组织8场直播培训，推送“税前消息”短视频6集，纳税人学堂访问次数达16737次。结合“万名党员下万企”和“三服务”等活动，发动“李平税务工作室”和“婺税青杨”青年突击队，对纳税人进行“面对面”“一对一”宣传政策，累计宣传政策2000余次，万里扬集团吉浮汽车公司减税降费政策享受案例被《人民日报》、《经济日报》、人民网等多家中央媒体采用。

7月1日，区税务局召开党委书记讲党课活动（蒋焕杰摄）

【落实税收优惠政策】 严格落实更大规模的减税降费以及2020年支持疫情防控、企业纾困和复工复产的各项政策。为推进疫情防控税费优惠政策落地生根，成立落实疫情防控税费政策工作领导小组和9个专业组，以网格化机制将责任落实到股室和个人。2020年累计落实各项减免税(费)政策140312万元，其中落实“五减”专项行动减税政策29673万元，落实“降本减负”110639万元。

【疫情防控】 2020年初，疫情防控阻击战打响，区税务局第一时间响应区委区政府号召，安排全局干部到杨思岭社区进行全天候防控值守，累计组织志愿者564人次，服务社区居民1000余人次。在经济恢复发展攻坚战中，以做好驻企服务为基础，由局领导带头组建一支8人的“驻企服务员”队伍，通过钉钉、电话联系和实地走访等多种渠道，对辖区内税收收入前220名的企业展开服务，“三服务”问题办结率和满意率达 100%。

【荣誉】 2020 年初，区局被人力资源社会保障部、税务总局授予“全国税务系统先进集体”称号，副局长杨雪被人力资源社会保障部、团中央授予“全国青年岗位能手”称号。在年底举行的“图强路上 花满婺城”2020 婺城区新年诗歌朗诵活动中，区税务局以良好的精神风貌获全区一等奖。

(王佳杰)

金　融

银行机构

·中国工商银行股份有限公司金华婺城支行·

【概况】 2020年，工行婺城支行本外币各项存款余额(含同业)63.09亿元，本外币各项贷款余额79.67亿元。新增个人有效客户13000户，其中中高端客户净增1036户。对公有效客户净增525户,信贷资产质量持续保持较好，年末贷款不良率0.14%。全年风险管控良好，内部管理基础得到夯实，实现零案件，无重大差错和责任事故。获省级文明单位复评成功、"2020年度婺城区'四大四比'晒拼创工作先进集体"称号、婺城金西支行获得"乡镇文明示范窗口"称号。

【经营效益】 2020年，支行实现拨备前利润2.56亿元，拨备后利润2.22亿元。中间业务收入1.55亿元，系统第2，同比增幅10.21%。存款新增11.83亿元，其中对公存款及储蓄存款分别新增6.55亿元、5.28亿元，三项增量保持同业第一。零售业务发展良好，信用卡中收贡献较突出，信用卡分期业务结构进一步优化。受房地产政策调控及行内规模影响，个人住房贷款增幅下降，经营性贷款占比提升，2020年个人经营性贷款余额3.23亿元，较年初增长1.2亿元。积极响应电子医保推广政策，支行做好电子医保激活营销推广，落实累计激活9325户。持续巩固信贷业务优势，加强银企交流合作，为企业融资、经营转型，小微企业成长发展提供帮助。服务实体经济，支持婺城区安居工程城改项目(黄金苑)等政府项目，对信用良好的优质大客户，建立省、市、支行三级联动的服务模式，提高服务效率，通过产品的创新，满足优质大户的融资需求。

【网点建设】 支行辖内设有1个营业部，5家二级支行。支行持续推进网点零售业务标准化改造，差异化人员配置，部分网点已形成自己的特色。如金西支行和白龙桥支行重点支持小微企业，为乡镇企业提供贷款、结算、代发工资等一系列金融服务。新农贸支行重点支持市场商户智能POS等业务和个人经营性贷款；婺州街支行重点支持智慧园区、幸福分期、智慧食堂等业务。营业部重点支持房贷、经营贷、车贷、车位分期、家装分期和外汇业务。电力支行(2021年2月变更为多湖支行)重点做好私人银行客户理财、商户业务。

【安全经营】 支行始终以合规管理为目标，高度关注和积极应对经济环境变化对内控案防及资产质量带来的新情况和新压力，强化内部控制全过程管

10月22日，工商银行金华婺城支行组织支行中层以上领导干部及客户经理在金华市清廉教育基地开展廉政教育活动　(工商银行金华婺城支行供稿)

理,做好事前防范、事中控制、事后检查工作,做到合规风险“实时发现、准确识别、及时报告、有效制止”,完善自查自纠,消除安全隐患、堵塞管理漏洞,把控好实质性风险。采取有效措施,坚决遏制不良贷款上升势头,同时加快清收进度。强化案防监督管理,保持对各类风险事件的高压态势,持续推进合规文化建设,定期组织网点消防、防爆等模拟预案演练,开设消防安全知识讲座等提升学习效果,落实办公场所安全用电定期检查等提高员工安全意识。夯实全员思想防线和制度防线,组织观看警示教育纪录片,赴清廉基地参观学习等,确保安全经营。

【文明城市创建】 自金华市创建全国文明城市工作以来,支行主动作为,为文明城市创建工作作出自己的贡献。主动学习并传达文明城市创建精神,对标对表改善网点服务环境、加大对全辖营业网点服务质量、环境卫生、服务标识、员工形象等项目的巡查力度和次数,做到及时发现及时整改。开展志愿者服务活动,落实礼让斑马线文明劝导工作。同时发挥工行社会影响力,利用海报、广告、跑马灯等媒介投放社会主义核心价值观、文明城市创建、法治社会与公民道德养成等社会标语,进一步担当社会责任,履行大行义务。

【疫情防控】 支行全力打好疫情防控阻击战,落实减息让费政策,支持企业复工复产;扎实做好“六稳”“六保”,聚焦支持生产制造业、民营企业和普惠金融发展,提升服务实体经济质效。紧抓疫情防控动态,疫情初期对基层网点进行多次走访慰问,检查及部署防疫工作,多次分发口罩、消毒液等物资,确保在疫情关键期依旧奋战在一线的员工们在做好为民服务的同时能够做好自我保护。开展党员奉献活动,配合网点做好客户体温测量、提醒佩戴口罩、营业场所消毒等工作,劝导客户尽量通过手机银行、网上银行等线上途径办理业务,最大程度减少病毒传播。持续做好辖内各网点疫情防控工作,积极落实亮码+测温+戴口罩,厅堂内做到及时通风、及时消毒、及时清洗,确保营业场所的干净、卫生、安全。

【主题教育】 支行以党建为引领,持续推进“不忘初心、牢记使命”主题教育,开展十九届四中、五中全会精神宣讲。开展“守初心 担使命 强作风 倡廉洁”主题党日活动、观影《金刚川》等进一步落实爱国主义教育。落实“慈善一日捐”、购买扶贫产品助力脱贫攻坚等。响应政府工作,主动担当社会责任。开展反诈骗金融知识讲座、“百城千家万名”整治拒收人民币现金主题宣传活动;驻点区政府金融超市深化金融服务等。

(翁燕鸿)

11月16日,工商银行金华婺城支行到金华火车西站开展“百城千家万名”整治拒收人民币现金主题宣传活动 (工商银行金华婺城支行供稿)

·中国农业银行股份有限公司金华婺城支行·

【概况】 2020年,农行婺城支行内设机构4个:综合管理部/纪委办公室、个人金融部、公司业务部、风险管理部/运营财会部;网点机构11个:营业中心、江北支行、城西支行、河上桥支行、农产品市场支行、浙师大支行、城北支行、汤溪支行、白龙桥支行、蒋堂支行、罗埠支行。婺城支行在职员工197名,其中男性76名、女性121名;平均年龄40.78岁;中级以上职称45名,初级以上职称105名;硕士研究生7名,本科141名,专科41名;党员86名,团员15名。行领导7名,中层正职(含主持工作)共15名,中层副职(含助理)21名,专职内勤副行长11名。

2020年,支行各项存款余额117.49亿元,比年初增加17.00亿元;日均存款余额113.50亿元,比上年日均增加17.73亿元。各项贷款余额137.89亿元,比年初增加27.49亿元;日均贷款余额127.71亿元,比上年日均增加 22.22 亿元。全年不良贷款余额 0.56 亿元，不良率 0.41%，信贷投向更加合理、贷款投放更加有力。全年实现营业收入 4.27 亿元、净利润 2.91 亿元、中间业务收入 1.19 亿元。

【支持中小企业发展】 2020 年，农行婺城支行以更优的服务，为企业复产注入更多金融“活水”。自疫情发生以来，支行主动承担金融主力军作用，打出“增效、纾困、提速、让利”组合拳，助力社会金融平稳，助力企业从“活下去”到“跑起来”。在疫情严重冲击下的一季度，对接客户 486 户，达成融资合作客户 87 户，有力驰援企业防疫需要。2020 年，支行贷款增量接近 30 亿元，其中复工复产企业新增投放 8.69 亿元。支持复工复产企业累计 119 户，累计投放 30.85 亿元。以足额信贷资源、全面减负让利等举措做好企业精准帮扶，实现信贷金融服务“零投诉”。

自 5 月 27 日农行金华分行与婺城区政府签署战略合作协议以后，农行婺城支行积极对接区委区政府战略规划，通过进一步加大信贷投放、全面对接婺城区建设等方式，推进合作，助力婺城经济图强，赶超发展。截至 2020 年年底，支行成功支持花博园项目、安居工程城改项目、飞扬小镇今飞小微园以及区城投、区交投等 8 个重点项目、授信金额合计 22 亿元，拟上报 25 亿元，已投放近 10 亿元。支行与区交投对接的婺城区创建绿色小水电示范区项目、智能交通科技产业园等 3 个项目正在报批中，积极对接铁路文化中心、蒋堂土地整治、燕语湖、洞溪工业园区、矿山综合、水上运动中心、城北跨境电商等项目，密切跟踪甬金衢上高速、高铁外绕线千亿项目。

农行婺城支行认真履行国有大行社会担当，深耕“智慧生活”产品创新和生态融合，努力担当作为，在助力民生工程中实现自身和社会效益双提升。2020 年，成功上线兰溪门智慧菜场、浙师微生活智慧食堂等多种场景建设，为客户提供智能化、个性化的贴心服务，为金融科技惠及民生提供有力支撑。同时派驻支行班子成员入驻区政府、协助谋划金融服务方案。参加区发展大会、铁西区对口合作交流座谈会等献计献策。

1 月 17 日，农行金华婺城支行召开“百行进万企”动员大会　　　　（农行婺城支行供稿）

【文明城市创建】 农行婺城支行坚持把优化窗口服务作为第一要务，把顾客满意作为第一标准，注重提升窗口服务水平和网点软环境质量，着力打造成市民的“贴心银行、全能银行、终身银行”。积极响应、主动融入、全面落实，致力于走在服务金华经济社会的最前列，在创建行动中充分发挥金融特色，贡献金融力量。

支行辖属的营业中心作为农行在金华地区首家“5G+智慧”网点，以科技赋能、数据贯通、生态共融为特色，因地制宜实行网点功能分区改造。改造之后的网点分为咨询引导区，自助服务区，智能服务区，综合服务区，高柜服务区等 8 个功能分区，重点突出便民化服务，实现个性化功能，构建和谐的网点生态，给广大市民带来智能金融服务“新体验”。其中，通过直接取消、数据查询、部门核验和告知承诺 4 种方式，实现诸多证明事项“无证明”办理，让客户获得感更高；通过推广小微网贷、抵押 e 贷、纳税 e 贷等线上融资产品的创新，实现客户融资“一次都不用跑”；通过“工商注册通”为新设企业提供从名称预先核准、登记核准、证照打印到账户开设的“一站式”服务。

在硬件设施更加智能化的同时，婺城农行营业中心用心打造成“服务一流”的智慧银行。在网点咨询导览台，客户可以了解农行网点分布图和交通路线，只需扫码便可导航定位，方便出行。在智慧货架，客户通过掌银等线上平台，领取农行特约商户推送的优惠券。在电子书吧,客户通过掌银一分扫下载感兴趣的书籍,在等待业务办理的空闲时间实现碎片化阅读。在5G体验区,客户通过扫描营销PAD上合作商家的二维码实现点餐订位。

此外,支行主动融入文明城市创建,在辖属网点均开辟“劳动者休息点”“学雷锋志愿服务站”,同时全身心投入创文系列活动中,在“礼让斑马线”文明出行志愿行动中,志愿者们风雨无阻,认真做好交通劝导工作;在“垃圾分类宣传”和环境美化志愿行动中,深入社区,在社区各个角落清理垃圾、指导监督垃圾分类,并向社区居民普及文明创建和金融知识;在助推金华美丽乡村建设中,走村入户,使农行服务理念走出网点,深入广袤农村,不断拓宽支农领域,为农民朋友带去金融知识和贴心服务;在“公益一杯水”活动中,青年志愿者为坚守在一线的高温工作者们送上爱心“一杯水”。2020年,支行在全辖范围内开展消费者权益保护教育宣传活动,累计开展宣传活动110场次,发放相关宣传手册及折页2万余份,进一步提升消费者对金融产品和服务认知能力。

通过“文明+金融”,支行把文明城市创建工作和提升金融窗口服务质量、业务水平相结合,苦修金融服务内功,提供文明、和谐、优质的金融服务,努力用实际行动为创建文明城市贡献金融力量,用金融“活水”浇灌“文明之花”。

【疫情防控】 2020年新春,在来势汹汹的新冠病毒肺炎疫情面前,农行婺城支行响应上级行党委的决策部署和工作要求,严格按照安全与服务“两手抓、两手都要硬、两战都要赢”的指导思想落实各项工作,展现国有大行社会责任与担当,确保防疫和复工两不误。

在疫情的高峰期,全行员工无人临阵退缩,畏惧不前。联防联控责任落实到每一位员工,第一时间全面排查掌握全行人员情况,分类抓好出入口的防控措施,对辖内11个营业场所的营业大厅入口、业务窗口、食堂门口实施最严密的疫情排查机制,确保不差一个点、不漏一个人,全员齐上阵筑牢群防群控的最严密防线。同时开展营业网点和办公场所全方位消毒,对网点柜台、自助机具、洗手间、餐厅等区域公共区域以及门把、开关等接触较多部位进行重点消杀,对收付所用现金用紫外线及臭氧仪器进行专门消杀,对出勤员工实行全面防护,口罩、手套、消毒水配套使用,保证自身安全。支行党委成员亲力亲为,发挥党员的模范带头作用,联系防疫物资,多方采购并第一时间送往基层一线;同时坚持每日到岗,参与全行秩序维护,定时检查疫情防控工作,并及时向上反映运营情况和员工诉求,为一线员工提供稳定的后勤保障。

1月24日,支行即成立新冠疫情防控工作领导小组,落细落实防疫措施,切实保障客户和员工的安全;2020年,支行加快走访对接企业脚步,飞速驰援防疫、抗疫金融需要。2月初,支行的客户经理全编到岗、全员就位,联系对接客户500余户,达成融资合作客户近100户。支行对防疫金融需求特事特办、急事急办,在专设绿色通道上不断跑出“农行速度”。以营业中心为例,成功为省发改委疫情防控重点保障企业——金华农产品物流中心有限公司扩大产能有融资需求,提供优质便捷的信贷服务,不到一周便为该企业发放贷款1亿元;成功发放200万元贷款支持政采云平台疫情供应商——浙江鸿信医疗投资管理有限公司,发放300万元贷款满足医药企业——浙江玖和医药有限公司的应急需求。

支行先后出台加大信贷投放、实行优惠利率、提供宽限服务等16条专项措施,并于3月31日,与婺城区人民政府金融工作办公室、婺城区经济商务局、婺城区财政局就支持中小企业融资等有关事项进行联合发文,支持辖内企业复工复产,切实为企业提供优质的金融服务,降低融资成本。全额满足战“疫”资金。全年复工复产企业新增投放8.69亿元。支持复工复产企业累计119户,累计投放30.85亿元。大幅降低企业融资成本。对国家级疫情防控重点保障企业,贷款利率按不高于年利率3.05%执行(最低可以到2.05%);对省级疫情防控重点企业,贷款利率按不高于3.75%执行;对其他疫情保障和生活物资保障类企业贷款利率,按最优惠幅度执行。同时大力推行减费让利,全力打赢疫情阻击战。积极引导客户线上办理金融业务。为减少不必要的交叉感染风险,该行积极引导客户线上申贷、用款、还款，大力推广"抵押 e 贷""房抵 e 贷""纳税 e 贷"等线上产品，年利率 4%。

（包晗娜）

12 月 12 日，农行金华婺城支行原婺江东路支行迁址更名为城北支行　　（农行婺城支行供稿）

·中国银行股份有限公司金华市婺城支行·

【概况】 2020 年是全面建成小康社会的关键之年，更是市分行新三年发展规划的关键之年。这一年，支行继续认真学习贯彻习近平新时代中国特色社会主义思想和党的十九大精神，紧密围绕市分行"以夯实根基为根本、以交易银行为基础、以维护绩效为目标、以党建工作为保障、以关爱员工为目标"的工作思路，不忘初心、牢记使命，早谋划早行动，以务实诚信的实干精神奋力拼搏，全面推动各项业务健康稳定发展。截至年末，支行本外币日均余额 72.46 亿元，较年初上升 8.66 亿元；各项贷款余额 95.91 亿元，比年初上升 12.14 亿元；实现营业净收入 2.67 亿元，净利润 1.63 亿元。

【党建引领】 支行积极创新"党建+"服务模式，各基层党支部建立党建墙，将党建融入业务、融入人心，扎实推进基层党建各项工作，不断增强党组织的创造力、凝聚力、战斗力。行领导班子强化"党建引领"的作用，要求党员干部走在前、冲在前，行班子成员身体力行、带头攻坚，克服困难，涌现一批团结协作、锐意进取、勇于赶超的先锋模范，特别是两支客户经理队伍更是冲锋在前。婺城支行被浙江省分行评为 2020 年度中银卓越集体、支行本部被市行评为 2020 年"开门红青年突击队"；共产党员姜军被浙江省分行评为 2020 年度消费扶贫标兵、金育华被评为 2020 年度浙江省分行优秀青年、唐晶被浙江省分行评为 2020 年度"百佳个人客户经理"、周峰被金华市分行评为优秀共产党员、孙婉茹获 2020 年度金华市分行中银卓越个人称号、张岚获评 2020 年金华市分行优秀复转军人等等。

【业务发展】 2020 年支行为夯实客户基础，狠抓客户基础业务。一是寻找入口广拓客户，实现批量获客渠道，以此带动中高端客户、基础客户群发展，如以聚合支付产品为抓手，对各市场个体经营户进行地毯式营销等；二是重视场景业务，带动基础客户的增长，如校园卡项目，云缴费项目等；三是积极响应总行代发薪业务三年专项行动计划和省行党委工作部署，制订代发薪行动方案，全员拓展，取得好成绩，获市分行专项竞赛第一。四是公私联动，不断调整营销对策，抓源头，提高全员参与度，极大提升网点对公基础结算账开户量，实现新增结算账户、公司有效账户的增幅和完成率列金华辖内前列。截至年末，基础结算账户新增开户超计划 25%、代发薪新增客户数超计划 228%、信用卡新增客户超计划 132%，均列金华市第一名。

【社会责任】 为缓解小微企业、个体户等"融资难、融资贵"问题，支行坚持推进普惠金融业务的发展，通过市场、园区等渠道宣传，实现普惠贷款新增 1.32 亿元，助力小微群体的成长。全力启动公积金拓面行动，深入走访企业，宣传普及公积金知识及项目缴存流程，响应市公积金服务民生需求号召，减轻企业负担，保障缴存职工的合理诉求，将业务拓展与民生服务深度融合。重视与各级消防大队/支队对接合作，共叙军银关系，为其提供金融服务上门活动，成功为消防队员们开立消防联名借记卡、激活手机银行、电子医保卡等业务合作领域积极发力，深化协同合作。与结对共建村婺城区长山乡宋家村保持着良好的联系，并把金融知识传给朴实的村民，也把农村勤劳勇敢的优良传统带到回支行，促进支行业务与结对村建设协同发展。参与金华市全国文明城市创建活动，在保障疫情期间员工和客户健康防护的同时，落实门前"五包"责任制，通过多种途径进行宣传教育，为金华文明城市建设出一份力。

【安全运营】 全面加强内控建设,增强员工的风险防范意识,提高员工的职业道德水平。自年初以来,支行制定明确的内控考核办法,多次开展制度执行梳理和整改回头看,同时每月召开内控例会进行分析,逐月考核到人,从制度、考核、学习等方面进行内控管理,建立健全了内控管理体制和工作机制,知敬畏,明底线,在反洗钱、外汇管理等方面加强学习及管理,高度重视内控管理,2020年支行内控每月考评基本位列全辖前三。

【队伍建设】 员工队伍是支行发展的最根本保证,支行将关爱关心员工放在重要的工作议程上,全方位开展员工培养工作。2020年完成了部分网点职工小家装修、给每个网点配备了咖啡机等设备,组织了团建活动7次,并建立了每周夜学制度,开展以客户基础为主的全员竞赛活动,既丰富了员工业余活动,又提升了员工学习业务知识的途径,还为员工创造了拓客争先的考核激励机制。实行生日卡送祝福、暑期送清凉、冬日送温暖等慰问活动,增强员工组织归属感和幸福感。鼓励员工投身于文明城市创建活动,积极参加公益献血、反假币反诈骗金融知识宣传等活动,承担社会责任。

(吕爱姣)

·中国建设银行股份有限公司婺城支行·

【概况】 2020年,中国建设银行股份有限公司金华婺城支行一般性存款时点余额22.28亿元;各项贷款余额21.63亿元;全行不良贷款余额237万元。资产质量明显改善。

【安全运营】 制定合规文化活动方案,营造全员、全面、全过程落实内控合规要求的文化氛围,强化内控合规意识,杜绝违规行为,防范案件,促进各项业务持续稳健发展。组织开展员工合规从业底线教育,宣讲案例等形式,让员工遵纪守法,遵循职业操守、廉洁从业、严格执行禁止性规定、懂得案件防控知识。

【网点管理】 细化精细化管理。通过强有力推进,员工日常将7S管理作为一种习惯,深深贯穿于每日作业中,管理效果初现,一定程度上提升支行的竞争力。

【文明城市创建】 结合创建全国文明城市工作,推进全行企业文化建设,巩固文明单位创建成果和深化文明创建内涵,组织企业视觉形象(VI)大检查,优化广告投放渠道和文明创建内容,履行好企业社会责任宣传,为创建工作营造浓厚氛围,切实负起责任,做到“守住点、巡好线、做实面”九字方针,细化责任机制,做到“定人、定岗、定责、定事”。

【疫情防控】 根据疫情形势,主动优化营业时间布局并及时向客户公示,配备酒精、消毒液、口罩等防疫用品,定时对办公场所和网点大厅进行通风消毒,对进入大厅人员进行体温测试和亮码工作,最大限度保证客户和员工健康安全。

【优化服务理念】 践行“以客户为中心”的服务理念,为客户提供安全放心、优质便捷的金融服务,不断提高服务品质,增强员工消保服务水平,扎实做好做细消费者权益保护工作,助力营造更加健康和谐的金融环境。

(方翠荷)

·金华银行股份有限公司婺城支行·

【概况】 2020年,金华银行婺城支行各项存款余额达514586万元,比年初增长28161万元,各项存款日均538813万元,比基数增长37113万元。各项贷款余额245679万元,比年初增长32421万元。其中:公司业务类贷款余额137463万元,比年初增长4441万元;小微业务类贷款余额53041万元,比年初增长4213万元;个人贷款余额38824万元,比年初增长26812万元;信用卡透支1154万元;票据贴现余额15147万元,比年初下降2684万元。支行年内已新增投放个人贷款592户,金额35534万元;小微企业贷款36户,金额25879万元;评级企业贷款9户,金额31540万元。年内累计新增投放630户,新增投放总额71413万元。

【零售业务】 支行坚守“零售”强基固本的经营定位,立足农村市场特性,抢抓重点市场机遇,持续推进营销管理,实现零售指标全面达标。紧抓区重点征收项目机遇,促进基础客户和储蓄存款稳步增长。7月,招标竞得高铁新城征收项目累计代发7亿元留存1.2亿元。9月,抢挖到市中心医院扩建征收项目累计代发1.3亿元留存2600万元;争取到白龙桥黄金苑区块城中村改造征收项目累计代发1.8亿元留存5000万元。转变观念主动出击,推动零售消费性贷款结硕果。在消费性贷款强监管严监管背景下,相继与区域内6个优质楼盘建立按揭贷款合作关系,年末个人住房按揭贷款比年初增长2.8亿元。统筹计划公私联动,汇集全员力量逐一攻克目标。不断增强员工"持续性、主动性、创造性"的"三性"营销能力,以"晒拼创"为载体,精心组织各类专项营销竞赛活动促进业绩逐一达标,年末市民卡金融账户存款完成率达141%,理财产品销售完成率达165%,有效客户拓展新增数达23772户全行排名第一。2020年,支行零售条线综合指标完成情况总得分位列全行第一名。

【拓展客群】 做好疫情期间金融服务,快速响应助力地方复工复产。2月,总支联动快速投放金鑫企业集团保民生物资供应需求贷款1亿元,开创全行首笔抗疫保障性贷款和全省首笔企业类不动产纯线上抵押登记两个"首开先河",服务案例相继被省、市、区各级主流媒体及行业公众号报道十余次,为金土地农资连锁、金婺农业等助企复工复产的"支农支小"金融服务支持案例,市、区主流媒体也相继给予多维度报道,极大提升了支行金融服务实体的美誉度。面对疫情影响带来的激烈市场竞争,支行充分发挥好支小贷、减免利息、减降利率等信贷政策工具,举全员之力稳存量促增量,累计新增投放支小再贷款15952万元,新拓小微条线客户159户,10631万元。构建立体拓客渠道,实现普惠金融服务提质增效。开展"深化三服务 普惠进千企""争先创优、双月攻坚""网格化进企拓客增户"等活动。4月,与区农信担保公司建立战略合作关系并稳步开展业务,累计办理合作业务4笔金额300万元;7月,支行配合总行牵头与金华市供销合作联合社签订总额20亿元的战略合作协议,并将合作覆盖面延伸至金华下辖各县(市)、区;9月末,与区退役军人事务局签订总额2亿元的战略合作协议。

【信贷投放】 扎稳规模化效益着力点,在经济下行及疫情影响民营企业实体风险趋增的大背景下,审时度势抓"两头"业务。加大国有平台贷款支持力度增规模。2020年新增投放市供销系统、区级国有企业贷款达4.5亿元,平均利率达到6.25%,在支持区域重点项目建设的同时不断提升支行影响力,也较好地锁定经营收益。加大小微贷款拓客力度增客群。小微、零售类贷款以支小贷、惠农贷、个人住房按揭贷款为业务突破,新增个人住房按揭贷款418户金额29506万元,平均利率5.22%,支小贷累计投放19294万元,平均利率4.25%。年末,支行公司类和零售类贷款增量齐头并进,有效信贷投放增量43318万元,有效遏制支行有效信贷(不含贴现、上划)连续四年下滑的态势。

【存贷业务结构优化】 质押类存款年内压降1000万元,2019年至2020年累计压降3.1亿元;退出活期类智能存款4户,到期协议都未续签,压降金额近1.5亿元,有效降低了支行负债端成本支出。优化贷款结构,年末贷款增量32421万元,剔减贴现后有效信贷投放达到230482万元。表内贷款业务担保结构明显优化,抵质率比年初提高3.56个百分点达58.94%。优化资产质量,信用风险得以效管控,2020年,支行通过持续风险排查、多策并举清收转化、加强贷款准入管理、及时督导通报等手段,较好地管控信用风险。先后完成瑞唐进出口2000万元解封转贷、鑫隆电子司贷款本息265万元平移转化等风险处置工作。截至2020年年末,除信华鞋业、热镀锌两户大额遗留问题贷款年内风险暴露及时采取诉讼催收外,其他信用风险实现有效管控。

【经营管理提档】 2020年,支行先后制订下发《关于进一步加强信贷管理工作的通知》《婺城支行信贷诉讼档案管理办法》等管理制度,夯实日常信贷基础管理。如:每月召开所有信贷人员月度工作会议;各类信贷台账已逐步健全完善,要求信贷从业人员每周将工作日志、信贷客户管理台账、信贷日常工作监测台账等上报管理科室、支行班子审阅;每月对月度贷后管理、日常工作执行、信贷差错整改、CRM系统使用等信贷管理情况进行督察,并形成月度信贷管理通报,相关问题进行通报并扣减积分;对总行新下发的文件、产品、制度等及时学习并书面测试，全年开展制度学习书面测试近300人次。运营管理质量有效提升。10月末，支行运营条线核算业务差错率为万分之0.0292，全行排名第八名，比上年度进位二名。银企对账率截至8月末重点客户100%，综合客户98%，重点客户对账率比上年提高0.25个百分点。创文工作有序推进。在做好创文各项工作推进的同时，确保在国检、省检期间、绿色出行周期间支行干部员工未发生一起违规问题。安全保卫工作稳步推进。全年开展全员安全业务培训2次，开展安全保卫检查14次，开展各类应急预案演练40次，对营业网点安防硬件改造3个，确保全年安全经营无事故。涉企惠民政策持续广泛宣传。全年组织开展“消费者权益保护”“信用关爱日”“防范非法集资”“全国反欺诈宣传日”“复工复产惠企政策”等各类涉企惠企、助民惠民政策宣传，参与宣传达到千余人次。

【基层党建】 以“七个有”为标准常态化开展基层党组织工作，每月开展“两学一做”主题党日活动，按要求召开民主生活会，相继开展“庆七一”系列主题党日、党建+志愿服务、党建+外拓营销、廉政集体谈话等活动。丰富员工业余生活，相继组织开展了庆三八节、“避暑纳凉”等有益的团队建设活动。组织开展“最佳投贷能手”“服务明星”等树先进典型评选活动。组织干部员工为罹患重病员工“爱心捐款”送温暖活动。全年多维度积极营造团结奋进、和谐温暖的团队文化。

（许美丹）

·浙江金华成泰农村商业银行股份有限公司·

【概况】 浙江金华成泰农村商业银行股份有限公司在金华市婺城区设有9家支行，分别是营业部、江南支行、江北支行、婺城支行、雅畈支行、乾西支行、琅琊支行、汤溪支行、罗埠支行。

2020年金华成泰农商银行在金华市委市政府、金东区委区政府的领导下，坚持“一手抓疫情防控、一手抓业务发展”，坚定服务乡村振兴、服务民营小微企业、服务地方经济发展，积极助力打造“重要窗口”建设，各项工作实现逆势突围。截至2020年末，全行各项存款余额274.39亿元，各项贷款余额217.27亿元。存款、贷款市场份额居市本级金融机构前列。其中婺城区各项存款余额155.65亿元、贷款余额94.17亿元。2020年荣获全省农信劳动竞赛一等奖；在金华市“稳企赋能 双月攻坚”活动中考核居第二名。

【“党建+金融”】 聚焦聚力“党建+金融”，助力金融服务走深走实。依托党建联盟，深化红色互动，以党建联盟深化“两新”互动，与婺城区组织部、“两新”工委联合下文，联盟覆盖所有乡镇(街道)和行政村(社区)。依托“党建+金融”模式，深化“红色互动”，积极融入婺城区委组织部“三师助企、无微不至”系列活动，为中南锦隆等小微企业园等11家党建联盟单位60家入园企业发放“小微成长贷”1.72亿元。党员模范带头，优化金融服务，积极开展“百名农信党干部访千企”活动，走访辖内各类重点支持企业1803家。

【稳企赋能】 聚焦聚力稳企赋能，助力民营企业提质增效。开展稳企赋能专项行动，推进“助企复工复产”“三服务”等专项行动，出台“八大惠企”金融服务抗疫政策，创新推出“工资贷”等拳头产品，新增小微企业贷款户数214户，贷款金额10.35亿元。积极运用“疫情防控专项再贷款”政策和“复产转贷款”政策，向婺城辖区企业发放疫情专项再贷款3.41亿元。减费让利减轻企业负担，通过免息、减息、让利形式，全年至少为婺城辖区企业减息让利5000万元。

【乡村振兴】 聚焦聚力乡村振兴，助力农民农村脱贫致富。做实农户小额普惠工作，与婺城区联合下发《农户小额普惠贷款试行办法》，与婺城区农业农村局共同召开农户小额普惠贷款集中推进动员会、低收入农户小额信贷工作布置会等，共推农户小额普惠，实现农户小额普惠贷款授信服务覆盖面达100%。婺城区已签约普惠客户3.86万户。推进“三资”管理系统上线，与婺城区签订合作协议，多次组织召开推进会，确定长山、蒋堂为首批试点乡镇，在婺城区安装各类设备292台。大力实施乡村振兴战略，为解决花卉苗木评估难、确权难、登记难、保管难“四难”问题，首创推出“花木贷”，首期设立10亿元专项资金支持花卉苗木产业发展。积极推进服务乡村振兴战略工程,2020年婺城辖区新增涉农贷款9614户、金额6.73亿元。

【数据转型】 聚焦聚力数据转型,助力"最多跑一次"换挡提速。数据赋能"无形"信用变"有形"资产,与金华市发改委合作,创新推出"信义金e贷",金华本地市民信义金值达500分即可申请, 分值越高、额度越高。婺城辖区已签约2.02万户、金额14.06亿元。税银联动实现业务办理"一站式"。与税务部门合作, 在婺城区设立覆盖全域的自助办税点——"金税e站"14个, 为6万余户纳税人提供"单点跑、就近跑"的办税服务。同时创新推出"金税e贷"纯线上贷款产品,通过无感授信实现企业办贷"一次不用跑",有效解决企业担保难题。政银互通推进民生服务"零距离",将水电气网等民生政务服务延伸至本行基层网点。

(何诚毅)

·金华市婺城区万通小额贷款有限公司·

【概况】 金华市婺城区万通小额贷款有限公司是一家以"服务'三农'、服务小微企业"为工作宗旨,从事小额放款和金融活动的新型金融组织。作为银行等金融机构的有效补充,公司发挥金融毛细血管的作用,贯彻"小额、分散"的服务宗旨,繁荣市场经济,拓宽市场融资渠道,扶持"三农"经济,携手中小微企业及个人创业者共谋发展。

公司成立于2009年, 是由万里扬集团有限公司联合其他几家企业和自然人发起,注册资本人民币1.85亿元,是浙江省小额贷款公司行业协会理事单位, 金华市小额贷款公司行业协会副会长单位,是市本级首家小额贷款公司。公司依托股东强大的实业背景,拥有一支专业化金融管理团队,秉承"责任、尊重、沟通"的企业理念,合法合规经营,在促进自身持续健康发展的过程中, 承担起服务区域经济发展和社会和谐进步的重责, 和同业一起树立起金华小贷的良好品牌形象,共同繁荣行业的发展。公司自成立以后,先后获得浙江省A+级优秀小额贷款公司、创新服务中小微企业、金华市纳税超千万元大户、小额贷款公司信用建设示范单位等荣誉称号。

2020年受疫情的影响,在严峻形势下公司仍秉持着"服务'三农'、服务小微企业"的工作宗旨,把"小微企业、小额贷款" 定位为公司的长期经营目标,在风险可控的范围内满足区域内小微企业的合理融资需求。

【经营管理】 2020年,公司坚持服务小企业、农业,共支持小微普惠贷贷款13268万元,占总发放贷款的43%。为保证公司合理有序开展,制定相关公司治理、内部管理、业务管理、风险防控等方面的各项制度, 严格按股东资格和高管资格管理的要求,从设立后,高管的变更,符合省金融办的变更规范标准制度。公司的业务开展严格执行省金融办、上市办等文件的有关规定。

(张秋艳)

·金华市婺城区丰银小额贷款有限公司·

【概况】 金华市婺城区丰银小额贷款有限公司(以下简称公司)成立于2012年12月,由浙江高峰控股集团有限公司联合其他十余家企业和自然人发起,现注册资本人民币10364万元,是浙江省小额贷款公司行业协会及金华市小额贷款公司行业协会成员。

2020年, 公司高度关注和积极应对经济环境变化,面对内控案防及客户质量的新压力,通过"小额、分散"的贷款方式,强化案防监督管理,完善自查自纠,加强警示教育,把控好实质性风险,确保安全经营,积极支持中小企业和"三农"的发展。公司全年发放贷款187笔,金额174244000元;收回贷181笔,金额170516026.8元,年末贷款余额87384097.21元。

【助力小微企业】 公司围绕"发展、控险、增效"的战略要求,凝心聚力、克难攻坚,积极支持小微企业,推进地方经济发展。从本区域实际出发,以倡导诚信合作、实现互惠共赢的办事宗旨,针对市本级不同类型的中小企业及个人客户, 围绕其实际需求,推出信用、担保、抵押等多样的贷款类型,发挥"方便、快捷、灵活"的特点,以低于民间借贷的贷款利率,帮助解决小微企业的资金需求。

【信息系统平台建立】 公司全面接入省小额贷款公司信息系统平台, 业务开展严格执行省金融办、上市办等文件的有关规定,有效规范公司业务活动和财务活动行为。与员工签订廉洁自律责任书,强化员工的合规文化教育,规范放贷行为,防范案件,促进业务健康有序发展,狠抓文明优质工作,为客户提供周到、便捷、高效服务。

【企业自身建设】 积极配合市、区两级金融办组织的检查考核,及其他监管部门组织的常规性和临时性检查。及时主动向区财政局、金融办等报送相关数据。构建学习型组织,参与省、市小贷协会组织的各项活动及培训,认真学习贯彻《中华人民共和国民法典》,关注员工发展,重视员工业务和技能的培养与提升,增强员工凝聚力。

(周　蕾)

保险机构

·中国人民财产保险股份有限公司金华市婺城支公司·

【概况】 中国人民财产保险股份有限公司金华市婺城支公司(以下简称公司)以客户为中心,不断拓宽服务范围,下设汤溪营业部、白龙桥营业部、雅畈营销服务部、金瓯路营销服务部、罗店营销服务部,提供涵盖机动车辆险、家庭财产险、企业财产险、船舶货运险、责任信用险、意外伤害险、农村保险等近百个险种,充分发挥了保险的“经济助推器”和“社会稳定器”功能。

【服务“三农”】 2020年,公司发挥保险在服务“三农”、助力农业农村现代化建设、助推乡村振兴的重要作用,与婺城区农业农村局签署战略合作协议,加强政府与企业合作,共同推进农业保险提标增品扩面,不断满足农业生产经营主体对农业保险的多样化需求,更好地服务现代化农业农村建设。因地制宜发展新险种,推出“金粮安”(水稻种植保险附加损失补充保险)、“金猪安”(生猪养殖扩展保险金额保险)地方特色保险,为农产品增产保供保驾护航。在全区启动农业“标准地”改革的大背景下,创新推出土地经营权流转租金支付履约保证保险,既化解了农业经营主体因自然灾害、不利市场行情等因素未能按规定时间缴纳土地租金承担的风险,又保障了土地所有者的经济利益,有效化解农村土地流转风险,提高农村土地流转的效率,为地方政府监管土地流转提供了强有力的保障。

【护航地方发展】 公司充分发挥保险的风险管理和保障功能,为促进地方经济发展、参与社会管理、改善人民生活,提供更高质量、更有效的保险服务。疫情期间,为加速推进全区企业复工复产,切实消除企业的后顾之忧,在金华市委市政府和金华银保监分局的指导下,在婺城区财政局、区经济商务局的组织协调下,公司为婺城区475家企业承保复工复产企业防疫综合保险,总计承担7125万元的复工防疫风险保障,帮助企业安心进行生产经营。

为深刻吸取“6·13”沈海高速温岭段道路交通槽罐车爆炸事故教训,协助地方运管部门做好危险货物运输行业风险管控工作,在全市道路危险货物运输行业安全专题会议上,公司代表详细介绍“保险+服务+科技”的新型保险风险管理模式,帮助企业降低道路交通安全风险,减少事故发生概率。

为落实金融保险助推健康扶贫工作,减轻低收入农户看病负担,公司与区农业农村局签订低收入农户医疗补充保险合同,为全区3768名低收入农户提供高额医疗补充保险保障,有效防止其因病致贫、因病返贫,该保险保障受到政府和百姓的广泛关注。此外,针对校园安全需求,公司为婺城区中小学和幼儿园6万多名学生与4000多名教师提供总计884亿元保额的安全保险保障;针对平安出行保障,公司为婺城区81家行政事业单位2000多名在职公务人员提供公共交通意外险保险保障。

(卢珊珊)

·中国人寿保险股份有限公司金华分公司·

【概况】 中国人寿保险股份有限公司金华分公司是《财富》世界500强企业中国人寿集团旗下的地市级分支机构,地址位于金华市婺城区丹溪路633号。公司主营业务为人寿、意外和健康保险产品,涵盖生存、养老、疾病、医疗、身故、残疾等多种保障范围,公司下设6个县市支公司,全市共有65个营销服务部和营业部,机构遍布金华主要的乡镇,辐射到广大农村地区。截至2020年年底,全市系统共有干部员工440人,代理制销售人员约8000人。

2020年,公司克服新冠肺炎疫情带来的不利影响,各项主要经营指标同比均实现正增长。实现总保费收入56.7亿元,同比增长12.5%,市场份额38.2%,稳居市场第一。其中首年标准保费4.3亿元,同比增长2.4%;达成首年期交保费8.9亿元,同比增长11%;保障型业务3.18亿元,同比增长6%;短期险保费2.95亿元,同比增长2%。续期保费35.2亿元,同比增长13%。2020年公司在金华市本级缴纳各类税款1874万元,全市系统缴纳税款3938万元。

【理赔服务】 2020年,公司各类理赔、给付金额共14.5亿元,处理赔款案件14.9万件。优化理赔流程,开展"重疾一日赔"快捷理赔工作,全年给付850件,金额4500多万元。持续推进"微信理赔""e店理赔""中国人寿寿险APP理赔"等线上理赔服务,让客户到柜面的距离,变成从指尖到屏幕的距离,其中1万元以下的医疗费用赔案免交纸质资料。公司在金华业内率先建立"理赔直付"平台,全年直付7.6万件。其中兰溪市扶贫保险实现"一站式实时理赔直付",为全省系统首创。参保人就医后,保险理赔款作为医疗费用支付方式之一,与社保基金等同时结算,客户"免垫资、免申请、免资料、免奔波、免等待",在"最多跑一次"上实现新突破。推进服务质量提升,组织少儿绘画大赛、"国寿616"客户服务节、"国寿700健行"等大型活动,累计服务客户达到2万多人次。持续巩固消费者权益工作。开展公众宣传。开展"7·8"保险公众宣传日宣传活动,组织"金融知识宣传月"活动,通过行风热线、"保险下乡"等工作提升社会民众的保险意识。

【经营管理】 全面推进高质量发展,提升队伍硬实力。个险渠道强化制度经营,深入落实 "三金工程",奋力探索高质量增员育成。银保渠道以实动人力为核心,推进"精干、高效、专业"队伍建设。团险渠道加强活动量管理和考核,推动销售队伍扎根市场,做优做大农村板块业务。统筹好业务发展和经营效益的关系,合理配置资源。持续提升精细化管理水平,加强财务预算的杠杆与导向作用。积极探索创新,运用线上工具开展增员、管理、获客,加大客户引流力度。创新开展工伤补充保险、电瓶保业务,深挖潜在市场空间。科技赋能进一步强化,2020年度 e化服务率98.7%。完成理赔直付对接新一代系统,开发个账购买商业健康险、车辆管理系统、电子发票管理系统等项目。持续强化内部管控,开展"2020年重点风险专项治理工作"、非法集资风险排查、乱象整治"回头看"等排查工作。加强风控联系人(联络员)队伍建设,开展非法集资风险排查整治,完成反洗钱客户信息治理。做好法律合规工作。全年开展辅导式教育17场,辅导人员609人。履行同级监督,每月开展公车使用、招待费、宣传费情况检查。

【政保合作】 做好大病保险服务,大病选缴比例超过80%。三年来,项目共为31万名大病患者减轻负担超36亿元,受到浙江省副省长成岳冲、国家医保局的肯定,并登上《人民日报》《金融时报》《经济日报》等多家媒体。公司率先推出工伤补充保险,并承办"工伤预防 安全生产 和美金华"三年行动启动大会,向广大企业宣传工伤预防、风险防范知识等内容,共组织50余场,参会企业4000多家次。扶贫保险覆盖面继续扩大,新增浦江、磐安保险项目。

【疫情防控】 面对年初突然爆发的新冠疫情,全公司认真贯彻各级政府、监管部门的工作部署,认真做好营业场所疫情防控,对全体从业人员进行疫情跟踪排查,确保员工和客户的安全健康。公司向全市医护人员、防疫志愿者捐赠专属保险保障,通过互联网渠道进行个人赠险,累计风险保额超300亿元。向市区大中小学捐赠防疫物资助力复工复学,组织捐款捐物,共计金额16万元。研究部署支持企业复工复产相关举措,支持实体经济发展,推出"关爱保"专属团体保险产品方案。

【加强党建】 持续打造"党建引领型"公司,开展学习党的十九届四中、五中全会精神,基层党支部开展"风险警示教育"、参观粟裕将军纪念馆、"习近平强军思想与企业管理"等主题党日活动。深入开展营销员队伍党建工作,设立营销功能型党支部。全市举办"干在实处显担当,走在前列有作为"微党课比赛。落实习近平总书记关于坚决制止餐饮浪费重要指示精神。开展文明创建工作,不断完善创建机制,开展创建活动,工作成效明显。开展"厉行勤俭节约、反对餐饮浪费"专题组织生活会。公司被评为省级文明单位,下属东阳支公司被评为第六届“全国文明单位”。公司获得金华市创建全国文明城市工作精品文明示范窗口、先进集体等荣誉。开展精准扶贫工作,落实扶贫工作机制,推广低收入农户保险等扶贫产品,覆盖低收入人群3.3万人。全年捐助扶贫资金6万元,采购扶贫商品12万元。公司两级党组织与市、县医保局党组织联合开展两轮大病赔付对象走访。

(张之彬)

旅 游

综 述

【基本情况】 婺城区拥有国家AAAA级旅游景区2个,国家AAA级旅游景区4个。省级旅游度假区1个。省AAAA级景区镇(乡)1个,AAA级景区镇(乡)3个。省AAA级景区村庄16个,AA级景区村庄19个,A级景区村庄53个。2020年,为深入推进"都市经济创新城 美好生活幸福城"战略,以全域旅游目的地建设为总抓手,发展乡村休闲旅游,提升旅游公共服务水平,拓展客源市场。克服新冠疫情带来的不利影响,全年全区接待游客1045.39万人次,实现旅游收入95.76亿元,均同比增长3.94%。

【入境旅游】 2020年,接待入境游客0.033万人次,同比下降85.33%;旅游收入9.31万美元,同比下降91.33%。

【国内旅游】 2020年,接待国内游客1045.23万人次,同比增长4.67%,旅游收入95.76亿元,同比增长4.67%。

【乡村旅游】 2020年,婺城乡村旅游全年接待游客181.15万人次,同比增长1.77%;实现旅游收入1.18亿元,同比下降30.2%。

【假日旅游】 元旦重点旅游景区(AAAA级及以上)接待游客6.77万人次,门票收入7.2万元;春节黄金周受新型冠状病毒疫情影响,景区、文化场所、体育场所暂停开放,各类文化旅游体育活动暂停组织,共接待游客0.96万人次,旅游总收入882.02万元,较上年春节假日期间均下降96.95%。五一节假日重点旅游景区(AAAA级及以上)接待游客7.95万人次,门票收入58.36万元;下半年疫情得到有效控制,"十一"黄金周接待游客70.05万人次,实现旅游收入4.13亿元。

【旅游规划】 委托编制《婺城区全域旅游发展规划》和《婺城区文化旅游业发展"十四五"规划》,完成规划中间稿编制。

【景区创建】 2020年,金华双龙风景旅游区入围国家AAAAA级旅游景区评选;婺州古城景区评定为国家AAAA级旅游景区;金华农耕文化园、浙江巨龙温泉旅游度假村通过国家AAA级旅游景区复核。安地镇创建为省AAAA级景区镇(乡),雅畈镇创建为省AAA级景区镇(乡)。创建成功省级景区村庄22个,其中罗店镇大岭村、雅畈镇汉灶村、白龙桥镇新昌桥村、莘畈乡祝村村、莘畈乡方家村创建为省AAA级景区村庄。

【景区管理】 与区大数据中心做好"金华城市大脑——婺城平台"中"一机游""一码通"的前期对接工作,将面向游客和文旅企业,提供旅游信息发布、交流服务、电商服务以及管理服务等。开展A级旅游景区服务大提升行动,推动"最多跑一次"改革向全区A级旅游景区延伸覆盖,以服务提升和高质量发展为重点,全面增强群众的满意感和获得感,加快打造高质量文化供给地、高品质旅游目的地。

【旅游基础设施管理】 二环内旅游交通标识完成设置,建成雅畈镇、安地镇、市区至仙源湖、市区至金西的旅游交通标识牌和塔石乡旅游标识系统。新建改建完成8座旅游厕所,完成电子地图标注工作,标注率100%;婺州古城酒坊巷、仙源湖旅游集散中心、琅琊镇泉口村3处厕所评定为AAA级旅游厕所。金华市燕语湖国际垂钓中心(二期)综合开发项目,完成小车停车场绿化施工,十二杉房项目完成设计招标;熊猫猪猪两头乌欢乐牧场,两头乌博物馆结顶,园区内部道路完成基础层施工;金华铁路博物馆展陈,完成老物件收、布展。

【"旅游+"项目】 竹马乡入选第五批金华市非物质文化遗产旅游景区(非遗主题小镇);琅琊镇泉口村、蒋堂镇泽口村、白龙桥镇新昌桥村入选(民俗文化村)。金华农耕文化园、诗画岩头非遗文创研学基地、喻斯生态旅游景区研学实践教育基地评定为金华市中小学生研学实践教育基地。碟来原素酒店、老金华饭店公布为第二批"诗画浙江·百县千碗"美食体验店。penpkids·PENPKIDS儿童餐具礼盒套装、古瓷源·婺窑茶具系列获"2020中国特色旅游商品大赛"铜奖,全面推动展示商品转变为旅游商品。

【乡村民宿发展】 依照《民宿基本要求与评价》(DB 33/T 2048—2017)省级地方标准,推进山水间·宿在山间、竹坞、梧杉隐居等民宿高质量发展。

区级以上旅游景点

【婺州古城】 婺州古城依江而建,地处义乌江、武义江、金华江三江交汇口,与五百滩江心洲、燕尾洲遥遥相望,形成"两洲相望,三江汇流,城水相依"的山水古城格局。古子城是金华古城双城格局中的"内城",始建于唐昭宗天复三年(903年),距今已有1100多年历史,曾是历史上府署、监察、试院、文庙的聚集地,是金华历代的政治、文化、军事中心,(据明万历《金华府志》及光绪《金华县志》记载,旧子城,周四里,城有四门,南为保宁门,东为熙春门,西为桐树门,北为金华门。相传子城废于宋朝时,明万历时尚留保宁门和桐树门。保宁门于2004年在原址重建,熙春门已在熙春巷口立碑纪念;桐树门、金华门已不复存在。历经千年沧桑,婺州古城经受了战争的摧残和城市化建设的影响,整体格局在一定程度上受到了破坏,但八咏路、酒坊巷、鼓楼里、石榴巷、旌孝街等街区仍保存着15000平方米的历史建筑,是金华市区唯一一处保存相对完整的历史街区。

【金华动物园】 位于仙源湖省级旅游度假区内,距金华市区12千米,占地400余亩,是以野生动物观赏、集科普教育、休闲观光为一体的山地生态动物园,是国家AAA级旅游景区、浙江省科普教育基地、金华市中小学生实践教育基地,景区展览来自世界各地的珍稀濒危野生动物近100种2000多头(只)。

【金华农耕文化园】 是国家AAA级旅游景区、省休闲农业与乡村旅游示范点、省运动休闲旅游示范基地、省果蔬采摘旅游基地,位于白龙桥镇高桥村,占地面积26.67公顷,景区以农耕文化元素为主题,有土灶自烧、果蔬采摘、捉泥鳅等十余项农耕体验项目和滑草、卡丁车、水上高尔夫、真人CS射击等运动项目,适合家庭亲子游、团队活动、朋友聚会。

【浙江巨龙温泉旅游度假村】 巨龙温泉旅游度假村位于仙源湖旅游度假区内,是国家AAA级旅游景区、婺城区首家职工疗休养基地,总投资5.8亿元,占地8.67公顷,是集温泉疗养、水上运动、旅游度假、住宿餐饮、商务会议等多元业态于一体的都市休养温泉产业集群。温泉来自地下深度1596米的热矿泉水,出水口温度46℃,水质优良,是名副其实的医疗养生温泉。巨龙水世界设计建设了海啸池、彩虹滑梯、儿童水寨、漂流河等10项国内先进的水上娱乐项目。

(范雯思)

教 育

综 述

【基本情况】 2020年，婺城区教育局全面提升教育现代化水平。成功创建“浙江省教育基本现代化区”“浙江省学习型城市”“省区域推进语言文字规范化区”，成为首批“浙江省人工智能教育实验区”，“两书一信”家校共育获全国“2020民生示范工程”。

【组织建设】 2020年，婺城区全域推进“中小学校党组织领导下的校长负责制”省级试点工作，出台《中小学校党组织领导下的校长负责制工作方案》和《婺城区中小学校党组织领导下及校长负责制实施办法》，全区公办学校书记校长一肩挑的比例由78.38%上升至94.59%，24个学校设置专职副书记。实施两新组织“双覆盖”，对全区民办学校、幼儿园、培训机构做好发展党员、培育党组织工作，有党员的单建支部或联合组建支部，无党员的选派党建指导员，实现党建工作全覆盖。全面从严治党，从严治校，出台“410”清廉学校规范化创建指南，全区学校开展“清廉学校”创建，获评第一批“金华市清廉学校示范校”5所。建成环城小学“党建+温暖教育”、婺城中学“党建+和润教育”、荣光国际学校“红色传承”等一批党建示范品牌。

【基础设施提档】 2020年，婺城区立足服务区域发展，高起点、高标准制定《婺城区中小学与幼儿园专项布局规划》，优化教育布局，紧抓基础设施建设。基建项目提速，全年共实施基建项目20个，总投资10.623亿元，其中2020年投资建设资金4.141亿元，已完成投资4.204亿元，10个项目完工投入使用。婺城区2020年“第一期百亿”项目集中开工仪式在金华五中成美校区（婺城二中）举行，五中成美校区新建工程项目获二季度区“争先创优百日提速”骏马奖，丰亭东路幼儿园新建项目获四季度区骏马奖。大项目均获得浙江省建设工程质量最高奖“钱江杯”或“双龙杯”。设施设备升级。投入资金1146万元用于智慧校园建设及教学设施设备提升，全区100%学校建成互动可视录播系统，新增一体机119套、电脑591台、课桌椅8300套、新建15个创客教室，25个新型空间，优化提升科学、化学、音乐、美术专用教室16个，智能食堂改造45所，教室新装空调230间。实施“明眸摘镜”工程，改造视觉环境优化教室332个。投入1200万元全面推进“智安校园”建设，全区中小学、幼儿园100%完成建设，均达国家级安防建设标准。学前教育补短。实施学前教育“四个一批”补短提升行动，出台《金华市婺城区幼儿园专项布局规划(2020—2035)》，多措并举推动学前教育增量提质。实施“二十百”工程，推进幼儿园项目建设，新（改、扩）建区实验幼儿园等公办园5所，收购府上街幼儿园等民办园4所，撤并低小散幼儿园（教学点）11所，实施“一园一策”，完成城镇小区配套幼儿园治理任务，整治民办幼儿园30所，新增公办幼儿园学位2370个。公办幼儿园招生覆盖面达47.5%，二级及以上幼儿园招生覆盖面61.24%，普惠园园所占比达85.85%、招生覆盖面达85.7%。

【队伍建设】 2020年，婺城区全面加强中小学、幼儿园教师队伍建设。引进优秀教师。严格执行教师准入制度，扩大中小学招聘自主权，完善教师待遇保障机制,加大优秀人才招引力度,实现“教师工资收入不低于公务员”。2020年录用的新教师中,面向2020届优秀毕业生和区外名师招聘引进占比达54%。公办幼儿园公开招聘在编幼儿教师11名,非编教师141名。强化师德师风。坚持师德师风建设常抓不懈,开展师德师风学习教育,中小学校违规补课、在职教师有偿家教专项整治行动,对违规教师进行诫勉谈话,坚决执行师德师风“一票否决制”。开展区师德演讲比赛,评出获奖教师26人。开展各类先进选树活动,获省春蚕奖2人,省“三育人”先进个人1人。评出区级最美教师25人、提名奖16人,获评市级最美教师1人、提名奖1人。“家庭事业兼顾型”区级先进个人66人,获市级先进个人5人,省级先进个人1人。提升业务水平。深入实施教师梯队攀登计划,充分利用名特教师工作室、青年教师研修班等平台,助推教师专业化发展。建成名特教师工作室13个,实现名特教师工作室建设全覆盖。成立新教师成长学堂,打造教师梯队成长通道,有力促进教师人才专业化成长,打造一支稳定、有基础、有后劲的教师队伍。2020年新增浙派名师名校长培养人选4名,正高级教师2名,评出区优秀班主任163名,获评市优秀班主任15名。2个教科研课题获省教育科学研究优秀成果一等奖;3家幼儿园获省先进教研组;实验中学2位教师分别获全国职业院校技能大赛二等奖、全省中等职业学校职业技能大赛一等奖;186篇教师论文获国家级、省级奖项。

【五育并举,立德树人】 2020年,婺城区全面贯彻落实党的教育方针,立德树人再强化。始终把立德树人融入教育教学全过程,紧扣“系好人生第一粒扣子”教育活动要求,实施“思想铸魂”工程,做好“三个教育”(爱国主义、生命教育、感恩教育),以红色引领打造“德育+”模式。推进双堂双进、研学旅行,创成“金种子文明育人”“温暖家校”等市级中小学德育品牌13个,其中五星级4个。教育局局长给学生上好开学思政第一课,青春中学“纪念全民族抗战爆发83周年”思政活动上央视《新闻联播》。综合素养再提升。做好“五项常规”(体育锻炼、课外阅读、劳动教育、自主学习、亲子互动),大力推行“天天阅读”,明确“七个推进”;推进阳光体育,倡导“每天多睡一小时,每天运动一小时”,开展阳光体育示范学校创建活动。学生及其家庭成员积极参与全民阅读活动,在市中华经典诵读大赛中,婺城区名列前茅,金华五中、环城第二小学代表金华市参加省赛,分别获省初中组第一名、小学组第二名。2020年省青少年足球锦标赛,金华五中、金华九中联队再获冠军。2020年省十一届中小学生校园足球联赛,金华九中获冠军,环城第二小学获省小学生篮球比赛亚军。课程改革再走实。开齐开足开好国家规定课程,一年级严格落实“零起点”教学。学校开展丰富多彩的拓展性课程,结合“学为中心”课堂,定期开展聚焦课堂教学质量的主题教研活动,通过集体备课提高课堂效率,组建婺城区集体备课指导组,明确“七个强化”。教学质量持续领先,中考学科优秀率、合格率等各项评估指标名列金华大市第一。推进以游戏为基本活动的幼儿园课程改革,坚决防止学前教育“小学化”倾向,培育“幼小衔接”示范点。创新课后托管服务模式,鼓励学校开展课后托管多样化形式探索,学生参与率达66%。提质减负再升级。进校园活动实行清单管理,严格控制数量、时长等,减轻学校、教师、学生负担。各级部门不得随意要求学校组织学生参加与教育教学无关的活动,也不得随意增加清单之外的活动。鼓励学校和教师积极创新“提质减负”的方法与路径,以“精准教学、精准学习”为宗旨提高教学质量和学习效能,规范作业布置,凡布置学生做的作业教师必须精

11月21日,2020年金华市婺城区首届教育节开幕式暨综合素质教育实践基地(莘畈)授牌仪式现场

(区教育局供稿)

选、先做、分层、全批。资源配置再优化。深化“名校+”集团化办学，积极推动“优质学校+潜力学校”的“A+X”模式落细落实。以名校带新校、名校带弱校的模式，扩大优质学前教育资源辐射范围，依托金华四中、浙师大办好四中玉泉校区（原金华十六中）、婺州外国语学校，共建立 14 个中小学教育集团，4 个学前教育集团，实现全覆盖。实施“互联网+义务教育”结对帮扶，建成 56 个校园录播教室，城乡同上一堂课，为农村及边远地区学校师生提供优质教育教学资源和互动交流平台，覆盖率达 75%。

【家校共育】 2020 年，婺城区营造优质教育生态。营造和谐良好的家庭环境。首创“两书一信”家校共育活动，制定《家长成长学院建设方案》，搭建数字化家长学校、“家长成长学院+家长课堂”两级平台，开展“家庭教育周”活动、“家庭教育三百工程”（百名智慧家长、百家和谐家庭、百名优秀导师）表彰，做法得到省教育厅领导、专家的高度肯定，并入选中国 2020 年民生示范工程。成功举办婺城区首届教育节，全面展示婺城教育成果，参与层面广，传播效果好。全国地市级教育学院教师教育高峰论坛在婺城区举行。营造健康安全的教育环境。全面落实“党政同责、一岗双责、齐抓共管”安全综治责任机制，精密智控、精准服务两手抓，筑牢校园防疫防护墙，建立师生健康档案，做到师生健康状况“日日清”。全面推进“智安校园”建设，强化校园安全保障，织密防溺水、交通安全、食品安全等的“防护网”。开展依法治校示范校创建，新增市级依法治校示范校 3 所，区级 8 所。率先实现食堂 4D 管理全覆盖，“阳光食堂、透明厨房”全面铺开，确保师生吃上放心营养餐。同时，高度重视青少年心理健康，区级未成年人心理健康辅导中心、学校心理健康辅导室提供线上线下全天候服务。到学校巡回开展“迎接青春期　预防性侵害”等专题讲座，开通《打开心锁》栏目，进行心理健康知识系列推送。营造清朗向上的社会环境。把“最多跑一次”和“三服务”深度融合，开展志愿服务、社区共建，优化办事流程，提高服务效能，实现教师资格认定“跑零次”。开展校外培训机构专项整治行动，肃清无证经营、扰乱市场的校外培训机构，并形成长效监管机制。打造教育宣传大格局，多层次、全方位、立体式讲好婺城教育故事，婺城教育知名度和美誉度不断提升。

11 月 26—27 日，全国地市级教育学院教师教育高峰论坛开幕式在婺城举办　（区教育局供稿）

【文明城市创建】 以“花满校园”建设和“文明城市”创建为契机，开展“文明校园”创建。强化校园安全保障，做优“一校一品”，全域推进“厕所革命”、垃圾分类，加强未成年人思想道德建设、行为养成培养。全面提升校园环境，全面提升学生文明素养。“文明示范校园”达标比例全市第一，100%学校创成区级以上文明校园，二环外学校 100%达到市级示范标准，二环内学校 95%达到市级示范标准，“乡镇文明示范学校”项目获评市骏马奖。

【疫情防控】 2020 年疫情期间，婺城区教育局牵头组建铁路金华站疫情防控专班，成立铁路金华站查控点临时党支部，查验旅客 572430 人，排查预警旅客 2122 人，转移发热旅客 121 人。被市委、市政府授予第二批“战疫先锋”团队称号，区委、区政府第一批“战疫先锋”团队称号，获市委书记批示肯定，防控举措获央视报道。做好“停课不停学”，推出高质量名师公益直播课 1515 节，开设思政、心理课等特色课堂，累计收看人次超 1000 万；组建关爱服务团 118 个，累计走访服务 197 人次，区未成年人心理健康辅导站疏导超 600 人次。全区中小学、幼儿园、培训机构平稳复学，帮助 1400 余名企业员工解决子女就学问题，助力企业复工复产。

教育人事管理

【概况】 2020年,婺城区招聘录用高校毕业生105人,其中面向应届优秀毕业生招聘录用49人,并首次开展学校自主招聘尝试,实验中学、金华四中、金华五中、金师附小、环城小学、浙师大附小、婺城小学七所学校通过自主招聘签约录用2020届应届优秀毕业生17人。2020春季面向社会公开招聘48人,从区外调入、引进优秀教师19人,2020年5月和2020年9月分两批安置优秀退役运动员8人。2020年12月底全区中小学、幼儿园实有编内教师3183人,退休教师1813人。

【教师培养】 2020年教师队伍成长成果丰硕,金师附小俞正强担任首届教育部基础教育教学指导委员会数学指导专委会副主任委员,环城小学王伟文、金师附小吴新君获评正高级职称教师;金师附小周伟英、区机关幼儿园夏丽娟获评浙江省春蚕奖;青春中学施亚夫获评浙江省“三育人”先进个人;环城二小金建琴、金华五中林优、金华九中王琼、金华四中(玉泉校区)朱少华入选浙派名师名校长培养人选;实验中学夏珊珊、东市街小学罗美君等多位教师在全国相关技能竞赛中获得一、二等奖。

【教师职称制度改革】 根据省市教育主管部门的要求,继续稳步推进中小学教师职称制度改革工作,继金华实验中学列入职称评审省试点单位后,金华四中教育集团婺城中学也加入学校职称自主评审改革队列。在坚持公平、公正、公开的原则下,通过学校对申报教师德能勤绩廉的全面考核,两个试点学校共评出12名副高职称教师,25名一级教师,2020年全区有2名教师取得正高级职称、40名教师取得副高级职称(含教育管理系列2人,民办学校教师2人),149人获得一级教师职称,173名教师获得二级教师职称。规范职称申报程序,2020年婺城区所有职称评审均通过教师资格管理系统平台申报,并继续完善对中高级职称评审相关评价制度,严格落实评聘结合要求,从严把握各校参评指标,依据《婺城区教育局关于教师专业技术职务评审量化考核实施办法》进行量化考核,评审工作公开、公平、公正开展,发挥职称评审在调动教师工作积极性、激发教师工作热情中的激励任用。根据《浙江省教育厅 浙江省人力资源和社会保障厅关于深化浙江省中等职业学校教师职称制度改革工作的通知》精神,对实验中学教师职称进行过渡改革。

义务教育

【概况】 2020年,婺城区义务教育阶段学生47661人,其中小学32226人、初中15435人,班级1202个,其中小学848个、初中354个。学龄人口入学率100%,巩固率100%。

【课程改革精准推进】 9月25日,婺城区教育局下发《关于进一步推进集体备课工作的若干意见》,提出集体备课7个强化的要求。7月16—17日分别在乾西小学和金师附小凤山校区、金华五中召开中小学“集体备课”“天天阅读”工作汇报交流会,会上所有的中小学校长或分管副校长做集体备课、天天阅读干货分享。8月12—14日,区教育局组织全区40多名分管校长、教学骨干在杭州市江干区开展研修活动。内容有:省教研室副主任张丰和浙师大教授郑文哲关于作业设计与团队建设的专家讲座;邀请杭州东城中学校长宋莉介绍学校集体备课经验;组织主题研讨与分享。进一步提升学校分管校长及骨干教师们对集体备课工作的思想认识,也学到团队建设方面的知识,为推进学校作业改革工作奠定基础。12月18日在金华四中召开集体备课、天天阅读指导组成立大会,75名骨干教师被聘为婺城区集体备课指导师,由各学科教研员任组长;45名骨干教师被聘为婺城区天天阅读指导师。12月30日在婺城小学召开小学集体备课推进会,会上婺城小学的数学学科、金师附小的科学做现场展示,北苑小学的英语、乾西小学的语文做经验汇报交流。1月8日,在婺州外国语学校召开初中集体备课推进会,会上金华五中语文组、婺州外国语学校科学组做集体备课现场展示汇报。12月,为落实“五育”并举,改革婺城区中小学教育评价方案,落实“婺城区学业质量评价方案”要求,由教研室牵头开展中小学素质测试工作,小学抽测六年级体育、信息学科,初中抽测八年级音乐、信息学科,并将本次抽测成绩纳入学校发展性评价考核中。婺城“从起点看变化”评价改革经验获市教育评价改革典型案例。重视师生心理健康,开设《打开心锁》专栏,实现学校标准化心理辅导室全覆盖。

【区中小学德育工作推进会】 为推进浙江省青少年“真善美”种子工程,培育青少年家国情怀,强化青少年政治引领和价值引领,于11月17—18日在婺城区举办浙江省青少年“真善美”种子工程暨家国情怀培养工作培训会。17日现场观摩走访:金华市东市街小学、金华市古子城、金华市青少年宫、金华职业技术学院,观摩校内外“真善美”种子工程建设成果,参与成果体验。18日召开浙江省青少年“真善美”种子工程暨家国情怀培养工作培训会。金师附小、环城小学、金华五中、浙师大附小的“金种子文明育人”“温暖家校”等获市级中小学德育品牌13个五星级学校。疫情期间,集中开展“爱国教育”“生命教育”“感恩教育”。青春中学“纪念全民族抗战爆发83周年”思政活动登上央视《新闻联播》。婺城区教育局被评为金华市战“役”先锋团队。“两书一信”家校共育品牌获评2020全国民生示范工程,“之江汇”平台各个学校建立婺城区数字家长学校平台。

【区中小学班主任基本功大赛】 为贯彻落实《教育部关于培育和践行社会主义核心价值观 进一步加强中小学德育工作的意见》《中共浙江省委办公厅、浙江省人民政府办公厅关于全面加强中小学德育工作的若干意见》等文件精神,探索新形势下班主任队伍建设的新途径、新方法,推进班主任队伍专业化发展,促进婺城区班主任队伍建设,发展学生全面素质,推动文明城市创建工作。通过广泛发动,各校选拔推荐,全区共有62名班主任参加此次比赛,其中初中组18名,小学组44名。经评委认真评审,确定初中组一等奖4人、二等奖7人、三等奖7人;小学组一等奖9人、二等奖17人、三等奖18人。赛后,推荐小学3人、初中2人参加市级比赛。环城二小朱偲获市一等奖,青春小学龚彩萍、荣光国际学校赵利获市二等奖,白龙桥实验小学吴韵、金华九中范珏韵获市三等奖。

【区中小学“全面小康 我们来了”主题演讲】 2020年是高水平全面建成小康社会和“十三五”规划的收官之年,为深入学习贯彻中共中央、国务院印发的《新时代爱国主义教育实施纲要》精神,根据市委宣传部、市教育局、市新华书店有限公司《关于组织开展金华市中小学生“全面小康 我们来了”主题演讲活动的通知》、婺城区教育局《关于组织开展婺城区中小学生“全面小康 我们来了”主题演讲活动的通知》要求,婺城区中小学生“全面小康 我们来了”主题演讲比赛于2020年10月29日在北苑小学举行。共有42名选手参加此次比赛,其中初中组15名,小学组27名。共评出小学组一等奖6名,二等奖10名,三等奖11名;初中组一等奖3名,二等奖5名,三等奖7名。其中婺州外国语学校周幸楠获市一等奖,北苑小学姜雅涵获市二等奖,周兴楠参加省级比赛获二等奖。

【区中小学“温暖的旅程”亲子读书活动】 根据《关于开展第十一届“温暖的旅程”未成年人亲子读书活动的通知》(婺文明办〔2021〕1号)文件精神,在学校推荐筛选的基础上,经组织专家评选,评出征文比赛一等奖54名、二等奖98名、三等奖311名;亲子朗读比赛一等奖8名、二等奖16名、三等奖32名;优秀组织奖17名。市级征文比赛小学组一等奖5人、二等奖8人、三等奖12人;初中组一等奖1人、二等奖9人、三等奖5人。优秀指导老师6人。朗读比赛一等奖1人、三等奖2人,金师附小、环城小学、站前小学、金华五中获优秀组织奖。

【区“最美学生”评比】 为围绕立德树人的根本任务,落实好中共金华市委办公室、金华市人民政府办公室《关于全面加强中小学德育工作的实施意见》(金委办发〔2016〕27号)精神,发挥先进典型的示范引领作用,展示优秀学子的综合素质,营造中小学生健康成长的良好育人环境,开展第七批“最美学生”评选活动。共有37名学生上交材料,经评委认真评选,确定推荐9名学生参加市级联评。分别是:环城小学刘芷函、北苑小学金凡越、白龙桥小学叶易航、荣光国际学校韩其睿、环城二小章人之、华电小学陈昊泽、金华四中杨洛恬、金华五中徐陈柯、婺州外国语学校沈周人。

【区体育竞赛活动】 完成婺城区第十届中小学生校园足球联赛、第十二届中小学生乒乓球联赛、第十四届小学生篮球比赛、第十五届初中学生篮球比赛、第二十届中小学生运动会,极大地促进阳光体育运动持久地开展、学生身体素质和艺术素养的提高。开展申报创建国家级校园足球特色学校10所学校、省级校园足球特色学校12所,国家级校园篮球特色学校3所学校。

【区学校"健康婺城"活动】 开展申报创建省级心理辅导示范学校7所,开展申报创建健康金牌学校4所,健康银牌学校7所,健康铜牌学校31所,通过创建申报工作,提升办学理念、管理机制、课程建设、办学条件、师资队伍、活动成效等6个方面建设。以评促提高的原则,每次反馈做到精心研究,不回避问题,起到很好的指导作用。每个学校对特色创建都很重视,开展争创工作,心理健康整体水平有较大提高。因疫情防控要求,组建婺城区心理辅导志愿团队为学生提供心理援助服务。

【区艺术教育活动】 省、市级艺术特色学校分别有4所和14所。7月,开展婺城区中小学生第二届"百灵鸟"演唱比赛。9月11—30日,婺城区教育局承办的金华市中小学生艺术节,分3个项目举行:婺剧专场、美术作品评选、舞蹈和其他喜剧作品评选。协办单位:荣光国际学校。9月11日,组队参加市第五届中小学生婺剧演唱比赛:金师附小《林冲起解》、东市街小学《水擒庞德》均获一等奖。开展婺城区中小学生美术作品比赛,选拔优秀作品报市级比赛。市级获奖结果:新世纪学校《天问一号火星见》、荣光国际学校《参观名画展》获小学组绘画类一等奖;荣光国际学校《山水船》获中学组绘画类一等奖;北苑小学《重拳出击》、师大附小《以艺抗疫,众志成城》、新世纪学校《攀登阅读》、荣光国际学校《礼让》《善面·良品》获平面设计类小学组一等奖;金师附小《双栖》、师大附小《吹拉弹唱》、婺城小学《婺音》、蒋堂小学《荷趣·连绵》《小鸟的家》获立体造型一等奖;金师附小《常山诗韵》、环城小学《少年中国说》、育才小学《李白诗一首》、金华实验中学《杜甫诗二首》获书法一等奖。选送作品参加市中小学生艺术节。实验中学舞蹈《红船》获高中组一等奖;婺城中学《顶碗舞》获初中组一等奖,青春中学舞蹈《烟雨江南》二等奖;金师附小舞蹈《夺帅》获小学甲组组一等奖个,环城小学《红包秀秀秀》、白龙桥小学《和梦》二等奖;琅琊小学舞蹈《蜂鸟飞舞》获乙组一等奖;环城小学戏剧《红灯笼正红》获中小学甲组一等奖。新世纪学校《温室花朵变形记》获二等奖。10月17日金华市首届童话剧创作表演比赛在武义举行,环城小学参赛,获表演类铜奖,编剧一等奖。金华四中、红湖路小学、十七中、乾西小学参加2020年金华市义务教育段艺术素养监测。举办婺城区第二十届中小学生艺术展演——合唱和器乐专场。此次展演以视频报送方式参加评比。

【区语言文字工作】 组队参加第二届中华经典诵写讲大赛:环城二小获国家级小学学生组二等奖;省、市级一等奖;环城小学、金华四中、金华五中获省、市级中学学生组一等奖;金师附小、实验中学分别获市级教师组二等奖、三等奖。教育局组队参加婺城区机关干部"新年诗歌朗诵会"获一等奖第一名。9月25日选送作品参加全市中小学生、师生抗疫征文大赛,每个组别推荐10篇,共40篇。婺城区组织公务员普通话培训和等级测试,共有1222人参加培训,1110人通过等级测试。婺城教育局获市中小学师生经典诵读优秀组织奖。12月,婺城区通过浙江省区域推进语言文字规范化区创建。

特殊教育

2020年,婺城区学前段有残疾儿童50人,入学率100%;高中段有残疾学生64人,入学57人,入学率89%;义务教育段有残疾儿童187人,入学率100%。其中上门帮教19人,随班就读94人,特教学校就读57人,其他17人。9月29日,参加市融合教育随班就读现场推进会,建有资源教室的校长和老师共20人参加。会上,党组成员张根有作《普特融合 幸福同在》的工作汇报。乾西小学、白龙桥小学、琅琊小学被评为第二批市合格资源教室。10月28

日，婺城区随班就读工作研讨暨资源教室使用培训活动在仙源湖实验学校举行，各中小学教务主任和资源教师参加，仙源湖实验学校洪雅婷上展示课“单簧管波尔卡”，王丽萍经验分享“随班就读课堂教学的设计与思考”，青春小学吴慧莲介绍“资源教室实操训练”。金华市首届资源教师基本功大赛中，仙源湖实验学校王丽萍获小学组一等奖，虹路小学刘蓉获小学组二等奖，仙源湖实验学校苏婧获初中组二等奖。王丽萍参加省级比赛获二等奖。

民办教育

2020年，全区共有各级各类民办教育机构182个，其中民办中小学6所，九年一贯制学校5所，初中1所；民办幼儿园87所；民办培训机构89所。民办学校在校学生人数18898人，其中民办幼儿园在园幼儿9424人，占全区在园幼儿的52.5%；民办义务教育阶段在校学生7073人，占全区义务教育阶段在校学生的14.79%。

招生考试

【概况】 根据市考试院和市教育局的统一部署，有计划地排出工作日程表，先后召开招生报名工作会议、政策性加分及综合素质评价会议、考务工作会议等。先后下发《关于做好2020年高中段学校招生报名工作的实施细则》《关于做好2020年高中段学校招生考试考点组织工作的通知》《关于公布高中段学校招生考点考务组等组成人员和职责的通知》等文件。精心做好高中段招生考试组织工作：认真核对5354名考生信息、数码摄像、文具征订，保证后续录取工作顺利进行；做好综合素质测评和政策性加分的培训工作，按要求准确上报各项材料。经审核，全年共有321名考生符合政策性加分。其中，符合归侨、华侨和华侨子女加分3人，符合农独女加分197人，符合少数民族加分117人，符合军人子女加分7人，符合援鄂医疗队员子女加分1人。

【义务教育段招生】 2020年，是婺城区义务教育段招生实施“公民同招 网上报名”的第一年。“公民同招”指公办、民办学校实行同步招生。民办学校要求在审批地招生，第一批招生与公办学校学区内“户房一致”招生同步进行。家长通过“浙里办”APP进行网上报名，教育局通过公众号、电视等平台向家长宣传网上报名流程。民办九年一贯制学校的学生可以提前直升录取，小学报名人数未达到初中核定招生计划数的，一次性全部录取，剩余学额面向婺城行政区（包括婺城区、开发区范围）或金华大市（指新世纪学校）统一招录。符合公办学校入学报名条件的适龄儿童少年均可在民办学校报名，网上报名人数未超过核定招生计划数的，一次性全部录取，超出计划的所有报名学生全部实行电脑随机派位摇号录取。电脑随机派位摇号录取由市、区教育局组织，公证处、学校代表、家长代表、“两代表一委员”全程参与。未录取的学生可以继续在民办学校报名，也可以在学区内的公办学校报名。2020年义务段招生工作，婺城区实现零投诉，民办学校招生报名人数未超计划数，均无需进行派位摇号。

学前教育

【概况】 2020年，全区有各级各类幼儿园118所（含19所教学点），其中，公办幼儿园31所。在园幼儿17965人，学前三年幼儿入园率为100%。省等级幼儿园有115所，等级幼儿园占比为92%，等级幼儿园招生覆盖面为92.2%。全区有专任教师1455人，大专以上毕业专任教师比例96.1%，教师持证上岗率100%。省三级以上标准的乡镇中心幼儿园建园率100%。

【扩容工程】 新（改、扩）建公办幼儿园13所，民办幼儿园5所。其中8所公办园建成投入使用，分别是婺城区实验幼儿园、安地镇中心幼儿园、罗店镇中心幼儿园、白龙桥镇白沙幼儿园、西江月幼儿园、环城幼儿园大会堂园区、府上街园区、桥西幼儿园；5所民办园全部建成投入使用。撤并薄弱幼儿园（教学点）11所。

【小区配套幼儿园专项治理】 金华市婺城区人民政府办公室印发《金华市婺城区城镇小区配套幼儿园专项治理工作方案》,按照“一园一策”的原则整治小区配套幼儿园9所。

中等职业教育

【概况】 2020年,婺城区有中等职业学校1所,金华实验中学是国家级重点职校,首批“浙江省中职教育改革发展示范学校”。学校开设14个专业,有中央财政支持的实训基地1个(数控),省级示范性专业2个(学前教育、电子),省级实训基地1个(电子),金华市重点支持的公共实训基地1个(学前教育),市级重点专业2个(电子、学前教育),金华市中职教育发展专项资金公共实训基地1个(电子技术应用)。

【项目建设】 学校有3个浙江省三名工程项目,分别是学前教育品牌专业、烹饪王志勇大师工作室、“3+X”德育品牌建设项目。与浙江横店影视城有限公司合作的“三师联动”式研学旅游校企合作共同体项目获浙江省教育厅立项。

【技能升学】 金华实验中学师生在职业能力等各级各类比赛中,教师获国赛二等奖1人,省赛一等奖1人、二等奖1人,市级一等奖6人,其他等级奖项35人;学生获国赛三等奖1人,省赛二等奖2人、三等奖3人,市级一等奖9人,其他等级奖项82人。教师团队培养案例《结构化教师团队建设PDCA双循环模式的探索与实践》成功入选2020年浙江省职业教育改革典型案例。学校在金华市中职学校职业教育发展考核中获第二名;同时荣获金华市职业教育技能教学突出贡献奖称号。学前教育专业、药剂专业被评为浙江省高水平专业。2020年高职考上线216人,上线率100%,其中上本科线12人。

【特色活动】 10月,金华实验中学举办第五届良工360技能节,围绕“人人出彩,技能强国”的主题开展丰富多彩的职业教育宣传活动。学校被评为浙江省突出贡献红十字基层组织,金华市红十字先进集体。

成人教育

【概况】 婺城区建有社区学院1所,乡镇成技校13所,街道社区学校5所。2020年,完成成人双证制教育培训460人,完成扫盲脱盲任务398人。

【项目建设】 2020年,婺城区成功创建“浙江省学习型城市”;婺城区新狮街道社区学校获评“浙江省现代化社区学校”;金华实验中学受理点、城中街道社区学校叶思佳被金华市终身教育学分银行管理中心评为2020年度学分银行先进单位和个人。

【社区教育】 婺城区共有文化礼堂176家,覆盖行政村156个,2020年完成社区教育进文化礼堂培训活动达150家,覆盖率达88.47%。创建农村文化礼堂学习品牌15个,建设特色课程12个。其中,符合老年学习的教育场数达到501场,老年学习汇报活动52场,惠及老年人130188人次。另有新型职业农民培训59场,合计4525人次,青少年校外教育进文化礼堂90场,合计34275人次,家庭教育进文化礼堂58场,组建家庭教育导师队伍及志愿者队伍20支,建成家庭教育专题栏目17个。“两书一信”家庭教育品牌荣获“2020年全国民生示范工程”。

【老年教育】 罗店镇老年学堂建成启用。

(邢均林)

校园安全

【概况】 婺城区教育系统紧扣“以人为本,安全第一;预防为主,综合治理;区域统筹,学校牵头;警校互动,家校联勤”的32字校园安全工作方针,维护学校正常的教育教学秩序,促进全区教育事业健康平稳发展。获得“金华市校园安全工作优秀单位”“婺城区维护社会稳定先进集体”“婺城区平安护航新中国成立70周年大会战”集体嘉奖等荣誉。

【创新机制】 开展“等级平安校园”督导评估,联合公安、消防等部门对学校安全从各方面进行梳理检查整改,强化校园安全制度落实和责任细化。制定下发《婺城区校园安全“三级四阶”工作机制实施方案》,开展校园交叉巡查,切实维护学校正常的教育教学秩序和广大师生的人身、财产安全,遏制校园安全事故,维护校园安全稳定。

【三防工程】 人防建设:全区学校按要求配备校园专职安保人员 152 人,落实安保人员工资经费 549 万元。物防建设:配齐配全“八个一”器械,按要求设置校门口防冲撞装置。技防建设:各校均安装了访客登记系统和一键报警装置,“智安校园”建设在婺城区学校全面铺开。

【交通出行】 开通学校专用校车 17 台,每天运行 58 趟次,负责 9 个学校、80 个接送点、2260 多名学生的上下学接送任务。

【排查演练】 各学校排查涉及校园暴力、食品安全、心理健康等隐患共计 200 余处,开展全区范围校园周边安全隐患排查 12 次,开展“5·12”防灾减灾日、反恐防暴等各类应急演练 180 余次。

【食品安全】 细化食堂监管,全区学校食堂均为阳光食堂,实行 4D 管理,学校食堂实行统一配送和定点采购,并投保食品安全责任险。全区中小学、幼儿园 100%实行校(园)长陪餐制,同时创新方式积极探索家长陪餐制、就餐巡查员等创新模式。

教育基础设施建设

【概况】 2020 年基建项目 10 项,暑期维修项目实施 28 所学校,总投资 3500 万元,其中区财政安排 2000 万元,学校自筹 1500 万元,至 2020 年 8 月底全面完成。

【基建项目】 金华四中扩建工程、雅畈小学教学楼新建工程、丰亭东路幼儿园新建工程、婺城二中新建工程,环城二小东扩工程、青春中学扩建工程、婺城小学白沙校区扩建工程、北苑小学附属幼儿园新建工程、紫金幼儿园及托育园新建工程、乾西乡中心幼儿园新建工程,总建筑面积 122517 平方米,总投资 64180 万元,其中 2020 年投资 29300 万元,新开工面积 57917 平方米,金华四中扩建工程、雅畈小学教学楼新建工程建成投入使用,竣工面积 12600 平方米。

新学校建设

2020 年新建学校及幼儿园项目 5 所。丰亭东路幼儿园新建工程、婺城二中新建工程、北苑小学附属幼儿园新建工程、紫金幼儿园及托育园新建工程、乾西乡中心幼儿园新建工程,总建筑面积 81100 平方米,总投资 40800 万元,其中 2020 年投资 19860 万元,丰亭东路幼儿园新建工程、婺城二中新建工程主体完成,其余基础完成。

教育教学研究

【教科研成就】 组建由 645 名区、校教科研骨干教师参加的研修钉钉群,举办区内教科研专家的讲座 2 场,省外教科研专家的讲座 4 场,开展课题研究、论文撰写等内容的培训,提升全区教科骨干教师的科研能力。婺城区教育局局长李刚主持的课题“双堂双进:指向学生核心素养的文化礼堂教育场建构与实施”和环城二小姚晓芳校长主持的课题“从学科教师到思维教练:小学生高阶思维‘一少三多’培养策略研究”双双获得 2019 年度浙江省教育科学研究优秀成果一等奖。婺城区获一等奖数量占全省的 1/15,金华的 1/3,为历年来的最好成绩。全区获金华市规划课题成果奖 40 项,其中获市一等奖 8 项,列全市第一。获省教研课题成果三等奖 2 项,获金华市教研课题成果奖 17 项,其中 4 项获市一等奖,列全市前茅。全区立项省规划课题 8 项,列全市第一,省教研课题 5 项,列全市第一;市规划课题 45 项,市教研课题 38 项;区规划课题 153 项,区教师小课题 126 项。

师资队伍建设

【教师专业发展培训】 2020 年,区中小学教师专业发展培训工作认真贯彻执行《国家中长期教育改革和发展规划纲要(2010—2020年)》、教育部颁发的《关于大力加强中小学教师培训的意见》、浙江省《关于中小学教师专业发展培训若干规定》等文件精神,以提高中小学教师实施素质教育的能力和水平为重点,以提高教师整体素质,自觉遵循教育教学规律,掌握现代教学方法和现代教学手段,培养创新精神和实践能力为目标,坚持基于区情、根植需要,统筹安排、分类指导、注重质量和效益的原则,明确目标,加强管理,确保教师专业发展培训工作正常开展。结合新冠防疫要求,借力高校,搭建线上培训快速路。2020年,在疫情影响下,线下培训影响严重,本着"积极面对、主动对接、实现发展"的要求出发,借力浙江师范大学、金华教育学院、金华职业技术学院师范分院3所本地高校,全面推行中小学教师专业发展线上培训,借助高校网络、渠道、专家等资源更好地服务全区教师的专业发展。同时调整培训设计,适时推进"疫情下学生的心理疏导""学生的差异与教师的跟进""学科板块梳理与教学优化策略"等专题性线上培训课程。2020年,全区自主选课的老师,100%的教师都参加由高校开设的中小学教师专业发展线上培训。其中,参加浙江师范大学线上培训的占31%,参加金华教育学院线上培训的占39%,参加金华职业技术学院师范分院线上培训的占18%,参加市外高校线上培训的占12%。

教育督导

【概况】 2020年,婺城区教育局督导室以习近平新时代中国特色社会主义思想为指导,围绕打造"优学婺城·幸福城",高水平建设教育现代化强区为目标,履行教育督导的督政、督学、监测评估等职能,发挥督导"监督、检查、评估、指导"作用,努力推进全区教育优质、健康、持续发展。教育局督导室现有专职督学29人,兼职督学25人。

【省市督导迎检工作】 10月,省二级幼儿园评估,白龙桥镇西江月幼儿园等7所幼儿园通过市评估组现场评估考核;牵头迎接省教育厅审计调查工作,省教育厅审计调查组对全区教育有关重大政策落实情况为期一周进行审计督查;金华五中、环城二小、东市街小学和新狮街道社区学校通过省专家组督导评估,成为浙江省首批现代化学校。11月,婺城区顺利通过教育基本现代化区实地评估验收,成为浙江省第九批省教育基本现代化区;11月18—20日,省督导评估组对婺城区规范幼儿园办园行为进行实地督导,评估组对婺城区幼儿园办园行为给予高度肯定,也提出中肯意见和建议。

【各项督导监测工作】 3月,做好2019年度县(市、区)党政领导教育发展目标责任制考核和公报数据填报上报工作;4月,全面开展教育系统复学复工疫情防控专项督查;一如既往做好2020年春季复学、秋季开学专项督导工作,确保复学开学工作顺利;6月,组织局考核评估组到校实地开展2019年学校发展性评价考核评估工作;对婺城区40所幼儿园进行规范办园专项督导工作;12月底,对幼儿园发展性评价和年检合并实施评估考核;下半年完成站前小学等3所学校的校长离任审计工作。

【督学队伍建设】 9月,新增选聘赵国成等11名专职督学,重新调整责任督学及责任区学校,增加责任区公办幼儿园,实现责任区全学段覆盖;11月,组织新任督学赴嘉兴海宁参加浙江省第30期责任督学培训班学习培训;12月11日,召开婺城区2020年责任督学工作会议暨培训会议。

学　校

【金华市第九中学】 学校创建于1994年,学校秉承教师睿智、学生阳光、校园和谐的发展理念,中考连续12年荣获婺城区教育质量优胜奖,培养出诸多优秀毕业生,被命名为婺城区"双十佳"学校,多名学生被镇海中学、学军中学、金华一中保苗班录取。学校特色彰显:浙江省健美操传统强队;金华市田径强队;金华市信息奥赛强队;2020年,校足球队荣获全省冠军,8月,获全省甲级组第一名;校合唱队唱响世界。

2020年,学校有33个教学班,教师127人,

1600多名师生,中、高级职称教师占74%,金华市名师、名校长培养人选4人。婺城区名师8人,省教坛新秀、省优质课一等奖获得者6人,市、区级教坛新秀等28人,省春蚕奖2人,省家庭事业兼顾型教师4人,市师德标兵、师德楷模5人。"质优高效"是金华九中人不懈追求的目标。金华市第九中学注重高效课堂建设,强调"减负高效",狠抓教学质量。"阳光心态、特色发展"是九中学生发展的最强音,为学生提供展示的舞台,开发学生智力,增进学生身心健康,培养学生健康向上的阳光心态和积极向上的学习风貌,促进学生全面发展。"和谐奋进"是九中教师发展的主旋律。金华市第九中学以内涵发展为目标,努力打造"和谐奋进"的教师团队。学校以师德师风教育、教学活动周、师徒结对、四步导学稿课堂教学模式改革、教师论坛等各种活动为载体打造"和谐奋进"的教师发展主旋律。

【金华市第四中学玉泉校区】 学校前身为金华市第十六中学,占地面积2公顷,位于婺城区新狮街道辖区,北倚美丽的尖峰山,西邻高等学府浙江师范大学。学校于2020年6月并入金华四中,更名为金华四中玉泉校区,自此开启"一校两区"办学新模式,并从金华四中、婺州外国语学校等引入多名优秀教师加盟玉泉校区,2020年有学生400人,教师38人。

学校以"和雅"为校园文化核心,秉承"品学美行,和润致远"的育人理念,以建设"德高人和、才高人雅"教师、培育"言和行雅、学勤志高"学子为办学目标,通过"质量立校、科研兴校、名师强校"达成"铸高雅校园、塑雅正教师、育雅美学生"的办学愿景。

学校对教学硬件进行提档改造,每个教室配有先进的多媒体设备,计算机、实验室、录播教室、图书室、美术室、音乐室等专用教室配置到位,塑胶运动场、篮球场、足球场等体育设施齐全。整个校园葱翠欲滴、秀美精致,是理想的求学之地。

学校拥有一支爱岗敬业,团结协作的高素质师资队伍。100%为大学学历,中高级教师占78%,中共党员19人,民主党派1人。其中有浙派名校长培养对象1人,市级教坛新秀3人,获市、区优质课一等奖、区级名师、教坛新秀、教学能手、优秀教师、优秀班主任等荣誉称号达20余人次。

2020年,学校被评为金华市第一批市级"文明校园"。省级专项科研课题"基于核心素养下的初中数学概念教学的研究"结题、"以教研组建设促进教师专业水平提升的实践与探究"获市级教研课题立项、德育课题"初中体验式阳光德育活动的实践与研究"获区教育科研成果评比一等奖。

【金华市环城小学】 金华市环城小学又名金华市第一实验小学。2020年,有44个教学班,学生1876人,是金华市政府首批"对外开放学校"。学校先后被教育部、中央教科所等部门授予"全国注音教改实验先进单位""全国课程改革联盟发起学校""全国现代教育技术实验学校""中央教科所健康教育实验学校""中国好老师联盟基地校""全国少先队红旗大队"等30多项省级以上荣誉。

学校有教职工114人,省特级教师1人,高校兼职导师2人。办学来共计培养省特级教师9人,全国优秀教师、省劳模等37人,省市区各级名师、教坛新秀培养对象70余人。教师出版教育专著20部,3个课题获全国一等奖,2个课题获省政府一等奖。学校杰出校友众多,特别在体育方面,先后培养亚洲飞人郑晨、游泳名将蔡力、邵虹,世界少年跳远冠军龚璐颖等出色运动员,校篮球队获浙江省冠军。

学校秉承"世界因我多温暖"的校训,致力于温暖的全人教育,注重科技与人文的互相渗透,以暖德育、暖课堂、暖评价等系列举措为抓手,全力打造温暖教育品牌。

【金华市青春小学】 学校创办于1996年,环境优美、充满活力。学校秉承"在生长中感受幸福"的教育理念,以幸福人生为引领,以生长教育为路径,努力打造关切学生成长、激发教师成功、形塑文化成品的优质名校。

学校现有24个教学班,在校学生972人,教职员工67人,100%拥有大专以上学历。其中中高级教师45人,各级教坛新秀等荣誉获得者40余人。办学20余载,优秀的师资团队、优质的办学水准获得社会各界广泛赞誉。

少儿国标是学校传统特色项目,经过20多年磨砺,逐步呈现规范化、专业化、课程化的特质。老师精心指导,学生刻苦训练,屡屡在国家、省、市国标舞竞赛中斩获大奖，迄今已培养60余位国标舞冠军,数次登上省、市春晚舞台。

【金华市婺城区东市街小学】 学校始办于1907年,是一所古老而又新姿勃发的学校,是婺城区窗口学校。2020年,学校有32个教学班级,学生总数1240人,在编教职工94人,高级职称6人,中级职称60人，全国优秀教师1人，浙江省教坛新秀1人,市(直)教坛新秀2人,市名师培养人选5人,省优秀辅导员2人,市师德先进个人2人,市优秀辅员9人,区级名师1人,名师培养人选1人;区级教坛新秀14人,区级及以上优秀教师28人,区师德标兵4人,区优秀班主任、优秀辅导员26人,为学校的发展提供有力的人力资源保障。

学校秉承“生活即教育”的办学理念,以“五芳”课程为课程架构,以传统文化教育为核心内容,规范办学谋发展，立足特色创品牌。学校以婺剧艺术、剪纸艺术和足球为载体,对学生进行传统文化的教育。“尚文尚武、兼爱兼容”是全体东小人的共同追求。

【金华市新世纪学校】 金华市新世纪学校由全国教育系统劳动模范、浙江省特级教师朱桂香女士于1995年创办。学校位于金华市北山路,校园占地4.2公顷,设有幼儿、小学、初中3个教学部共48个班级,1700余名师生。学校拥有完善的现代化的教学设施、花园式的校园环境和一支高素质的、热爱教育事业的优秀教职员工队伍。本着“一切为了学生,为了一切学生,为了学生一切”的办学宗旨,秉承“自强、勤奋、博爱、健康”的育人目标,“用六心换二心”(用我们的爱心、诚心、热心、关心、细心、耐心换取家长的放心、学生的信心)已成为全体教师的共识和自觉行动。全校师生努力创建“平安校园、优质学园、文明礼园、创新乐园、美丽花园、幸福家园”的六园品牌,打造生活素质教育、双脑双语教育、小班化个性教育、生活素质教育“四大教育品牌”。

为适应新时代对教育事业发展的需要,学校启动二期校园建设“升级版圆梦工程”全面竣工。新综合大楼落成,幼儿园新楼投入使用,体育艺术馆装修一新,信息技术教学硬件设施全面升级。智能网络全覆盖,优学派移动教学系统引入课堂,数字化校园环境进一步完善,为提高学生的全面素质和创新能力提供良好环境和最佳平台。

【金华市第十七中学】 学校位于婺城区工贸街596号,始建于1970年,原名乾西乡初级中学。2020年,学校有教师43人,其中研究生学历3人,本科学历39人,专科学历1人。12个教学班,在校学生485人,学生主体来自乾西乡,部分生源来自外地民工子女。校园占地面积28681平方米，建筑面积8543.89平方米,绿化面积10522平方米。学校的建筑物“风华楼”“风锐楼”“风物楼”各具特色。“风华正茂”水幕墙、书本造型和脚印造型雕刻分别展现“仰望星空”“脚踏实地”的校训,“自强不息”的印章雕塑和象征十七中师生的勤劳善良的孺子牛的雕塑相映成辉,在校园中创造出“人景共生”的意境。

学校有高级教师11人,一级教师21人,二级教师11人。有金华市“1155工程”名校长培养对象1人、名师培养对象1人、浙江省“五一巾帼标兵”1人、金华市最美教师提名奖1人、市优秀教育工作者1人、金华市教育技术工作先进个人1人、婺城区最美教师2人、婺城区教坛新苗2人、婺城区优秀农村教师1人、婺城区名师1人、区教坛新秀1人、婺城区优秀教师7人、婺城区优秀班主任9人等。

学校努力秉承“仰望星空、脚踏实地”的校训,大力弘扬“自强不息、守正出奇、善学善教、达人达己”的学校精神,坚持构建“低起点、小步子、勤反馈、高质量”的“原生态”课程体系,建设“美丽校园、精神家园”,全力培养“和谐于心、美丽于行”的“美丽少年”。学校有“莺声合唱团”“麒麟鼓队”“游泳队”等特色社团。

2020年,学校学生参加市、区级各类比赛中,获奖达57人次。2020年教师论文获省级一等奖1人、省级二等奖2人、省级三等奖3人,省级典型案例1人、市级一等奖1人、市级二等奖1人、市级优秀教学空间1人、区级一等奖3人、区级二等奖3人、区级三等奖3人；教师小课题荣获区级一等奖1人、区级二等奖1人。

【金华市婺城区仙源湖实验学校】 学校位于仙源湖旅游休闲度假区的千年古镇——安地镇,东靠半盘山,西临梅溪水,环境优美,设施一流,是婺城区唯一的九年一贯制公办学校。学校始创于清宣统二年(1910)的仙源初等学堂。一百多年来,学校几迁校址,几易校名,分分合合,2012年,合并7所学校最终形成现在仙源湖实验学校的办学规模。占地面积5公顷,建筑面积25000多平方米。学校有34个教学班,小学部22个,初中部12个,学生1464名,在职教师100名,高级教师13名,中级教师59名,金华市名师名校长培养人选2名, 婺城区名师1名,婺城区教学能手2名,婺城区教坛新秀6名。

学校以"重德 博学 慎思 尚美"为校训,坚持"立德树人"根本任务,秉持"做有营养的教育"的育人理念,以"每天进步一点点,做最优秀的自己"为成长宣言,形成"不比享受比学习,不比基础比进步,不比聪明比勤奋"的优良学风。管理严谨,校园和谐,特色鲜明,教育教学质量保持同类学校领先地位。2020年,学校教师获市级获奖课题1项,区一等奖课题1项; 论文获市一等奖1篇, 市二等奖2篇,区一等奖8篇。

小学部着重学生个性发展,除开足开齐国家课程外,学校面向全体学生,还开展融德与智、情与趣、能与美为一体的33个项目的拓展性课程,提供同学们学习、成长、发展的平台。其中的篮球项目,成绩优异,获得省级奖牌。初中部实行寄宿制管理,教学质量稳步提高。学校是2007年金华大市中考状元学校,2020年婺城区农村中考状元学校, 多次获得婺城区教育教学质量优胜单位。先后获评中国教育学会优秀传统文化进校园首批试点学校、全国亿万学生冬季长跑浙江省优秀学校、全国青少年篮球特色学校、浙江省德育教育基地学校、浙江省绿色学校、第二批浙江省婺剧进校园示范单位、浙江省首批数字家长学校、 浙江省智慧教育联盟校、浙江省教育信息化2.0工程第二批试点校、 浙江省健康促进银牌学校、金华市文明单位、金华市书香校园、金华市教育科研先进单位,金华市艺术特色学校、金华市数字化学校、金华市平安校园建设安全管理示范校、金华市模范教工之家、金华市文明校园、金华市美丽校园、金华市网络与信息安全先进工作集体、金华市资源教室应用示范学校、金华市数字家长学校等。2017—2020年连续4年获学校发展性评价督导评估优胜单位。

【金华市婺城区雅畈镇中心小学】 学校坐落在非遗古镇雅畈,1907年创办,2002年合并为中心校。学校坚持把立德树人作为促进学生全面发展的核心,遵循"善美教育,雅致人生"的育人方向,以环境育人、课程育人、活动育人为抓手,以办老百姓家门口的好学校为己任,培养立足家乡、弘扬传统、放眼世界的一代新人。

学校占地面积22747平方米, 生均占地面积20.76平方米。学校现有27个教学班,学生1101人,专任教师66人。教师学历合格率100%,其中本科学历52人,占82.5%。现有高级教师4人,一级教师37人。市级名校长、名师培养人选各1人。区级名师1人,区教学能手2人,区教坛新秀2人,区教坛新苗2人。学校设施配置齐全有科学教室、美术教室各2个,阅览室、心理辅导室、音乐教室、舞蹈教室、计算机教室、多功能厅、录播教室各1个。婺州窑传承教育、农耕劳动教育、书法教育等彰显学校的特色。2020年连续第4年获学校发展性评价督导评估优胜单位。

【金华市婺城区蒋堂镇中心小学】 学校创办于1921年,占地面积12197平方米。学校下辖蒋堂镇中心小学、塔石乡中心小学、莘畈乡中心小学和蒋堂镇中心幼儿园。2020年 ,学校有21个教学班,学生近800人,专任教师62人;幼儿园12个班,幼儿320余人,幼儿教师30人。学校秉着"春风十里,不如眼前的你;世间万千,遇见最美花开! "的校园宣言;践行着"尊重规则,无界融合"的办学理念。学校有一支高素质的教师队伍,2020有高级教师3人,一级教师30人,其中有省教坛新秀、浙派名师、市优秀班主任、区名师、区教坛新秀、区优秀教师以及省市区学科优质课一等奖获得者等一批优秀教师。

学校办学水平不断提高, 教学设施日趋完善,学校环境幽雅,到处洋溢着人文气息。学校建有多媒体教室、电脑教室、图书馆、心理咨询室、资源教室、录播教育等多个专用教室。学校自1991年始,开展“平安教育”,形成特有的安全教育体系,受到省市区各级各界领导的高度赞扬;学校建有金华唯一一家平安博览馆。学校开基于“校园吉祥物葫芦娃文化”的德育活动,获婺城区5星级德育品牌。与此同时,学校加强体艺教育,努力塑造全面发展型人才。学校开展的“花样跳绳”“合唱”“足球”等特色活动,以培养学生兴趣、爱好,深受广大师生喜爱。

(方　潇)

科 技

综 述

【基本情况】 2020年,婺城区科技创新工作紧贴婺城产业发展需求,深入实施创新驱动发展战略,坚持“环境、平台、人才、项目”多位一体,全面提升科技创新能力、产业竞争力和区域综合实力,推动全域创新和全链条创新。被金华市科技领导小组评为2020年度党政领导科技进步目标责任制考核优秀单位,被市科技局评为2020年全市科技创新先进单位。

【疫情防控】 2020年春节假期,全体干部职工坚持值守工作岗位,为疫情防控捐款。节后上班集体下沉到社区一线,参加社区疫情防控工作,累计参加疫情防控志愿活动98人次。根据区政府要求,区科技局在局长的带领下先后两次赴贵州招工接工,共接回员工4个专列,共329家科技型企业。央视《新闻1+1》《24小时》等多个新闻频道进行报道。疫情期间,通过快出举措补政策、快接人员补员工、快兑奖励补资金助力企业复产复工。

【文明城市创建】 区科技局全体干部职工按照区创建办的统一部署,在共建社区的点位上,认真排查,及时整改,提出建议,同时结合部门工作优势,将国卫复审迎检工作、科普科技宣传、科技三下乡、垃圾分类宣传等活动与文明城市创建工作相互融合,推进创建各项活动。根据社区创建文明城市工作需要,2020年为共建社区乾西乡联合社区建设科技宣传廊出资1万元,以提升社区文明环境。2020年度乾西乡联合社区多次被市创建办通报为红榜表扬单位。区科技局被区委区政府评为创建全国文明城市工作先进单位。

科技创新

【概况】 推荐省、市科技计划项目,完善区级科技项目评审办法。2020年新列省级项目8项、市级10项、区级50项,并对在库项目实行全过程跟踪问效管理。通过项目的组织实施,加快科技成果的转化和产业化,以项目带动企业自主创新能力的提高。

【创新主体培育】 2020年,全区完成国家高新技术企业新认定30家,重新认定国家高新技术企业12家,新增省科技型中小企业83家,创历史新高。全区新认定市级研发机构14家,新申报省级高新技术企业研发中心14家,新申报省级企业研究院1家。

【创新载体建设】 新认定省级孵化器1家,市级孵化器1家,成功创建浙江省金华婺城汽车零配件产业创新服务综合体,实现省级产业创新服务综合体“零”的突破。

【科创飞地建设】 联动参与金华(上海)科创中心建设,出台《婺城区科创飞地工作领导小组职责任务和运行机制(试行)》。两大飞地2020年入驻7家企业累计13家,推荐博士以上高层次人才30人,累计36人。

【G60科创走廊】 婺城区先创能源董事长入选

2020年省级立项科学技术研究计划项目一览表

表5

项目名称	计划类别	承担单位
便于封装的包装纸箱	省级产品试制计划	金华泓鑫纸业股份有限公司
镀锌板表面防护水性蜡乳液	省级产品试制计划	金华康宏水性蜡科技有限公司
带烘干除菌功能的拖把桶	省级产品试制计划	金华市海丰实业有限公司
旋转展开式多层化妆粉盒	省级产品试制计划	浙江维力塑胶有限公司
纤维增强复合螺纹柱	省级产品试制计划	浙江元龙复合材料有限公司
悬壁分体式DX2510减速式单向器	省级产品试制计划	浙江康灵汽车零部件有限公司
电钻真空集尘器	省级产品试制计划	金华市新恒工具有限公司
易清洁超细纤维拖把布	省级产品试制计划	金华市海丰实业有限公司

2020年市级立项科学技术研究计划项目一览表

表6

项目名称	计划类别	承担单位
9G(TS)90轻量化重载型商用车变速器技术研发	市工业重大计划	浙江万里扬股份有限公司
新能源汽车用高强度刹车盘铸造工艺研发	市工业重点计划	金华浩翔汽配有限公司
自沉式活性炭移动吸附床治理VOCs技术与装置研究	市工业重点计划	浙江景行电气有限公司
循环流化床市政污泥焚烧锅炉的研制	市工业重点计划	浙江先创能源科技股份有限公司
电动自行车用单向传动铁基冶金齿轮组件研发	市工业重点计划	金华市宇辰粉末冶金有限公司
有序纳米结构增强聚乙烯的电磁屏蔽材料的研发及应用	市工业重点计划	金华环亚包装有限公司
高性能全铂—稀土—W/Mo型VOCs净化催化剂的研发	市工业重点计划	金华铂锐催化科技有限公司
解淀粉芽孢杆菌TR-1防治高山番茄青枯病的机理研究	市农业重大计划	金华市婺城区经济特产站
功能性添加剂在奶牛上的应用研究	市成果转化计划	金华市一康农业发展有限公司
水稻食味值评价体系构建及米产品开发	市主动设计重大计划	浙江天下正方农业发展有限公司

G60科创走廊环境产业技术创新联盟大会专家委员会，是全市唯一入选的专家；华东环保等2家公司加入G60科创走廊环境产业技术创新联盟。截至2020年年底，婺城区加入G60科创走廊产业技术创新联盟的企业累计14家、园区累计5个。

科技人才引育

【创新人才活动】 2020年5月,举办全区科技工作者座谈对接活动。8月,全区第二届"科技人才节"期间,举办"工业互联网 云网融合"主题论坛,通过抢抓5G促进制造业与互联网融合发展。

【"百博入企"】 全年选引18博士与区内企业合作,通过"专家评审+云端视频+全程监督"的方式把好"百博入企"评审关,以"最强大脑"对接企业实现"双丰收"。

【"揭榜挂帅"】 探索实施"揭榜挂帅 全球引才"新机制,多部门协同,邀请省内外专家、市场中介对征集的技术需求进行专业评估。2020年,累计征集科技型企业技术难题26个,涉及金额1550万元。

【引进推荐创新人才】 动员企业参评第四届"科技婺商",15位企业家报名,5人入围, 其中4人荣选"科技婺商",1人获"科技婺商"优胜奖。同时,全年申报省海外工程师1人、省级重点研发项目3项、省科学技术奖3项。

科技合作

【产学研对接交流】 建立企业、科研院所、高校之间良性互动纽带,全年开展"走出去 请进来"科技对接活动11次。组织5家企业到东北、西安、深圳高校研究院对接;4家企业参加中科院之行上海站对接。动员80余家企业参加第19届工科会,参与两用技术专场等4个专场对接,签约项目12项。

【全国创新挑战赛】 向市局争取将第五届中国创新挑战赛(浙江)暨2020年浙江省技术需求"张榜招贤"大赛高端装备制造行业现场赛放在婺城举办。区科技局积极做好会务服务、协调对接等各项工作。最终,大赛取得成功,新昌浙江工业大学科学技术研究院吕冰海团队获得此场行业赛的一等奖。

【工业特派员】 应科技型企业发展需求,同时打破省、市科技特派员定向服务农业的常规,在全市首推区级工业科技特派员。先行出台《科技特派员三年行动计划实施方案》,从2020年开始持续三年累计选派100人次科技人才进驻企业,协助企业破解技术难题实现转型升级。首批14名区级科技特派员已顺利入驻企业。

11月13日,金华市婺城区科技特派员启动(签约)仪式举行 (区科技局供稿)

科技帮扶企业

【科技信贷】 出台《科技信贷操作细则》,以进一步满足科技型企业需求。细则在信贷规模、贷款额度、合作银行、贷款利率等方面进行调整。2020年累计发放科技贷款2760万元,切实为企业引入金融活水。

【科技新政】 结合入企走访,加大去年底出台的婺城区科技新政宣传力度,通过扩大奖励范围、破除固定比例、压缩兑现时限等举措推动政策有效落地。2020年兑付创新奖励资金1692万元,使用创新券398.9万元,科技计划项目补助资金478万元,资金使用比去年增长近60%。

【技术创新指导】 "双月攻坚"期间,区科技局成立科技专班,紧盯具体目标,发挥"四个对接"有效释放工作动能。组织专业团队分乡镇(街道)进行巡回培训,惠及300余家企业。2020年,规模以上工业企业上报研发费用6.2亿元,增速全市第二;万里扬企业上榜省高新技术企业创新能力百强。

【提升创新能力】 引导企业成立研发机构,不断加大科技投入。2020年全区新认定市级研发机构14家;新申报省级高新技术企业研发中心14家,新申报省级企业研究院1家。由万里扬、华东环保、先创能源等企业作为主要完成单位的科研成果被推荐省科技进步奖一等奖1项、二等奖2项。

(包 涵)

文 化

综 述

【基本情况】 婺城区文化和旅游体育局内设5个职能科室，下属单位6个。2020年末人员64人(其中：行政编制10人，事业单位编制36人，聘用人员18人；具有高级技术职务资格的5人，中级14人)。2020年，完善公共文化服务体系建设，开展品牌文艺惠民活动繁荣婺城文化；提升旅游服务质量和体系，努力打造"全域旅游示范区"；聚力群众体育和竞技体育，创新赛事打造婺城品牌，全面促进文旅体事业新发展。

【疫情防控】 疫情期间，全局实行带班领导和值班人员24小时值班制度，值班电话24小时畅通，实行"日报告、零报告"制度，严密监控全区文化和旅游市场动态变化。以"家服务"理念积极调研谋划，排摸企业困难，制定相关方案，派驻4名助企服务员进驻14家重点文旅体企业，助力企业复工复产，减少企业损失。2020年，6个景区、6家推荐饭店、6家旅行社、1家民宿、5个文旅项目复工。根据分配区域做好每日巡查工作，确保电影院、网吧等娱乐场所暂停营业。全局共派出检查313人次，检查文旅体场所843家次。每日派出22名党员干部职工下沉一线社区站岗，配合社区干部进行防疫工作。

利用婺城"每日一花"电子日历，"婺城旅游"微信公众号宣传疫情防控知识，利用各级文化场馆及星级饭店、旅行社等文化旅游场所LED屏不间断播放疫情防控标语和宣传口号，引导群众科学防控疫情。

文艺团队积极创作"抗击疫情"相关文化文艺作品和"宅家娱乐"小视频。婺城区文化馆新推的系列抗疫题材作品：道情《晓得啦》、绘画《抗疫英雄》、舞蹈《康复》《前赴后继》和歌曲《逆行者》《春风的话》，以艺术形式讴歌战疫英雄，宣传社会正能量。婺城区图书馆利用线上资源推出"网络书香过大年"和"宅家课堂"活动，让"宅"在家中的人也能充实度过每一天。

【文明城市创建】 2020年，全局到共建社区城北街道凤凰山社区开展创建，做好环境整治、入户登记调查、发放宣传册等，督促沿街店铺门前"五包"责任制，整治牛皮癣，清理地面垃圾、烟头，社区环境面貌有效改善。按每周二、周四早晚高峰安排干部到创建办安排的点位开展文明劝导，倡导文明出行，发挥自身示范带动作用，着力提升市民文明素养。

广泛刊播展示"社会主义核心价值观""讲文明树新风""文明健康有你有我"的公益广告和道德模范宣传，广告数量占总数的30%以上。以文艺巡演下社区造浓文明创建氛围，由文艺骨干创作一批群众喜闻乐见的文明宣传文艺作品，提升城市文明程度、培育和践行社会主义核心价值观。同时通过婺城旅游、婺城区图书馆、婺城区文化馆等微信公众号开展文明旅游、文明阅读、文艺进基层的宣传，制作文明旅游小视频，推送文明出行旅游等微文。

开展旅游从业人员礼仪专题教育培训，开展景区志愿者服务站创建工作，指导旅游景区完善相关制度台账,保证人员经费到位;推进旅游系统生活垃圾分类和治理工作,召开旅游饭店不主动提供一次性消费用品动员会,督促企业做好垃圾分类;把文明旅游融入日常旅游市场集中整治行动中,严厉打击各类违法违规现象,逐步建立游客不文明行为记录;加强旅游服务质量监督管理和旅游投诉处理,督促旅游企业诚信经营,提高游客满意度,塑造区文明旅游形象。

对照测评标准和星级品质规范企业经营,联合开展旅游市场专项检查。召开网吧业主创建专题会议,加强宣传教育。联合检查,对照文明城市创建的标准动作全方位对辖区内的网吧进行彻底整改,特别是对消防安全、消防通道畅通、垃圾分类到位、门前"五包"等问题加大检查力度,确保网吧内外卫生环境优美,秩序整洁,无安全隐患。加强网吧禁烟、未成年人进入顽疾的整治,文化执法大队全天候不间断巡逻检查。

群众文化

【概况】 2020年,聚力完善公共文化服务体系建设,开展品牌文艺惠民活动。送传统戏下乡145场,举办文化大过年系列活动44场。同时开展道德模范文艺宣讲入景点活动6场、垃圾分类文艺汇演活动100场、文化走亲6场,实现周周有活动,月月有赛事。按标准完善4家图书分馆建设。继续做好图书馆免费开放服务,完成免费开放8000小时,读者服务18万人次,接待读者15万人次;新增馆藏文献28964余册,文献外借100849册;完成分馆、图书流通站和书香驿站图书流通流转计19900册。疫情期间,以"三服务 婺城家服务"的理念创新性开展文体活动,文化馆原创文艺作品70余件,持续开展线上"云"教学,开设162个班次,参与培训3738人次,涵盖十几种门类的视频教程。区图书馆利用线上资源推出"网络书香过大年"活动和"宅家课堂"84场,阅读推广活动115场,线上阅读人数1.2万次,服务"宅家"群众的读书生活,确保"闭馆不打烊"。

【公共文化基础设施建设】 2020年,按标准完善4家图书分馆建设,做好白龙桥分馆、天艺影城分馆、城东分馆(城市书房)的功能设施提升,实现通借通还服务,增加公共阅读的产品供给和服务供给。新建图书馆分馆2家(书香礼堂蒋堂分馆、金华之光科技分馆)。新建图书流通站5家(婺城区人武部流通、金华市汽车西站流通、浙能金华燃机发电公司流通站、捷德包装流通站,金华市人民广场流通站),新建分馆和流通站共配送图书24000多册。

【节庆文体活动】 2020年,筹办"健康婺城·幸福城"卫生健康大会、爱企日启动仪式、文化志愿者表彰大会、婺城区曲艺、小品创作培训及作品加工会,浙江省二十二届公共文化论坛、喻斯民俗文化旅游节、"欢乐金华"百姓文化节"炫酷青春"百姓街舞大赛、婺城区第八届精神文明建设"草根奖"颁奖典礼、"人文婺城 幸福城"2020婺城区 "文雅婺风"免费艺术培训成果汇报展演、"图强路上·花满婺城"2021婺城区新年诗歌朗诵会。举办"文化大过年""百姓才艺大赛""视觉婺城""诗歌朗诵" 等品牌活动。开展金华市道德模范故事汇巡演6场、"精准分类我最行 美丽婺城我受益"为主题的垃圾分类文艺会演100场。文化走亲9场,举办展览13次,举办讲座20次。

(盛倩丽)

金华市婺城区婺剧促进会

【概况】 2020年,金华市婺城区婺剧促进会有会员160人,理事会成员30人,婺剧促进会下辖分会6个。在区婺剧促进会的指导下,广大会员积极开展一系列的活动,效果明显。呈现出组织健全有网络、活动丰富有平台、载体丰富有影响、宣传广泛有声势等亮点,特别是在新冠疫情来临之际,从容应对,做到抗疫传承两不误。婺剧事业传承创新有力促进婺城区"双城"战略实施和文明城市创建。

【自编婺剧抗疫情】 2020年春节,婺剧团已经签下许多新年大戏,突如其来的新冠疫情使城乡所有聚集演出活动一律取消,剧团损失不少。但是,在婺城区婺剧促进会引导下,金华市青年婺剧团、芙蓉婺剧团、黄大仙婺剧团等利用微信等互联网平台，进行抗击疫情宣传，特别是青年婺剧团，在团长倪秋花的带领下，把新编婺剧《抗击新冠病毒》通过朋友圈进行推送，倪秋花以婺剧促进会副会长的身份，为抗疫作出自己的努力，深受广大婺迷欢迎。后倪秋花因劳累过度，突然离世，但她为后人留下许多宝贵的婺剧财富。

【婺剧进校园活动】 在区婺剧促进会的引导下，东市街小学继续深入开展"婺剧进校园"活动，取得丰硕的成果。被授予"浙江省婺剧进校园示范单位"等荣誉称号，并多次在中央电视台播出。蒲公英、湖头幼儿园、蒋堂初中等学校，在指导老师的带领下，孩子们经常一板一眼、有模有样地进行唱腔、身段、台步等的常规训练，表演学校的婺剧操。东市街小学在 9 月 11 日金华市第五届中小学婺剧汇演获一等奖。

【民间婺剧兴起】 为吸引众多民间婺剧文艺骨干，真正"把服务广大人民群众，传承婺剧事业，打造精品，提升品位"作为婺剧促进会工作重点，在组建的婺之声乐队之后，重点培育民间业余坐唱班。组织聚会练习交流，带动婺剧这一文艺奇葩，在婺城大地上得到蓬勃兴起。各乡镇街道的婺剧坐唱班亦有较大的发展与普及，活动遍及城乡各地，婺剧声影不仅出现在婺剧院戏台，更多展现在广场公园、廊桥庭院，是饭后茶余的一种享受。如夏天的琅琊镇白沙溪上廊桥，大家一边乘凉一边欣赏婺剧，几乎每天晚上有业余婺剧坐唱班到来，你方唱罢我上阵，争先恐后演唱。

【婺剧业务交流培训】 开展各种婺剧培训交流，组织各婺剧爱好者参加，与会人员就婺城区婺剧促进会如何活动进行交流学习。7 月 27 日，丽水市莲都区婺剧促进会一行 17 人到婺城区学习交流婺剧，并到东市街小学现场观摩。通过培训交流提高婺剧艺术水平，对普及、宣传、挖掘、传承好婺剧文化意义重大，婺剧要多一些自编自演节目，节目要体现全面性、经典性、实用性，并及时把群众喜欢听、愿意听、热爱听的经典唱段汇总归类，增加群众喜闻乐见节目。

（张建红）

文化市场管理

2020 年，执法大队做好新型冠状病毒感染肺炎疫情防控工作，护航企业复工复产专项行动，打赢 2020 年全国文明城市创建收官之战，参与"校园周边环境"整治、"防汛安全生产检查""文物安全专项检查""扫黄打非""净网""护苗""秋风"等五大行动，全年开展专项整治行动 15 次，查处案件 3 起，处理举报 4 起。全年出动检查人员 1687 人次，检查单位 1379 家次，罚款 4000 元，没收非法所得 4167.57 元，没收违法物品 178 个。

图书事业

【概况】 婺城区图书馆是国家一级图书馆，按业务规范提供夜间、节假日、双休日全年开放服务。每周固定开放 80.5 小时。坚持"人口集聚到哪里公共文化服务就送到哪里"的理念，建有 5 个图书分馆，在各行各业先后建立 30 家图书流通站，并常态化运营。读者服务 26 万人次，接待读者 18 万人次；新增馆藏文献 28964 余册，文献外借 127895 册次，办理读者证 5879 张，其中办理新证 720 张。新建图书流通站 7 家，分别为婺城区人武部流通站、婺城区消防大队流通站、金华市汽车西站流通站、浙能金华燃机发电公司流通站、捷特包装流通站、罗店镇大岭村流通站、金华市人民广场流通站等。完成分馆、图书流通站和书香驿站图书流通流转共计 34677 册。与市馆、少儿馆、兰溪馆等流转图书 8000 余册，已与全省公共图书馆实现通借通还服务。全区共有 224 家文化礼堂，e 家书房已覆盖 67 家文化礼堂，完成 30%建设任务。婺城区移动图书馆年访问 81 万次，歌德电子书下载量 1.7 万余册。

【活动开展情况】 2020 年，婺城区图书馆共开展读者活动 312 场次，其中阅读推广活动 210 场、讲座 13 场、展览 11 场、培训 8 个项目共 78 场次，总计服务 7.7 万人次。为读者们精心准备一系列丰富的阅读推广线上活动142次。推出“科普加油站”、“品读经典”、全民战“疫” 听书打卡、“过年宅家照样精彩——婺城区图书馆电子资源服务指南”、“蒙学”、“妙趣手工坊”、“白沙讲堂”、“二十四节气”等专题活动,让读者足不出户享受线上阅读服务。以“我们的节日” 为主题开展传统节日阅读活动。开展文化大过年活动之灯谜竞猜和垃圾分类擂台赛、清明节有奖知识竞赛、端午制香囊活动、七夕婺绣团扇制作活动、中秋婺绣花灯制作活动、“金秋暖重阳 浓情寄桑榆” 重阳节活动,让传统文化增添新的魅力。以“书香婺城 云享阅读”开展全民阅读系列活动。有婺城区听书马拉松比赛、“浙江省中华诗词大赛” 婺城赛区比赛、“诗画婺城——行走阅读” 短视频征集活动、“阅读 TA 力量”青少年演讲大赛“品读经典、全民战役”14 天线上打卡活动、“浮光阅影”胶片摄影展、“白沙八景”寻访活动、“浙里说婺”系列活动、婺城区第十六届未成年人读书节、“六一”节有奖知识竞猜活动、长三角地区阅读马拉松大赛。拓展讲座、培训、展览等服务项目。开展讲座 11 场,其中《与孩子的成长一起出发》大型公益讲座 1 场,总服务 1140 人次;培训 8 个项目,共 78 场次,总服务 1000 多人次。展览 11 场,总服务 5000 人次。

非物质文化遗产

【概况】 2020 年,婺城区贯彻“保护为主,抢救第一,合理利用,传承发展”的非遗保护工作方针,全面推进区“非遗”的普查申报、保护保存、传承发展等各项工作。6 月,完成婺城区“非遗”保护中心与婺城区文物保护办公室机构整合工作,合并成立婺城区文化遗产保护中心。婺城区“非遗”保护项目、传承人、传承基地的综合保护体系已逐步形成,婺城“非遗”有国家级代表性名录 1 个(婺州窑陶瓷烧制技艺),省级代表性名录 5 个(金华剪纸、汤溪城隍庙摆胜、金华山歌、金华斗牛、抢头杵),市级代表性名录 25 个,区级代表性名录 115 个;有国家级代表性传承人 1 人,省级代表性传承人 3 人,市级代表性传承人 25 人,区级代表性传承人 79 人;省级教学传承基地 1 个,市级教学传承基地 2 个,市级生产性保护基地 4 个,市级“非遗”传统节日传承基地 1 个;区级传承基地 26 个。

【“非遗”申报及保护工作】 做好 2020 年区级“非遗”项目和代表性传承人申报工作,通过实地调研,指导申报书撰写, 金华藕粉等 15 个项目通过区级第八批“非遗”代表性名录评审,金华核雕、金华藕粉、陈氏中医药治疗创面伤疗法、婺州扎染、玳玳花果膏、传统榫卯家具等 6 个项目成功申报为市级第八批“非遗”代表性名录;充分发挥“非遗”婺城旅游和乡村振兴中的重要作用,通过安地岩头禾居文旅的浙中非遗小镇网络平台,整合力量,开展非遗展示和体验活动,开展“国庆‘非遗’乐八天”、文化和自然遗产日系列活动、举办“非遗”购物节、打造好“跟着‘非遗’去旅行”婺城文旅品牌。

结合白沙溪三十六堰申报世界灌溉遗产、南山漫道建设、花满婺城十乡百村乡村振兴等工作,挖掘白沙地方文化,做好白沙溪地方古籍传承保护工作,《创建白沙溪诗路文旅目的地》课题分别入选婺文化研究课题、省文化厅地方文化研究课题。

文物保护工作

【概况】 2020 年,婺城区文物工作坚持以习近平新时代中国特色社会主义思想为指导,在区委、区政府和省、市文物部门的领导下,紧紧围绕“保护为主、抢救第一,合理利用,加强管理”的文物工作方针,推进各项工作。加强不可移动文物保护工作。做好传统村落文物保护利用工作,完成 7 处传统村落文物建筑抢险加固项目,争取上报第四批传统村落文物保护项目 3 处;审核批复栅川于氏宗祠等 3 处文保单位(点)的修缮设计方案及徐村节孝牌坊建设控制地带内建设工程设计方案评审批复工作;推进文物保护工程项目,完成乌云石拱桥等 4 处修缮工程的竣工验收工作,推进完成交椅山红军标语等 4 处修缮工程的施工工作。抓好文物安全保障工作。落实文物安全责任,加强文保员队伍建设,与各文保单位文保员签订文物安全责任书;与区文物监察大队紧密配合，加强日常巡查工作和专项检查工作。配合基本建设,开展考古调查工作。配合市文物部门清理王淮墓遗址现场;配合行政许可开展“婺城区二环以北、电信云计算中心以南”、“人民西路以南、婺州街以东、环城西路以西”和“金江南街以西、文津路以南、东堰街以东”等地块土地出让前置审批考古调查工作。

【文物修缮工作】 市级文物保护单位交椅山红军标语位于塔石乡大茗村交椅山自然村,1935 年,由粟裕、刘英带领的中国工农红军挺进师曾活动于这一带,留下大量的革命标语,主要保存在 4 幢建筑的墙上和隔板上，其中 3 幢建筑的本体保存较差，特别是香火厅建筑本体内部潮湿、残损严重,急需修缮。2019 年区文物部门组织专家完成了修缮设计方案评审。2020 年 5 月塔石乡大茗村组织专业施工队伍进场施工,8 月完成初步验收。整个工程投资修缮资金 45 万元。

市级文物保护单位上范红军标语位于莘畈乡上范村(现为兰源村)枫坞里自然村,标语基本保存在傅竹堂等 4 住户所有的建筑内东厢房楼上的隔板上,有“红军是工农自己的军队”“农民起来打土豪分田地”等。建筑因住户外迁,闲置不用,导致屋面漏雨、墙体倾斜开裂,急需抢救性修缮。莘畈乡政府、兰源村委会委托金华市元泰建筑设计有限公司编制抢险加固设计方案,报区文物部门审批后开展修缮工作,于 2019 年底进场施工,2020 年 5 月通过竣工验收。整个工程修缮资金 28 万元。

【文物调查】 5 月,根据《浙江省水利厅 浙江省文物局关于全面开展古井水源普查的通知》，婺城区文物部门与水利部门对辖区内古井开展调查。调查的重点主要是第三次全国文物普查中登记的古井。调查组主要调查古井的位置、建造年代、保护情况、主要功能、使用状态、构筑物、水质感官等现状情况,对存在的问题及保护措施进行全面梳理。截至调查结束,共统计调查 27 处三普登录点古井,其中 23 处仍在使用。

12 月,根据浙江省文物局关于核对《第一批不可移动革命文物名录》的通知,文物部门对辖区内不可移动革命文物信息进行核对及意见反馈,截至 2020 年年底,婺城区共有太平天国侍王府、台湾义勇队旧址、邵飘萍旧居、上阳存义堂、交椅山红军标语、上范红军标语、银坑红军活动旧址、双龙电站、《浙江潮》旧址、小坞头林氏宗祠等 10 处不可移动革命文物。

(盛倩丽)

2020 年婺城区文物保护单位一览表

表 7

序号	名称	位置	年代	保护级别
1	太平天国侍王府	城东街道八咏楼社区将军路鼓楼里	1861 年	全国重点文物保护单位
2	天宁寺大殿	城中街道四牌楼社区飘萍路 488 号	元	全国重点文物保护单位
3	法隆寺经幢	江南街道金钱寺村	唐	全国重点文物保护单位
4	铁店窑遗址	琅琊镇泉口村铁店自然村	宋—元	全国重点义物保护单位
5	寺平村乡土建筑	汤溪镇寺平村	明—清	全国重点文物保护单位
6	七家厅	雅畈镇雅畈二村	明	全国重点文物保护单位
7	石楠塘徐氏宗祠	雅畈镇石楠塘村	明、清	全国重点文物保护单位
8	八咏楼	城东街道八咏楼社区八咏路中段	清	浙江省级文物保护单位

续表 7

序号	名称	位置	年代	保护级别
9	永康考寓	城东街道八咏楼社区将军路 81 号	清	浙江省级文物保护单位
10	宏济桥码头	城东街道上浮桥社区浮桥街	清	浙江省级文物保护单位
11	上浮桥邵飘萍旧居	城东街道上浮桥社区浮桥街 89 号	清、民国	浙江省级文物保护单位
12	台湾义勇队旧址	城东街道八咏楼社区酒坊巷 84 号	民国	浙江省级文物保护单位
13	金华府城隍庙	城中街道明月楼社区明月路马路里 116 号	清	浙江省级文物保护单位
14	金华通济桥	城中街道清波门社区八一北路南端	清	浙江省级文物保护单位
15	汤溪城隍庙	汤溪镇汤溪村中山路 60 号	清	浙江省级文物保护单位
16	汉灶窑址	雅畈镇汉灶村	唐	浙江省级文物保护单位
17	东村桥	长山乡长山三村西南面	北宋	浙江省级文物保护单位
18	滕氏宗祠	琅琊镇杨塘下村中央	明	浙江省级文物保护单位
19	琅琊白沙堰	琅琊镇琅琊徐村	三国	浙江省级文物保护单位
20	鹿田书院	罗店镇鹿田村南面	清	浙江省级文物保护单位
21	方梅生故居	罗店镇罗店村	清	浙江省级文物保护单位
22	北山摩崖题记	罗店镇九龙村东北面的白衣洞内及洞前村东南面的双龙洞、冰壶洞、朝真洞内	唐至中华人民共和国	浙江省级文物保护单位
23	古方洞山塔	白龙桥镇古方一村	明	浙江省级文物保护单位
24	叶店叶氏宗祠	白龙桥镇叶店村	清	浙江省级文物保护单位
25	明月楼	城中街道明月楼社区明月路与人民东路交叉口西南侧	清	浙江省级文物保护单位
26	下章章氏宗祠	罗埠镇下章村	清	浙江省级文物保护单位
27	萧家小龙桥	汤溪镇萧家村西面约 1 千米处的莘畈溪上	清	浙江省级文物保护单位
28	上境古建筑群	汤溪镇上境村	明、清	浙江省级文物保护单位
29	赤松门古城墙	城东街道八咏楼社区八咏路	明、清	金华市(县)级文物保护单位
30	《浙江潮》旧址	城东街道八咏楼社区酒坊巷 126 号	民国	金华市(县)级文物保护单位
31	鼓楼里将军楼	城东街道八咏楼社区古子城鼓楼里	1954 年	金华市(县)级文物保护单位
32	东市街 66 号何氏三杰纪念馆	城东街道八咏楼社区东市街 66 号	清	金华市(县)级文物保护单位
33	东市街 31 号福音医院	城东街道八咏楼社区古子城东市街 31 号	民国	金华市(县)级文物保护单位
34	酒坊巷 98 号真神堂旧址	城东街道八咏楼社区古子城酒坊巷 98 号	民国	金华市(县)级文物保护单位
35	飘萍路 98 号满堂书院	城东街道飘萍路 98 号	清	金华市(县)级文物保护单位
36	侵华日军铁路桥遗址	城东街道上浮桥社区义乌江上	民国	金华市(县)级文物保护单位

续表 7

序号	名称	位置	年代	保护级别
37	一览亭	城中街道四牌楼社区飘萍路 100 号	清	金华市(县)级文物保护单位
38	通远门古城墙	城中街道西市街社区西市街南通济巷	明、清	金华市(县)级文物保护单位
39	仁寿堂	城中街道明月楼社区明月街北端	清	金华市(县)级文物保护单位
40	莲花井	城中街道明月楼社区解放东路与后街交叉口东北端	宋	金华市(县)级文物保护单位
41	601 别墅	罗店镇十里铺村	1969 年	金华市(县)级文物保护单位
42	双龙电站	罗店镇西旺村	1958 年	金华市(县)级文物保护单位
43	黄绍竑别墅	罗店镇罗店村	民国	金华市(县)级文物保护单位
44	石楠塘节孝坊	雅畈镇石楠塘村	清	金华市(县)级文物保护单位
45	雅畈将军殿	雅畈镇雅畈二村	明	金华市(县)级文物保护单位
46	白龙桥马海庙	白龙桥镇横大路村	明	金华市(县)级文物保护单位
47	交椅山红军标语	塔石乡大茗村交椅山自然村	民国	金华市(县)级文物保护单位
48	上范红军标语	莘畈乡上范村枫坞里自然村	民国	金华市(县)级文物保护单位
49	开化周氏宗祠祭亭	蒋堂镇开化村	明	金华市(县)级文物保护单位
50	乌云石拱桥	沙畈乡乌云村	明	金华市(县)级文物保护单位
51	雅干龙王庙	安地镇雅干村	明	金华市(县)级文物保护单位
52	新垅申公墓牌坊	安地镇安地村	明	金华市(县)级文物保护单位
53	徐村节孝坊	琅琊镇徐村	清	金华市(县)级文物保护单位
54	琅琊白沙庙	琅琊镇琅琊徐村	清	金华市(县)级文物保护单位
55	东畈石经幢	琅琊镇东畈村	清	金华市(县)级文物保护单位
56	湖前恩荣牌坊	洋埠镇湖前村	明	金华市(县)级文物保护单位
57	下郑善庆堂	罗埠镇下郑村	清	金华市(县)级文物保护单位
58	山下周遗址	罗埠镇山下周村	新石器时代—商周	金华市(县)级文物保护单位
59	金店狮子炉	罗埠镇西金店村金店自然村	不详	金华市(县)级文物保护单位
60	后大窑址	汤溪镇厚大村	五代—北宋	金华市(县)级文物保护单位
61	陶寺忠烈祠	汤溪镇陶寺村	清	金华市(县)级文物保护单位
62	九峰胡森石刻	汤溪镇九峰风景区	明	金华市(县)级文物保护单位
63	下伊青阳山遗址	汤溪镇下伊村	新石器时代—商周	金华市(县)级文物保护单位
64	长山朱大典读书处	长山乡长山三村	明	金华市(县)级文物保护单位

续表 7

序号	名称	位置	年代	保护级别
65	栅川于氏宗祠	乾西乡栅川村育贤路 64 号	清	金华市(县)级文物保护单位
66	白竹诸葛宗祠	竹马乡白竹村白竹街 35 号旁	清	金华市(县)级文物保护单位
67	上阳存义堂	塔石乡上阳村	清	金华市(县)级文物保护单位
68	祝村宣德堂	莘畈乡祝村	清	金华市(县)级文物保护单位
69	周村虞氏宗祠	沙畈乡周村	清	金华市(县)级文物保护单位
70	高儒李氏宗祠	沙畈乡高儒村	清	金华市(县)级文物保护单位
71	银坑红军活动旧址	沙畈乡银坑村	1935—1937 年	金华市(县)级文物保护单位
72	东俞俞氏宗祠	白龙桥镇东俞村	清	金华市(县)级文物保护单位
73	双牌窑址	白龙桥镇双牌村双牌窑自然村	清—2003 年	金华市(县)级文物保护单位
74	古方朱氏宗祠	白龙桥镇古方一村	明—清	金华市(县)级文物保护单位
75	下汪八角井	蒋堂镇下汪村	明	金华市(县)级文物保护单位
76	上盛敦伦堂	琅琊镇上盛村	明—清	金华市(县)级文物保护单位
77	东畈敦本堂	琅琊镇东畈村	明—清	金华市(县)级文物保护单位
78	安地信成堂	安地镇安地村	明	金华市(县)级文物保护单位
79	堰头萃德堂	汤溪镇上堰头村	清	金华市(县)级文物保护单位
80	堰头聚成堂	汤溪镇上堰头村	清	金华市(县)级文物保护单位
81	胡碓世名堂	汤溪镇胡碓村	明	金华市(县)级文物保护单位
82	高义新桥	汤溪镇高义村	民国	金华市(县)级文物保护单位
83	鸽坞塔钟氏宗祠	汤溪镇鸽坞塔村	清	金华市(县)级文物保护单位
84	派溪李仙种堂	汤溪镇派溪李村	清	金华市(县)级文物保护单位
85	岩下燕翼堂	汤溪镇岩下村	清	金华市(县)级文物保护单位
86	黄堂前宅全德堂	汤溪镇前宅村	清	金华市(县)级文物保护单位

婺城区文学艺术界联合会

【概况】 婺城区文学艺术界联合会（简称区文联）有团体会员10个，会员近千人。2020年，区文联召开文联系统读书会，及时传达上级有关文艺精神，切实加强文艺界理论武装和思想引领。与宣传部共同完成文化精品和文化人才评审及奖金发放工作，奖励政策的兑现极大地激发全区文艺工作者的创作热情，2020年新增省级文艺家协会会员19人，国家级文艺家协会会员3人。完成婺城文艺家协会绩效评估工作（首次），绩效资金一定程度上弥补协会日常经费和活动开支不足问题，较好地激发协会的积极性和会员的向心力，各协会迎春诗会、迎新音乐会、文艺采风、作品点评会、加工会、摄影大讲堂、摄影采风、非遗进军营等活动层出不穷，增强协会的生机与活力。推介宣传优秀文艺人才，在婺城文艺之家（古子城影约生活馆）开辟专栏，展示婺城省级以上会员个人风采及婺城作家文艺作品。关心关爱老艺术家、文艺工作者及新文艺群体，走访慰问老艺术家15人次，走访调研新文艺群体30人次。成立婺城首家乡镇文联——雅畈镇文联，为丰富基层文艺活动提供组织保障。与影约生活馆、美美同心之家以共建共享的形式创建“婺城文艺之家”。根据婺城文艺名家工作室评定办法，授予陈新华婺州窑陶瓷工作室、滴水阁·吴门画院、雄华书法艺术工作室为婺城文艺名家工作室称号；书协在育才小学创建书法创作基地，曲协在雅畈三村创建戏曲家协会创作基地等。音协完成换届选举，成立音协下属的钢琴协会和流行音乐协会。

8月14日，婺城区文联系统读书会现场

（区文联供稿）

【文艺活动】 发挥文艺家特长，创作以抗击疫情复工复产为主题的文艺作品累计近千件。在健康大会召开及第7个中国文艺志愿者服务日之际，组织开展“众志成城　抗击疫情”文艺战疫作品展，精选近百件主题鲜明、内容鲜活、题材多样的文艺作品，展现全区上下同舟共济、共克时艰的精神面貌。举办艾惠秀“爱的旋律”歌曲发布会暨原创歌曲演唱会，联合举办“生态婺城”摄影大赛、“幸福婺城　文明有我”摄影大赛、“扫黄打非”主题书画展、“我和茶花的故事”征文赛等展赛活动及金华市道德模范故事巡演、“婺说·幸福”亲子阅读活动，承办“诗画中国行——花满婺城·幸福城”采风活动、浙江摄影创作理论研修班（金华站）。元旦、春节期间，举办文化大过年系列活动十余场，先后走进企业乡镇，集文艺演出、写春联送春联、展览、拍全家福、民俗体验等于一体的文艺惠民活动获得群众的一致喜爱。

承办“心写婺城”系列活动之“春天的故事”——浙江省女书法家作品邀请展，邀请省女书法家近60人以时代之笔讴歌时代风貌，助力打造浙中文化新高地。举办“云大正杯”首届婺城区书法临帖作品展，展示婺城书法作者对传统书法经典碑帖的学习和研究成果。组织开展“文艺走读”系列活动，邀请市、区两级文艺工作者走进白沙三十六堰，实地感受白沙文化魅力，挖掘贮藏千年的文化价值。“文艺走读”先后还走进“南山漫道”、婺州古城、高铁新城征迁区块等地采风，创作大量优秀文艺作品，营造浓厚的宣传氛围。在第7个文艺志愿服务日来临之际，借罗店镇枇杷节之机，以乡村音乐会为载体，深入开展新时代文明实践活动，倡导文明好习惯养成。举办《视觉婺城》第五季，以“悠悠南山廊道”画家走进长山文化礼堂为主题，组织多支画家小分队深入文化礼堂村落写生创作，用艺术的形式展现乡村文化礼堂的综合魅力，为“南山漫道”建设增加新景观、新动能。

【文艺培训】 与宣传部共同举办文化人才、文艺骨干培训班，组织30余名文艺骨干赴宁波开展专题培训，深化对新时代文艺工作新任务新要求的认识，进一步提高理论水平和文艺能力。摄影家协会首期婺峰摄影培训班开学并举办摄影大讲堂。书法家协会举行赛前看稿会，近80多位会员参与。书法家协会在育才小学举办书法培训班。舞蹈家协会开展一系列的群众舞蹈培训，内容包括肚皮舞、广场舞等，服务总人次达到2000多人次。“美美同心”文艺师资公益培训每周开设书法、古琴、插花、山水画等公益课程，共有600余人次受益。

【创作成果】 李英的《大国治村》获评浙江文艺出版社2020年度十大好书；李俏红出版《寂静里，尘世向暖》散文集；周玥获“全市文学作品创作”征集比赛一等奖；多人的文学作品在《人民日报》《光明日报》《中国青年报》《诗刊》《小小说选刊》《山海经》《名人传记》等处刊发。朱晓红、李锦满作品分获“万年浦江”全国中国画(手卷)作品展收藏作品、入选作品；郑红建作品入选“群星璀璨 共谱时代华章”浙江省群众文化展。张雄华、朱长虹作品入展浙江省群星行草书书法大展；韩瑞、吕松霖、罗美君、俞晓涛等17人次入展、入选“浙里小康”三大省展。傅卫明、葛跃进、陈俊等5人次作品入选“先锋印记·难忘瞬间”全省摄影大赛；高和平、贾占勇、王志金等11人作品入展“浙”里风景独好——聚焦“醉美金华”旅游摄影大赛。郑慧娜、柳毅编创群舞作品《这方水土》获浙江省金华市舞蹈大赛编创、表演双铜奖，获金华市2020年度重点文艺扶持舞蹈项目；

8月14日，婺城文艺名家工作室、婺城文艺之家授牌仪式举行　(区文联供稿)

柳毅创编作品《陪在你身边》获金华市舞蹈大赛编创、表演双铜奖。浅乐屿作品《寻找》获得2020首届长三角原创流行歌曲大赛银奖、《文台》获金华市第二届新作大赛银奖。

先后编印《婺城作家年选》、《图强之路》、《婺城诗联》、2期《婺江文艺》及《白沙走读专刊》、《抗疫专刊》等文学期刊，《春天的故事——浙江省女书法家作品邀请展作品集》、《心写婺城——云大正杯首届婺城区书法临帖展作品集》、《“扫黄打非”主题书画作品展作品集》、《白沙溪印象》摄影作品集、《生态婺城》摄影作品集、《白沙飞歌——婺城区原创歌曲作品集》等。

(邵玉婷)

12月25日，“融合·合力”浙江省七县(区)文旅融合写生创作系列活动(婺城)留念

(区文旅体局供稿)

【区作家协会】 2020年，婺城区作家协会加强思想引领，联系会员，开展系列活动，不断提升会员创作水平，为婺城文化事业做出应有的贡献。

组织作家累计创作500余篇反映婺城抗疫的作品，通过微信公众号编发抗疫故事130余篇，汇编婺城《抗疫专刊》，用文学作品鼓舞士气、振奋精神、传播正能量。组织作家开展白沙文艺走读、南山漫道文艺采风和高铁新城采风，编印《白沙走读》专刊和《走读高铁新城》专辑。全年编辑《婺江文艺》4期，借助《今日婺城》副刊婺江平台，全年刊发20个专版，展示婺城作家作品。编辑完成《婺城作家作品选》，把婺城作家的优秀作品以年选形式呈现。

朱德康、周玥、章一平3人加入浙江省作家协会，汪胜获评首批金华市宣传思想文化青年英才，程明芝获婺城区“草根奖”，周玥加入浙江省青年文艺工作者协会，成为金华市文学领域唯一入选作家。

（李英昌）

【区美术家协会】 2020年，协会组织会员配合开展抗疫宣传工作，创作以抗疫为主题的作品百余幅。先后参与区文联组织的“众志成城、抗击疫情”文艺战疫作品展，选送50余幅作品至金华美协公众平台及《金华日报》《金华晚报》等平台发布。郑红建、徐晶等人作品参加市美协“同心抗疫”美术作品大展。吴广明、应青、池清、孙傲雪、何雪飞、贾艳华作品参加“同心抗疫”美术作品大展。

举办“美丽婺城，可爱的家乡”写生采风创作系列活动；组织会员到塔石、长山、双龙等地写生，并于11月22日在婺城文艺之家影约生活馆展出，之后到下张家、雅畈、衡公书画院巡展；承办著名动物画家吕维超精品展。

吴广明、池清参加金华市美术家协会举办的书画惠民活动。吴广明参加下张家茶花园现场笔会，现场集体创作作品5件，并提交非现场作品共50件在线上发布助兴茶花节活动。吴广明、池清参加由金华市美协举办的致敬援鄂医师——金华美术家文艺志愿者慰问笔会，每人现场创作小品两幅。

金华市首届女性美术作品大展中，婺城区入展8人，其中胡苗苗、胡巧泱、卢新颜、朱颖4人作品获优秀作品奖。夏立、李锦满、朱晓虹3人加入浙江省美术家协会。

（池　清）

【区书法家协会】 2020年，由婺城区委宣传部、浙江省女书法家协会联合举办了“心写婺城”系列活动之“春天的故事”——浙江省女书法家作品邀请展，以王永昌诗集《春天的故事》为创作题材，邀请多位当代书法名家及浙江省女书法家创作丰富多彩的书法作品。区书法家协会承办“云大正杯”首届婺城区书法临帖作品展，92件作品入展本次临帖展。春节期间，根据文联的统一部署，组织会员先后到金祥板业、白龙桥、塔石乡、城中街道、莘畈乡等十余个乡镇、社区和农村开展“幸福路”书法服务小分队送福写春联活动。“书法进校园”系列公益活动暨“金华市婺城区书法家协会创作基地”在金华市育才小学成立，本协会4位副主席轮流在创作基地开展公益讲座共计20余次。

2020年，组织30位会员参加由区文联主办的“众志成城 抗击疫情”文艺战役作品展。配合婺城区委宣传部、区文联开展“扫黄打非”主题书画展，完成收稿和评选等工作。开展会员群微信点评作品活动，由主席和副主席轮流任职，给会员做作品点评，活动持续一个多月，共计点评作品超过200件。举行赛前看稿会，近80多位会员参与，通过点评和交流，会员们对自己作品有了比较全面的认识。

2020年，雄华书法艺术工作室被婺城区委宣传部、区文联评为2020年首批“婺城文艺名家工作室”，葛荣伟加入浙江省书法家协会。

（章国新）

【区戏曲家协会】 2020年，婺城区戏曲家协会会员发挥各自长处，朱有权创作《武汉，加油！中国，加油！》等13篇有关疫情防控、光盘行动及道德模范宣传方面的快板；王友成创作、演出金华道情、快板、莲花落、小锣书、诗朗诵等共计20个节目；赵海琴创作、演出金华道情40余篇；洪增贵创作婺剧《誓将病毒消灭光》《惜别情怀》等；胡健创作的金华方言脱口秀及小视频、小电影等作品在各地展播、展演，多次登上“学习强国”学习平台，其中广播剧《买单》荣获金华市映像2020广播剧大赛一等奖。疫情期间，组织会员创作、演出大量疫情防控专题文艺作品，录制的小视频相继在“婺城发布”“婺江文艺”“花满婺城”等公众号上发布，收到良好的宣传效果。2020年，协会开展道德模范宣讲及先进事迹巡演5场，为助推文明城市创建精心排演17场节目。

章晓华作品《晓得啦》被评为“以文致敬　同心战疫”十佳作品评选活动获奖作品；厉素芳作品获金华市首届女性书画展优秀奖；新狮街道欢乐艺术团在婺城区垃圾分类办组织的垃圾分类达人赛复赛中，音舞快板《绿山绿水绿婺城》、卡通音乐快板《垃圾分类很重要》、二人转《文明公约颂》3个节目分获一等奖。刘菁加入中国戏剧家协会；赵海琴被评为婺城区第八届精神文明建设草根奖——基层文化耕耘奖和闪光婺星；戴建东获2020年度金华市优秀新闻工作者称号;越剧之友社被评为金华市优秀团队,祝美玲被评为文化带头人;朱有权被婺城区关爱下一代工作委员会评为“婺城区‘五老’关爱标兵”;李逢亭被评为2020年度“新冠疫情防控工作”先进个人;胡雪英被评为“闪光婺星”。

(章晓华)

【区舞蹈家协会】 2020年,区舞蹈家协会充分发挥每位会员的积极性,5月,组织会员到安地采风,对岩头、喻斯、项村等地进行调研;6月,组织全体会员参加“健康婺城”婺城区新冠肺炎疫情防控总结大会舞蹈排练和演出;9月,举办婺城区大型公益服务“婺城区送师下乡”拉丁舞培训活动;10月,协办“2020年欢乐金华百姓文化节“炫舞青春”街舞大赛金兰赛区复赛”,组织全体会员参加2020金华市广场舞大赛、金华市第七届“文化礼堂杯”广场舞大赛、2020“欢乐金华”百姓文化节“炫酷青春”百姓街舞大赛等。还组织会员参加在杭州举行的夜经济生活节、中国山水四项体育赛事、中国网红垂钓大赛、浙江省文化礼堂运动会等暖场活动。

在舞蹈培训方面,协会发挥自身特长,联系部分乡镇街道开展一系列的群众舞蹈培训,总共开展62期的舞蹈培训,包括养身舞蹈、肚皮舞、广场舞等,服务总人次达到2000人次。协会举办婺城区“风雅婺城”拉丁舞培训“送师下乡”文化服务活动,开展48期拉丁舞培训课程,总计服务16个乡镇街道,共计参与人数近5000人次。

2020年,协会共召开四次理事会议。1月召开三届二次理事会,对2019年的工作进行总结、对2020年工作进行规划。2月与音乐家、戏曲家协会一起举行年会活动暨三届三次理事会。8月召开理事会暨法人更换投票确认大会。11月举行理事三届四次理事会,邀请舞蹈文化企业以及安地镇、巨龙、燕语湖负责人,对安地舞蹈风情小镇的打造进行研讨、探究。12月举行理事三届五次理事会暨安地巨龙、燕语湖、老街采风活动,与巨龙舞蹈展演基地建设方面的协商。

2020年,会员柳毅加入浙江省舞蹈家协会。

(柳　毅)

【区音乐家协会】 2020年1月,婺城区音协承办“红红火火中国节”文化大过年之文化暖冬大集市走进金祥板业活动及婺城区音乐家协会迎新春音乐会。3月参加婺城区文联系统白沙文艺走读。5月承办“新时代文明实践乡村音乐会”罗店枇杷节专场。11月承办艾惠秀“爱的旋律”歌集作品发布会暨原创歌曲演唱会。疫情期间,组织6名歌手录制由王晓明作词、应兆铭作曲的《婺城依然美丽》,用歌声表达坚信疫情定会过去,大地花开,婺城依然美丽。焚梵创作歌曲《武汉,中国力量》为武汉加油,表达中国力量势不可挡的坚定信心。艾惠秀为抗击疫情第一时间写出具有独特视角的作品《宅家人吉祥》。

在组织建设上,6月召开换届筹备组会议,讨论换届的有关事宜。8月召开婺城区音乐家协会第三次会员代表大会,选举新一届的主席、副主席、理事等。成立钢琴协会和流行音乐协会。

2020年,会员郑惠元加入浙江省音乐家协会。

(李瑷芬)

【区摄影家协会】 2020年,受新冠疫情的影响,协会部分工作暂无法按原定计划实施,但在区文联领导的支持和帮助下,协会取得的成绩有目共睹。

在培训方面,1月,协会组织首期婺峰摄影培训班开学典礼,安排指导老师卓德强与各学员见面,并对学员们提出考核要求。3月,卓德强带领学员分赴各地就茶花、白沙溪、南山风景进行主题摄影活动,并开展作业点评及后期辅导等。组织开展摄影大讲堂活动,协会近百人参加。老干部摄影分会每月组织会员通过微信(或QQ)群内发片交流。

2020年,协会活动开展正常。1月举办协会年会,组织骨干会员分赴岩头、湖头两村为村民拍全家福,为村里送上全村合影大幅照片。3月成立白沙溪堰坝专题拍摄小组,在半个月内,共投入64人次,往返行程总计790千米,4月又继续组织会员,补充拍摄创作10天,大量优秀的摄影作品较好地助推白沙溪三十六堰申遗成功。7月承办“生态婺城 幸福家园”主题摄影大赛,共收到115名作者的参赛作品2000多幅(组),在支持区环境论坛活动的同时提升婺城在国内外的知名度和美誉度。组织全体党员赴婺城区塔古乡、莘畈乡采风,为建党100周年作好创作准备。8月派出20多名会员参加“守

望记忆 城市有光”高铁新城区块采风活动。9月承办“幸福婺城文明有我”摄影大赛，收到85名作者562幅(组)作品。协办婺城区浙中生态廊道“白沙”杯摄影比赛。组织老干部协会42名会员，参加越溪白鹤村第五届乡村文化旅游节采风活动。10月组织36名会员参加塔石丰收节活动。12月协办“浙江摄影创作理论研修班(金华站)”，活动，组织20多名骨干会员参加培训。

在作品征集上，配合“众志成城、全民抗疫”宣传，应区文化馆邀请共征集抗疫摄影作品30余幅/组。组织会员参与区文联组织“众志成城 抗击疫情”文艺战疫作品展，共征集139幅，经挑选、制作、合成后展出，取得较好的视觉宣传效果。在婺窑小镇开辟摄影墙，精选29幅摄影作品，向外界展示婺州窑文化，提升婺州窑的美誉度。

2020年，叶旭文、廖小琴、张新英、邵惠仙、夏春福、陈伟钢等多名会员有18幅(组)作品在国家级摄影大赛中入选，11人次入展“浙”里风景独好——聚焦“醉美金华”旅游摄影大赛，5人次入选“先锋印记·难忘瞬间”全省摄影作品征集活动。廖小琴、张新英、邵惠仙、于君华4名会员加入浙江省摄影家协会。

(陈兆刚)

【区诗词楹联学会】 2020年，学会吸收12名新会员，整体年龄下降，会员老龄化情况得到改善。

2020年，学会举办迎春诗会，广大会员展示自编、自演、自吟、自诵的作品。7月，组织会员赴鹿田书院进行采风活动，会员们创作大量的作品。组织会员到方家村撰写楹联，并赠送书画作品。组织会员到浩仁村为原书记滕勤男事迹陈列馆撰写作品。疫情期间，会员们发挥特长，用手中的笔声援前方抗疫壮举，一大批作品都被省、市、区各级专刊采用。举办茶话会，组织80岁以上的会员在重阳节之时相聚一起，为学会的发展出谋划策。

2020年，学会编撰《婺城诗联2020》。参与省学会组织的大运河征文活动，获得优秀组织奖。参加市社科联举办的全市赛诗会，学会分别获得一、二、三等奖。

(阮 华)

【区青少年文学艺术促进会】 2020年，促进会联合有关单位举办“美美同心”文艺师资公益培训工作得到中央、省、市各级领导和社会各界的广泛关注。

立足公益，加强交流，促进发展。1月张宇在金华市环城小学开展“动漫诗词”家长课堂专题讲座。4月在师大街“美美同心之家”举办以“五一口号”为内容的书法展。5月开展“美美同心”文艺师资公益培训，每周开设书法、古琴、插花、山水画等公益课程，共有600余人次受益。8月促进会创办的“美美艺术之家”成为区委宣传部、区文联以合作共建共享方式打造的婺城首批“文艺之家”。11月张宇参加由婺城区委宣传部、区文联和浙大宁波理工学院联合举办的婺城区文艺骨干培训班。12月张宇参加人文婺城幸福城建设“十四五”规划座谈会，并作“构建现代化公共文化服务体系”的建议发言。

(张 宇)

【区民间文艺家协会】 2020年，协会配合政府相关部门做好婺文化生态保护区创建工作，积极参加“十乡百村”乡村振兴工作，充分发挥民协作用，助推乡村振兴。各民间文学专业委员会组织到婺窑小镇、岩头村开展采风活动。参与《中国民间文学大系俗语卷》《中国民间文学大系民间故事卷》编写工作，完成编印白沙文化丛书的《白沙文化民间故事》《白沙溪畔鱼鳞册》。胡阿荣《走读白沙溪》等20余篇文章发表在各级刊物上并获中国乡村作家荣誉称号；洪增贵创作新作，协助乡村挖掘地方文化，指导婺剧排练；王友成完成和指导文艺节目20余个；还有会员向《婺风》等杂志投稿踊跃，多篇反映婺城民间文艺欣欣向荣的优秀文章得以发表。

民间表演艺术专业委员会以蒋堂文体站舞台、金二中非遗进校园为场地，排演《仙山婺水》婺城非遗大戏，作为婺城非遗对外展示的一张金名片。

民间工艺美术专业委员会以陈新华大师的省级婺窑小镇为标杆、核心，做大做强婺州窑文化，积极帮助市级民俗文化村汉灶村创建特色民俗文化村，协助琅琊镇做好白沙文化小镇创建工作，帮助泽口村、岩头村、铁店村、古方村创建特色民俗文化村，承办婺州窑、婺剧、金华剪纸进校园活动，举办婺州窑、金华剪纸友谊赛，做好王风百岁剪纸展准备工作,参与《中国民间工艺集成》编撰工作。

非遗馆、婺州窑博物馆、金华剪纸馆、婺城工匠坊、婺城非遗园积极主动承担起婺城非遗传承保护的任务,参加会展和技艺交流、培训活动。承办非遗进文化礼堂活动12场,协助承办非遗进社区活动5场,协助承办非遗进景区活动5场。非遗传承人充分利用学校资源做好非遗传承保护工作,不断改进与创新非遗保护工作方式方法。

(朱明升)

【雅畈镇文联】 2020年10月30日,雅畈镇文学艺术界联合会在上级领导的关心和指导下正式成立。

11月雅畈文联协助镇党委政府迎接“美丽城镇”省级样板创建,助力“花满婺城 看见幸福”媒体走读暨短视频创意大赛,向媒体展示千年古镇独特的韵味。

策划雅畈第二届非遗文化节,与婺城区戏曲家协会联合举办曲艺会演;联合金华日报社,策划“党员就要读党报,老党员就要做领头羊”活动,为雅畈50名60岁以上老党员送上全年报纸,号召老党员带头看党报。

举办雅畈农民书画展暨书画笔会,现场进行创作、点评、交流。协办“美丽婺城 可爱家乡”婺城美协写生作品巡回展,作品在雅畈镇乡愁文化馆展出。协办2020历史建筑(含文物建筑)专业技术人员培训座谈会,来自全国各地的知名古建筑专家围绕中国传统建筑大木作和木装修等内容,通过课堂教学和实地走访雅畈镇古建筑等方式为学员进行专业授课。

(潘丽娜)

卫　生

【概况】 2020年，婺城区卫健局着眼于补短板，总投资19亿元实施卫生补短板工程，建设婺城区人民医院二期、婺城区康复医院、婺城区中医医院、妇幼保健院、婺城区防控分中心等工程，优化婺城区医疗卫生机构专项布局。发展“康(医)养服务”、生物科技、智慧化养老(未来社区)、托育服务、中医药养生”等服务品牌，在“大健康”产业中打造具有婺城辨识度的健康服务业产业布局。以“最多跑一次改革”为抓手，不断提升“互联网+健康”服务水平，助推疾病防控、预防保健、卫生应急、公共卫生、科学育儿、智慧养老等在内的医疗卫生服务持续优化，实现智慧化建设及互联互通，为“健康婺城·幸福城”建设全面夯实基础。

【疫情防控】 1月21日，疫情防控开展以来，全区卫健系统全员参战，人员排摸、卡口的亮码测温、隔离对象的医学观察、3000余家企业复工的健康指导；363所学校的驻校健康服务，婺城医务人员以近11个月的坚守赢得无新增病例，无新增疑似病例，无新增无症状感染者的优异成绩。204名驻企、242名驻校健康指导员服务指导校企1419家，帮助解决各类问题，助力企业、学校“复工、复产、复学”。

【健康谋划】 在全市率先出台《婺城区促进健康事业发展十项举措》，从空间布局、人才培养、服务能力提升、智慧医疗、扶持社会办医、重点学科建设、健康产业发展等方面入手，高起点谋划卫生健康事业。

【人才培养】 设立“医学人才金”，用于医学类定向培养生补助、高校毕业生就业补助以及人才引进奖励，提高基层医疗卫技人员待遇，给予山区补贴和对长期扎根山区的卫生专业技术人员奖励。评选出首届婺城名医、医界新秀各5名，加大卫技人才培育和人才招引留力度。2020年招聘卫生专业技术人员95名，定向培养紧缺专业卫生人才38名。

【医疗改革】 政务服务环境持续优化，推进“政务服务2.0”系统建设，综合运用刷脸、电子签名、电子证照、电子印章等技术提升办事效率，所有政务服务事项纳入“浙江政务服务网”和“浙政钉”机关内部“最多跑一次”平台。全程网办、“掌上办”的比例分别达100%和93%。

【家庭医生】 出台《婺城区“移动药房”“移动门诊”服务规范》，并设计“婺家优医”品牌LOGO，为百姓提供全方位的健康暖心服务，提升婺城家医的美誉度。疫情期间，作为“婺家优医”拳头产品的移动诊疗7次被央视报道。全区16.2万人牵手家庭医生(2021年履约对象)，满意度达92%以上。

【爱卫工作】 深入开展爱国卫生运动、病媒生物防制，在2019年创建5个“国家级卫生乡镇”基础上，2020年7个乡镇通过“国家级卫生乡镇”市级评审。

【医疗成效】 各基层医疗机构依托医联体建设，利用区域HIS系统，推行检验、区域PACS等集约化应用，基层拍片市级专家诊断，实现检查检验更省心。12家数字化门诊、数字化预防接种门诊、25家“医智汇”即检实验室的建成，健康服务实现就近跑。

【便民服务】 推出“基层看病更放心”“费用结算医后付”“医事服务一站式”等新23项便民惠民举措，“刷脸就医”和电子发票推广就医覆盖面分别达100%。婺城区人民医院就医排队平均时间从8分钟缩短到1.5分钟，高峰时段就医“排长队”“人挤人”

等现象大为减少。

【服务效能】 打破业务壁垒、强化工作协同,以“出生一件事”为基础带动“最多跑一次”改革,从单个部门“单件事”向全生命周期“一件事”迭代升级,服务覆盖所有辖区内设有产科的医院。

【托育事业】 出台《婺城区促进3岁以下婴幼儿照护服务发展的实施意见》,对于照护服务机构的最高补助金额可达100万元。5月,在市本级推出托育服务机构网上备案制度,2020年建成3岁以下托育服务机构3家,新增托位186个,提前超额完成新增托位目标任务。

【党建引领】 新冠肺炎疫情发生后,局班子带领全系统广大党员干部坚守战“疫”主战场,织紧织密疫情防控网和医疗救治网,构筑起一道道坚实的“健康墙”,用实际行动诠释卫健系统共产党员的初心和使命。

【清廉医院】 从内在文化、制度文化和精神文化、清廉文化建设等入手,培育基层医疗卫生机构精进审慎、廉洁公正、终身学习的医院文化,2020年雅畈、安地、白龙桥、罗店、蒋堂、琅琊6家卫生院获评“金华市文明示范卫生院”。

【品牌创建】 通过加强中医科、疼痛康复、口腔、儿童康复、老年人康复、亚健康人群健康管理等建设稳步推动基础医疗卫生机构“一院一品”。以更大举措提升“医疗服务能力,打造“宜居(医聚)婺城”优质医疗品牌。

【典型选树】 在疫情防控战中,区卫健系统涌现出一批政治过硬、敢于担当、勇于奉献的先进典型,先后被授予省级抗疫先进个人1人,市级战“疫”先锋2人、战“疫”先锋团队2个,区级战“疫”先锋15人。

(张煜凯)

体　育

综 述

2020年，完成民生实事体育建设工程24个，在建大型体育活动场馆2个（燕语湖国际垂钓中心、婺城区水上运动中心）。人均体育场地面积达到2.6平方米。全区公共体育场地设施100%纳入省全民健身公共服务系统。举办近50场体育赛事活动，其中国家级赛事1场，省级赛事活动5场。新增体育社会组织1个（婺城区篮球协会），培训社会体育指导员210人。备战十七届省运会，安置优秀退役运动员6人，引进优秀运动员30人。参加2020浙江省青少年足球锦标赛，甲组获冠军，乙组、丙组均获亚军。出台《婺城区备战2022年第十七届省运会运动员伙食补助标准、教练员伙食补助及酬金发放标准管理办法》。新增市级“体育+特色村居”3个、市级体育产业（运动休闲）基地1个、市级体育产业（运动休闲）示范基地1个。

竞技体育

【概况】 为更好地完成第十七届省运会婺城区的金牌任务，从杭州蒙恩体育文化传播有限公司引进19名运动员争取在体操、摔跤、击剑、田径4个大项中夺取金牌；分别与12个社会团体（参加省运会项目：国际象棋、中国象棋、五子棋、轮滑、乒乓球、散打、拳击、马术、小轮车、羽毛球、击剑、电动冲浪板）签订省十七届运动会任务合同冲击金牌。

【赛事及成绩】 足球5个组别参加省冠军赛成绩优异，其中男子U15组、男子U14组获得季军；男子U13组获得季军、男子U12组获得亚军；男子少年组获得冠军。参加省锦标赛甲组获得冠军；乙组和丙组均获得亚军。甲组有5名运动员达到国家一级运动员标准；有7名运动员达到国家二级运动员标准。乙组有3名运动员达到国家一级运动员标准；有4名运动员达到国家二级运动员标准。区游泳队坚持常年训练，高强度、大密度的训练使得运动员参赛成绩斐然。参加第40届“迎春杯”浙江省青少年（儿童）游泳锦标赛获得二金一银。参加2020年浙江省青少年（儿童）游泳冠军赛获得一金四银。参加2020年金华市青少年游泳比赛获得20金21银15铜。2020年度共有4名运动员达到国家一级运动员标准，19名运动员达到浙江省六级以上运动员标准。组队参加浙江省第十六届少儿田径冠军赛获得8金3银2铜，总分137分，获得甲级组冠军并创造了婺城田径参赛最好成绩。组队参加金华市田径锦标赛以总分679分，总金牌数18枚的成绩蝉联冠军。

学校体育

在参加省级比赛和市级比赛的同时，认真组织婺城区中小学生系列校园体育竞赛。按照竞赛计划联合区教育局举办婺城区第十四届小学生篮球联赛、婺城区第十二届中小学生乒乓球联赛、婺城区第二十届中小学生田径运动会、婺城区第十届中小学生校园足球联赛、婺城区第十五届初中生校园篮球联赛。以赛促练,通过举办比赛,让优秀的体育苗子凸显出来,既能更好地发掘体育人才,又检验各中、小学校的日常训练成果。

群众体育

【概况】 2020年,婺城区先后举办近50场体育赛事活动,带动三四十万群众参与,带来良好的社会效应,有效地推动群体活动的开展。

【体育赛事】 6月26—28日燕语湖库钓公开赛和10月17—19日燕语湖首届全国钓鱼人运动会,来自全国20多个省份的1000多名选手齐聚婺城,300多名网红竞钓大师登场亮相,湖南卫视、快手全程直播,两次赛事网红直播带货近3000万元,线上线下超过1亿人次的观看量,带动婺城文化、体育、旅游及周边产业的融合发展。

浙江省生态运动会2020第四届中国金华山水四项公开赛于10月31日至11月1日在婺城区琅琊镇举行。比赛共吸引来自国内外1300名运动员参加比赛,这是一场气势恢宏的顶级山水赛事,也是一次荟萃琅琊匠心的农产品展销会,160余个摊位,当天卖出200余万元。琅琊镇以体育赛事为平台,以赏美景、品小吃为亮点,得到大量的关注和好评。

11月18—20日,浙江省农村文化礼堂运动会总决赛在婺城竹马乡下张家村举行,来自全省48支代表队近500名农民运动员参加了拔河、象棋、乒乓球、体能项目比赛,让文化礼堂“动起来”,乡村生活“美起来”。赛事取得良好的社会反响,让文化礼堂成为广大农民享受运动、享受生活的重要场所,为浙江省“重要窗口”建设贡献体育力量。

11月19—20日,“我们的村运”浙江省农村文化礼堂运动会总决赛在中国茶花之乡、全国健身球操之乡——婺城区竹马乡正式启动(区文旅体局供稿)

11月24—29日,中国门球冠军赛总决赛在竹马乡方下店村举行,吸引全国各地近千人参赛。门球冠军赛总决赛举办后,村子人气比以前旺,有村民开起农家乐。2022年,此村门球场地档期已排满,月月有赛事。村里正在进行民宿改造,供参赛者和游客居住,进一步增加村集体收入。

10月24日,为期三天的2020年浙江省第二届女子门球赛暨浙西南门球友谊赛在婺城区竹马乡方下店村举行 (区文旅体局供稿)

老年体育

2020年上半年,受疫情影响,区老年人体育活动中心场馆从8月开始对外开放并开展有关活动,综合场馆先后举办桥牌、健身秧歌、广场舞训练,有关邀请赛、联谊会等活动共17场次,参加人数1042人次,二楼综合馆接待乒乓球爱好者来场馆活动2900余人次。7月8—10日承办金华市老年人持杖健走培训、交流活动;10月12—15日,承办市老年体协在安地镇举行的6项系列活动。11月4日上午,由婺城区老年体协主办、竹马乡人民政府协办的婺城区争创“全国健身球操之乡”文体展演暨金华市、婺城区两级老年人体育活动基地授牌仪式,在竹马乡方下店村体育休闲广场举行。11月5日,中国老年人体协(体老字〔2020〕42号)批复,授予婺城区为第四批“全国健身球操之乡”。区组队派出7名运动员于11月4—6日代表金华市参加2020年浙江省老年体协太极拳(剑)交流活动;11月16—19日,区派出9名队员在市老年人体育活动中心参加2020年浙江省老年人门球交流活动,都取得较好的成绩。

民 政

综述

【基本情况】 2020年,婺城区提高城乡居民最低生活保障标准到850元/人/月,截至2020年年底,全区在册低保对象1911户、2697人,低保边缘278户、655人,共发放低保救助金2269.35万元,发放临时救助金51.5万元。提高特困人员基本生活标准,城市特困调整为1320元/月,农村特困调整为1060元/月,共发放特困供养经费及照料护理补贴717.09万元。同时,推进儿童福利事业发展。提高孤儿和困境儿童生活补助标准,发放孤儿和困境儿童基本生活费及物价补贴76.07万元。

【养老服务】 养老服务质量持续提升。聚焦民生实事,2020年新建省级示范型居家养老服务中心5家,提升改造区级示范型居家养老服务照料中心12家,推动居家养老服务"从有到优"转变。为61户生活困难老人家庭开展适老化改造。新建2家居家养老服务照料中心。开展养老护理员培训。

【基层政权】 规范基层组织建设,提升城乡社区治理水平。指导做好村级组织换届选举工作。做好2020年精品社区创建工作,完成8个市级精品社区创建。优化社区设置,新成立社区5个,撤销社区2个。充实社区工作力量,面向社会公开招聘专职社区工作者54人,招聘职数及报名人数创历史新高。打通社区干部成长空间,从社区书记中招聘事业干部2人。

【社会组织管理】 培育社会组织,提高社会组织参与社会治理能力。2020年,办理社会组织登记事项166件,全区依法登记社会组织现有643家,乡镇(街道)、村(城市社区)依法登记的枢纽型、支持型社会组织覆盖率均达100%。成立婺城区首家社会工作站。公益创投资金总投入从35万元增加到190万元,服务范围向卫生、司法等13类社会服务领域拓展。加强社会工作专业人才队伍建设,建立社工考试激励机制,对通过人员给予最高5000元的一次性奖励,2020年,新增持证社工398人。

【婚姻登记】 完善婚姻登记便民服务。2020年,办理结婚登记3501对,离婚登记1308对,补发结婚证887对,补发离婚证229本,婚姻登记合格率100%。引进专业社工队伍为有需求的群众提供婚姻家庭辅导服务,共受理咨询383人次。开展省内各地居民婚姻登记全省通办,跨区域办理婚姻登记102件。

【殡葬改革】 成功申请2020年生态安葬点建设项目地方政府专项债7300万元,项目涉及总投资3.26亿元,规划在婺城12个乡镇建设15个节地生态安葬点,骨灰存放格位88500个。开展多样化宣传活动宣传绿色殡葬理念,向全区乡镇街道发放生态殡葬折页15万份。2020年建成箬阳乡茶园村外片墓区、白龙桥镇天河公墓一期等。

【水库移民后期扶持】 下达2020年水库移民后期扶持项目26个,涉及资金2315万元;完成2020年度大中型水库移民直补人口信息复核工作,截至12月底,全区在册大中型水库移民直补人口为16151人,合计发放直补资金978.75万余元。

【文明城市创建】 严格落实"三个五"网格责任制,开展社区共建活动,组织干部职工开展社区共建活动500余人次，开展全国文明城市创建知识宣传、引导居民正确进行垃圾分类等活动，参与解决不文明不规范停车等影响社区容貌的问题。做好“礼让斑马线”文明劝导活动人员安排。

【疫情防控】 织密织牢民政服务机构安全网，养老服务机构第一时间实施最严格的封闭管理，服务机构对象零感染。动员社会力量参与疫情防控，社会组织以“社工+志愿者”方式活跃在抗“疫”一线，为群众提供照护解答、居家医疗等服务。区慈善总会累计收到新冠肺炎疫情防控相关定向捐赠物资1批、上级慈善组织划拨防护物资2批，接受社会捐赠资金171150元，所有捐赠款物全部用于疫情防控。为40户受疫情影响的困难群众发放2000元/户关爱慰问金。根据区疫情防控指挥部部署，牵头开展330国道郭塘检测站查控工作，共查控车辆14500余辆、劝返2000余辆，查控人员20400余人。

（谢文霞）

10月21日，婺城区民政会议暨首届婺城慈善大会召开　（区民政局供稿）

2020年婺城区百岁老人名单一览表

表8

序号	名称	居住地	出生日期	性别	年龄(岁)
1	王秀英	新狮街道北山路胡大海弄	1915年6月30日	女	105
2	俞作铭	城中街道府上街	1916年9月4日	男	104
3	徐春梅	琅琊镇棠坑源村	1917年3月5日	女	103
4	王松凤	塔石乡银岭村	1918年4月28日	女	102
5	郑毓汉	新狮街道师大街	1918年8月10日	男	102
6	郑文贤	乾西乡坛里郑村	1918年11月18日	男	102
7	郑兰女	乾西乡移民小康示范村	1918年11月18日	女	102
8	林希锟	城中街道水门巷	1918年11月21日	女	102
9	汪水玉	城东街道青春小区	1919年1月21日	女	101
10	徐荣庭	城东街道青春小区	1919年6月22日	男	101
11	邱卸竹	琅琊镇中山北路	1919年6月30日	女	101
12	陈妹妹	白龙桥郑岗山村	1919年11月21日	女	101
13	吴仲	城北街道	1920年3月13日	男	100
14	栾诚	旌孝街石榴巷	1920年3月22日	女	100
15	徐杏春	八咏路酒坊巷	1920年4月10日	女	100

续表 8

序号	名称	居住地	出生日期	性别	年龄(岁)
16	冯春华	城中街道	1920 年 5 月 9 日	女	100
17	周宝蕉	八咏楼酒坊巷	1920 年 8 月 1 日	女	100
18	谢金仙	城北街道	1920 年 9 月 14 日	女	100
19	董根花	塔石乡石塘村	1920 年 9 月 30 日	女	100

就业和社会保障工作

【概况】 2020 年,婺城区人力社保局规范有序推进事业单位人事改革。规范公开招聘制度,有序推进事业单位和编外人员招聘,共组织 6 次事业单位、两次编外人员公开招考,招聘事业人员 243 人,临聘人员 53 人。精准推进岗位设置实施认定,累计完成 103 件机关事业单位岗位设置以及减编、核编、岗位调整等重新定岗工作,岗位设置实施认定 377 件,涉及 1357 人。完善人员交流制度,全面开展事业单位“评聘结合”职称制度改革,下放职称评审权限,在卫生、教育等行业逐步推进单位自主评聘工作,畅通优秀人才职称申报绿色通道,完成 4098 名参评人员资料审查工作,其中高级职称 193 人,中级职称 1069 人,初级职称 2836 人。推进事业单位工资改革,推动“浙江省事业单位人事工资管理服务信息系统”试点工作,理顺人事工资管理的“进、管、出”业务。落实中小学教师待遇,保障区内中小学教师的平均工资水平不低于区内公务员的平均工资水平。

【就业再就业】 高质量推进就业“护航行动”。通过婺城规上企业群、亿元企业复工群、小微企业联络群和用工监测系统,实时掌握区内企业用工需求,依托“就在婺城”微信小程序,实现求职招聘用工信息共享互通。开展为期 100 天的“民工暖心帮”百日攻坚专项行动,着力稳定和扩大农民工就业创业。宣传线上职业技能提升培训补贴政策,实施“百日免费线上技能培训行动”,开展订单式岗位技能培训和转岗转业培训,开展技能培训 40642 人次,发放技能提升补贴资金 1338.3 万元,惠及企业 1555 家。新增就业岗位 25107 人,完成全年任务的 251.07%,新增就业增长率居全市第二;失业人员实现再就业 2896 人,完成全年目标任务的 160.89%,其中就业困难人员再就业 1085 人,完成目标任务的 723.33%,就业困难人员再就业增长率居全市第一;登记失业率 1.67%。

【人才建设】 打好人才“招、育、留、用”组合拳。举办中高级人才封闭式洽谈会、高校毕业生专场招聘会等引才活动,新建浙江先创能源科技股份有限公司、浙江天丰生物科学有限公司 2 家省级博士后工作站,新建金华欧仑催化科技有限公司等 20 家大学生实习基地。浙江万里扬股份有限公司等 5 家企业被认定为市区首批企业“飞地”名单,占市区总数的一半。打造人才服务“菜单式”套餐,实现人才服务“最多跑一次”或者“一次不用跑”。开展流动人员人事档案管理服务杭州、金华两地跨区域办理改革试点工作。全面完成 13962 份托管的流动人事人才档案数字化整理工作。截至 12 月底,引进海内外高层次人才 162 名,其中博士 149 人,其他海内外高层次人才 13 名;引进国家级、省级领军人才 6 名。

【高校毕业生就业指导】 成功举办 “青年英才·智汇婺城”活动,成立婺城区大学生联盟,为婺城招才引智。组织企业参加浙江省秋季人才交流大会、“百校千企十万岗”大学生引才东部专场、湖北高校金华行、上海金华周博士后需求对接会、宁波招聘会等活动。

【社会保障体系建设及社会保险】 精准高效发挥社保政策兜底作用。大力推进惠企政策兑现落地，精准高效打出“免、减、返、缓”的阶段性政策组合拳，减轻企业负担。大中小微企业累计减征、免征企业社会保险费8128家，减免养老、失业、工伤保险单位缴纳费用5.3亿元，为1900家企业发放社保费返还6500余万元，发放率达到95%以上。推进国有企业退休人员社会化管理移交工作，共完成76家国有企业5605人社会化管理移交工作。扎实做好2020年度城乡居民基本养老保险新政调整政策宣讲、业务指导、业务经办工作。推进困难群体“应保尽保，应享尽享”工作。截至12月底，全区基本养老保险参保率达到97.4%，累计发放养老金44.57余万人次，金额12218.4万元；发放高龄补贴8余万人次，金额395.9万元。稳妥推进被征地农民参加基本养老保险工作，成立工作专班，组织多轮次、全覆盖的政策解读和业务培训，采用平行推进、先易后难、化整为零的方式开展入户工作，2天实现下发乡镇人数签字完成率100%，6天内全区第一批1445人系统整改率100%，实现婺城新速度。组织开展工伤预防及工伤补充险专题巡回培训12场，培训在建项目及企业单位500余家，培训人员700人次，进企业宣传十余家，对工伤事故多发企业进行联合检查，提升用人单位安全生产和工伤预防水平，取得良好的社会效应。

【劳动关系管理及劳动保障监察】 以创建省级无欠薪城区为引领，着眼平安婺城建设，积极探索新形势下基层劳动纠纷综合治理的新路子新方法，全面推行“线上+线下、速调+联调、本土+专家”调解模式，实行“一站式”受理、“一条龙”服务、“一揽子”解决劳动纠纷，基本实现劳动纠纷治理“矛盾不出企、纠纷不出镇、案件不出区”的建设目标，全区劳动纠纷总量明显下降，2020年，各乡镇街道受理劳动纠纷743起，100%成功调解，涉及金额1200余万元，顺利通过省“无欠薪”城区创建工作考核验收。

【劳动仲裁】 着力打造劳动争议仲裁“标准院”。开展“建标准院、开标准庭、办标准案”省级试点工作，建立规范的仲裁院管理体系、仲裁庭审理标准和调解仲裁案件处理标准，形成全省可复制可推广的经验做法。举办基层劳动争议调解员培训，组织召开协调劳动关系三方四家会议，开展劳动纠纷源头预防指导，加大劳动关系风险预警力度，鼓励当事人选择非接触沟通方式化解劳动纠纷，实现线上维权不跑腿、线下维权标准裁。2020年，受理劳动争议案件553起，涉及劳动者人数626人，涉案金额达776.25万元，审结案件553件，结案率和调解率分别为100%和84.6%；其中网络庭审案件200件，网络办案率达38%。

【“最多跑一次”改革】 夯实“最多跑一次”改革，开展人社服务快办行动，紧抓窗口业务技能比武竞赛，获全市技能比武笔试竞赛第一名、现场比赛一等奖，以竞赛促服务质量提升。继续夯实“最多跑一次”改革“领跑者”综合试点工作，确保所有事项100%实现网上办、掌上办、零次跑，加强对乡镇街道的业务指导培训，提升“就近办”能力。通过通报、督促整改、监测等方式，加强对超期件和差评件的督察，共办件27030件，办结率100%。开展人社服务快办行动。制定婺城人社快办行动方案并印发，实现关联事项“打包办”、高频事项“提速办”、所有事项“简便办”，83.3%的服务事项可在基层网点办理，承诺事项办结时限同比压缩56%以上，政务服务事项平均办结时间为2.8天，窗口平均办结时间为6分钟，“510”办结制11个项目全部完成改革，窗口减窗率达60%。为优化营商环境，进一步推进“证照分离”改革，全面采用电子印章以及电子证书，优化职业技能培训机构审批、劳务派遣审批、人力资源服务许可审批等许可事项全流程网上办，实现企业营业执照和经营准入许可类证照分离，便利企业办事。

【东西部扶贫劳务协助】 跨域劳务对接协作，驻点招工精准扶企。一季度，婺城区人力社保局在精准排摸区内企业外省滞留员工分布基础上，通过政府顶层对接，向云贵川三省派出驻点招工小组。主动与当地政府创新联合办公机制，迅速搭建劳务扶企体系，构建当地政府、驻点招工小组、婺城企业、当地员工“四级”信息沟通渠道，一盘棋、一个调推动驻点招工工作，就“劳务合作、精准脱贫”进行深入洽谈，先后与6个县级人社部门签订劳务合作协议，达成“岗位婺城推送，当地宣传推动”共识。协调八达服饰、维力塑胶、双宏化工等100家劳动密集型企业,出台爱心岗位3200余个。共租用8列“婺城赶超图强号”高铁专列和出动281辆大巴,共计接回10498名省外员工,其中廿县员工2820人,为婺城企业及时复工复产提供坚强的人力资源支撑。中央电视台《新闻1+1》《经济新闻联播》《24小时》《朝闻天下》等多个栏目连续6次进行相关报道,在全国打响金华婺城双城战略新品牌。

3月5日,区人力社保局与四川普格县签订劳务合作协议　　（区人力社保局供稿）

【技能培训提升】　岗位技能全员提升,企业下单政府买单。三季度,国内经济企稳向好,区内用工形势趋于平稳。婺城区人社局统筹推进进城务工人员等重点人群就业“护航行动”,着力稳定和扩大进城务工人员就业,大力宣传线上职业技能提升培训补贴政策,实施“百日免费线上技能培训行动”,鼓励企业积极开展技能培训,针对企业用工情况开展订单式岗位技能培训和转岗转业培训,提升员工技能水平和求职就业竞争力,缓解结构性就业矛盾,助力企业渡过难关。全年共开展技能培训40642人次,发放技能提升补贴资金1338.3万元,惠及企业1555家。

【疫情防控】　把新冠肺炎疫情防控作为检验“不忘初心、牢记使命”主题教育成效的主战场,开展“疫情防控、党员先行”活动,组织全局31名党员成立才技送突击队、设立6个党员示范岗,参与乾西乡疫情防控卡点和到云贵川三省接招新老员工工作,实行“党员干部+志愿者”网格化管理,织密疫情防控红色防护网,统筹推进疫情防控和经济社会发展。

2月17日,区人力社保局局长王会星(中)带队到云贵川接招新老员工　　（区人力社保局供稿）

【文明城市创建】　全局上下积极投入婺城区“提颜增质”战役和三年创建收官之战。63名工作人员积极参与联系社区文明创建工作,对照考核标准和历次检查存在的问题,抓好整改,有效巩固“四整治一提升”行动成效,联系社区历次测评位居全区社区前列。

【培育壮大网红经济】　培育壮大网红经济,释放就业倍增效应。发挥新业态灵活就业“蓄水池”和“稳定器”的作用,大力推广以互联网平台为代表的新模式、新业态,开发一大批岗位。鼓励企业通过抖音等直播平台带货,以点带面推动实体市场和电商企业经济兴起。2020年,西市街商圈中包括永盛购物中心、帝壹城、第一百货等各大商场负责人纷纷变身“带货主播”,开展直播十余场,吸引20多万人群观看,点赞超500万人次,推动实体市场和电商企业销售额猛增。发挥创业带动就业倍增效应,成功举办婺城区首届网络直播创业大赛,近千人参与赛前培训,120名婺城主播及多个直播团队亮相直播间,吸引1200万人次观看,带动“婺城好货”“婺城制造”产品销售30万单,成交额超1000万元,带动就业超500人。

（邵　凯）

婺城区残疾人联合会

【概况】 婺城区残疾人联合会（简称残联），下设“金华市婺城区残疾人劳动就业服务中心”。区残联主要承担“代表、服务、管理”的职能；承担区政府残疾人工作委员会的日常工作，负责对各类残疾人专门协会和团体进行指导、监督和管理。2020年，区残联辖19个乡镇（街道）残联，287个村（社区）残协，全区持证残疾人9715名，其中，视力残疾874人，听力残疾1384人，言语残疾142人，肢体残疾4122人，智力残疾1038人，精神残疾1703人，多重残疾452人。

【基层组织建设】 全面贯彻习近平总书记浙江考察重要讲话精神和两会精神，以建设“重要窗口”的搭档赶超，不断夯实筑牢基层党建基础，使残疾人工作成为“重要窗口”的特殊风景线。8月初召开婺城区政府残工委全体会议暨区残联第五届主席团第三次会议，调整、增补区残联第五届主席团委员，选举主席团主席、副主席，执行理事会理事长、副理事长。8月底开展残联系统2020年度业务工作培训，做好残联系统工作能力水平提升工作。

【扶残送温暖活动】 疫情防控期间，为全区500多名生活困难残疾人精准解决具体困难，包括免费送新鲜蔬菜、消毒液、酒精、口罩，免费理发等；全面普查1500多名精神类疾病患者用药存药情况，统计急需购药人员名单，由乡镇街道专职委员提供送药上门服务；组织70多名残疾儿童家长参加“停课不停训”的线上课堂，鼓励家长在家对孩子们进行康复训练、教育和心理咨询指导。

【残疾人培训就业】 开展“残疾人扶贫基地”规范化建设工作，组织基地负责人参加培训；为就业创业基地和残疾人之家贷款贴息补助20余万元；对8家市级残疾人扶贫基地进行复评。开展“残疾人就业创业提升年”活动，组织50多名残疾人参加市区残疾人就业招聘洽谈会；联合区人力社保局开展残疾人专场招聘会，组织130家企业300余名残疾人参加招聘会，50多名残疾人达成就业意向；委托金华市广播电视大学举办残疾人职业技能培训班，设面点烘焙、电商创业技术、农业种植、美容美甲培训班，提升残疾人群众就业技能。

8月26日，区残联开展为期三天的全区残联系统业务培训　　（区残联供稿）

【扶残助学活动】 为金华市特教学校送去3万元慰问金及慰问品；核查统计各乡镇街道残疾学生入学情况，发放残疾学生助学补助40余万元，贫困家庭子女教育补助12余万元。

【社会保障】 截至2020年年底，纳入困难残疾人生活补贴1775人，重度残疾人护理补贴5452人，两项补贴实施动态管理，应补尽补、应退尽退，累计发放补助资金1900余万元；下拨各乡镇街道春节走访慰问资金96万元，慰问品500份，共计走访慰问残疾人2000多人；发放2020年度残疾人机动轮椅车燃油补助59户、1.6万元；对4名因病因灾致使生活困难的残疾人给予1000~2000元不等的临时性救助。按照省困难残疾人“四访四助”活动要求，结合辖区实际，协调解决困难残疾人危房改造10户，年家庭人均收入8000元以下困难残疾人3人，未就业残疾人大学生3人，居住环境“黑、脏、臭、乱”困难残疾人家庭127户，实现“三个清零，一个显著改善”，完成市政府民生实事残疾人之家星级提升改造工作，根据任务数，对全区5个残疾人之家完成优化改造。

【康复医疗】 2020年6月，婺城区残疾人康复托养中心投入运行，婺城区专门面向残疾人康复托养机构实现零突破。全年审核发放73名0~6周岁残疾儿童抢救性康复训练补助资金139万元；为城西卫生院儿童康复中心补助资金2万元;完成助听器验配9台,假肢安装4例,轮椅配送40例。

【文明城市创建】 在区委、区政府的正确领导下,在创建办的精心指导下,有序地开展各项创建工作,全体干部职工积极参与社区共建,每周末组织20%的人员进社区,同社区志愿者一道维护环境卫生、房前屋后乱堆乱放整治、牛皮癣治理、沿街晾晒、车辆乱停放等一系列文明城市创建活动。在每月的交叉测评中,克服单位人员少,工作重的情况,每次派出50%的人力参与新狮街道康村社区文明创建迎检。在7月省测、9月国测期间全天全员参与社区共建,责任到人,及时整改存在的问题和薄弱环节。

【疫情防控】 根据市、区通知要求,迅速成立疫情防控工作领导小组,党组成员带头深入一线做好疫情防控。按照疫情防控工作需要暂停办理残疾评定、暂停信访接待、暂停"残疾人之家"运行,暂停盲人按摩机构的经营活动,对区所属残疾人托养、康复机构和残疾儿童定点康复机构展开疫情防控检查。及时向全区残疾人发出抗击"新冠"疫情的倡议,努力构筑群防群治的严密防线。

【助残服务】 开展"不忘初心、牢记使命"主题教育,围绕守初心、担使命,找差距、抓落实的总要求。支部组织集中学习7次,领导班子8个专题集中学习研讨3次;针对性提出如何提高助残服务水平、推进残疾人之家全覆盖建设等4个课题。深入基层调研,走访群众200余名,形成调研报告4篇;对查摆出的问题建立台账、销号管理,查摆梳理的7方面问题中,短期能整改的5个问题已完成整改并长期坚持,2个中期长期才能完成的按照整改措施正在稳步推进当中。深刻吸取反面典型教训,狠抓助残服务、政策补助、项目建设、器具发放等各个环节的廉洁风险,严格落实"一督两查"责任制,规范"三重一大"议事规则,确保队伍建设风清正气。完成全区9715余名残疾人动态更新调查,澄清残疾人底数,了解残疾人需求;以强基础、抓提升、全覆盖为目标,紧扣"精准"全面推进各项助残服务政策在基层落地生根。

(廖　亮)

婺城区红十字会

【概况】 婺城区红十字会为参照《中华人民共和国公务员法》管理的群团单位,机构级别为正科级,内设办公室、赈济救护科两个科室,编制5人,实有人数6人,以"三救三献"为主线,弘扬"人道、博爱、奉献"的红十字精神,发挥红十字会在党和政府人道救助领域中的助手作用。2020年获金华市红十字应急救护培训师教学技能大赛团体二等奖、金华市红十字会考核优秀单位、浙江省红十字工作进步奖、浙江省红十字疫情防控工作先进单位等荣誉。

【召开婺城区红十字会第四次会员代表大会】 2020年12月30日,召开第四次会员代表大会,大会总结区第三次会员代表大会以来的区红十字会工作,表彰为区红十字事业作出突出贡献的先进集体和个人,对今后工作进行部署。会议选举产生婺城区红十字会第四届理事会和监事会。

【应急救护培训】 2020年,救护培训工作是红十字会的主业,结合疫情防控工作,开展"助力疫情防控 红十字救在身边"主题的应急救护员培训班6期,普及培训56期,共培训红十字救护员624人,普及培训人数9203人。

2020年,完成由中国红十字总会投资12.95万元资金的"学校+社区"安全健康教育项目。这个项目,从青少年学生入手,以"小手拉大手,健康安全一起走"为主题,分别由救护员培训、亲子讲座、应急演练、主题宣传和学校安全教育体验5个子项目组成,其中救护员培训12期600人、亲子讲座2期1000人、应急演练1场500人、主题宣传活动2场200人、学校安全教育体验活动2场800人。

2020年出资投放1台自动体外除颤器(AED),安装于金华双龙风景区志愿者服务中心。

【人道救助和生命关爱】 2020年,疫情期间区红十字会共接收爱心款物共计509万元,已全部用于武汉及婺城的疫情防控,做到专人负责、账实相符、公开透明;助力企业复工复产,为两家复工复产企业送去口罩2000只;开展"红十字博爱送万家"活动,惠及竹马、塔石等 27 户困难户，共发放现金25500元；登记器官(遗体)捐献 593 例，成功捐献器官组织、遗体共 3 例，采集造血干细胞 16 例。

【应急救援和志愿服务】 2020 年，区红十字会调动社会应急救援力量，派出 25 人的红十字应急救援队及红十字志愿者服务队进驻金华市 G60 高速路口和高铁站，协助卫健、公安、交通等部门参与疫情检测、分发疫情防控宣传单、宣传辅导健康码的使用，共计出勤 700 余小时，成为全市最早投入疫情防控一线的队伍之一，有 7 名队员获得省、市、区级各项战疫荣誉；开展夏季城市应急救助巡逻、助力地摊经济，对地摊市场人员密集区域做好防疫督导工作，任务地点涉及江北闹市区、夜市及婺江江面点，出动陆路、医疗、水域队员合计 21 人；参加安地镇防汛安全应急巡查及婺城区山下曹水库大坝漏水紧急堵漏任务，出勤 15 人，橡皮舟 2 艘，救援车辆 6 辆；参与全区 “5·12”防灾减灾应急演练、水域救援联合演练、市区两级森林消防演练；完成燕语湖库钓公开赛水域保障、琅琊健康毅行现场保障、琅琊镇水上运动会水域救援保障、亚运会倒计时三江六岸表演水域救援保障、姑蔑风情 10 千米精英赛保障任务；与金华山景区签订节假日安保战略协议，节假日期间到景区执勤，引导疏通人群，提供紧急救护；出动应急救援 2 次，成功找回深夜离家出走少年及失踪落水人员。

【开展红十字基层组织建设试点工作】 根据深化群团改革的有关要求，已在竹马乡等 9 个村开展村级红十字基层组织试点工作，到 2023 年底，基本建立起村级红十字基层组织网络，不断提升红十字会整体工作水平，显著增强红十字会服务社会能力和人道救助实力。

8 月 19 日，在竹马乡政府召开婺城区村(居)红十字会建设试点工作动员大会 (区红十字会供稿)

【推进网上红十字会建设】 借助 “互联网+”，建立点面结合的网上红十字会，推动服务向全方位、一站式、个性化转变，让群众能在网上找得到奉献爱心的平台，并能参与活动、满足价值需求，“红会通”小程序网上综合服务平台已上线使用。

(邱苗涵)

街道镇乡

城东街道

【概况】 城东街道辖区面积2.99平方千米,下辖青春路、八咏楼、旌孝街、桃园、通园路5个社区和东郊、上浮桥2个经济合作社,有基层党支部55个(其中两新党支部11个),党员1300名。户籍人口9449户、22123人。街道工作人员43人,其中班子成员12人。2020年,街道工业总产值46852万元,比2019年降低29.4%。规模以上工业企业总产值完成46082万元,比2019年降低30.4%。限额以上批零住餐业完成21870万元,比2019年增长4.83%;固定资产投资完成17498万元,比2019年降低30.54%。引进内资完成12200万元。外贸出口完成3216万元,比2019年增长63.64%。

【财政税收】 2020年,街道税收总收入14671万元,上年同期11067万元,较上年同期增长27.04%。2020年,街道国税、地税财政收入任务3100.60万元,完成4293.4万元,完成138.47%,上年同期2914.1万元,比上年同期增长47.33%。

【文明城市创建】 街道重点抓好文明城市创建,生态环境质量持续改善。2020年,街道创建酒坊巷、石榴巷、红军巷三条特色示范街巷。在全国文明城市创建交叉测评及第三方测评评比中,城东努力保持在中上等次。9月,国测中完成八咏楼社区入户调查问卷工作任务。街道凝心聚力,合力攻坚,采取有力措施、加大整改力度、推动精细管理,有效解决重点、难点问题,立足长远,构建常态化的文明城市建设机制,以最优姿态冲刺也不负众望一举拿下全国文明城市的桂冠。

【文化宣传】 2020年,街道被市级媒体报道的信息有43篇,省级媒体报道的有14篇;疫情期间文化站通过举办网络联欢会、编写防疫相关劝导的歌曲、三句半等引导市民以积极的心态面对疫情。共编排原创节目3个:《防疫“三句半”》《宅家人吉祥》《(音乐快板)抗击病毒心连心》。为引领居民健康向上的生活,街道通过开设书法、舞蹈、声乐、腰鼓、消防等公益培训课程,组织学习并指导第九套广播体操。在做好疫情防护措施的情况下,全年春秋季培训各开展14次。街道通过组织“邻居节”系列活动、垃圾分类宣传、百姓才艺大赛等活动,共计22次。既活跃群众的精神文化生活,也增强文明意识,和谐邻里关系,促进社会稳定。

【社会治安综合治理】 2020年度,“城东街道基层治理综合信息系统”处理信息38942件,办结38942件,办结率达100%;落实党政领导综治责任制,以化解矛盾纠纷为主线,全面落实社会治安综合治理各项措施,维护辖区社会稳定。签订各类责任书35份,完善“综治平台”建设,优化“全科网格队伍”,顺利完成平安建设系统的闭环交办工作。2020年,排查调处矛盾纠纷482起,其中上平台的调解案件为66件,其余的在街道和社区干部的合作下解决在基层,调处率和成功率均为100%;做好上浮桥拆迁遗留工作,做好各级两会安保工作。东上小区遗留问题处置小组继续做好工作,开展矛盾纠纷的化解;开展安全检查整改工作,加强平安建设。做好社区矫正工作和吸毒人员社区康复工作。

【基层党建】 全力做好社区换届工作。通过周密部署,4个社区二委共选出二委成员37人，平均年龄38.5岁,大专以上学历34人,其中一肩挑人选的平均得票率为97%;选出“84后”年轻干部17人,占比为50%,社区两委班子结构进一步优化、整体功能明显提升。全面加强基层组织建设。通过立规整治和巡查整改,发现问题8项23个,街道党工委制定整改方案,建立问题台账,逐一梳理整改。开展专项民主生活会和组织生活会,批评教育35人次,处理问题党员3名。及时培养吸纳5名防疫先锋入党积极分子为中共预备党员。组建德仁康复、师大人家、园林花卉等3家两新党组织，扩大两新党组织的覆盖面。打造“党建引领古城先锋”党建品牌。街道党工委以“传承红军志、阔步新征程”为主题,主动策划,搭建平台,打造红军巷、石榴巷等一批红色文化街区,再现金华城区变迁发展所展示出的金华精神。

【民政工作】 街道民政工作坚持“以民为本,为民解困,为民服务”的宗旨,切实履行“维护民利,解决民生,落实民权”的工作职责,落实各项惠民政策,发挥民政工作的服务功能和管理职能。重视民生,努力做好居民生活保障工作。经年审,街道现享受低保69户、76人,2020年,取消低保7户、10人。全年发放低保金746832元;申报低保3户、6人,通过3户、6人。2020年春节期间,慰问辖区百岁以上老人5人,发放慰问金6000元。街道各类优抚对象80人。发放优抚金1958763.5元;困难补助18人、2万元;慰问优抚对象80人、4万元。

【残联工作】 做好残疾人关心关爱工作。春节期间,街道残联走访慰问残疾人122人,给其中100人送去慰问金6万元,发放慰问品22份(每份为被子1床、大米2袋和食用油2瓶),让残疾人感受到政府的关怀和温暖;为4名残疾人机动轮椅车主申请年度燃油补贴1040元;对就读九年义务教育、高中和大学的残疾人子女和残疾学生进行全面摸底,为14名残疾学生发放助学助困补助，金额达2.1万元,为4名享受婺城区低保的残疾人子女发放就学补助2000元;为29位残疾人申请养老保险补助,享受补贴金额9.84万元。做好残疾人康复服务工作。抓实残疾人两项补贴的申报和发放,根据《浙江省困难残疾人生活补贴实施办法》(浙民福〔2016〕23号)文件规定,1—12月,街道残联为辖区的36名残疾人申请两项补贴,为辖区的303名重度残疾人发放居家安养护理补贴80.55 万元；为55名重度残疾人发放机构护理补贴51.01万元;为55名低保残疾人发放生活补贴17.51万元。继续开展家庭康复上门服务,为辖区2名肢体残疾对象开展无障碍进家庭活动。做好残疾人信息调查工作。按照市、区残联的工作要求,10月,街道残联完成一年一度《残疾人基本服务状况和需求信息数据》的调查584人,入户调查率95%。

【城市管理】 2020年，开展环境卫生整治80余次,共建单位志愿者、在职党员、学生志愿者参与人数2000余人,清理卫生死角65余处,清理垃圾900多吨,清理楼道牛皮癣2700余处,绿化补种715平方米。开展灭“四害”活动,街道鼠药发放12500包、蟑螂药8000包,清理滋生地40余处。按时有效完成智慧城管督办工作。2020年,街道处理督办案卷8806条,结案率达99.97%;全年整改更换健康教育宣传板6处,截至年底,共张贴健康宣传画8期。

【垃圾分类】 利用多种形式加大宣传力度，开展“垃圾分类百场宣传进百区”文艺演出22场,2020年,发放垃圾分类宣传资料8770份,以及联合多部门共同到辖区内胜利街示范街区进行走街入户倡导垃圾分类宣传1300余次,取得很好的结果。2020年被新闻媒体报道13次。其中省级 2次，市级7次,区级4次。推进点位建设,争创省级示范亮点。街道建垃圾分类投放点73个，加第三方建设和管理16个点位,其中2019年自建35投放点。2020年新建点位38个,全部完成投放点建设,实现辖区所有小区垃圾分类全覆盖。申报创建省级高标准示范小区2个,青春路社区香缇苑小区、旌孝街社区东市尚品,示范商业街1条,八咏楼社区胜利街(飘萍路到人民东路)，已按照创建要求和标准完成自评验收和市垃圾办验收工作。

【社会保障】 完成城镇居民医保征缴工作任务,为3688位居民办理医保续保,医保到账率达到100%,大病保险到账率77.2%；办理居保续保及一次性补缴152人以及居保档次变更30人；申请审核2020年第二季度40.50社保补贴404人，申请金额130.44万元；通知辖区89家单位申报办理稳岗补贴163.59万元；为助力脱贫攻坚，对24位来自贫困地区在婺城打工的人员建档立卡；发放下岗失业困难人员、企退特困人员以及重病住院人员等慰问金24.2万元，共计297人次；对132名下岗失业人员再就业情况进行调查；对辖区登记的6443名企退人员以及400名城乡居民四项待遇进行领取养老金资格认证；受理劳动矛盾纠纷案件10件，涉案金额80500元。

【疫情防控】 2020年，城东街道以清醒的政治意识，扛起担当的政治责任，高度重视、凝聚力量，全力以赴助力防疫"持久战"。城东街道以会议提高防疫意识，通过召开防疫专题会议，班子会、周一夜学等形式，带领全体街道干部共同学习省、市、区防疫指挥部的相关文件要求和会议精神。以宣传促进工作推动，广泛发动各种宣传渠道，倡导辖区市民们重视防疫的重要性，累计悬挂条幅247幅，发动志愿者219人，并通过4块LED屏循环播放防疫视频和标语。街道响应省、市、区防疫的相关要求，制定防疫应急预案。落实街道党工委书记、办事处主任负总责担任组长，党工委副书记、街道常务、防疫分管领导为副组长。2020年1月25日，街道召开防疫布置会成立防疫小组，同时成立三人专班数据小组，将责任层层落实。察势者明，趋势者智。城东街道以"长风破浪会有时，直挂云帆济沧海"的毅力，脚踏实地打好防疫的"持久战"和"攻坚战"。

【妇联工作】 街道有来料加工经纪人7人，从事来料加工人数123人，2020年度发放加工费403.9万元。街道妇联协同经发办不定期走访各来料加工点，每季定期开展安全生产教育培训活动。同时，各社区同辖区的来料加工经纪人签订"2020年度安全生产责任书"。建立健全妇联组织建设，建立"两新"妇联组织2家：金华婺城口腔医院和金华眼科医院。完成社区第七届妇联换届选举工作。推荐出优秀妇女代表133名，其中党员62名，选举产生第七届妇联执委28名。维护妇女儿童合法权益。2020年春节，慰问辖区困难妇女47名、残疾儿童学生14人，并送上慰问金4.5万元。加强妇女权益保障知识的宣传。6月24日，街道妇联协同旌孝街社区邀请警官楼国卫在清风公园为居民上一堂"防诈骗"宣传课。做好妇女的来信来访工作，调处妇女婚姻家庭纠纷6件，调处率达100%。开展"特别的爱给予特别的你"活动，慰问一线抗疫女同胞，送上鲜花和慰问品，感谢她们的大爱、舍小家顾大家精神。开展"避免深迷电子产品，让孩子爱上阅读"网上授课，观看分别达到4078次、3037次，社会群众反响良好。参与全国文明城市创建。组织辖区200余名"一格一姐"巾帼志愿者投入到金华市文明城市创建行列。

【人口与健康】 落实目标责任，完善巩固帮扶制度。2020年，街道共出生110人，其中男孩61人，女孩49人，出生人口性别比为124。2020年，网上审核办理一孩、二孩生育登记137人，再生育上报审批3例。2020年，街道共有特扶对象66人，失独家庭22户32人，公益金10人。各社区通过建立的新婚待孕、未婚青年等各类微信群做好政策宣传工作；在辖区内悬挂宣传横幅、标语、画报等营造良好的宣传舆论氛围。2020年，街道继续做好计生特殊家庭帮扶工作，在传统节日对社区内失独家庭和计生困难家庭进行走访和慰问，2020年，共计发放区级和街道的慰问金23000元。强化服务观念，做好生育登记服务。街道社区工作人员每日及时审核网上办理生育登记，耐心指导育龄对象下载"浙里办"APP，指导她们在网上按要求办理生育登记。同时做好全员平台内各类信息核查，逻辑关系纠错、新婚迁入人员建档和上报等工作。2020年，街道通过该平台共办理生育登记130件。

【安全生产】 2020年，辖区内未发生一起安全生产事故，未出现人员伤亡。落实责任制，街道与社区、辖区企业单位共签订"安全生产综合目标责任书""消防责任书"及"特种设备责任书"共128份。开展安全生产工作宣传。发放宣传资料500多份，贴张宣传画40张、悬挂横幅、电子显示屏14块。组织开展安全生产大检查以及专项治理活动。开展安全生产"百日攻坚"行动。检查人数50余人次，检查企业

20家,排查隐患6处,立即整改6处,已整改完毕;开展为期20天疫情期间的复工复产专项行动,出动检查人员共89人次,检查单位52家,发现隐患2处,已整改完毕。街道辖区内有加油站1个,街道经常组织人员对此单位进行安全检查提醒,确保涉及危险化学品单位生产安全。加强应急演练,在安全月中期和前期,街道辖区(街道联合文旅公司组织古子城商户、机关加油站、德仁假肢及各社区)共组织8次消防和突发事件演练,参练单位共9家,参加演练人员210次。通过应急演练,达到对消防安全知识及疏散逃生的现场宣传与培训。开展对涉喷涂作业场所整治工作、工贸行业涉爆粉尘企业安全生产专项整治工作、高温熔融金属作业安全专项整治工作、非法违法"小化工"专项整治工作。开展对山西太原"10·1"重大火灾事故警示通报,加强当前安全防范工作,对旅游景区、九小行业、宾馆饭店等重点领域安全防范检查,同时再深入隐患排查。出动人数12人次,检查36家,排查发现隐患2处,当场整改2处,对企业负责人再进行宣传,强化主体责任。开展百日消防安全"大检查大宣传大整治大落实"专项行动,出动人数25人次,检查15家,排查发现隐患16处,当场整改4处,已整改12处。加强企业主体责任的宣传,2020年共安排10家28人次参加婺城区安全生产大培训,增强企业自身主体责任意识。安全生产体检站检查。由专业安全顾问对辖区企业进行安全生产体检,对存在的问题向企业指出,指导企业进行整改,促进企业对安全生产重视,保障城东街道和谐稳定发展。

【文体活动】 做好文化站的免费开放工作。开设声乐课、书法课、舞蹈培训、篮球培训、健康讲座等免费培训活动。"百姓大家唱课堂"学员增长到130人。2020年,不完全统计有1.2万人次到街道文化站参与培训。精心组织活动:举办网络联欢会。因受新冠疫情影响,不能组织线下文化活动,街道文化站组织网络联欢会。组织"百姓才艺大赛"活动、文化大过年活动。10月26日举办"京剧演唱会"。8月8日组织"喜迎亚运会暨全民健身日"文体展示活动。开展邻居节等系列活动。组织"垃圾分类"宣传进小区演出22场。组织城东街道"八咏之声"爱心演唱会。认真抓好队伍,聘请文体指导员;培育扶持文体队伍,城东5个团队获得区文体局表彰,分别为:青春俱乐部、群英艺术团、欢乐腰鼓队、婺之春舞蹈队、心禾舞团。辅导文体队伍"八咏之声"艺术团。参与上级各类活动获得佳绩:辖区各文体团队在省、市、各级各类比赛中获省金奖6个银奖4个;市一等奖8个二等奖6个。组织参加区机关干部诗歌朗诵比赛获二等奖。

【"五水共治"】 2020年,街道坚持"绿水青山就是金山银山"的生态发展理念,调整完善"五水共治"工作领导小组和"河长制"办公室人员,落实工作责任,形成主要领导亲自抓、分管领导具体抓的工作格局和机制,层层压责任,与区及社区签订责任书6份,成立河长、网格员、志愿者共同合力治水队伍,全面开展治水工作;各社区充分发动各种宣传手段,开展宣传活动,做好五水共治群众知晓率调查工作,发放宣传单7000多份,电子屏滚动播放宣传标语3200条次;根据年度工作任务及河道责任人的调整,更新河长公示牌7块,对通园溪所有排水口进行再次摸排,重新安装排水口标识牌4块;加强通园溪的日常工作,固定保洁员1名,东阳江巡查员1名,做好每日的巡查保洁,在汛期和重大任务时,临时聘用劳务人员进行保洁,共清理打捞垃圾10吨,投入经费12万元;为迎接2020年中央环保督察工作,发动街道和各社区全部力量,做好迎检工作。在东阳江进行沿江和通园溪沿岸安排专人值守,对周边卫生进行清理,共出动900多人次;省业务技能竞赛杭州交叉检查在街道发现问题1处,整改1处,亮点特色1个(八咏老街是一条古色古香的历史老街,八咏老街的窨井盖与古朴的石桥路面融为一体,因地制宜打造独特的治水文化)。通过对标自查、交叉检查、上级督察,共计发现问题8处,整改8处,促进街道治水工作进一步提升;开展2020年度水旱灾害防御汛大检查共计出动检查126人次,共检查42处,发现隐患4处,完成整改4处,完成防汛预案修编1份,顺利完成汛期、台风期间的值班值守及巡查,特别是清风巷30号等易涝点,共出动260人次。

【清查违章建筑】 自"无违建"创建以来,2020年,在婺城区委、区政府、区“三改一拆”办的指导下,城东街道的创建工作始终坚持贯彻、落实全省“三改一拆”行动的总体部署,建立健全违法建筑防控和治理的长效机制,严格按照“无违建”标准实施相关工作,以“有违必拆”的决心强势推进“三改一拆”行动,从而改善街道发展环境,提升街道区域内生活、生产和投资品质,取得“无违建”创建工初步成效。截至2020年年底,完成全街道4个社区的无违建社区创建工作,开展企业消防通道整治工作,对各社区的违法建筑和企业违法建筑进行拆除工作,共拆除违建计2.98万平方米,拆后利用率达100%,发放各类限期责令整改通知书200余份,接谈通知书300余份。

【征迁工作】 城东街道重点抓好项目推进,城市更新进度持续加快。上浮桥区块(复兴街以西)国有土地上房屋征收是市本级范围内单体区块户数最多,涉及历史遗留、疑难、复杂问题最多的一次征收。党员干部以“一切本着初心干,一切围着群众干,一切盯着目标干”的誓言,以筑牢“党建+征迁”堡垒,打造“支部+项目”样板为主基调,在10天内完成入户调查,13天完成房屋评估,40天完成签约986户,签约率达92.2%,21天完成腾空率近95%。征收工作进入清零攻坚阶段。

(黄快快)

城西街道

【概况】 城西街道辖区总面积1.66平方千米,下辖中山路、二七花园、双龙、河盘桥4个社区,户籍人口5220户、12472人。辖区内有时代置业、安泰审计等楼宇服务企业60余家以及个体工商户及新经济组织近千家。街道办事处地处市中心繁华地段,是高铁新城建设的主战场,是城市能级提升的核心区。

2020年,城西街道在区委、区政府的坚强领导下,深入学习贯彻党的十九大和十九届五中全会精神,全面唱响“担当赶超,婺城图强”主旋律,以推进“双城”战略为统领,紧扣高铁新城开发建设、基层治理现代化、矛调中心提档升级、基层站所建设等中心工作,对标先进、拼争抢创,实现街道各项工作高质量发展,为建设“重要窗口”提供城西经验。

【工业经济】 2020年,街道实现工业总产值1.48亿元,其中规模以上工业总产值0.96亿元。自营进出口完成2.4亿元。招商引资依托高铁新城项目完成8.44亿元,低效企业出清5家。时代楼宇商圈实现外贸服务产值9.6亿元,实现税收3000万元。

【城中村改造】 完成西郊两个新村246户房屋100%腾空和拆除。做好西郊城中村改造安置房二期土地征地、金华江二期城防工程建设土地利用规划调整和政策处理工作。分批次平稳分配安置房。面向西郊67岁以上老人分3次集体分配安置房178套,切实解决老有所居的问题,提升群众的幸福感。

【重点项目】 完成高铁新城一期国有土地上房屋100%签约。街道以主人翁姿态,扛起6个区块中4个区块的征收任务,由党政主要领导担任区块长,全体班子、中层年轻干部全部担任组长、网格长,街道、社区干部全部编组到征收小组,发挥老娘舅、社区党员、楼道长的作用,仅用20天时间完成813户签约工作,真正实现和谐征迁、暖心征迁、全胜征迁。参与企事业单位签约征收工作,加速高铁新城开发建设。

【矛调中心】 街道不断深化“基层党建+社会治理”创新,坚持迭代升级、整体智治、综合集成三大理念,融合信访与矛盾纠纷调处化解、社会治理事件处置以及社会风险研判三平台,做优做强宋大姐团队的矛调中心特色品牌队伍,推动“平安婺城·幸福城”建设,奋力打造平安建设“重要窗口”示范样本。2020年,矛调中心调解共涉及当事人600余人次,共计代办事项420件,已办结417件,解决率为99.28%,省妇联主席王文娟,省公安厅党委委员、副厅长张飞军等各级领导莅临调研指导17次,获国家、省、市级报刊等媒体宣传报道57次,其中中国新闻网1次、《浙江日报》1次,浙江新闻网5次,书写代办日记心得300余篇。

【文明城市创建】 开展专项整治行动精准迎检。在每月测评和冲刺阶段，街道上下对照测评标准、对标作战，全力冲刺迎检。通过区级文明示范单位考核验收。在国测中做到零失分，交出高分答卷。打造花样特色街区“精品”迎检。通过建筑立面整治、夜景亮化打造、街区景观建设、功能业态调整等举措，把溪下街、凤山街等打造特色花样街区，四季巷打造特色里弄。推进老旧小区五改精细迎检。主动和区五改办对接，做好凤凰花园、四季人家、肉二宿舍等老旧小区五改工作，二七区块内数码公寓、凤凰楼等小区外立面提档改造顺利实施。

【环境品质】 推进五水共治工作，辖区水环境保持在四类水以上。集中整治婺江西路沿线3家家具厂，顺利通过中央环保督察。公共配套逐渐完善。铁路文化公园提升城西区块的人文环境，环城西路优化提升工程改善城西区块交通环境。垃圾分类全面深化，在月考核中两次位列全区第一。

【民生保障事业】 落实低保户、困难家庭、复退军人、残疾人、优抚对象等特殊人群保障经费158.8万元。对218名“4050”失业人员发放社保补贴67.84万元，对3531名企退人员进行认证，推进2001名居民的城乡居民医保续保工作。扎实开展“无欠薪”工作。2020年，调解成功劳资纠纷63起。高质量推进第七次人口普查。全面做好疫情防控工作。严格落实居家隔离、公众场所巡查及健康码申请等工作，实现本地“零确诊”目标。

【社会治安综合治理】 落实“四办”举措，深化“最多跑一次”和“无证明城市”改革，加强法治建设，提升服务水平。街道综治中心规范化建设走在全区前列。街道深化综治中心和规范化司法所建设，以此为依托整合社会治理资源，夯实网格服务管理基础，提升综治中心规范化建设、实战化水平。“四个平台”运行稳定有序、成效显现。2020年，共收集各类信息12060件，办结率100%，8890服务平台受理和处理投诉180余件。

【换届选举】 贯彻落实关于村级组织换届选举工作的部署要求，担负起主体责任，从严落实“一严两高”的标准，坚持“干中选、选中干”，排摸“一肩挑”预备人选，选优配强社区两委班子，做到选情研判精准、选举程序到位、人选摸排精准、选风选纪严肃，确保换届工作平稳顺利进行。同时，与“四大活动”相结合，“上任就奔跑”“开门一件事”等工作赢得群众的认同和赞誉。

【基层党建】 落实干部全员联系。扩大城西商会辐射范围。围绕“稳企赋能双月攻坚”，借助商会理事换届契机，吸引纳税100万元以上优质企业加入商会，提升服务能级，助推城西经济发展。创新开设线上服务公众号。街道与城西派出所联合打造“时代领创服务在线”微信公众服务号，创新“三服务·婺城家服务”载体。整合税务、工商、经商、文体等部门资源，及时开展线上服务，实现线上具象化、联动扁平化、服务高效化，变群众跑为干部跑，推动城西经济健康发展。

（丁小璐）

城中街道

【概况】 城中街道辖区面积6.21平方千米，下辖3个社区居委会，户籍人口9271户、25189人，流动人口15000余人。辖区内有大小商户5000余家，是江北经济、文化中心。

【工业经济】 城中街道有企业11家，规模以上企业2家。2020年街道工业企业总产值13124万元，规模以上工业产值12979万元，营业收入15137万元，规模以上企业营业收入14997万元。

【重点工程】 完成金华市中心医院扩建项目国有土地上房屋征收工作，房屋征收范围东至胜利街、南至四眼井巷、西至明月街、北至中心医院以上范围内的国有土地上的房屋，征收范围内被征收房屋约59户，单位1家，建筑面积4100平方米。实施“两街”消防维修工程，消除消防安全隐患。

【基层党建】 开展社区组织换届选举工作，3个社区党组织主要领导全部实现“一肩挑”。精心打造西市街商圈党建服务中心，完成宏武体育、帝壹城、国际大酒店3个两新党建示范点的建设，新成立浩源企业党支部，成立首个物业公司党支部——绿恒物业党支部。西市街商圈联合党委入选“党建引领长三角G60科创走廊建设”案例，西市街商圈联合党委省级中小型党建样板,明月楼社区获市“五星三强”示范社区荣誉称号。

【文明城市创建】 认真做好全国文明城市和省级示范文明城区创建工作。完成老旧社区改造,深入开展污水管网建设、沿街立面整治、弱电规整、街面路面修补、物业(准物业)全覆盖等十大创建工程,建成的马路里、天长巷、通渠巷3条示范街巷。整合党员志愿者、“格姐”、小组长、楼道长等各类力量,按照“五有四保”要求,实现233个小区物业(准物业)全覆盖。在2020年的每月综合测评中获得3个全市第一、2个全区第一的成绩,并获红榜表扬2次,综合排名全市第一,街道获市政府颁发的全国文明城市创建集体二等功。

【民生事业】 开展服务企退人员活动,企退认证3780人,调解劳资纠纷16起。走访慰问残疾人108人,发放慰问金4万元,发放实物22份,新办残疾证60本,享受居家护理补贴181人,困难补贴29人,机构护理44人,补贴总金额8.3万元;发放低保金33.25万元,新增特困户6户,发放特困金4.45万元。打造行政便民服务中心,引进移动、水电、电信等公司入驻,添置法律服务等智能设备,充分打造区大厅的“全配套”服务模式。

【平安综治】 开展“心连心”大走访,在明月楼社区率先试点“一格一姐”“茶花姐妹”工作,新冠疫情防控期间,将社区400多名党员干部、志愿者,75个共产党员先锋岗,累计排查15296户39450人,累计管控749人。组建以啄木鸟工作队、应急处置队、文明劝导服务队为主的“3+N”红色自治队伍,促进商圈企业健康发展,助力基层治理。强化民情民访代办,把街道“两代表一委员”、法律工作者、心理咨询师充实到民情民访代办员队伍,排除各类安全隐患25起,组建明月楼区域党建联盟“七彩服务队”,在兰溪门开展“共享粮仓”公益活动,疫情期间,设立“无人售菜点”,自治活力进一步凸显。

(章小娇)

城北街道

【概况】 城北街道辖区面积4.4平方千米,下辖红湖路、祝丰亭、郑岗山、凤凰山、站前、军民、北苑、常青8个纯社区,五星1个村改居社区,洪源1个经济合作社。户籍人口15682户、39217人。街道党工委下属8个社区党委,1个村改居支部,1个经济合作社支部,84个基层党组织,两新党组织15个(其中13个非公企业党支部,2个社会组织),共有1987名党员。

【经济工作】 2020年,街道通过开展工业企业“退二进三”、“低小散乱”整治及城中村改造地块有机更新,加强招商引资,优化产业布局,坚持将现代商贸服务作为城北产业培育主方向以弥补“土地控规受限、工业经济薄弱”短板。完成第四次全国经济普查工作任务,对辖区社会经济情况进行全面细致核查。辖区内有在册个体工商户3389家,单位企业纳税登记1681家,其中第三产业占比为98.2%,产业结构调整日趋合理,总体契合街道辖区经济社会实际。

【重点工程】 持续推进五星后地、田里区块城中村改造扫尾工作,完成土地征收10公顷,完成260户、10万平方米房屋的签约、腾空和拆除;五星田里安置房项目工程正式开工建设。配合金华烈士纪念馆建设,回收五星公园内国有土地4.49公顷。全面完成人民西路西延(洪源段)和婺州街北延二期工程政策处理工作,征用土地6公顷、拆除房屋建筑面积2万余平方米。不断加快推进洪源区块安置房建设,23幢安置小区房屋已陆续完成结顶,开始进入主体结构中间验收阶段。

【老旧小区改造】 不断推进老旧小区基础设施配套、环境提升和服务功能完善等工作。结合“污水零直排区”建设,完成农行宿舍等11个老旧小区房屋立面粉刷、基础设施改善、环境优化提升。

【“三改一拆”】 持续深化“三改一拆”行动,深入开展市级“无违建街道”“无违建示范社区”创建工作。2019年,累计拆除违法建筑181处10万余平方米,完成全年任务数的103.2%。

【"五水共治"】 继续全面落实"河长制",认真做好中央黑臭水体督察暗访、省巩固城市黑臭水体治理环境成果专项排查迎检各项工作。持续推进洪源溪综合整治。开展"污水零直排区"建设,涉及9个标段122个老旧小区改造以及背街小巷雨污改造工程,已进入全面验收阶段。

【文明城市创建】 认真做好省、市测评迎检各项工作,为金华市以连续两年测评全国第一、总分第三的优异成绩夺取全国文明城市金字招牌做出城北贡献。2020年,安装公益广告2.5万块,增画3D立体墙绘500平方米;绿化补种2万平方米,清运垃圾800余吨,清理牛皮癣10万余处,施划机动车停车泊位2000余个。通过全街道党员干部群众的通力合作获得市委红牌表彰4次,其中红湖路社区2次、军民社区1次、五星社区1次。

【垃圾分类】 推进垃圾分类基础设施配套完善,辖区建制小区垃圾分类收集站覆盖率100%,已建成垃圾分类投放点137处。创新城市生活垃圾分类"三种模式",积极开展"三大行动",发动党员干部千余人次,开展沿街店铺地堆垃圾专项整治行动10余次,试行沿街商铺定时上门收集垃圾分类新模式,率先试点"物业+"垃圾分类运营模式,街道垃圾分类先进做法登上"学习强国"平台,也被浙江新闻、人民论坛等网站转载。

【人口普查】 按照第七次全国人口普查工作部署,街道通过细分普查网格,共划分228个普查小区,配备139名普查员、普查指导员,顺利完成3.7万户、7万余人的入户登记普查工作。

【平安综治】 完成中央"扫黑除恶"专项督导组下沉婺城的检查。继续完善"四个平台"体系建设,提高社会治理效率。持续深化"基层党建+社会治理",以微网格提升组织力,推进社区精化、细化、优化服务。郑岗山社区试点微网格建设在全区会议上做经验交流。2020年,通过网格办结上报事件8805件,流转交办8780件,流转交办率99.7%,有效确保社会治理问题发现在基层、解决在网格,推动网格治理"无缝隙",打通基层治理"最后一纳米"。开展"民情民访信息代办"工作,完成民情民访1015件。调解劳动人事争议案件16起,帮助追讨欠薪及补偿计14.9万元。全年共调解矛盾化解纠纷303起。

【基层党建】 强化党工委领导核心作用,带领全体党员干部认真学习贯彻十九大及十九届四中全会精神,增强"四个意识"、坚定"四个自信"、做到"两个维护"。不断推进"两学一做"学习教育常态化制度化,认真贯彻落实市委、区委关于打赢"九场硬战"任务要求。认真开展"不忘初心、牢记使命"主题教育,组织落实学习教育、调查研究、检视问题、整改落实主题教育工作4个环节重点措施,结合街道实际,实现"不忘初心、牢记使命"主题教育84个支部全覆盖,取得较好成效。

【公共文化】 推进街道文化站和社区文化服务中心建设。文化站常态化免费开放,累计接待居民人数6.2万次;组织开展秧歌、排舞、太极拳等系列公开培训课100场次;组织开展社区文化活动80余次,组织开展"五水共治"、垃圾分类等专项文艺宣传演出活动50余次。

(秦莉冰)

新狮街道

【概况】 新狮街道辖区面积23.76平方千米,下辖14个社区居委会,9个行政村。户籍人口13733户、34037人,外来常住人口4万人,浙江师范大学学生4万余人。

【工业经济】 克服工业企业逐步退出,总体经济形势下行压力,全街道生产总值与"十二五"末基本持平。牢牢坚持"科创文创之花"的定位不动摇,以产业高端化、空间集聚化、生态低碳化为发展目标,促进辖区内工业企业完成"退二优二",实质性打造跨境电商产业园。2020年,实现财政收入3.31亿元,比2019年增长20%;区级财政收入9335.4万元,比2019年增长27.7%。

【重点工程】 高质量完成婺城"五水共治""三改一拆"等各项环境提升整治工程,升级提档芙峰街等5条主干道,正在打通丹光东路、玉泉东路等断头路。周边群众期盼已久的大型商贸配套综合体正式落地，万固置业以5.14亿元高价拍走环二小周边地块，2020年年底正式结顶、开盘预售。环二小周边商贸体地块收储后，专门划出幼儿园建设用地，已经开工建设；丰亭东路幼儿园已完成结顶；十六中管理体制华丽转身，挂牌四中玉泉校区，正式纳入全市名校——四中教育集团管理，新狮适龄学生入学难题得到有效缓解。

【产业发展】 围绕区委赋予新狮打造“科创文创之花”的定位，努力推动“退二优二”。万固广场综合商贸体项目已落地，1.5平方千米跨境电商产业园区开始实施，“花木之窗”为代表的居家花卉产业聚集并取得行业影响。金华市电商产业园区、师大电商园、CRC文创园等5家行业总部中心落地并蓬勃发展，丁丁实业厂房回收已签约，“大头儿子”等自我改造提升的企业也已经完成方案设计。“一村一品”乡创新狮取得佳绩，全域土地综合整治项目正全力争取中。杨家相村创新推广网红蔬菜；下裴村打造红花檵木特色产业；高村擦亮“美食新狮”金字招牌；沙溪村被评为“体育特色村”，大力发展“互联网+体育”经济，夜市经济生活圈发展得如火如荼。全年省级“消薄”任务完成率达100%，各村集体性经营收入均达15万元以上，其中高村位居全区前列，集体性经营性收入达469.94万元。

【“五水共治”】 压实河长责任，明确考核问责办法，明确河长职责，评选“护河卫士”，表彰优秀河长，完成9个“村改居”雨污分流，32个小区污水零直排建设。

【“三改一拆”】 严格按照区委、区政府工作部署，以巩固拆违成果为立足点，加大巡查力度，严厉打击新增违建，再次对有关村居房前屋后的零星违建进行拆除。全年拆除违法建筑55处、86965平方米，“三改一拆”回头看相关内容全部整改到位，获得上级领导肯定，高质量完成市级无违建街道创建。同时，升级提档芙峰街等5条主干道，正在打通丹光东路、玉泉东路等断头路。

【疫情防控】 克服防疫任务最重、管控难度最大、战线持续最长三大难题，最早启动硬管控，率先组建工作专班，大年初二全体街道干部放弃休假，全面投入防控。精密网格化排查全覆盖，构筑红色防控网，形成街道领导包村居、干部联村居、党员帮户的防疫联动格局。率先实行最严格封闭管理，17个村居、73个小区全面开展设卡检测排查。全方位多形式全天候动员宣传，社会各界积极响应，一方有难八方支援，累计招募志愿者500余名，获捐口罩7万余只、护目镜1000余副、额温枪近百把、消毒液100千克、防护服50件，有效缓解疫情压力。辖区内1000多名境外人员全部实现“一户一表、一人一档、一人一证”管理。以“家服务”的工作理念，帮助企业顺利复工复产、提前谋划，极大地缓解用工难的问题，企业复工率100%。“三服务”走访解决复工难题168个。疫情防控工作被《浙江日报》、浙江新闻、《金华日报》等媒体报道达20余次。

【文明城市创建】 实施城市精细化管理，3年投入1.3亿元，集中开展环境整治提升，为全市以全国第三的名次获评“全国文明城市”作出重大贡献。街道全年围绕助力金华“夺取三连冠”总体目标，在市区创建办具体指导下，聚焦创建短板，高质量完成国测、省测迎检任务，为金华以第三名的总成绩夺取“全国文明城市”荣誉称号做出贡献。街道和行政执法中队全面推进智慧城管工作，加强沿街秩序的管理。违停车辆的管理力度持续加大，交警和行政执法密切配合，停车秩序得到进一步规范。以全域美农村环境整治为抓手，对4个纯农村人居环境进行系统科学长效整治，“十佳十差村”考评街道综合成绩位居全区前列，沙溪村三夺“十佳村”。高村、杨家相村、下裴村农村文化礼堂建设基本完成。2千米花带建设为花满婺城幸福城增添色彩。

【民生保障】 2020年，新狮街道累计发放低保金619446万元、特困金149005万元，有效保障城乡低保群众的基本生活；加强动态管理，加快完善居民家庭经济状况核对工作，推进精准救助，累计新增低保对象10人，低保注销4人，新增低保边缘3人，低保边缘注销8人，新增特困对象4人，确保“应保尽保、应退尽退”。受理失业人员创业补贴申请16人，新增城镇就业人员600余人，就业困难人员认定100人，完成灵活就业人员社保补贴资金申报485人、153.21万元；新增被征地农民养老保险参保46人；办理企业员工自行返岗补贴14家共79

人;处理农民工工资纠纷32起。广泛开展退休人员社会化管理服务,探视生病住院退休人员39人。现有在册优抚对象124人，全年累计发放优抚补助350人次,111万余元,解决优抚对象医疗救助3人、1.2万余元。八一建军节前夕,省委书记车俊到盛世龙城小区看望抗美援朝退役老兵陈志英,高度肯定街道的拥军优属工作。

（王文辉）

江南街道

【概况】 江南街道辖区面积3.03平方千米,下辖下官桥、高畈、南苑、兴学、金龙湾、中村、金钱寺7个社区（含6个城中村)。户籍人口11201户、30097人,常住人口52369人,流动人口19275人。全年规模以上工业总产值188.68亿元。固定资产投资实际完成12.35亿元,其中工业投资11.95亿元;批零住餐业销售总额11亿元。限额以上社会消费品零售总额2.38亿元,降幅大幅收窄至2.8%,限额以上服务业营业收入7.3亿元,同比上升34%。

【疫情防控】 江南街道第一时间召回全体社区干部全面投入疫情防控工作,指定专人及时掌握外地来金人员的情况信息,做好信息的比对录入。开展“清村扫楼”“扫房”行动对辖区进行全面滚动式排查,做到不漏一户、不漏一人。在所有封闭式小区和城中村设立卡口,实行封闭式管理,做好进出登记、测温和验码工作。开展助企复工复产工作,累计帮助600家企业办理开复工申请,帮助解决企业防疫物资缺乏问题。

【征迁工作】 重点征迁任务6项，已完成2项,完成率30%,完成国贸景澜饭店部分地块征收,完成金钱寺金隆家园项目处置问题。

【平安综治】 科学构建四级网格580个,强化基层综合治理能力建设,实现精准智控。受理来访23批次,来信15件次,“8890”代办件763件次,办结率和满意率达97%。加强矛调中心建设,简化办事程序,使民情民访代办工作更加规范。

【文明城市创建】 决战决胜全国文明城市创建,完成创建项目32个,高标准通过国测迎检,达到国测“少失分、得高分”工作目标。其中,高畈社区睦邻巷多次受到上级表扬。承接市创建办现场会2次,接待全国各地参观团队40批次700余人，被55家媒体相继报道。全年取得全市交叉检查第一名4次,红榜表扬1次,被金华市政府授予集体二等功。

【“三改一拆”】 拆除辖区违章建筑5000余平方米；完成辖区防盗窗整治2000余家，整治面积11432平方米;为配合高畈街示范街整治任务,对高畈街两侧沿街违章拆除1300余平方米，处理金钱寺社区宾虹花园别墅违章围墙纠纷,完成金钱寺自然村农房建房基本情况摸排,拆除违章别墅和建房1800余平方米。

【安全生产】 指导辖区食品经营单位做好新冠肺炎疫情防控工作;与辖区470家食品经营单位签订食品安全目标管理责任书;完成辖区食品经营户巡查、食品安全技能选拔赛、食品安全网络在线考试等工作;开展安全生产集中整治工作,检查危化学品经营、特种设备、文化场所、防疫重点单位等经营场所1053处,签订责任书1708份;发现和整改隐患151项,整治率100%;组织开展中秋、国庆等节前安全生产大检查,共排查单位和企业645家。

【人口与健康】 2020年,共登记一孩生育64对,二孩生育62对,再生育审批2对;开展计生协会会员日活动,参与人数达到500余人次,发放宣传册440余册;慰问辖区计生特殊家庭70户,发放慰问金5万元。

【社会保障】 登记入册企业退休人员共计6145人,登记率达到98%以上,核实企退人员信息6083人。住院慰问55人,死亡慰问64人,日常帮困慰问148人。国企、央企退休人员社会化管理服务交接11人。城乡居民养老保险丧葬抚恤金补发办理4人,一次性补缴3人。受理辖区内劳动纠纷案件共14件,其中成功调解7件,涉及金额达3万余元,移送区级调解及仲裁案件7件。完成系统录入及核实建档立卡人员156人、“4050”社保申报补贴242人。

【民政残联】 救助社会对象53户、共62人,发放社会救助金52万余元;登记残疾人464人,发放补贴74万余元;完成2020年度无障碍进家庭2户,社救对象适老化改造1户；完成2020年度社会救助对象年审、残疾人动态更新工作；完成江南街道社区专职工作者工资系数认定、一社一品项目申报及建设、江南街道儿童之家选址及建设、示范型居家养老中心建设选址工作。

【换届工作】 江南街道党工委高度重视社区换届工作，早动员、早准备、抓落实。先后召开专题会议5次，成立江南街道社区组织换届选举工作领导小组，制定《江南街道社区组织整固提升百日攻坚行动方案》，对重难点社区进行大排查大整顿，完成1个社区选情红转绿。全面开展百日攻坚行动，全面完成集中巡察问题整改，全面完成创业承诺清单考核验收，全面完成社区财务清理审计，全面开展信访积案化解行动。深入开展“千人万户”大走访。各社区通过走访全面摸清一线情况，及时了解群众需求，共走访群众2663户，收集民情民意72条。2020年，江南街道顺利完成7个社区党组织换届选举工作。

（郑　旸）

三江街道

【概况】 三江街道辖区面积7.65平方千米，下辖15个社区居民委员会，户籍人口27416户、71229人，流动人口7.7万人，实现一般公共预算总收入11.96亿元。2020年，三江街道在岗工作人员共77人。其中行政事业在岗24名(其中公务员13名，事业11人)，合同制工作人员53人。2020年，实现规模以上工业总产值19836万元，比2019年上涨5.6%；全社会固定资产投资63800万元，比2019年下降34%；服务业营业收入193438万元，比2019年上涨3.4%；限额以上住宿餐饮业营业额20331万元，比2019年下降25%；限额以上批发零售业商品销售额623413万元，比2019年上涨9.9%；限额以上社会消费品零售总额325247万元，比2019年下降8.4%。

【招商引资】 通过对57家培育库企业进行重点监测、跟踪服务，其中21家成功入库，预计产值(营收)4.88亿元。总投资1000万元的九州汇生鲜超市和投资1300万元的帕菲克酒店项目成功落户辖区开始营业，浙江鸿泰能源有限公司完成注册，预计年销售额5000万元。安和众邦康养中心具有初步意向正在洽谈筹备中，广汽丰田汽车、热成型超强钢产业、高科技新材料研发生产线、锂电自行车产品4个原始项目在进一步洽谈中。

【疫情防控】 2020年，新冠肺炎疫情暴发，三江街道按照“内防扩散、外防输入”要求，坚决落实“五有”标准，不断深化“源头查控+硬核隔离+精密智控”工作机制，采取“测温+亮码+核验”封闭式管控，集中开展“清村扫楼、存量清零”行动，确保疫情暴发期辖区范围内“零输入、零感染”。

【征迁工作】 三江街道2020年度征迁任务共有11项，涉及遗留问题多、推进难度大，共完成东里自然村村庄范围3公顷土地征收，梅园以西、东莱路以北0.67公顷地块清表及房屋拆除，项宅2公顷地块内11户房屋拆除，陈宅101户安置协议的签订。完成金华江治理二期项目涉及洪坞村6.16公顷土地及三路口村0.77公顷土地征收，滨江公园区块的政策处理。完成东里安置房项目78户签约，68户房屋拆除，拆除面积共计6296.39平方米。

【文明城市创建】 深入推进基础设施改造、集中攻坚整治和示范项目打造，在市文明城市创建交叉检查中多次获得优异成绩，15个社区全部被评为“文明示范社区”。2020年年底，街道被授予金华市创建第六届全国文明城市工作集体二等功、市创建全国文明城市精品文明示范街道，婺江新村、雅苑、江滨3个社区获市创建全国文明城市精品文明示范社区荣誉称号。

【社会治理】 三江街道建立完善1个一级网格、15个二级网格、55个三级网格、1623个四级微网格架构，创新“5+5”网格运行机制。网格工作年终考评位列开发区第一，经验做法被各类媒体相继报道并在开发区8个乡街全面推广，雅苑社区通过睦邻空间、微格联心、红心驿站等网格驿站打造的“十分钟”网格服务圈做法得到上级充分肯定。以“社会工作专业化推动社区网格网络协同治理新机制”为主题的实验方案成为全市唯一通过浙江省民政厅专家论证并成功立项的项目，已全面进入实施阶段。

【平安综治】 完成街道矛盾纠纷调处化解中心和

社区矛盾纠纷调处化解工作站建设，完善“8+2”化解工作体系，构建“云上+云下”立体调解网络。

【城市建设】 高标准推进污水零直排项目建设和雨污管网运维工作，完成洪坞小区等6个小区的运维报告，优秀经验和典型做法得到省治水办调研组肯定。高效完成三改一拆和防盗窗集中整治，率先实现垃圾投放点位移交物业公司管理，大力开展垃圾分类“量化考评”和联合执法“严管重罚”，街道被评为2020年度浙江省高标准生活垃圾分类示范片区，金都花园、永盛新阳光、盛世绿园3个小区被评为浙江省高标准生活垃圾分类示范小区。

【民生服务】 完成便民服务大厅升级改造和街道居家养老示范点建设，成立社区备案组织190家，公益创投项目8个，开发区首家社工站落户雅苑。成功完成“睦家园”反家暴项目，探索总结的反家暴联动新模式在开发区全面推广。街道先后被评为2020年度浙江省放心农贸市场建设工作成绩突出单位，婺城区武装工作先进单位。街道食安办被评为2020年度浙江省三星级乡镇(街道)食安办，劳动保障和求助管理事务所被市评为金华市工人先锋号。江滨社区获全国第五批居家和社区养老服务改革试点评审优秀奖，阳光社区退役军人服务站被评为浙江省新时代枫桥式退役军人服务站。

【基层党建】 三江街道全面加强意识形态工作，推进法治政府建设，健全完善法律顾问、合法性审查等制度。认真履行全面从严治党主体责任，加强各重点领域和重点环节的监管，持续推动党风廉政建设和反腐败工作向纵深发展。按照“过程平稳、程序到位、结果满意”总要求，完成15个社区党组织、居委会，7个经济合作社社管会、社监会换届工作，组织意图人选全部当选，班子队伍素质显著提升。按照网格划分对下辖社区党支部进行调整，设立54个党支部，基层治理“末梢”功能不断强化。深入开展“五星三强”创建示范点工作，雅苑、阳光、寺前皇、天龙4个社区被评为“新时代和美社区”，“合心、合力、何宅”等一批党建综合体项目陆续建成，以“学在东莱、医在东莱、保在东莱、住在东莱”为宗旨的一体化综合党建服务品牌初步形成。

(邵　敏)

西关街道

【概况】 西关街道辖区面积4.57平方千米，下辖西关、五里亭、婺星、寺后皇、董宅、山嘴头、金艺7个社区和西关、五里亭、山嘴头、董宅4个经济合作社。户籍人口10151户，25022人，其中男性12381人，女性12641人，出生人口158人，出生人口性别比100:126，人口自然增长率1.9‰，外来流动人口34131人。全年实现财政总收入2.44亿元，完成率109%。西关街道党工委、办事处现有工作人员61人，核定行政编制15人，实有人员15人；核定事业编制13人，实有人员13人；各类编外聘用人员33人；社区干部51人。

【基层党建】 西关街道以“抱团式服务”为抓手，以“全科治理通服务”为指南，以“五心工作法”为支撑，探索促进基层党建与基层治理创新相结合。将党建与政治引领、便民服务、文化宣传、教育培训、志愿帮扶等融合起来，充分发挥基层党组织向心力作用，丰富活动载体，以抱团式服务提升基层党建队伍内生力。党建工作“三张清单”(社区单位项目责任清单、服务资源清单、需求清单)到事到人到时到点，真正做到“民有所呼我有所应”。对辖区网格进行优化，探索社区城市党建“红色物业”参与社会治理新模式，完善“街道党工委—社区党委—网格党支部—小区党小组”四层组织架构，建立24个大网格和685个微网格，全力推动多级主体共商共治。

【工业经济与财政税收】 西关街道全年完成规模以上工业总产值3.15亿元，增长1.54%；限额以上批零销售额和住餐营业额合计76.69亿元，与2019年持平；服务业营业收入48.25亿元，与2019年持平，总额位居开发区第一位；固定资产投资额完成14.45亿元，增长83.61%，增速位居开发区第一位。年终考核中，西关街道被评为“开发区扩大有效投资先进集体”“开发区经济指标考核二等奖”等多项荣誉。成功招引杭州英旭智能科技有限公司入驻西关辖区，如期完成全年招商引资任务。撰写《后疫情时代 促进消费增长的几点思考》《1+1促融合 打造开发区网络文化产业金字招牌》等调研报告，为开发区经济增长提供有益决策参考。

【疫情防控】 西关街道在疫情防控中完善工作机制，在完善工作机制基础上巩固防控成果。居家隔离管控措施在金华经济技术开发区要求“六个一”基础上，实行“双签到”“三保险”“四要素”，形成街道包社区、合作社，社区干部包网格，党员包楼道的三级防控网格。发挥党支部战斗堡垒作用，制定《党员参与防控工作专项积分制实施细则》，设立50多个疫情防控党员志愿者值勤点，每天约150名党员参与到疫情防控第一线来，编织起严密的基层疫情防控“保护网”，为打赢抗疫阻击战打下坚实基础，实现疫情防控“零确诊、零传播”。转入复工复产阶段后，对辖区381家企业规范建档，落实班子成员责任分工，对复工企业、工地开展督察，规范隔离区设置、人员车辆管控、防控物资准备。2月，辖区137家规模以上企业、850家规模以下企业完成开复工，72家重点规模以上企业验收复工率100%，工业产能恢复率100%，完成率走在开发区前列。

【征迁工作】 新冠疫情平稳后，在开发区领导和相关部门的支持下，西关街道组织攻坚小组，针对未来社区项目涉及的汤齿小区、粮油宿舍等国有土地上房屋，历时20天，完成325户被征收户百分百签约，刷新市区一环内同体量国有土地上房屋征收的新速度。5月初，根据开发区党工委、管委会的安排，启动未来社区项目城中村区块遗留问题“拔钉清障”。攻坚期间，以小时为单位，一鼓作气，奋力突破，顺利完成6户8幢房屋约3800平方米腾空拆除，通过强有力的征迁保障，共完成未来社区涉及的共21万平方米地上房屋和其他附属物拆除，实现项目土地挂牌前的净地交付和未来社区项目的顺利开工。

【文明城市创建】 西关街道在精心设计提档已打造完成的16个示范项目的基础上，扩容建设4个示范小区、6条精品特色街巷、12条文明示范楼道、1个主题示范公园、布点10处街角小品，并全面完成总投资1100万元，47项创建项目建设。通过强化迎检预案落实落地、点位责任压实压紧，顺利通过省级和国家级文明城市年度测评。2020年以来，在文明城市创建市级综合测评中，西关街道始终走在全市同类街道前列。

【换届选举】 西关街道严格按照上级部署，坚持以事择人，着重以实战能力选人用人，立足优中选优、选优育强，以“看考核、看业绩、看口碑”“比决心、比能力、比担当”的“三看三比”来比选择优，真正把政治强、敢担当、善治理、口碑好的社区优秀人才选上来。先后制定《社区换届前期调研工作实施方案》《街道换届选举工作实施方案》等制度性文件，对社区组织换届的每个流程进行全过程规范。西关街道下辖7个社区，全部完成换届选举工作，选举产生社区党委班子成员47人，社区居委会班子成员35人，居务监督委员会成员21人，完成社区换届，实现书记主任“一肩挑”。

【人口与健康】 西关街道2020年全年共出生158人，其中男孩88人、女孩70人。女性初婚人数35人，已婚育龄妇女4645人，采取各种避孕措施3407人，开展妇女生殖健康检查人数859人，参加妇女“两癌”筛查23人，共办理生育服务登记140例。

【平安建设】 西关街道充分发挥“亲青老娘舅”调解品牌优势，扎实开展矛盾纠纷排查调处和遗留问题处置。全年共受理民情民访代办件77件，已办结77件，办结率100%；调解矛盾纠纷案件293件，街道调解156件，社区调解137件，其中重大矛盾纠纷2件，司法确认1件，ODR输入45件。现有省级民主法治社区3家，市级民主法治社区4家，2020年创建市级民主治社区2家、创建省级民主法治社区2家，街道民主法治社区创建达率100%。全年培育“法治带头人”7名、“法律明白人”9名。春节前，西关街道开展世贸中心、青年汽车这两个重点群体相关事项的处置，根据职责分工，平静高效地完成既定任务，有力维护相关群众的切身利益，展现西关干部的实干和担当。

【文体活动】 西关街道组织文艺类活动33次、体育类活动1次、讲座类活动16次、巡展类活动8次；新增1处非遗馆，新增图书1000册，共有图书9400余册；新增健身路径3套，落实专人管理，全天候对外开放，满足广大居民阅读需求。疫情平稳后，完成辖区内73家校外培训机构（其中文化课类培训机构22家，艺术类培训机构51家）复工复课检查，全面完成复工，加强对培训机构疫情防控工作指导，对不合规的培训机构予以停课整改。

【社会保障】 西关街道新增企退人员324人，接收企业退休人员5200人，共慰问企退人员134人次，其中日常帮困41人次，住院慰问41人次，死亡慰问52人次。企业退休人员健康资格认证3353人，认证率96%；辖区低保17户、18人，发放金额180112元；重度残疾人护理补贴225人，新增26人，减少21人，发放金额633335元；困难残疾人生活补贴30人，新增3人，发放金额83106元；水库移民后期扶持补助20人，发放金额12000元；百岁老人1人，发放金额3600元；困境儿童5户、7人，新增4户、6人，发放金额42848元。

（黄咏滋）

秋滨街道

【概况】 秋滨街道辖区面积29.62平方千米，耕地面积163.7公顷，下辖20个社区、2个行政村，户籍人口7482户、18254人，流动人口93405人，工业用地面积768.3公顷，规模以上工业用地面积486.44公顷，规模以上工业企业175家，占开发区总数63.41%，亿元企业53家，占开发区总数60.92%。秋滨街道是金华市创造力十强乡镇（街道），十大工业强镇之一，是全国民族团结进步创建示范单位。

【工业经济】 2020年，秋滨街道实现规模以工业总产值226.1亿元，同比增长2.3%；完成全社会固定资产投资33.7亿元，同比增长25.6%，其中工业投资17.3亿元，同比增长62.6%；实现服务业营业收入21亿元，同比增长26.8%；实现限额以上批零销售额129.5亿元，同比增长46.2%；实现限额以上社会消费品零售总额12.5亿元，同比增长34%。四上企业入库、固定资产投资、低效工业用地整治三项指标开发区第一；限额以上商贸业获竞赛红榜。在开发区“稳企赋能双月攻坚”竞赛中获“骏马奖”。获开发区乡镇（街道）经济指标考核一等奖、扩大有效投资先进集体荣誉，并继续蝉联全市十强工业强镇。

【开发建设】 2020年年初，开发区下达重点征收攻坚任务16项，完成5项；中期交办并完成3项，完成率42.1%。分别是完成吕塘下安置地块内1幢农房征收及6.7公顷土地政策处理、清表；完成八达路西侧宏发工具收回；完成经二街涉及的3.7公顷土地政策处理、清表；完成后宋自然村村庄范围3.4公顷土地征收；完成石门溪以西、二环南路以南16公顷土地征收。围绕新能源汽车产业园平台拓展征迁任务，按照青苗处理、房屋征收顺序，公开透明抓统筹，规范有序推进征迁工作。石门村土地流转政策处理完成90%；后宋整村搬迁，房屋征收签约完成70%。新交办的深国际涉及黄元13.3公顷地块征地及政策处理，现地表附属物评估已完成。年中交办的110千伏黄琅线和35千伏黄双线电力迁改、始丰路西延项目地块政策处理工作已完成。

【基层党建】 秋滨街道与时俱进抓好基层党建工作，狠抓干部队伍管理。实行周例会随机抽查汇报、点评制度，联点干部胜任度测评机制，启动聘用干部、社工末位淘汰制，优化村、社区、街道干部年底考核，同时着手完善保洁公司考核、街道工程项目管理等相关机制。完成拆违、整治入围单位、广告设计、文化宣传入围单位招标。使各类零星工程项目全过程纳入正轨，杜绝以往不规范乱象。结合开发区村级巡察工作，规范村（社区）财务报销、项目招标、议事程序，狠抓规矩。扎实推进两新组织党建工作。开展“集中覆盖月”专项行动，对秋滨辖区内两新组织进行地毯式排摸，共排摸企业2377家。充分发挥“红色引擎”作用，选派30名党员干部作为党建联络员。强化党建示范点建设，推进3家两新党建示范点建设。圆满完成村级组织换届工作。秋滨街道选情复杂，党工委早谋划、早部署，扎实开展届末测评、财务梳理、人员预审等各项工作，念好“早、稳、干、严”四字诀。整个村级组织换届高效有序、纪律严明、结果圆满、平静安静，全部职数选足选好。换届结束后，立即组织村（社区）主职干部以“外出考察+封闭军事化训练+授课培训”的方式进行为期三天的培训,提高村社干部的政治素养、综合素质和业务能力,确保新一届班子能尽快进入角色,为秋滨未来五年发展打下坚实基础。

【社会保障】 街道坚持把保障农民工工资支付工作作为重大民生工程抓紧、抓实、抓出成效。2020年,共受理案件308件,处理163件,转交开发区53件,本人撤销48件,正在调解34件,处理金额227760.24元。

【平安综治】 运用四级网格在文明城市创建中的好经验好做法,把基层网格整合成治理"一张网",推动服务、管理、资源、力量向网格集聚,提升社区党组织快速反应、精准落实、服务群众的能力。2020年以来,四平台共受理专职网格员上报并流转事件18071件,办理18071件,办结率达100%。在网格工作中发放宣传品3800余份。2020年,街道成功调解各类矛盾纠纷118件,主要涉及人身伤亡、医患纠纷和损害赔偿等问题,达成调解赔偿金额105.6万元。深化一警情三推送工作机制。依托四平台,深度融合平台数据共享,实现公安—综治—其他职能部门之间信息流双向互通,打通公安警情中心与综治工作中心的堵点和难点,及时调处化解辖区内的矛盾纠纷,成功处置马鞍山村与保亿房地产公司之间土地纠纷等较为棘手的矛盾纠纷案件。2020年,处置"一警情三推送"平台三推纠纷警情计139件,办结139件,办结率达100%。

【文明城市创建】 坚持问题导向,争分夺秒打赢文明市创建荣誉战。累计整改市测问题2344个,区测问题共9400个,自查自纠问题16698个;开展清理房前屋后堆积物49000多处、2000余车;开展联合执法72次;完成21个创建项目建设。获金华市创建第六届全国文明城市工作集体二等功荣誉。

【基础设施建设】 深入实施"三改一拆",打好治危拆违攻坚战。2020年,累计拆除违法建筑118处,建筑面积81545平方米,完成年度任务的125%;有序推进"污水零直排区"建设各项工作,其中王五元社区完成建设,秋高社区完成设计;通过有效巡查督促引导,培养垃圾分类好习惯。集中力量对辖区内存在垃圾分类不精准与垃圾偷倒问题的点位、道路、店铺、居民区多次开展垃圾分类"回头看"与环境执法检查行动,以巡查促整改,以整改保落实。秋滨行政执法中队共立案查处垃圾未分类47起,罚金6900元,乱排污水52起,罚金14000元,乱扔垃圾28起,罚金104200元。

【疫情防控】 2020年,秋滨街道扎实推进疫情防控工作,筑牢疫情防控阻击堡垒。新冠肺炎疫情发生后,秋滨街道以最扎实的措施筑牢疫情防控阻击堡垒。在防控境外疫情输入的关键时期,坚持"外防输入、内防扩散"原则,及时掌握疫情发展动态。加大防疫工作宣传力度,营造全民自觉防疫、主动防疫的氛围。

【创新工作】 积极探索推动社会力量参与社会治理的新模式。秋滨工业企业多、社会矛盾多,街道在如何引导和推动社会各界参与到基层社会治理进行一些探索。首聘7名政情咨询员和24名民情联络员,做法得到婺城区人大的高度肯定。各村(社区)成功调解矛盾纠纷170余起,解决民情民访代办事项200多件。结合综治中心建设、"最多跑一次"改革,整合信访、综治、党建、企业服务等各线资源;充分调动志愿者、法律援助、企业人才等社会力量,打造集办事中心、调处中心、便民服务中心、展示中心、活动中心等于一体的"秋滨客厅",并于12月底进行试运行。

(郑紫钰)

雅畈镇

【概况】 雅畈镇辖区面积74.33平方千米,耕地面积1524公顷,行政村规模于2019年调整后由37个减少至22个,调减率为40.5%,户籍人口9157户、23422人,均为农村居民人口,外来流动人口6544人。人口自然增长率为3‰,全年出生人口170人,全年税收总收入5588万元,比上年同期下降12.84%;本级财政收入1450.5元,比上年同期下降10%;一般公共预算收入3714.04万元,比上年同期增长23.1%,一般公共预算支出3714.04万元。实现财政总收入12158.86万元。

【工业经济】 全镇工业生产总值7.5916亿元,比上年同期 9.23 亿元减少 17.75%,其中规模以上企业生产总值 3.5833 亿元，比上年同期 4.29 亿元减少 16.47%。新增规模以上企业 2 家，工业新增投入 86637 万元,限额以上工业投资 86637 万元,全镇固定资产总投资 94747 万元。其中,金华雅境再生能源有限公司共投资两个项目,分别是金华市第二生活垃圾焚烧发电项目及金华市飞灰填埋项目,项目计划总投资分别为 16.24 亿元和 9960 万元,两个项目 2020 年分别已完成固定资产投资 84755 万元和 592 万元,累计完成投资 12.21 亿元和 6107 万元。新增企业研发中心 4 家,完成 3 家省科技型中小企业备案入库目标任务（浙江乐孚信息科技有限公司、金华市春瑞塑胶科技有限公司、浙江尊匠建材科技有限公司)。

【农业经济】 结合“花满婺城”建设,打造后溪路至三村文化广场的“一公里”示范带,顺利通过验收;引导村民成片种植桑葚、杨梅等经济作物完成 20 公顷国土绿化工作;新增宝华村树莓采摘基地农业标准地认定,为后续扩大招商、促进农业标准地流转奠定坚实基础；对镇域范围内粮食播种面积、产量目标、粮食高产示范区建设等任务进行合理分解调整,高质量完成年度生产任务;实施汉加片高标准农田、宜山康安山造地改田、芳田村渠道改造、雅叶村马龙岗建设用地复垦等项目建设,为农业转型升级奠定基础。

【第三产业】 映江雅居房地产项目于 2020 年 1—7 月分三期开盘,一周内全部售空;神农德康休闲康养中心完成浙中生态廊道、休闲垂钓基地、新优花卉基地建设;杜鹃王国、婺州窑博物馆、斗牛文化馆、古街、寿溪月牙湾等日均游客数量达到 1000 余人,铜山斗牛节、稻田丰收节、非遗文化周等活动品牌不断擦亮，燕语湖垂钓中心举办首场库钓公开赛和首届全国钓鱼人运动会,吸引 4000 余万网络观众,带动销售近 1000 万元,成为金华新型经济的孵化地。

【疫情防控】 雅畈镇第一时间成立镇新冠疫情防控指挥部,镇村干部和 1400 余名党员逆行而上、冲锋在前,组建党员突击队 23 支,红色代办队 25 支,设立疫情防控卡点 25 个,13 名优秀青年在防控一线递交入党申请书,党员干部累计捐款 9.4 万元,镇商会筹集捐款 35 万元,在危难中展现责任担当。群防群控坚强有力。活用“数字化”媒介手段,实现 24 小时不间断管控,确保“一个不落下”。2020 年 1 月 20 日至 3 月 1 日，全镇卡口共排摸人员近 5 万人次。为严防境外输入,在两天时间内对全镇持护照人员、外籍人员、港澳台人员进行全面网格化摸排,实现有效分类管控。防控有章有法,举措有力有效。复工复产快速推进。因情因势调整防控手段,常态化推进疫情防控,迅速恢复生产生活秩序;积极贯彻区委、区政府“稳企赋能十大行动”“优化营商环境二十条”,深化企业“三服务”;成立促进企业开复工工作领导小组,13 位班子成员针对 26 家重点企业“一对一”包联,为每家企业配备一名联企干部,逐个摸清企业情况,实现快速精准帮扶。

【美丽城镇建设】 计划投资 2.5 亿元，统筹安排项目 49 个,分 3 年梯次推进,2020 年主要实施非遗园区、花漾街区、武义江绿道、精品校园、神农康养等 31 个项目,完成进度达 93.3%;环镇南路基本建成,完成“两横两纵”道路框架搭建,极大缩短跟主城区的距离,群众出行更为便捷;布局 20 个点位的共享单车、电动车,助力绿色出行;与旅行社合作打造的 3 条主题旅游线路顺利落地。成立婺城区首家乡镇文联,助推文学艺术事业繁荣发展;古街智慧文旅系统、小镇客厅、浙中短剧创作基地、古婺龙窑等一系列项目顺利推进,全方位、全镇域提升城镇品质。

【重点项目】 完成 110 千伏输出线路 26 个塔基、武义江取水及排水管道,金武连接垃圾运输专用道路的政策处理工作,做到零炒作、零上访、零阻工,确保金华市第二生活垃圾焚烧发电厂于 11 月 28 日正式点火试运行;金武快速路正式通车,大大缩短雅畈到主城区和武义的通行时间，有效融入城乡、区域协调发展大局;滨江景观绿道全面贯通,投资 670 万元,建成芳雅溪、梅溪、武义江绿道 14.3 千米,在改善环境的同时服务民生、促进发展;“和雅邻里中心”政策处理工作已全部完成,投资估算 1.1 亿元,打造浙中首个具备生活、医疗、购物、休闲等多功能服务的城郊花园型现代邻里中心;污水零直排工程全面竣工,新建雨污水管网 6.284 千米、立管 3.8 千米,建设检查井 128 座、街坊井 620 座、建设雨水口112座。

【生态环境建设】 高质量备战环保督察。这一轮中央环保督察交办件5件，比上一轮14件交办件数量减少64.43%,且在5件交办件中只有1件部分属实,交出优秀生态答卷。建设用地复垦高质量完成。建设用地复垦立项3个项目10个地块共计4.63公顷，在全区乡镇建设用地复垦区级验收排名第一，成为全区唯一百分百完成验收各项工作的乡镇。“三改一拆”全力攻坚。拆除存量违建9.55万平方米,存量销号472户。自然资源有效管理。完成南干村矿地综合利用项目政策处理,政策处理费用80%发放到村;新增120宗登簿确权,分类处理石楠塘村、新畈村两个先行试点村共计750户完成联审，已公示村及农房数量全区排名第四。

【新农村建设】 全面硬化乡村道路，白改黑村道3条,全面消除露天厕所、粪坑、旱厕,全面做到生活污水无害化处理,污水终端池标准化运维,全面推进农村生活垃圾分类处理，有效改善村居生活环境。制定全域美环境整治提升行动方案,明确获评区、镇级十佳村、十差村奖惩措施,有效激发整治积极性。全镇第三方检查问题整改率达98%,获区级奖励十佳村9村次。

【文明城市创建】 开展示范街道建设。结合美丽庭院、四治两化、垃圾分类等工作,打造完成文明示范街道22条。建立健全志愿者队伍。成立团委、网格、党员、商铺、文化5支志愿者队伍,人数由36名扩充至411名,志愿者定人定岗定责定位参与志愿劝导。完成“五加一”文明精品示范乡镇建设。建设五个精品示范村、五个示范窗口、一个精品示范卫生院、一个精品示范小学、一个精品示范市场、雅新中街和花漾街区两条精品示范道路。2020年7月,通过市创建办首批示范项目验收。建立文明诚信机制。66家商铺完成文明诚信经营户创建。在2020年9月25日的迎国测大考中,作为唯一一个代表金华市接受考核的二环外乡镇,验收组在雅畈检查半个多小时,没有任何问题拍照,交出满分答卷,获得市级集体嘉奖荣誉。

【民生事业】 强化低收入农户帮扶。开展三轮走访排摸,全面摸清底数,新增低保户26户、低保边缘户1户、特困户10户,为精准帮扶奠定基础;就业创业帮扶10人,教育助学帮扶5人,发放教育补助2.8万元,D类危房重建28户,C类危房维护修缮113户。强化残疾人权益保障。发放残疾人慰问金6.5万元、实物慰问32份,残疾学生助学17人,低保低边残疾人子女教育补助18人，发放残疾人辅助器具87人，申报残疾人灵活就业养老保险补助32人，帮助4名有劳动能力的残疾人去福利企业就业。强化民生项目建设。宝华、石楠塘、罗芳桥、寿溪等4个村级避灾安置点规范化建设、加全塘村居家养老照料中心提升工程、省级示范居家养老建设前期选址和设计工作、22个行政村的社会组织备案登记工作皆已完工。

【文化事业】 利用媒体资源做好对外宣传工作，2020年,省、市、区媒体刊登雅畈相关报道150余篇,媒体关注度持续升温。提高公共文化服务供给能级。新畈、梅江、寿溪3个村文化礼堂建成完工，举办全国历史建筑专业技术人员培训座谈会促进古镇保护开发,开展各类文化活动60余场。深化推进精神文明建设。大力弘扬社会主义核心价值观，评选身边的“榜样”“先进”,开展雅畈好人、最美媳妇等评选活动,深入开展爱国主义、集体主义、社会主义教育,大力弘扬民族精神、时代精神,唱响主旋律、凝聚正能量。

【社会治理】 “最多跑一次”改革持续深化。在镇行政服务中心设立4个综合窗口，开通一窗受理平台,设立乡镇事项356项,村级事项91项,将无差别全科受理落到实处。“无证明城市”建设稳步进行。镇级设立AB岗联络员,村级设立22个村44名代办员,落实网上核验、钉钉核验、联络员联系的衔接工作制度。矛盾调解工作成效显著。调解矛盾纠纷96起,成功率达到100%;加强基础设施建设,成立婺城区首个社会矛盾纠纷调处化解中心,建立和雅便民工作室,整合11个职能部门,实现“一站式”服务;实行“1+4+X”工作机制,邀请律师、乡贤及“两代表一委员”等社会资源进行联合纠纷调处。“平安乡村”建设加速推进。4个月内完成近500户家用监控安装,22个行政村实现平安护村队伍全覆盖,组织禁毒、夏日安全、反欺诈等宣传活动7次。

网格员履职能力不断提升。专职网格员全年共上报信息 6211 条，涌现出何重宽、杜惠萍、丁分仙等优秀网格员。其中竹园村杜惠萍组织村民寻找孤寡老人徐伯成的事迹被《金华日报》作为典型案例进行刊登，汪家村何重宽发挥村微网格作用清除马蜂窝的事迹被市级媒体宣传。

（傅燕辉）

安地镇

【概况】 安地镇辖区面积 136.47 平方千米，下辖 22 个行政村，户籍人口 7151 户、17119 人，是国家级生态乡镇、省级森林城镇、省级卫生乡镇、省小城镇环境综合整治样板镇、浙江省非遗主题小镇、省 AAAA 级景区镇、美丽城镇建设省级样板、浙江省园林城镇。安地地貌以山地丘陵为主，平均海拔 150 米，境内山林面积有 12400 公顷，耕地面积 573 公顷，经济作物以花卉苗木、毛竹、食用笋、水果为主，全镇花卉苗木种植面积 500 公顷，有品种 200 多个，其中桂花面积占 80%以上，有“中国桂花之乡”的美誉。2002 年在境内设立全省第十二个省级旅游度假区——仙源湖旅游度假区，是省内唯一一个城郊湖山型旅游度假休闲区。经过十余年开发，建有金华动物园、十里桂花长廊游步道等多个游乐设施；开发建设“仙源欧境”“双溪源”“香溪玫瑰园”等几个高档住宅区。

【经济发展】 2020 年，镇政府性投资项目投入 8335 万元；累计接待游客 100.57 万人次，实现旅游经营性收入 1.358 亿元；完成税收总收入 6628 万元，比 2019 年同期增长 80.91%，区级税收收入 2317.2 万元，比 2019 年同期增长 107.2%。

【“三改一拆”】 拆除违法建筑面积 3865 平方米，补办面积 2036.34 平方米，上报处置建筑面积为 5901.34 平方米，基本消除乱搭乱建和成片违建及违法养殖场。

【“五水共治”】 完成雅干垅、项村垅城市饮用水管网延伸工程和外畈垅、郑宅垅等农村饮用水提标达标工程，实现饮用水达标提升人口 6415 人；完成雅干溪（南郭段）河道治理工程，完成大儿塘、青车坞垅山塘除险加固工程；完成“污水零直排区”区建设工程并通过省市区级验收。

【全域环境整治】 纵深推进镇村环境卫生整治工作，借力“十佳村”“十差村”评选，开展“三清理四整治五提升”村庄环境集中整治。施行垃圾分类全覆盖，定时定点垃圾清运，资源化处理站点已覆盖 17 个行政村，可腐烂垃圾日处理量在 2 吨以上，提高资源利用率。乡村面貌提升有目共睹，先后获评区级“十佳村”14 次。其中和村、喻斯、外畈新村各累计三次获得“十佳村”被评为五星村，西周村、上干口新村各累计两次获得“十佳村”被评为四星村。

【重点工程推进】 60 亿观云小镇项目顺利签约，燕语湖国际垂钓中心惊艳亮相，成功包装并获批“仙源湖度假区基础设施提升项目” 专项债资金 1.2 亿元。乘势而上，全力保障国际桂花物种园、蒋宝贤红色教育基地、5G 网络建设及基站优化等 19 个政府性投资项目建设。有效破解金海置业地块政策处理及规划许可问题，帮助该项目全面复工；成功化解金华市野生动物园 3.07 公顷纠纷土地政策处理问题；全面完成吁山垄 10.07 公顷土地清表出让。协调处理香溪玫瑰园、桂雨山居、双溪源等问题楼盘相关遗留问题，全力保障项目进展。

【社会民生】 全镇享受农村低保的 161 户、216 人。低保边缘户 16 户，46 人，特困 9 户，9 人。全年为低保户、低保边缘户和特困户发放低保金和物价补贴共计 190 余万元。落实一户一干部，一户一策的帮扶措施，针对低收入农户的各自家庭特性，积极与人社局开展对接，举办实用技能培训会，提高低收入农户的技能水平。城乡居民养老保险普通参保人数达到 9903 人，基本保费到账率 99.99%，大病保险到账率为 74.86%；完成家庭医生签约 7023 人，体检 3225 人，65 岁及以上老年人体检 1863 人；残联新认定残疾人 56 人，全年共发放两项补贴 101 万余元。创办就业、创业（孵化）基地 1 家，实现残疾人就业 193 人。

【文体活动】 成功举办诗画岩头非遗体验购物节、2020 浙江·金华燕语湖库钓公开赛、第十二届仙源湖桂花节系列活动等文体活动。“安地美食十大碗”

评选活动、2020中国山水四项·金华南山越野赛、2020中国金华燕语湖·首届全国钓鱼人运动会、“印象南山·天籁仙源”南山桂谷风情小镇音乐汇等特色活动贯穿于整个桂花节系列活动，尤其是“印象南山、天籁仙源”南山桂谷风情小镇音乐汇，其新颖的呈现形式和精彩纷呈的节目吸引30多万人次的线上观看。

【社会综治】 深入推进民情民访代办、“最多跑一次”改革，四平台事件新增15307件，结案14936件，上报流转15145件，流转率98.9%；结案率97.58%；处理各级信访件38件，已办结38件；处理8890投诉件322件，已结案322件；司法所调处各类矛盾纠纷66起，调解成功64起，调解成功率达94.11%。落实精神障碍患者预防管理，对全镇79名精神障碍患者建档立案，做好走访登记，确保不遗漏、不失管。

【基层党建】 对照“六大行动”，逐项整改推进，推出《书记话图强》专栏，由各村书记对本村2020年“办实事”项目进行汇报，并采用云测评方式对各村两委进行满意度测评；持续开展党员“实事我来办”活动，为选出村民满意的村干部打下坚实基础。顺利完成22个村的村级组织换届工作，共选出支委86人，村委85人，84后村两委8人，女委员33人，大专以上22人，所有“一肩挑”意向人100%当选，确保村级组织换届工作平静、安静。发放《整治立规创优行动党员须知》，全镇党员全部签订党员承诺书，针对有酒驾、赌博等违纪行为的党员进行提醒谈话，提醒谈话党员干部18人次，免职处理村干部一名。重新从严落实党员积分管理。对党员遵守党纪党规、配合“三改一拆”、执行党员联系户制度情况进行分制积分管理，并将党员积分管理实施情况列入村干部考核。2020年，整转不合格党员13名。

（黄寅明）

白龙桥镇

【概况】 白龙桥镇辖区面积92.91平方千米，耕地面积2146.7公顷，下辖28个行政村，13个社区居委会，共设立521个村(居)民小组，114个自然村，户籍人口27963户、66128人，外来流动人口4.5万人。

【疫情防控】 成立专班、常态研判、精密智控，全年摸排3.2万人次，管控近7000人次。全市首个乡镇开启省际包车模式，奔赴云贵川、湖南等地接回员工2000余名；第一时间开发“企业复工云备案”，“一码通办”帮助企业实现复工备案“零次跑”，帮扶182家企业申领167万元防疫补贴，41家企业申领隔离补助1.4万元，规模以上企业厂房租金补助11家，稳产企业一季度电费补助20余家，社保返还企业840家2440.7万元。获市级战“疫”先锋1人、1团队，区级战“疫”先锋6人、5团队，1个金华好人，先进经验在市级以上主流媒体报道60余次。

【工业经济】 在疫情冲击下，各项经济指标始终领跑全区。全镇有工业企业733家，其中2000万元以上工业企业105家，年度升规模以上2家，月度升规模以上5家。2020年工业总产值达190亿元，比2019年增长5%，其中规模以上企业110亿元，比2019年增长18%，新产品产值54亿元，比2019年增长35%，完成工业固定投资9.1亿元，全镇税收总收入8.5亿元，比2019年增长4%，其中区级税收2.5亿元，比2019年增长9%。全市首条“5G+工业互联网生产线”在万里扬投产运行。“四破”攻坚出清亩产万元以下企业39家，整治低小散企业42家，215家企业完成“亩产效益”综合评价。飞扬小镇成功签约万里扬集团、商用车混合动力总成智能制造，氢途科技氢燃料电池发动机，今飞摩轮等项目，引进投资45亿元。临江工业园完成莱恩动力等10个地块54.53公顷土地法拍，总投资20亿元的星筑科技工业化成品住宅及部品部件智能化制造基地建设项目签约，浙江智造重工起重机项目、今飞邵家项目、吉峰齿轮等建成投产。洞溪工业园区完成法人变更，管理体制进一步理顺，投入4000万元对园区基础设施改造提升，一期截污纳管工程已完成，二期二标华泰路建设施工中。解决嘉富力汽车用品厂等8家企业的用水难问题及瑞迪车业等3家企业的厂房扩容问题。五洲城市广场万泰公园大道购物广场全面开业。

【农业经济】 完成粮食生产功能区提标改造

223.27公顷,实现粮食生产面积860公顷,完成粮食订单190.47公顷,创建粮食百亩示范方4个,创建省级旱粮、单季晚籼稻优质高产百亩示范方各1个,申报“肥药两制”改革试点主体10个。全镇有农业龙头企业7家,家庭农场122家。一期8.93公顷建设用地复垦全面完成,东方红林场花卉示范基地成功打造万亩花海,乌拉乌金华两头乌乐猪小镇项目加速实施。

【征迁工作】 承办一季度“晒拼创”现场会,兰溪上华—琅琊公路工程、区水上运动中心、双溪西路西延等重点项目无障碍推进,完成筱溪供能站扩建、白沙小学扩建、荣光国际北侧扩建、区机关幼儿园、区妇幼保健院与公共卫生中心等项目的政策处理,累计完成征地113.33公顷。完成黄金苑区块征收工作,从8月1日入户调查到10月5日全面完成531户农户房屋腾空,66天实现入户调查、测绘、评估、签约、腾空5个100%,刷新婺城征迁新速度,“三+三”征迁模式获区领导肯定。投入936万元推进“智慧交通”系统建设,建业街加宽改造全面完成,双溪西路西延实现通车,二环西路提档、金龙路提标、兰溪上华至婺城琅琊公路建设等项目全速施工,金江南街、华龙南街、紫金南街等断头路项目已经完成招标程序,启动在即。省运会水上运动中心、金华五中成美校区、区妇幼保健院迁建等项目加速推进,公共配套不断完善。

【基础设施】 社区准物业管理进一步规范、“信义居”推广实现二环内社区全覆盖,划分88个微网格,明确14个主要道路街道长,发挥“一格一姐”作用,常态化开展“十大顽疾”整治行动,修复停车泊位715处,清理不合理非机动车位16000平方米,实施规划非机动车停车泊位18000平方米,修补路面22600平方米,拆除违法建筑243处、20.4万平方米,安装烟头收集器100余只。二环内5个社区全面实施家禽禁养,整治不文明养犬116只,整治家禽6168只。成功创建1个文明示范市场、2条示范街道和5个文明示范窗口。小城镇环境综合整治EPC项目全面完成并验收。13个村全面启动秀美村、精品村建设,其中龙蟠村等5个村工程已完成,新昌桥村通过市级精品村、AAA级景区村庄验收,“南山漫道”美丽风景线沿新昌桥徐徐拉开。古长线道路拓宽、景观提升工程加速施工,郑岗山等4个村获批“一事一议”项目。筹划美丽城镇建设,完成“一镇一方案”编制,建立2020—2022美丽城镇拟建项目库。完成白沙溪、漪溪、桐溪3条河流“一河一策”编制,协调保障金华江城防工程、白沙溪景观提升工程、桐溪绿道等项目建设,全面完成辖区3家绿色小水电创建,投入2400余万元实施9个村农村饮用水提标工程。投入8000余万元对集镇和临江园区实施污水零直排工作,全面部署老旧小区、企事业单位、六小行业雨污分流改造,助力污水零直排区建设。

【社会保障】 开展第七次全国人口普查,兜底基本民生保障。全镇有低保在册412人,低保边缘户97人,特困113人,2020年,低保新增28人,核减90人,累计发放低保救助317.8万余元。落实企退人员住院、死亡慰问107人、9.1万元,办理4050补贴533人、173.34万元,失地农民养老保险252人,发放残疾人两项补贴251.44万元,帮助53名残疾学生、15名贫困残疾子女获教育补助。镇彩虹残疾人之家被评为四星级残疾人之家。投入536万元全面完成天河公墓(一期)项目建设,4个村避灾安置点实施提升改造。镇中心幼儿园白沙园区和西江月园区顺利挂牌,“一校多区”模式首次在白龙桥实践。金华五中成美校区、婺城区机关幼儿园等项目相继落户,“优学婺城”稳步推进。新建新周家等4个村文化礼堂,镇文化中心启动维修改造,一月一内容,先后举办白沙电影文化节、新生开笔启蒙礼、百姓才艺大赛、垃圾分类进社区巡演等各类主题实践活动,不断凝聚文明力量,焕发人文活力。完成“消薄”工作,28个“消薄”有任务的村全年实现总收入3006万元,平均每村总收入107万元,经营性收入达1846万元,平均每村65万元,全部实现集体总经济收入30万元、经营性收入15万元的目标。组织各村全面梳理闲置资产,积极盘活村中资源,新昌桥村康养旅居项目已全面建成,新周家村农业“标准地”流转56.67公顷林地引进精品果园项目,在龙蟠村筹建五村联建农民公寓项目,建成后预计可为龙蟠等5个村增加年收入110万元。

【社会管理】 打造镇综治中心市级示范点,镇矛盾调处中心开门营业。联合派出所、市场监管、行政执法、商会在红牌、万泰商圈建立2个社会综治站点，创建10个民主法治村，建成金江南街平安宣传一条街。启动白龙桥镇“爱商护企”“政警企1116”机制活动，“镇警企”三手联弹“发展曲”护航企业发展的做法在《民主与法制时报》等媒体报道。围绕“降警情量、降8890量、降信访总量、降交通事故量、降应急事故量、降非正常死亡量”的“六降”目标，落实一警情三推送，全面开展“珍爱生命，远离车祸”道路交通安全大会战、“大家访、大代办、大接访、大化解”等活动。高度重视安全生产隐患排查工作，联合3家体检站常态化开展大排查大整治，累计走访企业794家2911次，排查安全生产隐患5845条，督促整改4819条，整改率82.4%。加强农机道路交通安全生产的规范管理，推进114辆拖拉机报废工作。加强生态保护，结合防疫工作开展动物防疫、野生动物保护与宣传，处置非法捕鸟网5处，无害化处理死猪28240头。规划2020—2024年国土绿化116.67公顷，全年完成绿化造林30.2公顷，清理松材线虫病疫木审批蓄积24立方米937株。先后在金奥、玉龙、叶店等社区和古方油库、巨龙五金科技园等企业举办应急消防演练7场次。做好第二轮中央环保督察迎检工作，针对收到的6件中央信访件、48件区级大排查信访件切实做到“调查核实、处置整改、情况反馈”三到位。

【基层党建】 建立38个村社监察联络站，配合区委完成向村社延伸巡察工作，推动清廉村居建设、党员整治立规创优行动，整治赌博、酒驾、醉驾等问题，全年整转教育不合格党员42人，查办违纪党员案件15件，已办结12件、处分12人。推进党员积分管理，发挥党小组作用，虹路村低星支部整转在区财政局的结对帮扶下成效明显，全年共争创党建示范点10处。村级组织换届平稳有序，选举产生支部委员189名，其中新当选84名占43.1%，书记38名，其中新当选的书记15名占39.47%，副书记38名，参选率达97%，一次性选举成功的党支部35个占92.11%，“一肩挑”人选的赞成率90%，产生84后支委的党组织16个占42%，支委平均年龄47岁，比上届下降5.87岁，大专及以上人员61人占32%。44件“开门一件事”完成率达100%。坚持“微笑办、暖心办、我来办、马上办”的四办作风，“水、电、气、网、税”一站式进驻镇行政服务大厅，便民利企实现“一门通办”，“三服务”事项累计办理219件，其中服务企业132件，办结率100%。开展百员进千企“双月攻坚”行动，推广“企业码”运用全覆盖，举办《百课赋能组团下沉服务》培训6场次，爱企日座谈帮助解决问题8个。组建汽摩配产业党建联盟、开通“实把力带货、金护秋爱企”公益直播间等创新举措打造政银助企、政校助企新模式，有关做法得到《中国组织人事报》等国家级、省市区级媒体报道。白龙桥镇党员干部聚力攻坚争先、拼搏奋进，2020年再次获评金华市十强工业强镇、市级全国文明城市先进单位、市级防疫先进单位荣誉称号，获区“四大四比”晒拼创先进集体、区“重大项目、重点工作”突出贡献集体荣誉称号，年终考核13项工作居全区第一。

（陈元庆）

琅琊镇

【概况】 琅琊镇地处金沙兰水源涵养区，水源供金华70万人口饮用，有“金华水缸”美称。全镇辖区面积93.07平方千米，耕地面积1533.33公顷，辖18个行政村，32个自然村。户籍人口7293户、19420人。2020年，实现财政总收入597.44万元，完成税收1866万元。

【工业经济】 琅琊镇全年实现工业总产值6.79亿元，销售产值6.82亿元，同比增加5.61%。新增“年工业总产值亿元以上企业”1家，5家规模以上工业企业实现工业产值2.21亿元，销售产值2.32亿元。大力开展“实把力”强企、“金护秋”护企行动，发放疫情补贴7.43万元，为185家小微企业和个体工商户发放“两直”补贴156.75万元。实现限额以上工业投入1200万元，指导归集研发投入273万元。整治低小散企业8家，亩均低效出清6家，完成53家工业企业能源管控任务。“金琅山泉”年产优质天然饮用水35万吨，通过区块链运营，成为金丽衢地区85家企事业单位合作的定制水品牌。

【农业经济】 琅琊镇实现农业总产值2.57亿元，比2019年增加5.84%。富硒水稻米、生态山茶油、火腿等优质农品“出村进城上云”，线上销售茭白、绿菇甜瓜等明星产品百万吨。完成“三十六堰优选”“琅禾天下”品牌注册。推出“文化暖冬”“相约琅琊”农产品展销会、周末集市、琅峰夜市、“乐游琅琊”采摘游等系列助农活动，搭建惠民致富桥梁。

【第三产业】 立足绿水青山，承办第四届中国·山水四项公开赛、金华市首届水上运动展示大会、国家第五届“万步有约”婺城赛区启动仪式等精品赛事，推进“体育+”融合赋能经济发展。三十六堰成功入选世界灌溉工程遗产名录，为婺城新添一张世界级“金名片”。上盛村民宿、农家乐休闲旅游配套设施工程完成前期设计，建成“春天里”滑翔伞基地。举办各级媒体记者及市区两级文艺家采风团“走读白沙”、第二届畲乡民俗风情文化节等大型文化活动。

12月6日，花满婺城第二届畲乡民俗风情文化节在琅琊镇水竹蓬村举行　(琅琊镇人民政府供稿)

【疫情防控】 琅琊镇建立18个村作战网格，严格执行“115”工作法、“449”管控作战模式，实施隔离人员“1+4”盯防、卡口检查“五步法”。实施重点场所“亮码+测温”准入，落实境外、中高风险地区到婺返婺人员精密智控，实行健康管理。加强进口冷链食品日常监管，确保“全受控、无遗漏”。

【晒拼创项目建设】 推进泉口、南山全域土地综合整治项目，泉口区块已完成排查摸底、分户测量及殿塔自然村初步评估，南山区块对安置区域完成测绘。节地生态安葬点项目完成政策处理，进场施工。兰溪上华——婺城琅琊公路、白门线拓宽工程、兰溪引水工程项目顺利收尾。

【村级党组织换届】 2020年，琅琊镇高质量交出村级组织换届高分答卷，共产生新一届村两委135人(其中女委员36人)，监委会(社监会)54人，社管会54人，村民代表840人，女代表302人，探索推出“查、研、疗”闭环工作体系、“五个一律”、选情顾问团、“2+1”师徒联盟共建图强、村民代表履职“五个一”等做法为全区提供琅琊经验；坚持“干中换、换中干”，列出“5+3”图强榜194件，完成率达42%。

9月21日，琅琊镇新一届村两委干部履新誓师暨师徒联盟共建图强启动仪式举行

(琅琊镇人民政府供稿)

【平安综治】 开展安全生产大检查，排查隐患点957个。完成企业风险管控体系建设4家，标准化复评2家，安全生产托管8家。排查整改危旧房、山塘、水库等安全隐患166处，琅琊森林消防扑救队连续三年获市级一等奖，人民群众生命财产安全得到有效保障。

【文明城市创建】 2020年，琅琊镇政府、琅琊镇徐村获金华市创建全国文明城市集体表彰，水竹蓬村获“全国文明村”荣誉称号。全年获评“十佳村”13次，连续6个月无“十差村”。新建中山北路、府林路污水主管，完成2.6千米的污水管网提升改造工程。巡查秸秆焚烧375人次，处置生态功能区钓鱼、烧烤、破坏围挡等问题64起。开展第二轮中央生态环保督察迎检工作，处理投诉6起，关停、搬离再生资源回收、小作坊等8家，拆除违建面积5120平方米。

【民生事业】 全年慰问残疾人495人次，发放困难残疾人各类补贴41.1万元。1046名企退人员完成信息核实，发放慰问金10.65万元。落实“雨露计划”，发放补助资金1.8万元。走访帮扶计生特殊家庭105人次。争取总投资为521万元的“一事一议”项目9个，总投资为1448万元的水库移民后期扶持项目5个。建立225户、340人低收入群体“一户一档”，实现走访全覆盖。农村基本医疗保险覆盖率达100%，大病医保覆盖率实现86.56%。先后建成杨塘背环村公路、公交站棚23个，实施蒋农线人工湖段桥施工。

【新农村建设】 制定《集镇创建共建结对实施方案》，构建起全面覆盖、上下联动的“党建+网格化”管理模式；泉口美丽宜居示范村建设完成，山后金村精品村建设项目基本完成，上盛村山区经济项目设计完成；农村生活垃圾分类资源化处理站正常投入运营；全面完成白门线拓宽工程、上华至琅琊公路政策处理、妙康里村水毁工程修复，成功创建金华市“四好农村路”。创下国家卫生乡镇、浙江省园林城镇、金华市“四好农村路”示范乡镇。泉口村被评为省级民主法治村、省级美丽乡村特色精品村、市级非遗旅游景区，上盛村、泉口村获省级引领型农村社区。

【清查违章建筑】 2020年，推进“三改一拆”及“无违建”创建攻坚行动，拆除违建面积13万平方米，750个点位销号率实现100%，顺利通过“无违建乡镇”复评验收。高标准完成建设用地复垦6.33公顷、造地改田6.67公顷、标准农田提升66.33公顷。

【文化宣传】 2020年，新建文化礼堂3家，实现文化礼堂全覆盖，功能性全覆盖；推出白沙溪水文化研学路线，助力文旅创新发展；开展“文化暖冬”主题文化下乡2次；举办健康讲座12次，发放各类宣传册和宣传单2000多份；审核网上生育服务单151人次。

（郝兵勇）

蒋堂镇

【概况】 蒋堂镇辖区面积54.29平方千米，下辖17个行政村，户籍人口7475户、18752人。2020年，蒋堂镇全镇干部、群众守望相助、共克时艰，为全国文明城市和基本无违建区奉献力量，裕丰工贸4号厂房开工建设、金杰铝业氧化车间技改项目有序推进，无人机助力春耕工作得到市委书记陈龙肯定，并两次登上央视新闻，成为新冠肺炎疫情期间全区率先复工复产的乡镇之一。领导班子以最大担当、最强合力“换”出最好结果，换届选举中“一肩挑”意向人高票得选，得选率达100%。

【工业经济】 全镇累计实现工业总产值24.55亿元，其中规模以上产值9.1亿元，规模以下产值15.45亿元，固定资产投资1.26亿元，自营进出口613万美元，招商引资9939万元。金华市越步体育有限公司，金华市双飞齿轮有限公司2家企业完成“小升规”。

【农业经济】 全力开展“非粮化”整治行动，带动镇南片区5个村万亩土地流转，以“富硒米”为基础，做大做强富硒产业，“婺禾富硒米”品牌为全市首批入选全国名特优新农产品名录。探索农业和乡村旅游业的相互融合，引进婺美旅游开发有限公司“富硒花园小镇”项目，预计投资2.2亿元打造农耕文化园，打造集生态、休闲、观光、采摘为一体的现代农业旅游休闲示范园，并作为蒋堂对外宣传的旅游品牌。完成大田铺稻田民宿24幢农房流转，彩色艺术稻田完成播种。

【重点工程】 借助砖瓦厂转型关停契机，积极谋划开化小微企业创业园实施，推进蒋堂镇首个村级亿元项目顺利开工。启动界首工业园区5家企业土地收回工作，共收回土地13.47公顷，有效破除低效用地。全力推进兰溪上华至婺城琅琊公路工程、综合训练场、蒋堂工业园区等重点项目征地工作，共计征用土地60公顷。第一批建设用地复垦项目1.33公顷全部完成，推进许里村全域80公顷土地流转工作，有效盘活土地资源。全面完成市区向兰溪供水蒋堂段6.6千米的土地征用、苗木搬移、地块清表等工作，得到市、区领导的充分肯定。

【生态环境】 生态治理取得新成效，打造蒋堂、清水塘等7个精品村、秀美村，积极推进“无违建”村创建工作，10个村已完成农户建房联审工作，5个村完成联审结果公示。2020年，共拆除各类违法建筑108处，拆除建筑面积70877.6平方米。以全国文明城市创建为契机，结合“双十村”考评内容，对行政村开展全域环境整治工作，成功创建文明示范乡镇，环境面貌焕然一新。集镇品质跃上新台阶，提升换挡蒋堂书香文化礼堂，形成“借阅、宣讲、休闲、展览展示、读书沙龙、全民健身、接待服务”为一体的多功能礼堂，活动服务预计将辐射2万多人。完成集镇区域长达2千米的花卉景观示范带建设。对集镇主要街道雨污水管网进行全面改造，顺利完成污水零直排项目建设。

【社会治理】 疫情防控慎始慎终。坚持小单元作战，形成“网格管理+专班作战”的工作方式，组成17个工作网格，建立镇、村、户三级疫情防控网格化责任管理体系，全镇超过600名党员干部及志愿者深入一线开展工作，完成近万人次的排查工作并实现疫情防控从全面管控到全面核酸检测的常态化管理转变。社会治理创新推进，积极开展“大家访、大代办、大接访、大化解”活动，班子成员坐班接访，接访群众26人次，全镇干部走访农户5928户，帮助解决问题535个。创新信访工作机制，深化民情民访代办制，抓好初信初访和积案化解，实现社会治理“最多跑一地”，调处各类矛盾95起、处理“8890热线”诉求255件、完成代办件194件。

【民生事业】 民生保障常态常效。完成镇垃圾资源化管理站提升改造；完成莲塘、泽口、沙畈3个村农村饮用水达标提标改造工程；落实防汛防台各项举措，完成总投资158万元的黄泥垅水库应急加固项目建设并投入使用；实施涉及泽口、兴利、下尹、杨新4村共计49.23公顷的高标准农田建设项目。公共服务做优做实。投入80万元完成省级居家养老服务照料中心建设，新增区级示范型居家养老照料中心1家，17个行政村居家养老建设实现全覆盖；完成婺城区蒋堂镇运输服务站建设工作，正式投入使用；深化文化惠民，完成立新、兴利2家文化礼堂建设及开化村文化礼堂提升工程。

【基层党建】 思想建设持续深化，深入学习领会习近平新时代中国特色社会主义思想，巩固提升“不忘初心、牢记使命”主题教育成效，全方位开展党的十九届五中全会精神学习宣讲。认真贯彻落实《中国共产党宣传工作条例》，全面夯实意识形态阵地。干部管理从严从实，从严加强队伍建设，把全面从严治党要求贯穿于干部教育培养、选拔任用、管理监督全过程。积极开展“党员整治立规创优”行动，建立“三色”考评机制，实现对全体党员的分类管理，有效遏制党员干部违法违纪行为的发生。将党员的现实表现进行量化考核，充分调动党员干部的积极性、主动性和创造性。清廉建设有力推进，在全区率先完成开化村“莲廉文化”清廉村居示范点建设，开设“莲廉文化馆”，建设清廉镇街，建成区警示教育中心1处。驰而不息正风肃纪，始终保持执纪高压态势，2020年以来，党纪立案6件，结案并处理党员7人次，运用第一种形态87人次。

（刘姗姗）

罗店镇

【概况】 罗店镇辖区面积66.58平方千米，原有40个行政村，1个社区，行政村规模调整后辖20个行政村，1个社区。户籍人口7437户、19129人。全年完成税收总收入6826万元。

【工业经济】 2020年，全镇实现工业总产值7.43亿元，规模以上企业产值1.83亿元，完成工业投资810万元，引进内资2.3亿元；完成固定资产投资7.2亿元。与上年同期相比，工作总产值增长2%，规模以上企业产值增长47%，工业投资增长291.3%。

【文教卫生】 完成4家文化礼堂建设，实现全域覆盖。罗店小学新校区正式启用，罗店镇中心幼儿园建成并开园，省政府民生实事项目老年学堂落地，教育质量稳步提升。罗店卫生院提升工程正式启动。

【项目建设】 全面推进农村环境卫生整治，拆除乱搭乱建、乱堆乱放2200处。加快推进罗电线、新朝线农房管控及风貌提升工作,拆除危旧房、乱搭乱建 405 宗,24276.5 平方米,完成外立面改造 6 幢。基本完成北山水系盘溪金兰北线段治理工程、唐村生态公墓项目、下山安置区、云计算、霞客社区等 15 个项目 33.33 公顷土地征用政策处理工作。

【文明城市创建】 2020 年,全国文明城市创建获集体二等功,5 人获评市级先进个人,后溪河村被评为全国文明村,十四中获评金华市精品文明示范学校,大岭村、罗店村、放生塘村、建新村通过市级"精品示范村"验收。放生塘村、迎峰村、洞前村、唐村、十林村等 5 个村先后被评为农村环境"十佳村",其中洞前村、放生塘村被评为五星村。持续深化农村生活垃圾分类工作,十林村屡次获得区级城区、社区垃圾分类评比第一名。

【旅游产业】 围绕"云享尖峰,花想罗店"建设主题,结合花卉苗木及旅游发展两大特色产业,完成大岭村油橄榄基地、文旅综合体项目、茉莉花茶博物馆三个项目开发投资框架协议云签约,总投资 3.1 亿元。梧杉隐居、呦呦鹿鸣、仰望星空等高端民宿项目投入运营。山下曹"芙蓉湖天然泳池"项目,被评为乡创婺城十大示范项目。成功举办徐霞客文化旅游发展大会、婺城区农民网络文化节、新时代文明实践乡村音乐会、文化大过年"文化暖冬"大集市、第三届中国·金华山水四项公开赛——金华山自行车爬坡赛、1314 金华山游泳赛、龙舟争霸赛等系列活动,丰富群众精神生活,乡村旅游产业百花齐放。

5 月 15 日,2020 年金华罗店第三届枇杷节暨婺城区农民网络文化节开幕 (罗店镇人民政府供稿)

【民生实事】 2020 年,完成上张家分房工作,前庄头安置项目完成主体结构验收。全面实施水利设施提质项目,共投资 1.2 亿元,完成双龙水库除险加固、饮用水改造等 11 个项目,有序推进农村饮用水改造项目,完成唐村、山下曹、迎峰三村城市管网延伸工程,完成玲珑岩、建新、盘前 3 个山区村单村供水。完成花果路提升改造及创业路白改黑项目,交通路网更趋完善。

【社会保障】 结合市区扶贫领域专项巡察整改工作,深入开展"两不愁三保障"突出问题清零以及人均可支配收入 9000 元以下排摸清零工作。全镇城乡基本医疗保险参保率 99.99%,大病医保参保比例达 76.92%。全面落实各项补助政策,共发放各类补助资金 100 余万元。完成北山社区区级示范性居家养老服务照料中心创建。

【疫情防控】 面对新冠肺炎疫情,第一时间启动应急响应,全镇 1400 余名党员干部主动投身战疫一线,组建镇、村疫情防控消杀和采样队 27 支,防疫物资储备充足。上门排摸 11889 人,隔离观察1022 人。创新"大数据+小网格+专班制"的工作模式和"流动药房""智能封条"等工作举措,其中"流动药房"受到央视连续关注并播出,"智能封条"的做法被各地学习推广。罗店村获金华市抗击新冠肺炎疫情先进集体称号,4 人获评区级战役先锋荣誉。

【平安综治】 建成镇社会矛盾纠纷调处化解中心、微网格工作站、"枫桥式"派出所、人大联络站等四大站点,累计录入平台流转事 8557 起,处理爆料152 起。开展"信访积案集中清零行动",在全市行政争议化解"晒拼创"中被评为优秀单位。持续推进镇级应急消防队伍建设,成功扑灭"11·12"山林大火。

【便民服务】 深入推进"三服务""大家访、大代办、大接访、大化解""四大"活动,累计走访群众 6494 户、企业 98 家,民情民访代办 537 件,一警情三推送案件 56 件。民情民访夜班车做法受省、市媒体多次转载。

【企业生产】 推进建设用地复垦项目,涉及罗店村、西吴联村等4个行政村，开发总面积2.61公顷，规划新增耕地2.43公顷，复垦项目全面完工并经过区级验收。推进“整乡整园”整治行动帮助5家企业改造提升的申报，推动张家工业园区有机更新。接收市、区交办件17件，整治清退低小散企业9家，关停“低小散”企业8家。以联企服务员队伍建设为抓手，常态化开展安全生产大排查工作。深化安全生产体检站建设，全年无企业生产事故发生。

（严鲁华）

汤溪镇

【概况】 汤溪镇辖区面积106.36平方千米，下辖39个行政村和1个社区，户籍人口18752户、47162人，是国家级金华经济技术开发区金西区块核心区域，省级中心镇和金华市级首批5个中心镇之一。

【工业经济】 2020年，汤溪镇通过开展精准服务企业专项行动，新增技改项目进度、统筹推进低效用地再开发、筑牢安全生产底线、聚焦乡贤招商等系列稳企赋能组合拳，汤溪主要经济指标持续回升。2020年，汤溪完成规模以上工业总产值52.6亿元，同比增长7.93%；限额以上社会消费品零售额0.2亿元，同比增长16.52%；固定资产投资22.98亿元，同比增长23.68%。引进内资5000万元。“四上企业”入库并列开发区第一，规模以上工业总产值、招商引资等指标均处于第一方阵。低效工业用地整治完成42家、86.67多公顷，完成率87.5%，位列开发区第二。

【农业经济】 2020年，早晚稻种植面积2600余公顷，完成15个共1266公顷水稻高产千亩示范片创建项目，为全市粮食保供贡献力量。10月15日，原常务副省长、省农业技术推广基金会会长章猛进，原水利厅厅长陈川，原金华市市长陈昆忠一行到厚大畈粮食生产基地调研，充分肯定汤溪镇粮食生产保供工作。

【旅游业】 上叶火龙果、山坊猕猴桃、厚大无花果、城西葡萄、节义蔬菜等农业种植基地初具规模，率先开展乡镇直播带货“惠农助企”活动，推广农旅产品，吸引近2万人观看，当日销售额近20万元。汤溪镇LOGO和旅游视觉形象系统全新亮相，越溪白鹤村连续5年举办乡村文旅节，已成功转型为民宿集聚村，全年接待上海游客2000多人次，收入近30万元，不论客流量还是收入，均比上年同期增长50%以上；寺平古村8月单月游客达到1万人次，全年吸引游客近10万人次。寺平银娘祭月晚会参与全省10个地市现场联播，11万人在线观看。九峰牧场、迷你农场、上境研学基地成市民亲子游、采摘游、研学游的热门场地。

【开发建设】 全镇11个整体搬迁村总签约率93.5%。其中黄碧垄、中央陈、西戴家、杨梅山、殿后5个村全部实现100%签约。在峙垅湖核心区块更新方面，也是同步推进，3家四破扫尾企业，拆除2家，下发履约催告函1家，2016年遗留下来的汤溪定时器厂于10月11日完全拆除。公寓式三期、峙垅湖公园地块完成政策处理清表后实现交地。加华种猪场项目的108.60公顷土地流转工作持续推进，涉及项目建设区块19.67公顷油茶完成清表。金西小城镇综合治理EPC项目政策处理涉及28个村共120余公顷土地全面完成政策处理并全线开工。

【新农村建设】 三年文明城市创建，镇容村貌换新颜。2020年，汤溪镇获市测2次红榜表扬，9个村成功创建市级文明示范村，获市创建集体三等功和市级“文明示范乡镇”称号。70户危旧房全部完成改造。38个行政村全面完成“消薄”任务。美丽乡村、高标农等6个总投资3300万元项目顺利完工。14个土地整治项目，总面积75.07公顷，占开发区2020年总任务数的54%，已完成项目总进度的80%。

【村社换届选举】 紧盯村社换届关键，换好人，选对人。村社换届党组织一次选举成功率100%，“一肩挑”组织意图人选当选100%。新一届村社“两委”班子，年龄结构进一步优化、综合素质进一步提升，干事活力进一步增强，39件“开门一件事全部完成率100%。分批分层组织新一届村两委干部开展集中培训，为乡村振兴打牢基础。

【文化宣传】 2020年，汤溪镇文化生活不断丰富。开展“逛乡野集市品非遗文化节”“厚大白菜节”“2020寺平古村文化旅游节”等20余场富有汤溪特色活动,将文化活动送到百姓家门口,打通服务最后一公里,更好满足人民群众的精神文化需求。

【基层治理】 创新治理手段,依托"网格化"管理,按照"线上+线下"一体化思路,打造"掌上团圆"乡村治理汤溪品牌和集矛盾纠纷调处化解中心、综合信息指挥中心、便民服务中心、党群服务中心等功能为一体的"汤溪行政服务中心"。2020年,累计化解各类矛盾纠纷153件,调解协议金额490万余元,平安通手机上报信息3万条,办结率100%。

【扶贫工作】 全面落实"一户一策一干部"扶贫工作机制,压实镇村干部扶贫工作职责,全面准确动态掌握低收入农户情况,全面消除人均低于9000元农户。对全镇214户四类人员危旧房进行鉴定、分类处置。70户危旧房改造全部完成,其中修缮改造54户,重建安置16户。38个行政村全面完成消除薄弱村任务,7个资源禀赋较差村,申请参加2020年"飞地抱团"项目。义丰桥村来料加工、城北村房屋物业出租、岩下村七斗堂(塘)农家乐配套设施等3个中央和省级财政扶持建设项目均已完工进入送审阶段。

(沈彬聪)

罗埠镇

【概况】 罗埠镇辖区面积44.33平方千米,集镇面积0.78平方千米,耕地总面积2390.1公顷。行政村规模调整后,辖32个行政村,334个村民小组,62个自然村。户籍人口14221户、34845人。

2020年,罗埠镇成功创建"国家卫生乡镇",增添一项"国字号"荣誉。获评省AAAA级旅游景区镇、省"五水共治"工作考核优秀乡镇、金华市文明示范单位、金华市体育示范基地滨水运动小镇、金华市群众体育特殊贡献奖、金华市创建第六届全国文明城市工作集体三等功等荣誉。罗埠豆制品制作技艺入选第八批金华市非物质文化遗产。

【工业经济】 2020年,罗埠镇完成规模以上工业总产值27.98亿元,比上年下降4.8%;完成限额以上批零住餐销售额1.9亿元,比上年增长13.2%;完成全社会固定资产投资2.68亿元,比上年下降36%。全年完成税收总收入6099万元,比上年增长2%;完成乡镇财政一般公共预算总收入1519.85万元,比上年下降7%。全年完成外出招商24次,收集到有效信息10条,完成引进内资5000万元,接待考察客商56次,洽谈符合入园条件的投资项目14个;盘活强尔立纺织、东顺自行车配件厂、好易超细等5家企业。加大低效工业用地整治力度,其中:完成亩产效益综合评价62家,"低散乱"企业整治提升10家,淘汰落后产能3家;全年完成整治出清13家;达标提升5家;"四上"入库企业申报7家。解决企业"三服务"相关问题45个。受理复工用工相关补助涉及企业员工返岗补助申报34家。

【换届选举】 作为换届试点乡镇,2020年,罗埠镇完成换届选举的各项阶段性任务,实现"三个100%",达成"优化结构、提高素质、增强活力"的总体目标,为开发区村级换届选举工作提供罗埠经验,赢得各级领导的肯定和高度赞扬。为提高"三支队伍"工作能力和水平,组织开展"党课三部曲"、"七一"系列活动、激发乡村振兴新动能等6次专题党课。抓党员教育管理,每月主题党日活动90%以上的行政村党员到会率九成以上,十余个行政村连续数月到会率100%。换届后,第一时间开展"争先创优百日攻坚"十大专项行动,通过攻坚,全镇年初制定的目标任务基本完成,各村上任第一事全部得到兑现,多年的历史遗留问题得以解决,掀起真抓实干新热潮。

【乡村振兴】 全方位发展农旅融合,大力拓展乡村振兴。特色产业结出"致富果"。"罗埠味道"系列农特产品插上电商的翅膀,直播关注度连续三天列全国榜第一名。各村的一村一品、一村一产业已初具规模,征岩头特色甘蔗种植、上竹园水果玉米种植基地迎来研学游和村集体收入的双丰收。乡村发展念好"农旅经"。罗埠老街"周周有集市、周周有主题",通过"抖音+微信"短视频全方位进行宣传,罗埠老街成"网红"老街。成功举办第二届美丽乡村运动休闲旅游节、浙江省海陆空(车辆)模型锦标赛等22场活动。"一坪菜园"打造"金名片"。为解决"三改一拆"闲置地块的拆后利用问题,扎实做好创建全国文明城市的“后半篇文章”，罗埠镇以“村在菜园中，菜园在村中”的发展理念，打造金华市民的“私家菜园”。各村共建设“一坪菜园”约140处，建设面积超3万平方米。

【基础设施建设】 罗埠镇2020年征收任务10项，已完成厚大溪EPC项目土地政策处理等6项任务。罗埠镇通过全力攻坚、全员联动，完成创建全国文明城市三年大考，总投资940万元实施12个创建类项目全部完成建设，8个文明示范村创建全部通过市级验收。“三改一拆”拆除违建面积6万平方米，位列开发区第二，通过“无违建乡镇”复评验收。零星建设用地复垦项目涉及元里村、湖田新村、邵家村等9个地块4.07公顷土地全部完成复垦并验收。93.33公顷高标准农田项目完成建设并验收；成功创建2个秀美村、1个精品村、3个和美村。

【农房确权工作】 土地确权工作以百日攻坚“三级联动”为抓手，以“1+3+1”为工作模式，第一时间成立农房确权工作领导小组和工作专班，除发动全体镇、村干部开展农房确权工作外，还发动全镇老百姓临聘一支由在家大学生、在家待业青年组成的确权队伍，共计400余人开展确权工作。镇确权专班成员每周召开例会，每天在政务群通报各村进度排名，营造深厚的“比学赶超”氛围。通过全体确权工作人员全力攻坚开展工作，截至2020年年底，罗埠镇共完成农房地籍调查14630宗，符合农房确权登记条件10075宗，完成分类处置2852宗，完成确权登记4744宗，完成率均位列开发区第一。

【消除集体经济薄弱村工作】 实施“三级联动消薄”工作机制，7月24日成立的罗盛公司全年营业收入超过130万元，盈利超33万元；三个“消薄”子公司共盈利超过30万元。经过层层努力，32个行政村全部完成“消薄”任务，排名位列开发区乡镇前列。

【社会治理】 高质量抓好镇村两级社会矛盾纠纷调处化解中心规范化建设，镇级层面矛调中心按照一类标准建设，实现“五个有”，真正实现“小事不出村、大事不出镇、矛盾不上交”。接收“8890”投诉件364件，办结率100%；接收来访、来信、网信投诉件72件，领导信箱268件，办结率100%；“罗小兴”微信小程序累计收到各类求助、代办件278件，平安通手机上报信息16000余条，办结率100%。

（徐雍骏）

洋埠镇

【概况】 洋埠镇辖区面积18.11平方千米，下辖15个行政村，户籍人口5862户、15258人，耕地面积710.73公顷，粮食生产功能区面积326.67公顷。

2020年，完成规模以上工业总产值20.5亿元，完成全年任务的110%，完成率位列开发区第一；同比上升18.08%，增速位列开发区第一。完成限额以上批发零售额486万元，同比上升14.4%，完成全年任务的103%。完成总收入7695万元，同比增长18.6%。完成一般公共预算收入1990.35万元，完成预算的104%，公共预算收入增速和预算完成率位列开发区第二。

【“低小散”整治】 围绕“重振洋埠工业雄风”目标，重点抓好低效用地整治和项目推进工作。2020年，完成33家亩产效益评价工作，低效散和淘汰落后产能全部完成，低效用地完成率位列开发区第二。坚持做优平台、扩展渠道、凝聚力量、靠前服务，洋埠首个小微园——万福小微园即将完工，实现洋埠镇小微园产业集聚发展零突破。

【美丽乡村】 获评2020年度省美丽乡村示范乡镇、农业绿色发展省级示范区、金华市经济技术开发区美丽乡村建设先进镇。完成西十农田基础设施提档工程和厚大溪EPC土地流转项目，完成东十村精品村设计，进入招投标阶段；完成青阳洪村AAA级景区村庄和大坟头村AA级景区村庄建设并通过验收，全镇15个行政村已有10个A级景区村庄。

【文明城市创建】 围绕“制度完善、动员有力、攻坚有方”工作目标，提档“四个建设”（小城镇环境综合整治、污水零直排创建、国家级卫生乡镇创建和美丽乡村建设）、明确“四项要求”（无卫生死角，无大型堆放和搭建，基础设施、村规民约基本到位，日常保洁基本到位）、建立“四支队伍”（镇村督察队伍、党员干部攻坚迎检队伍、村保洁员队伍和长效监管巡查队伍）、完善“四项制度”（“红黄旗”竞赛制度、每月通报制度、黄旗约谈问责制度和考核奖惩制度),2020年,成功取得市测“五连冠”优异成绩,召开全市文明示范村镇创建现场推进会,成为唯一获评金华市创建全国文明城市“骏马奖”的乡镇,获金华市创建第六届全国文明城市工作集体三等功。

【农旅融合】 以“农文旅”深度融合创新发展的理念推进洋埠古镇乡村旅游盛兴,五都钱村学农旅游管理有限公司正式挂牌运营,单月实现接待亲子研学人数逾2万人。成功举办“乡约端午·和美小镇”文化旅游节等系列活动,带动消费超150万元,初步形成米文化为主体,集古埠老街、江景观光、农耕习俗为一体的文化旅游体系。特色文旅小镇打造项目通过区级文化产业扶持类评审。

【项目招引】 2020年,外出招商20次,报送原始信息16条,有效信息5条,签订协议1份,完成内资3400万元,超过过去三年之总和。投资2.13亿成功与上海瀚翊投资有限公司签署“洋埠有米”古埠综合开发项目合作协议;与上海皈隐文化传播有限公司签署古埠老街整体综合开发项目框架合作协议;引进杭州园林公司和浙江大学设计院开展琳湖区块整体综合开发项目;引入金华正大旅行社共同打造五都钱农旅研学和劳动实践示范基地,全面做好乡村振兴先行人才团队支撑。

【“消薄”增收】 各村成立“消薄”攻坚小组,发挥村支部在“消薄”、壮大集体经济上的示范作用,2020年,全镇15个行政村收入均已达到年度目标要求,即总收入20万元,经营性收入10万元以上,“消薄”工作100%完成。其中3个中央和省级“消薄”项目全部完成并产生收益。

【征地拆迁】 洋埠镇垃圾中转站项目和金华港婺城港区罗洋作业区1#~8#泊位工程建设项目涉及洋埠村、青阳洪、一乐堂、湖前、下潘五村共计7.62公顷土地征收协议完成签订工作;罗洋作业区1#~8#泊位工程建设项目涉及10户农房征收工作完成情况摸底、入户调查、房屋测绘、资产评估等前期工作。杭金衢高速拓宽改造建设工程已协调完成戴家村、洋埠村管线迁改临时土地租用协议签订工作;衢江通航项目配套道路工程现已完成西上陈村段建设并通车。全年推进违法建设拆除工作,联合相关职能部门处置新增违建8起,拆除新增违建面积约400平方米;拆违面积1.364万平方米,完成率113.67%。

【基层党建】 把握“快、稳、准、好”四个导向,全部实现一次性高票当选,并完善创业承诺清单85项,写好换届“后半篇文章”。扎实创建“五星三强”示范乡镇,2020年有6个村顺利创成“五星三强”党支部,各项工作围绕党建引领“一村一品”开展。基层党建“示范引领、村村过硬”专项行动、“1356”工程、“领头雁”培育系列工程强化基层党组织建设。结合党员干部整治立规年要求,召开作风大会和集体谈话会,诫勉约谈党员干部39人次,并将13名违法违纪党员转入整转教育支部开展为期6个月的整转学习。

【社会综治】 探索“四级网格+基层治理”新机制,深化镇矛调中心建设,加强“党建+数字化+网格化”管理。持续推进“雪亮工程”,实时守护镇村和园区平安稳定。

【疫情防控】 全镇500余党员干部志愿者和民兵队伍坚守卡口驻守、“清村扫楼”和隔离管控一线。全镇1个市级卡口、16个村级卡口、1.6万人口的排摸、隔离观察132人,无一例疑似和确诊病例,省督导组暗访后对镇防疫工作表示高度认可;315省道监测点临时党支部获金华市抗击新冠肺炎疫情先进集体。

(陈慧波)

乾西乡

【概况】 乾西乡辖区面积24.35平方千米,下辖11个社区居委会,6个行政村,户籍人口10134户、24376人。

【工业经济】 2020年,全乡实现工业总产值48.62亿元,较2015年增长34.57%;规模以上工业总产值36.05亿元,较2015年增长38.33%;规模以上工业销售产值36.11亿元,较2015年增长50.83%;限额以上批零住餐业销售额22.27亿元,较2015年增长42.02%。围绕工业平台提升,加强栅川工业园区基础设施建设，五年累计引进项目 18 个。

【农业经济】 围绕乡创平台建设，引进金婺农业建成全省单体规模最大的蛋鸭养殖基地，实施金泉畈地力提升项目，建设千亩水稻种植基地，栅川农业综合体初具雏形。积极打造栅川农业综合体高能级乡创平台。金婺农业通过国家级畜禽标准化示范基地及省级美丽牧场验收，创成省级绿色科技高质量示范基地，“无抗”鸭蛋的品牌影响力不断扩大。打造金泉畈千亩水稻种植基地，成为浙江农林大学等 5 所学校的实践研学基地。基本完成 64.67 公顷湖坛幸高标准农田建设项目，新增 7 家家庭农场和 5 家农民专业合作社。

【重点工程】 围绕综合交通枢纽建设，全力保障杭金衢拓改和互通口建设、金兰快速路(45 省道)、二环西路优化改造等重大交通项目实施。围绕城市有机更新，完成鲍杨城中村改造和高铁新城(一期)化肥厂区块国有土地征收。组织全体乡干部全员进驻高铁新城(一期)化肥厂区块指挥部，历时 3 个月，高质量完成 7 个网格 230 户的国有土地上房屋征收工作。鲍杨安置房工程项目被列为全市二季度“晒拼创”现场考察项目，获评区“骏马”奖。以建设全国性综合交通枢纽为契机，用时 8 天率先完成二环西路提升改造乾西段 666 户的签约，顺利承办区重点项目集中开工仪式现场会。围绕金建铁路婺城段建设，全速推进主线及拆迁安置用地的政策处理工作，及时完成组卷报批。根据杭金衢拓宽和互通口建设、金兰快速路(45 省道)、龙乾大桥等项目建设需要，及时做好相关政策处理。深挖潜力，完成 16 个地块 5 公顷土地的建设用地复垦工作。

5 月 6 日，婺城区第二季度晒拼创现场会在聚新科技有限公司举行　　（乾西乡人民政府供稿）

【文明城市创建】 2020 年，开展小城镇环境综合整治、全国文明城市创建工作，建成长湖滨水景观公园等一批基础设施项目。安装智能充电桩 2000 多个，硬化修补路面 13 万平方米，铺设人行横道 6 万平方米，改造外立面 9.2 万平方米，规整线路 2 万余米，拆除违章搭建 580 多处 50 万平方米。二环内城市形象、环境卫生、交通秩序明显提升。全面实施美丽乡村项目，其中精品村项目 1 个、秀美村项目 4 个、一事一议项目 24 个。全面推行垃圾分类工作，建成两定四分点 66 个，提升阳光垃圾房 9 座。

【民生事业】 完成行政村规模调整工作，成立“消薄”公司，多措并举壮大村社集体经济，全面完成行政村年度“消薄”任务。新建乡级居家养老服务照料中心 1 家，被评为省级示范型居家养老服务照料中心，建成村级居家养老服务照料中心 13 家，建成残疾人之家 2 家。新建文化礼堂 6 家，实现行政村文化礼堂全覆盖。连续举办五届婺城区民俗文化艺术节，品牌影响力进一步扩大。创新举办婺城区第八届民俗文化艺术节，品牌影响力进一步增强。深入推进“四大”活动，实施“乡情乡亲家服务”品牌提升工程。创新开展“爱企日”活动，成功完成乡商会换届工作。全年举办 2 场企业展销招聘会，累计服务群众 1.2 万次，收集解决企业问题 658 个，协调金融机构为 37 家企业融资 2.67 亿元。全面贯彻落实“两不愁三保障”“一户一策一干部”，每月对低收入农户 25 户、29 人开展常态化走访。为全乡 63 名残疾人每月发放补助 8.9 万余元。全年走访慰问各类困难家庭 456 户，发放各类慰问金 103.7 万元。

【平安建设】 设立人大代表联络站、政协委员工作室，并整合司法、退役军人事务等资源，组建乡级矛盾纠纷化解调处中心，在各村社设立工作站，全面推行民情民访代办工作。推动“雪亮工程”建设。深入开展“扫黑除恶”专项斗争，净化基层生态。成立并规范化运行安全生产体检站，坚持一月三走访与季度安全演练，守牢安全生产底线。做好重要活动期间的保障工作，守牢稳定底线。

【疫情防控】 坚决贯彻落实习近平总书记关于打

赢疫情防控阻击战重要指示精神和党中央决策部署,第一时间响应上级号召,组建疫情防控指挥部,全面发动干部群众,细化九种场景守牢小门,扎紧精密智控网。累计投入党员干部1.8万人次、排查车辆5.3万辆次,登记检查出入人员11.6万人次,完成7575人次的隔离管控工作,服务保障区级集中隔离点的设置和日常运转。创设"砥砺乾行"红盟突击队、乾行服务站、"乾"牵一线服务群,服务保障群众日常生活和企业复工复产需要,获评区二季度"闪光婺星"品牌。全乡成为全区2个乡镇(街道)层面的战"疫"先锋团队之一,雅宅社区、湖头社区、乡卫生院获评区级战"疫"先锋团队,5人被评为省、市、区防疫先进个人。全乡疫情防控和复工复产工作考核均居全区前三,实现"两手抓、两手硬、两战赢"。

2月20日,乾西乡迎接贵州云南专列返乡人员并送上温暖夜宵　　(乾西乡人民政府供稿)

【基层党建】 加强党的领导、严格把关,高质量推进村社组织换届。完成换届选举前14个村居的"三年一轮审"工作,100%实现书记主任"一肩挑"、支部选举一轮过、干部职数全选足,青年委员数量达到21人,信访数量比上一届下降84%。严格审定各村社五年发展规划,推动"开门一件事"落实。开设"周一夜学·乾西讲堂",开展理论知识培训15期。开展"6090"干部传帮带·薪火相传师徒结对、青春解难事、"青春乾行"年轻干部座谈会等活动,加快年轻干部成长,选拔任用中层干部11人。

(申云冬)

竹马乡

【概况】 竹马乡辖区面积19.58平方千米,下辖7个行政村,户籍人口4596户、12006人。交通便利,铁路金千线、杭金衢高速公路、市区二环线及45省道穿境而过,域内设有杭金衢高速公路出口,产业优势明显以建材为主导产业的都市工业和以茶花等花卉苗木为特色的都市农业均走在全区前列。

【工业经济】 2020年,实现工业总产值33.25亿元,同比增长4.53%,其中规模以上工业产值28.24亿元,同比增长5.98%。完成工业投资9043万元,其中引进内资160万元,完成固定资产投资8843万元。出让土地2家,共0.89公顷。盘活汇港玩具等低效企业4家,用地4.47公顷。引进永晖瓦楞辊等规模以上企业1家,已投资2500万元,工业企业技改等固定资产投资项目12个,投入1.29亿元。

【农业经济】 新增农业标准地流转39.4公顷,化肥、农药比上年各减4%和3%,农药废弃包装物回收率达到74.3%,处置率达到100%,农民花卉苗木收入6.6亿元。举办"花满婺城、云赏山茶"金华市云上茶花节,激活"云上"经济,开展云上活动15场次,活动点击量500多万人次,实现线上销售3500万元;举行花卉苗木盆景展等活动延伸线下影响力,有力拉动消费、扩大品牌知名度。

【疫情防控】 构建三级网格防控体系打好"党建+巷战",全乡1.4万人次投入战疫;设立乡村卡口64处,日均检查车辆1500余车次、3000余人次;核查外来流动人员2750人次,"人技"结合智能管控居家隔离对象245户600人,实现辖区排查零遗漏、对象零失管。首创外来人员集中服务站,创新企业复工复产"三阶段五到位"工作机制和农业春耕备耕科学防控机制,精准服务复工复产、春耕备耕、复市复学。

【消除集体经济薄弱村工作】 排摸建档160人、110户低收入农户,100%完成区级"消薄"目标任务,其中4个村经营性收入达50万元以上。综合集贸市场、4村联建综合物业楼等一批重点"消薄"项目稳步推进。由8个村入股成立的竹马农村集体经济发展有限公司规范运营，完成洋家坞林田流转承包等3个项目。

【重点工程】 完成45省道、杭金衢高速、云计算、二环西路整治提升等项目政策处理23.2公顷，推进金马水泥厂42.47公顷土地回收，一期22.13公顷基本达成土地回收一致意见。青梅里全域土地整治项目完成集镇控规调整，二期子项目已进场施工。同步推进集镇商住用地、集贸市场出让和建设，完成集镇至邵湖头道路施工。

【美丽城镇建设】 高质量推进美丽城镇项目规划，计划投资9920万元，实施项目18个，加快形成全域美丽格局。完成花漾街区、体育公园提升、纵六路横四路建设等项目，完成方下店村精品村项目设计。高标准推进美丽竹马建设，建成精品村5个、秀美村1个、A级景区村庄3个、AA级景区村庄2个，打造美丽花圃10个、美丽田园66.67公顷、美丽村道11千米，基本建成盘溪绿道、长湖绿道(一期)、世外桃源茶花展示基地绿道等休闲绿道观光带，共计4.6千米。

【花博园项目】 启动花博园"六园一带"七大配套项目建设，总投资10.73亿元。智博园一期、诗书画院已初步成型；茶花精品园、盘溪绿道和长湖绿道基本完成建设；紫藤园完成基础设施建设；精品杜鹃花种植展示园、茶花文化创意园已进场施工。

3月14日，"花满婺城 云赏山茶"金华市云上茶花节启幕　　（竹马乡人民政府供稿）

【生态文明建设】 打好"环保督察""三改一拆""五水共治"组合拳，完成第二轮中央生态环保督察中央督办件1件；以全国文明城市创建为主抓手，实行网格精细化管理，着重整治乱搭乱建、乱堆乱放等农村顽疾，累计拆除违法建筑1.8万平方米，拆后利用率达94.72%；全面落实河长制、湖长制，定期开展水系污染整治"回头看"，巩固"污水零直排"建设成果。向李等6个村被评为农村环境"十佳村"，其中向李、方下店、竹马馆3个村为五星村。

【畜牧养殖】 创建省级美丽生态牧场1家，完成省级畜禽养殖标准化示范场建设2家。对家禽家畜进行春秋两季防疫注射和平时补针相结合，2020年，免疫生猪21510头，免疫黄牛、山羊60(头)只，免疫家禽85300羽。

【民生事业】 建成省级示范性居家养老服务中心1家，启动竹马乡卫生院搬迁征地工作，补齐医疗卫生事业短板，完成青梅里骨灰堂项目政策处理和初步设计，完成九龙水库大坝漏水修复与水角垅水库大坝蓄水大中修工程，为安全度汛提供有力保障。落实重度残疾人护理安养工程，为193名重度残疾人发放护理补贴，为8名残疾人申报家庭无障碍改造项目，做好优抚对象优抚金发放工作，按时按质按量完成第七次全国人口普查工作。

【人口与健康】 2020年，出生94人，男孩44人，女孩50人，死亡88人，期末领取独生子女证123人。新增奖扶24人，退出4人，完成生殖健康检查932人次，完成"两癌"筛查328人次。

【文体活动】 完成联民村文化礼堂，实现乡域全覆盖，充分利用新时代文明实践站，开展农民村晚5场、文化暖冬大集市1场。完成方下店二环桥下体育场所建设，成功举办2020年浙江省第二届女子门球赛浙西南门球友谊赛、2020年浙江省农村文化礼堂运动会总决赛、"全民健身、活力中国"2020年"花满婺城"中国门球冠军赛总决赛。

【文化宣传】 竹马茶花登上中央电视台、浙江卫视、金华新闻联播舞台，刊发竹马报道，"学习强国"7篇、《浙江日报》3篇、《钱江晚报》2篇、《金华日报》35篇、婺城发布16篇、《今日婺城》24篇。

【平安综治】 建成乡社会矛盾纠纷调处化解中心、爱企服务站、企业微网格工作站、人大联络站等四大站点，实现服务窗口向一线前移。围绕"枫桥式"退役军人服务站建设，提升乡级退役军人服务站的硬件设施。发挥四平台作用,2020 年,录入平台流转事项 4604 起,处理爆料 50 起。

【安全生产工作】 2020 年, 召开安全会议十余次, 与辖区范围内 80 余家企业签订安全生产、消防安全、食品安全三大目标管理责任书,并与存有特种设备的企业签订特种设备目标管理责任书。开展百日消防安全大检查大宣传大整治大落实、百万员工大培训等活动,严格落实每月安全例会、"一企一档"等制度,共整改各类安全隐患 120 余处,整改率 98%。

【意识形态工作】 坚持不懈用党的创新理论武装头脑,严格落实党委会议"第一议题"学习制度,全年召开理论学习中心组专题学习研讨 12 次、党课宣讲 19 场,夯实党员干部思想之基。坚持党管意识形态,始终牢牢掌握意识形态工作领导权、话语权、主动权,切实守好意识形态建设的主阵地。

【干部队伍建设】 实施"青蓝培养计划",开展调查研究、师徒帮带等"五大行动",为年轻干部搭建成长平台。把好选人用人关,选拔优秀中层干部正职 2 人,副职 8 人。

6 月 8 日,竹马乡举行青蓝培养计划启动仪式

(竹马乡人民政府供稿)

【基层党建】 高标准推进"五星三强"示范乡镇创建工作,创建"五星三强"基层党组织 10 个、村级党建示范点 3 个,新建两新党支部 1 个,组建竹马—灵洞建材产业链党建联盟,"两核两带一线+N 示范点"基层党建新格局基本构成。全面开展党员整治立规创优行动,加强党员日常教育管理,创建"双零"党支部18 个,教育整转不合格党员 13 人。选树身边典型,表彰优秀共产党员 53 个、战"疫"先锋 27 个,推选区级"闪光婺星"5 个,激发奋进力量。把优把严入党关,发展党员 6 人,培养入党积极分子 20 人。

【爱企服务站】 成立"爱企服务站",支持稳定企业发展,加快经济回暖。"爱企服务站"以"最小打扰、最大服务"为工作原则,践行"三服务·婺城家服务"理念,以"跟单组团服务、即时呼叫服务、定期走访服务"为服务模式,每月定期举行金融、法律、会计、税务等针对小微企业的咨询帮助服务,为竹马乡工业功能区及周边小微企业提供帮助和便利,助力小微企业化危为机,稳定发展。

【三服务】 围绕"两优一高"区建设,发挥"三大员"作用,以"四办"作风深入推进"三服务""四大"活动,累计走访群众 3000 余户、企业 80 余家;民情民访代办 356 件,解决率、满意率达 100%。

【法治建设】 全面加强党对依法行政工作的领导,制定《竹马乡政府行政规范性文件和合同合法性审核工作若干规定》,讨论通过《2020 年度普法依法治理工作计划》,确保法治建设与其他重点工作同步部署、同步推进。有序推进方下店、竹马馆村省、市级民主法治村创建工作,为基层民主法治建设增添动力。

【廉政建设】 落实四责协同、"三不" 一体机制,推进党风廉政建设和反腐败斗争,持之以恒纠治"四风"。抓实正风 2020 专项行动,开展党员干部" 赌博、酒驾"教育整治、违规领取津补贴清理、扶贫领域专项督察等三大行动,推动全面从严治党向纵深发展。2020 年,办结案件 6 件,给予党纪政务处分 6 人,运用第一种形态 63 人次;清退 2016 年以来违规领取津补贴、误工补贴 23310 元。深化基层专项治理,建立 8 个村监察工作联络站,让监督在基层落地扎根。挖掘清廉竹马元素,完成方下店村清廉村居创建。100%完成区委第七轮巡察整改问题 47 个,制定及修改完善制度 5 项,追缴资金 26.71 万元,做好巡察"后半篇文章"。

【村级组织换届】 以"五好四确保"为目标,以"五维精准画像""六大整固提升行动"为载体,完成村级组织换届选举工作,全面实现"一肩挑";择优选出村干部 78 人,其中 84 后青年干部 7 人,激活基层组织"一池活水";坚持知事识人贯穿始终,科学谋划五年创业承诺40件,完成“开门一件事”8件,营造良好干事创业氛围。

(冯超凡)

长山乡

【概况】 长山乡辖区面积60.35平方千米。下辖11个行政村,户籍人口5536户、13473人。长山乡风景秀美,自然景观资源丰富,辖内有桐溪、漪溪两条主要河流,40余座山塘水库,森林面积4067公顷。

【工业经济】 2020年,全乡累计实现工业总产值3.96亿元,同比增长10%,其中规模以上企业产值2.83亿元,同比增长92.6%,完成婺商回归2010万元。税收总收入1474万元,同比增长24.64 %;财政收入380.4万元,同比增长24.6%。

【农业经济】 苗木产业分会日趋成熟,花卉苗木种植更具规模化、精准化、专业化;石道畈全域土地综合整治全面完成种植,粮食产量超出预期。

【重点工程】 长山国际设计走廊配套项目基本完工。配套项目中的道路工程、给水工程、电力工程已竣工验收。“南山漫道”建设有序推进。“南山漫道”精品线项目沿线各村节点建设和绿化提升基本完成,打造“卢家荷塘、二村‘繁花源’、乌石屏精品村”等景观节点、精品村落,“南山漫道”风景线道路提升改造工程中,涉及乡辖区新建2.67千米、“白改黑”4.65千米已完工。桐溪绿道工程完成路基的全线铺设。土地整治项目开足马力。望山新村高山造地改田项目、零星建设用地复垦项目完成区级验收;石道畈村全域土地综合整治与生态修复工程完成项目招投标,全面推进政策处理,前期清表工作顺利推进;高标准农田改造提升项目涉及土地206.67公顷、3个标段已完成并通过区级验收。

【文化宣传】 成功举办2020年金华市“我们的中国梦”文化进万家活动暨“我们的村晚”启动仪式,与部门单位合作开展“走读长山”、“视觉婺城”、卢家村“荷乐不为”荧光田园音乐会等活动。同时,作为区新时代文明实践所(站)试点,充分发挥所(站)作用,开展如“端午话粽情”等节日活动,弘扬中国传统节日文化,增强群众参与感、幸福感。

【民生事业】 长山双富投资发展合伙企业预计全年实现盈利28万元,金华六和光伏发电有限公司发电效益达20万元,长山农村集体经济发展有限公司总收入8万元。11个行政村全部实现总收入20万元以上且经营性收入12万元以上,其中4个村经营性收入在20万元以上。组织开展2次电商培训,累计培训200余人次,帮助有意向群众开拓创业思维、优化创业途径;探索“夜经济”模式,累计举办“跳蚤市场”20余场。乡交通运输服务站投入使用,为村民提供一站式交通服务;望山新村、桐思岭村、集镇4个村饮用水达标提标工程全部完工,完成农村饮用水达标提标目标。苗木产业分会日趋成熟,花卉苗木种植更具规模化、精准化、专业化;石道畈全域土地综合整治全面完成种植,粮食产量超出预期。完成省级示范性居家养老服务中心建设,并完成运营方招投标;持续做好残疾人、低收入人群等救助工作,发放各类社会救助金190.68万元;以“最多跑一次”为服务宗旨,实现水电气网公共事项集成办;完成邵村文化礼堂新建工程,望山新村、卢家、长山二村、桐思岭村文化礼堂提升改造工程及新时代文明实践站所“一所三站”建设工作。长山双富投资发展合伙企业盈利、金华六和光伏发电有限公司发电效益、长山农村集体经济发展有限公司总收入实现预期目标。11个行政村全部实现总收入20万元以上且经营性收入12万元以上,其中4个村经营性收入在20万元以上。

【文明城市创建】 推动“文明城市创建”决战决胜。持续做好全域范围环境卫生日常保洁维护,积极备战文明城市创建“终极大考”。创建工作在各级测评中均位于全区前列,两次获得全市红榜表扬单位,成功创建文明城市创建示范乡,获评金华市文明乡,并获文明城市创建市级集体三等功,长山二村被评为金华市文明村。

【安全生产工作】 网格化压实安全责任,重点对工业企业、“低散乱”作坊、出租房等重点场所等常态化检查,累计检查22次,整改安全隐患40处;完成50余名职工安全生产培训;开展交通安全隐患排查,整改问题点位10处;加强防汛防台值守,组织人员一线巡查危旧房、在建工程、山塘水库等重点防御点位;扎实做好森林防火和“禁燃”工作。

【平安综治】 完善党委领导、政府负责、社会协同、公众参与的社会治理体系，形成共建共治共享新格局。持续关注群众需求，积极收集企业发展难题,班子成员常态联系、驻企“小秘书”协助化解,累计走访企业、群众、基层 2831 人次、走访对象 6617 个、收集并解决问题 262 个。乡、村两级 85 名民情民访代办员,2020 年，完成代办事项 400 件。网格化压实安全责任，重点对工业企业、“低散乱”、出租房等重点场所开展常态化检查,共巡查 22 次,发现并整改隐患 40 处;完成 50 余名职工安全生产培训;开展交通安全隐患排查,查出并整改各类问题点位十余处;加强防汛防台值守,组织人员深入一线巡查危旧房、在建工程、山塘水库等重点防御点位;扎实做好森林防火和“禁燃”工作。建设乡人大代表联络站,切实让代表履职有平台,活动有阵地,助力全乡各项事业快速发展。建立健全矛盾纠纷联调联处工作机制，成功调解各类纠纷 36 起,涉及金额 186 万元;完成乡社会矛盾纠纷调处中心建设,探索“微网格”,提高“网格化管理、组团式服务”工作效能。

【文体活动】 成功举办 2020 年金华市“我们的中国梦”文化进万家活动暨“我们的村晚”启动仪式,乡村两级开展“走读长山”“视觉婺城”等各类文化活动 50 余场,在活动开展中弘扬乡风文明,增强群众参与感、幸福感。

【“五水共治”】 开展“五水共治”工作,完成第二轮中央环保督察迎检工作。提标整治流域范围 3 家养殖场污水排放设施,确保污水不外排;漪溪乌石屏自然村护岸、石道溪长山二村段水毁修复工程已完工验收。

【清查违章建筑】 有序开展“治危拆违”。2020 年,拆除乱搭乱建和危旧房 246 处、39990.42 平方米,完成危旧房改造 9 处。11 月,成功通过市级“无违建乡镇”验收。

【基层党建】 全面深入践行新时代党的建设总要求和党的组织路线,不断开创党的建设和组织工作新局面。坚持“干中选、选中干”,高质量完成村级组织换届,全程平静安静,圆满完成“五好四确保”目标,共产生村两委干部 76 人,其中青年委员 14 人,村两委班子平均年龄比上届下降 4.5 岁，最年轻委员 25 周岁。选优培强中层干部,2020 年新提拔乡中层干部 5 人,其中 85 后干部 4 人。强化年轻干部培养,不断提高年轻干部综合素质和创作能力。新吸收预备党员 9 人,35 周岁以下 5 人,女党员 4 人,大专以上学历 4 人,进一步优化党员结构。坚持从党委班子做起,从领导干部严起,以上率下,带头抓作风促落实;强化普通党员管理,在党员“整治立规创优”行动中,共约谈问题党员 70 余人,党纪处分 11 人次,其中开除党籍 3 人,留党察看 2 人,党内严重警告 4 人,警告处分 2 人。认真做好案件查处后半篇文章,对受处分党员回访教育 8 人次。高标准推进“五星三强”示范乡镇建设,完成 7 个村级党建示范点建设。深化“后城经验”,探索试点“三资”智慧新系统,切实解决“三资”管理中的一些现实难题,降低人工成本。建立完善 23 项清廉村居制度,推行村级“三务”指尖上的公开,确保村级小微权力规范运行。

(丁　超)

沙畈乡

【概况】 沙畈乡地处金华西南山区，东靠箬阳乡，南与武义县交界,西邻塔石乡,北接琅琊镇。辖区面积 184.94 平方千米,是金华市行政区域最大的纯山区乡,辖 17 个行政村、54 个自然村,户籍人口 5223 户、12922 人，耕地面积 428.13 公顷，山林面积 15510.33 公顷,其中毛竹面积 2000 公顷、茶园面积 666.66 公顷,气候温和湿润,无霜期在 210 天以上。2020 年,全乡财政总收入 1220 万元,其中乡财政收入 297.8 万元。

【基层党建】 高质量完成村级组织换届工作。“一肩挑”人选当选率 100%，其中 11 个村选出青年委员,占比 64.7%,使村级党组织班子向年轻化迈出一大步,为基层党组织建设增添新鲜活力,为基层党组织发展注入强劲动力。在 2020 年多次组织党员干部到嘉兴、台州、丽水、磐安等地学习林下经济种植经验，坚持“走出去、引进来、学起来、干出来”发展思路，开辟农林经济发展“新航路”。打造“党员带富链”，发动党员率先种植林下经济作物，基于产地直销、农产品展销会等线下销售，辅以沙畈红盟农产品销售群、电商平台等线上渠道，带动“沙字号”农副产品销量较去年翻两番。以党员、村干部整治立规创优为抓手，压紧压实全面从严治党“一岗双责”主体责任，强化监督检查、效能监察和执纪问责，进一步提高纪律规矩约束力，制定出台村级小微权力清单，并在各村进行公开，实现公权力阳光运行。完成乡监察联络站规范化建设，建立党员干部廉政档案541份，并实施动态跟踪监管，以永远在路上的执着深化“清廉沙畈”建设。

【经济发展】 沙畈乡围绕打造生态经济沙畈样板，建立乡级农林经济培育基地。农林经济紧扣农业供给侧结构性改革，发展势头稳中有升。全乡17个村全部完成总收入20万元且经营性收入12万元的目标，完成比例100%；停久村、辽头村完成经营性收入20万元以上的目标，完成比例200%。通过招商，2个乡级“消薄”项目，2个乡级培育基地已全部实施，建立的沙畈乡农林经济培育基地，以基地为平台，走好“学、研、发”之路，促进乡农林经济更专业化发展；充分发挥乡农、林骨干专业知识，由其牵头，全过程参与蔬果选种、育苗、病虫防治，带领更多农户参与到农林经济产业，促进农林经济更规模化发展；充分运用整体智治，延长产业链，注册商标，推动农副产品、中药材产品品牌化，有效带动沙畈特色农产品销售和农民增收。2020年完成银坑村12.09公顷土地流转，完成和美村“凤凰型”7.87公顷山改地的项目包装和招商，将以此推动蔬果经济的发展，带动周边百姓创收致富。完成乡域范围内7座小水电站综合整治工作。

【社会保障】 沙畈乡全年注销低保户25户34人，新增12户19人；注销低保边缘户16户34人；注销特别困难户1人，新增13户13人。全面聚焦“两不愁三保障”完成对全乡214户、299人的低收入农户的建档工作，对低收入农户走访实现全覆盖。大力推进危房修缮工作，切实改善低收入农户居住环境，2020年，全乡共有危旧房19户，其中C级危房12户，修缮11户，安置1户；D级危房7户，拆除3户，修缮2户，安置2户。

【基础设施】 沙畈乡将农村饮用水达标提标项目列入2020年首件民生实事，根据山区实际，项目采用联村供水网与单村水厂点互补的二级供水网模式，共涉及16个行政村，工程已于12月基本完工并投入使用。总投资2000多万元，完成涉及1.2万人的饮用水达标提标建设任务。全乡农村饮用水达标人口覆盖率与农村供水工程水质达标率均达省级标准，农村饮用水纳入区级统管长效管护机制，基本建成规模化发展、标准化建设、专业化管理的农村饮用水体系。建成周村综合办公楼，李宫办公楼也已结顶。白门线周村至沙畈水库段拓宽工程已完工，其中政策处理，涉及农户75户，耕地12535.2平方米，林地611.4平方米。完成青草等三村、向阳村两个建设用地复垦项目，共新增耕地0.62公顷。

【公共服务】 沙畈乡2020年全年筑牢防疫底线。坚持疫情防控常态化，深化“源头查控+硬核隔离+精密指控”工作机制，从严从紧全面落实落细网格化责任，通过强宣传、强执行、强服务，牢牢守住山区防疫前沿阵地，相关经验得到区委刊发录用。完成周村和向阳2个村文化礼堂提升工作，充分发挥文化礼堂“建管用育”功能。进一步弘扬好家风，结合“三服务”要求，广泛开展“四大”活动。全力保障

10月20日，金华市审计局到沙畈乡青草村慰问走访　（沙畈乡人民政府供稿）

退役军人和现役军人家属权益。动员“婺之源公益服务中心”志愿者,为山区留守老人送爱心。开展文化走亲、文化下乡。提供上门送餐服务,成功解决偏远村老人吃饭难问题,实现居家养老全覆盖。

【美丽乡村】 推进花满婺城花卉景观示范带建设,组织开展白沙溪沿线环境整治。以全国文明城市创建为抓手,实现垃圾分类工作覆盖率100%,拆除破旧破损公益广告347块,按照新标准、新要求重新安装公益广告245块,开展烟头换鸡蛋工作,共回收处理近2万个烟头。持续推进“厕所革命”,拆除旱厕165个。清理枯死松树186.27公顷,1249株;人工造林3.33公顷,人工更新造林7.07公顷。大力开展美丽庭院建设,完成美丽庭院创建达标户497户。强化河道治理,完成6处水毁修复工程,夯实防汛基础。全面开展下山安居创富工程民情民意调研。“三改一拆”强力推进,累计拆除违章12280平方米,超额完成2020年拆违任务,预计年底完成存量违建销号。农房确权工作稳步推进,已完成677宗登簿,还有300宗一户一档已提交区不动产登记中心,等待登簿。挖掘传统村落的文化资源,加快高儒村传统村落项目建设。2020年,沙畈乡投入205.96万元,完成卢文台文化研究室建设和系列遗址改造提升工作,建设白沙八景“乌云桥渡”景观,深入挖掘卢文台治水精神和白沙文化内涵,为申遗成功打下坚实的硬件和软件基础。依托好山好水,周村村、潭背村成功创建A级景区村庄。

【基层治理】 深化“最多跑一次”改革,代办服务1025件,帮扶群众2605人次。建立两个乡级便民服务中心窗口,推动“一窗受理、集成服务”改革向基层延伸,乡级窗口办件量3689件。推进数字赋能,在乡级便民服务中心大厅放置一台综合政务自助一体机、一台公用电脑,使群众网上办事更便捷、高效。发挥乡村两级社会矛盾调解综合治理中心的作用,成功调解矛盾纠纷102件。开展“百日攻坚信访积案化解”活动,成立工作专班,切实发挥“三大员”作用,排查消除山塘水库、危旧民房等安全隐患32处,上报信息6742条,办结率100%。全面落实安全生产责任制,全面签订安全生产责任书。常态化开展安全生产大检查行动,以在建工程、地质灾害易发处、来料加工站为重心加大宣传和排查力度。狠抓森林防火和防汛防台工作,合力打赢防火、防台、防汛攻坚战,保持“零伤亡”。建立完善预警应急制度,积极开展防火防汛演练和培训工作。结合“移风易俗”专项工作开展文明祭扫责任书签订和防火禁燃宣传。累计发放宣传册5000余份,张贴禁火宣传标语1023条。

(宗旭红)

岭上乡

【概况】 岭上乡辖区面积60.66平方千米,下辖7个行政村,户籍人口3603户、8739人。是九峰水库移民乡。2020年1—10月,全乡发放来料加工费242.2万元;出租房、超市、旅馆等第三产业发展增速明显。

【疫情防控】 疫情发生初期,岭上乡立即成立新冠肺炎防疫领导小组,制定疫情应急预案,全体乡干部放弃休假,坚守在防控一线。依照上级防控工作部署,排摸由外地入婺人员、发热人员、出租房房客和持有护照人员,并对外地入婺人员进行隔离或自我健康监测。在疫情得到有效控制后,以“三服务”为载体,走访村社,已引导来料加工点和六小行业经营户等全面开工。

【扶贫工作】 通过问询、走访、调查、举报等多种途径对本辖区内农户进行再一次摸排,精准掌握年收入低于8000元的农户情况,及时纳入贫困人口给予帮扶。排查建档立卡贫困人口脱贫“两不愁三保障”情况。继续落实结对帮扶政策,对未结对贫困户指定干部进行结对帮扶,逐户制定帮扶措施,落实帮扶责任,全面兑现各项政策。

【文明城市创建】 开展六乱整治行动,组织乡村党员拆除简易棚,清理乱堆乱放杂物。开展垃圾分类不松懈,推进党员干部垃圾分类联系户制度,入户上门做好宣传指导工作,提高农户分拣正确率。继续推进无违建创建工作,每日巡查,做到发现一起,处置一起。

【落实巡察整改】 4月24日至6月23日，区委第一巡察组对岭上乡进行巡察。7月27日，反馈巡察意见。乡党委立即召开专题会议，对于巡察反馈的问题，进行逐个分析，认真深入研究，部署开展整改工作。乡党委深刻认识到此次巡察，既是推进全面从严治党的有力指导，也是对全乡工作的极大促进。巡察组反馈的问题，一针见血，切中要害；提出的整改意见和建议，明确具体，针对性、指导性、操作性强。成立以乡党委书记任组长、人大主席、纪委书记任副组长，其他乡干部任成员的巡察整改工作领导小组，多次召开专题讨论会对巡察组反馈的4个方面、12条意见、28个具体问题进行深入研究，逐项分解落实整改措施、责任领导、责任部门和完成时限，认真制定整改方案、责任分解表。建立对账销号制度，整改一个、销号一个。领导班子成员按照分工落实好分管领域整改责任，各部门按照各自职责扎实落实整改措施，确保条条都整改、件件有着落。巡察反馈28个问题，已完成整改24个，尚未整改到位4个，整改完成率85.71%，制定及修改完善制度10项，追缴资金9000元，对巡察组反馈的问题线索，及时进行分类处置，在巡察整改专题民主生活会上批评帮助5人，提交个人对照检查材料5人，诫勉1人，批评谈话4人，提醒谈话4人。

【村级组织换届】 岭上乡把村组织换届选举工作作为一项重要的政治任务，摆在突出位置，加强领导，周密安排部署。成立换届选举工作领导小组，确保换届选举工作责任明确、领导有力。走村入户，做到“选情清”；要把牢政治关、干事关、群众关，做到“人选清”；严格标准，依法依规，精准宣传、周密培训，按照规定时间节点，全力推进换届工作。

【撤乡工作】 配合区党委、政府做好撤乡工作，梳理解决历史遗留问题，防范化解社会矛盾，维护社会稳定。坚持安全生产，推进未完工工程建设。继续进行档案整理，做好档案移交工作。在做好撤乡准备工作的同时，保障日常事项的有序开展，解决农户办事需求。

莘畈乡

【概况】 莘畈乡辖区面积73.04平方千米，下辖7个行政村，户籍人口2347户、5907人。

【工业经济】 2020年，全乡完成工业总产值2310万元，发放来料加工费154.73万元。完成税收收入258万元，其中区级税收收入58万元，完成招商引资948万元。实现农业总产值3060万元；发展特色农业，种植新增效益农产品水果玉米、小番薯；稳步推进石斑鱼特色养殖业，培育莘畈本土农产品品牌，强化一村一品建设。井下村因盛产白茶获评婺城区农业特色产业专业村。

【疫情防控】 全乡9个基层党组织全部参战，依托原有的“三服务”实体“莘e家”红盟，成立“莘e家”红盟战“疫”突击队并获婺城区首批战“疫”先锋团队表彰。兰源村村民及党员干部自发捐款8260元送到区红十字会；广大党员、乡属企业和乡贤纷纷捐款，捐款26290元。全乡干部群众参加无偿献血活动，献血47人次，共献血14700毫升，为长期抗疫凝聚力量。

【消除集体经济薄弱村工作】 利用好铂大工贸、金茶花计划“消薄”等项目，整合利用各方面可利用资源，因村制宜谋划实施集体经济薄弱村“一村一策”发展方案。实现7个村总收入20万元以上且经营收入12万元以上，其中井下经营性收入达到20万元以上，全面完成消除集体经济薄弱村任务。

【美丽农村建设】 “五水共治”不断深化。全面推进河长制提档升级，通过“智慧护水”APP和公众护水平台开展河道巡查和问题处置，实行“一周一提醒”，督促河长做好巡河履职工作；提升智能监管水平，安装22处沿河监控，消除监管盲区；开展小微水体复查、比学赶超督察竞赛、碧水行动，巩固治水成效，提升流域水质；开展绿色小水电创建工作，完成2家绿色小水电签约，开展农村饮用水提升工程，保障生态用水和安全饮水。基础设施日趋完善。巩固“四好农村路”创建成果，提升公路沿线绿化。优化农村客运服务水平，通过“村村通公交”，确实将公交送进村,同时结合“美丽公路”加快提升农村交通服务水平,祝村—大立元沿线设有交通驿站等基础设施,方便村民出行。乡容村貌不断改善。乡扶贫办、“三改一拆”办组织下山移民户房屋拆除,共拆除11户1210平方米。对照文明城市创建、全域美检查标准,清理公共场所水塘、排水沟、绿化带陈年垃圾;清除店面门前油污,排风扇、炊具、墙面油污;整治机动车和非机动车乱停乱放、立面“牛皮癣”、家禽家畜散养;落实商户“门前五包”。开展“污水零直排”、油烟净化设施安装情况检查,并及时督促整改。莘畈乡获评国家卫生乡镇,浙江省森林城镇,金华市级文明城市创建先进集体,祝村、方家、大立元获评浙江省卫生村,祝村村获评金华市文明城镇创建精品文明示范村。

【平安建设】 紧抓应急管理不放松。深化“大应急”理念,牢固树立安全生产责任重于泰山的意识,专题召开安全生产工作会议,与各村签订安全生产目标管理责任书。深入开展“基层党建+应急管理标准化”建设工作,对全乡宗教场所、居家养老、农家乐、民宿的消防、食品安全等进行拉网式检查,对施工现场安全设施定期巡查,举办消防安全知识讲座和防汛应急演练等,营造良好的安全生产氛围。严格落实社区矫正工作,开展矛盾纠纷排查,强化调解员队伍,配备专职调解员,推进调解工作规范化、高效化。乡、村两级调委会共化解各类社会矛盾纠纷30件次,涉及协议金额总计4.56万元,其中乡级调委会化解各类社会矛盾纠纷3件次。联合乡妇联召开集中学习《中华人民共和国民法典》。全年完成民情民访和“最多跑一次”事项209件次,办结率100%。紧抓防汛防火工作不放松。汛期值班人员24小时在岗在位,密切观测雨情水情,按照山洪防范预案要求,抓好汛期山塘水库、水利设施的排查和防洪防汛工作。在上级部门指导下,在兰源村组织进行突发山洪、地质灾害应急演练,提升小流域山洪、地质滑坡等灾害应急处置能力。开展“禁燃”和森林防火工作,在春节、清明等重要时间节点和高温天气,要求全乡干部、护林员全员上岗巡查,利用微信、消防巡逻车等方式宣传消防知识,全年无森林火灾发生。

【社会事业】 稳步推进惠民工程。2020年实施5个跨库区移民项目,共72万元:方家村生态公墓附属工程、井下村和尚廖自然村村口景观工程、学岭头村前桥及便民广场整修工程、大立元村道路硬化及景观工程以及大立元村景观提升工程。2个饮用水提升工程,共314.5万元:井下村饮用水提升改造工程、吴村外东坑自然村饮用水达标提标工程。兰源、井下村实施铺设城市管网工程。祝村、方家、大立元实施的精品村建设全部通过验收,学岭头村实施的秀美村建设完成初验。祝村、方家村完成AAA级旅游村庄建设。有力保障民生工作。乡民政残联部门核对全乡残疾人两项补贴享受人员、低保低边户人员,及时更新数据。2020年享受残疾人生活补贴34人,享受残疾人护理补贴86人(含机构托养2人),对3户困难残疾人家庭生活设施进行无障碍改造。核查低收入农户经济现状、人员死亡情况,清退25户不符合低收入农户救助标准的农户。全乡特困(五保)户57户、57人;低保户61户、90人;低保边缘户10户、23人,发放临时救助资金16897元。认真摸排梳理退役军人情况,建立完善乡、村两级退役军人服务站,悬挂光荣牌。春节、“八一”期间走访慰问退伍军人、残疾军人、军属、烈士子女。乡妇联切实维护妇女儿童合法权益,充分发挥妇联在基层矛盾调解中的优势,努力解决各类家庭矛盾,调解率100%,为妇女群众提供及时、便利、优质的法律服务。乡团委充分发挥青年团员志愿者作用,为村民提供优质“家服务”。注重宣传引导,掌握应征人员状态,向部队输送优秀适龄青年。

【文化工作】 大规模文化活动受疫情影响按下“暂停键”,乡党委政府联合上级部门因地制宜举办“送电影下乡”“为疫情防控人员免费理发”“直播带货”等活动;春节前夕,祝村、井下村自编、自导、自演,举办农民春晚,2020年,招商引进的润合欣畈文旅公司,与乡政府合作,开展以姑蔑风情主题系列百场活动及各类团建等春秋游、工会活动,富老百姓的精神文化生活。

9月26日，在莘畈举行喜迎亚运 助力乡村“体旅莘畈 姑蔑风情”百场主题系列活动之乡村野趣行活动　　（莘畈乡人民政府供稿）

【生态旅游】 强化体旅基础设施。依托区教育局和城投公司，对原莘畈小学进行提档改造，打造成婺城区中、小学校的研学基地，成功举办婺城区首届教育节。与婺美公司进行乡创项目战略合作签约，构建“体育旅游+红色教育+生态养居”旅游新格局，同时通过建设“迷你长征路”，打造红色教育基地。大立元田园运动生活村居项目获评“乡创婺城十大示范项目”。深化体旅标签促进乡村旅游。在全区首推“体旅莘畈、姑蔑风情”百场主题系列活动，提振山区经济发展，培育乡创新动能，切实让乡村的夜晚“亮”起来、人气“聚”起来、商气“火”起来、财气“旺”起来，打造具有莘畈专属“文化IP”的辨识度和

10月18日，花满婺城·幸福生活“体旅莘畈 姑蔑风情”百场主题系列活动之“金华吉辉吉利几何杯”10K精英赛颁奖现场　　（莘畈乡人民政府供稿）

美誉度。省、市、区媒体对莘畈关注度持续升温，其中百场主题活动、“直播带货”、志愿者助农春耕等活动被《浙江日报》、《金华日报》、人民网等平台广泛宣传报道。乡村旅游成为乡党委政府助农增收、提振消费、集聚人气的有力抓手。仙石居民宿、仙峰山庄、聚隆轩美食山庄获评婺城区十佳农家乐。

（潘晨晨）

箬阳乡

【概况】 箬阳乡辖区面积60.38平方千米，全乡(除横坑区块）有山林面积4720.83公顷，耕地面积133.32公顷，下辖8个行政村，户籍人口1640户、4165人。全年实现财政总收入1400万元。

【乡村振兴】 4月，举办箬阳乡第二届茶文化旅游节，并开展采茶、制茶比赛、小小茶人体验，亲子游和千人品茶大会等系列活动，群众参与度达到85%，促进茶叶经济的增长，茶叶产值同比增长25%，茶叶销量同比增长17%，农户普遍增收15%至20%。充分提炼箬阳龙珍高山茶品牌的人文历史、品质特性、生产方式以及加工工艺。2019年9月，顺利通过国家农产品地理标志认证，填补婺城在该领域的空白，提升婺城特色农产品的竞争力。9月，还举办箬阳乡首届晒秋节活动，欢庆丰收，喜迎国庆。通过闲置房屋租赁、茶叶山流转、光伏项目建设、农产品销售等多种渠道发展村集体经济，8个村经营性

4月15日，箬阳乡第二届茶文化旅游节系列活动之游客品茶　　（箬阳乡人民政府供稿）

收入全部达 12 万元以上,其中箬阳村达 30 万元。

【环境治理】 改善村庄环境面貌,全面开展四乱整治和绿化美化,5 个村通过无违建村创建验收。积极保护水源生态,严格落实河长制,健全河道保洁长效管理机制,常态化开展禁渔、禁燃宣传和巡查,加强对制作烧酒、豆腐小作坊的监督和管理,15 名乡村两级河长常年巡查 1500 小时以上,境内箬阳溪、外畈溪交接断面水质稳定保持在 I 类水。全面完成 8 个村农村生活污水治理提升工程及箬阳村污水零直排工程,推进长效运维管理。

【新农村建设】 实施罗坪林道绿化建设,安山线琴坛—茶园段 10 千米彩色长廊逐步形成。结合全国文明城市创建攻坚年,围绕四乱整治、四治两化和花满箬阳建设,深入开展全域美环境综合整治攻坚行动,美丽指数不断提升,共打造精品村 1 个,秀美村 2 个,箬阳村获评文明示范村、箬阳老街及回峰路获评市级示范道路,构建环境保洁和垃圾清运长效管理机制,垃圾分类工作全区名列前茅,箬阳村两度获评农村环境 “十佳村”。同时, 全乡已创建 AAA 级景区村庄 2 个,AA 级景区村庄 1 个,A 级景区村庄 3 个,成功获评国家卫生乡镇、省级森林城镇。小城镇长效管理不断夯实,烟头不落地、垃圾分类、畜禽圈养、规范停车、头盔发放等文明劝导活动广泛开展。

【民生事业】 社会救助体系建设不断完善,完成 74 户低收入农户的住房危险性等级排查, 发放 12 户困难家庭危房改造补助金 16 万元。积极落实残疾人各项补助政策, 全乡 69 人享受重度残疾人护理补贴近 15 万元,34 人享受困难残疾人生活补贴近 11 万元,向 6 名残疾学生发放残疾助学金 8000 元。基本医疗保障水平不断提升,全乡医保参保率持续实现 100%,大额医保参保率达 70%。注重资源有效利用,完成瀛头、黄阳等 6 村建设用地复垦 2.67 公顷,新增耕地 2.53 公顷。加快生态公墓建设,建成瀛头、茶园 2 处公墓共 700 穴。对全乡 8 处供水点进行提升改造,从根源上解决山区群众饮水问题。罗坪村岭后自然村公交车通车,打通群众出行“最后一公里”。

【平安建设】 完善基层治理体系“四个平台”建设,打造乡级矛调中心和村级矛调站,深入开展矛盾纠纷排查化解工作, 化解信访问题 60 起, 化解率 100%。完善微网格责任体系,加强全科网格员队伍建设,每名网格员常态化巡查 500 小时以上。认真践行“三服务·婺城家服务”,掀起“四大活动”高潮,乡村干部累计走访群众 720 户, 帮助解决问题 65 个。聚焦在建工程、食品安全、地质灾害、森林防火等重点领域和环节,常态化开展全方位排查检查和防灾演练, 切实把各类安全隐患消除在萌芽状态,提升应急处突能力水平。全年开展突发事件应急队伍培训、森林消防演练各 3 次,地质灾害应急、防汛演练各 1 次,全乡共录入基层防汛防台体系管理平台 213 人,其中小流域山洪灾害转移人员 162 人,地质灾害转移人员 51 人。

(张　婕)

苏孟乡

【概况】 苏孟乡辖区面积 37.98 平方千米, 耕地面积 1412.91 公顷 (包括市石门农场耕地 263.23 公顷),山林 741.35 公顷(包括市石门农场山林 199.72 公顷)。下辖 15 个村民委员会和 3 个社区居民委员会, 户籍人口 10282 户、25519 人, 常住人口 5.1 万人,人口自然增长率 8.29‰,流动人口 2.6 万人,实现财政税收 2.87 亿元。

【经济指标】 2020 年,苏孟乡实现工业总产值 1.78 亿元, 比上年下降 20.31%; 全社会固定资产投资 32.01 亿元,比上年下降 13.69%;限额以上批零住餐完成11.31 亿元,比上年增加 5.88%;限额以上社会消费品零售 0.52 万元,比上年下降 24.46%;限额以上服务业完成 4.38 亿元,比上年增长 0.62%。

【工业经济】 全年完成颗粒归仓入库 7 家。深化“亩产论英雄”改革,推进亩产效益综合评价工作。完成用地面积 0.2 公顷以上的 8 家工业企业的亩产效益评价;完成规模以上服务业企业 2019 年度“亩产效益”综合评价信息采集。低效用地达标提升目标 2 家已完成。全年外出招商 13 次,上报有效信息 5 条,原始信息 3 条,完成内资 1000 万元。疫情期间,为使企业能顺利复工复产，共提交外地员工返金申请企业110家，共计538人；各类企业累计备案225家，办理企业员工绿色通行证16张；六小行业复业累计申报备案328家，登记员工数637人，完成各类企业补助95.59万元。

【疫情防控】 2020年，新冠肺炎疫情暴发，苏孟乡快速建立疫情防控指挥小组以及整个作战体系，迅速制定各项防控举措，及时发布各项防控指挥令；织密筑牢四级防护网，构建党员带头、全员全域全力参与的防控格局。乡班子成员带头下沉各村、社网格，广泛动员党员干部、群众300余人、志愿者781人，设置检测点50多个；制作横幅百余条、展板70个，发放宣传手册、活页8000余册，发布微信信息500余条；党员捐款850余人，累计金额近8万元。疫情防控始终保持"零病例、零失控、零传播"。

【征迁工作】 苏孟乡重点征地拆迁攻坚任务27项，完成15项，完成率55.6%；完成土地征收121.14公顷，政策处理281.9公顷，土地流转政策处理37.65公顷，清表164.93公顷；完成房屋征收514户，拆除面积165654平方米，完成80.8%。

【文明城市创建】 在全国文明城市三年创建的"期末大考"之年，苏孟乡共投入资金400余万元完成20个创建项目建设，建成"五色海棠""雷锋巷""合和里"等3条特色街道，下拨村社创建经费650万元。成立迎检"兄弟联盟"、抗战老兵环境卫生督导员队、民兵突击队等3支特殊创建队伍，开展联合执法180次。

【农村旅游】 苏孟乡全面贯彻落实乡村振兴战略决策部署，充分发挥苏孟乡区位优势，推进农旅融合发展，深化落实《苏孟乡二环以南片区农文旅发展规划》，二环以南片区"十四五"农文旅融合发展专项规划通过专家评审；制定农村人居环境整治专项行动方案，对二环以南农村进行环境联合整治130余次，清运垃圾约400吨。推进河长制工作，建立一河一册档案，乡级河长巡河制度常态化。致力于新农村建设工作，创建文明城市精品示范村4个。

【平安综治】 开展乡域四级微网格建设，网格上报事件9730件，办结9707件，其中苏孟乡"一格一姐"做法得到市、开发区领导"点赞"。做好市级"基层党建+应急管理标准化建设"试点建设，建立"红色"网格36个，招募专兼职网格员567人，建立乡级党员应急突击队5支，村(社区)级党员应急突击小组18支，将"综管通"APP、联网监控摄像与"四个平台"整合，巡查轨迹可查询、可追溯、可交互，实现"一张网"指挥。

【换届工作】 面对新形势、新要求，精心谋划，全力以赴，严格把握换届核心环节，制定完善工作方案，严明换届纪律，针对重点村社选优配强精干力量，落实蹲点驻村制度，提前做好应急预案。在疫情防控、文明城市创建、征地拆迁等重点工作一线识别锤炼干部，利用创业承诺践诺、"开门一件事"激发新一届村社干部干事创业活力，提高村(居)民认可度。18个村、社均实现"一肩挑"，完成"优化结构、提高素质、增强活力"的总体目标。

(宋雨禾)

塔石乡

【概况】 塔石乡辖区面积99.63平方千米，山林面积1.13万公顷，其中竹林0.2万公顷，耕地面积809.4公顷，共辖15个行政村，户籍人口4124户、10281人，常住人口3332人。2020年，农业总产值12580万元，实现税收总收入1142万元。全乡22个村均完成经营性收入12万元以上、集体经济总收入20万元以上的任务目标；经营性收入15万元以上且总收入30万元以上的村8个，占总村数36%；经营性收入20万元以上的村3个。

【农业经济】 "塔石物语"农产红盟累计帮助农产大户和群众解决生产问题20余次，带动农产品销售650余万元；百善村百草园项目投资约400万元完成33.33公顷土地流转，已种植13.33公顷黄精、粉防已等中药材。银岭百合园项目，2020年投入近150万元，扩种百合1.33公顷，种植面积6.67公顷，新种植猕猴桃0.67公顷，实现净收入近100万元。现代特色农业覆盖面积不断扩大，一村一品发展逐步成型，后畈村流转土地6.67公顷，种植葡萄柚4

公顷;井上村流转 4.67 公顷土地,成功引种碧根果 1800 多株;塔石云中香榧基地上扩种 4.67 公顷。

【文化宣传】 完成新建文化礼堂 1 个，改建 2 个。完成乡文明实践所建设,新建文明实践站 22 个。

【民生事业】 上阳村将军形公墓开展前期规划。完成上阳居家养老中心建设,并投入使用。完成乡矛调中心和 22 个村级矛调站建设。增设上堂村 1 个公路服务驿站和 9 个港湾式公交车站;增设文岩杨婆岭至塔石村村通线路。完成 34 个自然村饮用水提升。

【文体活动】 1 月 16 日,塔石乡文化站联合区文化馆、区图书馆、区文联、区垃圾分类办等单位在乡文化礼堂开展文化暖冬大集市活动。1 月 20 日,在上阳村举办农民村晚。3 月 20—30 日,在苏坑村举办"云上赏花"油菜花节。9 月 2—6 日,在塔石集镇举办首届"高山上的电影节"暨塔石乡首届农村电影周活动。9 月 9—11 日,在塔石乡文化礼堂由区文化馆和乡文化站共同举办塔石乡拉丁舞培训班。10 月 8 日,在塔石集镇、岭边村举办塔石农民丰收节暨丰收嘉年华活动。

3 月 20—30 日,苏坑村举办"云上赏花"油菜花节

(塔石乡人民政府供稿)

【"五水共治"】 实施"河长制"三级联管,各村每月水质监测达成 I 类水标准。高标准开展绿色小水电创建,完成 10 家小水电收购,实施针对性生态改造。

【"三改一拆"】 2020 年，全乡共拆除违法面积 6104.22 平方米,完成拆违任务的 122.08%,拆后土地利用率 100%,全区第一。井上、银岭高标准基本农田建设(提升类)项目主体工程完成并通过区级验收;井上 3 村、上南坑 4 村、余坞里 5 村零星建设用地复垦项目完成并通过区级验收;高田、鱼潭地质灾害移民村建设用地复垦项目通过系统报备。

(张烜赫)

人物 荣誉

人物简介

【陈立平】 男，1970年1月出生，浙江金华人，大学文化，高级畜牧师，浙江美保龙种猪育种有限公司技术部经理、浙江美保龙种猪育种有限公司陈立平劳模创新工作室负责人。从事畜牧养殖业30年来，他主持完成农业部畜禽良种工程、生猪标准化规模养殖场建设等项目21个，倡导“全程全方位环保”控制理念，将美保龙种猪育种有限公司打造成为国家生猪标准化示范场、美丽牧场的全国样板。曾获2018年浙江省五一劳动奖章、2019年浙江省劳动模范、2020年浙江民革骄傲人物、2020年全国劳动模范称号。

【陈伟国】 男，1972年11月出生，浙江金华人，中共党员，大学文化，金华市婺城区洋埠镇中心卫生院党支部书记兼院长。陈伟国扎根基层30年，在工作岗位上勤钻业务、技术精湛，守护一方百姓健康。多年来，他将影像经验与病人临床诊断相结合，边问病史、边做B超，通过不断摸索、积累经验，形成了一套成熟的B超诊断技术，获得“B超小神眼”的美誉。随着名气越来越大，衢州、龙游、兰溪、建德、遂昌等地的患者慕名而来，甚至上海、杭州都有人找他做B超，平时平均每天有100多人，他践行专注实干，上午8点上班，中饭基本上都是在B超室解决，时常晚上10点下班。他坚守全科医生梦想，三十年如一日，发自内心深处的仁善，升华成守护一方乡邻和少年时的理想和初心。面对2020年突发的疫情，陈伟国冲锋在前、担当作为，冲在抗击疫情一线。他带领同事们严格落实党员领导带班、24小时值班制度，成立党员突击队，发挥先锋模范作用。曾获2011年全国五一劳动奖章、2015年全国医德标兵、2011年浙江省劳动模范、2016年浙江省优秀共产党员、2020年全国先进工作者荣誉称号。

【宋园春】 女，1959年出生，是婺城区城西街道一名民情民访代办员，也是“和姐工作室”调解员。2014年4月，55岁的宋园春从铁路岗位退休后，被《金华老娘舅》栏目特聘为调解员，同年，成立“和姐工作室”，全身心投入调解工作。2015年，宋园春成立了“关心下一代”工作室，之后，团队壮大，从她一个人变成几十人，其中包括公安民警、律师、代办员、志愿者等。2019年3月，婺城区推出民情民访代办服务，宋园春团队入驻城西街道代办站，截至2020年底，已接办900多件事项，办结率98%，服务群众1000多人，挽回经济损失500余万元，得到了群众满满赞誉和信任。她待人热情友善，做事雷厉风行，为人真诚正直。40多次入学校、监狱，耐心引导多名失足青年走向正途。先后参与各类调解2000余场次，帮助解决各种纠纷1500多次，接待代办民情民访件200多件，解决率达94.5%。历年来光是播出的调解案例就达300多期。“微笑办、暖心办、我来办、马上办”的她被群众亲切地称呼为“和姐”，成为百姓身边的民间调解“明星”。曾获得“全国维护妇女儿童权益先进个人”“全国关心下一代先进个人”“浙江好人”“浙江省‘巾帼建功’标兵”等多项荣誉称号。2020年1月，被评选为助人为乐类“中国好人”。

【王亮】 男，汉族，江西景德镇人，1999年1月出生，2016年9月入伍，2018年9月入党，现任驻金某部队61分队班长，下士军衔。入伍后，王亮始终用习近平强军思想武装头脑，把红色基因植入血脉，把强军重任举过头顶，把践行宗旨融入日常，入伍第三年即入党、担任班长，熟练掌握海上操舟、武装泅渡、立体机降、机动越野4种战场实用技能，12种步兵主战武器操作应用，50余个体能课目组训方法和6项战场一线救治能力。入伍4年，在同年度兵中最早入党、最早当班长，当义务兵被表彰为“优秀义务兵”“濒海训练先进个人”，当士官被表彰为“优秀带新兵骨干”，获嘉奖1次，荣立一等功1次。2020年7月12日，江西省景德镇浮梁县206国道经公桥镇源港村桥头路段发生交通事故，一辆小轿车倒扣河中，车内群众生命危急。在家休假的王亮恰好路过，从5米高陡壁跳入河中快速救援，3次往返急流，运用部队所学游泳和战场一线救治技能，2分多钟挽救一家4条生命，把部队所受教育转化为见义勇为的行动自觉，把军营所学技能转化为救人生命的过硬本领，把军人战斗精神转化为全力以赴的血性胆气，让青春在党和人民最需要的地方绽放绚丽之花，以实际行动诠释“学习近平强军思想、做新时代的好战士”内涵要义，立起“四有”新时代革命军人的好样子。9月24日，授予驻金部队一等功臣王亮婺城区“荣誉市民”称号。

【滕勤男】 男，1955年10月出生，中共党员，原金华市婺城区琅琊镇浩仁村党支部书记。被评为2020年9月“浙江好人”。滕勤男在村支书岗位23年，不负群众所托，全身心投入乡村振兴事业，长期带病坚持工作，他带领村干部群众开展美丽乡村建设，相继落实了休闲公园、农村社区服务中心、农家乐乡村旅游集聚区等63个惠民项目，最终积劳成疾病逝在工作岗位上。在他的带领下，浩仁村先后获得浙江省文明村、浙江省党风廉政示范村、金华市绿化示范村等多项荣誉称号。

【龚梅蕊】 女，1964年1月出生，籍贯浙江金华，婺城区安地镇三潭村妇联主席。被评为2020年11月“浙江好人”。2000年，丈夫叶文明由于病情恶化导致卧病不起，面对重病母亲、年老父亲、体弱丈夫、幼儿稚女，龚梅蕊毅然扛起生活重任，赡养老人、照顾丈夫，扶养儿女一件都不落下。为了维持家庭开支，她一天打3份工，每天都是从凌晨5点忙到深夜12点，同时为了照顾家人，她每天频繁往返奔波，给亲人清理、洗漱、理发、做饭等都安排得妥妥当当。为了缓解丈夫病痛，她来回奔波龙游等地，处处寻医问药，每天顾不上自己劳累坚持为丈夫做理疗按摩。20多年来，龚梅蕊始终如一，毫无怨言，在她的贴心照顾下，两位老人安享晚年，丈夫病情好转，儿女也茁壮成长，她用柔弱的肩膀撑起一个完整的家。

荣　誉

获省委、省政府表彰表扬

婺城区获评“一星平安金鼎”县(市、区)

婺城区获评美丽浙江建设工作考核优秀县(市、区)

婺城区获评全省“五水共治”工作优秀县(市、区)(大禹鼎)

婺城区获评第十批省农村工作指导员工作先进单位

婺城区获评平安建设工作突出单位

婺城区获评全省公益林建设成绩突出集体

区委、政法委获评全省平安护航新中国成立70周年工作成绩突出集体，获评平安浙江建设先进集体

区法院获评浙江省模范集体

琅琊镇获评全省五水共治突出贡献集体

区动物卫生监督所获评全省非洲猪瘟防控工作表现突出的集体

获省级部门(领导小组)表彰表扬

婺城区获评海绵城市优秀县(市、区)

婺城区获评首批“放心粮油示范县(市、区)”

婺城区获评全省首个“青少年人工智能技术能力培养教育实验区”

婺城区获评“四提升四覆盖”全民健身工程评估合格单位

婺城区获评森林浙江建设目标责任制考核优秀单位

婺城区获评全省县级林业主管部门优秀单位

婺城区获评全省畜牧业绿色发展示范区

婺城区获评全省农业水价综合改革工作绩效评价优秀县(市、区)

婺城区获评全省水利工作综合绩效考评优秀单位

区委办获评全省党委系统信息报送优秀单位

区委政法委获省政法系统先进集体、区法院执行局被授予集体二等功,区法院行政审判庭被授予“二等功部门”的荣誉

区检察院获评检察工作成绩突出基层检察院、省政法系统先进集体,区检察院团支部获评“浙江省五四红旗团支部”

区信访局被评为新中国成立70周年庆祝活动和党的十九届四中全会期间信访工作先进集体

区工商联获评全省工商联系统先进单位

区公安分局被评为全省公安机关执法质量优秀单位、全省公安机关信访工作优秀单位,城中派出所被命名为全省首批“枫桥式公安派出所”

区自然资源和规划分局“推进矿地综合开发利用”获评全省自然资源系统改革创新优秀案例

琅琊镇获评全省小城镇环境综合整治突出贡献集体

竹马乡、长山乡、琅琊镇、雅畈镇、安地镇获评小城镇环境综合整治省级样板镇

竹马乡、长山乡获评全省美丽乡村示范乡镇

区水务局获评全省水利工作综合绩效考评优秀单位

获市委、市政府表彰表扬

婺城区获评全市2019年度综合考评优秀

婺城区获评全市外贸工作二等奖

区公安分局获评全市成绩突出公安局

蒋堂镇、乾西乡和长山乡获评全市“三改一拆”行动突出贡献集体

区交通运输局、罗店镇获评全市“四边三化”工作突出贡献集体

白龙桥镇获评“基本无违建乡镇”,蒋堂镇、琅琊镇、箬阳乡获评“无违建乡镇”

区委政法委、区公安分局、区财政局、雅畈镇、安地镇、塔石乡、新狮街道获评全市平安建设和社会治理突出贡献集体

区综合执法局、新狮街道获评全市创建全国文明城市突出贡献集体

获市级部门(领导小组)表彰表扬

婺城区获评美丽金华建设工作优秀区

婺城区获评法治金华建设考评优秀单位

区委宣传部《“和美乡村”百姓群》项目获评第六届“金华市宣传思想文化工作创新奖

区法院获评信访维稳工作先进集体、“发挥审判职能与弘扬新时代金华精神对接年”活动先进集体、学术讨论会组织工作先进奖,区法院民三庭被授予集体三等功

蒋堂派出所被评为全市枫桥式公安派出所

新狮街道武装部被评为基层武装部标兵单位

区残联获评全市系统内综合考评第一

区交通运输局获评全市系统内综合考评第一

区文化和旅游体育局获评全市体育工作优秀单位

附　录

统计公报

2020年金华市婺城区国民经济和社会发展统计公报

2020年是“十三五”发展规划的收官之年，亦是世纪疫情和百年变局相互交织之际。面对复杂多变的国内外经济形势，全区上下全面贯彻落实党的十九大和历次全会精神，认真落实市委、市政府和区委、区政府的决策部署，以“都市经济创新城，美好生活幸福城”为奋斗目标，贯彻落实新发展理念，始终坚持稳中求进的工作总基调，聚精会神抓发展，全力以赴促转型，经济运行稳定恢复，社会发展和谐有序，人民生活不断改善。

一、综合

全区主要经济指标（含金华市经济技术开发区）　全区实现生产总值(GDP)654.48亿元，比上年增长4%。其中：第一产业增加值21.64亿元，下降0.2%；第二产业增加值199.55亿元，增长1.4%；第三产业增加值433.3亿元，增长5.5%。在第三产业中，交通运输、仓储和邮政业增长12.2%，批发零售业增长0.6%，住宿餐饮业下降9.7%，金融业增长14.7%，房地产业增长32.5%，其他营利性服务业增长1.4%，非营利性服务业下降2.6%。土地总面积1391.24平方公里，年末户籍总人口65.63万人，人均生产总值(户籍人口)99832元，比上年增长3.6%。第一、二、三产业增加值占地区生产总值的比重由上年的3.2:32:64.8调整为3.3:30.5:66.2。

区属主要经济指标(不含金华市经济技术开发区)　实现区属生产总值(GDP)320.22亿元，比上年增长4%。其中：第一产业增加值14.23亿元，同比下降0.2%；第二产业增加值71.33亿元，同比增长0.3%；第三产业增加值234.66亿元，同比增长5.5%。在第三产业中，交通运输、仓储和邮政业增长10.8%，批发零售业下降0.1%，住宿餐饮业下降5.4%，金融业增长13.9%，房地产业增长32.5%，营利性服务业增长3.1%，非营利性服务业下降1%。土地总面积1139.6平方千米，年末户籍总人口38.89万人，人均生产总值(户籍人口)82326元，比上年增长3.9%。第一、二、三产业增加值占地区生产总值的比重由上年的4.3:23.7:72调整为4.4:22.3:73.3。

二、农业

全年完成农林牧渔业总产值23.5亿元，同比增长0.1%，完成农林牧渔业增加值15.07亿元，同比增长0.1%。根据粮食监测统计，全年粮食作物播种面积304公顷，同比增长5.5%；粮食总产量1.9993万吨，同比增长5.23%。花卉苗木种植面积7733公顷，同比增长6.4%。全区油菜籽产量2304吨，同比下降22.2%；蔬菜产量6.9万吨，同比持平；果用瓜及园林水果总产量2.76万吨，同比下降11.7%。全年生猪出栏14.93万头，同比下降17.6%，年末生猪存栏11.89万头，同比下降11.5%；家禽出栏28.93万羽，同比增长24.9%；牛存栏数7994头，同比增长27.1%，牛奶产量32378.2吨，同比增长47.1%；淡水产品产量10289吨，同比增长3.03%。

全年完成造林面积282.5公顷，迹地更新面积

3975 亩。

三、工业和建筑业

全区完成工业增加值 53.15 亿元，同比增长 2.3%,工业增加值占 GDP 的比重 16.6%。其中规模以上工业企业完成总产值 208.30 亿元，同比增长 5.3%;完成销售产值 209.71 亿元,同比增长 4.9%,工业品产销率为 100.7%。规模以上工业企业完成出口交货值 30.16 亿元,同比下降 0.6%,占销售产值比重为 14.4%。全年规模以上工业企业实现营业收入 230.50 亿元,同比增长 1.3%;实现利税总额 24.70 亿元,同比增长 25.4%;其中利润总额 19.38 亿元,同比增长 31.8%。

全年完成建筑业总产值 54.55 亿元。全区建筑施工企业全年房屋建筑施工面积 224.8 万平方米，竣工房屋面积 94.2 万平方米。

四、固定资产投资

全年完成限额以上固定资产投资 109 亿元,同比增长 7.8%。其中投资项目投资 66.2 亿元,同比上升 16.3%；房地产开发投资 42.8 亿元，同比下降 3.2%。投资项目中工业投资 19.9 亿元，同比增长 87.7%。限额以上固定资产投资按产业分:第二产业完成投资 19.9 亿元,同比增长 87.7%;第三产业完成投资 88.9 亿元,同比下降 1.8%。

五、国内贸易和对外经济

全年完成社会消费品零售总额 299.9 亿元,同比下降 7.4%。批发业销售额同比增长 2.1%;零售业销售额同比下降 6.2%；住宿业营业额同比增长 9.6%;餐饮业营业额同比下降 2.3%。

2020 年全年实现外贸进出口总额 10.96 亿美元，同比增长 48.66%。其中外贸出口额 10.72 亿美元,同比增长 50.76%;合同利用外资 6134 万美元,同比增长 203.21%;实际利用外资 558 万美元,同比下降 46.24%。

六、财政

全区财政总收入 44.25 亿元，同比下降 6.11%;区级收入 11.1 亿元,同比增长 0.17%;全区一般预算支出 33.36 亿元,同比增长 28.97%。

七、科学技术

全年各类科技立项 68 项，其中省级新产品试制计划 8 项,市级科技计划项目 10 项(其中重大 3 项)、区级科技计划项 50 项。国家高新技术企业新认定数 30 家，重新认定国家高新技术企业 12 家，完成全年任务数的 214%；全区新增省科技型中小企业 83 家,完成全年任务数的 166%。认定浙江省高成长科技型中小企业 6 家。新增 G60 金华(上海)科创中心 1 家(市区联动建设)。

全区专利申请量 1733 件，其中发明专利申请量 469 件,发明专利申请占比 27.06%;全区专利授权量 2066 件,其中发明专利授权量 258 件,发明专利授权占比 12.49%。

八、教育、文化和体育

全面实施素质教育,深化教育改革,学校办学条件得到较大提升，实现教育资源的优化配置,教育教学质量稳步持续发展。实施第三轮“学前教育三年行动计划”,努力发展小学“特色教育”,切实推广初中“高效课堂”,积极推进职业教育产教融合,创新实施“警校家”联动护校。全区小学入学率、小学毕业升初中比例均为 100%。年末全区有职业高中 1 所,专任教师 236 人,在校学生 3829 人;初中 19 所,专任教师 1233 人,在校学生 15580 人;小学 26 所,专任教师 2044 人,在校学生 32233 人;幼儿园 99 所,专任教师 1362 人,在园儿童 17830 人。

以“花满婺城·幸福生活”休闲旅游年为主线,举办竹马茶花节、箬阳茶文化旅游节、罗店枇杷节、“5·27”爱企日、健康大会、燕语湖库钓公开赛、首届全国钓鱼人运动会、浙江省首届生态运动会(金华站)“战马杯”2020 第四届中国·金华山水四项公开赛等大型文体活动 30 场。开展文化大过年百场系列活动 44 场,参与人数达 10 万人次。开展道德模范文艺宣讲入景点活动 6 场、垃圾分类文艺汇演活动 100 场、文化走亲 6 场。按标准完善 4 家图书分馆建设,新建图书馆分馆 2 家,新建图书流通站 5 家。

落实全区基层体育场地设施和百姓健身房建设任务,推进体育进农村文化礼堂试点工作,稳步实施农村体育设施“三个一工程”,倾力打造 15 分钟健身圈,全面完成“四提升四覆盖”工程。完成小康体育村升级工程 10 个、新建百姓健身房 10 个、游泳池1个、笼式足球场2个、社区多功能运动场1个。新增市级“体育+特色村居”3个,市级体育产业基地1个,市级体育产业示范基地1个。

九、卫生事业

全区共有医疗卫生机构365家,其中政府举办医疗卫生计生单位26家,包括综合性公立医院2家(区人民医院,区康复医院),监狱医院2家(金华监狱医院、省第二女子监狱医院)基层医疗机构19家(14家乡镇卫生院、5家街道社区卫生服务中心),公共卫生计生机构3家(卫生监督所、疾病预防控制中心、妇幼保健计划生育服务中心);另有延伸(一体化管理)的社区卫生服务站21家。民营医疗机构40家,其中医院13家,门诊部27家。核定医疗床位1104张,其中政府举办的599张,社会力量举办的505张。

十、人口、人民生活和社会保障

据公安人口年报统计,年末全区户籍管理人口为38.89万人,其中男性19.34万人,女性19.55万人;全年出生人口3052人,人口出生率为7.85‰;死亡人口2855人,死亡率为7.34‰,人口自然增长率为0.51‰。

据抽样调查,2020年城镇居民人均可支配收入58746元,同比增长3%;人均消费性支出32169元,同比下降2.2%;其中食品烟酒消费支出9351元,同比增长0.5%。农村居民人均可支配收入26560元,同比增长5.7%;人均生活消费支出16175元,同比增长0.5%;其中食品烟酒消费支出5560元,同比增长1.2%。

全区在册低保对象1901户2678人、低保边缘277户651人、特困人员699人,累计发放各类救助补助款3519.28万余元,城乡居民最低生活保障标准提高到850元/月。新增2家城乡社区居家养老服务照料中心,全区7607名老人受益,养老服务体系支出2224万元。开展慈善温暖行动、福彩暖万家、东西部扶贫等慈善活动,金额达301万元;广泛开展募捐活动,共收到捐赠款物价值243万元,其中定向捐赠147万元。按政策落实全区符合条件的孤儿(或困境儿童)基本生活费的发放,发放儿童福利费76.07万元。

2020年,新增就业岗位25107人;失业人员实现再就业2896人,其中就业困难人员再就业1085人;登记失业率1.67%。

说明:1.本公报所列各项数据为年度快报数据

2.本公报中生产总值和各产业增加值绝对数按现价计算,增长速度按可比价计算

3.本公报中除标注(含金华市经济技术开发区)段落外,其余内容均不含金华市经济技术开发区

2020年婺城区行政区划及土地总面积情况表

表9

乡镇名称	村民委员会(个)	社区居委会(个)	土地总面积(平方千米)
全区合计	317	113	1391.24
城东街道	0	5	2.99
城中街道	0	3	6.21
城西街道	0	4	1.66
城北街道	0	9	4.4
新狮街道	9	14	23.76
罗店镇	20	1	66.58
雅畈镇	22	0	74.33
安地镇	22	0	136.47
琅琊镇	18	0	93.07
蒋堂镇	17	0	54.29
竹马乡	7	0	19.58
长山乡	11	0	60.35
箬阳乡	8	0	60.38
沙畈乡	17	0	184.94
塔石乡	15	0	99.63
岭上乡	7	0	60.66
莘畈乡	7	0	73.04
婺城新城区小计	34	24	117.26
白龙桥镇	28	13	92.91
乾西乡	6	11	24.35
金西开发区小计	86	1	168.8
汤溪镇	39	1	106.36
罗埠镇	32	0	44.33
洋埠镇	15	0	18.11
金华市开发区小计	17	52	82.85
江南街道	0	7	3.03
三江街道	0	15	7.65
西关街道	0	7	4.57
秋滨街道	2	20	29.62
苏孟乡	15	3	37.98

2020年婺城区主要社会经济指标一览表

表10

指标名称	单位	全区	与2019同比(±%)	区属	与2019同比(±%)
人口、土地面积					
人口	万人	65.6	0.21	38.89	0.05
年平均人口	万人	65.6	0.46	38.9	0.05
人口自然增长率	‰	1.62	—	0.51	—
土地总面积	平方公里	1391.24	—	1139.59	—
地区生产总值(当年价)	亿元	654.48	4.0	320.22	4.0
第一产业	亿元	21.64	−0.2	14.23	−0.2
第二产业	亿元	199.55	1.4	71.33	0.3
工业	亿元	156.93	2.1	53.15	2.3
建筑业	亿元	42.95	−2.7	18.20	−6.6
第三产业	亿元	433.30	5.5	234.66	5.5
人均国内生产总值(按常住人口计算)	元	68868	2.6	66664	4.2
工农业总产值(当年价)					
规上工业总产值	亿元	—	—	208.30	5.3
农业总产值	亿元	—	—	23.52	0.12
固定资产投资		—	—	—	—
固定资产投资额	亿元	229.3	3.7	109.00	7.8
其中:房地产开发投资	亿元	87.8	−7.8	42.80	−3.2
批零贸易和外贸业					
社会消费品零售总额	亿元	455.39	−6.8	299.91	−7.4
自营出口总额	万美元	—	—	—	—

2020年婺城区国民经济产业结构情况表

表11

项目	绝对值(亿元)		构成(%)	
	全区	区属	全区	区属
地区生产总值	654.48	320.22	100.00	100.00
第一产业	21.64	14.23	3.31	4.44
第二产业	199.55	71.33	30.49	22.28
第三产业	433.30	234.66	66.20	73.28

2020年婺城区户籍人口情况表

表12

乡镇名称	年末数			
	总户数(户)	总人口(人)	其中:男(人)	其中:女(人)
全区合计	262401	656263	325037	331226
城东街道	9449	22123	10821	11302
城中街道	9271	25189	12410	12779
城西街道	5220	12472	6397	6075
城北街道	15682	39217	19195	20022
新狮街道	13733	34037	16566	17471
罗店镇	7437	19129	9461	9668
雅畈镇	9157	23422	11777	11645
安地镇	7151	17119	8706	8413
琅琊镇	7293	19420	9806	9614
蒋堂镇	7475	18752	9486	9266
竹马乡	4596	12006	6043	5963
长山乡	5536	13473	6699	6774
箬阳乡	1640	4165	2131	2034
沙畈乡	5223	12922	6551	6371
塔石乡	4124	10281	5383	4898
岭上乡	3603	8739	4362	4377
莘畈乡	2347	5907	3082	2825
婺城新城区小计	38097	90504	44520	45984
白龙桥镇	27963	66128	32537	33591
乾西乡	10134	24376	11983	12393
金华市开发区小计	105367	267386	131641	135745
江南街道	11201	30097	14763	15334
三江街道	27416	71229	34799	36430
西关街道	10151	25022	12381	12641
秋滨街道	7482	18254	8714	9540
汤溪镇	18752	47162	23723	23439
罗埠镇	14221	34845	17443	17402
洋埠镇	5862	15258	7685	7573
苏孟乡	10282	25519	12133	13386

2020年区级组织机构及其负责人名录

中国共产党婺城区第七届委员会

书　记:
蔡　艳(女)(2018年12月任职)
副书记:
黄国钧(2018年11月任职)
胡小荣(2019年12月任职)
常　委:
徐妙芳(女)(2016年11月任职)
王建中(2019年1月任职)
杜建明(2013年6月任职)
陈曙初(2019年12月任职)
潘国东(2016年12月任职)
陈旭辉(2016年12月任职)
贾恒飞(2018年4月任职)
赵燕华(2020年6月任职)
杨旭峰(挂职)

婺城区第九届人民代表大会常务委员会

主　任:
朱利群(女)(2017年2月任职)
副主任:
诸晓东(2012年3月任职)
王国平(任职至2020年1月)
盛奇兵(2015年3月任职)
钟春宏(2017年2月任职)
章旭升(2019年2月任职)
傅得樟(2020年4月任职)
张遵强(2020年4月任职)

婺城区第九届人民政府

区　长:
黄国钧(2018年11月任职)
副区长:
王建中(2019年1月任职)
方锦瑞(任职至2020年1月)
张　璞(任职至2020年6月)
范锋鑫(2017年2月)
赵燕华(任职至2020年6月)
吴冠频(2020年3月任职)
王兴国(2020年6月任职)
杨旭峰(挂职)
唐剑刚(任职至2020年10月)
江少华(2020年6月任职)

中国人民政治协商会议第四届婺城区委员会

主　席:
张茹先(2017年2月任职)
副主席:
楼存根(2008年3月任职)
吴月华(女)(2007年1月任职)
张琳鑫(2007年1月任职)
应跃成(2017年2月任职)
舒理成(2017年2月任职)
陈丽萍(女)(2019年2月任职)
秘书长:
刘志明(2019年1月任职)

中国共产党婺城区第七届纪律检查委员会

书　记:
潘国东(2016年12月任职)
副书记:
范跃成(2012年1月任职)
金跃园(女)(2015年10月任职)
常　委:
徐寒雁(2019年10月任职)

章丹东(任职至 2020 年 7 月)
徐君振(2017 年 2 月任职)
冯　斌(2019 年 12 月任职)
郑云汐(2020 年 7 月任职)

中国共产党婺城区监察委员会

主　任:
潘国东(2016 年 12 月任职)
副主任:
范跃成(2012 年 1 月任职)
金跃园(女)(2015 年 10 月任职)
常　委:
章丹东(2017 年 2 月任职)
徐君振(2017 年 2 月任职)
舒淼武(任职至 2020 年 3 月)
郑云汐(2017 年 10 月任职)

婺城区人民法院

院　长:
鲍大兵(2020 年 4 月任职)
张永伟(任职至 2020 年 1 月)

婺城区人民检察院

检察长:
李良才(2020 年 4 月任职)
徐洪彬(任职至 2020 年 1 月)

婺城区 2020 年度十强企业

婺城区 2020 年度工业十强企业

浙江万里扬股份有限公司
浙江万里扬智能制造有限公司
浙江八达电子仪表有限公司
浙江金圆水泥有限公司
浙江金华南方尖峰水泥有限公司
金华中燃城市燃气发展有限公司
浙江开创电气股份有限公司
浙江虎鹰水泥有限公司
浙江东兴实业有限责任公司
浙江今飞亚达轮毂有限公司

婺城区 2020 年度区级工业财政贡献十强企业

浙江万里扬股份有限公司
浙江金圆水泥有限公司
浙江金华南方尖峰水泥有限公司
浙江虎鹰水泥有限公司
浙江开创电气股份有限公司
金华中燃城市燃气发展有限公司
浙江东兴实业有限责任公司
浙江八达电子仪表有限公司
浙江八达电子仪表有限公司时通电气分公司
浙江泰祥实业有限公司

婺城区 2020 年度工业亩产税收十强企业

浙江八达电子仪表有限公司
浙江泰祥实业有限公司
金华中燃城市燃气发展有限公司
金华市龙正商品混凝土有限公司
金华金星纸业有限公司
浙江开创电气股份有限公司
浙江金圆水泥有限公司
金华市捷达商品混凝土有限公司
金华市巨龙商品混凝土有限公司
金华华东环保设备有限公司

婺城区 2020 年度数字经济十佳企业

浙江八达电子仪表有限公司
浙江六环电缆科技股份有限公司
浙江尖峰通信电缆有限公司
浩源科技有限公司

合丰信息科技(金华)有限公司
金华西谷电子商务有限公司
金华米马贸易有限公司
金华市美晨商贸有限公司
金华星河科技有限公司
金华润程电子商务有限公司

婺城区 2020 年度企业纳税大户

婺城区 2020 年度工业企业纳税大户

浙江万里扬股份有限公司
浙江金圆水泥有限公司
浙江金华南方尖峰水泥有限公司
浙江虎鹰水泥有限公司
浙江开创电气股份有限公司
金华中燃城市燃气发展有限公司
浙江东兴实业有限责任公司
浙江八达电子仪表有限公司
浙江八达电子仪表有限公司时通电气分公司
浙江泰祥实业有限公司
金华华东环保设备有限公司
浙江东昊工贸有限公司
金华市龙正商品混凝土有限公司
浙江天丰生物科学有限公司
浙江浙能金华燃机发电有限责任公司
金华双宏化工有限公司
浙江精深实业有限公司
金华乐嘉厨具有限公司
金华市捷达商品混凝土有限公司
金华市城建混凝土有限公司
金华金星纸业有限公司
浙江八达运动服饰有限公司
浙江润华机电有限公司
金华市佳怡包装有限公司
金华市巨龙商品混凝土有限公司
浙江今飞亚达轮毂有限公司
浙江远大铝业有限公司
金华市力扬五金制造有限公司
金华市精工工具制造有限公司
浙江高峰控股集团有限公司
金华市程凯合金材料有限公司
金华力拓钢柜有限公司
金华市星球机械铸钢有限公司
金华正方机械设备有限公司
浙江康灵汽车零部件有限公司
浙江先创能源科技股份有限公司
浙江金华蓝森装饰材料有限公司

婺城区 2020 年度纳税千万元以上企业

浙江省烟草公司金华市公司
浙江国贸集团金信资产经营有限公司
中国工商银行股份有限公司金华分行
金华中海宏洋地产有限公司
中国平安财产保险股份有限公司金华中心支公司
金华金殿置业投资有限公司
金华市新月房地产开发有限公司
万泰集团(金华)有限公司
中国人民财产保险股份有限公司金华市分公司
浙江万里扬股份有限公司
金华意谐房地产开发有限公司
金华中燃城市燃气发展有限公司
金华保润置业有限公司
浙江金圆水泥有限公司
金华市世腾房地产开发有限公司
金华市美的房地产发展有限公司
中国建设银行股份有限公司金华分行
浙江开创电气股份有限公司
中国农业银行股份有限公司金华分行
浙江金华南方尖峰水泥有限公司
浙江金康医药有限公司
浙江三联集团有限公司
金华天璟置业有限公司
浙江师范大学
金华富力房地产开发有限公司
金华瑞翔房地产开发有限公司

中信证券股份有限公司金华分公司
浙江虎鹰水泥有限公司
中国铁路上海局集团有限公司金华车务段
金华上铁房地产开发有限公司
金华市环球房地产开发有限公司
金华远大废旧物资回收有限公司
浙江东兴实业有限责任公司
浙江尖峰水泥有限公司
金华市中心医院
中天建设集团有限公司金华分公司
金华市华阳房地产开发有限公司
金华银泰购物中心有限公司
金华东航置业有限公司
莱恩(中国)动力有限公司
金华星航置业有限公司
金华当代建筑工程有限公司
金华市金宇再生资源利用有限公司
浙江正方交通建设有限公司
金华婺城万固置业有限公司
浙江八达电子仪表有限公司
浙江正方置业有限公司
金华市第一百货集团股份有限公司
北京红牛饮料销售有限公司金华分公司
中国石化销售股份有限公司浙江金华石油分公司
浙江泰祥实业有限公司
浙江八达电子仪表有限公司时通电气分公司
浙江婺丰建设有限公司
浙江中联股份有限公司
中国农业银行股份有限公司金华婺城支行
金华保骏置业有限公司
浙江尖峰集团股份有限公司
金华市金航房地产开发有限公司
上海浦东发展银行股份有限公司金华分行
浙江汇鑫工贸有限公司
金华市龙正商品混凝土有限公司
浙江省交通投资集团有限公司杭金衢分公司金华管理处
浙江新黄浦置业发展有限公司
新世纪建设集团有限公司婺城分公司
浙江精深实业有限公司
浙江巨龙控股集团有限公司
金华市中厚置业有限公司
金华华东环保设备有限公司
中国银行股份有限公司金华市金东支行
金华万泰置业有限公司
浙江东昊工贸有限公司
浙江金华兴达建设有限公司
浙江天丰生物科学有限公司
浙江茂新房地产开发有限公司
浙江浙能金华燃机发电有限责任公司
金华双宏化工有限公司
金华嘉辰房地产开发有限公司
中国农业发展银行金华市分行
平安证券股份有限公司金华宾虹路证券营业部
浙江耐司康药业有限公司
金华乐嘉厨具有限公司

婺城区 2020 年度重点企业

婺城区 2020 年度重点骨干工业企业

浙江天丰生物科学有限公司
浙江远大铝业有限公司
金华华东环保设备有限公司
浙江高峰控股集团有限公司
金华市佳怡包装有限公司
金华市程凯合金材料有限公司
金华市今飞轻合金材料有限公司
金华市龙正商品混凝土有限公司
金华市捷达商品混凝土有限公司
金华市巨龙商品混凝土有限公司
浙江润华机电有限公司
金华双宏化工有限公司
浙江泰祥实业有限公司
浙江赤诚工贸有限公司
浙江六环电缆科技股份有限公司
浙江精深实业有限公司

浙江八达运动服饰有限公司
金华市城建混凝土有限公司
金华欧仑催化科技有限公司
浙江万里扬精密制造有限公司
浙江先创能源科技股份有限公司
金华市金杰铝业有限公司
金华乐嘉厨具有限公司
浙江诚德金属制品有限公司
金华金星纸业有限公司
金华万里扬能源科技有限公司
金华市精工工具制造有限公司
金华正方机械设备有限公司
金华市捷特包装有限公司
浙江浙能金华燃机发电有限责任公司

婺城区2020年度建筑业企业综合贡献奖获奖企业

金华当代建筑工程有限公司
浙江正方交通建设有限公司
浙江婺丰建设有限公司
浙江金华兴达建设有限公司
浙江盛合建设工程有限公司
浙江致远工程管理有限公司
浙江省浙中地质工程勘察院有限公司
浙江以诺建设有限公司

婺城区2020年度自营出口超千万美元企业

浙江开创电气股份有限公司
金华市捷顺贸易有限公司
浙江耐司康药业有限公司
金华市奕佳电子科技有限公司
浙江润华机电有限公司
浙江嘉格进出口贸易有限公司
金华市力扬五金制造有限公司
浙江八达运动服饰有限公司
金华星河科技有限公司
金华市精工工具制造有限公司
金华奥洋国际经贸有限公司
金华市永强车辆厂
浙江孚泰科技有限公司
浙江金华蓝森装饰材料有限公司
金华市双宏园林工具有限公司
浙江金祥板业有限公司
浙江拓帆进出口有限公司
浙江基恒康门业有限公司
浙江精深实业有限公司
金华乐嘉厨具有限公司
浙江厚鹏化工有限公司
浙江铂大工贸有限公司
金华市恒瑞进出口有限公司

婺城区2020年度
人才开发先进企业

浙江万里扬股份有限公司
浙江万里扬智能制造有限公司
浙江尖峰集团股份有限公司
浙江天丰生物科学有限公司
浙江先创能源科技股份有限公司
睿丰康生物医药科技(浙江)有限公司
浙江耐司康药业有限公司
浙江今飞机械有限公司
浙江润华机电有限公司
浙江斯玛特信息科技有限公司

婺城区2020年度
优秀企业科技人才

王　峰(浙江万里扬智能制造有限公司)
陆晓平(浙江万里扬股份有限公司)
金鑫雷(浙江天丰生物科学有限公司)
叶　岭(浙江润华机电有限公司)
陈勇强(浙江先创能源科技股份有限公司)
姚　诚(浙江八达电子仪表有限公司)
邹新华(金华永泰水电工程机械有限公司)

赵春全(浙江尖峰健康科技有限公司)
张三玖(金华宝琳科技股份有限公司)
郑联红(浙江正达检测科技有限公司)

婺城区 2020 年度优秀建筑企业

中天建设集团有限公司金华分公司
新世纪建设集团有限公司婺城分公司
核工业金华建设集团有限公司婺城分公司
金华送变电工程有限公司三为电力分公司
浙江田野建设有限公司
浙江臻泽建设有限公司
金华市交通建筑工程公司
浙江荣腾建设有限公司

婺城区 2020 年度数字经济示范园

金华电子商务创业园
浙江师范大学网络经济创业园
合丰服务外包产业园
安云小镇
金华 CRC 文化创意园

名词解释

"15分钟医疗服务圈" 居民步行15分钟就可到达方便的医疗点。

政府职能部门"八统一"事项标准化工作 政务服务事项从主项名称、子项名称、适用依据、申请材料、办事流程、业务经办流程、办理时限、表单内容等八方面进行标准化统一。

民情民访"五员代办" 由"区领导、乡镇街道干部、两代表一委员、特聘人民调解员、网格员"组成的民情民访"五员代办"责任体系。

"七五"普法 在公民中开展法治宣传教育的第七个五年规划(2016—2020年)。

"两学一做" 学党章党规、学系列讲话,做合格党员。

重要窗口 浙江要建设新时代全面展示中国特色社会主义制度优越性的重要窗口。

"六稳" 稳就业、稳金融、稳外贸、稳外资、稳投资、稳预期。

"六保" 保居民就业、保基本民生、保市场主体、保粮食能源安全、保产业链供应链稳定、保基层运转。

"六大幸福城" 花满婺城·幸福城、优学婺城·幸福城、健康婺城·幸福城、人文婺城·幸福城、婺城水·幸福城、平安婺城·幸福城。

"四个意识" 政治意识、大局意识、核心意识、看齐意识。

"四个自信" 中国特色社会主义道路自信、理论自信、制度自信、文化自信。

"两个维护" 坚决维护习近平总书记党中央的核心、全党的核心地位,坚决维护党中央权威和集中统一领导。

县域"十大治理" 坚持党建引领,推进政治治理;振兴都市经济,推进经济治理;加快平台拓展,推进空间治理;深化"最多跑一次"改革,推进政府治理;建设精品城市,推进城市治理;打造"花满婺城",推进乡村治理;防范化解风险,推进平安治理;创造幸福生活,推进民生治理;弘扬时代新风,推进文化治理;护好绿水青山,推进生态治理。

"三大样板" 打造学思践悟习近平新时代中国特色社会主义思想的婺城样板,打造都市经济的婺城样板,打造幸福城的婺城样板。

"五大高地" 打造科技人才新高地,打造"两优一高"市的新高地,打造浙中文化新高地,打造法治建设新高地,打造山清水秀的政治生态高地。

"115"工作法 "1"是指"十个一律":全体公职人员及村两委干部、党员、入党积极分子、联防队员、民兵等一律作为抗疫骨干力量,15日内由湖北省来婺人员及其密切接触者一律落实隔离措施;新增来婺涉鄂(湖北省)人员核实身份后,一律由属地乡镇(街道)即时落实隔离措施;所有聚众活动一律取消;公共场所一律暂停营业;公共场所一律对进出人员实行体温检测;编造、传播不实疫情信息一律予以行政处罚;哄抬物价、囤积物资,牟取暴利的,一律由市场监管部门从重从快处理;相关人员拒绝接受检疫、强制隔离或者治疗,不服从管理的,一律予以行政处罚;借机实施其他违法行为的,一律顶格处理,构成犯罪的,依法从重从严处罚。"1"是指"十个到位":力量配备到位;值班值守到位;排查排摸到位;隔离封闭到位;防护防范到位;卡点设点到位;宣传发动到位;监管监控到位;协调报告到位;后勤保障到位。“5”是指“五个模式”:属地块防、村级自防、隔离控防、入口卡防、横向联防。

“499管控模式” 4即区、乡镇(街道)、村(社区)、各最小单元四级管控体系,9即九大场景巷战单元及9张作战图。

“实把力”“金护秋” 以金华“两头乌”为原型设计的两个文创产品,生动可爱。“男猪脚”叫“实把力”,在金华方言中取意“很给力”;“女猪脚”叫“金护秋”,在金华方言中取意“真正的”。

“9810”业务 海关监管代码9810简称“跨境电商出口海外仓”,适用于跨境电商出口海外仓的货物。

“四大四比” 产业大招商比贡献、平台大拓展比担当、项目大会战比血性、基层大服务比作风。

“四破” 破“僵尸企业”、破围墙圈地、破低效用地、破既得利益。

“两优一高” 营商环境最优、便民服务最优、机关效能最高。

“十乡百村”乡创婺城行动 全力落实“乡创十个一”工作,并将其制度化,即建立一个乡创项目发布平台,聘请一批乡创导师,培养一批乡创人才,建立一所乡创研究院,发布一份乡创年度研究报告,出台一批乡创政策,打造一批乡创试点、培育一批“产业村长”、设立一个乡村产业发展基金、推出一批公益创投项目。

“百千万”景区化创建 在万村景区化的基础上,打造千家景区镇、百家景区城。

南山漫道 以“漫”为核心,延伸漫健康、漫艺术、漫体育、慢生活概念,整合沿线乌啦乌两头乌文化产业园、长山国际设计走廊、石道畈全域土地整治等农业、文化、旅游等综合开发项目的资源优势,促进一、二、三产业融合发展,打造“花满婺城·幸福生活”为主题的美丽乡村样板。

“双富”工程 村集体创富、农民致富。

“四个一批”补短提升行动 新(改、扩)建一批幼儿园,治理一批小区配套幼儿园,撤并一批薄弱幼儿园,提升一批等级幼儿园。

“两书一信” “两书”是指学校颁发给新生的入学通知书、婺城家长成长学院颁发给新生家长入学通知书;“一信”是指给全体学生家长的公开信。

移动医疗 基层医疗机构配备巡回医疗车,携带医疗设备、药品、医保报销设备,开展进村入户式的上门医疗服务。

百日消防安全“四大”专项行动 通过百日集中攻坚,深入推进消防安全隐患大起底、问题大整改、管理大改善、意识大提升、风险大曝光等工作,有效防范重大消防安全风险,全面实现火灾总量明显下降。

“三大员” 以驻企服务员、基层治理网格员、民情民访代办员为核心的“三大员”队伍。

“四大”活动 大家访、大代办、大接访、大化解。

代办学院 采用“虚拟学院、实体运作”的模式组建代办学院,常态化开展集中培训、导师帮带、实践锻炼、网络学习、理论研讨等教学活动,培养一批擅长解决难点热点问题的专职代办员。

一肩挑 村(社区)党组织书记、村(居)民委员会主任由同一人担任。

“五好四确保” 选出忠诚担当好头雁、堪当重任好班子、创业奋进好气象、风清气正好生态、干群齐心好局面,确保“一肩挑”全面推行、应挑尽挑,确保班子结构优化、整体功能明显提升,确保换届全程依法有序、平静安静,确保换届后高效运转。

“五星四过硬” 为村社干部标准,即五星级(五星优秀,四星良好,三星合格,二星一星不合格),政治过硬、能力过硬、作风过硬、实绩过硬。

村级组织运行“18条” 聚焦“一肩挑”后村级组织运行和权力监督,梳理议事决策、小微权力监督、考核激励、教育培训等方面18项具体内容,规范完善村社运行机制。

“五星三强” 为基层党组织标准,即五星级(五星优秀,四星良好,三星合格,二星一星不合格),党建强、发展强、治理强。

“干部赋能”行动 通过一线锻炼赋能、“百课”培训赋能、激励机制赋能等方式,全面提高干部素质能力。

“12条举措” 充实一线工作力量;加大一线考察使用;加强一线骨干培养;提高一线评优比例;倾斜一线职称评聘,落实一线补贴补助;注重一线科学调度;加强一线关心关爱;强化一线容错纠错;选树一线战疫先锋;加强一线保障力度;切实减轻一线负担。

“八个暖心”荣退机制 开展一次暖心谈话、辑录一本暖心纪念册、举办一场暖心仪式、开展一场暖心结对、开展一次暖心家访、建立一册暖心档案、安排一次暖心对接、组织一场暖心培训为主要内容的荣誉退休机制。

“5+X”机制 加强退出领导岗位干部日常管理与使用的机制模式，“5”即能够充分发挥退出现职领导干部能力素质和专业特长的五大类常设岗位，“X”即需求部门申报，可结合实际进行调整充实的动态岗位。

一哨双“生” 通过构建区、乡、村三级“瞭望哨”，实现“建设健康网络生态”和“服务基层群众民生”两大功能，以管理促服务，以服务促管理，实现管理与服务齐头并进。

“四清单” 全面推行政治监督任务清单、责任清单、问题清单、落实清单。

“两档案” 完善领导干部廉政档案、探索被监督地区、部门和单位政治生态建设档案。

“两报告” 全面推行每半年各级党委(党组)向上级纪委书面提交政治生态建设自查自评报告，每半年各级纪委监委(派驻机构)向上级纪委监委(派驻机关)书面提交政治监督情况报告。

“一府一委两院” 区人民政府、区监察委员会、区人民法院、区人民检察院。

“两官”履职评议 人大常委会积极探索创新加强对司法工作监督的方式方法，对法官、检察官(简称“两官”)开展履职评议。

“真善美”种子工程 探索运用“一体化”培养新理念，建立贯穿青少年成长全过程的党团队一体化阶梯式培养新模式，打造全链条的思政育人和政治吸纳新体系，进一步强化政治引领和价值引领，努力为党培养社会主义建设者和接班人。

“请你来协商” 由市、县(市、区)政协牵头，邀请当地党政领导、部门负责人，与政协委员、群众代表等，就党政工作要事、民生改善实事、社会治理难事开展面对面协商对话，是省政协发挥专门协商机构作用的特色履职平台和金名片。

民情联络站 通过开展基层走访、民情收集、坐班接待等工作，充分发挥委员了解民情、反映民意、集中民智、解决民忧、凝聚民心等方面作用，是推进区政协工作向基层延伸的重要平台。

基层微协商 由区政协各基层委组牵头，邀请部门(单位)、乡镇街道党(工)委政府负责人，与基层委员、企业、干部、群众代表等，就城乡经济社会发展、基层治理和群众生产生活中的微困难、微问题、微诉求，就近就便开展面对面专题协商议政。

委员会客厅 由1名或数名省、市政协委员牵头，若干市、县(市、区)政协委员参加，是主要面向党外知识分子、非公经济人士、新社会阶层人士开展团结联谊工作的统一战线平台，通过开展宣传政策、释疑解惑，收集社情、反映民意，恳谈协商、跟踪监督，加强沟通、服务民生等活动，成为新时代政协委员学习交流的新载体、联系群众的新纽带、协商民主的新路径、团结联谊的新平台。

“五大历史使命” 要书写忠实践行“八八战略”的新篇章，要展示奋力打造“重要窗口”的新成果，要展现探索构建新发展格局有效路径的新担当，要开启争创社会主义现代化先行省的新征程，要提升党员干部队伍推进现代化建设的新能力。

“十三项战略抓手” 着力建设三大科创高地、着力打好构建新发展格局组合拳、加快建设全球先进制造业基地、以数字化改革撬动各领域各方面改革、打造一批有辨识度有影响力的法治建设成果、加快形成上下贯通、县乡一体的整体治理格局、高水平绘好新时代“富春山居图”、念好新时代“山海经”、实施新时代文化浙江工程、率先构建推进共同富裕的体制机制、完善风险闭环管控的大平安机制、深入推进清廉浙江建设、构建党建统领的整体智治体系。

“护航”工程 围绕组织路线服务政治路线，聚焦中心大局精配优秀干部，建强战斗堡垒，发挥党员作用，集聚人才资源，全面护航现代化建设。

“四化重组”工作 在两新领域以“区域和园区化”“商圈和市场化”“CBD和楼宇化”“产业和行业化”广泛建立党建联盟。

“七种能力”全素质提升培训 围绕习近平总书记提出的政治能力、调查研究能力、科学决策能力、改革攻坚能力、应急处突能力、群众工作能力、抓落实能力，开展干部综合素质提升培训。

“两个担当”良性互动 干部为事业担当、组织为干部担当。

“八大清廉单元”规范化建设 清廉机关、清廉国企、清廉民企、清廉村居、清廉学校、清廉医院、清廉交通、清廉文化等八大清廉单元规范化建设。

“六全两零” 小微权力清单全定制、村级工程全纳管、集体“三资”全规范、村居“三务”全公开、村居住房建设全监管、村级巡察全覆盖，以及落实村级公务“零接待”，坚持村干部违纪“零容忍”。

“四不”顽疾 不担当、不作为、不规矩、不适应等“四不”问题。

“四个监督” 纪律监督、监察监督、巡视巡察监督、派驻监督。

“一江、双城、四带” “一江”就是要围绕婺江打造带动婺城高质量发展的“中轴线”，“双城”就是要统筹做好老城区有机更新和新城区“二次出发”两篇文章，“四带”就是要围绕婺江沿岸，打造绿色生态景观带、滨水宜居城乡带、都市经济产业带、便捷通畅交通带。

“退二进三” 为加快经济结构调整，鼓励一些产品没有市场，或者濒于破产的中小型国有企业从第二产业中退出来，从事第三产业。

“一港一轨四高四干五联” “一港”是指婺州港及航道工程（罗洋作业区、乾西作业区和衢江航道、金华江航道）；“一轨”是指铁路和轨道工程（金建铁路、浙赣铁路外绕、金义东轨道、金武永东轨道、金兰轨道、金龙轨道）；“四高”是指G60杭金衢高速二期拓宽工程、甬台金衢高速、金千黄高速、金遂高速；“四干”是指南山大道（规划330国道）、虹戴公路二期（314省道）、兰婺遂公路（215省道）、货运北线；“五联”是指上华至琅琊公路、白龙桥至长山公路（华龙南街南延）、八达路至长山公路（八达路延伸）、白沙公路至龙乾南街（白沙公路北延）、北山大道。

“六横六纵”公路干线路网 “六横”是指北山大道、规划省道义乌至江山、虹戴公路、白汤下线、南山大道、货运北线。“六纵”是指G235婺城至武义段（金华至武义快速路）、313省道（45省道）金华至兰溪段、规划330国道、蒋罗公路、吴兴至龙泉公路（兰婺遂公路）、白沙公路。

三大物流集聚区 竹马物流园、罗洋物流园、乾西物流园。

“两鸟”理论 以“腾笼换鸟、凤凰涅槃”来阐明“调结构、转方式”的重要意义和方向路径。

“四倍增两提升” 实施工业经济倍增行动，实施上市企业倍增行动，实施数字经济倍增行动，实施现代产业集群倍增行动；实施战略性新兴产业提升行动，实施产业平台提升行动。

“尖峰行动” 具体发挥高校、重点科研院所和龙头平台企业科学研究的源头作用，全省实施100项左右面向未来的重大基础研究项目。

“雄鹰行动” 助力培育本土跨国企业和具有全球竞争力的千亿级企业。

“雏鹰行动” 帮扶量大面广的优质中小企业，培育隐形冠军和单项冠军。

义新欧 从中国义乌出发，经新疆阿拉山口口岸出境，途经哈萨克斯坦、俄罗斯、白俄罗斯、波兰、德国、法国，历时21天，最终抵达西班牙首都马德里，全长13052千米的货运班列。

义甬舟 以宁波舟山港、义乌陆港、甬金高速、金甬舟铁路为支撑，着力建成集江、海、河、铁路、公路、航空等六位一体的多式联运综合枢纽和以绿色、智能、安全为特征的集疏运体系，形成内畅外联、便捷高效的大交通体系，充分发挥大通道综合优势。

“1228”行动 “1”就是谋划建设1座婺州科学城，用好用足浙师大、金职院等高校资源，依托浙中科创廊道，谋划建设具有新内涵的现代婺州科学城；“22”就是实现科技企业、科创飞地两个“双倍增”；“8”就是围绕八大重点细分行业和重点产业链，实施科技攻关、推动科研成果的转移转化。

八大重点细分行业 智能门（锁）、光电、新能源汽车及配件、电动（园林）工具、磁性和石墨烯材料、生物医药、智能家居、保温杯（壶）8个重点细分行业。

“鲲鹏计划” 聚焦数字经济、生命健康以及新材料、先进制造等领域，重点引进一批具有全球影响力的顶尖人才及其领衔的创新创业团队。

"聚婺工程" 对大学生实习、就业、创业、安居等成长全过程给予特殊支持，确保优秀青年愿意来、留得住。

"蓝领行动" 通过校企合作、企业新型学徒制等多种形式的人才培养渠道,打造一支技能水平高超、心理素质过硬的技能人才队伍。

优化营商环境"10+N"行动 由省委改革办推出的系列改革举措,涵盖企业开办、企业注销、不动产登记"一件事"、跨境贸易、纳税、提升执行合同质效、用水用气报装、用电报装、获得信贷、办理破产便利化行动方案这10项主要政策,以及"N"项配套措施等内容,为企业提供跑腿更少、成本更小、速度更快、成效更好的服务。

"五减" 减税、减费、减租、减息、减支。

增氧计划 加大再贷款再贴现等货币政策工具对民营和小微企业的定向支持力度。

千万工程 "千村示范、万村整治"工程。

"两进两回" 科技进乡村、资金进乡村,青年回农村、乡贤回农村。

"7+X"发展格局 打造"政府、国投、村集体、村民、企业、乡贤、协会+X"的"7+X"乡创婺城模式。

"三篇文章、六大工程" "三篇文章"即围绕将白沙溪打造成世界级"幸福河"做好"学习与宣传的文章""保护与利用的文章""传承与发展的文章";"六大工程"即着重实施"白沙溪文化解码工程""白沙溪八景工程""白沙溪生态廊道工程""白沙溪古堰坝修复工程""白沙溪钱塘诗路e站工程""白沙溪花满婺城幸福村工程"。

"1353工作体系" 树牢"1"个"优学婺城·幸福城"的总目标;确保打赢"3"场战役:2019年省基础教育重点县摘帽歼灭战,2020年通过省教育基本现代化区创建攻坚战, 2022年通过全国义务教育优质均衡区创建大会战;全力实施"5"项工程:基础设施提升工程,立德树人工程,名校示范工程,名师引育工程,教育环境优化工程;完善"3"大教育保障机制:教育领导机制,教育发展机制,优师重教机制。

"五育并举" 德育、智育、体育、美育、劳动教育。

职业教育"三名工程" 创建省"名师""名专业""名校"。

"三医"联动 医保体制改革、卫生体制改革与药品流通体制改革联动,通俗地说即医疗、医保、医药改革联动。

健康浙江26项行动 通过实施健康知识普及行动、合理膳食行动、全民健身行动、控烟限酒行动、心理健康促进行动、蓝天碧水净土清废行动、绿色环境打造行动、饮用水达标提质行动、食品安全放心行动、农产品绿色安全行动、药品质量安全行动、道路交通安全综合治理行动、妇幼健康促进行动。中小学健康促进行动职业健康保护行动老年健康促进行动、心脑血管疾病防治行动、癌症防治行动、慢性呼吸系统疾病防治行动糖尿病防治行动、传染病及地方病防控行动、医疗卫生服务体系优化行动、中医药促进健康服务行动、智慧健康管理行动、健康保障惠民行动、健康产业发展行动等健康浙江26项行动。

"新时代金华精神" 信义和美、拼搏实干、共建图强。

枫桥经验 20世纪60年代初, 浙江省绍兴市诸暨县(现诸暨市)枫桥镇干部群众创造了"发动和依靠群众,坚持矛盾不上交,就地解决,实现捕人少,治安好"的"枫桥经验"。

"四治融合" 德治,法治,自治,智治。

"五个一"村务监督机制 选派一批驻村包村的"第一书记"、构建一系列村务决策的规范流程、探索一组简洁管用的公开办法、形成一个"四位一体"的监督体系、健全一套保障落地的有效制度。

"一中心四平台一网格"工作体系 一中心就是区级矛调中心,四平台指乡镇街道基层治理四平台,一网格指村社网格。

"八个早"机制 目标导向早明确机制,风险评估早开展机制,维稳方案早制定机制,宣传引导早进行机制,党员干部早发动机制,民生问题早解决机制,网上舆情早疏导机制,整治打击早行动机制。

"八大领域"安全专项整治 消防安全、交通安全、安全生产、食品药品、校园安全、寄递物流、危化行业、网络安全等8个领域的安全专项整治。

"一三六"应急处突 一个工作预案，三项机制,六类涉稳事件处置流程。

“一个工作预案” 是指涉稳突发事件应急联动处置预案;“三项机制” 是指涉稳信息整合研判机制,突发事件应急处置力量整合调度机制,后续化解稳控机制;“六类流程”是指非正常死亡、征地拆迁、劳资纠纷、公共安全、金融风险、特定群体等 6 类最可能发生的涉稳事件处置流程。

“四攻坚四争先” 人才科技攻坚、产业转型攻坚、共建项目攻坚、招大引强攻坚;重大改革争先、环境提档争先、社会治理争先、效能革命争先。

“十个区”创建 未来产业先行区、全域土地综合整治示范区、数字经济先行区、科技创新示范区、人才生态最优区、城市有机更新可持续发展示范区、基础教育标杆区、长三角花卉休闲产业示范区、省级全域旅游示范区、平安建设示范区。

“进出管育爱”五大工程 深化村干部全周期管理理念,从选任多元化、调整科学化、管理精细化、培养专业化、保障长效化等方面,构建系统有序完整的村干部管理链。

“一图一单一书” 村级重大事项决策流程图、村级小微权力清单、村务监督指导书。

“三不”机制 深化标本兼治,夯实治本基础,一体推进不敢腐、不能腐、不想腐。

R&D 经费 全社会研究与试验发展经费。

“五朵金茶花” “科创文创”之花、“高端服务业”之花、“智慧经济”之花、“智造材料”之花、“休闲旅游”之花。

“最多跑一次”改革 通过“一窗受理、集成服务、一次办结”的服务模式创新,让企业和群众到政府办事实现“最多跑一次”的行政目标。

一证通办 公民个人仅凭居民身份证就可办理相关事项,而不需要提供由政府机关产生的其他相关证明材料。

农业“标准地” 全区范围内符合土地利用和产业发展总体规划, 满足相关控制性指标要求,在土地流转基础上,通过招商引进项目用于发展现代农业的耕地、园地和林地。

“增减挂” 土地增减挂钩,即城镇建设用地增加与农村建设用地减少相挂钩,若干拟整理复垦为耕地的农村建设用地地块(拆旧地块)和拟用于城镇建设的地块(建新地块)等面积共同组成建新拆旧项目区。

“退二优二” 具体指积极引导产能落后、用地低效、不符合安全生产要求、不符合环保和节能减排要求的工业企业主动退出,腾出空间,大力发展以高新技术产业、战略性新兴产业为代表的先进制造业。

“四好”农村路 指实现建好、管好、护好、运营好农村公路的总目标。

“双城”战略 都市经济创新城,美好生活幸福城。

帮扶十条 细化各项补助, 帮助企业渡难关,涉及防疫、房租、招工补助等。

“1+8+X”救助体系 “1”是指一个系统,浙江省大救助信息系统“浙里救”;“8”是指八类社会救助,低保、特困、救灾、医疗、教育、住房、就业、临时救助;“X”是指多元社会力量参与。

“五大名城” 文化名城、数字名城、创新名城、生态名城、幸福名城。

五位一体 经济建设、政治建设、文化建设、社会建设和生态文明建设五位一体。

“四个全面” 全面建设社会主义现代化国家、全面深化改革、全面依法治国、全面从严治党。

“九市建设” 建设国家创新型城市;建设民营经济强市;建设双-33-循环发展先行市;建设“两优一高”市;建设全国综合交通枢纽城市;建设文化强市;建设浙中花园城市;建设幸福宜居城市;建设市域社会治理示范市。

“一核两带四区” 一核是婺州古城发展核,两带是婺江生态发展带、白沙溪生态发展带,四区是金华山生态文旅片区、婺州古城休闲文旅片区、生态活力田园区、美乡村旅游片区。

揭榜挂帅 指“把需要的关键核心技术项目张出榜来,英雄不论出处,谁有本事谁就揭榜”,具有不论资质、不设门槛、选贤举能、惟求实效的特征。

“无证明城市”改革 2019 年 2 月 23 日起,金华启动全面实施“无证明城市”改革,市域内凡是需要群众、企业自己去政府机关、公共事业单位、服务机构开具证明的,一律取消。

“八五”普法 在公民中开展法治宣传教育的第八个五年规划(2021—2025 年)。

索　引

说明：

一、本索引采用内容分析法，正文中凡具有独立检索意义的完整资料，包括条目、子母等均可使用索引检索。特载、统计公报、大事记、名录、附录等不作索引。

二、本索引按被索引词首字的汉语拼音字母顺序排列，首字相同按照第二个字的拼音字母顺序排列，依次类推。

A

B

C

D

F

N

P

Q

R

S

T

W

X

Y

Z